·北京大学法学院侦查学教科书·

当代侦查学

【第三版】

张玉镶　文盛堂◎著

中国检察出版社

图书在版编目（CIP）数据

当代侦查学/张玉镶，文盛堂著. —北京：中国检察出版社，2010.4
ISBN 978-7-5102-0248-3

Ⅰ.①当… Ⅱ.①张…②文… Ⅲ.①刑事侦察学-高等学校-教材
Ⅳ.①D918

中国版本图书馆 CIP 数据核字（2010）第 051252 号

当代侦查学

张玉镶　文盛堂　著

出版发行：	中国检察出版社
社　　址：	北京市石景山区鲁谷西路 5 号（100040）
网　　址：	中国检察出版社（www.zgjccbs.com）
电子邮箱：	zgjccbs@ vip. sina. com
电　　话：	（010）68658769（编辑）　68650015（发行）　68636518（门市）
经　　销：	新华书店
印　　刷：	三河市西华印务有限公司
开　　本：	720mm×960mm　16 开
印　　张：	35.5 印张　　插页　4
字　　数：	655 千字
版　　次：	2010 年 8 月第三版　2010 年 8 月第五次印刷
书　　号：	ISBN 978-7-5102-0248-3
定　　价：	68.00 元

检察版图书，版权所有，侵权必究
如遇图书印装质量问题本社负责调换

第三版　前言

《当代侦查学》问世十二年来虽经修订并多次印刷，但书库和书市早无存书。应出版社的多次要求，我们根据近年来国内外侦查学前沿理论与侦查实践的发展状况，在基本保持原有体系和主要内容的基础上，着重吸纳新的相关法制规范和侦查破案的创新经验，对全书进行以更新学科前沿知识与实务技能为主的系统性修改校正，使本书更加名符其实地突出研究当代社会的侦查对策及其规律。本次修订删除了原"侦查及相关组织、会议"的内容，新增"职务犯罪侦查的特定规范"章，其他各章也不同篇幅地增减了内容，但以新增内容为主。新增内容如 DNA 证据技术、云计算、侦查全程同步录音录像、职务犯罪案件决定逮捕权上提一级、人民监督员对职务犯罪侦查工作的监督、司法警察在职务犯罪侦查中的职能、职务犯罪案件有关自首或立功等情节的侦查认定、利用影响力受贿案件的侦查等等。同时考虑到实践中有些侦查方略与规制序时而变故不详叙，特辑有关新的规定链接于相关章节之后，便于读者全面系统地了解、研究和准确查对涉案的侦查规范与相关诉讼标准。

在修订后期，正值最高人民法院、最高人民检察院、公安部、国家安全部、司法部印发《关于办理死刑案件审查判断证据若干问题的规定》和《关于办理刑事案件排除非法证据若干问题的规定》的通知。根据该通知的精神和"两高三部"两个《规定》的要求，在最终审校定稿时我们对侦查中各类证据的收集、固定、审查、判断、运用以及排除非法证据等问题都作了参酌处理，并将其内容分类链接于相应章节之后，便于对照研究和实务操作。

在本书再次修订和改版之际，十余年前请德高望重的杨春洗前辈写序的情景记忆犹新：我们在一个春光明媚的周末携书稿冒昧登门，闲言数语后就直奔主题请先生赐序。他朝我们慈祥地笑了笑说："我看看稿子再说吧！"话虽如此，我们心知肚明这基本算是首肯。但因与出版社约定的出版期限在即，而老人家当时不仅带有研究生，还因其学术思想精深浩鸿与突出贡献身兼中国法学会理事、刑法学研究会副总干事、犯罪学咨询委员会主席及北京大学学术委员会和学位委员会委员、法律系学位评定委员会主席等职，担忧他在百忙之中难以及时阅稿写序。他见我们欲言又止的状态就问是否还有什么要求，我们借机禀告:"现在时兴学友见面赠书,我们期望由您赐序的新作在即将到来的北大百年校庆时赠给见面的校友。"老人家会意地笑了笑未置可否。就在我们造访后不久他写好了《序》,还特意将本书恰逢北大百年校庆出版的贺语写入序言,并对书稿的缺憾直言不讳地提出宝贵的批评意见,使我们切身感受到他的确是学生的严师益友!众所周知,他不仅刑法学造诣很高,而且侦查学的许多观点和研究成果受到国内外的高度重视,早年曾长期兼任北京大学司法鉴定室主任,享有崇高威望。本书再版时原打算遵照他的指教进行修订,但因时间紧迫、资料不足加之对某些问题的研究尚不成熟故未如愿,实为我们心中挥之不去的一大憾事!在第三版的修订过程中,我们每当重温先贤的序言总是沉浸于那次冒昧造访的情境,老人家笑脸相迎和举步相送的音容笑貌历历在目,还有他那人本治学、严谨治教的谆谆教诲言犹在耳……于是,谨记他对修订《当代侦查学》的宝贵指教和要求,我们尽力调整有关章节的内容,尽量补充新的研究成果,尽可能增加原付阙如的必要资料,也是尽心地以此方式和实际行动来深切怀念他老人家。

撰写这本书的初稿时,我们采取集教学、科研、实践于一体的研究方法,想以综合创新的方式体现其内容与形式的价值创新,但又诚惶诚恐于这种"三合一"变成"三不像",抑或所追求的"融合特色"反而"黯然失色!"直到书稿得到杨春洗老师的肯定时我们才着实松了一口气,但对于能否得到广大读者的认可仍有后顾之忧,故在首次出版时还心有余悸。现在十二年过去了,让我们感到欣慰的是,《当代侦查学》得到众多高校、科研机构、侦查机关等各界教学科研人员与实务干警的好评和广大读者的认可,被北京大学、刑警学院、解放军西安政治学院等许多高校指定为教学用书或考研重点参考书,并被一些司法机关及其培训机构作为培训干警的教材,还被评定为北京大学法学院科研成果奖项的"优秀著作奖"。因此,我们深怀对广大读者的感激之情,认真地进行了第三版的修订,但囿于学识水平,错谬仍在所难免,恳请读者批评教正。

北京大学侦查学博士杨晓雷、李文伟,硕士陈炯中为这次修订搜集资料和校对文稿付出了辛勤的劳动,中国检察出版社的苏晓红女士为第三版的出版做了大量工作,在此一并致谢!

张玉镶　文盛堂
公元 2010 年 7 月
于北京大学法学院 410 室

第二版 修订说明

《当代侦查学》出版一年有余，承蒙读者错爱急需加印。但鉴于出版时急就成书，书出后又有校对之误，为竭诚以飨读者，决定尽力以作修订。但对本书出版一年即无库存始料未及，故及时修订准备不足，加之急迫付印而只能是重点校对错别之字，补苴罅漏之注，修正明显之误，精减繁冗之笔，增添必要之义。因此，本书虽经修订，但缺点错误仍在所难免，衷心恳请读者惠赐宝贵意见。

作者谨识
1999 年 8 月

第一版　序

依法治国的春风，在古老的中华大地上又吹开了一朵新葩：《当代侦查学》以其新颖的体例、活泼的形式、翔实的内容和齐全的功用与读者见面了。

所谓体例新颖，《当代侦查学》打破了传统的刑事侦查学或犯罪侦查学孤立、单纯地研究侦查教学的惯例，集教学、科研和实践于一体，用系统论的观点全方位、多视角地对侦查学进行立体研究和综合阐释，结合科研讲教学、结合实践论科研、结合教学谈实践，这在侦查学的研究方法上是一大新突破。

形式活泼。《当代侦查学》以法学教材为基本框架，但不拘泥于固定刻板的形式和格调；它遵循章、节的结构形式，但又特别注重形式灵活地服从于更好地反映内容的需要，不刻意追求形式的整齐划一。如大多数章节开头有内容简介或概述，而也有的开门见山、直截了当地循序阐述。古往今来，著书立说写文章，一方面"没有规矩不成方圆"；另一方面"文成法立，未尝有定格"。如何有机地将这两个方面在一书一文中融合得体、恰到好处，于古于今，都是难题。而《当代侦查学》在此知难而进，可谓是"规矩备而能出于规矩之外，变化不测亦不背于规矩"的成功尝试！

内容翔实。《当代侦查学》内容丰富、涉及中外；兼收并蓄、涵容古今。论及史料引经据典；介绍学术之争客观评价；阐述侦查规范援引中外律条。言之有理、持之有据、求真务实。

功用齐全。《当代侦查学》既不是就教学讲教学的教科书，又不是就科研论科研的论文集，也不是就侦查谈破案的实用手册，而是将客观上本来具有密切内在联系的侦查教学、科研和实践三者有机结合、融会贯通、浑然一体，既避免了分别研究难以避免的片面性和孤立性，又发挥了只有综合研究才能具有的优越性，充分显示出三者合力互补的综合功能和"整体大于部分之和"的超常价值。

《当代侦查学》的作者张玉镶、文盛堂都是北京大学的学子。张玉镶毕业后一直留校任教，早已是法律学系的骨干之一，先后合著、编著和撰著多种侦查教材与专著，并长期担任刑事侦查学教研室主任、司法鉴定学教研室主任，现任刑侦与审判法教研室主任，具有丰富的侦查教学经验与较高的科研能力和水平。文盛堂毕业后一直在检察机关主要是在反贪侦查机构工作，先后任基层检察院的反贪局长、检察长等职，后来在最高人民检察院反贪污贿赂总局从事侦查指导、指挥工作，现任该局侦查指挥中心副主任。张玉镶、文盛堂是师生关系，他们长期保持对侦查领域遇到的各种问题的探讨和切磋，教学相长。今日脱颖而出的《当代侦查学》，实质是他俩在长期探讨中逐渐形成的共识并日臻成熟的真知灼见。从这一点来说，《当代侦查学》是他们师生合作的产物，又是理论与实践的结晶。

诚然，若求全责备，《当代侦查学》也有美中不足，一是少数章节内容的比重悬殊，篇幅差距过大；二是尽管其内容丰富但仍有少数必要资料阙如；三是对国家安全机关和军队保卫部门管辖的案件未能列举类案侦查方法。但是，瑕不掩瑜，白璧微瑕绝不影响《当代侦查学》诞生之喜！尤其是作为北大学子之成果恰巧成熟于百年校庆之日，更值得庆幸。我欣然作序，也意在贺喜！

杨春洗

公元 1998 年 4 月

于北京大学中关园

目 录

第三版 前言 …………………………………………………………（1）
第二版 修订说明 ……………………………………………………（1）
第一版 序 ……………………………………………………………（1）

绪 论 篇

第一章 侦查学概述 …………………………………………………（3）
　第一节 侦查学的对象和体系 ………………………………………（3）
　第二节 侦查学与邻近学科的关系 …………………………………（10）
　第三节 侦查学的研究方法 …………………………………………（13）
第二章 侦查概要 ……………………………………………………（19）
　第一节 侦查的概念 …………………………………………………（19）
　第二节 侦查的任务和意义 …………………………………………（22）
　　☆规制链接 关于审查判断证据及排除非法证据的规定 ………（26）
　第三节 侦查的原则 …………………………………………………（27）
　第四节 侦查的方法 …………………………………………………（30）
　第五节 国际侦查协助 ………………………………………………（33）

侦查技术篇

第三章 侦查记录技术 ………………………………………………（39）
　第一节 侦查照相 ……………………………………………………（39）
　第二节 录音录像 ……………………………………………………（48）
　第三节 计算机、打字机记录 ………………………………………（50）
　第四节 侦查测量 ……………………………………………………（51）
　第五节 侦查登记 ……………………………………………………（55）

· 1 ·

第四章　侦查勘验技术 （60）
　　第一节　痕迹勘验 （60）
　　第二节　枪弹勘验 （86）
　　第三节　文书勘验 （94）
　　第四节　会计勘验 （106）
　　第五节　尸体勘验 （114）
　　第六节　涉案物质勘验 （131）

第五章　侦查鉴定技术 （141）
　　第一节　鉴定概述 （141）
　　第二节　同一鉴定 （144）
　　第三节　种属鉴定 （155）
　　第四节　事实鉴定 （157）
　　第五节　司法会计鉴定 （159）
　　☆规制链接　关于审查判断鉴定意见的规定 （161）

第六章　新兴侦查技术 （163）
　　第一节　测谎技术 （163）
　　第二节　夜视技术 （169）
　　第三节　声纹技术 （173）
　　第四节　录音技术 （178）
　　第五节　录像技术 （185）
　　☆规制链接　关于审查判断视听资料的规定 （192）
　　第六节　计算机技术 （193）
　　☆规制链接　关于审查判断电子证据的规定 （205）
　　第七节　激光技术 （205）
　　第八节　DNA证据技术 （212）

侦查措施篇

第七章　侦查强制措施 （221）
　　第一节　侦查强制措施概述 （221）
　　第二节　拘传、取保候审与监视居住 （223）
　　第三节　拘留与逮捕 （229）

第八章　侦查紧急措施 （237）
　　第一节　追缉堵截 （237）

第二节 通缉、通报 ……………………………………… (239)
第三节 控制赃物 ………………………………………… (243)
第四节 搜　查 …………………………………………… (244)
第五节 扣押物证、书证 ………………………………… (254)
　　☆规制链接　关于审查判断物证、书证与排除其非法证据
　　　　　　　　的规定 ………………………………… (261)
第六节 辨　认 …………………………………………… (262)
　　☆规制链接　关于审查判断辨认结果的规定 ……… (268)

第九章 侦查常规措施 ……………………………………… (269)
第一节 勘验、检查 ……………………………………… (269)
　　☆规制链接　关于审查判断勘验、检查笔录的规定 … (273)
第二节 侦查实验 ………………………………………… (274)
第三节 询问证人、被害人 ……………………………… (286)
　　☆规制链接　关于审查判断证言与排除非法言词证据的规定 … (300)
第四节 讯问犯罪嫌疑人 ………………………………… (301)
　　☆规制链接　关于审查判断犯罪嫌疑人（被告人）供述和
　　　　　　　　辩解的规定 …………………………… (325)

立案侦查篇

第十章 现场勘查 …………………………………………… (331)
第一节 犯罪现场及其保护 ……………………………… (331)
第二节 现场勘查的任务和要求 ………………………… (335)
第三节 现场勘查的组织领导 …………………………… (338)
第四节 现场访问和现场勘验 …………………………… (341)
第五节 现场讨论 ………………………………………… (346)
第六节 结束勘查 ………………………………………… (357)

第十一章 立　案 …………………………………………… (359)
第一节 立案的概念和意义 ……………………………… (359)
第二节 立案的材料来源及审查 ………………………… (361)
第三节 立案的条件 ……………………………………… (365)
第四节 立案的程序 ……………………………………… (368)
第五节 立案监督 ………………………………………… (373)

第十二章 侦查步骤 ………………………………………… (377)

第一节　侦查步骤概述 …………………………………………… (377)
第二节　侦查决策 ………………………………………………… (379)
第三节　调查取证 ………………………………………………… (383)
第四节　重点侦查 ………………………………………………… (387)
第五节　破　　案 ………………………………………………… (388)
　　☆规制链接　关于审查判断破案材料的规定 ……………… (391)
第六节　侦查终结 ………………………………………………… (391)
　　☆规制链接　关于侦查终结证据的综合审查和运用的规定 …… (397)

第十三章　职务犯罪侦查的特定规范 …………………………… (400)
第一节　特定诉讼规定 …………………………………………… (400)
第二节　特定侦查规则 …………………………………………… (405)
第三节　人民监督员监督侦查的特别规定 ……………………… (410)
第四节　司法警察在侦查中的职能 ……………………………… (415)

第十四章　职务犯罪案件的侦查 ………………………………… (421)
第一节　贪污案件 ………………………………………………… (421)
　　☆规制链接
　　　1. 关于基层组织人员取得公务人员资格的立法解释 …… (431)
　　　2. 关于贪污案件立案标准的规定 ……………………… (431)
第二节　贿赂案件 ………………………………………………… (432)
　　☆规制链接　关于贿赂案件立案标准的规定 ……………… (446)
第三节　挪用公款案件 …………………………………………… (448)
　　☆规制链接　关于挪用公款案件立案标准的规定 ………… (451)
第四节　巨额财产来源不明案件 ………………………………… (452)
　　☆规制链接　关于巨额财产来源不明案件立案标准的规定 …… (454)
第五节　隐瞒境外存款案件 ……………………………………… (454)
　　☆规制链接　关于隐瞒境外存款案件立案标准的规定 …… (456)
第六节　私分国有资产案件 ……………………………………… (456)
　　☆规制链接　关于私分国有资产案件立案标准的规定 …… (459)
第七节　私分罚没财物案件 ……………………………………… (460)
　　☆规制链接　关于私分罚没财物案件立案标准的规定 …… (462)
第八节　渎职侵权案件 …………………………………………… (463)
　　☆规制链接　关于渎职侵权犯罪案件立案标准的规定 …… (466)

第十五章　普通刑事案件的侦查 ………………………………… (482)
第一节　放火案件 ………………………………………………… (482)

第二节　爆炸案件 …………………………………………（486）

第三节　杀人案件 …………………………………………（492）

第四节　强奸案件 …………………………………………（495）

第五节　抢劫案件 …………………………………………（498）

第六节　盗窃案件 …………………………………………（500）

第七节　诈骗案件 …………………………………………（504）

第八节　逃税、抗税案件 …………………………………（507）

第九节　重大责任事故案件 ………………………………（508）

☆规制链接

1. 最高人民检察院　公安部关于公安机关管辖的刑事案件
   立案追诉标准的规定（一）…………………………（511）
2. 最高人民检察院　公安部关于公安机关管辖的刑事案件
   立案追诉标准的规定（二）…………………………（533）
3. 狱内刑事案件立案标准 ……………………………（551）

主要参考文献 ………………………………………………（554）

绪 论 篇

第一章 侦查学概述

侦查学是从宏观上研究侦查刑事案件的一般规律，主要研究侦查的一般原理、程序方法、谋略技术等内容，是研究侦查主体进行侦查活动所采用的各种侦查技术、措施和方法及其规律的对策性应用学科。因此，侦查学的概念可以这样定义：

侦查学是研究侦查活动中依法实施专门调查和采取强制措施的诉讼行为及其规律的科学。

由此可见，侦查学以研究具体侦查行为规律为基础，将侦查的一般原理与各类刑事案件的侦查规律作为一个有机的整体来研究，从而为侦查活动的实践研究和应用研究提供理论指导。

侦查学的概念讲的是侦查学的本质特征，而其学科研究应当包括侦查学的对象、体系和方法等问题，这些都是侦查学建立的基础和发展的起点，是侦查学区别于相邻学科的根据，也是学习、研究侦查学首先要搞清楚的问题。

第一节 侦查学的对象和体系

侦查学有其特定的对象和体系。简述如下：

一、侦查学的对象

侦查学的研究对象，是侦查机关和享有侦查权的机关对刑事案件即涉嫌犯罪的案件进行侦查活动时所采用的对策。主要由侦查技术、侦查措施和侦查方法及其规律构成。换句话说，侦查学是研究侦查主体对刑事案件进行侦查活动时所采用的各种侦查技术、侦查措施和侦查方法及其规律的科学。

（一）侦查技术

所谓侦查技术，泛指对某些具有侦查意义的客体所采用的各项技术，即根据侦查的特殊需要而采用的有关技术手段和方法。通常包括：

1. 侦查记录技术。指对具有侦查意义的客体的位置、状态及特点等予以客观、准确的记录、固定的专门技术。主要有：侦查照相、录音、录像、侦查测量、侦查登记等技术。

2. 侦查勘验技术。指对具有侦查意义的客体的状态、形成的原因及与犯罪的关系等的勘验的专门技术。包括痕迹勘验、枪弹勘验、文书勘验、会计勘验、尸体勘验、活体检验、涉案物质勘验等方面的技术。

3. 侦查鉴定技术。指侦查机关为了查明案情，就案件中某些专门性问题进行鉴别和认定的专门技术。可分为同一鉴定、种属鉴定、事实鉴定等技术。

侦查中采用上述技术手段的主要任务是获取与犯罪有关的各种痕迹和其他物证，为侦查破案提供线索和证据。例如，侦查人员在勘验犯罪现场时，发现尸体旁边放着一把切菜刀，上面附有血迹。首先必须运用侦查勘验技术检查菜刀上是否有手印，如果有，则要分析该手印与犯罪的关系，即是否犯罪人作案留下的，如果确认为犯罪人的手印，就应运用侦查记录技术（如侦查照相的方法）加以固定，并及时提取下来，待发现重大嫌疑人后，将提取的现场手印和嫌疑人的手印一并送侦查鉴定部门进行技术鉴定，确定现场手印与嫌疑人的手印是否同一个人的同一个手指所遗留，即进行同一鉴定。同时，还应鉴定菜刀上的血迹是否人血，以及与死者的血型是否一致，等等。上述这些都是侦查技术手段所要解决的问题。

（二）侦查措施

所谓侦查措施，是指侦查机关在实施个别侦查行为时的部署和所采取的策略手段。通常包括：

1. 侦查强制措施。即侦查中暂时限制犯罪嫌疑人人身自由的强制方法。包括：拘传、取保候审、监视居住、拘留、逮捕。

2. 侦查紧急措施。即侦查中紧急情况下追捕犯罪嫌疑人、控制赃物赃款的方法。主要有：追缉堵截、通缉、通报、控制赃物、搜查、扣押、辨认等。

3. 侦查常规措施。即侦查中通常采用的措施。主要有：勘验、检查、侦查实验、询问证人和被害人、讯问犯罪嫌疑人。

侦查中实施每一种侦查行为，都为完成一定的任务或达到一定的目的，因而必须相应地进行周密的部署和采取必要的策略方法。诸如事前要做好充分的准备，制订出周密的计划，确定工作的范围、重点和顺序，采取有效的手段和办法等。这些就都属于侦查学中的侦查措施。

（三）侦查方法及其规律

侦查的策略方法及其规律可分为：

1. 侦查的一般方法及其规律。指侦查任何刑事案件都普遍采取的方法及其规律。各种刑事案件的情况尽管千差万别，但不同类型的刑事案件之间都存在着许多共同的特点，因而在侦查过程中有一些方法和规则是通用的。诸如为实现侦查决策、发现和审查犯罪嫌疑人、破案、预审和侦查终结等环节要达到的目的所采取的带有规律性的共同的侦查方法。

2. 侦查的特殊方法及其规律。指侦查某一类刑事案件所采取的独特的方法及其规律。例如，对于危害国家安全案件、多发性的刑事案件、经济犯罪案件、职务犯罪案件等，分别采用的各有其特定法则与具体特点的侦查方法。

侦查技术、侦查措施和侦查方法及其规律是密切联系、不可分割、相辅相成的。侦查措施的运用，往往要涉及种种侦查技术。例如，勘验、检查，这是一项侦查行为，要想达到勘验、检查的目的，从侦查措施的角度，必须正确地组织勘验和检查，并对勘验和检查中所获得的材料全面细致地分析研究，以便正确地确定侦查范围，匹配侦查力量，部署侦查工作。另外，为了准确地发现、固定和提取有关的痕迹和物品，实地勘验中还必须采用痕迹勘验、文书勘验等侦查勘验技术以及侦查照相、侦查测量等侦查记录技术手段。至于侦查方法（包括一般的和特殊的），则是各种侦查技术和侦查措施的综合运用。实践证明，对一起具体刑事案件的侦查能否取得成功，这不仅仅取决于侦查人员所采取的某项技术手段或措施本身是否正确，而且往往还取决于各种手段之间能否做到有机结合、相互配合。因此，作为一个侦查人员，既要精通各项侦查措施，又要掌握侦查技术基础知识，并且善于根据各种刑事案件的特点，正确地运用各项侦查措施和技术手段，以争取在实践中不断提高侦查刑事案件的艺术水平。

明确侦查学的对象，在理论和实践上都有重要意义。

首先，明确侦查学的对象可以将侦查学与其他研究同犯罪作斗争的学科区别开来，使侦查学及与其相近的学科部门科学化。同犯罪作斗争包括许多方面的工作，对犯罪的侦查、起诉、审判、改造等等，都是同犯罪作斗争，都需要采取相应的对策。所以，研究同犯罪作斗争的科学，或者说研究犯罪对策的科学不只是侦查学一门，还有刑法学、刑事诉讼法学、犯罪学、犯罪心理学、罪犯改造法学等等。这些学科，也都是从不同的角度研究同犯罪作斗争的问题。正确地确定侦查学的对象，揭示出侦查学研究对象的特殊性，不仅可以把侦查学同刑法学、刑事诉讼法学、犯罪学等区别开来，使侦查学的建设科学化，也有助于与侦查学相邻近的有关学科的建设科学化。

其次，明确侦查学的对象，有助于准确运用各门同犯罪作斗争的学科的理论和方法。侦查人员要准确地运用各门同犯罪作斗争的学科的理论和方法，首先同犯罪作斗争的学科的划分要科学，如果划分不科学，必然使各学科的研究不深不透，而且相互重复、相互矛盾，就会导致侦查人员难以准确地加以运用。另外，侦查人员弄清侦查学的对象，把握侦查学区别于其邻近学科的性质与特征，也是准确地运用侦查学及其邻近学科的理论和方法的一个重要条件。

再次，明确侦查学的对象，是搞好侦查学研究和教学工作的需要。侦查学是一门研究侦查机关对刑事案件进行侦查活动时所采用的对策的学科。侦查学是高等政法院校的一门重要课程。要搞好侦查学的研究和教学，必须弄清侦查学的对象。如果不正确地确定侦查学的对象，把侦查学对象的范围划得过宽，把一些与侦查有关（比如侦查主体的建设、犯罪的技术预防等）但并非侦查学研究的问题都列为侦查学的对象，不利于侦查学的研究向纵深发展。

二、侦查学的体系

关于侦查学的体系，应当明确四个问题。

（一）侦查学所属的学科体系

学术界在这个问题上看法不一。有的将侦查学纳入法学体系，认为侦查学是一门法律学科；有的将侦查学界定为自然科学与社会科学结合的边缘学科；有的则将其列入公安学或警察学体系。我们认为，侦查学是法学体系中刑事法律科学的一个分支学科，这是由侦查学所研究的是国家侦查机关和享有侦查权的机关在办理刑事案件过程中，为了实现刑法的任务和规范，依照刑事诉讼法所规定的制度、程序和方法，所采取的侦查技术、侦查措施和带规律性的侦查方法所决定的。因此，虽然侦查学并不专门研究刑事方面的实体法和程序法，但它与刑法学、刑事诉讼法学紧密联系、缺一不可，共同构成刑事法律科学的三大支柱，是我国法学体系的一个重要组成部分。

（二）侦查学学科自身的体系

侦查学的体系与其对象有着密切的联系。侦查学的对象是侦查学研究的基本内容。侦查学的体系则是指以什么样的结构形式来表述这些内容。就是说，侦查学的体系是确定侦查学研究的基本内容之间的相互联系，以及对这些内容进行研究的顺序。侦查学的体系反映着侦查学这门学科本身产生、存在和发展的必然结构，它有助于完整而系统地学习和掌握侦查学的全部内容。目前，我国法学界对侦查学学科自身的体系还未形成统一的认识。

（三）侦查学教科书的体系

所谓侦查学教科书的体系，就是根据培养目标、教学时数所确定的有关侦查学知识的内容框架，它不同于侦查学学科自身的体系，不具有客观规定性，但其结构比较严密。

（四）本书的体系

本书分为以下四个部分：

第一部分，绪论。在这一部分中，首先探讨侦查学的研究对象、范围，侦查学的内容体系，侦查学与邻近学科的关系，侦查学的研究方法。其次，对侦查的概念、任务、原则等也加以详细说明。

第二部分，关于侦查技术的研究。主要是运用自然科学（如物理学、化学、数学、力学、解剖学、生理学、测量学、统计学等）的理论和方法，结合侦查的特殊需要，对侦查记录技术（如侦查照相、侦查测量、侦查登记等技术），侦查勘验技术（如痕迹勘验、枪弹勘验、文书勘验、犯罪遗留物勘验等技术），以及侦查鉴定技术（如同一鉴定、种属鉴定、事实鉴定等技术）加以研究。

第三部分，关于侦查措施的研究。主要是以《中华人民共和国刑事诉讼法》为指导，运用有关社会科学（如哲学、逻辑学等）和人文科学（如心理学、社会学等）的理论和方法，结合侦查的特殊需要，重点研究侦查人员在实施勘验、检查，侦查实验，询问证人，搜查，辨认，追缉堵截，通缉，通报，控制赃物，讯问犯罪嫌疑人等侦查行为时的部署和策略方法。

第四部分，关于侦查方法及其规律的研究。主要是以法律科学（特别是刑法学和刑事诉讼法学）为基础，以辩证唯物主义为指导，在对侦查的一般程序方法加以详细说明后，综合运用各种侦查技术手段和各项侦查措施，重点对侦查实践的一般原理与各种刑事案件的侦查规律有机结合地深入研究。

三、侦查学的历史发展

侦查是随着私有制、阶级、国家的产生而出现的。自从人类社会产生了犯罪与法，规定了犯罪行为的内容与范围应依法受到惩罚以来，侦查作为诉讼活动的一个部分就以十分原始的形式开始了。据史料记载，我国最古朴的侦查活动起源于原始社会末期。在原始部落联盟时期的长老议事会中设有的九种官之一的"士官"，就具有"奸宄寇贼"的职能。舜帝时期的皋陶（yáo）就是兼司侦查的"士官"。奴隶社会夏代的"秘士"、"司寇"、"廷尉"、"士师"，商朝和西周的"司寇"、"蒙士"，春秋战国时期的"司虣（暴）"、"司稽"、"禁暴（虣）士"、"司隶"等都是执掌侦查职权的官吏。封建社会的秦汉时期，侦查机构形成纵向体系，在京师有"中尉"，在郡、县有"郡尉"、"县尉"，县以下的亭有"亭父"，乡有"游徼"，专事查禁盗贼，管理治安。唐宋时期形成了多重并列侦查体制。如宋代设有"巡检司"和"县尉司"两套侦查职能机构。"巡检司"是由朝廷派到地方捕捉盗贼的机构，"县尉司"主管辖区内的治安。明清时期侦查机构更趋庞杂，分工亦较专业化。明朝负责京师治安的有锦衣卫、五城兵马司以及皇帝随时委派的军队，府、州、县设有专事捕盗官。清朝的步兵统领衙门和五城兵马司均属侦查治安机构。

中国古代对于官吏利用职权进行职务犯罪的侦查主要由御史履行。御史在战国时期是负责图书秘籍和记录帝王言行的官员，自秦汉建立统一的封建帝国以后，御史变为负责纠察弹劾官吏的御史大夫，从而建立起了延续两千多年的同封建君主政权相适应的御史制度。御史大夫执行行政监察和司法弹劾的双重职责。唐朝，御史制度进一步扩大和完善，在御史台下设台院、殿院和察院；掌管对从中央到地方的官吏的弹劾，参与大理寺审判活动，审理皇帝交办的案件（即所谓"诏狱"）。宋代御史台对违法失职的官吏有权先行侦讯。明代改御史台为都察院，专职弹劾百司，辨明冤枉。清代都察院的权力更大，对刑部错误的判决、大理寺错误的复核，均有权弹劾，并可接受诉讼、审理有关案件。历代王朝御史制度的隶属关系和官署名称虽有变更，但"纠察百官"、"辨明冤枉"的监察、监督的职责，则是始终一贯的。

中国古代最初的侦查是采取神明裁判的方法，早在西周就有"肆掠"（刑讯），秦汉以后刑讯逼供作为一种重要的侦查方法渐趋法律化、制度化，成为诉讼的一个显著特点。但同时古人也创立了一些较为科学的侦查手段：一是较为完整的勘验、检查技术。据史料记载，勘验、检查至少可以追溯到两千年前的周朝。《礼记·月令》载："孟秋三月，命理瞻伤、察创、视折、审判、决狱讼，必端平。"到了秦代，勘验、检查已依法由专人负责。唐朝时，法律首次明确规定了对"诸诈病及死伤"勘验、检查不实者应承担的责任。宋朝法律明确规定了对于杀伤和非正常死亡案件勘验、检查的程序和要求。二是比较完善的讯问策略。西周形成了辞听、色听、气听、耳听、目听五听讯问方法，主张通过察言观色来评判被讯问人口供的真伪。秦代法律规定了讯问成败的标准。《封诊式》的治狱篇中载明："治狱，能以书从迹其言，毋笞掠而人情为上；笞掠为下；有恐为败。"汉朝总结了辗转推问、侧面迂回的"钩距"讯问法。宋代提出了"情迹结合"的讯问理论，强调讯问时采用各种策略方法，反对拷打、逼供，主张口供与物证相互关联、相互印证。唐宋及其以后各朝代，逻辑学、心理学知识被引入讯问实践，讯问中重视利用矛盾，重视分析研究。三是较成熟的秘密侦查方法。春秋战国时期普遍实行"告奸"措施。规定"告奸者与斩敌者同赏，匿奸者与降敌者同罚"。秦简中也有"告奸"的案例记录。汉代，采用了秘密侦查员、告密箱等秘密侦查方法。唐宋以后跟踪侦查、内线侦查、化装侦查、狱内侦查等秘密侦查手段日益发展起来，并在侦查体系中占有一定地位。这是我国古代侦查策略思想的精髓，也是现代侦查策略理论和方法的重要来源。

古人在创立上述比较科学的侦查手段的同时，还编著了一些有一定实践和理论深度的侦查书籍，如反映秦代治安机构设置，现场勘验的程序、方式、技术及讯问策略方法的《封诊式》，宋代编著的反映唐宋鼎盛时期侦查水平的治狱破案的案例汇集《疑狱集》、《折狱龟鉴》、《棠阴比事》，以及宋代著名法医学家宋慈编著的世界上最早、最系统的法医学著作《洗冤集录》等。

进入近代社会以后，侦查制度、理论与方法的发展重心逐渐由东方转移到西方。中国由于封建专制制度和闭关锁国政策的影响，封建纠问式诉讼制度和由此形成的大一统司法办案格局的限制，加之近代中国科学技术落后和外来势力的干扰，中国侦查实践与侦查理论的繁荣持续到19世纪中期便开始走向衰落，这门科学最终未能在其发源地诞生。

随着资产阶级在反对封建专制的斗争中建立的一系列新的诉讼原则，如废除了纠问式诉讼制度，确立了辩论原则和无罪推定原则，否定了法定证据制度，代之以法官自由心证制度，这些变革使侦查活动在法律上获得确立并成为独立的诉讼阶段，使侦查学的产生有了法学基础。19世纪中叶，由于资本主义社会犯罪现象剧烈增长，犯罪手段走向专门化，统治阶级建立了相应的专业侦查机构和侦查手段，如英国苏格兰场的问世、法国维多克侦查模式的采用与推广、美国平克顿私人侦探公司的发展，为侦查学的诞生奠定了实践基础。而19世纪西方资产阶级的工业革命，自然科学和技术科学得到迅速发展，其理论成果如光学、物理学、生物学、化学、医学等新技术被侦查工作吸收运用，构成了侦查学技术手段的重要组成部分，为侦查学的产生奠定了科学技术基础和物质基础。19世纪末期，侦查实践的发展和侦查经验的丰富，侦查理论的进一步充实，特别是侦查学的许多重要分支性学科如法医学、毒物学、笔迹学、指纹学、人体测量法、侦查照相技术的创立和推广，构成侦查学基本内容的理论框架和方法体系的形成，使侦查学的建立具备了成熟的条件。至1893年，奥地利地方检验官，后来的侦查学教授汉斯·格罗斯（Hans Gross，1847—1915年）将前辈和他本人在侦查犯罪中所运用的技术方法和侦查手段加以系统总结，编著出版了《司法检验官手册》，书中格罗斯将犯罪侦查与法医学、毒物学、司法化学、人体测量法、指纹鉴定法、笔迹鉴定法、枪弹检验技术等融为一体，分为犯罪现象和科学侦查两大部分，科学侦查又有侦查策略方法和侦查技术两部分。书中提出的勘验犯罪现场必须先静后动的"黄金规则"和"重现现场"两个著名论点，后来被视为侦查学的经典。1898年该书第三次再版时，格罗斯增加了"犯罪侦查方法"的副标题。与此同时，格罗斯在1898年创办了侦查学领域第一本科学杂志《犯罪学和犯罪学档案》，1912年，他在奥地利格拉茨大学成立了第一个侦查学研究所。1949年英国用英文出版《司法检验官手册》（第四版）时，译名为《犯罪侦查》。由于格罗斯这本书译名为《犯罪侦查》，所以各国学术界和侦查实践工作者公认它是侦查学创立的标志,加上格罗斯在侦查学领域的其他开创性贡献,因而格罗斯也被公认为侦查学的创始人,西方警察学者将他誉为"侦查学之父"。

20世纪初期以后,旧中国也相继建立了专业侦查机构,不同程度地开展了侦查业务工作。30年代开始吸收和学习外国侦查文化,引进外国先进的侦查技术。在兴办刑事警察教育过程中,编著了《刑事警察学》、《侦探学》等著作,但教授的仅是一些技术手段和肤浅的工作方法,很少涉及侦查原理与法律依据,未能构成科学体系,只能视为通俗的业务资料。

中华人民共和国建立后的最初几年,虽有独立的侦查机构和侦查专业工作,但无人力和时间对侦查学进行系统研究。1953年以后,由于国家政治经济形势的变化,刑事案件活动相对突出,侦查工作的地位显得日益重要,在全国范围内开展的侦查业务建设,为我国侦查学的发展奠定了实践基础。与此同时,各政法、公安院校开始了从短训班、进修班到研究生不同层次的专业教育,成立了研究机构,研究成果大批涌现,成套的侦查学教科书、专著相继问世。从20世纪50年代末到60年代初期,我国新型的侦查学体系即已形成。1978年党的十一届三中全会以后,我国实现现代化建设的工作重心转移,以保卫现代化建设为己任的侦查工作获得了蓬勃发展的生机,特别是刑事诉讼法的制定与实施推动了我国侦查学的发展。由此我国侦查学进入了比较成熟的阶段。

第二节 侦查学与邻近学科的关系

侦查学作为法学体系中的一个组成部分,它同邻近学科有着密切联系。

一、侦查学与刑法学的关系

侦查学与刑法学之间的联系极为密切。一般而言,刑法学所研究的基本内容是关于犯罪构成要件与刑罚的种类及适用方法的问题。我国刑法学的任务,简而言之,就是研究如何运用刑罚的方法同犯罪作斗争的问题。侦查学并不直接研究犯罪的构成与刑罚,而是专门研究如何运用侦查技术手段、侦查措施和侦查方法进行侦查活动,如何及时、准确地揭露犯罪和查获犯罪人的问题。它们二者之间的关系可以从两方面加以说明:一方面,侦查学在研究和制定侦查犯罪的技术、措施和具体方法时,必须以刑法所规定的某种行为构成犯罪为前提。如果某种行为按刑法规定根本不构成犯罪,那就谈不上立案侦查。如果侦查学所确立的技术手段、措施和具体方法离开刑法的规定,离开刑法学这样一个基础,另搞一套,必然导致破坏社会主义法制的后果。另一方面,刑法所规定的目的和任务，需要通过一系列的侦查活动才能实现。因为没有强有力的侦查活动，除极少数自诉案件外，犯罪分子的犯罪事实就不可能查清，犯罪分子就不能被查获，当然刑法就没有具体的适用对象，刑法所规定的对犯罪人的定罪科刑也就无从谈起。由此可见，侦查学所制定的侦查犯罪的技术、措施和方法，是实现刑法规范的工具，而刑法学所研究的犯罪构成与刑罚的问题，则是研制侦查技术手段和制定侦查措施及侦查方法的法律依据。因此，侦查人员必须认真学习刑法，搞清罪与非罪，此罪与彼罪的界限，明确各种犯罪的构成要件，以及刑罚的种类和适用方法。只有这样，才能对各种犯罪正确地开展侦查活动，及时准确地揭露犯罪和认定犯罪人，也才能保证无罪的人不受刑事追究。

二、侦查学与刑事诉讼法学的关系

侦查学与刑事诉讼法学也有着密切的联系。我国刑事诉讼法是国家为了保证刑法的贯彻实施而规定的人民法院、人民检察院和公安机关办理刑事案件应当遵守的原则、制度和程序的法律。刑事诉讼法学这门学科主要是研究如何从诉讼程序上保证及时准确地查明犯罪事实，正确地运用刑法。侦查机关为了准确地查明犯罪事实和查获犯罪人，在侦查过程中，必须严格依照刑事诉讼法规定的程序进行活动。但是，侦查工作所包括的内容是极其丰富的，刑事诉讼法作为一门程序法，它只规定进行侦查活动的程序、规则、制度，并不具体规定进行侦查活动应采取的技术手段和策略方法，而这些具体手段和方法的规定，则是靠侦查学来完成的。例如，我国《刑事诉讼法》第108条规定："为了查明案情，在必要的时候，经公安局长批准，可以进行侦查实验。"又规定："侦查实验，禁止一切足以造成危险、侮辱人格或者有伤风化的行为。"这里，法律只规定了进行侦查实验必须遵循的程序和原则，并没有规定侦查实验的规则、步骤和具体方法，以及对侦查实验的结果如何评断、运用等。而这些，正是侦查学所要研究的内容。由此可见，侦查学同刑事诉讼法学是既有密切联系，又有明显区别的两个独立的法律学科。具体地说，刑事诉讼法学主要是研究侦查活动的诉讼形式；而侦查学所研究的是侦查活动的技术上、措施上和方法上的内容及其规律性。

三、侦查学与法医学的关系

法医学是研究涉及法律事件的人体的检验、鉴定的学科。它的主要任务是：研究死亡的原因及各种尸体现象的发生、发展规律；各种暴力所致的损伤及死亡的机理、征象和检验方法；各种猝死的病因、诱因和检验方法；自死、他杀、灾害等原因引起的人体伤亡的规律和特点；涉及法律问题的人体生理状态以及伤、残、病等问题的检验和鉴定；医疗纠纷的鉴定；涉及诉讼的人体组织、分泌物、排泄物的检验方法；个人识别方法等。从法医学的任务来看，法医检验及法医鉴定的意见，在有关刑事案件中占有非常重要的地位。侦查学的一个很重要的任务也是研究刑事案件证据的收集和评断。在研究证据这一点上，侦查学与法医学方法的同类性，决定了这两种学科之间重要的和不可分割的联系，有许多证据，在侦查学和法医学中都要加以研究。在许多场合，属于法医学检验和鉴定之列的，也是侦查学意义的客体。比如对杀人、强奸、伤害等案件中的有关尸体、活体和物证，法医学和侦查学都要加以研究。应该指出，根据我国刑事诉讼法的规定，法医对涉及人体伤亡案件的勘验、检查，必须在侦查人员的主持和参加下进行（见刑事诉讼法第101条）。与之相适应，法医学所规定的勘验、检查，必须以侦查学所确定的理论和方法为指导。而侦查学所规定的对有关人体伤亡案件的勘验、检查，离开法医学所规定的具体的理论和方法，也必将成为空谈。例如，某甲控告某乙对其九岁的女儿进行了奸淫，而且造成该幼女身体严重损伤，而某乙说某甲是诬告，因为他已丧失性机能。为了查明这样一个问题，单靠侦查学的知识是无法完成的，必须借助法医学的有关理论和方法。从上不难看出，侦查学与法医学的关系可以作如下表述：一是法医学不等于侦查学。法医学的客体，仅仅是侦查学客体的一部分；二是侦查学在研究物证、尸体外表检验、发火武器和其他凶器伤害，以及有关物质的化学和物理学检及鉴定等方面，必须借助法医学的帮助；三是法医学必须接受侦查学的指导，法医勘验及法医鉴定必须同时在法医学和侦查学的指导下进行。

此外，侦查学同犯罪心理学、司法精神病学等相邻学科也有密切联系。侦查学与犯罪心理学的关系是：一方面，犯罪心理学所研究的犯罪人的心理活动及与其行为之间的关系，是靠侦查学所规定的技术手段、措施和方法来揭示的；另一方面，对犯罪人的心理活动及与其行为之间的关系的研究，可以丰富和发展侦查学的理论和方法。侦查学与司法精神病学的关系是：对怀疑有精神病的犯罪嫌疑人，运用侦查学的理论和方法侦查、调查其行为是否对社会有危害性，是进行司法精神病学鉴定的前提条件；而精神病人实施的有危害社会的行为，都有其一定的规律特点，学习司法精神病学，研究精神病人的症状和行为规律，可以结合侦查的需要，总结出这类案件的规律特点，用来指导这类案件的侦查，从而丰富和发展侦查学的内容，指导侦查实践。

综上所述，可以清楚地看到，侦查学与其相邻的刑法学、刑事诉讼法学、法医学、犯罪心理学、司法精神病学等学科有着密切的联系。首先，侦查学研究的最终目的，并不在于其学科自身的完善，而是作为一种工具和方法为刑法和刑事诉讼法服务。虽然国家以刑法规定对犯罪人进行惩罚，以刑事诉讼法规定追究犯罪人罪责的程序，但仅仅根据这两部法律，并不能实现其目的。因此，国家在制定刑法、刑事诉讼法的同时，还需要发展一门相应的工具性学科，即侦查学，以协助其实现法律的规定。其次，国家要发展法医学、犯罪心理学、司法精神病学等学科，必须用侦查学的理论和方法为指导，必须加强侦查学的建设和发展。因此，我们既要注意侦查学同其他邻近学科之间的联系，又要注意它们之间的区别。只有这样，才有利于侦查学的不断丰富和发展。

第三节 侦查学的研究方法

一门学科的研究方法，是由其研究对象的特殊性所决定的。侦查学的研究对象是侦查涉嫌犯罪的刑事案件的技术、措施和方法。因此，这一特殊的研究对象决定着对其研究的指导原则、具体方法、材料的处理和研究成果的运用等方面的基本要求。

一、研究的指导原则

针对侦查学研究对象的特殊性，在指导原则上必须遵循客观原则、发展原则和分析——综合原则。

（一）客观原则

研究侦查学必须实事求是，从客观实际出发，按照侦查学对象的本来面貌加以研究。首先，客观性原则要求必须从犯罪案件的本来面貌出发，研究犯罪人实施犯罪行为的过程和犯罪人的个性特征，提出相应的、切合实际的侦查措施、技术和方法。这就要求既在某个典型的犯罪案件中，又在非典型的犯罪案件中研究犯罪人及其实施犯罪的情况。只有这样，才能全面地研究犯罪人及其行为的一般特点，而不放过任何有价值的材料，并在此基础上提出侦查犯罪的对策。其次，在对待所收集的研究材料时，也必须客观。就是说，必须对收集到的全部事实材料作全面的分析，即使有的是相互矛盾的也绝不能任凭主观，轻易地舍弃，而必须对矛盾症结作出科学的解释或者进行补充研究。也就是说，客观的原则要求任何结论只能在事实材料的基础上作出。这当然不是说，在进行研究时不能提出这种或那种假设，而是说必须用事实材料证明提出的假设是否正确。

（二）发展原则

这项原则是鉴于科学技术的发展和犯罪分子的犯罪方式、方法的变换，带有新特点的犯罪案件的出现而提出的。这是因为，带有新特点的犯罪案件的出现，即意味着犯罪人的反侦查策略和技术的翻新。为此，在侦查学的研究上，非有新的认识方法和新而有效的技术，以及应变可行的侦查措施不可。首先，发展的原则要求在十分注意侦查学的理论的连续性和继承性的同时，还必须根据犯罪情况的变化发展理论，对侦查学原有的理论和方法进行修改和补充，使其更加正确、完整，更能适应侦查犯罪的需要，更富有中国的特色。其次，发展的原则要求随着变化了的情况，有时可以用崭新的、正确的理论和方法代替旧的、过时的或不恰当的理论和方法。必须指出，根据发展的原则研究侦查学，不要以为情况既然是发展变化的，就什么都在变，从而毫无根据地随意怀疑和否定原有的一些理论和方法，也不要在某些情况已经发生质变时，仍抱着原有的理论和方法不变，这样都会犯主观主义的错误，把侦查实践和侦查理论的研究引向歧途。

（三）分析——综合原则

侦查学是通过研究如何根据对涉嫌犯罪案件的具体分析和具体侦查，形成正确的理论和方法来揭示其研究对象的共同本质的。因此，研究侦查学还必须遵循个性研究的分析——综合的原则。首先，分析——综合的原则要求必须研究刑事案件的个别特征及其侦查方法。不论刑事案件如何纷繁复杂，如何多种多样，每一个案件仍是它自己，仍然是以它独特的表现形式保持着自己的特点。要深刻地、全面地研究案件的个性特点，一是要研究构成刑事案件的诸要件（犯罪主体和犯罪的主观方面，犯罪客体和犯罪的客观方面）的个别特征；二是要研究案件诸要件在涉嫌犯罪案件统一体中的相互关系。这是因为，一方面，不研究刑事案件诸要件的个别表现，就不能理解和评价整个刑事案件的个性特点以及侦查此案的具体方法；另一方面，不把它们彼此联系在一起，不揭示它们的相互依存和统一，就不能了解它们的各自特点。而要完成这样一个任务，就必须采取个性研究的分析——综合的原则。其次，分析——综合的原则还要求必须研究刑事案件的普遍性特征及其侦查方法。无疑，每个刑事案件都有着自己的个别特征，都必须采取适合其个别特征的侦查方法。但刑事案件之间又都有共同的、普遍的特征和共同的、普遍的侦查方法。所以，还必须在研究每个刑事案件的个性的过程中，阐明哪些是它们所具有的一般的、典型的特征，以及个别特征和普遍特征之间的关系；阐明哪些是侦查犯罪的一般的、典型的方法，以及侦查的个别方法和普遍方法之间的关系。而分析——综合的研究，则可以弄清每一个刑事案件的全部个别特征之间的相互关系，找到表明每个刑事案件的整个特点的那些稳定性的东西；也才可以弄清全部和个别侦查方法之间的相互关系，找到侦查犯罪的普遍的方法。

二、研究的具体方法

侦查学研究的具体方法，是指运用着研究犯罪人的活动及对其侦查的各种方法。选择何种方法，通常取决于研究所提出的任务。

侦查学研究中主要采用下列方法：

（一）研究犯罪方式

所谓犯罪方式，是指犯罪分子进行犯罪的手段或方法。犯罪分子的犯罪手段是非常隐蔽、狡猾的。他们惯于伪装现场、制造假象、嫁祸于人。有些案件还往往同其他事件相互交织，真假混杂。这就要求必须从实际出发，认真仔细地研究犯罪分子进行犯罪活动的手法及其特点，制定出相应的侦查犯罪的手段。例如，如果不研究犯罪分子进行盗窃的方法，以及掩盖其盗窃行为的手段，就不能通过侦查去揭露各种各样的盗窃罪行。由此可见，研究犯罪分子的犯罪方式，不仅能为侦查犯罪提供方向、途径和方法，而且能够丰富和发展侦查学关于侦查犯罪的措施和技术手段。一般可以从以下几方面进行：第一，根据对各类犯罪案件现场上的痕迹和物品的勘验、检查进行研究；第二，根据案卷中犯罪分子对犯罪方式的交待材料进行研究；第三，运用谈话法和问卷法向被关押、服刑的各种罪犯调查研究；第四，向经验丰富的侦查人员调查研究；等等。

（二）总结侦查经验

总结侦查经验，是解决侦查学所面临的任务的一个重要途径。侦查学是一门实践性非常强的学科。侦查实践同其他工作实践一样，是检验侦查学所规定的某种原则、方法、手段是否正确、有效的唯一标准。只有经过侦查实践证明是行之有效的理论和方法，才是正确的、科学的。经过侦查实践的证明，无疑有些侦查措施和技术是适用的、有效的，有些则可能是软弱无力的，有些则可能部分或完全不适用了。这就要求，研究侦查学必须理论联系实际，既要善于运用侦查学的理论和方法解决侦查工作中遇到的各种实际问题，又要对侦查学所规定的各种措施和技术手段进行反复的实践，并通过认真地总结经验，不断地进行丰富和发展。

（三）实验

像其他学科一样，实验在侦查学的研究中也是主要的方法。它的优点是通过反复地实验来获得新的理论和方法，而不是等待它们的出现。在侦查的实践中，经常会遇到一些问题得不到解决，侦查学中又没有认识和解决这些问题的具体理论和方法，而这些问题不解决，非常有碍于侦查的顺利进行。这就要求必须有目的、有计划地进行科学实验，通过实验研究、解决问题，促进侦查学的发展。实验有如下几种形式：第一，实验室实验。对于研究侦查技术有着巨大的意义。在研究个别侦查技术，比如痕迹勘验、文书勘验等技术采用实验室研究的方法很有成效。第二，临场实验。临场实验和实验室实验不同，它是在同犯罪现场相似的环境中进行的。亦即在实验的过程中参照犯罪现场的原状或同犯罪现场原状相似的条件下进行的。通过临场实验，可以考察某种措施和技术手段是否适用。第三，模拟实验。临场实验的进一步发展，引出了一种变换的实验形式，即侦查学教学中的模拟实验。其实质在于直接在教学的过程中，通过实际操作和演习，对侦查学所规定的各种侦查技术手段和各种侦查措施进行研究。

（四）吸收其他科学成果

社会上进行犯罪活动的一些犯罪人，特别是那些以犯罪为职业的惯犯，他们犯罪的方法花样翻新，作案手段层出不穷。在科学昌明的当代，犯罪分子利用科学技术进行犯罪，其犯罪方式就更加狡猾多端、日新月异。变化了的犯罪方式使其所形成的犯罪案件就更加难以侦查。这就使作为专门研究侦查犯罪对策的侦查学所规定的侦查技术和措施的范围，必然极其广泛，必然同自然科学（如物理学、化学、数学、解剖学、生理学、人体运动力学等）和社会科学（如哲学、语言学、逻辑学等）以及某些人文科学（如社会学、人类学、心理学等）的许多门类的理论和方法发生联系。这就决定了在研究侦查学时，还必须采取广泛地吸收其他科学成果的方法。但是必须明确，侦查学吸收和运用其他科学部门的研究成果，不是简单地照搬它们的理论和方法，而是对这些理论和方法经过科学地加工和实验，使之适合侦查学同犯罪作斗争这一特殊的目的和任务的要求。

此外，观察法也是侦查学的一种研究方法。它是指研究者深入各行各业，在自然的条件下观察人的活动方式及其所引起的周围客观环境的变化。运用此法，可以积累丰富的知识和经验，为侦查犯罪和侦查理论的研究服务。然而这一方法也有消极的方面：一是观察的时候，研究者处于被动的地位，他只能等待他所研究的问题的出现；二是运用这一方法收集到的材料不能为数量分析提供广泛可靠的依据；三是使用观察法几乎不可能精确地确定这种或那种现象的原因，因为人们不可能全部考虑到对其行为发生作用的一切因素。

三、研究材料的处理

在侦查学的研究中，对运用上述研究的具体方法获得的材料，必须进行质量处理和数量处理，以便获得新的理论和方法。

（一）研究材料的质量处理

要针对研究的任务，将所获取的丰富而庞杂的感性材料进行精确的筛选和正确的鉴别处理。所谓筛选，就是从研究材料中选取那些最能反映事物本质和事物发展规律的典型材料。所谓鉴别，就是从研究材料中，通过比较和检验，辨别真伪，排除假象，洞悉真情。如果选取的材料不反映事物的本质和事物发展的规律，如果选取材料时真伪不辨、为假象所蒙蔽，那么在科学研究中就不能对研究的对象作出正确的认识和科学的结论。在对研究材料筛选和鉴别时，必须预先确定被研究的现象的质量指标，即研究计划中规定的必须达到的目标。也可以在筛选、分析事实材料的过程中揭示这些指标。如果对用来说明研究现象的部分个性特点的材料作质量处理，那就必须确定这一特点的表现范围，它在各种条件下是否始终如一，它对客观条件的依存性，它同被研究现象的其他个性特点的联系等等。应该指出的是，在对研究材料进行质量分析时，应特别注意那些刚刚萌生或正在发展着的现象，因为这不仅可以确定那些表征研究现象现在特点的东西，而且还可以预见其发展的前景。

（二）研究材料的数量处理

研究结果的客观性，不仅要求对被研究现象的特征进行描述和质量鉴定，始终重要的是要确定和证明所找出的特征的典型性，这只有在对研究材料进行数量处理的基础上才能做到。研究材料的数量处理，是指对感性材料进行数学处理，从相互联系和发展中研究被研究现象的特征，即运用数学方法去考察、研究它们的联系、它们的联结、它们的运动、它们的产生和消失。从而从大量偶然的现象中，找出其必然性、规律性。对研究材料的数量处理常采用抉择分析、相关分析、离散分析、因素分析等方法。特别是相关分析、离散分析、因素分析等变量统计方法，可以确定指标的平均数值、材料的多样性和差异性的程度，以及一系列现象之间是否存在联系等。统计方法对于确定研究结果的可信度也具有特别重要的意义。统计方法能以数学的精密性来可靠地判断这种或那种指标的差别，判断这些差别在某种现象中的典型性和偏离常规的界限等。

四、研究成果的运用

通过科学抽象的方法将侦查学的研究材料上升为理性认识，即从大量的、丰富的感性材料中总结出新的侦查犯罪的理论和方法之后，侦查学的研究还没有结束，更重要的还必须把这种新的研究成果运用到侦查实践中去，指导侦查工作，并在侦查工作中接受检验，这就是侦查学研究成果的运用。

侦查学研究成果的运用，是侦查学研究的第二阶段，即由研究成果到运用研究成果的阶段。这比起对材料的研究来说，意义更大。这是因为：第一，侦查学的研究成果是理性的东西，只有通过侦查实践，它才能够变成现实。第二，侦查学的研究成果，只有在侦查实践中，才能得到检验、修改、补充和发展。第三，侦查学的研究成果运用到侦查实践中去的时候，正确的理论和方法对侦查实践有着巨大的指导作用。第四，由于正确的侦查理论和方法是对侦查学对象的本质和发展规律的正确反映，因而，还能够对侦查学研究对象发展的必然趋势和基本进程作出科学的预见，指导侦查学研究和侦查实践的进一步发展。因此，在对侦查学进行研究时，还必须有组织、有目的、有计划地运用研究成果于侦查的实践。这是一项十分重要的工作。如果没有实践，不受实践的检验，一切研究成果都不过是空中楼阁，纸上谈兵，变成毫无实际意义的东西了。

我国侦查学还在发展中，要在正确的原则指导下，正确地选择研究方法，合理地运用方法的体系进行研究；在研究中要善于继承，勇于创新；要理论联系实际，使侦查学的科研、教学和侦查实践相结合。只有这样，才有可能取得更完全、更客观的成果，推动侦查工作，丰富和发展侦查学的理论和方法。

第二章 侦查概要

侦查概要即对侦查的一般问题，诸如侦查的概念、侦查的任务和意义、侦查的原则、侦查的方法、国际侦查协助等进行大略的论述。

第一节 侦查的概念

我国《刑事诉讼法》第82条第（一）项规定："侦查"是指公安机关、人民检察院在办理案件过程中，依照法律进行的专门调查工作和有关的强制性措施。

从上述规定中可以看出，侦查包括以下四层意思：

第一，侦查是专门机关的专有职权。在我国，侦查权主要属于公安机关和人民检察院，法无明文规定的任何其他机关、团体或者公民个人都无权实施侦查。如果其他机关、团体或者公民个人擅自实施侦查，私设公堂，非法捕人、关人、搜查等等，就是违法行为，应负相应的法律责任。

第二，侦查的对象是已经确定立案的刑事案件。没有立案的，不能对其实施侦查。按照《刑事诉讼法》第18条对刑事案件管辖的分工的规定，"刑事案件的侦查由公安机关进行，法律另有规定的除外。""贪污贿赂犯罪，国家工作人员的渎职犯罪，国家机关工作人员利用职权实施的非法拘禁、刑讯逼供、报复陷害、非法搜查的侵犯公民人身权利的犯罪以及侵犯公民民主权利的犯罪，由人民检察院立案侦查。对于国家机关工作人员利用职权实施的其他重大的犯罪案件，需要由人民检察院直接受理的时候，经省级以上人民检察院决定，可以由人民检察院立案侦查。"

第三，侦查是一种专门活动，包括专门调查工作和调查过程中可以采取的特定的强制性措施。根据刑事诉讼法的规定，专门调查工作主要包括勘验、检查，侦查实验，询问证人，搜查，扣押物证、书证，鉴定，通缉，讯问犯罪嫌疑人、被告人等。强制性措施主要有拘传，取保候审，监视居住，拘留和逮捕等。各种专门调查工作和有关的强制性措施，可统称为侦查行为。显然，作为侦查的专门调查工作，同一般性的调查工作是有原则区别的，不能混为一谈。

第四，侦查是一种诉讼活动，必须严格依照刑法、刑事诉讼法和其他法律的有关规定进行。

综上可见，侦查是专门机关在其职权范围内依法进行的专门活动，仅适用于刑事案件范围。以上是法条规定的关于侦查的定义。但是，要从整体性全面性上去理解侦查的含义，还必须结合法律的其他有关规定来全面地研究和认识。如结合刑事诉讼法第4条和第225条来研究，就可以明显地看出有权进行侦查活动的并非仅限于第82条第（一）项规定的公安机关和人民检察院，还包括第4条规定的国家安全机关、第225条规定的军队保卫部门和监狱。应当指出，人民法院为了调查核实证据，法律规定也可以进行勘验、检查、扣押、鉴定、冻结、查封等活动，但由于我国实行控诉与审判相分离的制度，法院为审查核实证据所进行的这些调查活动又不属于侦查的性质。

因此，为了完整准确地理解和认识侦查的概念，除了掌握侦查的法律定义外，还应该将侦查的含义理解为：有侦查权的国家机关和部门在其职权范围内，对已经确定立案的刑事案件，依照法律进行的专门调查工作和采取有关的强制性措施的活动。

另外，侦查既包括破案前的专门调查工作，也包括破案后的审讯和侦查终结活动，不能把侦查仅仅理解为是破案前的活动。

在人类历史上，西欧封建社会实行纠问式刑事诉讼，揭露和证实犯罪没有专门的侦查起诉机关。在中国封建社会，司法权基本上由行政机构来行使，在地方各级国家机构中，没有单独的审判机关，行政长官直接掌握司法权，并亲自审理刑事案件或由其下属辅助官吏代为审理案件。近代资产阶级国家实行立法、行政、司法三权分立原则，故在刑事诉讼中侦查职能和审判职能一般由侦查机关与审判机关分别行使。但是，侦查职能的行使各国的规定不尽相同，有的由警察机关独自进行，有的由检察官进行，有的由司法警察在检察官的指挥下进行。对侦查在刑事诉讼中的地位和重视程度英美法系国家与大陆法系国家也不一样。英美法系国家实行辩论主义即当事人主义，故法律对侦查程序的内容规定较少；而大陆法系国家实行职权主义，极为重视侦查程序，故刑事诉讼法对侦查程序和侦查行为的内容规定得相当系统和具体。原苏联重视侦查程序，称其为预先侦查；英美法系国家的侦查机关主要是警察机关；大陆法系国家的侦查机关有警察机关、检察官和法官。原苏联主要是由警察机关和检察机关行使侦查职能。在国外刑事诉讼中，大多没有法定的立案程序，故一般将侦查视为刑事诉讼的开端，侦查是整个刑事诉讼的第一道重要程序。外国刑事诉讼中的侦查概念，是指有侦查权的机关、人员收集、审查证据，揭露犯罪事实，证实犯罪人，为起诉和审判做准备的诉讼活动。

第二章 侦查概要

在我国,由于受战争年代历史传统的影响,在刑事诉讼法颁布以前公安工作中一直沿用着"侦察"一词。侦察原本是军事用语,其本义是指为了弄清敌情、地形及其他有关作战的情况而进行的军事活动。在我国历史上的公安工作中也用侦察借指为了确定犯罪事实和犯罪人所进行的调查。1958年公安部组织编写的《刑事侦察工作讲义》将刑事侦察与军事侦察相对分离开来,使之成为公安工作的一个专用术语而得以广泛使用。修正前后的《中华人民共和国刑事诉讼法》均统一使用"侦查"这一专用术语,在此情况下,理论界和实践中对关于"侦查"与"侦察"的性质产生了争议,长期存在认识上的分歧。有的认为"侦察"是指公安机关、国家安全机关对具体犯罪案件破案前的调查控制工作,而破案后的预审则称之为"侦查"。有的认为"侦察"是公安机关和国家安全机关同特务、间谍等危害国家安全的犯罪分子和其他刑事案件分子斗争时,根据宪法、法律,依照有关行政法令、法规进行的调查研究和控制审查工作,而人民检察院对属于自己管辖的刑事案件的调查控制工作,则称之为"侦查"。有的还认为,"侦察"秘密程度很强,而"侦查"秘密程度较弱;"侦查"所收集的材料审查核实后,可以作为证据公开采信,而"侦察"收集的材料只是证据线索,必须进行转化后才能作为证据公开使用。上述观点均认为"侦察"是国家行政机关依据并为了执行宪法而实施行政权的一种活动,属于行政行为,侦察权的根据是行政权;而"侦查"是国家司法机关的司法行为,依据的是刑事诉讼法,侦查权的根据是司法权。我们认为,既然刑事诉讼法把办理刑事案件中的专门调查工作和采取的强制性措施称为"侦查",就应该根据法律规定,将侦办刑事案件中的习惯用语"侦察"更改为法定用语"侦查"。而公安机关、国家安全机关在侦查中采取的限制人身权、财产权的措施,显然是不能引起行政诉讼的,因为根据刑事诉讼法及其他法律规定,公安(含国家安全)机关具有双重职权:一是负有公安行政、管理职权,在其公安行政管理活动时具有行政主体资格;二是负有侦查刑事案件职权。从行使国家侦查权这个意义上说,它是司法机关中的重要部门,其进行侦查活动时不以国家名义行使行政权力,这时的公安机关不具备行政主体资格。所以,公安机关只有在公安行政管理活动中采取行政强制措施时才具有行政主体资格,从而才能成为行政诉讼的被告。公安机关在侦查中采取的对人身权、财产权的控制和强制性措施不是行政行为,不能提起行政诉讼。对公安机关在侦查中采取的控制性和强制性措施有意见,可依照刑事诉讼法和人民检察院组织法的有关规定寻求解决。而"侦察"用语必须严格限制在法律特定的范围内使用,如根据《国家安全法》第10条规定:"国家安全机关因侦察危害国家安全行为的需要,根据国家有关规定,经过严格的批准手续,可以采取技术侦察措施。"因此，公安、国家安全机关应在法定范围内使用"侦察"概念，不能将"侦察"与"侦查"随意混用，更不能在侦查过程中随意用侦察代替侦查。

第二节　侦查的任务和意义

侦查是有侦查权的国家机关和部门同刑事案件作斗争的重要活动。其目的和意义在于通过侦查破案和对犯罪嫌疑人的审讯，揭露和制止犯罪分子的破坏活动，保卫社会主义和谐社会建设的科学发展和人民生命财产的安全。

一、侦查的任务

侦查的具体任务包括收集证据；查明犯罪事实，确定犯罪嫌疑人；采取必要的措施，防止人犯逃避侦查、审判和继续进行犯罪活动；保障无罪的人不被追究刑事责任。

（一）收集证据

这是侦查的一项重要任务，是全部侦查活动的中心环节。各种侦查措施和各种侦查技术手段的运用，其主要目的都是为了获取诉讼证据。证据的获取主要包括四个方面的内容：

1. 发现证据。犯罪事件都是已经发生的事实，而且这些事件又是和许多其他事件同时发生、相互交错的，那些能够证明犯罪事件的事实，经常是零散地被淹没在许多其他事件之中，有时还会被自然的因素和人为的因素加以破坏或掩盖，不容易被发现。因此在侦查过程中，首先必须采取各种有效的措施和技术手段，及时、准确地找到能够证明案件真实情况的一切事实，即发现证据。比如，利用科学技术方法发现犯罪分子遗留在现场的无色汗垢手印、恢复武器上被锉掉的号码等；通过搜查发现犯罪分子藏匿的赃物和作案工具等；通过询问被害人和证人了解与犯罪有关的各种事实情节等等，这都是发现证据。

2. 固定和收取证据。要想使被发现的证据能够在刑事诉讼中真正起到证据的作用，还必须把这些事实材料加以固定并收取下来。否则，尽管所发现的事实材料对于证明案件事实很有价值，也不能起到诉讼证据的作用。固定和提取证据的方法，通常有照相、绘图、制作模型、制作各种笔录以及录音、录像等，必要时，经批准并征得有关事主同意，可以提取具有证据意义的物品或文件。

3. 对某些专门性问题进行鉴定。在侦查过程中，经常需要解决案件中某些专门性问题。如确定死亡的原因，损伤的性质，某种物品的化学成分或物理属性，现场文书是何人制作及从现场提取的形象痕迹是哪一个客体所遗留等等，都必须正确地指定和进行鉴定。鉴定结论就是证明案情的一项重要的证据。例如，有人举报某甲用手枪杀害了某乙。在侦查的过程中，从某甲的箱子里发现和提取了一支手枪。为了解决这支手枪是否为杀害某乙的凶器问题，就必须进行技术鉴定。经过枪弹鉴定，认定从某乙身上取出来的弹头正是从某甲这支手枪中射出来的。这时就可以认定某甲的这支手枪就是本案的证据之一。根据鉴定所运用的专业知识，通常可以分为法医学鉴定、司法精神病学鉴定、化学鉴定、司法会计学鉴定、痕迹学鉴定、司法弹道学鉴定、笔迹学鉴定等等。

4. 审查评断证据。对于各种证据必须经过查证属实，才能作为定案的根据。因此，侦查人员对于侦查过程中所发现和提取的每一个证据及各种鉴定结论，都必须认真地进行审查评断，以鉴别其真假，查明它们之间的相互联系，以及每项证据材料对证明案件事实的实际意义。最后，还应当在综合分析研究证据材料的基础上，对案件情况作出正确的判断。

（二）查明犯罪事实并确定犯罪嫌疑人

全面查明犯罪事实，弄清案件的全貌，准确地确定犯罪嫌疑人，这是侦查的一项最基本的任务。查明犯罪事实，是处理刑事案件的基础。实践表明，只有把案件事实查清楚了，才能正确地适用法律，做到定性准确，使犯罪分子受到应得的惩罚，使无罪的人不受刑事追究。在侦查过程中，广泛地收集各种证据材料，其目的正是为了查明犯罪事实，证实犯罪人及其犯罪行为。所谓犯罪事实，就是指犯罪分子实施犯罪行为的时间、地点、手段、罪过形式、动机目的、侵害的对象和所造成的危害后果，以及作案人实施犯罪行为时的年龄、精神状态等。总之，凡是根据我国刑法的规定已经构成犯罪，并且应当追究刑事责任的各种事实，在侦查过程中都必须周密地进行调查，查得清清楚楚。除此之外，那些与案件无关的事实，或者人们的主观印象、怀疑、猜想、推测和看法等，都不能认为是犯罪事实，当然不能作为处理案件的根据。

（三）对犯罪嫌疑人采取必要的强制措施

这是防止犯罪嫌疑人逃避侦查、审判和继续进行犯罪活动又一项任务，也是侦查工作的基本要求。在侦查过程中，如果发现犯罪嫌疑人可能逃跑、躲藏、串供、毁灭证据、自杀或进行新的犯罪活动等紧急情况，而不积极主动地采取措施加以制止，致使国家和人民的利益遭受损失，那么，即使最后破了案，也不能认为是很好地完成了侦查任务。在侦查过程中所采取的强制性措施，通常有拘传、取保候审、监视居住、拘留、逮捕等几种。侦查机关在决定是否采取强制性措施以及采取何种强制性措施时，应考虑犯罪嫌疑人罪行的轻重，人身危险性的大小，罪证是否充分确凿，以及是否有逃避侦查、审判或者继续犯罪的可能等具体情况。由于采用强制性措施直接关系到公民的人身权利和民主权利，因而必须持严肃、慎重态度。要坚决防止随意捕人、拘人等滥用职权的违法行为。另外，在侦查过程中，如果案情有了发展变化，对于原先采取的强制性措施，应根据新的情况，分别予以撤销或变更。

（四）保障无罪的人不被追究刑事责任

侦查作为有侦查权的国家机关和部门的一项专门工作，它的任务不仅要查明犯罪嫌疑人的全部犯罪事实，追查一切应当追究刑事责任的人，而且还要保障无罪的人不受刑事责任追究。众所周知，犯罪分子是非常狡猾的。他们在作案后，为了逃避打击，往往制造假象，转移视线，嫁祸于人，甚至故意捏造假材料，提供假证据，诬告陷害他人。由于斗争的复杂性，即使侦查工作进行得比较周密细致，有时也难免出现这样或那样的疏忽和错误。在已逮捕、拘留或已采取其他强制性措施的人中，可能会有极少数是属于无罪的人。即使是被拘捕的有重大犯罪嫌疑的人，也存在着有罪和无罪这两种可能性。这就要求侦查人员在侦查过程中，特别是在审讯中，必须认真检验核实侦查材料的真伪，注意发现侦查工作中的疏忽和错误，及时地进行补救和纠正。为了保证既不放纵一个犯罪人，又不冤枉一个好人，在侦查中，不但要注意获取能够证明犯罪嫌疑人有罪的材料和口供，而且也要注意收集能够证明犯罪嫌疑人无罪的材料，认真听取犯罪嫌疑人无罪的辩解。经过查证，发现凡是不应该立案侦查的，应立即停止侦查；凡是属于错拘、错捕的，必须依照法律规定，立即予以释放，并做好善后工作。

长期以来，侦查学界一直在争论侦查是以侦查犯罪为主还是以预防犯罪为主的问题。我们认为，侦查的任务应以侦查犯罪为主，这是侦查性质决定的，也符合侦查实际。应明确以下问题：一是侦查犯罪与预防犯罪的关系问题。毫无疑问，侦查犯罪可起到震慑和预防犯罪的作用，也可以教育人们遵纪守法，但预防犯罪毕竟不等于侦查犯罪，侦查犯罪是专门机关的专门工作，而预防犯罪则不光是专门机关的任务，还要动员全社会综合治理。把预防犯罪作为侦查人员的主要任务，在理论上说不通，实践中也行不通。二是侦查与治安管理的关系问题。侦查的对象是具体涉嫌犯罪的刑事案件，目的是通过专门调查工作和采取必要的控制、强制措施收集证据，查明犯罪事实，查获犯罪人。治安管理是以维护良好的社会治安秩序，减少可被犯罪人利用的客观条件为主要工作内容，目的在于通过公开的形式严密各项管理制度，加强安全措施，堵塞漏洞，减少可被犯罪人利用的犯罪机会，达到使社会治安秩序良好的目的，预防和减少犯罪。虽然侦查与治安管理二者互为作用，互为补充，但二者毕竟不是一回事。三是侦查防范的含义问题。侦查防范指运用各种侦查手段和力量,对有正当理由怀疑是实施了犯罪的人或可能要实施犯罪的人监视控制。目的是将可能实施了犯罪的人控制在侦查视野内,通过积极发现和收集证据,及时将其抓获归案;对怀疑可能要实施犯罪的人,则通过积极侦查,防止其犯罪意向的实现,即在尚未发生侵害结果前,消除其犯罪意图、适时防止犯罪的发生。显然,侦查防范是侦查犯罪的一个重要方面,与一般意义的预防犯罪不同,与治安管理也有区别。

二、侦查的意义

侦查的意义主要表现在以下几方面:

(一)侦查是揭露和制止犯罪的重要手段

犯罪分子的犯罪活动大多是在秘密情况下进行的,作案后又千方百计地毁灭罪证,伪造证据,制造假象,掩盖罪行,或者逃跑、躲藏、串供,以及栽赃陷害,嫁祸于人,有的继续进行破坏活动。这就需要依法运用侦查手段把它们揭露出来。如果没有强有力的侦查工作,就不可能及时、准确地揭露犯罪和证实犯罪,也就不可能有效地制止犯罪分子的破坏活动。

(二)侦查在刑事诉讼过程中具有承前启后的重要作用

侦查是一个独立的诉讼程序,但立案是侦查的前提,提起公诉是侦查的后续,在整个刑事诉讼活动的全过程中,侦查是承前启后的重要阶段,没有侦查,刑事诉讼就会中断和无法顺利进行。

(三)侦查是提起公诉和正确审判的基础和前提

任何刑事案件,只有通过侦查活动,收集了充分的证据材料,查明了犯罪事实,查获了犯罪人以后,才能对案件提起公诉和进行审理。所以,侦查在整个刑事诉讼过程中占有很重要的地位,是整个刑事诉讼活动的基础。实践证明,侦查工作做得好与坏,对犯罪案件能否正确、及时地处理,有着直接的影响。

(四)侦查是一项重要的法制活动

侦查不仅可以及时准确地查明犯罪事实,查获犯罪人,而且通过一系列的侦查活动,还可以教育群众提高警惕性,加强法制观念,自觉地遵守社会主义法制,积极主动地同犯罪作斗争。另外,侦查人员结合侦查工作总结犯罪分子活动的规律特点,发现工作中的漏洞,有助于协助有关部门做好预防犯罪的工作,堵塞犯罪活动的空隙,控制犯罪活动的场所。通过侦查活动,及时、准确地揭露和制止犯罪,对于那些试图违法犯罪者无疑也会起到威慑和教育的作用,从而有利于预防犯罪,减少犯罪案件的发生,维护社会的安定。

☆规制链接　关于审查判断证据及排除非法证据的规定

根据最高人民法院、最高人民检察院、公安部、国家安全部、司法部《关于办理死刑案件审查判断证据若干问题的规定》（2010年6月13日"两高三部"联合通知规定：办理其他刑事案件参照此《规定》执行）和《关于办理刑事案件排除非法证据若干问题的规定》（两个《规定》自2010年7月1日起施行），对侦查取证与审查判断证据、排除非法证据的要求如下：

1. 审查判断证据（关于审查判断证据的《规定》）

第一条　办理死刑案件，必须严格执行刑法和刑事诉讼法，切实做到事实清楚，证据确实、充分，程序合法，适用法律正确，确保案件质量。

第二条　认定案件事实，必须以证据为根据。

第三条　侦查人员、检察人员、审判人员应当严格遵守法定程序，全面、客观地收集、审查、核实和认定证据。

第四条　经过当庭出示、辨认、质证等法庭调查程序查证属实的证据，才能作为定罪量刑的根据。

第五条　办理死刑案件，对被告人犯罪事实的认定，必须达到证据确实、充分。

证据确实、充分是指：

（一）定罪量刑的事实都有证据证明；

（二）每一个定案的证据均已经法定程序查证属实；

（三）证据与证据之间、证据与案件事实之间不存在矛盾或者矛盾得以合理排除；

（四）共同犯罪案件中，被告人的地位、作用均已查清；

（五）根据证据认定案件事实的过程符合逻辑和经验规则，由证据得出的结论为唯一结论。

办理死刑案件，对于以下事实的证明必须达到证据确实、充分：

（一）被指控的犯罪事实的发生；

（二）被告人实施了犯罪行为与被告人实施犯罪行为的时间、地点、手段、后果以及其他情节；

（三）影响被告人定罪的身份情况；

（四）被告人有刑事责任能力；

（五）被告人的罪过；

（六）是否共同犯罪及被告人在共同犯罪中的地位、作用；

（七）对被告人从重处罚的事实。

2. 排除非法证据（关于排除非法证据的《规定》）

第一条　采用刑讯逼供等非法手段取得的犯罪嫌疑人、被告人供述和采用暴力、威胁等非法手段取得的证人证言、被害人陈述,属于非法言词证据。

第二条 经依法确认的非法言词证据,应当予以排除,不能作为定案的根据。

第三节 侦查的原则

侦查的原则,是指侦查的机关和人员在整个侦查活动中必须遵循的基本准则。这些原则是我国侦查工作的经验总结,它凝结了专门机关、人员和广大群众同犯罪作斗争的智慧,是侦查工作正确进行的保障。

一、依靠群众原则

我国《刑事诉讼法》第6条明确规定:"人民法院、人民检察院和公安机关进行刑事诉讼,必须依靠群众。"在侦查活动中,坚持依靠群众,实行群众路线,是我国侦查工作的优良传统。侦查工作只有认真切实地依靠广大人民群众,扎根于群众之中,才能有效地制止和揭露犯罪分子的破坏活动。这是因为:一方面,犯罪分子的犯罪行为直接危害着国家和人民群众的利益,为广大人民群众所深恶痛绝,制止和揭露犯罪分子的破坏活动,代表了人民群众的利益,反映了人民群众的要求,必然会得到广大人民群众的积极支持;另一方面,犯罪分子又是混杂在群众之中的,他们进行任何犯罪活动,总会露出破绽,留下蛛丝马迹,终究逃不脱人民群众的眼睛。因此,只要坚定地相信群众,依靠群众,正确地贯彻群众路线,那就不管犯罪分子隐藏得多么深,手段多么狡猾,都难逃法律的制裁。此外,也只有将侦查工作置于群众的监督之下,才能不犯错误或少犯错误,即使犯了错误,也容易发现和纠正。可见,依靠群众,实行群众路线,是侦查工作取得胜利的根本保证。侦查人员都应牢固地树立起依靠群众的观点,在侦查犯罪的过程中,相信群众,依靠群众,深入群众调查访问,积极地发动和组织广大人民群众,特别要注意发动和组织知情群众同犯罪作斗争,并且虚心倾听群众的意见,自觉地接受群众的监督。

侦查工作必须依靠群众,走群众路线,并不意味着可以削弱侦查机关的专门工作,更不是说可以用群众斗争来代替侦查工作,而是应当实行依靠群众和专门机关的工作相结合的方针。具体地说,专门机关必须组织和依靠群众同犯罪作斗争,群众同犯罪分子斗争的积极性需要专门机关给予支持和保护;专门机关的工作需要群众提供证据和线索,群众的举报需要专门机关依法进行查证收集,不是一切都是群众说啥是啥,不能搞群众破案。总之,人民群众是专门工作的基础和力量源泉,专门工作是人民群众手中的武器。只有把专门工作同广大群众良好地结合起来,才能使侦查工作沿着正确的轨道和方向前进。

二、实事求是原则

实事求是，一切从实际出发，这是辩证唯物主义的思想方法和工作方法的根本之点，它对任何工作都有指导意义，对于侦查工作来说，尤其重要。

如前所述，侦查的任务是通过收集证据和采取必要的强制性措施，准确地查明案情，使真正的犯罪分子受到应得的惩罚，使无罪的人不受非法追究。这就要求侦查工作必须坚持实事求是、一切从实际出发的原则。就是说，侦查工作必须从客观实际情况出发，尊重事实，服从事实，忠实于事实真相。

要坚持实事求是，一切从实际出发，必须反对先入为主，主观臆断，偏听偏信等主观主义的思想作风和办案方法。在侦查过程中，必须全面查清与案件有关的一切情况（如犯罪的时间、地点、方法手段、罪过形式、动机目的，以及作案的过程和所造成的危害后果等等）。必须仔细地发现和收取各种证据材料，即既要注意收集犯罪嫌疑人有罪或罪重的证据，也要注意收集犯罪嫌疑人无罪或罪轻的证据。对于任何证据材料都必须反复核实，鉴别其真伪及其对证明案件事实的价值。对于案件的任何疑问和矛盾都必须彻底调查清楚，切忌牵强附会，断章取义，只看现象，不及本质。严禁对犯罪嫌疑人引供、诱供、指供和刑讯逼供。要敢于坚持真理，修正错误，对于侦查过程中经过实践检验，证明是不符合客观实际的认识，要及时予以纠正，力求使侦查人员的主观认识符合于案件的客观实际，以达到准确地揭发犯罪，查获和认定犯罪嫌疑人的目的。

必须指出，在侦查的各项原则中，实事求是、一切从实际出发处于核心的地位。其他各项原则都不可能离开它，如果离开它，就失去了统一的事实依据。所以，这就需要侦查自始至终都必须贯彻这项原则。只有这样，才能使其他各项原则的贯彻具有实际意义，也才能使侦查机关的专门工作得到充分的发挥。

三、抓住时机原则

由于刑事案件大都是现行破坏，侵害的对象广泛，危害性大，而且有的具有预谋时间短、作案快、销赃和毁灭罪证快、逃跑快、流窜性大等特点，因此，侦查必须贯彻抓住时机的原则，积极侦查，及时破案。就是说，侦查工作一定要行动迅速敏捷，以快制快，以动制动，不给犯罪分子以喘息、逃跑、隐匿和毁灭罪证以及继续进行破坏活动的机会。

所谓抓住时机，就是要抓住发案不久，犯罪现场遗留的痕迹、物品比较明显，犯罪人未能远逃，群众记忆犹新的有利时机，争取以最短的时间，最快的速度，迅速赶赴现场，及时地勘验和访查，尽快发现线索，获取证据，并在此基础上，尽快地对案件作出分析判断，确定侦查范围，制定侦查方案，部署力量开展侦查活动。如果发现犯罪人潜逃，隐匿和毁灭罪证以及有继续进行犯罪的可能，应立即采取追缉堵截、控制赃物等紧急措施。

所谓积极侦查，就是要在侦查过程中，根据案情的需要，积极大胆地使用各种侦查手段，及时地发现和收取各种证据材料，以尽快地查明犯罪事实，准确地认定和查获犯罪嫌疑人，不允许有任何消极等待、耽搁延误。

所谓及时破案，就是指经过侦查，对于主要犯罪事实已经查清核实，并且取得了确凿证据以后，应当立即将犯罪嫌疑人抓捕归案，以防止他们逃脱法网或继续进行犯罪活动。

要贯彻抓住时机的原则，积极侦查，及时破案，有关国家机关应建立必要的工作制度，做到长备不懈；有关人员必须精通和善于运用各项侦查手段，必须具有高度的政治责任感和雷厉风行的工作作风，不论白天黑夜，酷暑严寒，刮风下雨，条件多么恶劣，只要接到报案，都能迅速赶赴现场及时勘查，连续工作，直到破案。

需要指出的是，强调侦查工作要迅速及时，积极主动，并不意味着可以不讲办案质量，盲目图快，更不能以审代侦，以拘代侦，非法侵犯公民的人身权利和民主权利。而是在合法和保证办案质量的前提下，努力提高办案效率，真正做到及时准确，不枉不纵。

总之，依靠群众，抓住时机，积极侦查，及时破案，是我国侦查工作行之有效的方针。它反映了我国同刑事案件作斗争的特点，是多年来侦查经验的总结。只要全面正确地贯彻这一方针，就能取得侦查的主动权，使侦查活动得以顺利进行。否则，作风拖拉，行动迟缓，失掉时机，就会给侦查工作造成极大的困难，甚至长期破不了案。

四、依法办案原则

所谓依法办案，就是要求侦查机关在侦查犯罪的过程中，必须以刑法、刑事诉讼法和其他法律的有关规定为标准，依据这个标准，该怎样办就怎样办。换句话说，就是侦查工作必须遵守法律，服从法律，忠实于法律制度。

要正确执行法律，严格依法办案，就要求侦查人员必须首先学法、懂法，全面领会刑法、刑事诉讼法和其他法律、法规的基本内容和精神实质，弄清罪与非罪，此罪与彼罪的界限，以及各种刑罚的适用范围，懂得办案的诉讼程序；就要求严格地以刑法为标准分析已发生的事件是否犯罪事件，初步分析认定犯罪嫌疑人有罪或无罪，罪轻或罪重，以及是否应当追究刑事责任；就要求在侦查的各个环节及实施各项侦查行为时，一定要遵守刑事诉讼法规定的程序。对犯罪嫌疑人实行逮捕、拘留等强制性措施时，一定要符合法律规定，反对乱拘、乱捕、刑讯逼供等违法行为。侦查人员应无私无畏，执法严明，刚正不阿，忠于职守。

实践证明，侦查处在刑事诉讼中立案后的第一道关口，面临的情况复杂。只有正确执行法律，严格依法办案，才能及时、准确、有效地揭露犯罪，保护人民。否则，就很容易放纵犯罪人，伤害无辜。应当明确，我国社会主义的各项法律制度是根据人民的共同意志和客观规律的要求制定的，反映着人民的共同利益和科学精神，因此，为了保证侦查活动进行得正确、科学，防止发生偏差和错误，胜利完成任务，侦查机关在侦查犯罪的过程中，必须严格依法办案，真正做到有法必依，执法必严。

最后需要明确的是，侦查作为刑事诉讼活动的一个重要阶段，它的一切活动除必须严格遵守上述四项基本原则外，刑事诉讼法所规定的诸如公安、检察、法院三机关分工负责，互相配合，互相制约；以事实为根据，以法律为准绳；对一切公民在适用法律上一律平等；犯罪嫌疑人、被告人有权获得法律帮助和辩护；用本民族语言文字进行诉讼等基本原则对于侦查都是适用的，在侦查活动中都必须严格遵守。

第四节 侦查的方法

侦查方法是指有法定侦查权的机关为查明案情，依法进行专门调查和采用有关强制措施的方法。是为侦破刑事案件、获取证据而进行的活动和采取的必要的措施。

一、侦查方法概述

在古代奴隶制和封建制国家，刑事诉讼采用控告式和纠问式的形式。如古罗马共和国时期的控告式，是由法官听取原、被告双方及其代理人的陈述和辩论，审查双方提出的证据，并按法官表决的多数票定判。在法国，到13世纪中期路易九世以后才逐渐从控告式转为纠问式，审判机关采取秘密查探和公然拷打逼供的侦查方法，实行侦审一体。直到近代资产阶级国家实行"三权分立"原则后，才出现了行使侦查职能的侦查机关。英美法系国家的侦查主要由警察进行，而大陆法系国家则主要由检察官、警察、侦查法官进行。但各国的规定又不尽相同，有的由警察机关独立侦查，有的在检察官指挥下进行。英国主要由警察机关负责侦查，侦查方法包括询问、搜查、逮捕（有证逮捕与无证逮捕）、保释、验尸等等。美国的侦查权由联邦和各州政府的侦查机关行使，以"校园警察"为主的民间侦查力量也行使侦查职权。但联邦中央的侦查工作由检察长领导。法律对侦查方法未作系统详尽的规定，实践中主要采用验尸、勘验现场、辨认、采证、询问证人、讯问嫌疑人、窃听、搜查、扣押、逮捕等方法进行侦查。日本是由司法警察进行初次侦查，检察官进行补充侦查，必要时检察官自行侦查并指挥司法警察辅助侦查。其侦查方法主要是：①侦查的开端，包括验尸、告诉、告发、自首、职务询问；②被疑人人身的保全，包括逮捕、羁押；③收集证据，包括调查被疑人、对被疑人以外的人调查、搜索、扣押、勘验、鉴定、通译、翻译、照相、窃听等等；④被疑人的防御活动，包括委托辩护人、抗告等；⑤侦查终结。意大利刑事诉讼法规定，初期侦查由检察官领导并可直接调动司法警察，侦查方法有勘验现场、讯问嫌疑人、询问证人、搜查、扣押、临时羁押等。正式侦查由检察官负责指挥司法警察进行，收集证据的方法是检查、勘验、搜查、扣押、谈话或邮信窃听，并可依法采取预防性羁押等措施。

　　我国古代没有专门的侦查机关，但从现有史料看，早在两千多年前对犯罪现场的勘验和痕迹物品的运用就有比较科学、系统的论述。在我国封建社会，为了搜集证据、了解案情、查实犯罪，往往也大量采用勘验现场、开棺验尸、讯问、私访、缉拿、羁押等侦查手段和强制措施，但刑讯逼供极为突出。中华人民共和国建立以后，我国的侦查工作正式步入社会主义法制的轨道。1979年7月1日第五届全国人民代表大会第二次会议上通过的《中华人民共和国刑事诉讼法》，对我国的侦查方法作出了系统而又具体的规定，使侦查工作进一步迈入法制化。1996年3月17日第八届全国人民代表大会第四次会议又通过了《关于修改〈中华人民共和国刑事诉讼法〉的决定》，在系统地修正我国刑事诉讼法的同时，又进一步补充和完善了我国的侦查方法。根据修改后的刑事诉讼法的规定，我国侦查机关的专门调查工作的主要方法和措施包括：讯问犯罪嫌疑人；询问证人、被害人；勘验、检查；搜查；扣押物证、书证（包括视听资料）；查询、冻结犯罪嫌疑人的存款、汇款；鉴定；通缉；侦查实验；拘传；监视居住；取保候审；拘留；逮捕等。

　　所谓侦查方法，就是在侦查工作中依法运用这些法定侦查措施的方法。因此，完整意义上的侦查方法，还应包括如何实施各种侦查措施以及实施侦查措施所必需的各种策略、技术、形式等等。如扣押邮件、电报应履行批准手续，制作法律文书通知邮电机关检交扣押；询问证人应采取个别进行的策略；进行伤情鉴定要运用法医技术；通缉应采取发布通缉令的形式。而且，运用侦查方法具有严格的法定性。如侦查主体必须是依法享有侦查权的人民检察院、公安机关、国家安全机关、军队保卫部门和监狱，其他任何国家机关、团体和个人都无权运用侦查方法进行侦查活动。又如，具体实施侦查措施时应遵循法定程序和要求：即有的要出示侦查机关的证明文件（如传唤、询问、勘验、检查等）；有的要求侦查人员不得少于二人（如讯问等）；有的规定除法律有特别规定外必须严格履行法律手续（如各种强制措施等）；有的应有与本案无关的见证人或与本案有关的人或其家属到场（如搜查、扣押、询问不满18岁的证人和被害人、解剖死因不明的尸体、勘验、检查等）；有的可以或应当指派或聘请有专门知识的人进行（如勘验、检查、鉴定等）；有的具有严格的时间或次数的限制（如传唤、拘传、取保候审、监视居住、拘留、逮捕等）；有的应由与被实施侦查措施对象性别相同的工作人员进行（如检查、搜查妇女的身体）等等。运用具体侦查措施的方法还应结合具体案件的需要灵活机动地进行，有的措施要先后分别使用，如先拘留后逮捕；有的需要同时综合使用，如在拘留或逮捕时同步进行人身搜查、物品搜查、住处或其他有关场所搜查，并对有关物证、书证、视听资料进行扣押，及时对犯罪嫌疑人进行讯问等等。

二、专案侦查与并案侦查

所谓专案侦查，是指对案情复杂、危害大、涉及面广的案件组织专门力量进行侦破。通常的一案一侦也是广义上的专案侦查。但这里所讲的专案侦查是同重大案件和重大犯罪嫌疑分子作斗争的手段，是依法及时揭露和制止重大犯罪活动的一项有效措施。需要实行专案侦查的主要有三类案件：一是重大现行案件；二是团伙或集团犯罪案件；三是重大预谋案件。专案侦查在重大刑事案件现场勘验的基础上和重大职务罪案，及重大经济犯罪案件初查的基础上，制订周密的侦查方案与计划，集中优势力量在统一指挥下依法进行专门调查工作和运用各种法定手段进行侦查，以达到及时破案的目的。

所谓并案侦查，是指将可能是同一个或同一伙犯罪嫌疑人作案的若干起案件合并侦查。并案侦查是侦破刑事案件的一项重要对策。需要并案侦查的主要是两大类案件：一是犯罪意识定向及其犯罪活动趋于专门化的案件；二是多种犯罪集于一体的案件。前者的特征是采用相同的手段在同一地区连续作案，或利用现代化交通工具跨地区跳跃式地流窜作案，并具体表现为：①作案手段和案件性质相同或相似；②犯罪嫌疑人的体貌特征相同或相似；③作案的时间、地点及侵害的目标相同、相似或大同小异；④相同性质的案件或相似案件连续发生并趋严重。这类案件的客观特征从各个不同的侧面反映出同个或同伙犯罪嫌疑人作案的若干起案件之间存在着内在的本质联系，应将所收集的线索、信息和资料集中起来进行科学分析，并案侦查，对各案发现的痕迹和物品必要时应进行技术鉴定，对可疑物品组织有关人员进行辨认，依法揭示各案之间的内在联系，各案并侦，及时破案。后者即多罪一体的案件，其特征是：多种不同性质的案件或有某种联系的案件都涉嫌同一个或同一伙人作案。如同一犯罪主体既行贿又受贿，还有玩忽职守、重大责任事故等犯罪行为；又如犯罪嫌疑人用贪污、受贿、挪用的款物进行走私和赌博等犯罪活动等等。对这类多罪一体的案件也应合并侦查，以利于及时全面地查清各种犯罪事实，以便对犯罪主体实行数罪并罚。

第五节 国际侦查协助

国际侦查协助是国家之间享有刑事管辖权的机关在犯罪侦查领域互相给予支持、便利和援助的活动。它是一国侦查机关根据外国当局委托，在国内代为请求国进行一定的侦查的一种措施，是国际刑事司法协助的重要组成部分。国际侦查协助仅限于具有涉外因素的犯罪案件，由请求国通过被请求国协助侦查来获取犯罪情报和犯罪线索，以帮助请求国顺利完成侦查任务。国际侦查协助的范围包括：协助提供作为侦查对象的犯罪嫌疑人的有关情况；协助提供对请求国刑事案件的侦查必需的证据；协助送达各种侦查文件；帮助缉捕被通缉而已逃往被请求国的案犯；将已逮捕的刑事案犯依法引渡给有关国家等等。在国际侦查协助中，请求国不用派员出境侦查，借助他国警力获取本国无法查到的侦查结果，又可节省开支。各国通过侦查协助活动，在无形中形成并强化了对犯罪侦查的有序化，促使侦查手段国际化，对有效地反国际化犯罪活动和震慑跨国犯罪分子，预防和遏制国际犯罪，都极具重要的现实意义和深远的历史意义。

一、国际侦查协助的类型

犯罪越来越成为一个世界性的问题，单靠一国警察和检察官的孤军奋战难以对付，要求国际社会作出协调一致的反应。正是因为这种客观基础和需要，才使得以"互利互惠"的原则和"国际礼让"的规则协调一致对付国际性犯罪的国际侦查协助得以迅速发展。综观国际侦查协助的各种形式，可根据不同的标准进行分类。

第一，按侦查协助的级别和层次可分为：①国家级侦查协助。这是仅在两个双方认为有必要的任何国家之间进行的侦查协助。②区域侦查协助。这是在位置相近或毗连、文化背景相同或相似的某些区域内的各个国家之间的地区性侦查协助。③洲际侦查协助。这是在各大洲范围内各国之间的侦查协助。④国际级别的侦查协助。这是具有世界意义的侦查协助。如 1973 年 12 月 3 日联合国大会第 3074 号决议通过的《关于侦查、逮捕、引渡和惩治战争罪犯和危害人类罪犯的国际合作原则》中，阐述了侦查方面的国际合作问题。各国遵循该原则进行侦查合作活动，这种全球性的侦查协助就是国际级的侦查协助。

第二，按侦查协助的模式和方式可分为：①直接的侦查协助。这是指参与侦查协助的各当事国不经中介而直接进行的侦查协助。②间接的侦查协助。这是指参与侦查协助的当事国不直接接触而是通过中介实现的侦查协助。如当事国之间没有双边条约或其他原因不能直接进行侦查协助，而寻求国际刑警组织或其他中介居间协调，从而实现其侦查协助的目的。

第三，按侦查协助的内容和对象可分为：①现场勘查协助；②检验鉴定协助；③调查取证协助；④搜查物证协助；⑤扣押赃物协助；⑥采用其他措施和手段的侦查协助。

二、国际侦查协助的条件与限制

国际侦查协助需要满足的最基本的相关条件：一是协助范围的协商一致性。由于国际侦查协助的涉外性，其协助范围必须与当事国协商解决，即请求国必须取得被请求国的同意才能确定侦查协助的范围。国际通行的解决办法是缔结双边条约。二是遵循双重犯罪原则。这是国际社会普遍公认的司法协助原则。按其要求需要诉讼侦查协助的犯罪行为必须是在请求国与被请求国双方的法律中都规定为犯罪的行为，方可予以侦查协助。如果任何一方当事国法律规定不属犯罪行为的，即不予侦查协助。

关于国际侦查协助的限制：一是犯罪性质的限制。首先是限制对政治犯罪采取任何形式的国际侦查协助。其次是对于军事、宗教、种族等性质的犯罪一般也不予以侦查协助，但在军事同盟国之间和信奉同种宗教的国家之间也有例外。二是司法程序的限制。任何国际侦查协助的请求，都必须以条约或国内法所规定的程序进行，都应由有管辖权的警察司法当局通过适当途径提出，否则将不予协助。但国际法庭所提出的侦查协助可以作为例外情形。

三、国际侦查协助程序

国际侦查协助程序是实施国际侦查协助所必须履行的手续和步骤。在国际侦查协助程序的选择上，国际通行的原则是：①简便易行原则。即力求避免当事国之间陷入烦琐的程序而贻误侦查时机、造成被动。②快速及时原则。③直接联系原则。即在可能的情况下尽量不经过中介环节，以保证顺利而快速地完成侦查协助任务。

国际刑警组织在长期实践中建立了相对完整和较为科学的协查程序，从总体上讲分为协查提出程序和实施协查程序两大部分。请求国的提出程序是：①由请求国办案机关根据各国刑事诉讼法规定的立案管辖分工和办案程序逐级向本国国家中心局提出具体协查要求，并附送协查文件。②请求国国家中心局经审查后认为符合条件并有必要请求有关国家协查时，由国家中心局负责起草协查文书，将协查请求事项逐项注明，然后由国家中心局负责签发。③请求国国家中心局将该协查文书通过国际刑警组织的渠道或外交途径发送到有关国家，同时报送国际刑警组织总秘书处。如果需要国际刑警组织转达时，则直接发往总秘书处，请其代为转达。被请求国的协查程序是：①接到请求国送达的协查文书后，由本国国家中心局审查他国送达的协查文书，决定给予协助的，则直接将该文书转给本国有关侦查机关，要求其予以落实办理；对决定不予协助的可以拒绝。②被请求国的协查单位查证之后，逐项写清查证结果，报告本国的国家中心局。③被请求国的国家中心局通过国际刑警组织的通信系统或外交途径将协查结果告知请求国的国家中心局，随后办理有关的具体事宜。

四、国际通告

国际通告是国际侦查协助的一种重要方式。国际刑警组织为了交流情报、审查和追捕刑事案件案犯，经常发出国际通告。除发出大量关于拘留、犯罪手段及技术等方面的通告外，更主要的是关于人员方面的国际通告，按通告右上角的方块标记色分为五种：一是红色通告，通称红色通缉令。该通告上有检察官或法官签发的逮捕令的号码和细节，警察可以据此进行逮捕。红色通告实质上就是逮捕令，其目的在于将被通缉的案犯逮捕后引渡给通缉他的国家。二是蓝色通告。其目的是审查某人的身份而不是为了逮捕，主要是查明不明原因而离开国家的人。三是绿色通告。它提醒国际刑警组织各成员国对国际犯罪分子采取预防性措施，注意他们的活动，实质上是关于危险犯罪分子的通告。四是黄色通告。它涉及情况不明的失踪者和因精神不正常等原因可能出现危险的人，要求各国发现其下落后立即通知发出通告的国家中心局或总秘书处。五是黑色通告。是关于不明身份的尸体或伪造身份的死者的通告。

五、国际追捕

国际追捕是国际侦查协助的一项重要措施。其目的是为了有效地打击国际刑事案件活动。国际追捕的对象主要是暴力犯罪、恐怖主义犯罪、麻醉品犯罪、盗窃犯罪、伪造犯罪等跨国刑事案件的案犯。在国际追捕中，国际刑警组织有一个通信联络中心站连接各区域站和各国家站的专用无线电通信联络网。

在国际侦查协助中，为了把图像在极短时间内传递出去，中心站与许多国家站建立了电报传真，可在几秒钟内交换彼此掌握的照片和指纹等。国际刑警组织利用国际通报及时传递犯罪分子的行踪或犯罪活动情况，通过协调手段在世界范围内通缉、查控、搜捕犯罪分子，然后根据引渡的有关规定将所缉捕的犯罪分子协调引渡给请求国归案。

侦查技术篇

第三章 侦查记录技术

侦查记录技术是以普通记录的原理和方法，根据侦查诉讼的需要，记录、固定侦查活动结果的专门技术方法。常见的有侦查照相、录音、录像、侦查测量、侦查登记等记录手段。

第一节 侦查照相

侦查照相是侦查记录技术的一个组成部分。它是以普通照相的原理和方法，根据侦查的特点和要求，通过显示与犯罪有关的人、物的景象来记录有关侦查活动结果的一项专门技术活动。主要包括现场照相、翻照、检验照相和辨认照相几种。

侦查照相的主要任务是：固定犯罪现场状态，记录勘验、检查和搜查、扣押等侦查活动的结果；记录犯罪资料，用以辨认犯罪人和查对赃物罪证；显示客体特征，恢复显现与犯罪有关的某些事实；复制技术鉴定资料，记录技术鉴定结果等。

侦查照相是固定、记录证据工作的一种方式。运用侦查照相方法拍照的现场照片、物证照片和辨认照片，以及技术鉴定中所记录的鉴定结果照片，在法律上具有证据作用。因此，在运用侦查照相手段时，必须严格遵照法律办事，必须使侦查照相适合侦查工作和审判工作的要求。为此，侦查照相必须依照比例照相的规则，不得采用任何艺术加工手段，要如实地反映被拍照客体物的本来面目；在勘验、搜查等活动中所拍照的客体物，要中心突出，主题明确，反映出事物间的联系，以表明客体物的来源和证据意义；对于拍照的对象和所使用的拍照方法均要记入文字笔录中，使照片、录像、笔录和现场绘图构成一个整体，相互印证，互为补充。

侦查照相是以普通照相原理为基础的，因此，要熟练地掌握侦查照相技术，则须先学习普通照相的基本知识，掌握照相所用主要器材的性能及其基本操作方法。

侦查照相一般要求用数码相机拍照。其优点一是可以直观拍照效果，如果不理想，可以通过相机的相关自身功能调整重拍；二是可以直接打印冲洗照片；三是可以节约成本；四是存档、提档方便，且无保存时间限制，不易损坏；五是可以根据需要通过网络传输，异地查询。使用数码相机拍照要求必须将原始记录存档，一案一档，编号存储，不得将利用数码相机和图片处理软件的相关功能加以修饰的照片存档。

一、现场照相

（一）现场照相的概念

将现场勘验或检查发现的情况通过照相进行记录，称为现场照相。

现场照相是现场勘验或检查的手段之一，又是勘验、检查记录的重要组成部分。现场勘验、检查记录包括现场勘验、检查笔录、现场绘图和现场照相三方面内容。现场照相的具体任务是用照相的方法固定犯罪现场的状态，显示犯罪现场上有关痕迹、物品的形态及其相互联系。其优点是能够把现场上那些不便提取，或用文字、绘图难以表达，以及容易遭到自然或人为破坏的痕迹和物体，迅速、准确、完整、清楚地固定下来。其目的在于通过照片反映出犯罪现场的概况，揭示犯罪的手段，显示现场物证的特征等，以及它们在犯罪事件中的意义，从而为现场讨论、现场复查和技术鉴定提供形象、逼真的资料。

现场照片在刑事诉讼活动中有着重要的证据作用。在侦查和审判过程中，有时根据需要，可以按照现场照片和现场绘图以及现场勘验、检查笔录的记载恢复现场原来状态，为评断侦查中的某些推论、审查证人的证言、被害人陈述和犯罪嫌疑人口供的可靠性提供依据。

（二）现场照相的种类

现场照相按拍照的内容，可分为现场方位照相、现场全貌照相、现场中心照相和现场细目照相。

1. 现场方位照相。用照相的方法固定、显示犯罪现场的位置及与周围环境的关系，叫现场方位照相。它要求把整个犯罪现场及其周围环境中的重要景物反映到画面里去。一般做法是在取景时，把犯罪现场放在画面的中央部位，把现场周围的房屋、街道、道路、树林等分别置于两旁或作为前、后景。对于那些能标明现场具体地点的永久性方位物（如道路、河流、桥梁等）要安排在画面的显著位置。为此，取景拍照时，要尽可能选择在较高或较远的地点进行。

2. 现场全貌照相。反映犯罪现场整个状态的照相。又称现场概览照相。全貌照相拍照的范围比方位照相要小，但它所反映的与犯罪有关的具体内容却比方位照相要多。它要求把现场和现场范围内的状况一览无余地反映到画面里去，使人看后能够对出事现场的情况有一个总的概念。一般做法是在取景时把现场中心放在画面的中间部位，把现场范围内的其他有关情况和景物置于四周。对于犯罪分子的进出口和来去路线、被侵害客体的状况、有关痕迹和物品的分布状况等，要在画面的显要位置上反映出来，不得相互遮挡。为此，取景拍照时要站在较高处进行。

3. 现场中心照相。指反映犯罪现场中心部位状态的照相。它要求把被侵犯的客体及其周围的有关痕迹、物品反映到画面里去，使人看后能够对被侵犯客体的状态、有关痕迹和物品的状态，以及它们之间的相互关系有一个清楚的概念。一般做法是在取景时把被侵犯的客体（如杀人案件的尸体，盗窃案件的被盗地点等）放在画面的中间部位，把它周围的有关痕迹、物品置于四周。对于重要部位的主要痕迹和物品要安排在显要的位置。为此，取景拍照时，应尽量升高拍照点，力求拍照角度与拍照对象垂直，以避免物象变形失真。

4. 现场细目照相。指反映现场上各种与犯罪有关的痕迹、物品状况的照相。它要求把被拍照对象的大小、形状和特征等按比例地反映到画面里去。为此，拍照时必须严格地按照比例照相的规则进行。细目照相一般是在详细勘验阶段进行，可以移动被拍照对象的位置，改善拍照条件，但在移动前必须将其原有的状态及其所处的具体部位，不变形地、按比例地拍照下来。

值得提出的是，上述四种照相，虽然各有其要求，但这并不意味着它们是截然分开、各自独立的。相反，它们是互相联系、互为补充的，是一个事物的整体。同时，也并不意味着每个案件都必须按照上述四种照相一一进行。在某一案件中，到底有几种拍照，这完全由案件的性质和现场的实际情况来确定。实践中，现场的情况是千差万别的，一定要根据具体案件，具体对待，不能生搬硬套。

（三）现场照相的步骤

现场照相一般应按以下步骤进行：

1. 观察现场情况。主要是观察现场被发现时的状态及其周围环境的状况，现场中心和外围的状况，现场各部分之间的关系，现场痕迹和物品的状态及其相互关系等，以做到心中有数。

2. 制订拍照计划。通过观察，初步了解情况后，还必须制订出拍照计划。拍照计划一般包括：拍照的内容、拍照的顺序和具体拍照的方法等，以便有条不紊地进行拍照。

3. 进行实地拍照。实地拍照应按实地勘验的顺序进行。一般做法是：①先拍全貌，后拍重点部位；②先拍本来状态，后拍移动变化；③先拍外，后拍内；④先拍下，后拍上；⑤先拍容易破坏或消失的，后拍不容易破坏或消失的。只有这样,才能提高拍照的速度和质量,完成现场照相的任务。

(四)现场照相的方法

现场照相常采用以下几种拍照方法:

1. 连环拍照法。是将对象分段进行拍照,然后将制作的每张照片拼接成一个完整的画面。连续拍照法又可分为:①回转连环拍照法。一般是在拍照对象比较大、面积或范围比较广时采用。具体做法是将相机固定在一个地方,只是转动相机的角度进行拍照(图1)。②平行连环拍照法。一般是在拍照对象比较狭、长时采用。具体做法是使相机镜头与被拍照对象平行,并保持距离、高度相等,沿着被拍照物体,一段一段进行拍照(图2)。采取上述两种连环拍照法还必须注意两点:一是取景拍照时段与段之间要有一些重叠,以便照片连接;二是拍照、冲卷和印放照片等每一环节,要在同样的条件下进行,以便使照片能够真实、客观地反映出被拍照对象的状况。

2. 交叉拍照法。是从不同的方向对同一个对象进行拍照,借以反映被拍照对象前后左右的状况及其与周围痕迹、物品和环境的关系。交叉拍照法按拍照的方向可分为:①相向交叉拍照法。是从两个相对的方向对拍照对象进行拍照,即把拍照对象前后或左右的情况分别拍入两张照片中。具体做法是要使相向的两个拍照点与被拍照对象中心的距离、角度、高度尽可能一致,使拍出的照片能相互对应。如果拍照对象是尸体,应从两侧拍照,而且拍照点要适当高些,切忌从尸体的头和脚两个方向拍照,以防止影像变形(图3)。②多向拍照法。是从三个或三个以上不同方向对拍照对象进行拍照,即把拍照对象及其与四周的痕迹、物体的关系分别拍入三张或三张以上的照片中(图4)。为了使几张照片相互印证,拍照时要使各拍照点的高度、拍照点与拍照对象的距离大体相等。采用上述交叉拍照法,为了真实地反映拍照对象不同部位的明暗差别,也必须注意尽可能地使拍照、冲卷、印放照片等环节在相同的条件下进行。

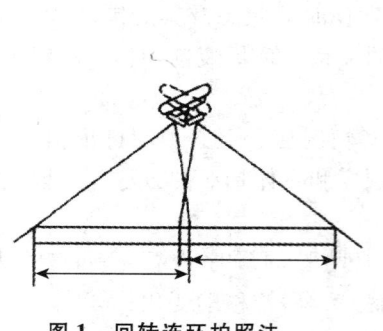

图1 回转连环拍照法

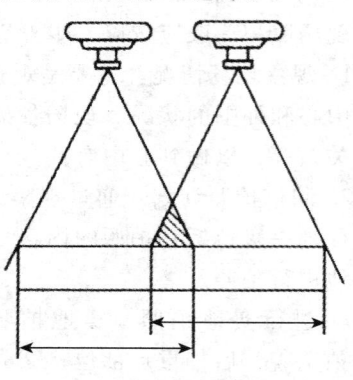

图2 平行连环拍照法

第三章 侦查记录技术

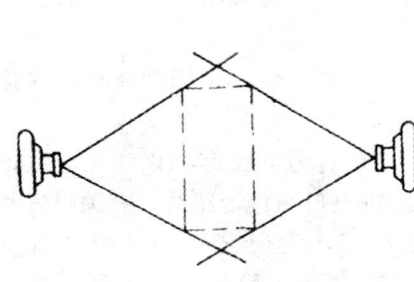
图3 相向拍照法

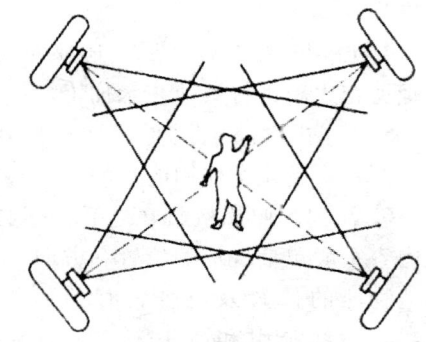
图4 多向拍照法

3. 比例拍照法。此法常常是在固定勘验或检查中发现的具有物证意义的痕迹和物品的情况下采用。它是把带有厘米的分度尺，放在被拍照对象旁边进行拍照，以便根据照片计算被拍照对象的实际大小和尺寸。采用比例拍照法，为防止比例尺与被拍照对象的大小产生误差，必须注意两点：一是比例尺与被拍照对象应在一条水平线上；二是被拍照对象的平面要和相机的焦点平面平行，并使镜头的光轴垂直于被拍照对象的中心。

需要指出的是，无论采用何种方法进行拍照，为了把拍照对象的影像有区别地、明显清晰地、富有层次地表现出来，还必须根据拍照的时间、地点和对象，恰当地运用自然光或进行适当的人工配光，否则将会直接影响照片的质量，甚至导致拍照的失败。

（五）制作现场照片

制作现场照片是现场照相的最后一道工序。这道工序处理得不好，即使拍照的内容很全面，曝光也很准确，照样达不到现场照相的目的。

制作现场照片一般分冲卷、印放、编排、剪切、粘贴和注记几步进行。

1. 冲卷。一般使用微粒显影液。由于底片要作为档案长期保存，因此，显影要适当，定影要充足，水洗要彻底。

2. 印放。印放照片要一律用大光照相纸，不能用布纹、绸纹面相纸。否则会影响影像特征的反映。另外，由于照片是供鉴定、研究案情或作为证据使用，并作为档案长期保存，所以正片处理必须定影充足，水洗干净，以免照片上的影像变黄消退。

3. 编排。照片的编排必须能表达现场的状况和特点，反映案件的本质，将现场情况由远及近、有层次地逐步展开，给人以明确的概念。一般是按现场照相的内容进行排列，即按现场方位、现场全貌、现场中心和现场细目为序排列。根据情况，也可按现场勘验的顺序排列或按现场所反映的犯罪人的行为过程排列。

4. 剪切。编排好之后，还要对照片进行裁切。裁切规格要尽量一致，不能裁剪花边和进行其他艺术加工。

5. 粘贴。粘贴照片时，要按排列顺序进行，要平整、牢固和清洁，要选用对照片不起化学作用的粘贴剂。

6. 注记。照片粘贴好之后，还必须用一定的符号和文字加以注记。注记的内容一般包括现场的位置和方向，犯罪人的进出口和行走路线，有关痕迹和其他物证的位置及特征，有关的方向和距离等。注记符号可采用"△"、"×"、直线牵引和箭头等。文字说明应准确、通顺、简练，如实反映现场情况。

二、翻照

在侦查中，对于收取的与案件有关或具有证据意义的物品或物质痕迹，必须进行翻照处理。翻照是显示、固定和记录物证的存在形式及其外部特征的一种有效手段，也是为刑事鉴定复制供比较资料的主要方法。

（一）翻照的基本要求

翻照必须符合以下具体要求：

1. 必须根据被翻照原件的色调正确地选择不同感色性的感光片。

2. 必须保持被翻照原件的特点。

3. 被翻照原件表面必须与感光片平面平行，务使被翻照原件的中心、感光片中心与照相机镜头的光轴三者处于一条直线上。

4. 最好在暗室内灯光照明下进行。一般以60—100W乳白灯泡照明为宜。灯光照射角度以45度为宜，灯光的强度应相同，并与物体的距离相等。

5. 翻照用的照相机应能伸长二倍至三倍焦距和有调焦用的毛玻璃，相机的镜头光学性能要好，分辨率要高。

（二）翻照的方法

常见的翻照方法有以下几种：

1. 缩小翻照法。指将被翻照的对象拍成比原物小的影像的方法。比如对一些文件、书籍、作案工具和赃款、赃物的翻照，往往采用缩小翻照的方法。缩小翻照有的要求按比例缩小，有的则不要求按比例缩小。按比例缩小则必须在被翻照对象旁放置比例尺。

2. 原大翻照法。指将被翻照的对象拍成与原物大小相同的影像的方法。它一般适用于翻照手印和某些字迹。它是通过调整物距和像距使两者都等于镜头焦距的两倍来实现的。

3. 扩大翻照法。指将被翻照的对象拍成比原物大的影像的方法。它适用于对细小痕迹、物品的翻照。它是在物距短于两倍焦距，像距长于两倍焦距的情况下进行的。扩大翻照有其局限性。一是相机加接圈的长度总有一定的限度；二是像距越长，相对的物距也越短，当物距短到一定程度时，配光将会受到障碍；三是加接圈会影响成像的亮度。所以，要高倍直接扩大拍照一些微小的痕迹或物品时，采用显微照相为好。

4. 脱影翻照法。是消除被拍照对象的阴影的一种方法。用此法拍照可以使被拍照物体的轮廓线在照片上反映清晰，有利于识别和鉴定。具体方法有二：一是把被拍照物体放在与之颜色相反的衬底上，选择均匀的散射光线拍照。二是采用脱影灯箱脱影，即由灯箱中灯光透射而减淡被拍物体的阴影。

三、检验照相

在侦查照相中，用于显示、记录有关物质物品特征的各种专门照相方法，统称为检验照相。检验照相主要有分色照相、紫外线照相、红外线照相和显微照相等。

（一）分色照相

人们日常所见到的可见光（又称为白光）是由红、橙、黄、绿、青、蓝、紫七种色光所组成的。分色照相就是利用可见光谱中的不同成分，物体对单色光反射、吸收的不同特性，利用各种有色滤色镜来控制或改变被拍照对象的光谱成分，使其某部分色光被阻止，在感光片上不能感光或减弱感光，使另一部分色光被通过而加强感光的一种照相方法。因此，为了加强或减弱物体上某种颜色，使被拍照物的花纹层次、细微差别在照片上得以显示和加强，或使被拍照物体影像色调层次与原物相近，就需要使用滤色镜进行分色拍照。

1. 滤色镜的具体性能。滤色镜的性能是通过和吸收（阻止）一定的色光。各种滤色镜对不同色光的通过和吸收的情况见下表：

滤色镜的种类	通过的色光	吸收的色光
红 色	红、部分橙和黄	绿、青、蓝、紫
黄 色	红、橙、黄、绿	青、蓝、紫
绿 色	绿、部分黄、少量橙和青	红、蓝、紫
蓝 色	蓝、部分紫、少量青	红、橙、黄、绿

从上表可以看出，各种颜色的滤色镜，只通过同色和相近颜色的色光，而对其他色光则吸收。

2. 滤色镜的选择和应用。选择和应用滤色镜应注意以下几点：

（1）要根据被拍照物体表面的颜色和拍照要求选用滤色镜。根据滤色镜同色通过、异色吸收的性能，要使被拍照物体表面某种颜色消除或减淡，应选用与该种颜色相同或近似的滤色镜；反之，要使某种颜色加深，则应选用与该种颜色相异的滤色镜。

（2）选择滤色镜必须和感光片的感色性相适应。不能使用感光片不感受的那种颜色的滤色镜。否则，即使滤色镜选择合适，而感光片配合不适当，也不能得到拍照的预期效果。

（3）要根据不同条件下的光源种类选用滤色镜。不同的光源，含有色光成分的比例不同。即使同一光源，由于条件的变化，所含色光成分比例也不同。如自然光（阳光），早、晚含红、橙光较多，中午含蓝、紫光成分相对增多。电灯光，小功率的含红、橙色光成分较多，大功率的含蓝、紫色光成分相对较多。因此，照明条件也是选择滤色镜时应该考虑的一个重要因素。

3. 滤色镜的曝光倍数。由于分色照相要在镜头前加用滤色镜，因此，分色照相时要增加曝光时间。加滤色镜比未加滤色镜增加曝光时间的倍数，叫滤色镜的曝光倍数。增加的倍数，根据滤色镜的因数决定。每一种滤色镜的因数，就是应增加曝光时间的倍数。需要指出的是，不同工厂生产的滤色镜，其因数不完全相同，应按产品性能说明或根据自己的试验，决定应增加的曝光时间。

（二）紫外线照相

紫外线是可见光以外的短波不可见射线，其波长范围为50—400毫微米。利用紫外线照相，可以把某些看不清或看不见的痕迹或物质拍照下来，可以把不同的物质区别开来，可以鉴别货币、票证的真伪和显示证件、单据等文书被涂改的内容。

紫外线照相所利用的紫外线，其波长范围为200—400毫微米。紫外线照相的具体方法有紫外线荧光照相和紫外线反射照相。

紫外线荧光照相是以紫外线灯作光源，激发某种物质发荧光，然后用普通相机，普通感光片（以分色片为宜）把发光现象固定下来。荧光照相应在暗室内进行，不能有可见光干扰荧光，也不能让紫外线反射入镜头。所以，拍照时要在镜头前加用能阻止紫外线的滤色镜，即 UV 滤色镜。荧光照相的感光量，由灯光和拍照对象的距离、客体的色泽、荧光反射强弱、感光片的特性来确定，还要考虑滤色镜的曝光因素。准确的曝光时间应通过试验确定。

紫外线反射照相是以被拍照对象对紫外线的不同反射能力为基础的。进行反射照相，要使感光片的感光得到纯净的紫外线。因此，拍照时所用的镜头应是能透过紫外线的石英镜头。紫外线是一种不可见光,它的聚焦的距离同可见光相比约短$\frac{1}{50}$,因此调焦只能在可见光下按一般调焦法获得清晰点后,再将像距缩短$\frac{1}{50}$。紫外线反射照相的曝光时间,由光源、被照对象的反射紫外线特性和感光片的速度决定。一般应根据具体情况通过试验确定。

紫外线荧光照相和紫外线反射照相的负、正片处理,都和普通黑白照相相同。

（三）红外线照相

红外线（又名热射线）是可见的红光外端看不见的一种光线,其波长范围约在760—42000毫微米。目前,红外线照相利用的波长范围在760—1350毫微米左右。运用红外线照相,可以揭露某些被污染、掩盖、挖补、擦消、涂改的文字、痕迹和照片;显示一些模糊不清或烧毁的文件上的图章印痕、文字;鉴别票证的真伪;鉴别纺织品的结构、斑点和颜色的异同;显现纺织品上弹孔周围的射击附带物质等。

红外线照相应具备红外线照相机、红外线光源、红外线滤色镜和红外线感光片。

由于红外线的光波比可见的光长,通过透镜后的折角也小,因此,它的聚焦的位置比可见光远些,为了正确调焦,先用一般调焦方法调清像点,然后伸长像距的$\frac{1}{200}$,即可获得清晰影像。也可采用缩小光圈增长焦深的方法调焦,或在镜头上加上浅红色滤色镜调焦。有的照相机镜头上标有红外线调焦符号"R",调焦时,先用普通调焦方法调好距离,然后再将"R"符号对准该距离刻度,就能取得清晰的影像。

红外线照相的曝光时间取决于感光片的速度,被拍照物对红外线的吸收、反射或透过的程度,光源放射红外线量的多少,滤色镜的颜色深浅,光圈的大小等。由于红外线感光片一般只标感光极限而不标感光速度,为求得准确曝光,拍照时必须根据上述因素,做曝光试验。

（四）显微照相

在侦查鉴定中,为了显示和比对痕迹及其他物质、物品上肉眼看不见的某些细微特征、物质微粒结构,需要借助显微镜。显微照相就是将显微镜下直接扩大的物象加以固定、记录的一种照相方法。

显微照相应将小型照相机的镜头取下,安在显微镜上进行。有些显微镜附有专用的照相设备,进行拍照十分方便。

显微照相要求有适当的配光,可以用正射光,也可以用透射光。所用的感光片应具有反差强、速度快和分析力高的性能。拍照时,相机不能有丝毫震动。

显微照相的曝光时间通常通过分段曝光试验,从逐级成倍增长的不同曝光时间的试片中,选出密度适当的一段作为确定曝光时间的依据。

四、辨认照相

辨认照相是以人体识别为目的,对被拘捕的犯罪嫌疑人以及不知名尸体,按照专门的规则所进行的一种人体照相。犯罪嫌疑人辨认照相必须分别从正面和右侧面各拍照一张免冠照片,影像的大小一般规定为人体的$\frac{1}{7}$,拍照时应令犯罪嫌疑人端坐,最好使用特制的座椅,以保证其头部和躯干自然挺直。尸体辨认照相除比照犯罪嫌疑人辨认照相规则拍摄正面、右侧面外,还应拍摄左侧面。如需整容后拍照,则对整容前的尸体面容亦应拍照。尸体上如有对辨认有重要意义的特别记号或标志,还应进行细目照相。

第二节 录音录像

运用音像技术记录侦查活动,在国外尤其是发达国家较为盛行。我国《刑事诉讼法》第42条第2款将"视听资料"规定为七种证据之一,意味着录音录像技术在我国刑事诉讼活动中充当记录工具的法律地位的确立。当然,严格意义上的视听资料是指载有与案件相关内容的录像带、录音带等媒介。如果单纯用作记录手段的录音录像不是独立的证据种类,仅是记录和固定证据(如证言、供词等)的一种技术。音像记录比其他任何形式的记录在收集证据方面都要及时迅速,在核实其他证据方面也最为方便有效,尤其在再现案件情况的立体直观性方面更是任何其他记录方式无法比拟的。特别是有些证据如果用传统的文字记录既缺乏直观,又会因记录人员的书写技能差而使记录失真;照相记录又只能静止地反映局部的、片面的情况。而音像记录技术正是具有直观性、准确性和动态连续性等特点,完全可以克服上述缺陷,满足收集记录证据的要求,准确地再现证据和反映证据全貌。当然,音像记录技术也并非完美无缺,最大的美中不足是被伪造、变造的可能性比其他记录大。现简单介绍作为纯记录技术的录音录像。

一、录音记录

录音记录在国外法律规定中的具体情况不尽相同,以普通法的英国为最典型。该国判例认为，警察在对嫌疑犯进行审讯时，使用录音手段记录审讯情况为合法。具体做法是，审讯开始前，警官当场拆封两盒磁带，让被告辨认是否原装空白磁带，然后同时装入两部录音机，记录审讯的全过程。审讯结束，将其中的一盒取出，让被告辨认后密封，被告签名后入档，保存六年。在以后的法庭审判或者上诉审、再审时，如果被告对出示的另一盒供词发生异议，法官可以立即下令提取存档磁带，打开密封，当场播放，以此作证。1966年苏联最高苏维埃主席团在修改刑事诉讼法的命令中，规定允许在讯问被告人、嫌疑人、询问被害人和见证人时使用录音。1968年在斯维尔德洛州内务局的侦查处，建立起了第一个电传打字录音中心，此后在全苏普遍建立起来。这种设备不仅把讲话内容一丝不差的录制下来，而且还可以使用连动打字机制作出相应的笔录来。由于字迹整齐，节约了参与办理案件的侦查人员、检察长、法官和律师的时间，提高了工作效率，同时刑事案件的文字工作水平也显著提高了。在确认录音同笔录的关系上，《阿尔巴尼亚共和国刑事诉讼法典》具有一定的代表性，它的第86条和第114条规定，录音是记录供词的辅助手段，用以补充笔录。关于使用录音记录审讯所适用的情况，原苏联法学家H.N.波鲁鲍夫认为，"录音基本上是用于记载下述供词：①未成年人的供词；②投案自首者的供词；③重病或重伤者的供词；④为执行个别委托而讯问的受讯问人的供词；⑤不可能被法庭传唤的人的供词；⑥侦查人员怀疑精神非正常的人的供词；⑦不精通审讯中所使用语言的人的供词；⑧当面对质的受讯问人的供词；⑨由一个侦查人员进行审讯的案件中的供词。"由于原苏联法律对使用录音手段的程序规定过于复杂，所以实践中的使用率呈下降趋势。法学家们呼吁，使用这种手段应当简化手续，而且法律不必规定得太具体，应该尽量采用新技术成果于诉讼之中，迅速改变法律相对保守和落后的现状，加强诉讼手段的革新，以适应发展变化着的形势。

　　运用录音手段记录预审过程，还有一个重要作用，就是可以原原本本的保留原始的审讯对话，用以补充笔录的不足，防止在关键问题上匡一字之差或一句记录不准确而出现错误，便于盲人被告或不识字的受讯问人听审自己的陈述，还有利于记录人员在审核笔录时，对记得不确切的地方进行重听对照，更有利于办案人员在分析案情时，激发回忆，发现新的犯罪线索。我国侦查人员使用录音作为纯粹的记录技术时，主要是详细记录讯问犯罪嫌疑人时的对话，以补充笔录的不足。实践证明，运用录音技术记录讯问过程，准确而又全面，远远超过了笔录的细致程度，它所包含的信息量以及对各种信息的当即反应，即信息反馈的具体数学值，能给预审人员带来启发和思考，进而审查被讯问人的心理动态并作出新的判断。如果只是一般的讯问，择要而记，忽略细节，很可能使案件失去了取得证据而被破获的机会。侦查实践表明：许多犯罪分子，尤其是惯窃、诈骗案犯的讯问，他们常常是抓住一次就只供一次，其他余罪拒不交代。这就要求我们必须善于讯问，采取最佳策略，抓住关键问题，穷追不舍，迫使犯罪嫌疑人放弃侥幸，如实交代全部犯罪。为了保障讯问工作能够依法进行，防止逼供诱供、刑讯虐待的情况发生，预防进入审判阶段时犯罪嫌疑人制造假象、无理翻供，有必要采用录音的方式，将讯问全过程记录下来，作为备查资料。在侦查实践中，常常遇到被讯问人先供后翻或时供时翻的情况，他们在翻供时，总要编造一套理由，最常见的是混淆是非，诬陷侦查人员搞刑讯逼供，借此来说明以前的供述是虚假的，妄图以侦查人员的"违法诉讼"来为自己开脱罪责。为了揭露犯罪嫌疑人的阴谋，证明讯问活动的合法，司法机关就可以出示这些记录讯问过程的录音资料，来作为证据戳穿谎言，促使其老实坦白认罪。

二、录像记录

用录像技术记录侦查活动过程，可以带来侦查记录工作的彻底变革。常规的侦查记录是用传统的文字形式记录侦查活动所见，作为案卷资料以备审查起诉和法庭质证。但是，文字记录往往受到记录人员的主观因素影响而出现错误或故意增删某些内容，加之文字形式受到诸方面条件限制，不可能将侦查活动的全部情况客观、完整、真实地详尽记录下来。而现代化的录像技术则完全可以克服这些缺陷，完美详尽地记录侦查活动。它除了具有录音技术的全部优点（本身包括录音技术，其是录音和录像技术的高度统一形式）外，还具有录音和其他记录技术不可能具有的直观可视、音像合一的独特优点。

从记录手段的角度讲，如果说录音主要用于录供、录证，那么录像既可用于录供录证，还可用于记录搜查、拘捕犯罪嫌疑人、现场勘验、检查等侦查活动。尤其在记录被害人、证人、嫌疑人重伤或临终时的证言或口供最为便利。

录像记录通常由两部分组成：第一部分是反映侦查人员的组成及邀请的见证人，一般编排在整个录像的开始部分。第二部分是反映侦查活动过程。录制时，对于侦查所见的可疑痕迹、物品，在其旁边放比例尺后，由近及远摄录。

第三节 计算机、打字机记录

运用计算机文字处理功能和机械打字机记录侦查活动，也是侦查技术记录的组成部分。这在国外有的刑事诉讼法中有明确规定。我国刑事诉讼法虽然对此未像视听资料那样作出明确规定，但由于电脑打字与机械打字仍属于文字记录的范畴,是侦查笔录的一种特殊形式,应当允许。

一、计算机记录

计算机记录主要适用于询问、讯问等侦查活动。计算机记录的程序要求与笔录相同。证人、被害人、犯罪嫌疑人应分别在询问或讯问笔录上签名或盖章,侦查人员应当在笔录上签名。

二、打字记录

机械打字机记录的适用范围与计算机记录相同,其程序和要求也一样。打字记录在我国侦查工作中一般没有采用。因为它虽然具有字迹工整好认的优点,但打字机体积大、使用也不大方便,既不如钢笔便携又不如计算机便于纠错。但是,应当承认它也是一种侦查技术记录。

第四节 侦查测量

侦查测量是侦查技术记录的组成部分。它是以测量学的原理和方法,根据侦查的特点和要求,通过直接测量,记录与犯罪有关的物质实体的一项专门技术活动。它可以提供了解、研究案情的资料和证明犯罪情况的证据。

侦查测量按测量的内容可以分为现场绘图、线段测量、重量测量和比重测量等几种。

一、现场绘图

(一)现场图的概念

根据勘验、检查所见的现场状态所绘制的图,称为现场图。它是借助于各种符号和文字说明,通过测绘、表示和复制的方法,对客观存在的犯罪现场状态的固定。

现场图能够把现场的位置,周围的环境,现场的全貌,现场上与犯罪有关的痕迹、物体的状态以及它们之间的相互关系等准确、完整而又形象地表示出来。

利用现场图表示现场现象的显著优点是:形象具体、简明生动、通俗易懂、一目了然,给人以明确深刻的印象。所以现场图是现场勘验记录的一种很好的形式。

(二)现场图的种类

按现场图的内容和作用,一般可以把它分为平面图、立面图、展开图和透视图四大类。

1. 现场平面图。将现场现象按垂直投影的方法表示在图纸上，称为现场平面图。现场平面图是最常见的一种现场图，它又可以分为现场方位平面图、现场全貌平面图和现场局部平面图三种。现场方位平面图主要是用来表示犯罪现场所处地的位置及其与周围环境的关系。现场全貌平面图主要是用来表示犯罪现场内部的全面情况。现场局部平面图则是主要用来表示犯罪现场某一部分的详细情况。

2. 现场立面图。将现场物体垂直面上的情况按平行投影的方法表示在图纸上，称为现场立面图。立面图，实际上是站起来的平面图。比如现场上的房屋就有八个立面，即内侧和外侧的四壁。利用立面图表示现场情况，根据案情的需要，可以画出一面、二面或三面、四面等。

3. 现场展开图。发生在室内或未加盖顶棚的围墙内的案件，为了同时反映墙壁和天花板上的痕迹、物品的情况，可以把四周的墙壁和天花板伸展开来，连同地面上的情况，以平面图的形式表示在一张图纸上。这种图就叫做现场展开图。运用这种图，可以将上述现场全貌表示清楚。所以，它又是现场全貌图的一种特殊的形式。

4. 现场透视图。把多种平面通过透视变化组合在一起，表示现场物品的形态及其外表结构特征的图，叫现场透视图。现场透视图很少见。只在某些特殊情况下，才用透视图表示。

（三）现场图的构成部分

现场图的种类虽然不同，但每种图都是由若干个有机联系和相互配合的部分所构成的。每个部分又都有固定的名称和特殊作用。一般说来，现场图主要由图号、图题、指向标（即指北针符号）、比例尺符号、图线、图形、图例符号、注记和签证等部分构成。

（四）现场图的表示方法

现场图的表示方法有以下三种：

1. 比例法。是将现场的大小、现场上有关物体和痕迹以及它们之间的相互关系，按一定的比例缩小或放大绘画在图纸上。现场图的比例可以根据现场范围的大小，有关客体物的大小，灵活确定。

2. 示意法。不按比例绘制，而是将现场上物体的形状、位置、分布状况等大致地绘画出来，然后，用目测、尺测、步测等方法测距，并在绘画的对象旁和它们之间注明尺寸。这种方法多适用于面积比较大的现场。

3. 比例示意结合法。多适用于范围比较大的露天现场。一般做法是：将现场中心部分按比例绘制；现场周围环境不按比例绘制。现场上较大的物体按比例绘制；较小的物体不按比例绘制，常用一定的符号加以表示。

（五）测绘现场平面图

现场平面图的种类不同，其测绘方法也有所区别。

1. 测绘现场方位平面图。现场方位平面图的一个显著特点，就是它重点不是表示现场本身的情况，而是表示现场在周围环境中的位置。所以，它一般不要求按比例精确地绘制。根据这一特点，一般可以采用以下两种方法测绘：①复制修改法。是根据案件的发生地，将有关行政图或内部单位平面图复制修改为现场方位平面图。具体做法是：首先依据现场所处的具体地理位置，将行政图或内部单位平面图的有关部分临摹或复印下来，然后将现场所处的具体地点及其周围的有关物体和痕迹的分布情况按现场勘验笔录的记载添补进去加以标明。②目测示意法。是让熟悉案发地点情况的人员带领测绘人员绕现场周围了解现场所处的方位和周围环境，边走边画。所画的范围和内容以能说明现场方位情况为准。如果同时有第一、第二、第三等现场的案件，要表示清楚各现场的位置和它们的联系。测绘时，要确定图纸的方向，无论走到什么地方，图纸的方向都不能变。否则，图示就将失真走样。

2. 测绘现场全貌平面图。根据现场地表现象的状况，现场全貌平面图的测绘通常可采用下述方法：①射线法。亦称极坐标法。是一种最简单的测绘方法。此法是把绘图板固定在现场的中心一点，依次向每一个所要绘画的客体进行观测，即在图纸上形成放射的观测线，然后丈量出每个目的物与中心的距离，确定每个目的物在图纸上的位置。最后，按比例把每个目的物绘画在图上，即完成草稿。此法一般在现场范围比较小，现场痕迹、物品之间能够通视并能测距时才适用。②前方交会法。是通过两个已知点来确定第三点的一种测量方法。一般做法是：第一，先把所要测绘的范围确定下来，最好在现场境界的每一边上都有两个以上的地物作为测绘的标的物。如果现场境界上无足够的地物可供利用，可插标杆或木棍以供利用。第二，在现场的适当位置选择A、B两个测站，注意A、B之间能够通视和直接丈量，A、B两点都能与所画的地物相通视。第三，将A、B两点之间的距离按比例绘画在图纸上，即可得出A、B两点在图纸上的位置。第四，分别将图板置于A、B两点依次向所画对象瞄准绘画方向线，对同一地物瞄绘的两条方向线相交处，即为该地物在图纸上的对应点。第五，画上图例或加以注记，擦去瞄绘的方向线，草图即告画成。③图解三角网法。在现场的范围比较大，测绘的对象又比较多，且某些被测绘的对象之间又不能通视时，可以采取图解三角网法进行测绘。此法是用图板进行扩大的前方交会法所作出的控制网来记录固定现场状态的一种方法。

3. 测绘现场局部平面图。现场局部平面图反映的是现场全貌的一部分，范围窄、面积小，可用尺直接丈量测绘。常采用的测绘方法是横纵坐标法和圆弧交会法。横纵坐标法是通过确定现场痕迹、物体在坐标中的位置来绘制平面图。圆弧交会法则是分别以两个已知点为圆心，以测绘对象到已知点的距离为半径画圆弧来确定第三点。在对现场局部状况测绘时，如果现场面积较大，可采用射线法或前方交会法进行测绘。

（六）测绘现场立面图

现场物体立面上的情况，一般可采用照相的方法加以固定。但当立面前有不可移动或毁坏的物体时，用照相的方法固定就比较困难。这时，可采用测绘立面图的方式加以固定。其测绘方法是：先丈量立面的长与高，按一定的比例画出立面的轮廓，然后测量立面上有关痕迹和物品的大小、形状以及它们之间的方向、距离关系，按同样的比例平行投影画到立面的轮廓内，最后在图的旁边画上指向标，草图即告成。指向标是根据现场立面的具体方位，用箭头标明上、下和东、西或南、北等。

（七）测绘现场展开图

现场展开图是反映户内现场情况的一种图。实践中，户内现场常见。由于户内现场容易测量，所以在绘制时尺寸要准确，要按比例测绘在图纸上。现以测绘室内展开图为例，其具体画法是：第一，先测绘房屋平面图。第二，将房屋地面上的物体、痕迹，采用横纵坐标法，按比例地垂直投影画在房屋平面图中相应的位置。第三，将墙壁和顶棚展开测绘，将墙壁和顶棚上的痕迹、物品按比例以平面的形式画在展开的画面上。对于紧贴墙壁的物体（如箱、柜、床等），如果必要也可以按比例平行投影到展开的墙壁的画面上。

（八）测绘现场透视图

对于现场中心或局部的情况，根据需要可采取平行透视、焦点透视和成角透视的方法，测绘出透视图。

二、线段测量

在侦查中，往往需要知道某一线段的长度。如需要知道尸体上的伤口的长度，一支手枪的口径等，这就需要进行精确的测量。侦查中的线段尺寸测量，除了使用普通的直尺、卷尺、游标卡尺和千分尺外，还要用到测线规、测径尺、锥形测径规、测隙规、测量放大镜、测微目镜、圆盘测长仪、曲线规等。需要明确的是，量具以及我们的感官（首先是眼睛），在测量中总会或多或少地出现误差，这就使任何测量只可能具有一定的精度。所以，在分析测量结果时，必须考虑到量具的精度、读数的精度和测量的精度三种因素。

三、重量测量和比重测量

重量的测量经常使用台秤、精密天平和分析天平等称重器具。被测物体的重量可由称量求得。确定某物体的比重，根据比重的定理：物体单位体积的重量为比重，则必须先测定其重量与体积。重量可由称量直接求出，而测量外形复杂的物体的体积，则要运用阿基米德定理，即先测出被该物体所排开的水的重量，然后根据水在该测试条件下的比重，计算出其体积。测量固体的比重，常用的方法有静液称量法、比重瓶法、浮力法和比重计法。对于重量测量和比重测量的结果，在分析时也必须考虑到量具的精度、读数的精度和测量的精度三种因素。

第五节 侦查登记

侦查登记是侦查技术记录的组成部分，是对侦查犯罪有意义的客体所采取的统一规则和程式的详细记录的总称。

一、概述

近代侦查登记根据登记客体的不同，分为罪犯登记、指纹登记、罪犯体貌登记、犯罪手段登记、不知名尸体登记、失踪人登记、失物登记、赃物登记等。其中主要的是指纹登记。在我国，各种侦查登记，由公安机关统一管理。

对罪犯进行登记，由来已久。古代在犯人身上烙印或文面（金印），实际上就是一种最野蛮、最原始的侦查登记。侦查登记真正形成一种制度，可以进行编目分类的，一般公认为巴黎警察厅的 A. 贝蒂永（1853～1914）所开创。贝蒂永于1887年提出对囚犯进行人体测量。他认为人的骨骼各有不同，而且成年后不再变化，因而人体测量登记可作为鉴别人体异同的依据。测量包括：身长、坐高、双臂长、头高、头宽、两颚宽、右耳长、左足长、左下臂长、左中指长、左小指长十一项。贝蒂永提出"人体测量法"后，许多国家相继仿效。但由于犯罪问题日益严重，惯犯大量增加，根据人体测量的数据进行个人识别出现了差错，便渐渐被放弃或作为其他登记方法的补充。1880年英国学者 F. 戈尔顿（1822～1911）研究设计了一种按指纹形态分类，列出公式的科学指纹登记方法，15年后经英国政府批准正式开始使用。此后，人体测量法逐渐被指纹登记所代替。鉴于指纹登记有功效，德、法等国相继采用。到20世纪初期，指纹登记法取代了各国原来采用的人体测量登记法，沿用至今。中国自1909年起在上海、北京、天津等地开始采用指纹登记。当时没有统一的指纹分析法，各地多引进"亨利式"或"汉堡式"指纹分析法。

中华人民共和国成立后，公安部于1956年根据中国人的指纹出现率，制定了"中国指纹分类系统"，建立了统一的指纹登记制度。与此同时，各地公安机关根据斗争的需要，对未知名尸体、被盗财物、犯罪方法等陆续建立了相应的登记制度。它们和指纹登记一道，在侦查犯罪中发挥着重要的作用。

20世纪60年代起，新兴的电子计算机进入侦查登记领域，一些国家的侦查登记部门将登记的内容输入计算机，为快速查用有关登记内容开辟了自动化的途径。

二、指纹登记

指纹登记是侦查登记主要的内容，是根据十指指纹类型及其纹线特征进行的一种登记。现在世界各国普遍采取的人体登记的主要方法，分十指指纹登记、单指指纹登记、五指指纹登记等。我国采用的是十指指纹登记，登记的对象只限于被依法拘留、逮捕的犯罪嫌疑人及被判处刑罚的罪犯；被拘传、取保候审、监视居住的犯罪嫌疑人；被劳动教养和少年管教的人；有造谣惑众、煽动闹事、盗窃、诈骗、抢夺他人财物、寻衅滋事等现行违法行为，受到行政拘留处罚的人。主要工作包括：捺印十指指纹，登录姓名卡片，进行指纹分析，储存登记卡片，以配合侦查查对指纹卡片。自1990年起，北京和其他一些地方的公安机关在指纹登记中先后开始采用电子计算机方法储存和分析指纹资料，并开展了指纹图像的自动识别，使我国指纹登记的水平跨上了新台阶。

三、罪犯体貌登记

一般利用照片登记，建档储存，也可以利用描述外貌特征进行登记。外貌特征包括人体静态特征和人体动态特征。人体静态特征是由人体解剖结构决定的外表形态，指整个肢体和头面部各部分的形态特征。人体动态特征是由人体机能形成的动作习惯，主要有行走姿势、讲话情态、动作表情、口音嗓音等。登记时应特别注意那些特别记号。利用描述外貌特征进行登记，也适用于某些已经知道姓名的潜逃的犯罪嫌疑人、被告人。对于那些犯罪后潜逃的不知道姓名的犯罪人，如强奸、抢劫、诈骗等案件的犯罪人，也可以根据被害人对犯罪人外貌特征的描述进行登记。

四、未知名尸体登记

未知名尸体登记的目的，在于为尸体辨认提供依据。一般利用卡片登记，建档储存。登记的主要内容：发现尸体的时间、地点、过程；死者的衣着、携带的物品及尸体状态；死者的性别、大致年龄、致死原因、死亡时间、伤害情况；死者的体貌特征及其他可供识别个人人体的材料等。登记时要特别注意那些特别明显的记号，如镶牙、文身、骈指、骈趾、斑痣、疤痕等。登记卡片上要捺印死者的十指指纹并粘贴整容后死者的辨认照片。如果对尸体进行了解剖检验，应简要记载解剖所见的情况。

五、失踪人登记

失踪人登记通常根据失踪人的家属、单位或其他有关人员的陈述，由其辖区公安机关负责进行，目的在于查明失踪人的下落和失踪事件的性质。利用卡片登记储存。登记的主要内容有：失踪人的性别、年龄、民族、住址、失踪时间、体貌特征和特别记号、衣着打扮、携带物品、平日交往、失踪前的行动表现等。还应在登记卡片上粘贴失踪人的最近半身免冠照片。

六、失物登记

失物登记是指对被盗窃、抢劫、诈骗或遗失的物品进行登记。通常根据事主和财物保管人员的报失材料，由辖区公安机关负责进行。它有助于查明赃物的来源和将失物归还失主。登记的项目主要包括：失物的名称、牌号、规格、式样、颜色、新旧程度、数量、体积、丢失的时间和地点及失主的姓名、住址等。登记时应特别注意物品的特别记号。失主如有与失物同类的物品，在登记时可作为样品参考。失物登记与赃物登记往往是对应关系。在许多情况下，同一物品在此是失物登记，在彼则可能进行了赃物登记，失物登记应以物品为单位，一物一卡进行登记，建立卡片档案，编码储存，以保证迅速查对。

七、赃物登记

赃物登记指对从查获的犯罪嫌疑人身上及其居住、活动或藏身的场所获取的赃物，或者有理由怀疑是犯罪嫌疑人抛弃的物品进行的登记。赃物登记有助于查明所寻找的失物和发现犯罪嫌疑人或其同伙的其他罪行。应建立卡片档案，按一定的顺序排列储存。登记的内容主要包括：赃物的名称、牌号、规格、式样、新旧程度、数量、来源、搜获的时间和地点、犯罪嫌疑人的姓名等。登记时应特别注意赃物的特别记号。赃物登记与失物登记往往是对应关系。在许多情况下，同一物品在此是赃物登记的对象，在彼则可能进行了失物登记。赃物登记应以物品为单位，一物一卡进行登记。

八、鞋底花纹登记

亦称鞋样登记。通常通过对市场上销售的各类成鞋及制鞋企业生产、加工、使用的鞋底的搜集，对鞋底花纹的类型和式样加以登记。利用登记的鞋底花纹资料，可以查明在案件现场发现和提取的鞋印属于何种鞋子所遗留，分析判断该鞋子的具体鞋种、尺码，确定其产地、销售范围和销售商家，并据此查找鞋子的购买人、穿用人，查清鞋印的遗留人。鞋底花纹登记的主要内容是：鞋底表面在加工、塑制过程中形成的图案、花纹、文字、商标、尺码数字等外观特征；鞋底的制作材料；鞋底的尺码大小和规格；鞋底生产、加工企业的名称和地址；使用该鞋底生产的成鞋种类，鞋子尺码大小的范围，制鞋企业的名称和地址。鞋底花纹登记的资料需按不同类别加以分类和储存。分类的方法有：按鞋底表面花纹式样可分为席状花纹、块状花纹、条状花纹、圆形花纹和其他特殊几何形状花纹五大类。按鞋底制作材料分为塑料底、橡胶底、皮底、布底和其他材料底。按成鞋鞋种分为皮鞋、布鞋、胶鞋、塑料鞋、编织鞋和其他材料鞋。鞋底花纹登记需制成登记卡片并附成鞋的外观照片和鞋底花纹式样照片，也可使用计算机建立鞋底花纹数据库。

九、现场遗留物登记

现场遗留物是行为人在实施某种行为时在现场留下的其自身携带的物质、物品。对现场遗留物进行登记，目的在于查找物品的遗留人或物主，查明事件的情况，并根据现场遗留物的种类、分布情况等分析判断行为人或事主在事件发生前和发生过程中的活动及其他情况。现场遗留物登记的主要内容是：遗留物的种类、名称、数量；物品在现场中的遗留部位和原貌状况；物品的特征（如颜色、大小、形状、记号、重量等）；发现和提取的时间、地点和简要案情；现场遗留物登记以物品为单位，一物一卡进行登记，并附该物的原型情况照片和细目照片。

十、枪支登记

又称枪支档案登记。是依据《中华人民共和国枪支管理办法》对各种军用枪支的登记。由公安机关的侦查部门负责登记。利用登记的枪支资料档案，可以查明在案件现场发现和提取的枪弹为何种枪弹，及枪弹痕迹为何种枪支所遗留，查找枪支的使用者和射击人；可以查明从社会上收缴和从犯罪嫌疑分子手中缴获的枪弹为何种枪弹，并可以将射击痕迹样本同案件现场遗留的枪弹痕迹进行比对，认定射击枪支。枪支登记的主要内容是：枪支的型号、号码、生产批号、出厂日期、生产企业名称；枪支的配发、使用和保管单位的名称和保管人姓名；枪支机件的特殊标记和痕迹特征；通过射击实验制作的痕迹样本、模型等。枪支登记以枪为单位制作卡片，一枪一卡，归档存储，也可输入电脑储存。

第四章 侦查勘验技术

侦查勘验技术包括痕迹勘验、枪弹勘验、文书勘验、会计勘验、尸体勘验和涉外物质勘验等技术。

第一节 痕迹勘验

在侦查中,痕迹勘验占有非常重要的地位。它可以为分析案情,确定侦查范围,查缉犯罪人提供重要的线索和证据,也是进行痕迹鉴定的一个前提条件。

一、概述

痕迹乃是事物自身运动、发展及其相互作用所引起的客观物质的一切变化的总称。对痕迹的研究,在不少的科学领域内有着特殊重要的意义。考古学、古生物学、地质学、人类学等科学部门,之所以能科学地揭示和认定历史上曾经发生过的某些事实及其发生、演变的过程和原因,其主要的依据,就是过去事物所遗留的某种痕迹。

(一) 痕迹勘验的对象

侦查学中痕迹这一概念有其独特的含义,通常又有广义和狭义之分。就广义而论,凡由于犯罪行为或与犯罪有关的活动所引起客观物质环境的一切变化,统称为犯罪痕迹。例如,犯罪人遗留在犯罪现场上的手印、脚印、工具痕迹、枪弹痕迹等反映造型体(那个在另一个客体上形成自己反映形象的客体)外表结构形态的种种形象痕迹,犯罪人分割整体物时遗留下的各种断离痕迹,犯罪人书写的文书,杀人现场上的血迹、尸体状态,乃至各种物质微粒、特殊气味等等,都可称之为犯罪痕迹。就狭义而言,痕迹仅指上述犯罪痕迹中的形象痕迹和断离痕迹。

不同形态的痕迹,其勘验的方法不尽相同。本节所说的痕迹勘验仅指侦查技术勘验的一个组成部分,其中,"痕迹"一词仅指狭义而言,痕迹勘验特指应用专门技术方法,对与犯罪事件有关的人或物留下或造成的形象痕迹和断离痕迹的勘验。换句话说，痕迹勘验的对象是由形象痕迹和断离痕迹两组痕迹构成的。其他种类或形态的犯罪痕迹，则分别是文书勘验、法医勘验、理化检验、警犬鉴别等的对象，不属于本节痕迹勘验的研究范围。

（二）痕迹勘验的任务和意义

痕迹勘验作为侦查技术勘验一项专门活动，多运用于犯罪现场勘验。根据需要和可能，经侦查部门的负责人批准并征得有关事主的同意后，也可以将痕迹的承受体（即痕迹载体），带回实验室检验。

痕迹勘验的主要任务是：发现、固定、提取和保全与犯罪案件有关的种种形象痕迹和断离痕迹，对与案件无关的痕迹不能擅自进行勘验；研究种种形象痕迹和断离痕迹产生、发展的过程，验明痕迹与犯罪的具体联系（即痕迹是否犯罪人实施犯罪行为时所遗留或造成的，以及是犯罪人在什么时间、什么情况下怎样遗留或造成的）；分析判断遗留痕迹的犯罪人或物的情况，如犯罪人的性别、年龄、身高、体态、职业等特点及犯罪使用物（包括破坏工具、凶器、交通工具等）的种类、性能等。

利用痕迹来揭露和证实犯罪，自古以来就是侦查和审判案件一个不可缺少的要素。中国古代的签字画押，早在周代就出现了。秦简上有穴盗记载，上面记有手迹六处。至于侦查利用的追踪探索的技能，在许多世纪中，民间就已经积累了丰富的经验。例如在中国、日本、印度、高加索等地，民间就积累了丰富的追踪探索的技能。"踪"乃"痕迹"也。

揭露犯罪和研究痕迹，在很久以前就有了联系。侦查一词的来源即可说明。中国古代就把侦查解释为"据实迹考知"。在俄文中，"侦查"（СЛЕДСТВNЕ）同"痕迹"（СЛЕД）具有共同的词根。按"侦查"一词的原意，就是根据"痕迹"进行侦缉，也就是指"追究"（ПРЕСЛЕДОВАНNЕ）。"侦查"一词的起源在英文中也是如此。英文里的"调查、侦缉"（investigation）就是从拉丁文vestige（痕迹）派生的。足见"痕迹"同"侦查"有着不可分割的联系。

（三）痕迹勘验的法定程序

根据我国刑事诉讼法关于勘验、检查的规定，痕迹勘验只能由侦查人员负责进行。在必要的时候，可以指派或聘请具有专门知识的人，在侦查人员的主持下进行勘验；侦查人员临场主持或执行痕迹勘验，必须持有侦查机关的证明文件，并邀请两名与案件无利害关系、为人公正的普通公民作为见证人到场见证；对痕迹勘验的情况应制作笔录，由参加勘验的人和在场见证人签名或盖章；人民检察院审查案件时，对公安机关的勘验，认为需要复验、复查时，可以要求公安机关复验、复查，并且可以派检察人员参加；为了验明痕迹产生、发展的过程及原因，在必要的时候，经侦查部门的负责人批准，可以进行临场实验。

二、形象痕迹勘验

形象痕迹勘验是指对造型体外表结构的物质反映形象的勘验、检查。是痕迹勘验的主要内容。形象痕迹勘验不仅能为判断案情提供客观依据，而且还能为分析犯罪人身份及认定造型体的种类，乃至对造型体（包括人和物）进行同一鉴定等提供准确的材料。

（一）形象痕迹的形成及分类

1. 形象痕迹。形象痕迹是一个客体在另一个客体上形成的反映形象。鉴于两个客体在形成形象痕迹时的作用不同，故把前者称为造型体，后者称为承受体。造型体作用于承受体，使承受体表面形成与造型体接触面某些外表结构形态特征相适应的变化，这就是形象痕迹。例如，反映手指、掌乳突线花纹的手印，反映鞋底花纹形态的鞋印，反映牙齿形态特征的牙印，反映轮胎花纹特征的车轮痕迹，反映发射枪支的枪管内壁结构形态特征的弹头上的阳线痕迹等，都是形象痕迹。

2. 形象痕迹的形成。从物理学的观点分析，形象痕迹多是在力的作用下，造型体和承受体间发生机械运动的结果。

作用力是使两客体相互接触形成形象痕迹的基本动力。该种动力在一般情况下来自造型体；少数情况下来自承受体，如形成弹头上阳线的痕迹；个别情况下同时来自造型体和承受体，如车辆迎面对驶形成的撞车痕迹。

为了能形成和保全形象痕迹，造型体必须具备一定的形状、体积和硬度，承受体必须具备吸附、渗透、可塑、形变等属性。有的造型体虽然软，但它必须具有把自身的分泌物、附着物分离在承受体上，或者能把承受体表面的附着物粘走的属性。

除了由于力的机械作用使两客体相接触形成形象痕迹外，还有一些形象痕迹是由于光、热等其他物理的或化学的作用造成的，这时，造型体和承受体即使不直接接触，也可能形成形象痕迹。例如，汽车在雪地上停留时，因发动机的热辐射，使局部积雪溶化的痕迹等。当然，由于这种形象痕迹只反映造型体的粗略轮廓，所以不能据此对造型体进行同一鉴定，但是它往往能为推断造型体的种类提供一定的依据。

3. 形象痕迹的分类。形象痕迹可以按以下几个标准分类：

（1）按承受体是否变形划分。按承受体是否变形，可以分为平面痕迹和立体痕迹。

平面痕迹。指造型体作用于承受体后，承受体的接触面未发生凹凸变化所形成的痕迹。平面痕迹又可以分为平面加层痕迹和平面减层痕迹。平面加层痕迹是造型体把自身固有的或表面附着的某些媒介物质留在承受体上所形成的，如茶杯上的汗垢手印，水泥地面上的鞋印等。平面减层痕迹是由于造型体的吸附力或黏合力，在造型体与承受体接触时，将承受体表面的某些媒介物质微粒带走所形成的，如在布满薄层灰尘的桌面上留下的手印、赤脚印等等。由上可见，形成平面痕迹的一般条件是：承受体的硬度大于造型体；承受体或造型体表面有某些物质微粒；承受体或造型体表面具有一定的吸附力和黏合力，或者是参与形成平面痕迹的某些物质本身具有一定的黏附性。

立体痕迹。指造型体作用于承受体后，承受体的接触面发生凹凸变化所形成的痕迹。如未干油漆上的手印，潮湿土地上的脚印，水果上的牙印等等。立体痕迹不仅能反映造型体某一面的形象特征，而且可以反映出造型体三维度接触面的立体形象特征。形成立体痕迹的一般条件是：造型体的硬度大于承受体；承受体具有一定程度的可塑性。

将上述分类列表如下：

$$形象痕迹\begin{cases}平面痕迹\begin{cases}平面加层痕迹\\平面减层痕迹\end{cases}\\立体痕迹\end{cases}$$

（2）按两客体接触面是否平行滑动划分。按两客体接触面是否平行滑动，分为静态痕迹和动态痕迹。

静态痕迹。指作用力垂直或接近垂直于造型体和承受体的接触面时，两客体没有发生平行滑动所形成的痕迹。如捺印的手印，踩踏的脚印，撬压痕迹，打击痕迹，图章印文，汽车轮胎滚压痕迹等等。由于形成静态痕迹时，两客体接触面始终保持相对不变，所以痕迹一般面积完整，轮廓清晰，痕底、痕壁的特征反映比较明显，特征的形状、大小、位置等基本不变。

动态痕迹。指造型体与承受体接触面发生平行滑动所形成的痕迹。如擦划痕迹，刺切痕迹，劈砍痕迹，弹头上的阳线痕迹，汽车刹车痕迹等。这种痕迹一般面宽、痕浅，痕壁特征反映不明显，痕底特征反映在形态上会有改变，即造型体上原有的点在承受体上反映为线状痕，而线（横线或斜线）则反映为带状痕，而且随着两客体接触角度的不断改变和方向的变化，线状痕、带状痕的长短、粗细、宽窄、间隔距离，甚至痕迹的面积形状等，都会有程度不同的态变。

（3）按痕迹的色调与承受体有无反差划分。按痕迹的色调与承受体有无反差，分为易见痕迹和不易见痕迹。

易见痕迹。指本身色调与所在承受体有明显反差的痕迹。如刀把上的血手印、白床单上的煤黑色鞋印或赤脚印，柏油马路上的白灰色轮胎痕迹等。立体痕迹也是一种易见痕迹。

不易见痕迹。指本身色调与所在承受体无明显反差的痕迹。如光滑物体表现的无色汗垢手印，水磨石地板上的灰尘鞋印等。不易见痕迹往往需要采用特殊的手段才能显现。

（4）按承受体发生变化的范围划分。按承受体发生变化的范围，分为内部痕迹和外围痕迹。

内部痕迹。指造型体作用于承受体，使承受体接触面范围内发生变化所形成的痕迹。如一般的手印、脚印、牙印等均属于内部痕迹。由于内部痕迹能反映造型体接触面范围内的多种几何特征，因此一般都有同一鉴定的价值。

外围痕迹。指造型体与承受体接触面范围以外发生变化所形成的痕迹。如墙上的挂钟、字画被取走后留下的痕迹，下雪时汽车停留的痕迹，布满灰尘的现场取走作案工具后留下的痕迹等。外围痕迹只能反映造型体的某种外形轮廓，一般只能为分析案情和判断造型体种类提供一定的依据。

除按以上标准对形象痕迹分类外，实际工作中为便于记录，常按造型体的名称进行分类。如可以将形象痕迹分为手印、脚印、牙印、破坏工具痕迹、车轮痕迹、枪弹痕迹等。

（二）手印勘验

手印勘验指对手指、掌面皮肤花纹留下的物质反映形象即指印和掌印的勘验。手印是犯罪现场最常见的形象痕迹之一。勘验现场手印是形象痕迹勘验中最重要的勘验。在犯罪现场勘验中寻找、发现、提取的犯罪人手印，不仅可以分析犯罪人犯罪过程，推断犯罪的人数，刻画犯罪人的人身特点，串联合并案件，而且可以利用手印通缉犯罪人、查对前科、识别未知名尸体和分尸案身源，排除嫌疑人，认定犯罪人，为侦查和审判案件提供科学的证据。

1. 手纹概述。人的手指、掌面布满了粗细不等的凹凸纹线，其中比较粗的、数量较少的凹线称屈肌线；比屈肌线稍细、数量较多的凹线称皱纹；数量最多、线条最细、排列均匀的凸线称乳突线；与乳突线并列的凹线称小犁沟。

手印勘验的对象主要是人的手指、掌面的乳突线花纹留下的痕迹。

手指、掌面乳突线有弓形、箕形、环形、螺形、曲形和棒形六种形状（如图）。手指第一指节骨皮肤表面乳

弓形线	箕形线	环形线	螺形线	曲形线	棒形线
⌒	)	○	⊙	∽	∣
∧	ᓄ	○	○	⌇	∖

指纹乳突线的六种形状

突线按一定的规则组成弓型纹（包括弧形弓和帐形弓）、箕型纹（包括正箕和反箕）、斗型纹（包括环形斗、螺形斗、双箕斗、囊形斗和杂形斗等）。弓型纹有两个纹线系统，即外围纹线系统和根基线系统。箕型纹和斗型纹有三种纹线系统，即内部花纹系统、外围纹线系统和根基线系统。三种纹线汇合的地方构成三角。手掌表面乳突线花纹按其分布的自然状态，由掌上部（食、中、环、小四指根部至第一屈肌线这个区域）、掌内侧部（拇指根部一侧至掌心这个区域）和掌外侧部（小指侧边沿至掌心这块区域）的乳突线所组成。手指、掌面的乳突线中，还有许多细节特征。按顺时针方向追迹乳突线时，凡较长纹线的起端称为起点，终端称为终点，一分为二之点称为分歧，合二为一之点称为结合；还有一些纹线互相联结，分别构成小勾、小桥、小眼等形态；一小部分纹线很短，呈棒状和点状（如图）。

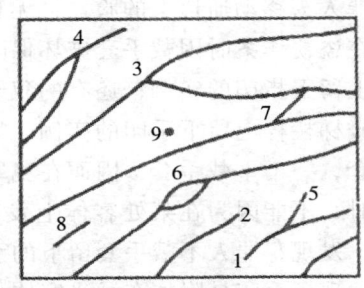

乳突线的个别特征
1. 纹线起点　2. 纹线终点
3. 纹线分歧点　4. 纹线结合点
5. 小勾　6. 小眼　7. 小桥
8. 短棒　9. 小点

　　手指、掌面乳突花纹具有四方面特性：一是各种乳突花纹类型和乳突线的细节特征，构成了指、掌纹的特定性，不仅人各不同，而且指指相异；二是指、掌纹形成于胎儿阶段，一经形成，其花纹类型和细节特征的总和，即具有极强的稳定性；三是由于手指第一指节上的乳突线有规律地组成不同的花纹，所以指纹具有可分类性；四是由于乳突线上有汗孔分泌汗液附在皮肤花纹上面，用手触摸物体极易留下手印，故其还有易反映性。

　　2. 现场手印的寻找和发现。刑事案件所涉及场所和范围有多少、大小之分，案件性质有这样、那样之别，犯罪手段也各有不同的特点，但在各类案件现场上，犯罪人往往都会留下手印。为了全面寻找和发现与犯罪有关的手印，首先要根据案件和现场的具体情况，向被害人或事主了解现场每个物体发案前的存在状态以及发案前有无第三者出入现场而接触物体，然后分析犯罪人在实施犯罪行为过程中可能触摸或变动过什么物体，从而确定其可能留有手印的重点部位和重点物体。如果发案后现场原貌已有变动和破坏，应查清有关人员触摸或变动物体的情况，以便鉴别那些可能是犯罪人遗留的手印。

　　寻找和发现手印的重点部位是：犯罪人出入现场的路径，犯罪目的物所在处，现场上的犯罪使用物和有关遗留物，被变动过的物品，与其他痕迹相关联的部位，尸体、赃物所在地及其包装物，犯罪人藏身或隐蔽的地点等。

必须指出：随着同犯罪作斗争的深入，犯罪人作案的手段也越来越狡猾，戴手套作案日趋增多，但是，由于现场客观环境的限制，在某种情况下，犯罪人也可能丧失警觉而脱掉手套留下手印，这样的实例也屡见不鲜。例如，曾有犯罪人为移动通道上的脸盆，无意中摘掉手套而留下指印的实例；也有的犯罪人在盗窃作案时因戴手套破坏保险柜锁，动作不方便，脱去手套，在保险柜柜门上留下指印的实例；还有的犯罪人作案后离开现场时，过早地脱去手套，而在楼梯栏杆上留下手印的实例。另外，在实际案件中，也有两人作案，一个戴手套，一个不戴手套，因而在犯罪现场上既有手套印，又有手印。因此，在勘验时，不能因为在某处客体上发现了手套印或手套的纤维毛，就不去注意寻找、发现犯罪人不戴手套留下的手印。

现场手印是附加在承受客体上的，有的是显在的（可见的），有的是潜在的（不易见的或不可见），稍有不慎就会受损坏和变化，甚至消失，因此必须用科学的方法寻找、发现。

显在的手印如有色平面手印和立体手印，在普通光照下用肉眼直接观察就明显可见。不易见的手印（如汗液、油垢和灰尘手印），由于其成分、所在位置、承受客体属性、形状和大小等具体情况不同，只有分别采用有效的方法才能发现。如小件物品上的汗垢手印，用手捏住其边棱，利用自然光或人造固定光，变换不同位置，使光源与承受客体表面构成适当的方向和角度，以目视即可直接发现手印。又如对不易移动的笨重物体上的手印，可利用手电筒或小型聚光灯，变换光源与视线的方向和角度进行观察即可发现手印。对于透明体如玻璃上的灰尘、油垢和汗液手印采用透光照射法即使光线从物体的背面投射，眼睛从物体正面观察，借助手印与承受物两者透明度的差别来发现手印。为使手印清晰可见，在承受物背面的一定距离可衬垫黑色物，并调整光线与视线的方向或角度，从正面观察，若有手印即可发现。对于表面光滑的不透明的物体（如瓷器、油漆家具等）表面上的灰尘和汗液手印采用反射光法，即使光线与视线从同一侧的两个相对方向，投射于承受客体表面，借助于手印物质与物体反射能力强弱的不同，利用变换反射光与视线的方向和角度观察，即可以发现手印。对可能留有手印的部位，用嘴哈气或将承受客体表面置于蒸汽上方，使手印纹线凝上一层水气，造成手印与承受客体反光性能上的差别，借以增强手印的可见度。但必须注意，此法只适用于发现无色汗液手印，而且哈气后再用其他方法显现时，须待水气蒸发，留有手印的物体表面干燥后，才能进行。对于纸张、本色木质、纺织物等客体上的潜在手印，必须通过专门的技术方法来显现。

3. 现场潜在手印显现方法。现场勘验中，主要是对汗液和油质等无色潜在手印，需要根据承受客体性质、手印遗留时间、气候条件和形成手印物质的不同，采用相适应的技术方法显现。通常使用的方法，可以分成两大类：一类是利用黏附、沉积、发光作用的物理方法；一类是利用化学试剂显色的化学方法。以上两类常用的具体方法是：

（1）粉末显现法。常用的粉末有单一粉末、混合粉末、磁性粉末、荧光粉末。单一粉末。主要有：铝粉（AL），俗称银粉，适用于显现玻璃、瓷器、油漆制品、普通金属、塑料制品等光滑表面上的新鲜汗液手印。显现时，如承受客体表面有潮气，刷普通铝粉用量要严加控制，以免造成大量黏附而使手印模糊一片，亦可将客体表面适当干燥后再施铝粉显现。青铜粉，俗称金粉，适用显现范围同铝粉。石墨粉，又称黑铅粉，适用于显现白色瓷器、平滑纸张等物面上的新鲜汗液手印。硫酸钡（$BaSO_4$），白色粉末，适用于显现暗色金属和橡胶制品表面上的新鲜手印。氧化铁（Fe_2O_3），暗红色，适用于显现光滑塑料、金属、瓷器等物面上的手印。

混合粉末。主要有：白色粉末，将氧化锌98份与铅粉2份混合而成。红色粉末，将石松子90份与苏丹红10份混合而成。黑色粉末，将炭黑90份与铝粉10份相混合而成。黑灰色粉末，将二氧化锰85份与石墨粉14份和铝粉1份混合而成。各种混合粉末，主要适用于显现镀镍金属、塑料、釉陶瓷、大理石、油漆家具、橡胶制品等物面上的手印。

磁性粉末。是以铁粉为载体配以其他粉末制成的。常用的配制磁性粉末的比例是：铁粉与铝粉为4∶1；铁粉与铜粉为3∶1；铁粉与硒静电粉为3∶1；铁粉与炭黑为2∶1；铁粉与石墨粉为4∶1；铁矿粉与青铜粉为10∶1。以上配制磁性粉末，一般用于显现纸张、油漆、塑料、瓷器和木制品等物面上的手印。另外，将铁粉分别与二溴荧光素（$C_{20}H_{10}Br_2O_5$，棕红色）、荧光素（$C_{20}H_{12}O_5$，橙黄色）、二碘荧光素（$C_{20}H_{10}O_5I_2$，橙红色）、孔雀绿（$C_{23}H_{35}N_2CL$，绿色）、曙红（$C_{20}H_6Br_4Na_2O_5$，红色）、甲基蓝（$C_{37}H_{27}O_9N_3Na_2$，蓝色）、罗丹明B（$C_{28}H_{31}O_3N_2CI$，紫色）按序分别配制成的彩色磁性粉末，适用于显现塑料、电镀、铝制品、玻璃、瓷、油漆木制品，以及人造革等物面上的潜在手印。常用的还有静电粉末，是由带有稳定静电电荷的热塑性无毒超微粉末，与带反向电荷的有机包膜磁性载体粉末配制而成的，颜色有黑、红、蓝、黄、白、棕、灰七种，适用于显现塑料制品、玻璃器皿、油漆、瓷器、金属、橡胶、光滑纸张等物面上遗留的汗液手印。如果采用此法未能显现出手印，还可用化学方法再显现。

荧光粉末。常用的有蒽粉〔$C_6H_4(CH)_2C_6H_4$〕，黄白色粉末，在紫外线灯下观察，发出蓝白色荧光。曙红（$C_{20}H_6Br_4Na_2O_5$），又名四溴荧光红，红色结晶粉末,在紫外线灯下观察,呈亮红色荧光。硫化锌(ZnS),白色至浅灰色粉末,在紫外线灯下观察,呈浅蓝色荧光。荧光粉末适用于显现彩色画报、瓷品等光滑物面上的潜在手印。用荧光粉末显现的手印应立即用照相的方法固定。此外,发荧光粉末还有8—羟基喹啉、邻氨基苯(甲)酸、荧光胺等,既可以粉末刷显手印,又可加热蒸发熏染手印,然后用紫外线灯观察,手印即可发出荧光。

粉末显现手印可根据留有手印的物体的状况分别采用软毛刷刷显法,喷粉器显现法(先喷粉,后用毛刷刷去多余粉末),倾斜抖动显现法(将粉末撒在客体表面,再倾斜抖动客体),磁性刷刷显或静电笔显现法。

使用粉末显现手印应注意以下几点:①各种粉末都必须置于瓶中封盖,严防受潮。静电指纹显现粉不得与聚氯乙烯等含有抗静电剂的塑料接触。使用中若发现粉末已受潮,即粉末已成团或块时,需经烘、烤或晾干后再用。②遇潮湿客体上的手印,必须先将客体表面干燥,如烘、烤、晒等处理后,再施粉末显现。如遇汗液水分蒸发,手印较干,粉末不易黏附时,可用哈气或水蒸气使其适当增加表面湿度后,再用粉末显现。③使用粉末法显现手印之前,要注意观察承受客体表面是否有油质,以防油质量多造成黏附粉末过量而显不出手印。④根据承受客体表面性质和色泽不同,任选一种与之颜色反差的粉末,提高显现效果。⑤要选颗粒细的粉末使用,特别是自选配制时,粉末细度一般应在400—600目,颗粒粗的粉末要经过研磨筛选。⑥磁性粉末只能用于非磁性客体表面上的手印显现,含铁客体上亦不能采用磁性粉末显现手印。⑦如遇手印周围有可疑附着物质或斑渍时,要先小心加以提取后,再显现手印,以防止破坏手印及手印周围的物质。

(2)雾染显现法。常用的有碘雾法、烟雾法和a—氰基丙烯酸乙酯法三种。

碘雾法:是显现手印的古典方法之一。碘是灰黑色有金属光泽的片状或颗粒状结晶体,特臭,有毒,并有强烈的挥发性和腐蚀性,在常温下即可由固体直接蒸发为紫色气体。碘必须保存在封闭的棕色瓶内。碘雾法是利用碘蒸气与汗液中油类、脂肪等物质的黏合作用,使手印呈深褐色被显出。具体操作有自然熏染、加热熏染和碘薰器显现三种方法。前两种方法用于纸张及小件物面上的手印显现,一般在一定的器皿内熏显;第三种方法用于墙壁及大件物面上的手印显现,一般在露天或户内进行熏显。由于碘易挥发,显出手印后必须迅速拍照。碘雾法适用于显现普通纸张、蜡纸、复写纸、竹器,本色木质、塑料制品、浅色纺织品、白粉墙等物面上手印。使用碘显现后的手印,还可以用其他方法再显现。

烟雾法：主要是利用樟脑、松香、煤油、蜡烛等发烟物质，点燃后，使烟尘熏染客体表面而显出手印。该法适用于显现瓷器、玻璃、金属、油漆制品、塑料制品、竹器等光滑表面和渗透性差的物面上汗液手印。对有吸水性的、油脂的、易燃的、易爆的客体，不宜采用此法显现手印。

a—氰基丙烯酸乙酯法：显现手印所使用的是以 a—氰基丙烯酸乙酯为主体、含有少量对苯二酚和二氧化硫等阻聚剂的黏合剂，亦称"502"胶。该黏合剂挥发后，如遇客体表面有汗渍的部位，就会引发 a—氰基丙烯酸乙酯单体聚合，形成固态聚合物，从而显出白色或暗色手印。此法亦称"502"胶法，能显现塑料、金属、胶木、风化油漆制品、橡皮、皮革、尼龙、绸等客体上的手印。此法显出的手印若不清楚，还可再次显现。显现操作要在封闭的空间中进行。

(3) 溶液显现法。主要是采用对手印汗液成分有较高灵敏度的化学试剂，经有效的溶剂溶解，配制成显现手印用的溶液后，与非光滑客体物面上潜在手印起化学反应而显现手印。常用的显现手印溶液有：

硝酸银溶液。适合显现纸张、本色木、竹器表面上的无色汗液手印。使用硝酸银溶液显出的手印，要及时拍照固定，否则随着硝酸银与手印中的氯化钠反应生成的氯化银感光时间的延长，显出的手印会逐渐变黑。如果一时不能立即拍照，可用黑纸包封后放暗处避光保存。

宁西特林溶液。适合显现牛皮纸，粗糙木质品、纺织品和各种普通纸张上的陈旧手印。该溶液显现各种文书上的无色汗液手印，不会使文书的墨迹和印迹渗散。

(4) 溶液荧光显现法。先用有关化学溶剂对手印进行前期处理生成一种荧光物质后，再激发荧光将手印显出。常用的化学溶剂有：

醋酸铀铣锌溶液：显现操作时，可将溶液均匀地涂染在被显客体表面，晾干后在暗室用短波紫外线灯照射观察，若有手印呈绿色荧光、被显现出。此法适于显现自身无荧光的丝、绸、棉、麻、涤纶、尼龙等纺织品及各种纸张和新人民币上的潜在手印。

邻苯二甲醛溶液：操作时先将被显物在溶液中浸一分钟，取出后吹干，再置于短波紫外线灯下观察，若有手印可发白色荧光。显出后要立即拍照固定。该法在温度18℃以下，湿度80%的条件下操作，其显现效果最佳。如果气候潮湿或干燥，可设法烘干或吸附水蒸气后再行涂液显现。此法适用于显现客体自身无荧光的浅色府绸、部分涤棉和各种纸张上遗留的汗液潜在手印。

需要强调的是，在显现手印时，为了获得最佳效果，可精心设计显现综合流程。设计显现综合流程应遵循的原则是：先无损显现，后有损显现；前一种显现方法是后一种显现方法的基础（或不影响后一种显现方法使用），后一种显现方法是前一种显现方法的补充和增强。根据上述原则，显现手印的一般流程是：配光显现；拍照；碘熏法或"502"胶法；粉末或化学溶剂法；荧光强化；荧光拍照。

4. 现场手印的记录和提取。记录和提取现场手印是现场勘验的重要一环，稍有疏忽大意或草率马虎，就可能使已发现的手印遭到破坏。

（1）现场手印的记录。这是提取手印前必须进行的工作。首先要对显现的手印进行拍照固定。手印拍照要符合诉讼要求和技术要求。既要拍摄留有手印的承受体的方位，手印在承受体上的位置，还要拍摄手印的细目照片（一般应拍原大或按比例拍照）。然后对手印所在的具体位置、高度、指印的方向，手印相互间的关系，形成手印的物质，手印的种类（是立体的，还是平面的，如是平面的，则是加层的，还是减层的），手印所反映的纹型及其清晰度和完整程度，承受体的性质及其表面光滑程度，手印的数量以及提取的方法等加以详细记载，以便为进一步分析和检验手印提供必要的客观材料。

（2）现场手印的提取。对于发现的手印采取照相的方法加以固定并进行记录后，可以采取胶纸粘取（适用粉末显现的手印）、静电吸附（适用粉尘手印）、制模（适用立体手印）和提取留有手印的实物（需征得事主同意）等方法加以提取。提取手印要客观、全面、细心、慎重，不能只提取清晰、完整的手印，随意舍弃模糊、残缺的手印。

5. 捺取尸体手印。勘验命案现场手印时，为了甄别现场手印是否死者遗留，特别是查找未知名尸体身源时，都必须捺取尸体手印，以便鉴定指纹是否同一，或者检验失踪人以前留在家中或工作单位某物品上的手印（即日常遗留手印样本）与尸体手印是否同一个人的手印。

（1）曲缩手的捺印。捺印前先将尸体手指及腕部关节反复活动，使僵尸完全缓解并放松，或切断手腕部屈肌腱使手指伸展后，再将调匀的油墨用滚筒均匀地涂在尸体手上，然后将一小张光滑白纸压在手指或手掌部位捺印；或用专门制作的金属薄片捺印手托，将纸片夹在捺印手托上，捺取尸体手印。实践中，还有采用以油墨涂染尸体手后，用指纹胶纸带粘取后贴在指纹卡片纸上的方法捺取。若尸体手指曲向掌心呈握拳状，致使捺印困难时，可在腕部将肌群的肌腱切断，手指即能伸直，使指、掌平放后即可按要求捺印。

（2）真皮手纹的捺印。先将猪油加热至120℃至130℃，再把从尸体手上切下的手指洗净，浸过冷猪油后放入热猪油中炸三分钟左右取出，分别用乙醚和清水洗净手指上的油脂，若手指残存水分可用吸水纸吸干并涂上滑石粉，再用软毛刷扫去多余粉末后，采用侧光拍照，即可获取指纹图像，亦可涂油墨捺印在白纸上。

（3）干瘪手纹的捺印。干瘪手纹如果仅是皱缩，有条件拍照出手纹或能直接观察纹线特征的，可不必捺印。若需要捺印，可采用皮下注射液体（水、液体石蜡、甘油均可，或取酒精2毫升与甘油1毫升的混合液）的方法，将盛有液体的注射器针头从手指中间关节处刺入注射液体，直至手指表皮膨胀鼓起，然后揉按片刻使注入液均匀渗入手指内，再用酒精棉或二甲苯擦去手指表面的油垢或污物即可进行捺印。

（4）"死亡手套"的捺印。溺死尸体常因被水浸渍而使手的表皮脱落形成"死亡手套"。若"死亡手套"的纹线无明显损坏，可用清水漂洗后晾干，轻轻套在相应的手上涂油墨即可捺印。而如果表皮外层角质已软化脱落，纹线不清，则需捺取表皮深层的"反向纹线"即生发层的凸凹纹线。捺印前可将其放在水中清除软化的皮屑，然后由里向外翻转或从背面剪开，再用乙醚棉球擦去内层油脂，晾干后直接拍照或套入适应者手上涂油墨捺印即可。

6. 现场手印分析。犯罪现场上的手印，可能是犯罪人遗留的，也可能是事主或其他人员所留。因此，对在犯罪现场上发现或显现的手印，必须结合周围环境、犯罪动作和手印在承受体上的分布等情况，实地进行分析研究，判断现场手印是否为犯罪人作案时所遗留，又系何手何指所留，并根据手印的形象和特征反映，判断犯罪人的人身特点。正确地解决这些问题，对确定侦查方向，捺取嫌疑人手印样本，查对指纹档案和进行手印鉴定等都有重要的意义。

（1）手印与犯罪的关系的分析。为从现场手印中找出犯罪人的手印，应从以下几方面进行分析判断：①分析留有手印的物体与犯罪的关系。主要分析研究留有手印的物体犯罪人是否触摸、移动或破坏过，是否为现场遗留物，事主和其他人员是否接触过，以及其来源、使用和保管情况等。一般说来，犯罪遗留物上遗留的手印及事主和其他人员不易接触，而犯罪活动过程中又必须触及的物体上留有的手印，通常可判断为犯罪人所留。②研究手印遗留的情况与犯罪的关系。犯罪人现场手印的遗留情况同犯罪活动密切相关。研究它们的关系应从手印在物体上的位置、方向，手印附近的其他犯罪痕迹，形成手印的物质，手印的新鲜程度，以及与其他案件现场手印相互比对等方面去研究。一般说来，现场上通常人很难接触到的部位上的手印，其他犯罪痕迹（如撬压痕迹）旁边的手印，通常人难以接触的物质形成的手印，以及同其他案件现场上犯罪手印相同的手印，均可视为犯罪人所留。③甄别澄清事主和有关人员的手印。经过上述工作后，仍不能确定现场手印是否为犯罪人所留时，经批准并征得事主和其他可能接触现场有关部位和物品的有关人员的同意后，可捺取他们的手印与现场手印进行比对甄别，以便把它们区别开来。

（2）犯罪人的手位的分析。为了判断现场手印是左手还是右手所留，可以从以下几方面进行分析：①结合现场环境进行分析。现场环境往往能对犯罪人所站位置和某只手的动作构成一种特定的限制条件。依据这种条件，即可判断犯罪人必须用哪只手才能接触留有手印的物体。②结合不同的客体和手印在客体上遗留的位置，从拿东西的习惯以及破坏障碍物的方式上去分析判断。③根据指印在物体表面排列情况分析。现场客体上如留有几个并列着的指印，可以分析它们之间的相互关系，来判明是哪只手、哪几个手指留下的。一般说来，可以从手印的方向，拇指印和其他手指印的对应关系，中、环、小三指印并列情况，食、中、环三指印以及食、中、环、小四指印并列的情况去分析判断。④根据单个指印所反映的指纹纹线结构分析。每个手指上的乳突线花纹结构与纹型生长都有一定的规律性，只有少数是反规律的。据此，可利用它的规律性来判断手印为何手所留。例如，弓形纹印，连接各条弓形线印最高点作一中心轴线，中心轴线向左倾斜的为左手所留，向右倾斜的为右手所留；螺形斗纹印，中心螺形线印顺时针旋转者为左手所留，逆时针旋转者为右手所留；环形斗纹印，中心环形线印中心轴线向左倾斜的为右手所留，向右倾斜的为左手所留。

（3）犯罪人的指位的分析。对现场手印还应判断指印是何指所留。分析判断指印为哪个手指所留，在遇到几个指印并列的情况下是比较容易的。如果只有一个指印，判断起来就比较困难。在这种情况下，可以根据指印的面积形状和各种类型的花纹在手指上的出现率来分析判断。①根据指印的面积和形状分析。一般是拇指正面印面积最大，形状是上尖下圆，中部横宽；一侧印，则形似半圆，左手印弧形凸向左，右手印弧形凸向右。食指印的面积不如拇指印大，其指尖临拇指的一侧往往缺角，缺角印在右上侧的，一般为左手食指所留，缺角印在左上侧的，一般为右手食指所留。中指和环指印往往比较完整，形状呈长方形、平顶或稍圆。小指印面积最小，顶端形状较尖。小指印很少单独出现，常与食、中、环指印并留。②根据各种类型的花纹出现率在指印中的反映分析。右手拇指多出现环形斗、螺形斗。左手拇指多出现双箕斗。如果拇指是弓形纹，则多为弧形纹，很少帐形纹；食指上往往出现一些罕见的纹形（弓形纹、反箕形纹、囊形纹）；中指出现正箕较多，环形斗和螺形斗次之；环指多出现斗形纹，囊形斗较多；小指多出现正箕形纹。

（4）犯罪人的形态的分析。现场上的犯罪手印还能反映出犯罪人的身高、年龄、体态等特征。①身高分析。主要从两方面分析：一是根据手印遗留在客体上的位置，在某些特定的条件下进行分析。如拿取的高位客体上的手印，即能反映出人体的高度。二是根据手印的长度，按照人手长度与身体的比例关系来推算身高。②年龄分析。主要是根据不同年龄阶段乳突线形态变化的生理规律在手印中的反映来分析。③体态分析。主要是根据手的形态特点和纹型的长宽布局在手印中的反映来分析。

（三）脚印勘验

人站立和行走过程中遗留的鞋印、袜印和赤脚印统称为脚印。现场脚印多是行为人所穿鞋子底、袜子底或赤脚底留下的痕迹，能够反映出其鞋底、袜底或赤脚底外部结构形态特征。脚印也是犯罪现场上常见的一种形象痕迹。犯罪人作案，必然在现场走动，当其赤脚或穿鞋、袜与地面或其他承受客体接触时，由于脚与承受体的相互作用，致使承受体表面发生变化而留下脚印。勘验现场上的脚印，可以为判断案情和犯罪人的形态、步行姿势及进入和逃离现场的路线、速度、负重方式等提供依据；可以为追缉犯罪人提供踪源；可以为认定犯罪人的人身或其所穿之鞋、袜提供依据。遇有不知名尸体和分尸案件，可以利用脚印识别被害人。

1. 现场脚印的发现。寻找和发现犯罪人脚印，首先要了解发案前后曾进入或到过现场的有关人员所穿鞋子的种类，观察或提取有关人员的脚印样本，以便在寻找、发现中随时加以澄清和排除，突出重点，寻找和发现犯罪人遗留的脚印。寻找、发现脚印的顺序，应根据案件的性质和现场的情况，抓住重点，由外围向中心或由中心向外围，从室外向室内或由室内向室外从下而上地观察，并注意做到边发现、边作标记加以保护，防止人为的或自然力的破坏。一般说来，应特别注意从犯罪现场的出入口，犯罪活动的中心部位，犯罪人踩踏、攀登过的客体上，犯罪人作案前后来去的路线上及藏身的地点，被害人的脚印旁以及犯罪人掩埋尸体和隐藏赃物的场所去发现。

同发现现场手印一样，由于脚印的种类不同，形成脚印的物质和承受脚印的客体不同，发现的方法也不同。常用的发现脚印的方法有以下几种：①目察法。适用于立体脚印和有色平面脚印。具体办法是：白天，在自然光线下，利用逆光或侧光观察发现。室内的脚印因反差弱，在自然光线下往往看不清，可将门、窗遮挡，采用人造光观察发现；夜晚，可使用一定的照明设备配光观察。②物理染色法。适用于无色汗液赤脚印。其原理同显现无色汗液手印相同。③静电显现法。适用于显现不易见的粉尘脚印。其原理是通过带电荷的黑色聚氯乙烯软片或黑色聚氯乙烯板吸附脚印上粉尘，增强反差而达到显现效果。④化学显现法。适用于显现无色汗液赤脚印。其适用的客体和原理与显现无色汗液手印同。

2. 现场脚印的固定提取。对于发现的脚印通常采取以下方法加以固定提取：①拍照。应严格按照侦查照相的方法进行。拍照单个脚印，应在脚印旁放比例尺。②提取留有脚印的原物。对于遗留在小件物品上的平面脚印，可将留有脚印的实物一并提取。如系贵重物品，需经批准并征得物主同意，办理提取手续后，方可提取。③复印。适用于粉尘平面脚印。其方法是用黑色聚氯乙烯软片或板显现脚印后，用硬纸夹或白色塑料薄膜覆盖固定。④制作石膏模型。适用于采取泥土地上、粉尘上、雪地上以及积水中的立体脚印。

3. 现场脚印的测量。主要有：一是鞋印的测量方法。①鞋底印的全长：在鞋底印的前掌和后跟最宽处的中心点上作一直线为鞋底印的中心线，再于前缘和后缘各作一条与中心线垂直的切线，两切线之间的垂直距离，就是鞋底印的全长。②鞋掌印的长度：鞋掌印的长度可分内侧长、外侧长。鞋掌印内侧后缘至前尖切线之间的垂直距离为内侧长。外侧后缘至前尖切线之间的垂直距离为外侧长。③鞋弓印的长度：鞋掌印内侧后缘至鞋跟内侧前缘之间的垂直距离为鞋弓印长。内外侧长度不一致时，应分别测量。④鞋跟印的长度：鞋跟印前缘至鞋跟印后缘之间的垂直距离为鞋跟印的长度。⑤鞋掌印和鞋跟印的宽度：鞋掌和鞋跟两者各自的内缘至外缘的最宽处与中心线的垂直距离，即是两者的宽度。⑥鞋弓印的宽度：鞋弓印的内缘至外缘的最窄处与中心线的垂直距离即为鞋弓印的宽度（图1）。二是赤脚印的测量方法。①赤脚印的长度：通过第二趾印的中心点和脚跟印最宽处的中心点划赤脚印的中心线，再分别于最长趾印的前端和后跟印后缘的最突点各作一条与中心线垂直的切线，两切线之间的距离，即为赤脚印的全长。②赤脚掌印宽度：脚掌最宽处划一条与中心线垂直的线，此线即为赤脚掌印宽度。③赤脚弓印宽度：从赤脚弓印外缘最凹处划一条与中心线垂直的线，此线即为赤脚弓印宽度。④赤脚跟印宽度：从赤脚跟印最宽处划一条与中心线垂直的线，此线即为赤脚跟印宽度（图2）。

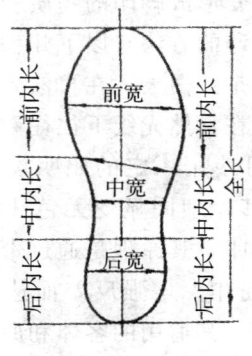
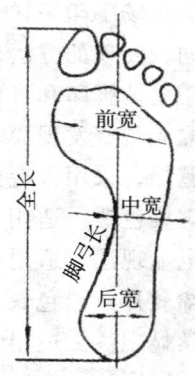

图1　鞋印测量方法　　　　　图2　赤脚印测量方法

4. 现场脚印的记录。对于现场上发现的脚印，在提取前，还要用准确、简明的文字加以记录，并辅之以形象符号示意。①记录的内容：脚印遗留的位置和分布的情况及脚尖指向的方向；脚印与周围环境的关系；脚印的种类、数量；脚印形成的条件和可能影响特征的客观情况；脚印中的附着物；固定、采取和处理脚印的情况。②记录的方法：照相记录、绘图示意和文字描述三种。绘图示意和文字描述应注意标明脚印的长短、宽窄和脚印之间的距离，脚印和其他客体之间距离。照相记录需在脚印旁放置比例尺。遇有成趟脚印时，需用直线分段拍照法拍下其中连续四个以上比较清晰的脚印。

5. 现场脚印分析。根据现场脚印的情况，可以分析判断出脚印与犯罪的关系，犯罪人所穿鞋、袜或赤脚的种类，犯罪人的步法特征、形态、伪装行为及逃跑方向等。

（1）脚印与犯罪关系的分析。分析脚印与犯罪的关系，就是要确定现场脚印是否为犯罪人的脚印。一般可以从以下几方面分析：①分析脚印遗留的位置同犯罪分子作案时的动作是否吻合。②分析脚印的新鲜程度同犯罪分子作案的时间是否吻合。主要是根据当时当地的气候和环境，从脚印花纹边棱的锐利程度、土色变化、干湿程度等方面进行分析。③分析脚印中有无留有从别处带来的物质。比如血脚印、煤粉形成的脚印、附有铁屑等物质的脚印等等。④结合案件的性质，分析脚印与其他犯罪痕迹或与犯罪行为有关的其他物品之间是否有密不可分的内在联系。⑤分析脚印有无反常情况。犯罪人作案时，心情紧张，行动反常，因而常出现异常脚印。⑥根据现场脚印的复杂情况，通过甄别有关人员的脚印，确定犯罪人的脚印。但要注意识别伪装脚印或内部作案有关人员遗留的脚印。

（2）犯罪人所穿鞋或袜及其赤脚种类分析。分析犯罪人所穿鞋、袜及其赤脚种类，主要依据现场脚印所反映的鞋、袜或赤脚底部的外表结构特征。

鞋子种类分析。一般从以下几方面分析：①鞋子质料分析。主要根据鞋印所反映的鞋底花纹、商标牌号、产地厂名等区分是属塑料底鞋、胶鞋、布鞋还是皮鞋的鞋印。但是，应注意同种质料的鞋底，可能配制不同质料的鞋帮；同样一种鞋底，有制成单鞋、夹鞋和棉鞋的，有制成矮腰、中腰和高腰的等等。这就要通过查对鞋底花纹档案及走访鞋厂、鞋店查对鞋样，进一步研究解决。②鞋号分析。主要根据测量鞋底印的长度和宽度来推算。换算公式是：鞋号＝鞋底长－内外差－放余量。鞋底长是指鞋底前尖至后跟缘的垂直距离。内外差是指鞋内长（即鞋楦长）与鞋底面长度之差，即鞋内实际长加前、后鞋帮的厚度，再加（或减）鞋底面前、后边的宽度，才等于鞋底面实长。放余量是指脚在鞋内活动的余地。各种鞋的放余量都有一定的标准，如男女前后空塑料凉鞋为 0.5 厘米、布鞋为 0.8 厘米、胶鞋为 1 厘米，女皮鞋为 1.2 厘米、男皮鞋为1.5厘米。此外，为查明鞋号，现场留的不完整的注塑和模压的鞋印，可以采用查对鞋样或鞋模具判明鞋号。③鞋的型号分析。成年男女鞋的型号共分1—5个肥、瘦型，也有增用半型的，即$\frac{1}{2}$型。每型之间相差7毫米，半型之间相差3.5毫米。鞋子肥瘦型号是通过测量跖趾围的长度得出的数值确定的。在分析现场鞋印时，可以根据跖趾围的40%约等于前掌的宽度，来推断遗留鞋印的鞋子的肥瘦型号。④鞋的厂牌分析。鞋的厂牌在鞋印中已经反映出商标牌号、产地、厂名的则容易确定。没有反映、反映模糊或反映不全的，则主要根据鞋印中反映的鞋底花纹、周边花纹类型及特点，结合平时熟悉的鞋样特点加以临场识别，或利用收集的鞋样资料查对，必要时，可走访鞋厂、销售商店查对。

袜子种类分析。织袜原料有人造纤维、植物纤维和动物纤维。纱支又有粗细之分，有的双纱线或加底编织。一般化纤和丝袜较薄、网眼结构细密；棉、毛、尼龙纤维袜较厚、网眼结构粗稀。袜子种类分析的依据是袜子结构组织在袜印中的反映。

赤脚种类分析。主要根据赤脚掌面各部位的形态在赤脚印中的反映进行分析。一般从脚趾、脚掌、脚弓、脚跟的形态及脚掌乳突线花纹的形状、纹型、流向和屈肌褶纹、皱纹、鸡眼、脱皮等方面在赤脚印中的反映和表现分析判断。

（3）犯罪人步法特征分析。犯罪人的步法分析是根据成趟脚印或单个脚印中反映的犯罪人的步法特征进行的。步法特征是人行走习惯的反映和表现，由步幅特征和步态特征构成。

步幅特征分析。步幅特征是人的左右两下肢行走时相互关系的反映，由步长、步宽、步角所组成。①步长。指一个普通步的长度，可分为短步（70厘米以下）、中步（71—80厘米）、长步（81厘米以上）三种。②步宽。指行走时左右两脚后跟内边缘之间的水平距离，可分为分离步、并跟步、搭跟步、直线步、交错步五种。步宽大于0的为分离步，等于0的为并跟步，步宽为负值时，绝对值小于一个后跟宽的为搭跟步，等于一个后跟宽的为直线步，大于一个后跟宽的为交错步。③步角，指左右两脚各自内收或外展的角度，分外展、内收、直行、不对称四种。外展，是指左右脚印之中心线展向步行线以外。依外展的程度可分为小外展（6°—10°）、中外展（11°—20°）、大外展（21°以上）三种。内收，是指左右两脚印之中心线收向步行线以内。直行，是指左右两脚印之中心线与步行线在一条直线上或外展角度在5°以下。不对称，是指左右两脚印呈一直行一外展一直行一内收，一内收一外展。步幅特征应通过测量来确定。测量时一般是先定步角，再定步宽，最后定步长。步幅特征用尺测方法进行测量。测步角时，步行线和脚印中心线成一线时为零度；大于零度（外展）时为正度，用"＋"号表示；小于零度（内收）时为负度，用"－"号表示。

步态特征分析。步态特征是人行走时，两条腿交替支撑和摆动过程中，人体重心不断移动和起落脚运步方式与地面相接触的细节动作的反映，由落脚、支撑、起脚和摆动四种习惯动作所构成。①落脚习惯特征分析。主要表现为磕痕，即落脚时，大腿后群肌肉用力，脚后跟边缘向后下方磕碰地面形成的痕迹。痕迹的后边缘整齐，后方有堆土现象，痕迹倾斜，多呈直角。②支撑习惯特征分析。主要表现为压痕，即支撑体重的脚，压在地面上形成的痕迹。压痕多出现在后跟、前掌、拇趾等部位。③起脚习惯特征分析。主要表现为挖痕，即起脚时，脚趾向后挖动地面形成的痕迹。挖痕在脚印前尖部形成土坑，并伴有散状的甩土现象。④摆动习惯特征分析。主要表现为挑痕和擦痕两种。所谓挑痕，是指起脚后，脚前后摆动时，脚尖向前方挑动土面形成的痕迹，因此痕迹的前端有向前挑土的现象。所谓擦痕，是指落脚前，脚跟擦动地面形成的痕迹，痕迹的后边缘常形成羊胡子状、长条状、半月状等。

步幅特征与步态特征是相互联系的。人走路时，遗留一定的步幅特征，同时也必然遗留下相应的步态特征。就是说，人行走时的步幅特征蕴藏着步态特征，步态特征同步幅特征是相辅相成的。

步法特征固然也是反映在脚印形象之中，但它不适用通常形象痕迹的勘验、检查，而主要通过对成趟脚印的测量，从中深入分析脚印遗留者的步法习惯特点，找出其内在联系和规律，从而为侦查提供有价值的线索。尤其是在广大的农牧地区，利用步法特征配合追缉、搜捕犯罪人和分析案情，更能发挥其重要作用。

（4）犯罪人形态分析。根据现场脚印还可以分析出犯罪人的性别、年龄、胖瘦和身高等形态特点。①性别分析。男女在生理上的差别，能在成趟脚印或单个脚印上得到反映。一般说，男子步子较大，压痕较重，多有挖痕和甩土现象。女子步子较小，起落脚平稳，压痕比较均匀，脚印边缘比较整齐，挖痕和甩土现象往往不明显。此外，在脚印的长度上，男子的一般比女子的长；所穿鞋的鞋底式样，在鞋底花纹形态反映上也有差别。②年龄分析。年龄上的差别，在脚印上也能表现出来。人的下肢机能，是随着年龄的增长而发生变化的。年轻人敏捷，壮年人力大，中年人稳重，老年人迟缓。一般地说，二十岁左右的青年，脚印中前掌压痕比较重，后跟压痕比较轻，前尖挖痕比较大，后跟擦痕则少见。三十岁左右的人，脚印中各部位压痕比较均匀，开始出现擦痕，但不明显。五十岁左右的人，步子开始变宽，步角外展增大，脚印中后跟压痕变大，前掌压痕变轻，擦痕也越来越明显。③胖瘦分析。体态的胖瘦直接影响运步动作。胖人运步一般比较迟缓，步子一般不大，但较宽，步角外展也较大，脚印中后跟压痕较重，压力面较宽，后跟往往出现擦痕。瘦人运步轻便，脚印前掌压力面不均匀，挖痕较明显，脚印边缘不够完整。④身高推测。人的身高不同，身体的重心位置的高低也不等，因此在脚印中的反映也有所区别。一般是：高个（1.75m 以上），重心高，下肢较长，脚大步长，运步松散，走路左右摇晃，故脚印的后跟出现外偏压，脚尖外侧有虚边；中等个（1.65—1.75m），重心适中，运步均匀，步幅中等；矮个（1.65m 以下），重心低，下肢较短，脚小步短，走路多前后晃动，运步紧促，多习惯迈大步，落脚时，脚印前掌有挖痕。犯罪人的身高还可以根据一个单脚印的长来推算身高。人体高度和人体各部分长度，一般都有一定的比例关系。人的赤脚和身高的比例，大致为 1∶6.876，所以赤脚长乘以 6.876 就约等于身高。如果以鞋印来推算身高，应先将鞋印的长度减去鞋边的长度求出赤脚的长度，然后再乘以6.876。鞋底的边宽应减多少，以鞋子的种类来定。一般情况是：皮鞋底减3—4 厘米，胶鞋、塑料鞋减 2—2.5 厘米。布鞋明上底的，减 2—3 厘米；暗上底的，减 1—2 厘米。

（5）犯罪人伪装行为分析。犯罪分子作案时或作案后，为了逃避侦查，有的故意改变步法和换穿鞋等在现场上留下非正常脚印。对于现场上的伪装脚印，主要通过步法特征和其他反常现象进行全面分析识别。常见的伪装脚印行为有改变步法、退步走。倒穿鞋、小脚穿大鞋、大脚穿小鞋等。所有这些伪装行为都会在脚印中得到客观的反映，而且由于其改变正常步法时，动作不协调，力量不大，速度慢，不能持久，原有的步法特征仍然会在脚印中出现。

（6）犯罪人逃跑方向分析。主要根据脚印遗留的地点方位，足尖的指向，地面上的其他痕迹、物品的状况进行分析研究。比如，草地上的脚印，可以根据草的倒伏方向进行分析；石砾地上的脚印，可以根据石砾被踩登后翻移位形成的裂缝进行分析等。另外，还可结合行走路线上散落的同犯罪有关的其他痕迹、物品（比如交通工具痕迹、散落的被盗粮食）进行分析。

脚印还能反映出犯罪分子的职业特点及进入或逃离现场过程中的负重方式等，也应注意分析、研究。

（四）人牙痕迹勘验

人牙痕迹是人在承受客体上的咬合痕迹。多出现在强奸、杀人、抢劫等案件中。如被害人与犯罪人进行搏斗时，用牙齿作为进攻或防卫武器将对方咬伤，在人体皮肤上（多见面部、手部和妇女乳头上）留下牙印；再如有的犯罪人作案时，以牙齿为工具破坏现场客体，例如，用牙撕坏工作证，咬断器具、咬开瓶盖等而留下牙印。现场牙印反映的形象多数呈凹陷和线条状。人牙痕迹勘验可以为侦查提供线索，为鉴定人牙提供材料。

1. 人牙概述。每个人一生中要长两次牙，即乳牙20颗，自然脱落长出恒牙32颗，其中切牙8颗、尖牙4颗、双尖牙8颗、磨牙12颗。牙齿上下颌对称，排列呈弓型，称齿弓。各齿的形状、大小、齿向、距离以及齿弓的曲度和形状都有特征。由于每个人的牙齿生长情况、牙齿的异常（如过剩齿、缺齿、巨大齿、短小齿、融合齿、附加齿尖、牙齿位置错乱、牙齿转位等）、病变、损伤、治疗等不同，就构成了每个人的牙齿的特定特征。牙齿的一般特征和特定特征能在牙印中得到程度不同的反映。

2. 人牙痕迹的发现和提取。人牙痕迹可能留在某些食品上，也可能留在人的活体或尸体上等。对于发现的牙痕，可以用拍照，提取牙痕的载体和塑料制模等方法加以提取。塑料制模常用的是打样膏，最好用医用石膏制模。对于提取的人牙痕迹，要放在较牢固的容器内保存。容器内周围应垫上棉花。对于水果上的人牙痕迹应及时放在0.5%的甲醛溶液中保存，或者浸泡一段时间后，再用甲醛溶液浸湿的纱布包好，装入防止水分蒸发的塑料袋或磨口瓶中，以免失去水分而干枯变形。也可以将其放置冰箱内暂时保存。对于糕点上的人牙痕迹可用人工冰冻方法或灌注模型的方法提取。对不易变形和小件客体上的人牙痕迹，要尽可能提取原物保存。金属制品（如瓶盖）上的咬痕，需涂上防锈油。对于尸体上的人牙痕迹，经批准并征得死者家属同意，可将带有牙痕的皮肤组织切下，放在10%甲醛溶液中保存。对嫌疑人或受害人活体上的人牙痕迹，要及时拍照固定提取，以免因治疗或伤口愈合而使牙痕变形，影响以后鉴定。现场提取的人牙痕迹，必须详细记录其所在的位置、方向以及承受客体的原貌状况。

3. 人牙痕迹分析。对于提取的人牙痕迹要根据被咬物的形状、案前案后放置的上下方位，结合人咬东西的习惯动作进行分析。如是人被人咬，则要从双方的相对位置和姿势进行分析。人牙痕迹分析的主要目的是确定牙的位置、特征、确定有无假牙及其特点，为牙齿鉴定准备材料。此外，常见动物如鼠、兔等，也经常咬坏物品而留下不规则的并列凹沟痕，有时也会遇到猪、狗、牛、马等牲畜咬伤或咬坏物品留下的牙咬痕。比如鼠、兔牙齿咬合力较强，寻食时可以咬穿包装物；磨牙时可以咬断坚硬物。兔子有时会咬坏电线。所以，分析时要注意把人牙痕迹与常见动物的咬痕加以区别。

（五）工具痕迹勘验

某些器具在外力的作用下，使承受客体发生局部形变或破损时所形成的痕迹，称为工具痕迹。工具痕迹是一种立体痕迹，与其他痕迹相比，在犯罪现场上的出现率并不低，并且有容易发现、不易被破坏等特点。勘验犯罪人遗留在现场上的工具痕迹，可以为推断犯罪人实施犯罪的过程、破坏技术熟练程度、职业习惯、工具的种类，以及鉴定痕迹是否为某一工具所留提供依据，从而为侦查和审判提供证据。

1. 工具痕迹的形成和类型。①工具痕迹的形成。工具痕迹是作用力、破坏工具、被破坏客体三种因素相互作用的结果。在三种因素中，力是决定因素。因为力的体现就是造型客体（破坏工具）对承受客体（被破坏者）的作用，即造型客体作用于承受客体，使承受客体发生局部变形或破坏就是力的具体表现。因此，工具痕迹的形成也可以说是力作用的结果。没有力，工具痕迹就不可能形成。②工具痕迹的类型。工具痕迹按形成痕迹的工具分为：钳痕、刀痕、斧痕、锯痕、锉痕、钻痕等；按形成痕迹的方法分为撬压痕迹、打击痕迹、擦划痕迹、刺切痕迹等；按形成痕迹的接触状态分为动态痕迹和静态痕迹；按形成痕迹的形象分为线形痕迹、凹陷痕迹、孔洞痕迹和破损痕迹等。形成工具痕迹的作用力的大小、方向和作用点等方式的不同可以产生不同形态的工具痕迹。只有根据工具痕迹的形态方能判断形成工具痕迹的方法，确定工具与承受客体的接触状态，鉴定形成痕迹的工具。

2. 工具痕迹的发现。工具痕迹多遗留在犯罪现场的进出口、通道和犯罪目的物的防护设备上。勘验时，只要从具体案情出发，仔细寻找，一般并不难发现。通常可以从被破坏部位的客体（如锁或插销等）和从被启开的部位（如地板、天棚、墙壁等），以及被变动的物体（如某种机械或设备）上及其周围去寻找发现。应当指出的是，在寻找工具痕迹时，固然要注意被工具破坏严重的部位，但对于破坏较轻的地方也不能忽视，更应留心寻找。因为在这些部位破坏的连续性少，往往能留下特征清晰而完整的痕迹。

3. 工具痕迹的采取和记录。对于已经发现的工具痕迹，首先应照相固定，然后根据痕迹的所在位置和状况采取适宜的方法采取之。常用的采取方法是：①提取带有痕迹的物体。这是采取工具痕迹最好的方法。具体做法是带走原物或拆卸、割下留有痕迹的部分，这样可以保全痕迹的细微特征。②制作痕迹模型。制模材料一般可用硅橡胶、硬塑料（打样膏）、软塑料（橡皮泥）、醋酸纤维素薄膜（简称AC纸）、易熔合金或石膏溶液等。硅橡胶对深浅不同、面积大小不等的痕迹均适用。硬塑料适于采取较深、面积较大的痕迹。软塑料适用采取较浅的痕迹或鉴定时制作实验样本用。AC纸最初用于工业部门复制金属断口表面结构，经试验调整配比后引用制作工具痕迹模型效果良好，特别是对线形痕迹的采取，效果更佳。易熔合金适合采取金属客体表面的工具痕迹。石膏溶液适用于采取面积大的和粗糙、边沿不整齐的凹陷痕迹。

采取工具痕迹应注意以下问题：①凡是被发现或确定的犯罪工具痕迹都应该采取，不能遗漏和有意取舍。②提取之前，对拟用的采取方法应首先在制作的痕迹中试用成功后，再提取现场工具痕迹，且务必小心谨慎，严防损坏。③提取工具痕迹的同时，应注重在现场或现场周围提取可能为犯罪人遗留的嫌疑工具，以便与采取的现场工具痕迹一并送交鉴定。④提取工具痕迹之前，对痕迹中某种附着物质必须加以收集并妥善保管，以便采用高倍光学显微镜或其他现代化仪器设备观察或鉴定细微物质的特征。⑤如发现被破坏客体的物质材料有被工具黏附带走的可能，应就地收集足够数量的已知样品，以供比对鉴定用。

在采取现场工具痕迹时，必须全面、详细、准确地加以记录，不能以个人主观意志任意取舍或遗漏，更不能认为某处痕迹利用价值不大就不在记录中加以反映。因为现场工具痕迹的质量一般需要带回实验室通过专用器材检验后才能定论。记录的方法主要是笔录。记录的内容主要包括：案件发生的日期、单位和地点；简要案情；工具痕迹所在客体的名称、大小以及与周围物体的关系，被破坏的部位和程度；痕迹所在的位置、方向、数量及相互关系；痕迹的种类、大小、形状及特征表现；提取痕迹的方法及提取日期、提取人等。

4. 破锁痕迹勘验的特点。破锁痕迹勘验是工具痕迹勘验中的一项经常性工作。包括锁体外部勘验和锁体内部勘验。

日常生活中常用锁有：弹簧锁、弹子锁、开关档锁、对号锁和保险锁等。实际案件中犯罪人采用开锁或破坏锁的方法多种多样：有偷取或复制原配钥匙开锁；选配与原配钥匙相似的钥匙开锁；用其他同类钥匙开锁；配制开启各种锁的万能钥匙；使用坚硬薄片（塑料片、胶片、赛璐珞片、薄铁片）、小刀、螺丝刀等工具插入门缝拨压锁舌斜面；用螺丝刀、钳子、锯、锉、钻等各种工具拨锁闩和锁匣；破坏弹子、机件；拨动或破坏对号锁等。犯罪人使用各种工具或某种钥匙开锁或破锁时，就会在锁体内部或外部留下各种痕迹。发现开锁和破锁痕迹一般从以下三方面进行：一是了解和勘验锁及在客体上加锁状况和被破坏情况。首先了解发案前加锁的情况，钥匙使用和保管情况，锁头是否失灵或修理过等。然后实地勘验锁的种类、装置，加锁状况，锁在客体上空间条件，锁破坏痕迹，同时注意发现加锁处的客体上有无开锁或破锁留下的工具痕迹和附着物。二是从锁外部如锁键、锁体上部、铆钉处、搭板的扣环上寻找和发现开锁和破锁痕迹。如在锁键内缘、锁体和扣环上往往可以发现犯罪人使用工具进行撬压、打击、挤压等破坏锁时形成的凹陷痕迹或因锯、锉形成的阶梯状线条痕迹等。三是拆离被破坏的锁，从锁内部寻找和发现开锁和破锁痕迹。

在寻找和发现开锁和破锁痕迹时，当变动或是拆离被破坏的锁、钉锦、扣环和周围客体时，应首先将其原貌状况照相固定。拿取或变动锁、钉锦、扣环时应戴手套，捏边缘处，以防破坏手印和擦蹭附着的微痕细物。提取的痕迹、锁及有关的其他物品应分别包装放入相应的容器内。保存时要避免受潮、氧化生锈而使痕迹遭到破坏，勘验和提取时要详细记载名称、大小、形状、颜色、规格，所在客体的名称、种类、现场位置、方向及其与周围客体的关系等。

5. 现场工具痕迹分析。现场工具痕迹分析判断应着重解决工具痕迹与犯罪的关系，造型工具的种类，犯罪人的某些特点和犯罪的有关情节。简述于下：

（1）工具痕迹与犯罪的关系分析。分析工具痕迹与犯罪的关系，一般分两步进行：①区别工具痕迹与非工具痕迹。犯罪现场上有时会遇到动物咬断痕迹、疲劳断离痕迹、腐蚀断离痕迹、雷电烧焦痕迹、风袭断裂痕迹等。这些因自然力和各种动物所造成的痕迹的形状，有的与某些工具痕迹雷同。例如，老鼠啃咬的电线、电缆和轮胎上的牙痕，就很像钳剪或细铁钉等形成的工具痕迹。区别工具痕迹与非工具痕迹，主要通过观察痕迹的外形、位置、方向并结合当地气候特点，以及动物的活动规律等进行综合分析判断。一般说来，痕迹断面平整、线形方向一致、边缘整齐的，多为工具所形成。否则，就极大可能为非工具痕迹。②区别犯罪工具痕迹与非犯罪工具痕迹。犯罪现场上发现的各种工具痕迹，不一定都是犯罪行为形成的。有些承受客体上的工具痕迹是在生产加工、使用和修理过程中造成的，与案件毫不相干。要把这些非犯罪工具痕迹与犯罪工具痕迹区别开来，主要应根据工具痕迹的新旧程度、位置、方向，并结合其他痕迹（如手印、脚印）和现场遗留的作案工具等进行分析判断。一般地说，较新鲜的，其位置、方向与被破坏物协调一致、互相适应的，同其他犯罪痕迹密切相关的，为现场遗留工具形成的，则极大可能是犯罪工具痕迹。相反，如果工具痕迹比较陈旧，其位置、方向与被破坏客体之间无任何关系，孤立存在的，非现场遗留工具形成的，就不一定是犯罪遗留的。但应注意识别假造现场时遗留的反常态痕迹。

（2）造型工具种类分析。判明造型工具种类，对于侦查中及时寻找和提取嫌疑工具有着重要意义。推断造型工具的种类，主要根据工具痕迹的整体形象，工具痕迹所反映的造型工具的形状、大小、角度等种类特征，几处工具痕迹之间的相互关系，被破坏客体的物理属性，工具痕迹中的附着物等进行分析判断。还应对痕迹形成的条件、作用机制，结合痕迹所在的周围其他伴生痕迹（如手印、脚印等）综合分析研究。必要时，可根据现场工具痕迹形象，模拟现场条件，收集结构相类似的工具制作实验工具痕迹样本与现场工具痕迹对照，来推断造型工具的种类。

（3）犯罪人特点分析。有时在犯罪工具痕迹中还能看出犯罪人的身份特点。如根据某种专用工具痕迹，观察其使用工具的习惯和熟练程度以及着力点的位置、角度及破坏客体的先后顺序等因素，可直接推断出犯罪人的职业特点。即使是一般工具所遗留的痕迹，依其使用工具的习惯、熟练程度，着力大小和痕迹所在物体上的高度，往往也可分析出犯罪人人身的某些特点。因为这些因素同犯罪人的职业、体力和身高等特点有着一定的关联。

（4）犯罪有关情节分析。根据工具痕迹的重叠，遗留的次序和某些附着物往往还能判明实施犯罪的过程和重要情节。如犯罪人当时所处的地势位置、姿势、被害人反抗及其搏斗等情况。这些细节不仅有助于判明案情，及时破案，而且还可用来审查犯罪嫌疑人口供的真伪，是定案可靠的依据。此外，根据现场的实际情况，发现工具痕迹的形成次序、方向有明显的矛盾时，这种不顺乎事理发展形成的工具痕迹常可作为伪造现场的具有说服力的重要根据。

（六）车轮痕迹勘验

车轮痕迹是使用车辆时车轮对地面滚压形成的痕迹。根据犯罪现场的车轮痕迹可以判断犯罪人出入现场的来去方向，确定车辆的种类和认定车辆是否同一。此外，在交通肇事案件中，根据车轮痕迹，可以分清肇事者的责任及情节轻重等。

1. 车轮及其特征。车辆种类很多，但从总体观察，在现代车辆中充气胶轮车辆占据多数，某些畜力车和人力车绝大多数也都装配有不同型号的充气轮胎，所以充气轮胎往往成为车辆痕迹的较为普遍的造型体。

车轮特征分为：①一般特征。是某种类型车辆所共有的特征。如车轮的直径、车轴数目、车轮的轮距、车轮的宽度和花纹的类型等特征。根据这些特征，可以认定车辆的种类。②特定特征。是某个车辆的车轮所独具的区别于其他任何车辆车轮的标志。特定特征是认定车轮同一的依据。车轮的特定特征既有在生产加工中形成的，也有在使用中形成的。属于前者的有轮胎的气泡、砂眼和黏合接缝的宽度等；属于后者的有磨损、扎孔、蹭伤、裂纹及垫补的形状、大小和数目等。

2. 车轮痕迹的测量和提取。车轮痕迹的测量主要包括：①轮迹宽度测量。为了测量的准确，应在出事现场选择一段较平坦地面上的车轮痕迹进行测量。具体操作方法是，务使测量的尺子与痕迹的行走线垂直，在一般情况下，测量轮胎的接触面左右边沿间的距离即为该车辆轮胎的宽度。但有时遇到轮胎内气压过低，致使轮胎痕迹产生过宽的现象。此时就得以痕迹反映出的轮胎花纹左右边沿为基准进行测量。虽然各种轮胎压制的防滑花纹有着不同的形状，但这些花纹一般都具有对称性，是测量轮胎宽度的良好标志。②轮径测量。根据轮胎的接触面所形成的某个特定特征，或其附着物的印痕在车轮痕迹里重复出现的长度为车轮周长，即可按公式（轮径 = $\frac{周长}{\pi}$）求出该车辆的轮径。③轨距测量。轨距是指同一车轴左、右两侧车轮之间的距离。一般是前轴略小于后轴轨距。如果是三轴的汽车，有的前轮的轨距大于中、后轴轨距，三轴双重后轮的前后轮轨距也有相同的，在一般情况下，只要测量两平行轮迹中心线间的距离即为该车的轨距。双轴车辆形成的轮迹，往往因车辆直线行驶时使前后轮迹部分重合，不容易测准其前后轴轨距，所以选择这种车辆转弯处前后轮迹分开的一段进行测量。④轴距测量。轴距是指车轮前轴与后轴的距离。汽车有双轴和三轴两种。前、后车轴的轴距，在汽车直行时，因前、后轮重合在一趟上，是难以测量的。但是在急刹车或转弯时，如果前轴轨距小于后轴轨距，则可测量急刹车时前、后轮的擦痕距离即为轴距。急转弯时前、后的弧形轮迹的切点之间的距离亦为轴距。

对于车辆痕迹首先应采取拍照、测量、绘图的方法加以固定。之后，对于立体轮迹可用石膏制模加以提取；对于平面灰尘轮胎印可用静电吸附法加以提取。但应注意，对于成趟的轮迹，在拍照、制模或静电吸附时，至少应反映出车轮的周长，切勿只提取一部分或片断的痕迹。对于车辆的其他痕迹如挡泥板、保险杠、车牌、油箱、散热器等形成的碰撞或摩擦痕迹，以及车身脱落物如车灯和玻璃窗碎片、油漆碎屑等等，也应仔细寻找提取。

3. 现场车轮痕迹分析。根据现场车轮痕迹可以分析判断车辆行驶方向和车辆的类型。一是车辆行驶方向分析。分析车辆行驶方向对于追缉案犯和开展侦查有着重要意义。判断车辆行驶方向的主要根据是：①轮迹两侧的尘土细沙等物质形成的扇形面花纹。其扇面展开方向为车辆驶来方向。反之，则表明为车辆驶去方向。②车轮碾压过的树枝、草棍等细脆物体，其翘起端的指向与车辆行驶方向相反。③遗留在路面上的车轮黏附的细小物质。车轮上黏附有细小物质如泥土、积雪，当车辆再次经过坚硬的路面时，被遗留下来的这些细小物质的边沿往往呈尖齿状，其钝端为车辆行驶方向。④车上滴落的油滴等液体物质，在路面上呈矢状，其尖端为车辆行驶方向。⑤根据兽力车、人力车车轮痕迹旁边的蹄印或脚印，判明车行方向。二是车辆类型分析。分析车辆的类型可以从以下几方面进行：①从车印中反映的车轮和车轴数目以及车轮转弯时遗留的痕迹条数、分布特点来确定是单轮车、双轮车、三轮车或四轮车以及车辆的轴数。②从车轮痕迹反映的胎面花纹结构判断车辆的轮胎是呈块状、条状、齿状还是呈菱形、三角形或波浪形等形态。根据汽车轮迹反映的胎面花纹结构则可判断其轮胎面是普通花纹、混合花纹还是越野花纹。③根据车轮痕迹反映的车辆的轴距、轨距和车轮的直径来判断车辆的类型。

三、断离痕迹勘验

断离痕迹是指完整物体被分割成若干部分时形成的痕迹，是痕迹勘验的对象之一。各类犯罪案件现场都可能留有犯罪人实施犯罪行为所造成的断离痕迹。通过断离痕迹勘验，可以为推断犯罪人实施犯罪的情况和犯罪人的某些职业特点提供依据，可以为鉴定被断离的物体是否原为同一个整体提供材料。

（一）被断离物体及断离方法

犯罪现场上被断离的物体是多种多样的，有被犯罪人直接破坏的物体，有作案时遗留的物品等。按物体的结构组成可以分为以下两大类：第一类是同质整体物。有两种：一种是同质单体，如纸张、纺织品、金属板、木材、橡胶、塑料、玻璃、植物、骨质等；另一种是同质合体，如螺母与螺栓的组合等。第二类是异质整体物。是物理属性不同的多种物体的合体，如装木柄的刀、斧等。

整体物被断离的方法有以下几种：一是手工断离。即不借助工具和器械，用手撕拉、扭折、拆卸等方法将整体物断离。二是器械断离。即借助各种工具和器械对物体进行断离。如剪断、锯割、刀劈、锤击等。三是化学分离。即通过腐蚀作用破坏整体。如酸碱作用引起的化学断离或燃烧达到的断离等。

（二）断离痕迹的类型和特征

断离痕迹通常按被断离物的结构组成分为以下两类：一类是断裂痕迹。是同质单体物受一定外力作用而形成的。这时，在断裂部位产生相对应的断裂线（或面），使单体物断裂成若干断裂体。例如，锯断的木头、剪断的绳索、电线，撕裂的纸张、布匹，敲碎的玻璃、瓷器等，在断裂处就有断裂痕迹。二类是分离痕迹。是合体物在外力作用下，组件脱离而形成的痕迹。脱离后的各组件叫分离体。例如，从机器上卸下的仪表，脱离把柄的斧头等，在脱离处就有分离痕迹。

断离痕迹特征从其形成来源可分成固有特征、附加特征和新生特征。固有特征是被断离物体在生长或制作过程中形成的。如木头断面上的年轮，编织物的编织特点，物品的特定结构、璺等。附加特征是被断离的物体在生长或制作的过程中，由于外来因素而形成的。如树干脱皮、裂痕、虫洞，金属板上的沙点，纺织品上的疵点、纱头、印花，纸张上的格线、字迹和其他符号，衣服上的补丁、缝线等。新生特征是物体在断离时形成的断离线（或面）特征。如断离过程中所造成的缺损，断离面反映断离工具和器械外表结构特征的凹凸纹痕，断离线、面的几何形状等。

应当指出，断离痕迹与形象痕迹不同，它没有通常意义的造型体、承受体和接触面，在认定各断离体原本是否属于同一个整体的过程中，除采取形象痕迹的某些鉴定方法外，还可采用物理学、化学等鉴定方法对断离体的物质结构及成分进行定性或定量分析。所以，断离痕迹是和通常意义的形象痕迹不同的一组特殊种类的痕迹。

（三）发现、提取被断离物体

被断离的物体通常可以从被侵犯的客体及其周围去寻找。如被害人尸体和伤口附近，被撬破痕迹中及其周围，被破坏通信线路的断头及其附近等，往往可以发现被断离的物体。如果在现场上发现的仅仅是被断离物的一部分，就要在现场附近注意寻找另一部分，特别要注意从平常不引人注目的角落去寻找。

对于发现的被断离物体应及时提取。提取时要设法保持其原有形态，采取妥善措施保护好物体的断离缘。例如，可用细绳捆住被断离的绳索断端；用两层玻璃夹好被断离的纸张；用专门的小盒、瓶子等器皿装好细小的碎片；用纸或塑料包扎折断的木渣等。但应注意，在提取前应用照相和笔录的方法对被断离物的原貌状态加以固定和记载。

（四）现场断离痕迹分析

首先要分析各断离体的颜色及颜色的新鲜程度，材料的规格，物体的总形状及物体各部分的形状，材料的质量及杂质成分，物体连接和成形的方法等，以判断被断离物种类和品种是否相同；其次分析物体断离线形状，物体断离面上固有的纹痕、裂痕、缺陷或凹凸结构，物体断离时留下的工具、器械痕迹，被断离的各部分外围边缘形状，物体断离部分的各种附加特征等，以判断断离方法及断离工具；最后还要拼接和恢复断离的各部分外形，进一步分析研究它们的特征，判断各断离部分是否原为同一个整体。

第二节 枪弹勘验

枪弹勘验是指运用专门技术方法对与犯罪有关的枪支、弹药及其射击痕迹的勘验、检查。

枪弹勘验的主要任务是，参加涉枪案件的现场勘验，认真细致地寻找射击弹头、弹壳、枪支、弹着点和其他射击附带物质，并妥善提取，为枪弹鉴定提供物质条件。与此同时，还要趁现场未遭重大变动之际对枪、弹及其痕迹和射击附带物质作出各种判断，为侦查的开展提供方向和线索。

枪弹勘验是侦查技术勘验的组成部分，依法只能由侦查人员负责进行。必要时，可以指派或聘请具有专门知识的人，在侦查人员的主持下进行。

一、枪弹的种类和构造

（一）枪的种类和构造

1. 枪的种类。枪的种类很多，通常以枪管构造、口径大小和性能来划分。

（1）按枪管构造划分。按枪管构造可分为滑膛枪和线膛枪。

滑膛枪。系15世纪以前的古老枪支类型，枪管内系光滑的圆管。如一般的猎枪、土造枪的枪管均为这种构造形式。

线膛枪。又称来复线枪。枪管内壁刻有几条旋转式的凹凸膛线。这种枪射程远，命中率也高。

（2）按枪支口径大小划分。按枪支口径大小，可分为小口径、中口径和大口径枪。

小口径枪。枪管口径为5.6毫米。

中口径枪。枪管口径为7毫米至9毫米。

大口径枪。枪管口径为9.3毫米至12.7毫米。

枪管口径是以枪管的内径为准。

线膛枪管口径以凸线的内圆直径为计测标准。计算单位各国不尽相同，中、日、德、俄等国家以毫米为单位。英、美等国以吋为单位。

猎枪的口径用号码表示。号数越大，则表明其口径越小。表示口径的号码数值，是指用一磅铅制同样大小的圆形弹丸的总数。这个圆形弹丸的直径恰为猎枪的口径。如16号猎枪管口径要小于12号猎枪管的口径。

（3）按枪支机动性能划分。按枪支机动性能可分为自动枪和非自动枪两类。

自动枪。利用火药燃爆后所产生的气体能量完成装弹、退壳和排壳动作。扣住扳机可以连续射击的，称为全自动枪；每扣一次枪机发射一颗子弹的，称为半自动枪。

非自动枪支。其火药燃爆后产生的气体只供推动弹头前进。这种枪支每击发一次均要人手拉动枪机一次方能完成退壳、排壳和装弹的动作。如左轮手枪、一般步枪和猎枪均为非自动枪支。

2. 枪的构造。枪的种类很多，在式样上也不尽相同，但它们组成的主要部件是大致相同的。如步枪和冲锋枪的结构都由枪管、机匣、枪机、复进机、弹仓、击射机、瞄准器、枪托等部件所组成。手枪则是由枪管、套筒、套筒座、弹仓、击发机、击锤及瞄准器组成的。

（二）子弹的种类和构造

目前除某些猎用枪支还使用霰弹外，其他枪支几乎都使用单一子弹。按子弹的用途可分为穿甲、燃烧、曳光等特殊子弹和普通子弹。普通子弹的外形和口径不一，但它们的基本构造都是由弹头、弹壳、火药和底火四部分所组成。猎枪霰弹的构造与单一子弹的构造相似，但其所用的弹头系用不同大小的钢珠或铁砂，与火药分层装入弹壳。

二、枪弹射击痕迹及其特征反映

（一）发射痕迹及其特征反映

所谓发射痕迹，是指子弹发射过程中所形成的各种痕迹。通常根据这些痕迹能判明所用枪支的某些特征。

1. 弹头上的发射痕迹及其特征反映。子弹在枪膛被击发，借助火药爆发出巨大的压力脱离弹壳，沿着枪管急促地飞出枪口。因弹径略大于枪的口径，弹头要进入膛线部必须嵌入膛线。弹头在驶过枪管的一瞬间，其表面因与枪管内壁摩擦而留下反映枪管内壁某些凸凹特点的动态痕迹。对膛线枪而言即为凸膛线的动态痕迹。弹头上的这种膛线痕迹通常可以反映出所用枪管凸膛线表面结构的特点，如膛线的数目、充度、倾角和旋转方向等。这些具有特定特征的膛线痕迹往往成为认定发射枪支同一的可靠根据。

实践中，有时遇到弹头上出现数量加倍的凸膛线擦痕，其是由射击枪支超过有效射击次数，致使枪管内的某些部分变形或严重烧蚀造成的。

滑膛枪射击的弹头，因其在枪管内不发生旋转，只是直射而出，故所形成的擦痕与弹头中心轴线是相平行的。这种痕迹也能不同程度地反映滑膛枪管内壁上的凸凹特征，条件好的，也能进行枪支的同一鉴定。

2. 弹壳上的发射痕迹及其特征反映。子弹在压入弹匣，推入枪膛，射击，爆发，退壳和排壳等一系列的击发过程中，致使弹壳先后受到枪支特定部位的挤压、撞击和摩擦，而在相应的部位留下不同类型的痕迹。

（1）弹匣摩擦痕迹。当把子弹压入弹匣或由枪机推出弹匣输入弹膛时，可在弹壳上留下弹匣卡口的凹线状的擦划痕迹（单排弹匣为两条，双排弹匣为一条）。

（2）枪机底部擦痕。由于枪机前后移动的装弹和退壳的机械动作，在弹壳上形成枪机底部的擦划痕迹，特别是弹匣满载时，由于摩擦阻力增大，擦痕的特征尤为明显清晰。这种动态擦划痕迹，对某些枪具有特定性。

（3）撞针痕迹。由撞针撞击子弹底火所形成的凹陷痕迹。它可以反映出射击枪支的撞针位置、粗细、外形、撞击深度等方面的特点。这种痕迹是对枪支进行同一鉴定的重要依据。

（4）枪膛痕迹。子弹发射时火药爆发产生的巨大压力，使脱离弹头的弹壳瞬间膨胀而紧紧地贴在枪膛之内，犹如爆炸冲模一样，使枪膛各部位形状不一的凸凹点线特征（如枪膛的烧蚀点、擦划线和加工花纹以及装配缝隙等）以相反的形象结构反映在弹壳四周和底部，成为发射枪膛各种细微特征的立体模型。这种凸凹点线痕迹的数量、形状、大小、坐落的位置和相互距离等特征，具有重要的鉴定价值。

（5）排除器痕迹。枪机后退开锁时，抓子钩抓住弹壳底边随之猛烈后退，当与排弹器相撞时，弹壳被抛出膛外，从而完成了排除弹壳的全过程。因而常在弹底边沿、底槽内留下抓子钩接触部位的擦划痕迹和排除器的撞击痕迹。抓子钩与排除器两者处于相对位置，它们各自占据弹底一个半圆内。寻找排除器痕迹位置，可首先找到抓子钩的方位，它的对应半圆区域即是排除器痕迹应处的范围。

（二）弹着痕迹及其特征反映

弹着痕迹是指枪弹发射后，弹头飞离枪口射向目标，在被射击的物体或人体上所形成的痕迹。主要有弹孔和弹头擦痕。

1. 弹孔。飞行弹头击中目的物所形成的孔洞，称为弹孔。弹孔是主要的弹着痕迹。弹头能量和目的物的物理特性，决定弹孔是否贯穿。如果弹头能量足以克服目的物的全部阻力，即可形成穿透弹孔，否则即形成未穿透弹孔，即盲孔。如果力量太小，则仅在弹着点造成一定的撞击痕迹。

2. 弹头擦痕。弹头未能完全击中物体，只擦边而过，或者被击中物体的外形和硬度适于使弹头改变其前进方向时，便不可能形成弹孔，只形成弹头擦痕。如果弹头以小于35°射入角射击比较坚硬且光滑的承受体时，就有可能明显地改变其原来的方向而产生所谓"反跳"现象。弹头反跳后的前进角度一般与射入角相同。

三、枪弹射击附带物质

当子弹在枪膛受击发后，火药爆炸产生的巨大气体压力、燃烧高温等，都可能在枪管内或弹着点附近形成或留下一定的物质，这就是射击附带物质。

（一）枪管内的发射附带物质

由于弹药在枪管的一次爆炸，在枪膛和枪管内均要留下弹药燃烧后的灰烬和气味，这些灰烬和气味会保持较长的时间。这些火药燃烧后的可辨现象，可据以推断被验枪支最后一次实弹发射的时间。

（二）弹孔周围的射击附带物质

子弹在弹膛内被击发的瞬间，弹头和火药爆发时产生的气体、擦落的金属碎屑、射击烟灰及未烧过的火药颗粒等，一齐挤出枪口。与此同时，爆炸所产生的高达3500℃左右的高温气体使枪口前部形成一个炽热的火焰区。因此，在近距离射击时，除弹孔、弹头擦痕等弹着痕迹外，还有因气体喷射和烧灼所造成的破坏，以及积存的一些物质微粒，如燃烧残渣、未燃尽的火药、枪油、金属颗粒等。据测定，军用步枪射击，在枪口附近，气浪的压力仍保持400个大气压以上。显然这种气体会给近处的物体带来相当大的破坏，例如使弹孔扩大，使纺织品形成十字形撕裂口等。又比如，在以枪管进行接触射击的情况下，绝大部分附带火药烟灰等物质微粒随爆炸气体一起喷入弹孔，使弹孔内壁形成明显的熏黑和烧焦现象。这时弹孔往往因爆炸气体的高压而发生爆炸，以致形成各种形状不规则的弹孔。根据弹孔周围的射击附带物质可以分析判断发射枪弹种类、射击距离、射击方向和角度。

四、寻找和提取射击枪弹及射击附带物质

（一）寻找和提取弹头、弹壳

1. 寻找弹头、弹壳。①寻找弹头。通常应先从寻找弹孔、弹头擦痕以及其他弹着痕迹入手，确定射击次数及其弹道后，即可沿弹道运行线逐段逐步检查寻觅。但应注意弹头遇到不同的障碍物或目的物后，可能穿透穿入，也可能发生反跳而改变飞行方向。因此，在寻找弹头时，应仔细辨明被击物的射入口与射出口，以便根据射击方向和弹头飞行方向、角度追踪寻找。②寻找弹壳。利用各种自动和半自动枪支射击，通常在射击地点周围五米范围内发现弹壳。如果首先发现弹壳的所在位置，即可以此点为圆心的五米范围内寻找和判明射击位置。但一些非自动枪支的射击弹壳，则不一定及时排出弹膛。当在现场上未能发现弹壳时，侦查人员要适当扩大范围，结合犯罪人逃走路线搜索。

2. 弹头、弹壳的提取。提取弹头、弹壳时，以不损伤弹头、弹壳上的痕迹和附着物为原则。为此，对于发现的射击弹头、弹壳，要用套有橡胶管的夹子摄取，用细软物品进行包装，并对发现和提取的部位作详细记载。

（二）寻找和提取肇事枪支

1. 寻找肇事枪支。除在自杀或伪装自杀的现场上可以直接发现枪支外，其他枪击现场几乎都不能直接发现枪支。犯罪人为了隐藏罪证，常常把枪支掩藏在秘密之处，如抛入水井、池塘、粪池，或埋在地下，或把枪拆散将零件四处隐匿。因此，寻找肇事枪支时，应在现场周围和犯罪人经过的路线附近，针对地势地物进行搜索，或组织力量采取打捞、挖掘等措施进行寻找。在条件成熟的情况下，可对犯罪嫌疑人依法采取公开搜查手段发现枪支。

2. 肇事枪支的提取。提取枪支之前，应在发现地点先行拍照。提取时要仔细发现和固定枪支上的手印或其他痕迹。同时对枪支进行安全检查，把枪内

子弹和弹夹退出卸下,闭锁枪机,放下机锤。还要用脱脂棉堵塞枪口,防止异物进入和避免枪管内的烟灰和气味继续消失,以为推断枪支的发射时间提供条件。

(三) 发现和固定射击附带物质

对于枪弹射击附带物质,通常采用红外线照相和复印的方法发现和固定。如在深色纺织物品上发现和固定射入口周围的火药烟灰时,利用红外线照相方法可把两者拍出反差清晰的照片,从而把火药烟灰分布的状态完整地揭露出来;或者将纺织品上射入口覆盖白色过滤纸,利用加热至120℃的熨斗熨帖二至三分钟,即可将射入口的火药烟灰的分布状态以有色斑纹移在白色的滤纸上。采用这种复印法之前,应先提取一定量的检验材料,以供理化鉴定之用。凡便于提取其所在的原物时,在征得事主同意下,应尽可能将原物一并提取。

应当注意,对于发现的枪、弹及弹孔、弹着点和射击附带物质,在固定提取之前,均应先用拍照、测量、绘制平面图和笔录的方法,准确记录其形状、大小、位置、距离及其相互关系。对提取的各种可疑物质、物品要采用妥善的方法包装,防止在运送和保管中损坏其特征反映。

五、枪击现场分析

枪击现场分析主要解决已发现的孔洞是否射击弹孔,弹孔的射入口和射出口,发射枪支的种类,射击距离、方向和角度,发射时间以及事件的性质等问题。

(一) 弹孔分析

分析某一洞孔是否为弹孔,主要是依据弹头穿透力、洞孔特征和洞孔的形成是否符合弹道的规律。弹头的穿透力大小,一般是指某种枪支发射某种子弹,在一定的射击距离内能否穿透、穿入某种厚度的坚硬物体的表现能力。弹孔特征主要通过观察与检验其形状和大小,有无射击附带物质,擦带,射入口和射出口等特征来确定。但弹孔特征由于被射击物的结构、性质和射击距离以及方向、角度的不同而有所异样。因此,对某一洞孔是否为弹孔的判断,要根据现场呈现出的具体条件作具体分析。所谓根据弹道规律判断弹孔,是指在近距离发射情况下,可把弹道视为一条直线,不计其偏流值。因此,在发现有洞孔和疑似弹着点时,即可从射击位置的某一点为基准、以直线走势连接洞孔和疑似弹着点,凡三点能成一直线时,则可判断该洞孔为弹孔。

(二) 弹孔射入口和射出口分析

对已贯穿的弹孔,分析判明弹头贯穿的方向,对查明弹头的飞行弹道、射入角、发射点以及寻找弹头、弹壳等,都具有重要意义。

射入口和射出口的形态与射击距离、弹头作用和被射击物的物理特性等多种因素有关。对具有一定弹性的被击物（如人体、轮胎等），射入口多向内凹陷，形成略小于弹头直径的圆形缺损。射出口一般大于射入口，呈中间缺损的星芒状。但应注意，当弹头炸裂、近距离射击或接触射击时，则可能形成射入口大于射出口的现象。对具有一定韧性的被击物（如金属板、硬纸板、塑料板等），可形成边沿内凹的射入口和明显外翻的射出口。当被击中的是玻璃时，可形成喇叭状弹孔，喇叭口为射出口。此外，还可利用辐射状裂纹和同心圆裂纹的断面判断射击方向。

（三）射击枪支种类分析

根据现场上发现的弹头和弹壳的直径以及子弹的结构、商标符号和专用标记等特征，一般即可判明射击枪支的口径和种类。如果一时找不到弹头或弹壳，则可根据弹孔直径和周围附带物质的特征，以及弹头穿透力等因素，大致判断发射枪支的种类。

（四）射击距离分析

凡在一米以内距离的射击，可根据被射击物体上形成的附带物质面积的大小、烧灼程度以及色调的深浅等特征加以分析推断。如果被射击的物体上只有弹孔和弹着点的特征出现，这表明是一米以外的远距离射击。远射距离的推断，可采用目测法、相似三角形法进行测算。

1. 目测法。当发现只有一个弹孔，且弹孔较深，能反映弹道直线走势时，可从弹孔射击口逆向弹道观察，或用拉线办法，找到弹道的起点，测量出其最大射距，然后根据现场具体情况及对发射地点的判断，测算出实际距离。

2. 相似三角形法。当发现既有弹孔又有弹着点，在弹着点高于弹孔时，即可由弹道起点通过弹孔至弹着点作一条同枪口水平面垂直的投影线，构成两个相似三角形的关系，据此测算其射击距离。

需要指出的是，上述测算方法，是建立在弹头飞行升弧范围内基础之上的，即是把弹道视为一条直线而不计其偏流值测算出来的射击距离，因此，只能说它是个相近的数据。但实践表明，弹道的抛物线升弧阶段约占全射程的三分之二，而降弧阶段只占三分之一。一般说，涉枪案件的现场范围有限，只要在射击位置和持枪口高度分析准确的情况下，把弹道视为直线来测算实际射距，则不会超过实用的准确范围。

至于霰弹枪的射击距离，则可根据同类枪支射击时霰弹的扩散面积，以对比的方法进行分析。

六、射击方向分析

发射的枪口同被射物体之间的相互位置为射击方向。分析射击方向首先应区别弹孔进出口,然后依据弹孔、擦带形状,不同物质的弹孔特征和附带物质的形状、物质分布状况等特点进行综合分析判断。

弹孔呈正圆形,系正前方射击所形成;弹孔为椭圆形,其擦带起始方向为射击方向(如图)。

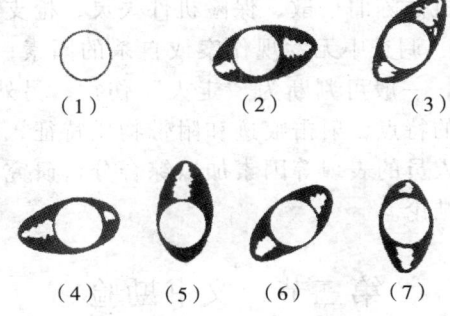

射击方向和角度的判断方法
(1) 正射 (2)—(7) 斜射

根据不同物质形成的弹孔特征也可判断射击方向。如玻璃同心圆纹分布均匀的一面为正前方射击所形成;同心圆纹分布不匀,则以同心圆纹密集的一边为射击方向。

附带烟垢物质的分布形状,也是分析、判断射击方向的依据。如当其呈正圆形时,表明为正前方射击所形成;当其呈椭圆形时,附带烟垢物质微粒密集的一方为射击方向。当发现有跳弹擦痕时,则应从辨明弹头的入射角或反射角来确定其方向。

七、发射时间分析

枪支发射后在数小时内可嗅到膛内的火药气味。如果发射枪支及时得到密封措施的保护,这种火药气味在数日内仍可被嗅到。

利用枪管内的火药烟灰在潮湿空气的锈蚀变化的各种颜色也可确定其大致的发射时间。发射枪支的枪膛未经擦拭,很快出现黄灰色或深灰色雾斑;一昼夜后由黄灰色雾斑转而为锈层。发射枪支即使得到及时擦拭,也可利用枪机件中的残留物或其演化物进行化学分析,若有亚硝酸盐存在,即可判定其发射时间约在三四天之内。

八、事件性质分析

尸体上有多处致命枪伤，且有挣扎、搏斗的伤痕和现场有被翻、被劫、被窃等现象，可判断为他杀；尸体上只有一处致命枪伤，弹道特点符合自射动作，现场留有发射枪支，没有犯罪人作案的迹象，可以判断为是自杀；现场没有与犯罪有关的痕迹、物品，也不具备自射身死的特点，调查中又能证明在发案时间附近确实有人因打靶、打猎等朝现场方向发射过子弹，可判断为是误射伤亡；现场遗留枪支机件陈旧松散、保险机件失灵，枪支处在一定的状况下，可引起"走火"发射，调查中无发现作案或自杀的因素，自首人员的交代与勘查、实验结果吻合，一般可判断为"走火"伤亡。另外为了揭露射击现场的真伪，必须对弹道的特点，射击痕迹和附带物质特征，枪支机件的可靠性，现场其他痕迹，被射人员的表现等因素加以综合分析研究，找出真凭实据后，方可作出现场真伪的结论。

第三节 文书勘验

文书勘验指运用专门的理论和方法，对与犯罪有关的各种文字材料的勘验、检查。主要包括手写文书勘验、印刷文书勘验、图章印文勘验和文书物质材料勘验等。

文书勘验的主要任务是：发现、提取有关的文书；鉴别有关的文书、印章和印文的真伪；显现被掩盖、消蚀或褪色的文书，认读和显示原件的内容；整复被掩盖、销毁的文书，查明其原文；分析有关文书与犯罪的关系，为侦查破案提供线索和方向等。

文书勘验作为侦查技术勘验的重要内容之一，同痕迹勘验、枪弹勘验一样，依法只能由侦查人员负责进行，必要时，可以指派或聘请具有专门知识的人在侦查人员的主持下进行勘验。

一、现场文书的发现和提取

各类案件现场都可能遗留有文书。根据各类案件现场的具体情况，采取有效的方法寻找和提取与案件有关的文书，是文书勘验的首要任务。

（一）张贴、散发文书的收取

发生张贴、散发文书的案件后，侦查人员应迅速赶赴现场勘验。首先要保护好现场，对已发现的文书应设法加以遮挡，以防损坏或扩散影响。然后在其周围分片、分段或根据作案人来去路径，继续寻找、发现。对于已发现的文书要拍照固定并提取原物,同时,将粘贴物如胶水、糨糊、钉子等一并提取。被提取物应按发现时的状态分别装在相应大小的透明塑料袋内或用两块玻璃板夹住。对从纸张上脱落的粘贴物可用洁净的纸包好放入小盒内,以便进行化验分析。如果在现场或在嫌疑人处发现书写文字时底页空白纸上遗留有印压字迹,应提取原物,利用侧光观察发现笔画压痕。必要时,可带回实验室,利用"纸张压痕显现仪"显出底页上的笔画压痕。

(二)涂写、刻画字迹的收取

对于涂写、刻画的字迹应尽量连同承受体原物提取。如果是大型客体不能提取原物时,可拍照提取,再割取其局部。若遇到白墙上涂有白色粉笔字迹,除拍照外,可用静电复印法提取。同时,还要注意寻找、发现和提取与案件有关的书写工具如粉笔头、钉子、木片等,以及犯罪人涂写、刻画时遗留的手印、脚印或其他物品等。

(三)撕碎、烧毁文书的收取

撕碎的文书可能扔在纸篓里或分散在室内外角落处与其他纸片、杂物混在一起。寻找、收取时,应根据纸张的颜色、厚薄、纸面上格线的宽度和距离、字迹的书写物质(如铅笔字、钢笔字、毛笔字等)、笔迹特征、记载的内容等对应进行收取。一时分不清的应广泛收取后带回实验室逐个鉴别澄清。对于收取到的文书碎片应放在玻璃板上,用镊子夹取复原拼合。拼合后,从正面观察无误时,取另一块玻璃紧紧压住后再翻转察看其背面,经核查所选定和拼合的碎片恢复原件形态后,可用胶布或胶纸将两块玻璃边缘粘贴固定,再拍照正、反两面。

烧毁的文书可能随风吹动而四处飞扬,故对其碎片应小心谨慎地寻找和收取。如果文书正在燃烧,可用器皿罩住隔绝空气熄灭,切不可浇水或吹熄火焰,以防损坏文书。收取时,可用一张赛璐珞片轻轻插入下面,将其提取放入盒内。如果文书是盛放在容器里烧毁的,应提取原物。如遇火炉中或灶坑里有燃烧的文书时,可用小铲提出放入盒内。收取的烧毁文书可压润湿法、粘贴法、裱贴法等平整固定。

(四)受潮、水湿文书的收取

受潮文书多霉烂或粘贴成团。提取时,首先应用金属薄片将纸层分开,然后放在室温下晾干。自然晾干后若起皱缩,可夹在洁净的纸中放在重物下压平。

犯罪人为毁灭罪证,可能将有关文书拧成纸卷或揉成纸团抛入池塘、河流或水井中。发现提取后,可将其斜向慢慢浸入盛有洁净清水的搪瓷盘内,逐步使纸料吸足水分自行展开后,再平整地放在玻璃板上自然晾干并拍照固定。如果皱缩的纸团上附着有血迹、粪便、泥土、胶水或其他黏性物质时，可换成温水并加少许酒精，以增强展开效果。但应注意，在水浸前应将其原貌状态拍照固定。

（五）收取文书应注意的问题

1. 提取或整复各种文书时，都要注意保护可能遗留的手印及其他斑迹。需要用化学方法显现手印或分析其他斑迹时，应先拍照文书的比例照片。

2. 在提取、包装文书的过程中，应细致谨慎，避免损坏，不能任意添加记号或折叠、揉搓、粘贴和装订。

3. 运送文书要专人保护，防止压踏、雨淋、曝晒、摔碰，以免文书的性能和形态发生变化。

二、现场文书的记录

勘验各类文书，都应制作现场文书记录，包括现场文书照相、绘图和笔录三部分。

现场文书照相一般是在发现之后，提取之前拍照。除拍照现场及其周围环境外，对各类文书的原貌状态、所在位置应进行比例照相和细目照相。

在绘制的现场图中，应反映出现场文书的位置及相互关系。

现场文书勘验笔录除应按整个现场勘验笔录结构记载外，还应按现场文书勘验的特点和要求记载和描述。即事实部分应着重记载：文书所在地点和所处位置，文书种类和规格，文书内容，书写或印刷方法及其特点，书写材料的特点，书写工具类别，文书的发现过程及发现时的状态，整复或固定文书的方法，与文书有关的其他情况以及提取的文书名称、数量和包装方法等。

三、现场文书分析

分析现场文书应做到全面、客观、深入、细致，分析的主要内容如下：

（一）文书特征分析

1. 手写文书特征分析。手写文书是书写人借助书写工具亲手书写的文字材料，能够反映书写人的书法特征、文字布局特征和言语特征，应认真加以分析。

（1）书法特征分析。书法特征是指书写人书写文字符号的动作习惯的反映和表现。亦称笔迹特征。其中主要有：书法水平、字形、字体、字的写法、笔画顺序、结构搭配、运笔规律、标点符号及其他符号的写法等方面的特征。在一定篇幅的文字材料中，还能反映出书写人的文字布局和用词造句习惯的特点。这三个方面的习惯特点，构成了书写人的书写习惯的特定性和相对稳定性。书写习惯的特定性是指各人的书写习惯都是互不相同的，它是由书写人学习、练习及运用语言和书法技能的主观因素和客观因素所决定的。书写习惯的稳定性是由于书写人长期学习、练习和书写实践在大脑皮层中形成的书写动力定型所决定的。这种动力定型一旦形成，书写习惯就基本稳定，即使书写人企图歪曲自己的书法，也难于全部改变。书写习惯的特定性和稳定性是书法鉴定的科学基础。通过书法特征分析，可以推断出书写人的年龄阶段、文化程度、职业特点等情况，为确定侦查范围提供线索，也可以为认定文书字迹是否为某一特定的人所书写提供依据。

书法水平特征分析。书法水平特征，也叫书写动作熟练程度特征。它反映一个人写字技能的高低。书法水平高的人，在书写过程中，能够自动控制自己的书写动作。所以书写速度快，动作协调，字的结构严整，笔画规整，搭配适当，运笔流畅，连贯性强，文字布局整齐，大小匀称，快写不紊乱。书法水平低的人，书写速度慢，动作协调程度低，字的结构松散，比例不适当，运笔呆板、生涩，连贯性小，往往会反映出一些不适当的动作或停顿现象。

书法水平的高低是相比较而言的，而且并不是一成不变的。书法水平低的人经过不断的练习可以提高，书法水平高的人，由于主客观条件的变化（如长期不写字或年老久病等）其书写技能也可能降低。另外，书写人也可能故意改变自己的书法水平。在分析时，首先必须正确地区别书写人的书法水平的高低，同时还要充分考虑可能引起书法水平发生变化的各种因素。在通常情况下，书法水平是属于笔迹的共同性特征。侦查中，如果发现嫌疑人笔迹样本的书法水平很低，而文书的书法水平很高，二者相差悬殊，此种书写技能高低的明显差别，就可以作为否定同一人书写的重要依据。因为书写技能的提高需要有个过程，即使书写人故意改变自己的书写水平，也很难使自己的书法水平立即显著提高。即使高水平的人故意降低，也会显露出其原有水平。

字形特征分析。字形是指字的外部轮廓的形状。汉字是方块字，但在人的书法中，则表现为方形、长方形、扁形、圆形、菱形、斜形（向左倾斜或向右倾斜）和不规则形等特征。字形特征是属于书法的一般特征，分析时，要注意字形是否一致。

字的写法特征分析。字的写法，是指整个字的组成形式，即一个字是由哪几部分、哪些笔画和以怎样的结构形式构成的。常用的汉字大约有三千个。从结构形式上来看，是一字一形，各不相同。现在的行书字基本上是"自由体"，规范要求不严格，往往一个字存在着几种不同的写法。主要有：

现行规范写法：是当前在出版物、正式文件及教学中统一使用的写法。其中包括国务院已公布的简化汉字和尚未被简化汉字所代替的通用汉字。这些字的写法因为符合统一的规范，所以在全国范围内已被广泛地应用。

繁体写法：已被国务院公布的简化字所代替的字是繁体字。这些字的写法已经被淘汰，不应再使用。但是也还有人习惯沿用旧的写法。例如，構（构）、華（华）、範（范）等。

异体写法：所谓异体字是同音同义不同形的字。如"餅、竝"（并）、"宲"（实）、"喆"（哲）、"砲"（炮）、"恠"（怪）等。

习俗简化字写法：所谓习俗简化字，是指没有收入国务院公布的汉字简化方案，但已在社会上广泛使用的那些字。如"囗、旺"（国）、"祟、岜"（岁）、"価"（价）等。

古体写法：是指来源于古代汉字规范和历代书法名家字帖而现在已经不常用的写法。如："仚"（山）、"𠃋、汏、灋"（法）、"楳"（梅）、"苍"（花）等。

此外，还有地区性写法、职业性写法、自造字写法、简缩写法等等。都应注意分析研究。

错别字特征分析。所谓错别字，通常是指两种情况，一种是错字，即把字的形状结构写错了。例如，"武"（武）、"吤"（吃）、"汔"（汽）、"屹"（屹）、"侷"（局）、"冩"（写）、"虘"（虐）、"被"（被）等。另一种是别字，即本来该写这个字，却写了另外的字。例如，把"身教胜于言教"误写成"深教胜于严教"，把"如火如荼"误写成"如火如茶"，把"势不两立"误写成"势不两利"。深、严、茶、利等字的笔画和结构都没有错，本身不是错字，但是用错了地方，全句的意思也就错了。错别字特征，特别是错字特征，能够反映书写人的文化程度，特殊性比较强，而且又比较稳定，一般不容易改变，对于侦查的价值比较大，应注意发现和利用。但在运用错别字特征时，应注意区分是偶然性的误笔，还是习惯性的错别字，并且还要注意鉴别是否犯罪分子有意伪装。

笔顺特征分析。笔顺，是指字的笔画的书写顺序。汉字笔顺是按着一定规则书写的。一般的笔顺规则是：先上后下；先左后右；先外后内；先横后竖；先撇后捺；先钩后挑；先中间后两边；等等。笔顺规则要求使用某种文字的人都这样写。但是也有不少人在写字时并不按正常的笔画顺序，尤其在草书和笔画连贯性较大的"自由体"中，笔顺的一般规则基本上被破坏了。人们平时写字的笔顺大体有三种情况：一种是按正常笔顺规则写的，称为正常笔顺；另一种虽然不符合笔顺规则，但是许多人都那样写，成为社会上比较通用的笔顺；再一种是大多数人都不用，而只有少数人或个别人习惯用的笔顺，称为特殊笔顺。笔顺特征的稳定性程度比较大，书写人在有意伪装的情况下，往往不注意改变笔顺。因此,侦查中,要注意发现和利用那些比较特殊的笔顺特征。笔顺特征在一般情况下比较容易发现,但是有时由于字的结构比较复杂,判断笔顺特征较为困难,特别在隶书或楷书中,由于字是一笔一画组成的,往往难发现其笔顺特征。但是,如果仔细观察起收笔的动向、运笔趋势、相近笔画的连贯关系以及笔画的交叉部位等特点,仍可以揭示出书写人的笔顺习惯。

结构搭配比例特征分析。结构搭配,是指单个字的各笔画或偏旁部首之间的相互关系。主要包括两个方面:其一是搭配关系,即笔画之间或偏旁部首之间交接部位及相对位置的高低远近等特征;其二是比例特征,即笔画或偏旁部首之间的大小、长短、宽窄等比例关系。

基本笔画写法特征分析。笔画是构成汉字的要素。绝大多数的汉字都是由多笔画构成的。汉字的基本笔画一般可分为八种:点、横、竖、撇、捺、挑、折、钩。每种笔画都有各种不同的写法,这些细微差别能够反映不同人的书写习惯。因此在侦查有文书的案件中应用得最广泛,特别是当文书上的字迹很少的情况下,仔细分析研究基本笔画的写法特征更具有着重要的意义。但是,基本笔画的写法特征也比较容易受主观和客观条件的影响,因此,在分析此类特征时,要注意研究其是否发生变化,以及引起变化的原因。

标点符号和其他符号写法特征分析。标点符号大体分为标号和点号两大类。标号是用来表示书面言语里词语的性质和作用的,包括引号、括号、破折号、省略号、专名号、书名号、着重号和间隔号。点号是表示书面言语中的停顿或说话时的语气的,包括句号、逗号、顿号、分号、冒号、问号和感叹号。除了上述十五种外,在书面言语中还有其他一些符号,如重略号、调转号、添插符号和改错符号等。每种标点符号的写法和用法都有统一的规范,但是,每个人都有自己的写法,在起笔、运行、环绕、收笔等方面都会表现出书写人各自不同的运笔特征,而且标点符号的安排位置也会有不同特点。标点符号的书法特征一般比较稳定,在书写人有意伪装的情况下。往往不注意改变标点符号的书写方法。因此,它在侦查中的价值比较大,特别是在有伪装字的案件和字数较少的案件中,标点符号的书法特征往往对正确作出认定结论有重要作用。

应当指出,在分析书写人的书法特征时,要注意是否有书写书法特征改变的原因存在。引起书法特征改变的原因很多,总的来看,有自然改变和故意改变两种。自然改变的因素主要有:时间因素,病理因素,精神与心理因素,不正常的书写条件等;故意改变的手法主要有:改字体、字形,改变书写速度,用左手书写,模仿(包括临摹、记忆模仿、经过练习的模仿以及描摹)他人的书法特征,以及刻画字、尺划字、剪切字、穿孔字、剪贴字和用纸条、木棍等拼凑字等。但是,无论是自然改变的书法,还是故意改变的书法,都是以书写人大脑皮层中已经形成的"书写动力定型"为基础的。基于人们书写习惯的特定性和稳定性的原理，书写人在书写时，必然会在字的写法，错别字，生造字习惯，主要笔画的交接部位，运笔趋势，搭配比例关系等方面，反映出书写人的某些特点。

（2）文字布局特征分析。文字布局，是指文字符号在文书上安排的形式和分布状况。分析时应注意以下几个方面的内容：

字序和行序：书写汉字的字序和行序有一定的规则。字行的顺序分为竖行书写和横行书写两种。竖写的字序为自上而下，行序为自右而左。横写的字序为自左而右，行序为自上而下。但是，有的人不按上述规则书写，而有自己的安排字序和行序的习惯。

字行的形态：大多数人写字，字行是保持直线状，但也有的字行呈倾斜状（横写的行线向上提或向下垂；竖写的行线向左或向右倾斜）和波浪形的。字行形态受到书写环境、工具和姿势的影响容易发生变化，有时书写人也会故意加以伪装。因此，在分析时，要注意挑选那些比较稳定而又特殊的字行形态特征。

字间与行间的间隔：是指写的字与字之间、行与行之间的相对距离。大体可分为松远的、紧密的、中等的、松紧不均的四种情况。在无格线的纸上书写文字时，此种特征会更加明显地反映出来。

字行与格线的关系：是指书写字行在格线中的位置。有的字行在格线中间；有的偏上或偏下；有的正好压在格线上面；也有的不受格线的限制任意书写。

字行与页边的关系：所谓页边就是指成篇文字的字行与纸张四边之间的空白处。人们写字时，有的习惯留页边，有的不习惯留页边。留页边的情况也不尽相同，有的四边都留，有的留三边，有的留两边。有的页边留的整齐，有的弯曲、倾斜不整齐。另外页边留的大小也不一样。

分段与缩头：大多数人写文章习惯分段，有的人则不分段。有的分段缩头，有的不缩头。而缩头的大小也不同，一般人按规范缩两个字，有的人缩一个字，有的人缩两个字以上，个别的也有出头几个字。

程式语的安排位置：程式语是指称呼、问候、祝颂、签名、日期、地址、编号等词语。此类词语的写法和安排位置是各不相同的。例如，称呼的位置有的是单独占一行，有的不分行直接与内容相连接。签名的位置有的在右下角，也有的在左下角或下边的中间。编号的位置，有的写在四角，也有的写在上边或下边的中间等等。

固定词组的写法和搭配关系以及贴邮票的位置等特征。

上述可见，文字布局特征包括的方面很广泛，而且比较稳定。但是，此类特征属于一般特征，不能作为同一鉴定的依据。

(3) 书面言语特征分析。言语分为口头言语和书面言语两种。书面言语是用文字符号表现出来的言语形式。它是书写人思维活动规律的外在表现，能够反映出书写人表达思维活动的习惯和文化水平。书面言语特征在长篇手稿中才能充分表现出来。由于人们的立场观点、文化水平、社会职业、知识范围、生活环境以及思考问题的方法和习惯不同，每个人所写的文书在内容上和用词造句表达问题的方法上，都会有各不相同的特点。在文书勘验中，分析书面言语特征，常常可以确定案件性质，判断书写人的身份、文化程度、职业爱好和居住地区等情况。同时，也可以为认定文书书写人提供辅助材料。书面言语特征表现在文书的体裁、结构、词汇、语法以及标点符号的用法等许多方面。在文书勘验中要注意分析以下特征：

掌握词汇的数量和范围：词汇是语言的建筑材料，由于每个人生活、学习环境和知识水平等具体条件的不同，掌握词汇的数量和范围也是不同的。有的人掌握词汇丰富，运用得当，语言生动活泼；有的人词汇贫乏，语言干瘪，而且常常出现用词不当的情况。

运用文言词句和古旧词特征：文言词句和古旧词是从文言遗留下来的，在现代汉语中不常用的词和句子。例如，"知彼知己，百战不殆"、"以其人之道，还治其人之身"、"顺之者存，违之者亡"，社稷、檄文、奉禄，以及之、乎、者、也、矣、焉、吾、余、尔、汝，等等。

运用方言词特征：所谓方言词是流行于某个地区而没有在民族共同语言中普遍通行的词。方言词所流行的地区范围大小不等，在狭小地区流行的方言词叫"土语词"。汉语分为八个方言区（北方方言、吴方言、湘方言、赣方言、客家方言、闽北方言、闽南方言、粤方言），在每个方言区里，又有若干地方土语。例如，普通话说"火柴"，北京土话说"取灯儿"。普通话说"什么"，方言说"啥"（西安、沈阳）、"啥子"（四川）、"嘛"（天津）、"烘个"（合肥）。普通话说"洋白菜"，方言说"疙瘩白"（东北）、"包菜"（湖北）、"卷心菜"（上海）。

运用行业语及术语特征：行业语是某种行业内部经常使用的一些职业词语。术语指科学技术上的专门用语。每门科学技术，都有自己的专门术语。一般说来，只有从事某种职业和某种科学技术工作的人，才习惯运用某种行业语和专门术语。

运用外来词特征：外来词是从其他民族的语言中借用或吸收过来的词。部分外来词已成为现代汉语的词汇，还有一部分外来词只在部分人当中使用。例如："布拉吉"（连衣裙）、"康拜因"（拖拉机）、"列巴"（面色）、"巴士"（公共汽车），等等。

运用熟语特征：熟语，是指人们经常使用的一些现成的固定词组。其中包括：成语（如"雪中送炭"、"高瞻远瞩"、"守株待兔"），歇后语（如高射炮打蚊子——大材小用），谚语（如"小洞不补，大洞难堵"），格言（如"虚心使人进步，骄傲使人落后"），等等。使用熟语的范围和方式，是书面言语的重要特征之一，能够反映出书写人的语文水平和书写习惯。在分析中，要注意书写人习惯使用哪些熟语，用得是否准确，有无随意自造"熟语"的现象。

不合规范的构词特征：汉语构词造句必须遵守一定的规则，否则就会词义不清，使别人看不懂。但是有的人不按规范要求，自己随意地造出一些不合规范的词句，经常见到的有：词素颠倒（如将"秘密"写成"密秘"，将"实事求是"写成"事实求是"）；用词不当；混淆词义，或对象不明等等。此类特征稳定性较强，能反映出书写人的语文水平。在分析时，应注意这些不合规范的词句是书写人偶然发生的笔误，还是习惯性地使用，以及是否受方言的影响。

运用标点符号特征：标点符号是书面言语的有机组成部分。它的主要作用是帮助人们分清语法结构，辨明语气，正确地了解文意。人们运用标点符号的方法是不同的。有的人用得正确；有的人任意滥用或错用；有的人只习惯运用一种或几种标点符号；有的人生造出一些特殊的符号等等，这些都能一定程度地反映人的书写习惯。此外，文书的体裁、句子形式，以及运用虚词、程式语等方面的特征对判断书写人的特点也有一定的意义，应认真地进行分析研究。

2. 印刷文书特征分析。主要有：

（1）打印和铅印文字特征分析。打印机分机械式打印机和点阵式电子打印机两类。机械式打印机打印文字的特征反映主要有：打字机主动机构的间距，分格距离，铅字类型，字丁笔画的残缺、弯曲、磨损等细节特征，以及文字行间距离、混合字、模糊字和双影字等。外文打印机打印文字与中文打印机打印文字的特征反映相同。点阵式电子打印机打印文字的特征反映主要有：字符形体，点阵规格，字距、行距，字符变换等一般特征，以及色带上的字符印迹，印字头的结构、偏斜、脏污，列阵印迹不匀，字库反向间隙，字库增添或缺损等细节特征。分析打印文字的特征反映，可以辨别打印文书是否伪造，是用哪一种乃至哪一部打字机打印等。铅印文字主要反映铅字的字体、型号、铅字笔画的细节特征。铅字字体有仿宋体、正楷体、隶书体等。每种字形，按高度和宽度，又分成若干号。同体同号的字，由于铸造字的字模不同，必然会出现许多不同的细节特征，即使同一个字模铸造的铅字丁，在印刷使用过程中也会发生变化。所以，同一个印刷厂铅印的文书，通过对字丁分析、鉴定，也可能发现其差异之点。不难看出，对铅印字迹所反映的字丁的特征的分析、鉴别，可以判明文书是否伪造、变造，还可以查明铅字字丁的出处，从而为侦查提供线索。

（2）印刷图案符号特征分析。票证、证件上都印有一定的图案符号。印刷图案符号所反映的特征主要包括以下几个方面：一是版面的格式和项目。比如票证有图案、花纹、文字和印文等，一些重要的票证（如人民币）和证件（如护照）还有保护花纹。分析时，应注意可疑票证、证件上这些内容是否齐全。如果比真票证、证件多了或少了某些内容，即可确定可疑票证、证件是假的。二是印刷版型。一般分为凸版、凹版和平版三种。分析时，应注意可疑票证、证件是何种版型所印。如果与真票证、证件所用版型不同，即可确定可疑票证、证件为假的。三是图案、文字的结构。主要包括：①文字的形体、大小、排列位置及笔画形状。②相同颜色的图案、文字之间的相互位置关系。③细小花纹的数目、粗细、长短、转折形状。④底纹的结构、颜色和清晰程度。⑤有照相网点的图案，网点的密度、形状、大小。四是暗记。有的票证和证件，为了防止伪造，易于鉴别，在印版上做了暗记。分析时，应注意有无暗记、暗记的位置和形状。五是其他特征。如有些票证边缘齿孔的大小、密度和形状；票面的大小以及剪切线的位置、形状等。应该指出的是，分析和鉴别印刷图案文字符号的特征反映时，要注意票证、证件在使用过程中可能发生的变化以及在印刷过程中的漏版或产生的其他缺点，不要机械比对，要考虑到各种可能发生的变化。

3. 印章印文特征分析。印章按用途可分为公章、专用章和私章三种。印章的印面粘上印泥印出来的印，称印文。印文通常可分为有色印文和无色凸凹印文。一定的机关、团体和个人，因某种专门需要，留给有关的对方一枚供核对、验证之用的印文，称为印鉴。印章在国家机关、团体、企事业单位和人民群众的日常活动中起着重要的作用。印章印文是各种文书、证件真实性的一个重要凭据。犯罪分子为了进行贪污、诈骗和危害国家安全等破坏活动，往往采取各种方法盗窃和伪造印章印文，制造各种假文书、假证件。犯罪分子伪造印章印文的方法有：雕刻假印章，用单字拼合法伪造印章印文，用描绘的方法伪造印文或部分伪造印文等。印文是否伪造，一般通过向有关单位或个人索取真印文样本比对鉴别印文的特征反映，即可查明。在侦查犯罪中，有时还需要用物理学或化学方法显现模糊难辨的印文，以判明印文盖印的时间、地点，为侦查提供方向。印章印文所反映的印章特征可分为以下两类：第一类为规格性特征。是按一定规格要求刻制印章时形成的。主要包括：印面内容及安排格式，印面的形状及大小，印面边框的形态，印面的字体等。第二类为细节性特征。是由刻制方法、技术和印章在使用过程中形成的。主要包括：文字、图案、线条的位置距离，笔画及线条的形状、交接、搭配位置及其比例关系，附加图案（如国徽、五角星）的具体结构形状，印面的疵点、缺损以及某些笔画、线条、图案的磨损等。在分析研究印章印文的特征反映时，应注意影响印章特征的一些因素。主要有：印章受水和空气干湿度的影响，会发生胀缩变化；印章受盖印的压力、落印姿势、衬垫物软硬、印油多少等因素的影响，使印面上的文字、线条等产生粗大或细小的变化；印章因清洗会使文字、线条清晰、细小；印章因长期使用不清洗，会使印面附着物牢固，刀痕（木质、橡胶印章）消失等。

4. 文书物质材料特征分析。文书物质材料，是指制作文书的各种材料，包括纸张、墨水、墨汁、圆珠笔油、复写纸色料、油墨、铅笔芯、印泥、印油以及胶水、糨糊等。文书物质材料的状况能反映出文书的制作方法特点；文书所用纸张的种类、成分、光泽、色泽、弹性、透明度、网纹、厚度等固有特征，以及纸张上的格线、图案、文字及其他符号等附加特征；所用墨水、圆珠笔油、油墨、印油的种类、成分、光泽、颜色等特征；所用胶水、糨糊以及其他黏合剂的种类、成分、光泽、色调等特征。案件中的文书物质材料对于侦查有着重要意义。案件中使用的文书物质材料的制作方法特点，可以反映出犯罪分子的职业特点；对案件中使用的文书物质材料的性质、成分等进行鉴定，并根据其种类、规格、牌号与已知样品进行核对，可以判断其产地、销售和使用范围，为侦查提供方向；鉴别案件中使用的文书物质材料与犯罪嫌疑人所占有的文书物质材料的种类、成分等是否相同，其肯定性结论可以作为缩小侦查范围的依据，其否定性结论可以作为排除嫌疑人具备某种作案条件的证据；鉴别可疑文书的物质材料与真实文书的物质材料是否相同，可以从文书物质材料的角度，为鉴别货币、证券、证件、契约、记录等的真伪提供根据。

（二）事件性质分析

主要根据文书的内容，记载的事件的情节，制作和存在的方式，文书是否伪造，结合现场其他情况和遗留的痕迹，从研究文书的书写人有无犯罪的动机、目的入手，进行综合分析判断。比如，如果是以危害国家安全为目的张贴、散发内容反动的标语、漫画、传单等，则应立案侦查，如果是少年无知乱写乱画，则不构成犯罪。又比如，散发、张贴的文书记载的事件的情节显属对他人进行侮辱、诽谤，则应立案侦查，如果属于一般的侵犯他人的名誉权，则不构成犯罪。某些命案现场留下的"遗书"、"情书"、"绝命书"等，也可根据文书的内容、情节，结合现场其他情况，判断是自杀遗言，还是他杀伪造自杀遗书。

（三）犯罪情况分析

主要分析判断犯罪人作案的时间、地点，作案的人数、方法、手段，以及犯罪人使用的书写工具和活动范围等。判断作案时间，可根据发现人、报案人以及知情人提供的有关情况，结合文书和其他痕迹的新旧程度分析；判断作案地点，主要是寻找和确定张贴和散发文书的第一现场，从而判断犯罪人的行走路线或活动范围，对于投寄的文书，可通过分析投寄邮局或邮筒与周围居民点、交通线路之间的联系，判断犯罪人的来去路线，并根据文书的书写材料和内容，划定侦查的范围；判断犯罪手段，主要是根据犯罪人张贴、散发、涂改、烧毁、伪造文书的具体方法，使用的书写工具和书写材料的种类，字迹特征有无伪装等进行分析。根据对现场文书的分析，结合现场环境、条件以及其他痕迹、物品的特征，还可以判断是内部人员或外部人员作案，是一人或多人作案，是当地人或流窜犯作案等。

（四）书写人特点分析

文书往往能够反映出书写人的年龄、文化程度、居住范围和职业特点等。这对于确定侦查范围，开展侦查工作至关重要。特别是对于侦查利用张贴、散发文书和投寄信件等手段进行犯罪的案件，更具有特别重要的作用。

1. 书写人年龄分析。少年书写的文书，书法水平低，字形不正，大小不匀，笔画呆板，特征不稳定，书写习惯不定型，多用简化字，常出现错别字，用词造句不通顺。青年人书写的文书，书法特征趋向定型，"自由体"字比较明显，简化字多，词汇不够丰富，语句不够通顺，常用新名词新概念。中壮年书写的文书，书法特征比较稳定，运笔熟练，词汇丰富，繁简体字并用，往往对书法特征有意伪装，常用借古讽今的手法。老年人书写的文书，书写速度缓慢，动作不协调，运笔有抖动现象，字形大，结构松散，惯用文言、典故和陈旧词汇。上述特点系一般规律，与书写人的语文水平有一定关系，与其书法技能也有关系，但应注意书写人是否有意伪装。

2. 书写人文化程度分析。主要看整篇文字材料的结构是否严谨，层次、段落是否分明，逻辑性和概括性是否强，用词、错别字、标点符号使用情况和书法水平的高低。一般而言，书写技能、语文水平和知识范围与文化程度是一致的。如果文书中的语句通顺、简练，结构严谨，层次分明，典故和成语使用恰当，极少出现错别字，书写工整，运笔自然有力，书写动作连贯，字的结构搭配匀称，文书内容涉及某些专门知识等等，说明书写人文化程度较高，书法水平高。但要注意文书撰稿人与缮写人是否为同一人，书写人有无伪装以及书写时的心情和客观条件的影响等情况。

3. 书写人居住范围分析。主要根据文书投邮、散发、张贴的时间、地点和路线，文书内容所涉及的地区、单位或人、事、物的具体情节，文书中使用的方言、土语和地区性简化字、行话，文书物质材料（如纸张、信封、信纸、墨水、糨糊等）及其他遗留物品的产地、销售和使用范围进行分析。有条件的可通过查对笔迹档案来发现犯罪人。另外，如果文书上发现手印，可通过查对指纹档案来发现犯罪人。

4. 书写人职业特点分析。有些犯罪人书写的文书中，可能涉及本行业、部门或单位内部的人和事；有些文书中反映出某些行话、专业术语、职业性用语或隐语；有些文书是用特制的物质材料和专门书写工具制作的，等等。这些都可以作为分析书写职业特点的根据。

第四节 会计勘验

所谓会计勘验，是指侦查人员在对涉及经济问题的刑事案件的侦查中常用的一种技术手段，是在侦查人员的组织领导下依法对被查单位会计事项处理、会计资料和会计记录进行检查，以获取犯罪嫌疑人有罪或无罪的证据，确定犯罪事实是否成立。会计勘验是一种侦查技术活动，其主要目的是发现并获取证据，揭露证实犯罪；会计勘验大多是针对犯罪嫌疑人，是对犯罪嫌疑人经手、主管或可能实施犯罪并留有犯罪痕迹的会计账目及有关会计资料进行检查；会计勘验是侦查行为，进行勘验的时间、范围是根据具体案情和侦查工作的实际需要而定；会计勘验必须在侦查人员的组织领导下进行，必要时可以吸收司法会计或其他有会计专门技术的人员参与，但必须在侦查人员的组织和统一领导指挥下活动，因为这是侦查人员依法定权力向有关机关、单位和公民收集、调取证据的一种专门调查，不受行政区域、隶属关系的限制，同时在勘验检查中可以依法使用扣押等证据保全手段。总之，会计勘验是刑事案件的侦查机关同犯罪分子作斗争的重要工具之一，侦查人员在办理涉及经济问题的刑事案件中用科学的方法进行会计勘验，可以发现疑点、获取证据，为侦查工作的开展提供线索、指引方向。

一、会计勘验的程序与要求

会计勘验必须遵循下列程序和要求：

（一）熟悉案情做好准备

在进行正式勘验之前，侦查人员应熟悉案情，分析作案手段。如初步判断出作案手段是伪造涂改账目还是虚报冒领，是隐匿凭证销毁账据还是漏收空付，进而确定账目检查的大致范围和重点。此外，还要掌握侦查对象单位的规章制度和财务管理状况，并控制会计资料，如收集各种凭证、账册、报表等，还要对账外资料如发票存根、工资表、收据存根、银行对账单、经济合同等有关经济业务活动的原始记录加以收集控制，以防被转移、隐藏或毁弃。必要时还要查封账目、清点库存，防止经手或保管账目的犯罪嫌疑人伪造、涂改、销毁账据。在此基础上，结合案情制订会计勘验检查计划，明确目的与要求，有重点、有计划、有步骤地进行勘验。

（二）出示侦查机关证件

会计资料是一个单位的经济活动的全部记录，具有一定的保密性。因此，会计勘验是一项极其严肃的侦查活动，必须严格依法进行。根据刑事诉讼法第103条之规定，侦查人员执行勘验、检查，必须持有并出示人民检察院或者公安机关的证明文件。

（三）如实记录固定证据

根据刑事诉讼法第106条之规定，勘验、检查的情况应当写成笔录，由参加人和见证人签名或者盖章。由于会计勘验内容的复杂性和情况的特殊性，勘验笔录中还要附注一些记录表、对账表等等。一般在勘验后要写出系统的会计勘验报告。在会计勘验检查的各个环节，应尽可能地收集原始证据，在不能提取原始证据资料时，应采取科学的方法加以固定和提取，如拍照、摄像、静电复印、复制等。并详细标明提取证据的出处，由提供人、抄件人、见证人和单位负责人或财务负责人核对无误后签字盖章，包括单位财务公章。

二、会计勘验的技术方法

常用的会计勘验技术方法主要有：

（一）顺查法

又称正查法。即按照会计核算组织程序的先后顺序对会计资料依次循序地进行检查，以证实其有无会计作弊的查证方法。首先要从原始凭证查起，然后依次检查记账凭证、明细账、总账直至会计报表。是根据会计业务处理程序进行检查，即按照所有原始凭证的发生时序逐一进行检查。检查程序为凭证→账簿→报表。一般运用这种方法勘验内部制度不健全、账实不符的单位账务。但是，采用顺查法必须对每张凭证、每本账簿都逐一审查，费时费力，难以抓住重点，只能适用于业务量少的单位。

（二）逆查法

又称反查法、倒查法。它是按会计业务处理程序的相反方向勘验的方法。即从检查会计报表开始，对可疑账项和重要项目逐项核对总分类账、明细分类账、日记账，并有目的地审查记账凭证和原始凭证，从中找出问题的原因和结果。这种逆查法目的明确，重点突出，工作量小，易发现问题，不足的是局限于从会计报表中发现问题，不能对全部账项进行审查。顺查法易于运用，且若运用得当能够把问题查彻底，但较为费时费力，不易抓住问题的重点；逆查法易于抓住主要问题，且省时省力，但对查证人员的业务水平要求较高。在实践中，这两种方法通常是结合在一起运用，使其优势互补。

（三）审阅法

是对涉案会计资料进行阅读检查，以发现其有无会计作弊的查证方法。它是通过审查阅读有关的凭证、账簿、报表等有关书面资料，来确定被审查单位的经济活动是否真实、合法、有效。审阅法是查账过程中常用的审查方法，一般包括凭证的审阅、账簿的审阅、有关的经济资料的审阅。

审阅法是从审查问题的角度查阅有关会计资料。运用审阅法，可查证或者发现被查单位会计资料中有无涂改、财务收支不合理、不合法的会计作弊或会计作弊的疑点。如属疑点，再运用其他有关方法查证问题。例如：对"资金平衡表"可审阅其各有关指标是否保持合理、正常的对应关系；审阅查证资金的来源渠道是否合理、资金占用形态是否正常，结构是否合理；审阅表内各项指标是否填列齐全。

（四）核对法

是指将两种或两种以上会计记录之间的有关数据进行核对，以确定其内容是否一致，计算是否正确的方法。又叫做对照检查法、联系检查法。具体可分为：

1. 原始凭证与记账凭证核对。主要核对原始凭证的经济内容和记账凭证的会计科目是否一致，日期、摘要、金额是否一致，记账凭证所附的原始凭证的张数是否相符。

2. 记账凭证与账簿核对。主要核对摘要内容、日期、凭证号、科目和金额是否相符。

3. 总账与明细分类账核对。总账是对被查单位的经济活动资料的总括反映，明细分类账详细反映经济资料的具体情况。一个总账可以同若干个明细账进行对应，主要对应期初余额、本期借方发生额和本期贷方发生额及期末余额。

4. 账簿和报表核对。会计报表的各项数字都来源于账簿，因此，对账表的核对是以表对账，确定报表时间，与账簿核对，从而判断数据是否准确。

核对法能对凭证、账簿、报表等会计资料进行形式上的审查，而对经济活动正确与否并不能进行检查。因此，应同其他方法结合起来审查发案单位的经济活动。在使用核对法甄别假账时，可以采用按日历顺序核对的顺序查法，也可采用案件终止时依次向后倒推核对的逆查法；可以详细核对，也可抽样核对。通常使用下列核对方法勘查甄别会计账目：

（1）核对原始凭证上标示的数量、单价、金额是否相符；

（2）核对原始凭证的内容与数字是否同记账凭证一致；

（3）核对记账凭证数字记入总分类账、明细账后是否准确无误；

（4）核对同一科目的明细账余额之和与该总分类账科目余额是否相符；

（5）核对总分类账各账户借、贷方合计余额是否相符；

（6）核对会计报表的内容和数字与总分类账、明细账的有关数字是否一致；

（7）核对外来账单与被查单位往来账目是否相符；

（8）核对账、卡、物是否相符。

核对过程中，为了防止检查重复或遗漏，一般用铅笔或红蓝铅笔在核对过的账簿或凭证上标写"对账符号"，它没有统一规定，办案人员可按习惯自定，通常采用打"√"方法，并称之为"钩稽"，俗称"钩对"。

（五）抽查法

是对涉案期间的全部凭证、账簿、报表等有关资料中的部分项目进行审查并据以推断全体账务情况的会计勘验方法。又称选查法、抽样法或概率抽样法。由于侦查人员在勘验前对被查单位会计账簿中涉案情况不知情，故抽查往往具有随意性，只有事先进行调查了解，才能有的放矢地抽查。此法适用于犯罪嫌疑人经手、经管的账务涉及面广、业务繁多、会计资料量大的案件，即先运用概率抽样勘查，以求尽快省时省力高效地查账务中涉案的重点部位、环节和项目等，然后再对重点问题账务采取其他方法详细勘查。抽样法是当前国际上较为广泛采用的科学方法。其具体操作方法较多，最常用的主要有：

1. 属性抽查法。又叫概率抽样法。它是从数量极大的同类总体中进行随机抽样勘查的方法。其特点是将同一属性的被查总体划分成差错与正确的两个概率，用随机抽样进行审查，也是以样本为差错率，推算出总体差错数。它能使总体的每一分子都能有抽取的机会，它适用于总体数很大的情况，是抽样勘查中比较科学的办法。

2. 分类抽查法。亦称分类抽样法、分群抽样法、分组抽样法。它是将被查的总体数分成若干小类，从各类群中随机抽取等量样本进行详细审查。以样本中的错弊率，推算出总体的错弊率。

3. 分层抽查法。又称分层抽样法。它是将被查总体数按一定金额或一定的种类，划分成几个金额或内容种类相同的层次，然后在每一层次中随机抽出等量的样本，对样本进行详细的检查。以样本的错弊率，推断总体错弊率。

4. 随机抽查法。也称区间抽样法。开始随机抽样，再每隔相等的间距机械地抽样检查。先要按总体数确定抽取样本数量25%左右，然后再找出固定的距离。计算公式是：

$$\text{固定间距} = \frac{\text{总体数}}{\text{样本数}}$$

求出固定间距后，首先在第一个距离数中，采用随机抽样法抽出一个样本，然后是机械地每隔一定距离数抽下去，直至抽足预期样本数为止。通过详查样本的错弊率，推算出总体的错弊率。

5. 判断抽查法。又称判断抽样法。它是在深入调查研究和全面分析、衡量并加以判断之后确定抽查方案。抽查的数量和样本要分散，使样本具有较强的代表性。例如要查三年凭证，第一年可顺月抽查1、4、7……月份，第二年可抽查2、5、8……月份，第三年可抽查3、6、9……月份。抽查的总量以30%左右为宜。同时还考虑在特定的时间犯罪嫌疑人有无可能作案。此法是在深入调查研究，综合分析的基础上，找出可能发案环节，确定抽查方案。要迅即抓住案件突破口，再按其作案手法循序顺线追查。

（六）详查法

又称全查法、细查法、精查法。是指对被查单位涉案期的全部凭证、账册、报表等进行仔细的审查，据以判断其经济业务是否正确与合法，从中发现错弊和疑点，进一步查获证据。这种对被查单位涉案期或一定范围内的原有会计资料全面系统、认真细致查核的勘验方法，一般适用于在同一单位发现经济方面的团伙或集团犯罪案件；发案单位财务制度不健全、管理混乱、财会人员涉嫌犯罪的案件；非财会人员多次或长期作案其大部或全部犯罪行迹可能留在有关凭证或会计资料上的案件。

详查法的具体操作是借助其他勘验技术方法综合进行。通常是先采用审阅法对会计资料进行仔细审查，初步掌握凭证和账目有无错误、是否合理合法和符合会计原理，然后决定采用具体的技术方法进一步详查。通过审阅法勘验有问题之后，往往是采用顺查法和逆查法反复详查。即先采用顺查法对原始凭证进行检查→检查记账凭证并与原始凭证进行核对→检查明细分类账并与记账凭证核对→检查总分类账并与明细账、汇总记账凭证进行核对→检查分析会计报表并与总分类账核对。然后采用逆查法先检查分析会计报表并与总分类账核对，接着依次按顺查法相反的程序逆查，最后审查原始凭证。

（七）询查法

又叫查询法。它是查账与询问相结合的会计勘验方法。主要在查账过程中对一些不能从凭证、账册等会计资料中作出结论和不能判断的问题而向有关单位和个人进行调查询问,以核实情况、澄清问题的一种综合会计勘验法。它首先要采用审阅法等方法发现疑点,接着运用观察法获取有关证据或会计作弊线索。所谓观察法就是侦查人员秘密深入被查单位或有关场所实地察看了解其经济活动及管理和内控制度的执行情况,并通过观察和调查研究了解知情人或当事人的有关情况。在此基础上拟出询问提纲,确定询问的策略方式,然后直接找有关人员指出问题要求其回答和提供有关情况或证明资料,并制作询问笔录经被询问人审阅签名和侦查人员签名后作为进一步查账的依据。

此外,对与外单位经济往来账中的疑问还可采用函询法进行查证,即通过发函向有关知情人或当事人调查核实有关情况。对函询的内容一定要简单明确、便于被调查人深彻领悟。发函核对往来账目务必将该笔账日期、凭证号、摘要、金额等逐一写清楚。一般还应注明要求对方回函。

(八)复核法

又称复算法。指重新计算会计资料及其他有关记录中的数额等,通过重新验算核查检验其是否正确的审查方法。通常分为详细复核、重点复核和总预复核。侦查人员应选择管理上比较薄弱的环节进行复核或复算,如发现疑点再运用其他方法进行勘验查证。

(九)调节法

又称调账法。指通过调节有关数据求得需要证实的数据的方法。如对银行和与发案单位之间的未达账项,在审查时就需要对账,调整有关账项,确定实际发生数。而会计勘查中的调节法是对会计作案进行账务上的纠正处理。这在偷税案件中采用最多,具体操作时应将某项业务规范的账务处理与会计作案的账务处理进行对照,再进行具体的调账,即账务纠正处理。

(十)分析比较法

是分析法与比较法的综合运用。所谓分析法,指通过对涉案单位的经济资料和会计资料进行分析,确定出审查重点。如在经济效益审查中,利用分析法对经营成果和经济效益、长期投资及其经济效益、重大事故、决策失误等经营情况进行分析,以便确定经济效益实现的程度和途径。分析法主要有报表分析法、账户分析法、期龄分析法、对比分析法、结构分析法、比率分析法、趋势分析法、动态分析法、平衡分析法、因素分析法、回归分析法、量本利分析法、价值分析法、投资分析法等。

比较法是指对相关的数字进行比较,以判明各项数据和指标变动是否合理,如实际数与计划数比,与上年实际数比,和历史最好水平比等。采用比较法不能把两个没有必然联系的数字进行比较,要注意可比性。

分析比较法的主要作用是通过各项指标或有关数字的简单分析比较，发现问题，明确重点，从而缩小查账范围。这里的分析比较，就是把货币形态反映的综合指标分解为各种具体的因素，用各种数值进行分析比较。如本期同上期或以前各时期的相同项目的指标进行比较、本企业与同类企业相同项目的同期指标进行比较等等。通过比较观察哪些因素发生了变化，再对多因素的变动情况进行凭证和账目检查，查明变动原因。运用分析比较法是为了使会计勘验工作能逐步深入地找到账务中涉案的内容和线索，但不能用比较分析代替其他具体的会计勘验技术方法，而应从绝对额的分析比较来决定进一步勘验的目的和方法。总之，分析比较法是对被查单位的被审资料与记录所反映的经济指标进行对比、分析的勘查方法。目的在于分析被审资料与记录等的真实性、合理性和合法性，从中找出被侵犯财产的可靠线索。用对比方式分析经济指标本期实际与前期、与计划、与历史和同行业水平找差距时，应和逆查核对法同时使用进行追踪检查分析。在办案工作中应使用核对法、判断抽查法、审阅法、分析法等进行多方位的综合研究分析。分析比较法的常用技术方法主要有：

1. 对比分析法。即将前期与本期对比、本期与上期对比等方法。

2. 利用百分比率的方法计算出某项资金应占有的比重，分析其增减变化情况是否合理，是否可能存在问题。

3. 使用平衡关系对各项资金和成本等进行分析。如资金占用等于资金来源或资产等于负债加权益、总分类账的科目余额等于明细账该科目各户的总和等等。

4. 计算几个相互联系的因素对某一综合经济指标影响程度。

5. 直接用数字、单价、金额进行比较。一是比较增减数字、从增减数字大小看是否合理来分析其中是否有问题；二是看发展趋势，把近来的有关数据列出，看其发展的趋势是否合乎情理，从中分析是否存在问题。

（十一）核实法

即将会计资料中的记载情况与实际情况进行对照，以核实查证有无会计作弊等问题。

（十二）追踪法

侦查人员在账务审查中发现问题的线索后，抓住该线索根据资金的平衡原理和会计资料中的内部联系来追踪查证其他有关问题的勘验方法。

（十三）盘查法

又称盘存法、清查盘点法。它是通过对有关实物进行盘点来查证有无会计作案。主要是根据账簿记录对各项财产物资和库存现金进行实物清点，对银行存款和债权债务进行查询和核对。通过清查盘点，如果发现账面记载数量、金额等与实物库存情况不符，往往能发现贪污、盗窃、挪用、私分等违法犯罪行为。

（十四）查错法

是在会计勘验中发现被查单位账账不符、账表不符、账户借贷金额不平衡等错账情况，通过测试而查找错账所在具体方位的技术方法。首先通过纵向结算，检查报表汇加数字，纠正其错误之处，使报表本身平衡。如仍不平衡，查总分类账入报表时有无错误。如无错误，再横向结算总分类账各科目余额，无误后，纵向结算借贷各方发生额。如仍未找到差错之处，再校对各科目总分类账与明细分类账的发生额合计数。通常在这时应能发现差错所在。如仍无结果，就应对差错数字进行测试、查找。

（十五）计算机审查法

随着会计电算化的迅速发展，利用计算机作案进行经济犯罪的案件也日益增多。所谓计算机审查法，就是指对利用计算机进行经济犯罪案件的会计勘验审查方法。通常采用绕过计算机审查法、通过计算机审查法和利用计算机审查法。

1. 绕过计算机审查法。是指检查计算机程序控制功能的可靠性以及它处理经济业务的准确性。在这里计算机的作用仅限于贮存和处理数据，仅对它的输入和输出进行审查，仍保留手工系统中一切肉眼可见的线索。所以，侦查人员不需利用计算机也可以发现问题。这种方法应用于计算机初级阶段，在侦查人员对计算机了解不多的情况下使用。

2. 通过计算机审查法。是既要查输入和输出数据，还要对计算机程序和机内文件进行审查。这种方法可以把系统进行数据处理的方法和原理查清楚，从而得到对系统进行评价的最可靠的证据，结论也比较真实，侦查人员对各种运行部分进行审查，不完全依靠系统的运行结果进行审查，独立性较强，要求侦查人员必须具有计算机数据处理的一般知识，掌握不同型号计算机的应用方法。

3. 利用计算机审查法。是利用通用或专用审计软件对计算机系统进行审查的一种审查方法。它的优点是在利用审计软件进行审查时，可以帮助侦查人员进行分类、抽样、分析等工作，可以减轻劳动强度，提高审查效率，防止被审查单位或人员弄虚作假。[1]

（十六）账外查账法

是死账活查法。它主要是对被勘验的"死账"进行详细审核询查，从中

---

[1] 计算机审查法参见冯世中主编：《财务与发票检查实务》，红旗出版社1996年版。

发现资金暗中分流、外流的线索，进而抓住蛛丝马迹运用追踪法循迹追查，发现账外账，然后对账外即"活账"中的涉案问题进行会计勘验。

所谓"账外账"，是指单位隐匿截留资金于公开的正规账簿（死账）内容之外，或为逃避会计监督巧施手段违法进行账外交易而对账外资金和账外交易情况暗中建立的账目。账外查账就是要通过对"死账"的"活查"发现"账外账"，然后重点勘查账外账中用于行贿、贪污、私分、挪用、侵占和偷逃税款等违法犯罪活动的涉案资金情况。

账外查账法的重点是要查账外账，查账外账首先要从账内账查起，查活账之前先查死账，然后死账活查、账外查账，直至最后查清账外账。具体操作程序是：

1. 针对个案特征查"死账"；
2. 针对死账的疑点去"活查"；
3. 针对活查的线索去"追踪"；
4. 针对追踪款项去向去"解疑"；
5. 针对解疑的真相去"取证"。

总之，账外查账法要求账内账外交替查、内查外调联系查、明账暗账对应查、死账活查全面查，并用各种会计勘验技术方法灵活进行、综合运用。

第五节　尸体勘验

尸体勘验是指在侦查人员的主持下，由法医参与有人体死亡的尸体现场进行勘验，通过对尸体的检验和对现场有关痕迹、物质物品的分析和研究，查明有关人身伤亡问题，为侦查工作提供线索和证据。

一、死亡的标准与过程

勘验尸体首先要查明人体死的状况及其过程。

（一）死亡的标准

死亡是生物由有生命转化为无生命，生命活动停止。生命活动是以新陈代谢为基础的，而新陈代谢是生物区别于非生物的基本特征。如果人体内维持生命活动的重要器官遭到严重破坏或功能丧失，便可导致新陈代谢终止，使人的生命活动终止而死亡。

判断死亡的传统标准是呼吸、心跳不可恢复地完全停止。而在死亡过程中呼吸、心跳往往不是同步停止的，故按呼吸和心跳停止在死亡过程中发生的先后，将死亡分为呼吸死和心脏死。近代又提出了脑死亡的概念。

1. 呼吸死。又称为肺死亡。指呼吸先于心跳停止的死亡。呼吸死多为呼吸系统功能障碍或疾病所致，如各种机械性窒息（缢死、勒死、扼死、闷死、溺死、异物堵塞呼吸道及压迫胸腹部致死等）、肺部疾病（如肺炎、肺气肿等）、肺损伤、气胸、血胸、延髓呼吸中枢受压迫或损伤以及某些抑制呼吸的毒物中毒等。

2. 心脏死。是指心跳先于呼吸停止的死亡。心脏死多为心脏疾病和损伤所致，如冠心病、心肌疾病、心瓣膜病以及心脏的各种外伤和某些中毒、刺激迷走神经引起反射性心跳骤然停止等。

3. 脑死亡。是指包括大脑、脑干、小脑在内的全脑机能完全丧失，并发生不可逆转的变化。此时，即使心跳与脊髓功能尚存、呼吸由人工（呼吸机等）维持，但是，已经发生了脑死亡，人的整体复苏是不可能的，死亡在所难免。脑死亡主要发生于脑组织的严重损伤或疾病者，如脑出血、脑炎、脑肿瘤、脑水肿、脑疝等以及由于心、肺功能障碍或停止，引起严重的脑组织缺血缺氧损害的结果。现代医学和技术虽然能够使某些心跳、呼吸停止的人完全复苏，但不能使脑功能的丧失得以恢复，故一旦发生脑组织严重外伤，严重的脑原发性疾病、缺氧、电解质紊乱等情况的脑机能完全丧失，在临床医学抢救生命中至今仍具有不可逆转性。

"脑死亡"是否可以作为死亡的基本类型，即对脑死亡者是否可宣告其死亡，引起了人们的关注。因为这不仅与呼吸、心跳永久性停止的传统死亡标准不符，而且涉及脑死亡者是否可作为器官移植的供体，特别是心脏移植的供体。因此一些国家已从法律上承认脑死亡就是人的死亡，并规定了脑死亡的诊断标准。通常脑死亡的诊断标准和检查方法是：

（1）深度昏迷，对各种刺激全无反应。
（2）一切脑反射消失，瞳孔散大而固定。
（3）无自主呼吸，必须依靠人工维持。
（4）脑电波消失，即脑电图检查呈等电位脑电图。
（5）脑循环停止，为确定脑死亡的最可靠指征。可进行预动、静脉氧差测定、脑血管造形、脑温测定、脑脊液乳酸测定等方法确定。

必须指出，脑死亡是指全脑死亡，应严格区别于单纯大脑皮质死亡的所谓植物人等。我国目前尚无脑死亡诊断标准的规定。

（二）死亡的过程

机体的死亡有一定的过程，主要表现为以中枢神经系统机能障碍逐渐加重乃至丧失为主导的渐进的基本过程。一般死亡的过程是：

1. 濒死期。濒死期是死亡过程的开始阶段，也是死前的挣扎时期。又称死战期或终临状态期。此时期出现意识模糊或丧失，各种反射迟钝或消失，心跳微弱，血压下降，脉搏不易触及。呼吸变弱或出现周期性的呼吸。濒死期持续时间长短不一，可为数秒至数小时。暴力致死如颅脑损伤或急性剧毒物品如中毒有时很短，甚至没有。濒死期的人，生命机能障碍是可逆的，经过积极抢救可以复苏。

2. 临床死亡期。是濒死期的进一步发展，又称躯体死亡或个体死亡。此期中枢神经系统的机能障碍已由大脑扩展到脑干，延髓生命中枢的机能丧失。临床死亡期的突出表现是呼吸、心跳停止，血液循环中断，各种反射活动消失，作为完整统一的生命活动已经停止，而机体某些器官和组织仍进行着微弱的活动。从外表上观察已经死亡，但内部组织新陈代谢活动尚未完全停止。只要未使脑组织机能产生不可逆的破坏，生命仍有复苏的可能。

3. 生物学死亡期。又称全体死亡、细胞死亡或分子死亡，是死亡过程的最后阶段。此期不仅中枢神经系统以及心、肺功能丧失到了不可逆转的程度，而且其他各器官、组织、细胞的新陈代谢陆续停止，全身各组织细胞的生命活动停止而陷入不能恢复状态。继之出现死后变化。整个机体不可能复活，并逐渐出现早期尸体现象。

二、尸体勘验的任务

勘验尸体的主要任务是：

（一）分析死亡时间

主要是依据尸体现象的变化确定死亡时间。也可根据胃内容物的消化程度推断最后一次进餐后过多长时间死亡的。另外，依照现场物体变化、计时工具等也可估计死亡时间。提供准确的死亡时间，可以缩小侦查范围，分析死因和案件性质。

（二）分析死亡原因

死亡是机体生命活动的完结和新陈代谢的终止。引起机体死亡的原因是十分复杂的，需要对尸体进行全面检查（包括病理检查和毒物检验）之后才能确定。是非暴力性死亡还是暴力性死亡。非暴力性死亡又称自然死亡或称正常死亡，包括老死和病死，这类死亡一般不引起诉讼问题。暴力性死亡，又称不正常死亡，是由能量大、作用力强的外来因素造成的。

（三）分析致死手段和方法

主要是根据尸体损伤性状和分布情况以及对尸体其他检验所见，结合现场情况综合分析后提出的致死手段和方法。这对于确定案件性质，分析作案人的习惯、职业、作案目的，与死者的关系等都有一定意义。

（四）分析事件的性质

主要是确定人身伤亡是自杀还是他杀，或是其他灾害事故造成的。法医对死亡性质判断正确与否，直接涉及是否需要立案侦查。

（五）推断作案凶器

在杀人现场勘验中推断致伤凶器是检验最重要的目的。由于推断凶器时需要检验损伤性状，化验创内遗留物，以及其他必要的检验和实验，所以，一时在现场上不能回答的，亦可待有关物质、物品全部检验完毕后再作结论。

（六）推断不知名尸体个人特征

是指对尸体，分尸案件、骨骸案件的人体组织（包括骨骼），按要求和条件，作出死者身高、性别、年龄、职业及个人面貌特征的确切回答。

三、尸体勘验的内容

勘验尸体应当由表及里，重点是发现、提取和分析有关人体的物质。

（一）尸表检验

是尸体检验的重要组成部分，包括衣着检验，肉体检验，人体表面附着物、排泄物、分泌物检验。

（二）尸体剖验

《刑事诉讼法》第104条规定："对于死因不明的尸体，公安机关有权决定解剖，并通知死者家属到场。"尸体剖验包括局部解剖和全身解剖两种，凡有条件的都应进行全身解剖，对尸体内外进行系统、全面而又详细的检查，以使鉴定结果准确无疑。在现场解剖尸体往往比较困难，所以一般需要在有一定条件的解剖室内进行。

（三）发现、提取和分析与人体有关的物质

主要是对血迹分布情况、形状、颜色、含量以及呕吐物、排泄物的遗留分布情况进行发现和提取，并认真分析研究这些遗留物同尸体的内在联系以及各种遗留物之间的关系。这对分析案件性质，推断致死手段和方法都有重要意义。比如血迹的形状，能反映受伤者的生活能力和体位变化，这对分析受伤经过和犯罪分子作案过程就很重要，如血迹呈圆形，说明血液是从一定高度落下时形成的滴血。如果受伤后行走或出血后搬运时，血液滴在地面，可形成椭圆形血痕，并在一侧出现锯齿状溅痕，溅痕指示行走方向。行走速度愈快，椭圆形血痕愈长。如果出现许多似感叹号形血痕，说明伤及动脉，是血管内血液随着心脏搏动喷射出去而形成的，感叹号的尖端指向喷射方向。如打击在血迹积聚较多的部位，亦可出现喷溅血迹，但后者血滴大小及方向往往不一致。如是流柱状血迹，则血迹是从高处向低处流动而形成的，可以说明死者体位的变

化。如血迹面积较大，界限不清，浓淡不一，呈平行线条状，则是擦拭状血迹。

另外，还要注意现场上有无咯血和吐血，前者是受伤的呼吸道内出血，血中带有空气泡沫；后者是消化道内出血，血色较暗，血中有时带有食物等。

四、确定死亡的检查方法

确定死亡的常用方法有：

（一）检查血液循环是否停止的方法

首先触摸脉搏或心尖部，细心体察有无脉搏和心跳；还可听心音；挤压眼球使瞳孔变形，当除去挤压后瞳孔立即恢复圆形者，表明血液循环未停止。否则，因循环停止，眼压下降，变形的瞳孔则不易复原，这在死后数分钟便可出现；挤掐手指关节或用线扎紧，观察指端是否出现青紫、肿胀，血液循环未停止，则指端青紫肿胀。

（二）检查呼吸是否停止的方法

可用听诊器听喉部有无呼吸音；还可用纤细的绒毛或冷玻璃片、镜片等置于口鼻孔前，观察绒毛有无被吹动，玻璃片、镜面等上是否蒙上雾珠，有者表明呼吸仍存。

（三）检查神经反射活动的方法

对深度昏迷者，检查其各种神经反射活动，如瞳孔对光反射，光线刺激，瞳孔缩小；角膜反射，角膜受刺激，出现眨眼反应；叩击肌腱部，观察各种腱反射情况等，以判断神经系统的机能状态。如能做脑电图、脑血液循环等检查，对判断脑功能是否丧失则是准确可靠的。

经认真仔细检查，若能明确呼吸、心跳已停止，各种神经反射活动消失，再结合其他死亡征象和早期尸体现象的出现，可宣告死亡。如果发现被害人未死亡，应进行急救或运往附近医院救治。

五、一般尸体外表检验

尸体外表检验是法医的一项极重要的工作，必须遵守由表及里，由上至下，由前到后的顺序，逐一认真仔细进行检查。

（一）死者衣着情况检验

逐一检验衣着物，包括衣服、鞋袜、帽等穿戴是否完好或变化，有无撕毁破损情况，纽扣有无缺损，装饰物有无脱落，以及衣着物的质地、颜色、式样、新旧程度、件数，有无特殊标记，必要时尚需研究缝纫特点，磨损部位和其他特点，为研究死者的身源、职业、生活习惯提供线索。

检查衣着口袋有无翻动和物品，如有钱包、证件、信件、遗书、票据、钥匙等，均应记载其名称，清点其数量，对贵重物品要妥善保管，对可能作为证据的物品，应加以提取。应特别注意弄清财物有无丢失，如手表还留在手腕上，应记载是否走动和停止时间。

注意衣着物上黏附的血迹、精斑、其他体液斑、粪便、泥沙、尘土、污垢等附着物，逐一记载其分布部位、性状、颜色，必要时应分别提取附着物和附近的空白对照物，带回实验室作进一步检验。

对于受损伤的尸体，还应检查衣着物上有无破损，破损的部位、形状、性质，与皮肤损伤处是否相适应，有无血迹。必要时应提取作进一步检查。

对发生在露天、野外的死亡尸体，还应对随身携带物如提兜、背包、筐篓、箱袋、车辆等进行勘验。

（二）尸体一般情况检验

对尸体外表检查时，应脱去死者全部衣着物，摘去包扎纱布、棉花等，使全身裸露仰躺在平坦的地方。

首先，测量死者尸长（用钢卷尺或马丁氏测高仪测量头顶到足跟的直线长度），体重，检查记录死者营养状况（良好、中等、不良），肤色，发育状况，有无畸形（如斜视、唇裂、多指），有无疤痕、文身、疣痣及其分布部位、形状、大小、特征等。

其次，检查尸体有无疾病痕迹，如斑疹、水肿、肿瘤、疝气、出血斑、针眼。

最后，测量直肠内尸温，观察尸体现象，记明尸斑分布位置、颜色、指压是否退色，尸僵出现的部位、强度，尸僵缓解的程度，有无腐败征象。

（三）尸体各部情况检验

从头至脚依次检查头面部、颈项部、胸背、腹部、阴部、臀部、四肢等，并作好笔录。

头面部：有无肿胀、发绀、出血、损伤（突出部位有何挫擦伤），头发长度、颜色、式样，翻动头发，仔细检查头皮有无损伤，头发内有无异物，用手捏或用刀柄轻轻敲击头颅穹隆部，听其声音，如有破罐声，说明有骨折。瞳孔大小形状，左右是否对称，角膜透明程度。上、下眼睑有无淤血，球、睑结合膜（特别是结膜上、下穹处）有无出血点，出血点的形状、部位、大小、颜色。口鼻腔有无出血、异物、损伤。舌尖有无外露，口腔黏膜有无脱落、出血。牙齿排列情况，磨损程度，颜色。口腔内有无腐蚀情况，有无异物或特殊气味。

颈项部：左右是否对称，有无肿物，有无表皮剥脱，软组织出血，以及出血面积、形状、方向。有无索沟，指甲痕和创伤。

胸部：左右是否对称，有无塌陷变形，肋骨是否骨折，叩诊有无积液，气胸，有无损伤，针眼，上胸部有无出血点，乳房有无变化等。

腹背部：腹部是否平坦、对称，有无肿物创伤，水肿，腹水，有无妊娠，有无表皮剥脱和皮下出血。以及妊娠纹，腹壁颜色的变化。背部有无损伤，印痕，脊柱有无弯曲、骨折。

外阴部：男尸，注意外生殖器有无损伤，有无分泌物、附着物。女尸，应注意阴道前庭有无红肿，损伤，出血，阴道是否松弛，处女膜有无破裂，以及破裂位置程度如何，阴道内有无损伤或异物，并提取阴道分泌物作涂片检查和血型检验。

臀部：有无损伤，肛门有无异物和粪便。

四肢：上肢有无损伤骨折，指甲颜色怎样，指甲缝内有无血痂及其他污垢，指端形状。必要时需捺印十指指纹和掌纹。下肢有无损伤、骨折，小腿有无水肿，足跖皮肤颜色如何。

在尸表检验中，还应注意收集头发，血迹样本，皮肤上的附着物，头发里异物等，进一步作实验室检验。

收集头发样本最好提取前、后、左、右、中五个部位头发各十根，分别包装，标明所取部位。

采取死者血样要注意不受污染，最好提取（转移）到白净纱布或白布上，使血迹面积不少于六平方厘米，并给白布、纱布留有大于血迹面积的空白（即未被污染的原色布），待血迹晾干后用干净纸包装，注明提取部位和提取日期。

六、未知名尸体与碎尸的检验

对碎尸和不知名尸体，应全面检查细致分析。

（一）未知名尸体检验

1. 查看死者身上及其物品中有无证件、信件、字条、遗书及其他一切能证明其身份情况的东西，以便辨认身源。

2. 查看死者头发、头型、额型、眼形、眉形、鼻型、耳型、脸型、唇厚度及面部其他特征，一一检验记载。

3. 查实死者牙齿的数目、排列情况、有无假牙等特征。

4. 检查记载死者生理与病理特征。如身高、肤色、性别等等。还应捺取死者指纹、采取赤脚样本等以便查找身源。

5. 描述记载衣着特征。

（二）碎尸检验

1. 寻找尸块，收集尸块的包裹物。
2. 拼接尸块，观察断离部位是否吻合，并对其进行种属、血型鉴定和性别检查，确定是否为同一人的尸块。
3. 检验记录尸体的生理特征和病理特征，推断死者年龄、身高、职业，确定死者人身特征。
4. 根据尸块变化、胃内容物消化程度推断死亡和分尸时间。
5. 根据尸体伤痕性状判断死因、致死方式、杀人手段。
6. 根据损伤形态特征和创内遗留物的检查进行综合分析推断分尸的工具。

七、开棺验尸

对死因不明，死亡方式不清，或有争议而死者已经被埋葬的尸体，可按规定经有关单位批准后进行尸体发掘或开棺检验。

一是首先要了解案情，查阅各方面有关材料，确定开棺验尸的目的和重点，并根据死后时间、埋葬条件预计开棺后可能达到的某种目的。如死后时间较长，应预计软组织是否已腐烂殆尽，检验软组织上的损伤条件是否已丧失，某些挥发性毒物还有无可能检出等等，都应在开棺前进行充分估计。

二是掘墓开棺时要先把墓葬情况，棺木质地、形状、深度及周围情况了解清楚并详细记录。

三是开棺后要先对棺内衣物、被褥、棺内填充物、尸体姿势等进行检查并详细记录。必要时可请死者家属辨认，确系死者无误后再进行尸体检验。

四是按常规对尸表进行检验。如已高度腐败呈巨人观，可将腹部切一小口放气，待腐败气体放出后再继续解剖。如果尸体已白骨化，应检验尸骨是否完整，有无损伤。

五是如果有中毒可疑，应提取必要的脏器，若脏器外形已不能辨认，可提取该部位的组织泥，并注明名称、部位。同时提取棺木和附近的泥土约500克，供比对检验。

六是对尸体组织已腐烂、干枯呈黑褐色肉眼难于辨认的，可用酒精浸泡还原，或将组织块用流水浸洗后，用95%酒精脱水多次，然后用二甲苯、冬青油透明保存。需要做进一步病理检查的，在组织块水洗后按病理切片要求进行固定包埋。

七是必要时应提取毛发、指甲、牙齿作进一步的毒物检查。

八、各类死亡尸体勘验

对死因不同的各类尸体勘验的重点部位和方法也有区别：

（一）机械性窒息尸体勘验

各种不同的机械性窒息各有其特殊的尸表现象，但有些尸体现象是共同的，这对确定是否窒息致死十分重要。机械性窒息尸体现象的共同特点是：第一，尸斑呈暗紫色，出现早且显著。窒息死的尸体，由于体内缺氧，血液多呈流动性，故易沉积于尸体低下部位，形成面积广而显著的暗紫色尸斑。第二，颜面青紫肿胀。窒息死过程中因颈部受压迫，使颈静脉回流受阻，而颈椎动脉和颈动脉的血液继续输入，造成头部高度淤血，出现口唇和颜面青紫肿胀。这种现象多见于扼死、勒死和非典型缢死。典型前位缢死者，颈部受力较大，致使动静脉同时切断，故颜面反而呈苍白色。第三，窒息死有时还可见到颈部浅静脉怒张现象。第四，睑结合膜点状出血，这是窒息死最重要的征象。此种现象多出现在眼睑结合膜或睑结合膜与球结合膜交接处，即穹部。轻者出现针尖大的小血点，重者则米粒大或溶合成斑块状。第五，有些窒息死亡尸体，还可在面部皮肤或上胸部皮肤上见到点状出血。第六，有的还出现流涎、流涕、大小便失禁、排精。

1. 缢死尸体勘验。缢死，亦名"吊死"，系利用自身体重拉紧套在颈项部的绳索，压迫颈部引起窒息死亡。缢死除有一般窒息现象外，还应着重勘验：缢索（绳）、缢型、缢沟的性状、缢死姿势、尸斑，并注意鉴别缢死与死后悬尸及自缢、他缢、意外缢死的区别。

2. 勒死尸体勘验。勒死又名绞死，多见于他杀，系用手或其他机械力量使围绕颈项部的绳索抽紧，压迫颈部引起的窒息。在勘验勒死尸体时要注意：勒索物的情况，勒沟，尸体姿态，并注意区别勒死与缢死的尸表现象以及自勒、他勒、意外勒死的区别。

3. 扼死尸体勘验。扼死亦称掐死，系他杀的一种手段。多用于手扼，亦见有臂夹或用其他器械压迫颈部，勘验中要注意：

（1）颈部皮肤有无出血，有无弧形指甲印，或其他形状的表皮剥脱和皮下出血。典型用手扼死者被害人颈部一侧留有2—4个指印，另一侧一个。两侧指印多少，与左、右手扼有关。

（2）眼结膜下出血，出现率达90%以上。

（3）多有抵抗伤，肋骨骨折或衣服撕破等现象。

（4）内脏器官可见窒息死亡的一般征象。

4. 溺死尸体勘验。溺死亦称淹死，是因水或其他液体吸入呼吸道和肺泡而引起的窒息死亡。溺水尸体亦有一般窒息死亡的尸体改变。比较突出的有：口鼻部出现蕈状泡沫，竖毛肌收缩，阴囊、乳房收缩，手拳或指甲缝内有异物，皮肤有碰撞伤，尸斑呈淡红色。对溺死尸体除尸表检验外，还需进一步剖验，注意观察肺水肿，肺膜下出血点，左心膜红染，颞骨岩部的出血情况。还要检验左、右心腔内血液成分的差异与否，肝肾内有无硅藻等。生前入水与死后入水的鉴别，主要根据生前落水出现蕈状泡沫，手抓有泥沙，肺表面有出血，肝、肾内检出硅藻，左心内膜染红，左右心血成分差异等等。死后入水则不出现上述现象。在检验溺死尸体时，有时需要判断落水地点。除根据死亡时间，死者衣着情况，水流情况判断外，还应对溺液成分和死者口鼻腔及毛发、衣着内黏附物进行检验分析，以便准确地判断入水地点。在检验溺死尸体时，还要注意区别在水中形成的死后伤，如水中撞碰伤，船舶螺旋桨伤，被水生物啮噬形成的损伤等等。

另外，还应注意鉴别自、他杀溺死和意外溺死：自溺死者除有溺死征象外，多有自杀动机与反常表现。有时捆绑手足或身缚重物，捆绑松弛，绳结不牢，是自己可以完成的，尸体上无加害损伤。有的两人拥抱，或两人、三人捆绑在一起投水自溺。溺水前采用其他手段自杀未死，又投水溺死的案例，常引起他杀怀疑，需仔细鉴别，除溺死征象外其他损伤具有自伤特点。对于健壮的成年人，单纯以溺死手段加害少见，但对老弱病残、婴幼儿或丧失抵抗能力者，可投入或推入水中溺死。偶见将被害人骗到井、塘、河边，乘其不备突然推入水中溺死，此类案件仅凭尸体检验难以确定性质，对入水地点进行仔细勘验，查明案情，对确定案件性质具有重要意义。非单纯性他杀溺死，如因被害人怀孕，骗服过量堕胎药物或以安眠药代替堕胎药物，待其中毒后推入水中；或以其他手段将被害人致昏后推入水中。检验尸体时，必须全面细致，注意体内有无毒物，身上有无损伤，处女膜完整与否，阴道内有无精子或异物，是否怀孕等等，供分析案件性质时参考。移尸水中，多见于以各种手段杀害后，为了毁尸灭迹，将尸体投入水中。这种尸体系死后入水，无溺死征象，他杀损伤多较明显。尸体检验时可发现他杀形成的暴力痕迹。如怀疑中毒，应提取有关的检材进行毒物分析。

5. 闷死尸体勘验。闷死系用手或其他软质物堵压口鼻，使呼吸断绝引起的死亡。除检验一般窒息死亡征象外，还要注意检查口鼻部有无损伤（表皮剥脱和皮下出血），鼻骨有无骨折，口腔黏膜、唇黏膜和牙龈有无破损出血，有无抵抗伤痕。

6. 其他原因引起窒息尸体勘验。是指异物堵塞呼吸道引起的窒息死和压迫胸腹部引起的窒息死。前者在检查时要注意呼吸道内有无异物，嘴唇、口腔、鼻腔、咽喉有无损伤。后者要注意胸腹部有无表皮剥脱和皮下出血，严重者发生内脏破裂和肋骨骨折。压迫胸腹部致死多见于灾害事故，如房屋倒塌，亦偶见于对老年人实施这种手段。

有时，还会遇到性窒息尸体。性窒息属于性变态。是采用窒息方式满足性欲的反常性行为。多因措施失当而意外窒息死亡。如缢颈时绳索滑脱拉紧或脚下垫物失去支撑导致缢死。由于现场隐蔽，死者姿势及打扮奇特，甚至全身捆绑，易被误认为他杀。

（二）机械性损伤尸体勘验

损伤是指各种外因引起的正常组织结构连续性受到破坏。人与致伤物在机械运动中相互作用形成的损伤，叫机械性损伤。

机械性损伤检验要客观记录、固定被害人和犯罪人的损伤情况，以分析伤害程度，确定生前伤或死后伤，判明损伤性质是自伤（杀）或他伤（杀），一般应验明伤的部位、数目、形状、大小、颜色、方向、创内异物，并按统一名称，即创口指皮肉裂开；创缘指形成创口的断缘；创角指创缘相连处；创底指创内深部未断裂处；创腔指创口至创底的裂隙；创壁指创腔两壁进行记载。

机械损伤尸体检验主要有以下几种：

1. 锐器伤尸体勘验。锐器伤是指具有锋利的刃口或尖端的器械所造成的损伤，常见的锐器有菜刀、斧刃、柴刀、匕首、三棱刮刀、剪刀、小刀等。锐器伤按施力方式不同，可分为切割伤、砍伤、刺伤、剪伤等。检验时应查明锐器损伤的性状、分布的位置、严重程度、受伤后血流方向和出血量、人体附着物和衣物的损伤等。

2. 钝器伤尸体勘验。在钝器伤尸体检验时，除要注意损伤性状，受伤部位，损伤程度，血流方向和出血量以外，还要注意以下两点：（1）要由表及里全面检查损伤；（2）对创内和创伤周围残留物进行检验。

3. 火器伤尸体勘验。火器伤包括各种枪弹伤和炸伤。（1）枪弹伤尸体的勘验。检验枪弹伤尸体要注意枪弹创的射入口、弹创道和射出口的位置。还应注意检查衣物上的痕迹和血流方向。对接触射击和近距离射击致死者，还要检查死者手部有无烧伤和火药颗粒，必要时搜集手上的附着物作扫描电镜检查火药颗粒。也可用2%的8—羟基喹啉的异丙醇溶液喷洒手上，在紫外光下观察，如出现黑色反映，可根据黑色分布部位和形状，确定是否持过枪支。猎枪或土枪射击致死，在射入口周围往往有多个射入小口密集在一起。在弹创道内往往可以找到残留的子弹残粒，而不见射出口。（2）爆炸形成的损伤勘验。爆炸形成的损伤可分为四类：①爆炸时弹片造成的杀伤，此类损伤范围有限；②爆炸气浪冲击造成的损伤，出现软组织撕裂伤和肋骨骨折；内脏移位、破裂等；

③燃烧气体作用形成的烧伤或腐蚀伤；④爆炸时受害人摔倒或被其他物体撞击，塌压造成的损伤。对这些损伤在检查时应认真仔细，并作详细记录。

（三）高低温致死尸体勘验

高低温致死尸体检验，常见的有烧死尸体和冻死尸体的检验。

1. 烧死尸体勘验。烧死多见于灾害事故和凶杀后连同房屋焚烧案，自焚较少见。检验烧死尸体时要记录和拍照尸体的位置、姿势。由于高温作用，皮肤和肌肉收缩，常出现四肢弯曲的"拳斗家"姿势。烧死尸体的外表征象主要是烧伤。检验时要注意烧伤的部位、面积和程度。如一度烧伤表现为红斑；二度烧伤则局部出现水泡；三度烧伤特征是局部组织坏死，表现为皮肤脱落，露出创面，有时皮肤裂开；四度烧伤是炭化，局部组织变黑色，更严重的尽至灰化。烧死与死后焚尸要作鉴别，生前烧伤特点是第一度烧伤局部充血红肿，第二度烧伤和第三度烧伤的水泡和坏死组织周围有炎症反应，呼吸道内有烟灰烟末，心血管血液中含有一氧化碳血红蛋白。但这些都需要在实验室内作进一步检查。死后火烧可以形成硬脑膜外血肿，这一点在解剖时要注意与生前外伤性硬脑膜外出血相区别。同时应注意发现骨骼上是否有伤痕，这对区别是否灾害事故有重要意义。

2. 冻死尸体勘验。冻死常见于迷路、酗酒后失去自制能力或精神失常者，用冻死手段达到自杀目的的很少见，冻死用于他杀也多见于弃婴事件。冻死尸体检查时，要注意记录环境温度，死者衣着情况，尸体姿势，有无酗酒和精神病史。冻死者体表无特殊征象，可供参考的有四肢蜷缩于胸前，皮肤苍白，尸斑呈鲜红色，有时可见冻伤（红斑、水泡、坏死等）。冻死可有弃装现象，即部分或全部脱去衣服、鞋帽等，这主要是由于皮肤受寒冷刺激后，产生异常发热错觉所引起，切不可误认为是他杀。判断是否生前冻死，需要做进一步解剖。

（四）电击尸体勘验

电击死在电器事业日益普及的情况下，不论是意外或自杀、他杀均有发生。电击伤尸体所见有电流斑，典型电流斑直径为6至8毫米，多呈灰白或黄白色，中央凹陷周围隆起，质地坚硬而无炎症反应。电流移动，电流斑形态也随之改变。电流斑不仅在电流入口处形成，亦可在出口处出现。其次是电烧伤，其程度由皮肤变黄褐色至炭化不等。有时可以烧着衣物或将衣服撕裂。如果电极同皮肤接触，可在皮肤表面留下金属微粒，即所谓皮肤金属化。在电击死亡案件现场勘验中，要请电工专业人员到场，切断电源，防止再次触电，也可请他们共同研究案件性质。

(五) 陆上交通事故尸体勘验

陆上交通事故死亡中以汽车撞死最多见，其次是火车撞死。检验撞死的尸体应首先注意发现撞击人体造成的撞击伤，这种伤常出现在下肢、臀部和头部；其次是摔倒伤，即被撞击后摔倒或抛落在地上形成的损伤，跌倒伤多见于倒向地面或障碍物一侧的人体突出部位。最后是碾压伤。碾压伤软组织处常留下车轮外胎花纹。有时还可见到伸展创，即形成方向一致，互相大体平行的浅层皮肤裂伤，这是由于碾时外力作用使附近皮肤受到牵引而崩裂造成的，如腹部、股部受压，腹股沟部位皮肤就常常出现伸展创。火车碾压往往发生身体碾断或压碎，身体组织和脏器随车轮抛落在前进方向的两侧、道心或黏在道轨上。

(六) 高坠尸体勘验

检验高坠尸体应注意记录坠落点和尸体的位置及高度。高坠尸体损伤特点是：一次性，即出现的广泛损伤是一次着地形成的。一侧性，即损伤多集中于一侧。外轻内重，即外部皮肤损伤不重但可造成内脏破裂、广泛性骨折和脏器移位等。此外，还要注意衣服的破损情况和有无高坠不能解释的损伤，并且注意排除死后坠落的可能性。

(七) 航空器事故尸体勘验

航空器事故，特别是客运飞机失事，一般遇难人员较多，尸体分布范围广，物品散落面积大，情况比较复杂。其勘查程序是：

1. 现场勘查人员进入航空器事件现场前，必须听取有关人员介绍航空器失事地点、时间、经过以及散落物分布范围。向有关单位索取遇难名单和机组人员、旅客乘机座位图。

2. 全面巡视现场，以判断航空器失事最后阶段的情况，了解机体和各种物体的破坏程序和分布状况。

3. 注意发现和记录各种痕迹、物品，确定尸体和尸体碎块的位置，并对每一具尸体及其碎块的原始状况，进行记录和拍照。在初步勘验现场之后，对现场遗留的各种物品、痕迹进行认真地分析研究。在未结束现场勘查之前，所有尸体和遗留物一概不能移动。

4. 现场勘验后要有秩序有计划地提取物品和痕迹，要将遇难者个人遗物收集起来，装入专用袋内，同尸体放在一起，分别挂牌编上相同号码。对某件物品的所有者有疑问时，应予注明，以免误认财物，造成尸体辨认上的错误。

5. 按尸体辨认要求逐项检查填表，并拍摄遇难者全身照片和正面头像，然后进行损伤检验和死因检查。

6. 收集血、脏器、毛发等检材，供进一步化验用。

7. 将提取的各种痕迹、检材，分别登记后，送交有关部门做进一步检验。

8. 捺印遇难者指纹。

9. 辨认尸体。在辨认尸体前首先要了解乘机人员的一般情况，如照片、医疗手册、病历、指纹、家属提供的死者特点。辨认时一般依据牙齿情况，各种证件、各种首饰、衣着、外貌、指纹、文身、疤痕以及用 X 光检查骨骼年龄来确定。如果尸体被严重破坏已无法辨认，应详细记载身高、性别、解剖学特点，以及发式、发长及其颜色，并记录牙齿和指甲情况等等。同时对每具尸体都要进行拍照。

10. 了解机组人员情况。主要是确定机组人员是否有某种疾病，如果有的已经死亡，要查明死因，并检验死者血和组织中是否含有酒精、一氧化碳。要了解飞机失事时每个机组人员所处的位置和姿势，以便分析飞机失事原因和失事时机组人员的应急状态，查明失事情节。

（八）中毒尸体勘验

中毒尸体检验前，首先要了解现场有关情况，如有无呕吐物、排泄物、剩余食物、药物、药瓶、碗等，并注意收集和记载。其次要了解中毒情况，如中毒发生经过，食物来源，中毒症状，以及中毒者的健康情况、思想情况，职业和专业等，并调查毒物的来源。

中毒尸体检验要特别注意口角和口腔黏膜有无腐蚀现象，尸斑颜色（如一氧化碳中毒、氰化物中毒尸斑呈樱红色），皮肤、黏膜颜色，口腔齿缝内有无可疑残留物，瞳孔变化情况（如有机磷农药中毒瞳孔缩小），口鼻腔有无泡沫外溢，有无特殊气味。有时还能发现死者口鼻腔周围留有死蝇，这也说明有毒物存在。

剖验中毒尸体时，特别要收集胃内容物、血、尿、胆汁、脑、肺、肝、胃等检材。提取量一般各为 200 克（或毫升）以上。

（九）急死尸体勘验

急死是指外表无病征的人突然发生的非暴力死亡。

急死多在剧烈运动、过度疲劳、暴饮暴食、恐怖、愤怒、狂喜、忧郁、性交、酗酒、轻度外伤等情况下发生，但也有不少急死者没有明显的诱因。急死主要原因是潜在性疾病，所以对于急死尸体在检查前要向死者的家属、亲友、邻居和同事了解死者生前的生活情况，有无既往病史、性情如何、死前症状等，以便查明急死是否由于爆发疾病或某些诱发因素致使体内疾病加剧。

由于急死往往是突然发生，事前没有预兆，常常会使人们怀疑到中毒或其他暴力致死，因此为查明死因，要注意有无中毒和其他暴力致死的可能性，检验中要按中毒和其他暴力致死的检查要求检验急死尸体。

由于急死尸体无特殊体征，在尸体检验时往往不易查明死因，所以，对这类尸体主要是通过检验排除暴力死亡的可能性。

（十）性犯罪案件被害者尸体勘验

对于强奸致死尸体的检验，首先要注意被害者的衣着有无撕破，特别是内衣内裤有无损坏，现场是否留有犯罪人的精斑、毛发、血迹及其他痕迹。然后脱去衣服，由上至下依次检查头部有无咬伤，颈部有无扼痕、抓痕，胸部有无抓伤，乳房有无咬伤，肋骨有无骨折。外阴部、下腹部及大腿内侧有无表皮剥脱和指甲痕，小阴唇和阴道前庭是否有充血或皮下、黏膜下出血。外阴部有无精斑，是否留有犯罪人阴毛。还要注意收集阴道内容物（阴道分泌物和精液）和死者手中握有的从犯罪人头上揪下的毛发。此外，还要注意有无采取其他加害手段造成的损伤，以及有无使用麻醉药品和安眠药品中毒的可能性。

对未婚妇女则需注意处女膜损伤情况，一般处女膜破裂多出现在相当于时钟4点至8点位置，新破裂处可见红肿并有少量出血。

对已婚妇女和经产妇来说，虽然处女膜破裂与否不能作为强奸的证明，但由于犯罪人实施暴力强行奸污，也容易在阴道前庭出现表皮剥脱、裂伤和黏膜下出血，如出现这种情况，对确定强奸仍然是有价值的。

对性犯罪案件中的女性活体检验，必须由女法医或女医生进行。

九、现场尸体分析

分析现场尸体应把握以下重点问题：

（一）个人识别

1. 性别的确定。新鲜或轻度腐败尸体的性别检验比较容易。对已腐败不能从外表辨认尸体性别者，可检查子宫和前列腺确定性别。对部分肢体不能确定性别者，可以采取性染色体检验，常用的方法是制作血液涂片标本，用盐酸阿的平染色检查有核细胞的Y荧光小体，如果有这种小体的细胞占10%以上，可以肯定为男性，少于4%可定于女性。介于两者之间的不能确定其性别。

对已经白骨化的尸体可以按照骨骼的性别特征来区别。

2. 年龄的确定。对未毁坏的尸体进行年龄判断可以根据颜面部软组织和骨骼牙齿情况确定，对于已毁坏的尸体或已白骨化的尸体，则主要是根据骨骼的特点来确定。

3. 身高的确定。从骨骼长度推算身高，以长管骨为最好，并且下肢长管骨比上肢长管骨好，股骨为最佳。管状骨推算身高所采用的公式，以多元回归方程比一元回归方程准确性高。因此，凡有条件的，都应采用下肢长管骨来推算。

比较简单的有日本安藤氏法,即用某长骨长度乘以相应系数,所得即为身高。

长骨推算身高的系数表

骨	侧	女	男
肱骨	左	5.474	5.577
	右	5.337	5.440
桡骨	左	7.112	7.500
	右	7.086	7.415
尺骨	左	6.638	6.885
	右	6.606	6.813
股骨	左	3.836	3.901
	右	3.840	3.934
胫骨	左	4.731	4.812
	右	4.792	4.822
腓骨	左	4.812	4.912
	右	4.813	4.920

此外,还可利用手长、足长推断身高。

4. 职业的推断。根据尸体推断职业的可能性是存在的。如鞋匠和安玻璃工经常将钉咬在嘴内,在门齿切缘上留下槽形切迹。用笔较多的知识分子在右手中指第一节末端出现角化层的老茧。纺织女工在头发内留有棉纤维,某些矿工在头发内留有相应矿石粉末。洗染店工人,在手上常见有染料遗留的颜色。中药店工作人员在身上散发出中药气味。

5. 提供个人识别的其他征象。死者的发式、衣着、装饰物、伤疤,手术切口愈合疤痕、牙病、拔牙和镶牙情况以及疾病等,亦可提供个人识别时参考。

此外,个人识别方法还有颅像重合法,即将颅骨照片与死者生前照片相重合来确定是否同一个人,以及对颅骨进行生前面貌复原。

(二) 死亡时间分析

分析死亡时间要考虑周围环境、气温、死者衣着及躺卧条件、死亡原因、身体胖瘦等因素的影响,比较复杂。一般来说(以春秋天气为例)可以参照下列条件考虑:

1. 从尸体现象变化推断死亡时间。主要有:

体温下降1小时在1度左右，则系死后10小时以内。

体温下降1小时在0.5度左右，则系死后10小时以上。

眼角膜出现轻度混浊，则死后8至12小时。

瞳孔不能透视，死后48小时左右。

尸斑开始出现，死后1至2小时。

尸斑指压退色，死后8至10小时以内。

尸斑在翻动尸体时可以转移，则在12小时以内。

尸僵开始出现，在死后1至3小时。

尸僵在用力破坏后还可再次出现，在死后5至6小时以内。

尸僵开始缓解，在死后24至48小时。

尸僵部分缓解，关节可转动，在死后2至3天。

尸僵完全缓解，一般在3至4天。

右下腹部腐败绿斑出现，死后24至48小时。

腐败血管网出现，死后2至4天。

尸体上蛆的出现，在20小时左右。

尸体皮肤受到蛆的普遍侵蚀，在3天以上。

蝇蛆吃尽尸体软部组织，约在一个月左右。

野外尸体白骨化，约在5至6周以上。

野外小儿尸体白骨化，约在4至5周。

成人白骨化（土中），7至10年。

小儿白骨化（土中），4至5年。

幼儿白骨化（土中），2至3年。

骨风化，5至10年。

骨风化（土中），10至15年。

骨崩坏，10至15年。

骨崩坏（土中），50年以上。

2. 从尸体现象以外推断死亡时间。主要有：

（1）胃肠内容物消化程度：一般米饭和植物性食物，在进食后经2至3小时，胃才开始不同程度排空。动物类食物则需4至5小时才能由胃排到十二指肠和空肠。

（2）膀胱内尿量：通常排尿后入寝者，膀胱充盈，则死亡可能发生在后半夜，如无死后排尿情况，则膀胱空虚可考虑前半夜死亡的可能。

（3）死后肌肉兴奋：死后1至2小时，打击肱二头肌，可使肌肉收缩。

（4）尸体周围情况：尸体周围出现蛹壳，一般在2至3周以上。还可根据尸体下植物叶绿素的丧失情况来推断。

（三）生前伤与死后伤的鉴别

死后伤即系临床死亡发生后所形成的损伤。可以是凶杀案件中被害者死亡后，因凶犯继续施加暴力，或为了毁尸灭迹进行分尸、移尸过程中出现的各种损伤。也可能是急救时造成，搬运尸体中碰伤，解剖时造成的，尸体漂浮在水面时与水中硬物碰撞等等造成的。因此，在现场检验中需要区别哪些是生前造成的损伤，哪些是死后造成的损伤。

凶杀案件中的损伤，绝大多数是被害者死前很短时间内造成的，损伤部位大都无明显的病理组织学改变和组织化学变化。因此，确定生前伤与死后伤的主要方法，仍然是以观察受伤局部组织形态学上的改变和全身生活反应为主。

第六节 涉案物质勘验

犯罪人作案时在犯罪现场上常会留下一些细小物质。这些物质品种繁多，有些是肉眼难于发现的微痕细物。实际案件所遇到的和利用的细小物质，就其性状而言有：粉尘和碎屑、油质和斑痕、织物和纤维、木质和植物、纸张和制品、毛发和羽绒、药品和毒物、体液和斑迹以及生活用品等等。正确地发现、提取这些细小物质，通过理化检验确定其种类和成分，在某些场合下可能具有特定意义。

一、粉尘和碎屑勘验

发现、提取和化验分析粉尘与碎屑的步骤和方法是：

（一）灰尘或泥土

现场遗留物、窗台或地面上可能发现犯罪人带入现场而残留的灰尘或泥土，嫌疑人的衣服、鞋、帽、头发、指甲缝、工具上等可能残留有从现场带走的灰尘或泥土。这种灰尘或泥土中通常含有各种矿物质，如石英、云母和腐烂的树叶、花粉及其他植物碎屑等，化验其成分、颗粒结构和颜色，可以区别不同地区或地点的灰尘或泥土。

发现和提取灰尘或泥土的方法，一般是先用一张洁净的白纸铺在桌面上，然后将可疑附有灰尘或泥土的客体置于上方，抖动或轻轻刮取下来，如果物体较大或不可移动，可分别用相适应的塑料袋套上，用力拍击客体使附着物全部落入塑料袋中，或者用静电吸附法将灰尘和泥土吸取在塑料袋上，然后扫刷在白纸上。提取时要避免风吹飞扬，最好关闭门窗或在避风处进行。

提取现场灰尘或泥土的同时，还必须提取已知的灰尘或泥土的对照样品，应将各有关部位全面收取，特别是可疑的特定部位及其周围，一般应分别提取2—3匙作对照检验用。

必须强调指出：现场提取的灰尘或泥土检材与提取的灰尘或泥土样品，是性质绝然不同的两种检材，一定要分别包装不可混淆，并注明来源，提取部位等有关事项。

（二）油漆或涂料

犯罪人在作案过程中，常常使工具和物品上的油漆或涂料碎落、黏附在现场某客体上，或者随衣着工具将现场客体上的油漆或涂料带走。通过对油漆或涂料的理化分析，可以确定其颜色、成分、溶解度、结构、风化状况，从而确定现场的油漆或涂料与嫌疑人处发现的油漆和涂料两者是否同种。

发现和提取油漆或涂料的方法是：先借助放大镜或显微镜寻找，发现后用洁净的针尖剥离在白纸上或纸袋内或小盒中。如果发现大片油漆或涂料并具有某种形状的片屑，提取时必须注意保护其片屑边缘形态特征，以便确定该油漆或涂料的屑是否从某个特定部位分离下来的。

采取已知油漆或涂料对照样品时，可将部分油漆或涂料的碎片拨落在折好的白纸上或纸袋中，但要注意不能将底层的油漆或涂料物质剥离下来，取样部位应尽可能接近被破坏的部位。并分别包装，注明来源、部位等有关事项。

（三）金属残渣

寻找和发现现场遗留物、作案工具和被破坏客体等可能残留的金属碎屑，一般需借助放大镜或立体显微镜观察，寻找铁屑也可利用磁铁在地面上、尸体创口内或其他客体上吸附。

提取现场或嫌疑人处的金属碎屑前，应对金属碎屑所在部位和观察到的形状、数量等作拍照和详细记载，然后，连同原物提取或用毛刷掸在白纸上，用针尖拨在纸袋内，包装时要防止金属碎屑擦蹭和失落，并注明有关事项。

二、油脂斑痕勘验

油脂在自然界中分布极广，种类繁多，成分与性质各有不同。一般分为植物油（来源于各种植物种子内），动物油（存在于动物体内），矿物油（蒸馏石油醚、汽油和煤油后的石油剩余部分提炼而成）。对油脂斑痕进行定性、定量分析，可以确定现场油脂斑痕与嫌疑人处提取的样品是否相同。

发现油脂斑痕可通过颜色反差、气味等辨别，必要时用紫外线灯或彩色灯照射观察则可明显易见。对发现的油脂斑痕主要是拍照固定后原物提取留有油脂斑痕的客体。提取时需要使用各种专门技术方法，用相适应的溶剂和设备，因此，最好提取实物送交实验室提取化验。为了检验的准确性，所用的包装物要洁净，绝对禁止用带有各种气味和异味物品包装。如留有油脂斑痕的客体较大和不便原物提取时，可以在拍照后割取有油脂的局部物体提取。送交检验时，应收集油脂比对样品，提取比对样品的方法与现场油脂斑痕的提取方法相同。

三、织物和纤维勘验

勘验织物和纤维的步骤方法是：

（一）线材或绳索

犯罪人在作案时，常常使用各种电线、带子、绳子等线材捆绑物体、尸体或被害人，它是常见的遗留物。通过对线材表面状态、直径、股数、原料种类、成分、捻向、端部断离形态的检验，可以确定与犯罪事件有联系的两个线材是否为同一种类或原来是否同一整体，并通过确定线材用途进而推断犯罪人职业。因此，现场勘验时必须注意发现、搜取有关线材物质。

提取现场线材或绳索时，如果是捆绑用的打有结扣，应注意保存结扣的原状，必须解下线材或绳索时，应从无结扣处剪断，以便分析研究结扣方式特点，判断犯罪人的职业和习惯，如渔民、牧民、海员、纺织、消防、商业、运输等不同职业的结扣往往各有其特点。另外，勘验时还应注意从犯罪人使用的遗留在现场的线材或绳索上发现某种特殊记号、提取附着物质和气味，以便通过检验，确定线材或绳索的用途和使用人员。

现场遗留的线材或绳索，常常是犯罪人从家中或工作单位剪、切、割、拉断的一段，为进行是否同一整体的鉴定，提取和包装时，必须保护断离端以防变形或破坏，特别要注意多股绳索的断离端不要散开变形，可用细线轻缠或胶纸包缠保存。

（二）织物或纤维

在勘验杀人、抢劫、盗窃、放火、爆炸等案件现场中，常常发现犯罪人遗留的衣帽、手帕、袜子、手套和用来包裹尸体的布匹、麻袋以及堵嘴、捆绑、勒杀、攀拿等使用的各种纺织品，最为多见的是在现场（如门窗上、撬压的锁头上、被破坏的客体上、作案工具上、汽车拖泥板上、被害人衣着和手中）以及嫌疑人身上发现残留微量织物纤维或碎片。

纺织纤维可分为天然纤维和化学纤维两大类。通过对现场留下的各种织品及其纤维的检验，可以为侦查提供方向和线索。如根据现场遗留的衣裤和袜子等尺寸、型号，可以提供人的体型特征；根据厂标牌号可以提供生产单位和销售范围。特别是一些有特殊标记的如工作服上有号码、姓名或洗染店的记号等，可以指明嫌疑人。不同种类的织品和纤维，其成分、粗细、厚度、颜色、股数、捻向、光泽、染料以及纺织方法、表面状态、花纹图案、经纬粗细、拢路粗稀、疵点和跳线等都各有不同。所以，检验这些特征还可以确定嫌疑人身上或其他使用的客体上所发现的纤维，是否与被害人衣物或现场的纤维相同；现场发现的纺织品是谁所有；现场上的纺织品与嫌疑人处的纺织品是否为同一整体；嫌疑人处发现的纺织物品是否经过重新改装染色等等。实际案件中还成功的利用现场遗留的衣服与嫌疑人拍照的生活照片上衣服进行同一鉴定的实例。

此外，有的犯罪人将盗窃的布料改装染色，通过检验其染色后改做的衣服而揭露犯罪的事实。

提取现场犯罪遗留的纺织品时，还要注意发现和提取纺织品上的各种附着物质如污垢、斑痕、灰尘、泥土、衣兜和隙缝处残留的其他细小物质，并注意提取保存纺织品上的人体气味，特别是帽子、袜子、鞋垫、手套等的气味，以便使用警犬鉴别或进行气味分析。搜查嫌疑人的纺织品时，对衣裤的口袋、袖口、裤脚、领子等折边缝隙处，应仔细寻找其残留物，如金属碎屑、纤维、纸屑、油漆碎片以及附有的毛发、血迹、斑痕等等，这些细小物质往往可以为侦破案件提供可靠线索和有力证据。

现场发现纺织纤维，可用镊子夹取或用胶纸粘取后包装好，以免吹落。包装各种纺织品或纤维时，要分别包装存放于纸袋中，对已发现的纺织品上的各种附着物，应小心提取，放入洁净的试管或玻璃瓶等容器内，对附有人体气味的纺织品应放入密闭的容器内，注明来源及所在部位。

四、木质和植物勘验

勘验木质和植物的步骤方法是：

（一）树木或木质碎片

树木或木质品种繁多，通常可分为针叶树（或称软木树）和阔叶树（或称硬木树）两大类。不同品种的木材硬度、强度、弹性、韧性、含水量、纹理结构、颜色、气味以及加工制作等各有差异，横断面观察可以发现年轮。犯罪现场经常遇到留有木质品或木片。常见的是木质品被犯罪人利用作为作案工具、凶器和携带物等。因此，勘验现场时，要注意发现和提取，以便通过检验，确定木材品种和产地及用途；木质上工具痕迹是某一种或某一工具所形成；木质的分离部分与别处发现的部分是否为同一整体；锯末、钻末是何种锯、钻形成的。

提取现场木质时，如体积较大，提取时应重点保护表面或断面留有的工具痕迹或断离边缘痕迹及附着物，可用纸张、塑料等包裹。提取碎片或木屑，要放入封口的纸袋、小盒或小瓶中，注明有关事项，提取后存放在相适应的温度和湿度的地方，以防干缩、膨胀而变形或损坏等。

（二）植物或种子

植物广泛存在于自然界和人的生活中，植物品种繁多，同类植物的根、茎、叶、粉、果、核的大小、形状、成分、粗细、老嫩、颜色等各有不同，且有很大的地区差别。犯罪现场遗留的植物或种子也是多种多样，大到树木花草农作物，小到果核茎叶、花粉、淀粉颗粒等，勘验时应注意发现提取，以便通过检验或请教有关专业人员，确定其品种属性、产地、来源，为侦查提供线索。

提取和包装现场遗留的或从嫌疑人处提取的各种植物时，要先拍照固定，然后悬空放入玻璃器皿或瓷器内，并在容器底部注入冷水，使其保持一定湿度，封盖时盖口要留有一定缝隙保持通风，以防水分蒸发收缩变形而失去检验条件。

五、纸张和纸制品勘验

纸张的用途广泛，一般分为新闻纸、印刷纸、书写纸、包装纸、纸板和特殊用纸（如各种有价证券、地图、插图、相纸等）。在犯罪现场犯罪人可能留下各种纸张或纸制品，如犯罪人包装尸块用的包装纸、报纸残片；犯罪人包装作案工具用的纸袋、刀鞘；强奸或杀人案用的擦拭精斑或血迹的卫生纸和纸片；案件现场中犯罪人遗留写有字迹的纸条、信件、票证等。通过对各种纸张或纸制品的成分、颜色、厚度、透明度、单位重量、水纹、格线、斑点、幅画、荧光以及附加在纸上的特征检验，可以确定纸张的种类、用途、产地；通过检验现场纸张或纸制品与嫌疑人处收集的样品，可以确定是否属于同类或原来是否为同一纸张分离的；通过对纸张上或纸制品上的工具痕迹或文字以及附着物，还可以进行工具痕迹鉴定、笔迹鉴定以及其他物质鉴定。例如：某强奸案件现场遗留了一张报纸，根据该报纸的日期和内容，为侦查划定了重点范围，破案证明是犯罪人向某人所借的一张报纸；又如某杀人案件，现场遗留一个用牛皮纸自制的刀鞘，经拆开分层检验确定是用某工厂生产的硅酸盐水泥袋制作的，而且是没有盛装过水泥的新袋，刀鞘里层还留有装匕首的压痕，为侦查提供了范围。

发现和提取现场纸张和纸制品时，应注意以下几点：

第一，注意保存犯罪人可能在纸张或纸制品上遗留的潜在手印。如需作纸张分析检验，可取一部分留作化验。

第二，要小心保护纸张边缘部位，特别是不整齐的凹凸边缘，以便发现嫌疑人，查找分离的另一部分。

第三，注意不要污染、涂写、折叠现场提取的各种纸张或纸制品，以便必要时进行技术鉴定。

第四，注意纸张或纸制品表面是否有各种附着物质，如糨糊、胶水、油脂或其他斑迹等，以便进行化验。

第五，现场发现提取的多张或多处的碎纸，应分别包装提取。并用标签注明，切勿写在被提取的纸张或纸制品上。

六、毛发和羽绒勘验

毛发和羽绒常常遗留在犯罪现场，或附着在嫌疑人身上，或武器、工具、车辆、衣服或其他痕迹中，由于这类物质细微轻薄，往往不易被发现。毛发检验可以解决毛发的种属、生长部位、有无损伤、现场毛发与嫌疑人毛发是否一致，特定条件下还可以判断人的性别、年龄、职业、地区特点以及是否患有某种疾病等；羽绒检验可以判明哪类动物的羽绒及其来源等。

勘验时，应注意从死者手中、被害人的衣服、外阴部、大腿、内裤、尸体及所在客体上，作案凶器上，运载工具上，其他痕迹中寻找和发现遗留的、黏附的毛发和羽绒，特别是凶杀和强奸案件现场更要广泛搜集。常见有头发、阴毛和胡须，有时遇到各种动物毛和羽绒。对于发现的毛发和羽绒，提取时可用镊子轻夹包裹在干净的纸张或纸袋内，极细微的不便夹取的亦可用胶纸黏附提取。同一部位或不同部位提取的毛发和羽绒应分别包装，以免混淆。提取前应拍照和绘示意图，并详细记录、注明发现和提取的位置和特征等有关事项。

在提取现场毛发和羽绒的同时，还应采取死者或被害人的毛发，或者现场周围动物、家禽的毛或羽绒作为对照样品，以便鉴别现场毛发或羽绒与犯罪的关系和它们的属性。采取毛发样品时应分部位采取数根，最好是拔或撸，然后分别包装在洁净的纸袋中并注明有关事项。

七、中毒检材勘验

中毒一般有投毒、自服和误用等三种情况，常以口服、注射和皮肤黏膜吸收三种形式使药物或毒物进入机体内造成中毒或死亡。药物和毒物种类甚多，各有其不同的中毒量和致死量。为了及时准确地提取可供检验用的中毒检材，勘验现场时应首先对中毒现场情况、中毒经过、中毒症状、中毒发生时间、地点以及药物或毒物的可能来源等进行深入调查访问。发现中毒者尚未死亡的，应立即进行抢救，并紧急询问如何中毒或怀疑是谁投毒等。

中毒检材勘验，除寻找呕吐物、排泄物、剩余食物残渣之外，要特别注意盛放药物或毒物的药瓶、药袋、药罐、茶杯、碗壶、饭盒、纸张、盒子等，寻找有无剩余的药物或毒物。如中毒者正在患病，应了解病情、治疗服用药品、是否自行注射药液，有无注射用具等。

提取中毒检材应根据中毒案件现场具体情况分别提取，严密包装，严禁混淆，并要贴好标签，注明简要案情、中毒者姓名、提取检材部位、名称、数量、形状、颜色、气味、提取时间等有关事项。

对发现的嫌疑人，必要时应及时提取衣袋中残渣、指甲缝污垢，并寻找毒物来源和搜寻有关药物以进行毒物化验。

八、体液和斑迹勘验

体液和斑迹的勘验步骤方法是：

（一）血液或血斑

血迹是杀人、伤害等现场最常见的物证。通过检验可以确定是否为血迹、是人血还是动物血、是男性血还是女性血、是何部位血以及血型等。

勘验时，室内可借助自然光或侧光照射，仔细观察地面、墙壁、门窗、家具、床铺、被褥以及犯罪人可能触摸的客体等处有无血迹。有尸体的现场则要以尸体为中心，围绕创伤部位观察血泊和血迹喷溅或滴落分布状况。有的犯罪人在行凶和分尸后采取擦刮、清扫、冲洗、粉刷等手段破坏现场，因此要特别在地板缝隙、墙角、砖缝、锁扣、床板缝、炕沿边、门闩、箱柜底面、天棚等角落和隐蔽处寻找血迹，同时还应注意在水龙头、水勺、面盆、水缸等处寻找作案后洗手的血水迹以及擦拭、刮刷、清扫、掩埋、粉刷血迹可能使用的工具或物品，并注意灶坑、炉膛、下水道、阴沟、厕所、垃圾桶等处可能存在的混杂血迹或血水迹。室外现场应在尸体附近的地面、石头、草地、农作物、柴火堆、树叶等处寻找血迹。如血迹渗入地面泥土、污物中难于辨别时，应将可疑斑迹连同泥土、污物整块提取，放入衬放脱脂棉的盒内保存。小件物体如衣服、鞋帽、刀斧、棍棒、纸张、布块等应尽量原物提取，大件物体如被褥、地毯、席帘等可剪取有血迹的局部提取，笨重物体或固定物体如墙壁、天棚、家具、门窗上的血迹，可用小刀把血迹刮取在白纸上，必要时经领导批准、事主同意可从原物上凿取或锯割下带有血迹的部分客体。对于散在的少量血迹，可用干净的脱脂棉或纱布用蒸馏水浸湿后，将血迹擦拭下来，晾干后包装。遇有血迹黏附在深色衣服上、木质漆面上，容易与类似的酱油、油漆、染料等斑痕相混淆而难以辨别时，可用紫外线照射观察，或作血痕的预试验。

勘验嫌疑人身体和衣服以及凶器时，应重点从毛发中、手指甲缝、袖口、裤脚、衣袋、纽扣孔、帽檐、鞋边、表带和衣服皱褶处，特别是可疑凶器缝隙中发现残留血迹。

此外,还要注意从现场和被害人身上寻找犯罪人可能因越墙、抓窗、破门、行凶搏斗或被挠破受伤时出血而留下的血迹。并注意在凶器、门框、把手上或触摸的客体及地面上发现犯罪人遗留的血手印、血鞋印、血袜印和血赤脚印。

勘验时对发现的血迹的位置、形状和分布应拍照、绘图和记载。

提取血迹时应戴手套或用镊子夹取,不可用手直接触摸,以防汗液或污垢污染血迹。对于纸张上、衣服上的湿血迹,应晾干后再包装,切勿在潮湿状态下卷迭包裹,以防腐败或发霉变质。对不同部位提取的血迹应分别包装后,注明血迹来源,提取部位和方法,及时送交实验室检验。

(二) 精液或精斑

精液或精斑是强奸案件现场经常遗留的重要物证。精斑除混在被害人阴道分泌物中之外,多见附着在衣裤(特别是内衬裤)、被褥、床单、草席、地面、擦拭的纸张、毛巾、布块和其他擦拭物品上。提取被害人阴道精斑,如果是尸体应由法医或验尸的其他勘验人员进行,如果是活体,应在医院里由妇科医生或女法医进行。提取阴道精斑时,可用洁净的棉球、纱布擦拭或蘸取后,放在小瓶中立即送检,不能及时送检的,应晾干后用洁净纸包好。怀疑为阴道外射精时,还应分别擦取小阴唇、会阴部、大腿、腹壁、阴毛部或其他衣物上的可疑斑痕。经水洗或在有色物质上的微量精斑,用肉眼不能辨别时,可置紫外线照射下观察,当观察到有白色荧光反映时,可将斑痕范围用色笔标划,送实验室进一步检验。

对提取的精液或精斑送交检验的同时,应提取被害人的血液、唾液,以备血型及分泌型、非分泌型的测定。如果被害人在发案前与丈夫有性生活时,还应提取被害人丈夫的血液和唾液,以便澄清精斑是否为犯罪人所留。

对不同部位发现的精液和精斑,提取之前应记录所在位置、形状、大小、数量,分别提取包装,写明被提取人的姓名、年龄、单位、住址和提取日期等事项。

(三) 唾液或唾斑

唾液是唾液腺的分泌物,无色无味,有时是黏液状,有时呈稀水样。唾液呈淡黄色,在紫外线照射下发淡青色荧光。唾液或唾斑可能在各类案件现场遗留,除了随吐痰时吐有唾液外,多是伴随在现场遗留的烟蒂、果核、瓜子壳、口罩、手帕、涂胶的邮票及信封、吃过的剩余食品和餐器、舔破的窗户纸、人体皮肤和其他客体上的咬痕等而留下的唾斑。通过唾液或唾斑的检验,可以测定分泌者的血型物质和性别。因此,现场勘验时应注意寻找和发现附有唾液斑的有关物品，最多见的是烟蒂。例如某入室抢劫案件，现场勘验时，发现门玻璃上糊的白纸有一破孔，边缘不整齐，有淡黄色斑迹，怀疑是用舌舔的，提取检验测定为唾液斑 B 型。提取唾液或唾斑时，应戴手套用镊子夹取，勿用手触摸，以防沾染汗液干扰血型检验。新鲜的湿润唾液，因含有血型分解酶可破坏血型物质，提取后应立即煮沸十分钟或将唾液涂在滤纸、纱布上，置于阴凉通风处使其迅速干燥后再包装。

采取死者唾液样品，可用纱布擦拭口腔；采取活体唾液样品，可用洁净的白纸放入口腔搓成湿团，但应先漱口排除口腔内食物残渣；采取嫌疑人唾液比对样品，除公开提取可按上述方法外，密取时可提取当时吸的烟蒂 2—3 个。提取的各种唾液、唾斑检材和唾液样品，必须用洁净的纸袋或信封分别包装，现场检材和样品不能混淆，提取嫌疑人的烟蒂务必准确无误，以免影响检验的准确性。

此外，在现场勘验过程中，还应注意发现和提取犯罪人遗留的其他体液，如汗斑、尿迹、阴道液、乳斑、痰迹、涕痕和粪便等，通过对这些人体分泌物和排泄物的检验，除能检出血型物质外，还能检验出含有的其他物质成分，可为侦查提供线索、物证。例如：某医院发生的保险柜巨款被盗案，犯罪人将破坏保险柜撬出的石棉碎块扔在墙根，勘验时发现石棉碎块上和地面上有湿润的水迹，嗅之有尿臭，遂提取检验测定为尿迹 A 型，破案证实为犯罪人在作案过程中便的尿。勘验中对发现的各种分泌物和排泄物，应尽量提取所在客体原物，必要时可剪切有关局部提取，提取后亦要用洁净的纱布或白纸分别包装。值得特别注意的是某些植物也有"血型"，因此，在提取和检验各种体液和斑迹时，要仔细察看所在客体，遇有某些植物（果、皮、叶等）上的体液和斑迹，要细心区别，以防混淆。

九、常见生活用品勘验

犯罪现场上可能遗留有犯罪人穿用的衣服、鞋帽、纽扣等，还可能留有属于生活物品的烟蒂、火柴杆等，以及日常生活用具如钥匙、小刀、钢笔、眼镜、雨伞、提兜等。经常遇到可能有重要物证意义的有：

（一）鞋和袜

犯罪人在作案过程中，可能将穿的鞋遗留在现场或者甩落在现场以外某个地点。鞋的勘验一般着重解决：现场遗留的鞋是否为犯罪人的鞋，现场鞋印是否该鞋遗留；现场鞋与嫌疑人鞋、未知名尸体穿的鞋与失踪者的鞋是否为同一个人所穿用；鞋上附着的血迹、尘土、碎屑、斑迹、纤维等物质的状况。对现场发现的鞋、未知名尸体的鞋及嫌疑人的鞋必须将两只鞋分别包装，要注意鞋上的附着物质不能失落、污染，鞋底上的泥土、夹杂的石子等也要妥加保护，不可擦蹭掉。现场如留有袜子，同样具有意义，也必须注意提取保存。提取鞋和袜时，要注明种类、牌号、花纹结构、大小、式样、颜色和来源等事项。如需保存气味时应密封包装，或用干净的纱布包裹保存在密闭的玻璃容器里，标明案件、日期和气味来源。

（二）纽扣

在强奸、杀人、抢劫、伤害等案件中，常常因被害人与加害人搏斗，被害人可能将加害人的上衣和裤门上的纽扣扯掉而遗留在现场上，也有加害人在爬墙、攀登、钻洞时不慎将衣扣剐掉留在现场周围。由于纽扣的材质、形状、式样、大小、颜色不同，特别是纽扣被撕（剐）掉以后往往在纽扣上带有线头和织物，在衣扣处有残存线头和织物缺损，通过对现场纽扣的勘验可以确定现场遗留的纽扣与嫌疑人衣裤上的纽扣是否同种类；有条件的还可以认定该纽扣是否从某衣裤上撕（剐）下来的。提取和包装纽扣时，对附带的缝线断头和块状织物要保护断端或边缘的原始状态，以免变形或失落。线头和织物可与嫌疑人衣裤的有关部位或样品进行对照，检验是否种类相同，还可以根据分离特征确定原来是否为同一整体。提取时要记录所在位置、纽扣特点等事项。

（三）烟蒂

烟蒂和烟灰在犯罪现场常见，但往往被忽视。实际案件表明，烟蒂有时能解决很大问题。如通过检验烟蒂（烟纸和烟丝）查对香烟样品可以提供烟的商标、牌名等种类，说明犯罪人习惯爱好，有时还能说明身份或地区特点。另外，现场烟蒂经技术处理，可能显出手印，还可以提取烟蒂上的唾液斑检验测定抽烟人的血型物质。有的现场还可能留有香烟盒和烟纸，发现提取后可显现手印和检验其他斑痕等物质。发现的烟蒂，提取时可用镊子夹取包装，注意防止烟丝散落，最好盛放在玻璃瓶内盖严。烟盒和包烟纸可用白纸包装。烟灰可用毛刷撣在白纸上然后倒入试管内封装并标记清楚。

（四）火柴

犯罪现场可能遗留火柴或点燃的火柴杆，它可能是放火案中犯罪人用作引火物，盗窃等案件用作照明，或者犯罪人在作案时吸烟点火用。由于火柴品种、牌号、产地不同，其杆质、长短、粗细、磷头也各有差异。通过火柴的外形、大小、颜色等可与嫌疑人所用火柴样品进行对照，确定两者是否同类。如果现场发现火柴盒，还要注意显现火柴盒上的手印。提取时用镊子夹取，夹取火柴盒要捏边缘，包装时注意不要摩擦表面。

第五章 侦查鉴定技术

侦查鉴定技术主要包括人或物的同一鉴定、物质的种属鉴定和事实鉴定等技术。

第一节 鉴定概述

所谓鉴定，是指侦查机关或部门指派或聘请有专门知识的人，为查明案情而对案件中某些专门性问题进行鉴别和判断并作出结论的活动。

一、鉴定的意义

鉴定是一种重要的侦查活动，世界各国在侦查中都广泛地采用。鉴定人在英美法系中称为专家证人；在大陆法系国家则称为鉴定人。鉴定结论是专家证人或鉴定人通过鉴定后所做出的一种结论性的书面意见。关于鉴定人的权利，一般都规定为4项：一是了解有关案情的权利；二是互相讨论，提出共同结论或发表个人鉴定意见的权利；三是取得工作报酬的权利；四是拒绝鉴定的权利。而鉴定人的义务也是4项：一是按期如实完成鉴定任务；二是要作出鉴定结论；三是要宣誓；四是要承担违反法律规定的后果，如罚款、按伪证罪处罚、以蔑视法庭罪论处等等。

我国《刑事诉讼法》第119条规定："为了查明案情，需要解决案件中某些专门性问题的时候，应当指派、聘请有专门知识的人进行鉴定。"这里所说的"专门性的问题"是指专业技术很强的问题，如法医学问题、弹道学问题、指纹学问题等等。因此，这里的"专门知识"也就是指某一专门研究领域的理论和实践经验，如法医学知识、弹道学知识、指纹学知识等等。

鉴定对查明案件事实真相、揭露犯罪、保护公民的合法权利具有重要的作用。它以能解决某些专门性问题来弥补侦查人员的知识不足；它以其科学性和客观性帮助司法机关判明证据的真伪；它的结论本身是一种证据并能起到其他证据无法取代的证明效果。因此，鉴定在侦查司法实践中具有特别重要的意义。

二、鉴定的主要种类

一是法医学鉴定。即对与案件有关的尸体、人身、人体组织、分泌物、排泄物进行鉴别和断定的活动，其目的是要确定死亡时间和原因、伤情、凶器种类、血型、斑痕种类等等。

二是司法精神病学鉴定。指对与案件有关的人的精神状态、责任能力进行鉴别和判断的活动，其目的是确定犯罪嫌疑人作案时精神状态及有无分辨是非的责任能力；被害人精神损害情况及程度等等。

三是毒物学鉴定，亦称化学鉴定。即对与案件有关的可疑药品、有毒物质、毒品等进行鉴别和判断，其目的是确定送检物中是否含毒物和毒物的性质及含量等等。

四是痕迹学鉴定。即对手印、脚印、弹痕、轮痕等进行鉴别和判断，其目的是确定检材与样材是否来自同一个客体。

五是笔迹学鉴定。即对手写文字的鉴别和判断。其目的是确定书写人。

六是文书学鉴定。即对可疑文件、货币、有价证券、有价票证、信用证券等鉴别和判断，其目的是确定文书的真假。

七是会计学鉴定。即对账目、表册、单据、发票、支票等进行鉴别和判断，其目的是确定会计资料所反映的经济活动是否真实和是否符合财会制度和有关法律政策的规定等等。

八是技术问题鉴定。即对涉及工业、交通、建筑、消防等方面的科学技术进行鉴别和判断，其目的是确定事故发生的原因、后果及性质等。

三、鉴定的程序

鉴定结论是否科学准确，直接关系到能否正确认定案件事实。为了确保鉴定结论的科学性和准确性，鉴定必须严格依照法定程序进行：

第一，根据刑事诉讼法第119条的规定，鉴定人必须具有专门知识。根据法律和司法制度的要求，鉴定人应当是具有中级以上技术职称或技师职称的自然人，而且是与本案无利害关系的人。如果指派本机关的专门技术人员进行鉴定，应当由办案机关正式指定；如果聘请外单位人员进行鉴定，应当由县级以上有侦查权的办案机关发给聘请书，并依法告知如果故意虚假鉴定应负的法律责任。

第二，根据刑事诉讼法的有关司法解释和司法实践，办案单位应及时向鉴定人送交有关检材和对比样本等原始材料，介绍与鉴定有关的情况，并明确提出要求鉴定解决的问题，但不得暗示或者强迫鉴定人作出某种鉴定结论。

第三，根据刑事诉讼法第 120 条第 1 款的规定，鉴定人进行鉴定后，应当写出鉴定结论，并且签名。如果几个鉴定人意见有分歧的，应当在鉴定结论上写明分歧的内容和理由，并且分别签名或盖章。

第四，根据刑事诉讼法第 120 条第 2 款的规定，对人身伤害的医学鉴定有争议需要重新鉴定或者对精神病的医学鉴定，由省级人民政府指定的医院进行。鉴定人进行鉴定后，应当写出鉴定结论，并由鉴定人签名，医院加盖公章。这里所说的"指定的医院"，是指省级人民政府根据刑事诉讼法规定事先指定的医院，并非因个案临时指定医院。另根据刑事诉讼法第 122 条的规定，对犯罪嫌疑人作精神病鉴定的期间不计入办案期限，这里所说的是不计入侦查羁押期限。在司法实践中对犯罪嫌疑人作精神病医学鉴定，直接关系到行为人是否应负刑事责任的问题，要特别慎重对待。为了不枉不纵，绝不能轻率马虎地作出结论，往往需要通过一段时间的鉴定工作才能作出准确的结论。当然，也不能因此而久拖不决。

第五，根据刑事诉讼法第 120 条第 3 款的规定，鉴定人故意作虚假鉴定的，应当承担法律责任。因此，如果鉴定人故意出示不符合事实的鉴定结论，故意作虚假鉴定，构成伪证罪的，或利用鉴定人职务便利收受贿赂构成受贿罪的，应依法追究其刑事责任。尚不构成犯罪的，依法予以行政处罚。但是，如果因技术上的原因而错误鉴定的，不属于法条规定的"故意作虚假鉴定"的情况。在实践中，办案人员对于鉴定结论要进行审查，必要的时候经县级以上办案机关负责人批准可以补充鉴定或重新鉴定，重新鉴定应当另行指派或聘请鉴定人。

第六，根据刑事诉讼法第 121 条的规定，侦查机关应当将用作证据的鉴定结论告知犯罪嫌疑人、被害人。如果犯罪嫌疑人、被害人提出申请，可以补充鉴定或者重新鉴定。在实践中，犯罪嫌疑人、被害人提出"补充鉴定"申请的理由主要是他们认为鉴定结论有疑点，与案件事实因果关系不明确或者结论的内容有遗漏等，可能影响对案件事实的认定。对此，侦查机关应当重新进行审查，如果申请的理由成立，应要求鉴定人补充鉴定并将补充鉴定结果及时告知申请人；如果原鉴定结论正确，应当驳回申请并向申请人说明理由。申请"重新鉴定"的原因是申请人有充足理由证明鉴定结论确有错误，或鉴定人应当依法回避而未回避，或其他原因影响鉴定人作出正确的鉴定，其鉴定结论可能影响案件的公正处理。对此，侦查机关经审查如果认为原结论正确，不存在申请人提出需要重新鉴定的情形，应驳回申请并说明理由；如果原结论确有错误或鉴定人该回避而未回避，应当重新指派或聘请鉴定人进行重新鉴定。

第二节 同一鉴定

同一鉴定是侦查中常见的一种鉴定，包括人的同一鉴定和物的同一鉴定。

一、同一鉴定的概念

什么叫同一鉴定？过去国内的有关著作把它称为"同一认定"，将其定义为："以解决是否同一问题为目的而进行的科学检验的理论和方法的总称"，或者表述为："是一种科学的认识方法，是以解决客体是否同一为目的的科学方法体系。"

把同一鉴定与同一认定等同起来对不对？对其所作的上述定义是否正确、科学？我们先看看什么叫"同一"，什么叫"认定"及认定与鉴定的关系后，再对其进行评述。

"同一"一词，在不同的场合及不同的人那里，其含义是不一样的。哲学上有"抽象同一"（或叫"绝对同一"）和"辩证同一"（或叫"具体同一"）两种不同的概念。抽象同一，指的是事物自身的绝对等同，即 $a=a$ 和 a 不能既等于 a 同时又不等于 a。这是一种僵死的、无差异变化的同一。辩证同一，指的是事物矛盾的同一，对立的同一，即矛盾着的事物和事物矛盾着的双方的相互联系、相互依存和相互转化。就辩证同一而言，还有黑格尔的辩证同一与马克思主义的辩证同一之分。此外，还有思维的同一和事物本身的同一之分。侦查中的同一鉴定所讲的同一，是有其特定的含义的，它指的是犯罪造型体（犯罪人或犯罪使用物）自身在其发生质变前的相对稳定阶段，在总的方面、在特性方面，仍然是它自己本身。很明显，侦查中的同一鉴定所讲的同一具有以下特征：①同一是有特定的对象的，这一特定的对象就是犯罪造型体，即能够在承受体上留下自己的物质反映形象的客体；②它仅指"同一个"，即特定同一，而不包括"同一种"即种属相同；③它是承认"同一"中包含着差异和变化的，而非毫无变化的绝对等同。

关于"认定"的含义，从字面上看，可以直接理解为识别和确定。而对客体的识别和确定，可以是人们直接凭借感觉知觉进行的，也可以是人们利用专门科学技术手段进行的。前者称之为辨认，后者称之为鉴定。可见，认定作为一种活动，包括辨认和鉴定两种形式。就是说，鉴定仅仅是认定的一种形式，不能把鉴定和认定等同起来。

从上面的分析中，可以看出，过去有关的文章和著作都把同一鉴定称为"同一认定"，并将其定义为"以解决是否同一问题"或"以解决客体是否同一"为目的而"进行的科学检验的理论和方法的总称"或"科学方法体系"至少犯了以下几个概念上混淆的错误:①没有把同一鉴定与同一辨认区别开来;②没有把同一鉴定中被同一鉴定的犯罪造型体与供同一鉴定的其他客体如现场可疑物质材料、嫌疑人样本材料等区别开来(这个问题后边还要专门论述);③没有把同一鉴定活动与指导同一鉴定活动的理论和方法区别开来。

我国刑事诉讼法第119条把指派、聘请有专门知识的人解决案件中的某些专门性问题的活动,称之为鉴定。根据法律规定,首先必须给同一鉴定正名,即把过去称谓的"同一认定"更正为同一鉴定,并以法律规定为依据,将同一鉴定这一概念作如下表述:侦查司法机关指派、聘请有专门知识的人运用专门技术手段鉴别和确定犯罪造型体在发生质变前的相对稳定阶段,在总的方面、在特性方面是否仍然是它自己本身的活动。这样表述,不仅避免了上述容易混淆的几个界限,而且还明确指出了同一鉴定同其他鉴定一样,是一种特殊的侦查行为,即这一侦查行为的主体是侦查人员,但又不是通过侦查人员自身来完成的,而是由侦查部门指派、聘请的具有鉴定资格的鉴定人来实现的,鉴定人(包括专门鉴定人员和其他具有专门知识的人)不能擅自举行同一鉴定。因此,只有这样表述才是正确的、科学的,才有其法律渊源,或者说才符合法律规定的精神。

二、同一鉴定的客体和目的

同一鉴定的客体是什么?同一鉴定究竟要解决谁和谁同一?长期以来,学者间有不同的看法。他们在把同一鉴定称为"同一认定"后,有的认为其客体是犯罪造型体和现场物证材料,其目的是要解决犯罪造型体与现场物证材料是否同一;有的认为其客体是侦查中发现的嫌疑客体和犯罪现场获得的客体,其目的就是要"确定在侦查过程中发现的嫌疑客体与犯罪现场获得的那个客体是否同一客体";有的认为其客体是现场物证材料和嫌疑样本材料,其目的就是要确定现场物证材料与嫌疑样本材料是否同一等等。

事实上,同一鉴定的客体包括被同一鉴定客体和供同一鉴定客体。同一鉴定的目的,就是要通过对供同一鉴定客体的检验,鉴别和确定被同一鉴定客体是否同一个客体,或者说就是要通过对供同一鉴定客体的检验,鉴别和确定其是否来源于同一个客体。

被同一鉴定客体是指通过鉴定所要解决是否同一的客体。被同一鉴定客体有两个:一个是曾因犯罪在现场上留下自身物质反映形象的客体,即犯罪造型体;一个是被怀疑曾因犯罪在现场上留下自身物质反映形象的客体,即嫌疑造型体。前者是侦查机关需要寻找的客体,因而称为"被寻找客体";后者是侦查机关正在审查的客体，因而称为"受审查客体"。同一鉴定的目的就是要解决这二者是否为同一个客体，抑或受审查客体是否就是被寻找客体的问题。经过鉴定，如果二者是同一个客体，那么这种划分仅是思想上的区分；如果二者不是同一个客体，则这种划分就是实际上的区分。

　　同一鉴定是解决犯罪造型体自身同一的问题，而同一个犯罪造型体是不可能以两种面貌同时呈现在鉴定人面前的。要进行比较，要鉴别犯罪造型体是否同一，必须具有两个或两个以上的客体。因而，同一鉴定的客体除了被同一鉴定客体外，还必须有供同一鉴定客体。供同一鉴定客体是作为解决被同一鉴定客体是否同一的客体。供同一鉴定客体也有两个：一个是现场犯罪造型体物质反映形象材料；一个是嫌疑造型体物质反映形象样本材料。前者是被寻找客体在犯罪现场遗留的；后者是为了鉴定的需要，特意从受审查客体那里取得的。同一鉴定正是通过对现场犯罪造型体物质反映形象材料和嫌疑造型体物质反映形象样本材料的检验，确定二者是否为同一个造型体形成的。所以，同一鉴定的目的也可以表述为就是要解决嫌疑造型体物质反映形象样本材料和现场犯罪造型体物质反映形象材料是否来源于同一个造型体。在鉴定中，有时也可以不需要样本，而是将提取的被寻找客体的物质反映形象直接与受审查客体的外表结构形态进行比对，以确定受审查客体是否被寻找客体的物质反映形象的造型体。比如，直接将提取的现场鞋印与嫌疑人的鞋子进行比对等。不过，这样的鉴定进行得比较少，多数还是利用嫌疑造型体物质反映形象样本来进行的。

　　显然，对同一鉴定的客体必须作严格的区分。一是应当严格区分供同一鉴定客体，即区分现场犯罪造型体物质反映形象材料和嫌疑造型体物质反映形象样本材料。前者是从犯罪现场提取的，是具有证据意义的，不能更换的材料；后者是从受审查客体那里提取的，仅供鉴定之用，是可以随意提取和更换的，不具有证据意义。因此，绝不能将二者混淆起来。二是要严格区分被同一鉴定客体和供同一鉴定客体，即区分造型体与它的物质反映形象。同一鉴定是解决被同一鉴定客体即受审查客体与被寻找客体亦即嫌疑造型体和犯罪造型体是否同一，而不是认定造型体与它的物质反映形象是否同一，也不是认定物质反映形象之间是否同一。造型体与它的物质反映形象之间，以及物质反映形象相互之间是不可能同一的。因为世界上的万事万物都是特定的，只能自身与自身同一。造型体的物质反映形象与造型体之间虽然存在着反映和被反映的关系，一个造型体的各物质反映形象虽然都是同一个造型体的反映，具有某种共性，但它们毕竟是不同的事物，因而是绝对不可能等同的。因此，把同一鉴定的客体看做是犯罪造型体和它的物质反映形象，或者看做是犯罪造型体物质反映形象和嫌疑造型体物质反映形象，并错误地把同一看做是造型体与它的物质反映形象或物质反映形象相互之间的同一，反映了在同一鉴定客体及同一鉴定的目的问题上存在着的思维混乱，必须加以澄清。

三、同一鉴定的类型

同一鉴定通常按被同一鉴定客体的物质反映形象，分为以下几种：

（一）根据被同一鉴定客体外表结构物质反映形象进行的同一鉴定

这是最常见的一种同一鉴定。比如，根据手印、赤脚印、牙印鉴定遗留手印、赤脚印、牙印的人的同一；根据鞋印鉴定鞋子的同一；根据工具痕迹鉴定造型工具的同一；根据弹头、弹壳上发射痕迹鉴定发射枪支的同一等。

（二）根据被同一鉴定客体断离的物质反映形象进行的同一鉴定

这种同一鉴定相对来说，比较少见。它是根据被同一鉴定客体的分离线（或面）以及断离处的固有的和附加的特征进行的。其目的是认定被断离的各部分原来是否属于一个整体。比如对断裂的刀刃、锯断的木头、拆卸的机器零件等进行的各断离部分是否原同属一个整体的鉴定，都是这种鉴定。

（三）根据被同一鉴定客体（人）动作习惯的物质反映形象进行的同一鉴定

人的任何一种动作习惯都是人体的有关器官在大脑的指挥下，通过一个动作的反复进行而逐渐形成的动力定型所决定的。由于大脑皮层动力定型在形成过程中每个人的主客观因素的不同，而显现出人各不同的特性；又由于其一经形成，就难以改变，而具有相对稳定性。所以根据人的大脑皮层动力定型所决定的动作习惯的物质反映形象是可以进行人的同一鉴定的。目前，我们能够据以进行同一鉴定的只有笔迹（人的书写习惯的物质反映和表现）。根据脚印中的步法特征（人行走习惯在单个脚印和成趟脚印中的反映和表现）进行同一鉴定的问题正在研究。

有不少学者在错误地把同一鉴定称为"同一认定"后，将其分为"种类同一认定和特定同一认定"。其实这样分类是不妥的。如前所述，侦查中的同一鉴定仅指特定同一鉴定，不包括种属鉴定。这是因为，种属鉴定与同一鉴定是两个完全不同的概念。其区别主要在于：①鉴定的目的不同。种属鉴定是解决客体种类属性是否相同或者是否属于某一种类的问题；同一鉴定所解决的是被同一鉴定客体是否属于同一个的问题。②鉴定的根据不同。种属鉴定的根据是客体本身的物理学属性、化学属性和生物学属性等；同一鉴定的根据是被同一鉴定客体的各种物质反映形象。③鉴定的步骤方法不同。种属鉴定是利用各种物理学、化学、生物学或其他科学鉴定的步骤方法；同一鉴定则采取分别检验、比较检验（主要有特征对照、特征重叠、特征接合等）和综合评断的步骤方法。④鉴定结论的证据意义不同。种属鉴定结论经过审查认为科学可靠后，可以用来判明事件的性质和缩小侦查范围；同一鉴定结论经过审查认为科学可靠后，则可据以确定犯罪人或犯罪使用物。如果把种属鉴定结论当做同一鉴定结论，那就是把同类当做同一，就会把侦查工作引入歧途，产生严重的错误。

当然，在同一鉴定过程中，作为解决造型体是否同一的一个前奏，也要解决被同一鉴定客体种类是否相同的问题，这也不能和作为独立鉴定的种属鉴定相混淆。有时候，由于供同一鉴定客体（主要是指被寻找客体留下的物质反映形象）条件太差，通过鉴定不足以对被鉴定客体是否同一作出肯定或否定的结论，同一鉴定过程就只能以其种类相同而告终。在这种情况下，作为同一鉴定一个阶段的确认种类相同，和作为独立鉴定的种属鉴定颇类似。但对被同一鉴定客体种类是否相同作出的肯定结论，并不能作为鉴定同一的依据，只能供侦查人员进一步开展工作时参考，而对被同一鉴定客体种类是否相同作出的否定结论，则可以作为排除一定的人或物在某一方面同案件有联系的依据。

所以，把同一鉴定分为种属同一鉴定和特定同一鉴定，在理论上是说不通的，在实践中是十分有害的，应当予以纠正。

四、同一鉴定的科学基础

根据被鉴定客体的各种物质反映形象之所以能够科学地解决被同一鉴定客体是否同一的问题，根本原因在于物质世界的客体具有特定性、相对稳定性、物质反映性和可识别性。

（一）客体的特定性

是指客体都具有区别于除自身以外的任何客体的属性。根据辩证唯物主义的原理，物质世界的万万千千的客体都是特定的，各不相同，找不到两个完全相同的客体，客体的同一，只能是自身的同一，自己和自己相同。这是由于客体的特定性是由客体的特性所决定的，客体的特性是多方面的，各方面特性总和起来，作为一个整体，不可能在任何其他客体上重复出现，从而使客体特定化，形成该客体与其他任何客体的绝对区别。这正是我们能够准确无误地将一个客体与任何其他客体区别开来，从而正确地解决客体是否同一的科学依据。

（二）客体的相对稳定性

是指客体在一定时期内，具有保持其质的规定性（重大特性）相对不变的性能。辩证唯物主义认为，物质世界无时无刻不处在运动之中，世界上没有不运动的物质，运动是物质的根本属性，是物质存在的最根本形式。然而，事物还有相对静止、暂时平衡的一面，就是说，事物在其发展的一定时期内和一定阶段上，具有质的稳定性。物质世界的客体之所以分化而表现为万万千千的不同形态，就在于它们具有相对静止、暂时平衡的一面。只有承认客体的相对静止和暂时平衡的状态，才有可能区别客体，才有可能认识和把握万千客体的具体形态，才能对客体进行同一鉴定。必须明白，客体的稳定性大小直接决定着同一鉴定能否进行及进行的范围。一般说来，客体的稳定性程度越高，进行同一鉴定的可能性越大；稳定性程度越低，进行同一鉴定的可能性越小，甚至在一定时期内不能进行同一鉴定。从无限的发展来说，世界上的万事万物都是可以进行同一鉴定的。但就目前来说，能进行同一鉴定的范围是极为有限的，对于许多稳定性较低的客体还无法进行同一鉴定，而客体的稳定性一旦消失，要对其进行同一鉴定则成为永远不可能的事情。另外，客体的相对稳定性（质的相对不变性）与客体的特定性（质的区别性）是相互联系、相互依存的，没有特定性，即使它是稳定的，也没有什么实际意义，没有稳定性，特定性也就不可能存在，同一鉴定也就无法进行。所以，客体的稳定性，是进行同一鉴定的一个前提条件。

（三）客体的物质反映性

是指客体与其周围其他客体之间存在着反映与被反映的关系或反映与被反映的性质。反映关系本身是多种多样的，但从总的方面来看，反映可分为两大类：物质的反映和精神的反映。前者是指一客体的属性、结构、形态在其他物质形态上的反映，后者是指客体在特殊的物质——人脑中的反映。人脑的反映属于主观的范畴，因而这种反映必然带有很多主观的成分，这种反映所再现出来的客体的形象，并非都是客观、真实的，至少目前人们还无法客观、真实地再现这种反映。因而，同一鉴定所赖以进行的只限于一般物质上的反映。可以说，离开了客体的物质反映形象，要鉴定客体自身的同一是根本不可能的。因为进行同一鉴定需要两个或两个以上的客体供比较，而同一鉴定是解决客体自身的同一，一客体又绝不能在同一时间以两种面貌出现，因而只有借助该客体在物质上留下的反映形象。这也就使得同一鉴定可以建立在客观可靠的基础之上，从而也就使得侦查学中的同一鉴定可以区别其他借助于大脑的反映形象所进行的同一辨认。应当指出，物质反映形象反映客体特征、特性的程度如何，直接决定着同一鉴定能否进行。反映形象是对客体的复写，具有反映客体特征、特性的能力，但由于形成反映形象的条件不同，以及反映形象形成后还会发生变化，甚至被破坏而消失，故物质反映形象还有全面的与片面的，正确的与歪曲的，完整的与残缺的等等之分。就我们现有的认识水平，很多对客体特征、特性反映得不够清楚、全面的反映形象，我们还无法根据它来进行同一鉴定。所以，有无物质反映性及反映的程度如何，直接决定着同一鉴定能否进行。就是说，如果仅有客体的特定性、相对稳定性，而没有客体的物质反映性，那么，同一鉴定仍然是不可能进行的。

（四）客体的可识别性

是指客体可以借助于专门技术手段加以认识。世界上只有尚未认识的事物，没有不可认识的事物。同一鉴定是认识活动的一种，是我们主观上所要解决的客体是否同一，这就必然要涉及一个主观基础的问题。从认识的长河来说，人类的认识能力是无限的，但在一定时期和阶段上，人类的认识能力则是有限的。人类认识能力发展的水平如何，直接决定着同一鉴定能否进行。具体到每一个同一鉴定的过程来说，技术设备条件，鉴定人的知识经验等，都直接决定着同一鉴定能否进行、进行的程度及进行得是否正确等。可见，没有主观基础，即使具有前面三种客观基础，同一鉴定同样是无法实现的。

上述四个方面是相互联系、不可分割的，对于同一鉴定来说，都是不可或缺的，它们共同构成同一鉴定的科学基础。

五、被同一鉴定客体的特性和特征

进行同一鉴定，离不开对被同一鉴定客体的特征和特性的研究。

特性是指事物所具有的内在的质的规定性。也就是说，事物的特性是内在的、非直观的东西。人们无法直接感知事物的特性，对特性的认识和把握必须建立在理性认识的基础之上。当然，这绝不是说事物的特性就是无法认识，不可捉摸的东西。它虽是内在的，但具有外在的表现，人们可以通过对事物的外表材料来认识事物的特性。事物的特征就是构成事物特性的外表材料，是事物特性的外部征象或标志。任何事物都是内容和形式的统一，本质和现象的统一，也是特性和特征的统一。

任何事物都具有自己多方面的特性。事物的每一特性都是由无限多样的特征从不同方面，在不同程度上来加以表现的。特征是人们认识特性的中介和必不可少的手段。人们对事物的认识首先是从事物的特征开始的，离开了对事物特征的认识，也就谈不上对事物特性的认识。一事物各种特征的有机组合（特征的总和）足以使该事物特定化。

同一鉴定过程，就是一个从对被同一鉴定客体的特征入手，进而到对其特性认识的过程。在此过程中，无时无刻不是在和特征打交道。然而，我们对被同一鉴定客体特征的认识并不是目的，而是达到目的手段，认识其特性才是目的。同一鉴定的一切活动，都是围绕认识被同一鉴定客体的特性这个目的进行的。因此，可以说，对被同一鉴定客体特征和特性的认识，是贯穿同一鉴定过程始终的。

特征和特性有着本质的差别，同一鉴定是鉴别和确定被同一鉴定客体的特性相同，而非确认其特征相同。特征毕竟是表面的、非本质的东西，被同一鉴定客体特征相同，不足以说明其同一；个别特征不同，不足以说明其就一定不同一。因为同一事物在不同时空中总是存在一定差异的。这种差异，在一定阶段上只表现为量的差异、特征的差异，而不发生质的差异、特性差异的问题。因此，同一个客体的特征发生某些变化，出现一些差异是不足为怪的。从理论上说，同一鉴定是认定被同一鉴定客体的特性相同，而非特征相同，但在鉴定中要做到这一点并非易事。鉴定中，主要是依靠被同一鉴定客体的外表结构、形态。能够进行同一鉴定的事物，还仅限于固体、半固体的有形物。对被同一鉴定客体的特定化，主要是通过该客体的外表结构、形态的特定化来完成的。但是我们对被同一鉴定客体的外表结构、形态往往没有也不可能完全认识，所以仍难免发生错误。这里的关键是被同一鉴定客体特征的量和质，如果被同一鉴定客体的特征的集合已不可能在其他任何客体上重复出现，这就构成了它与其他客体相区别的、唯有它自己固有的特殊性。

六、同一鉴定的步骤方法

同一鉴定一般按以下步骤方法进行：

（一）鉴定前的准备

大致包括熟悉有关案情，查验送检材料，了解鉴定要求，拟订鉴定计划，准备鉴定器材等。

（二）分别检验

就是通过分别对现场物证材料和嫌疑样本材料进行观察、研究，确定它们各自所反映的被寻找客体和受审查客体的特征，并通过这些特征，去把握它们各自的特性。分别检验的顺序一般是先检验现场物证材料，后检验嫌疑样本材料；先检验一般特征，后检验特定特征。另外，对特征的检验，不仅要注意特征本身，还要注意特征与特征之间的相互关系。因为只有根据客体的一般特征和特定特征的总和，才能使这个客体特定化，从而把它同同类的其他客体区别开来。

（三）比较检验

就是在分别检验的基础上对被寻找客体和受审查客体的特性进行比较和研究，以确定两个客体特性之间有哪些符合点和差异点。对客体特性的研究，是通过对特征的研究来实现的。比对和研究的顺序是先一般特征，后特定特征；比对和研究的对象，一般是两个客体的反映形象（现场物证和嫌疑样本），有时候，作为辅助手段，也可以比较现场物证材料和受审查客体本身。比较检验可以利用各种光学仪器、摄影技术和某些辅助性工具。比对的方法通常有特征对照法、特征重叠法和特征接合法。应当指出，比较检验和分别检验不是截然分开的两个阶段，在检验中，两者常常是相互交替进行的。

（四）综合评断

这是同一鉴定最关键的一个阶段。其目的，就是要对比较检验中发现的符合点和差异点进行科学的分析判断，并在分析判断的基础上，对受审查客体和被寻找客体是否同一问题作出正确的结论。综合评断一般从评断差异点开始。评断差异点的目的就是要确定差异的性质，即这种差异是本质的差异还是非本质的差异。如果是本质的差异，则说明客体不同一；如果是非本质的差异，则必须对差异产生的原因给予合理的解释后，再对符合点进行评断。客体自身的差异有两种情况：一是客体自身因时间的变化而形成的差异；二是一个客体特征的不同反映体之间的差异。故评断差异点的性质也要从这两个方面进行。即首先要了解从案件发生到进行鉴定这段时间内，客体自身可能发生自然变化和人为造成的变化；然后要分析特征形成的条件与机理，以找到解释特征差异的根据。如果在这两个方面都没有找到差异点产生的原因，则可判定该差异点为本质的差异，即不同客体之间的差异。评断符合点的目的，就是要确定符合点的总和是否本质的符合，这种总和能否使客体特定化，即这些符合点作为一个整体能否在其他客体上重复出现。如果符合点的总和是本质的符合、特性的符合，也就是说这种总和作为一个有机的整体不可能在其他任何客体上重复出现，此时，即可作客体同一的结论，即认定受审查客体就是被寻找客体。评断符合点，一般是先评断每一个符合点的价值，再评断这些符合点总和的特定性。评断特征符合点的价值，主要以该特征在同类客体上的出现率为依据。一般而言，一个特征在同类客体上的出现率越高，其价值越低，而出现率越低，则其价值越高。评断符合点总和的特定性时，既要注意特征的数量，也要注意特征的质量，二者不可偏废。只有这样，才能得出正确的结论。

（五）制作鉴定书

鉴定书是表述鉴定结论的法律文书，应当认真制作。鉴定书的内容一般包括绪论、检验、论证和结论四部分。①绪论部分：主要写明送检单位，送检人，送检时间，简要案情，检材的名称、种类、数量、提取方法、包装运输等情况，以及鉴定的要求。②检验部分：应写明检验的基本进程，检验所用的技术方法及检验所见等。③论证部分：应写明对检验所见的分析、评断，说明作出结论的依据。④结论部分：写明通过鉴定所得出的结论。鉴定结论无论是肯定的还是否定的，都应使用确定的语气。对于推断性结论，不出具鉴定书，但可出具分析意见书。

七、对同一鉴定结论的审查

对同一鉴定结论的审查,一般从以下两方面进行:

(一) 对同一鉴定结论科学可靠性的审查

同一鉴定结论是否科学可靠,受多种因素影响。其中只要一个因素发生偏差,结论就可能出现错误。一般从以下几方面审查:

1. 审查鉴定人是否具有鉴定资格。主要审查鉴定人与案件有无牵连,能否客观、公正地进行鉴定;是否具备鉴定所要求的专门知识和经验,有无解决同一问题的能力。

2. 审查是否具备进行正确鉴定所需要的客观条件。主要包括审查鉴定单位是否具备鉴定所需要的技术设备条件;现场可疑物质材料是否符合鉴定要求;嫌疑样本材料是否具备可比对条件;现场物质材料和嫌疑样本材料的来源是否可靠及有无张冠李戴的情况等。

3. 审查鉴定过程是否符合要求。主要审查鉴定人是否按同一鉴定的程序和技术方法进行的;其所运用的专业知识是否是科学可靠的、无争议的;鉴定是否进行得客观、全面等。

4. 审查鉴定结论是否具有充分的事实依据。即审查鉴定所确定的事实材料能否必然推出鉴定结论;对鉴定过程中所发现的差异点有无科学的、有事实根据的解释等。

5. 除上,在侦查和审判实践中,还常把鉴定结论同案件中的其他证据加以对照,作为审查鉴定结论科学可靠性的方法之一。当然,鉴定结论同案件中其他证据的矛盾,既可能意味着鉴定结论不正确,也可能表明案件中已有的证据不正确。无论是同意鉴定结论,还是认为鉴定结论不正确或者没有说服力,都必须用具体事实做依据。

总之,同一鉴定结论是否科学可靠,只有从多方面审查后,才能作出判断。

(二) 对同一鉴定结论证据意义的审查

审查的目的是要解决鉴定所确定的事实对于确认犯罪事件和犯罪嫌疑人、被告人究竟有什么意义。一般分别对人体同一鉴定结论的证据意义和物的同一鉴定结论的证据意义进行审查。

1. 对人体同一鉴定结论证据意义的审查。大致有三种情况:一是结论能够直接表明受审查人就是犯罪人。这是根据犯罪人在实施犯罪过程中遗留的自身外表结构的物质反映形象(如手印、赤脚印等)和犯罪人的动作习惯的物质反映和表现(目前能够据以进行同一鉴定的只有笔迹,即人的书写习惯的物质反映和表现）进行的。二是结论能表明受审查人曾经到过犯罪现场，但是该人是否就是犯罪人还没有确定。这是根据现场遗留的不明人体外表结构的物质反映形象进行的。比如根据现场的不明指印、赤脚印进行的人体同一鉴定等。三是结论能表明受审查人曾经在案件中发现的一些物品上留下过自己的物质反映形象，但该人是否与犯罪事件有联系，是否到过犯罪现场都不能确定。这是根据受审查人在犯罪事件发生前或发生后曾于别处接触过该物品而留下其自身外表结构的物质反映形象进行的，据此所作的同一鉴定结论既不能表明受审查人与犯罪事件的联系，也不能表明他曾到过出事地点。

2. 对物同一鉴定结论证据意义的审查。应分两步进行：第一步，确定被鉴定同一物同犯罪事件的联系。大致也有三种情况：一是被鉴定同一物就是犯罪使用物。比如根据犯罪人盗窃时遗留在现场门、窗、箱、柜上的撬压痕迹，鉴定为某一工具所留。这种鉴定结论即可直接表明该工具就是犯罪工具。二是被鉴定同一物曾在犯罪现场被使用过，而不能表明该物就是犯罪使用物。比如根据现场遗留的可疑工具痕迹，确定了为某一工具所致，但不知道现场工具痕迹是否犯罪人使用该工具破坏时所形成，因而鉴定结论无法确定这个工具就是犯罪工具。三是被鉴定同一物既不是犯罪使用物，也不能表明该物曾在现场被使用过，而只能表明它与案件现场的某些物品曾经有过某种联系。比如根据现场某遗留物上的工具痕迹，确定为某一工具所留。这种鉴定结论就无法表明该工具是犯罪工具或曾在犯罪现场被使用过，只能表明现场某遗留物与该工具有过一定的联系。第二步，确定被鉴定同一物与一定的人的联系。也就是要达到以物找人的目的。一般应查明三个情况：一是此物归谁所有，由谁使用。二是此物的使用、保管情况，即哪些人有取得该物的条件。三是此物是在什么时间、什么地点和什么情况下被遗留和发现的。确定了这三方面情况，就不难判断曾经使用过该物的人了。

从上可以看出，侦查人员、检察人员为了给起诉和审判提交科学的、有证据意义的同一鉴定结论，法院为了最后确认同一鉴定结论的科学性和证明力，都必须及时、客观、全面、细致地对同一鉴定结论进行审查，它是准确地判定犯罪人和犯罪使用物的关键所在，是使其他证据发挥作用的前提，不容忽视。毫无疑问，侦查人员、检察官、法官在对同一鉴定结论审查的过程中，要运用同一认定的一些理论和方法，要进行一些初步比对，但是，由于他们无论是在经验方面、技术的掌握方面，还是在设备、条件方面，都与专业人员有很大差距，因此，他们本身是无法进行真正的鉴定或复核鉴定的，他们只是通过审查，对同一鉴定结论提出一些问题，必要时，依法决定补充鉴定或指派、委托其他鉴定人重新鉴定。可见，所谓"与案件侦查有关的侦查人员"对案件中的专门性问题"所作的同一认定",以及"审理该案件的法官、检察官"对"认定同一的鉴定结论的复核",实际上是对同一鉴定结论的审查,而与同一鉴定不完全是一回事,正像品酒和酿酒是两个不同的过程一样。是不能把它们相提并论的。所以,那种实质上是把对同一鉴定结论的审查也称之为"同一认定"的"一种表现形式"的观点,无论是在理论上还是在实践中都是行不通的。

第三节 种属鉴定

种属鉴定是侦查技术鉴定的重要内容,它是指侦查司法机关依法指派或聘请有专门知识的人运用专门技术方法鉴别确定客体的种类属性的活动。物质世界虽然没有一个客体在特性的组合上与其他客体完全相同,但一个客体的某一特性或几个特性可能也同时出现在别的客体之上。人们为了认识事物的方便,把具有相同特性的某些客体归为一类。只要这个客体具备此种特性,则可归入其类;不具备这个特性,则可排除在此类之外。这种归类的分析,体现在鉴定上,就是种属鉴定。

一、种属鉴定的对象

种属鉴定的对象是同一鉴定对象之外的其他可能具有物证意义的客体。比如有血、毛发、精斑、唾液、各种麦物、玻璃、油漆、纤维、爆炸物残痕等。同一鉴定对象之外的具有物证意义的客体是多种多样的,不可能一一列举,但不管哪种客体,只要它与犯罪有联系,揭示这个客体的种类属性对于证明案件真实情况可能具有重要意义,就是种属鉴定的客体。

二、几种常见的种属鉴定

常见的种属鉴定有以下几种情况:

一是鉴定某种物质为何物。就是单纯地确定某种物质的种类属性。例如,在投毒现场发现可疑的粉末或药水,为查明其是否毒物,是何毒物,就必须检验其化学性质,确定其种类属性。

二是鉴定两种物质的种类属性是否相同。就是对两种物质分别检验,进行比较,确定它们是否属于同一种类。例如,对现场撬压痕迹中发现的油漆和侦查时从嫌疑人家中发现的某一工具上的油漆进行检验,比较其种类属性是否相同。

三是鉴定被比较物质的本源是否相同。就是通过分别检验,进行比较,确定它们是否同属一个产地。例如，尸体上沾有草籽，嫌疑人鞋子里也发现草籽，通过检验，确定其是否同属一个产地。

三、种属鉴定的方法

种属鉴定一般有物理学鉴定法和化学鉴定法两种。简述于下：

（一）物理学鉴定法

是为了确定有物证意义的某些物质的颜色、硬度、结构、比重、熔点、沸点、浓度、导电导热系数等物理属性，运用物理学的原理和方法进行的一种鉴定。其优点是速度快、灵敏度高、需要检材少（可在 200 纳克以下，1 纳克 = 10^{-9} 克），有利于进行微量和痕量分析，而且取样简便，无须对检材进行特殊制备。其具体鉴定所用的方法是仪器分析的方法，通常有紫外线检验、红外线检验、X 光检验、蓝光检验、激光检验、气相色谱分析、液相色谱分析、原子吸收光谱分析、金相显微分析。此外，发射光谱分析、质谱分析、电子显微镜分析、中子活化分析等检验技术也在逐步应用。例如：利用紫外线、红外线和蓝光检验，可以分辨纸张、墨水、油漆、胶水、糨糊的种类异同，显示涂污、密写、掩盖、销蚀的字迹和图像；利用 X 光和激光检验，可以观察被检验物体内部结构是否有损伤或夹杂异物；利用气相色谱仪或液相色谱仪，分离复杂的混合物或溶解物中的气体和液体物质（包括易挥发的固体），通过观察比较色谱峰，确定其种类和含量；利用原子吸收分光光谱仪，使检验材料处于蒸发状态，使它原子化，在一定波长的光源下，测定原子的吸收值，再用已知浓度的溶液作比较，测定元素的浓度比例，如测定死者头发中的无机毒物及其含量，验明密写及密写剂的配方，鉴别化学糨糊、胶水的成分等；利用金相显微镜鉴别各种金属内部结构和形态特征，确定金属物质的种类、成分和加工处理工艺，或与嫌疑样品进行金相组织比较，确定种类异同；利用发射光谱分析鉴别未知金属元素的种类和成分，如检测燃烧和爆炸物残渣的成分，区别枪弹痕迹的射入口和射出口，确定被检验物体上有无金属痕迹等；利用电子显微镜观察细微痕迹和物质形态、结构和成分；利用中子轰击被检验物质，使其成为放射性元素后，发出不同强度、不同波长的辐射，及放射元素本身的不同速度的衰变，确定微量物质（如毛发、射击残留物、炸药、土壤、油漆、纤维、农药等）的成分。

（二）化学鉴定法

是为了确定有物证意义的某些物质的成分、性质、含量和种类，运用化学分析的原理和方法进行的一种鉴定。常见的鉴定对象是毒物。当人体或动物有中毒现象或因中毒死亡，怀疑有毒害可能时，即可通过化学鉴定，确定体内是否含有毒物成分、毒物的种类及含量。另外，化学鉴定的对象还可能是各种细微物质，如墨迹、印泥、油迹、尘土、金属屑末、纤维、黏胶物质、爆炸物等。刑事案件中送请化学鉴定的物质，一般数量很少，往往必须进行微量、半微量以至痕量的检验。鉴定的具体方法有定性分析和定量分析。定性分析是鉴定物质中是由哪些元素、离子或功能团所组成，常用干法分析和湿法分析，常量分析和微量、半微量分析，分别分析和系统分析进行鉴定。定量分析是测定物质中各种成分的含量，多在定性分析之后进行，常采取重量分析法，容量分析法和气体分析法测定。除上述一般的定性和定量分析外，还采取仪器分析法对鉴定客体进行分析，以确定客体的物质属性。通常采用的仪器分析法有气相色谱分析法、红外光谱分析法、紫外光谱分析法、原子吸收光谱分析法等。

四、种属鉴定结论的运用

种属鉴定结论经过严格审查评断认为科学可靠后，其肯定性结论，可以用来缩小侦查范围，其否定性结论，可据以排除嫌疑。简要说明于下：

一是可以用来查明事件的性质。例如，确定死者的胃内容有氰化钾，有助于判断是自杀还是他杀；确定死者家中面粉袋中的面粉里有大量砒霜，可以判断有人投毒等。

二是可以用来确定侦查的范围。例如，确定现场脚印中含有特殊成分的泥土与某车站附近的泥土成分相同，有助于确定查缉犯罪人的范围；确定尸体上黏附的柴灰的成分，有助于寻找杀人或分尸的场所等。

三是可以用来确定某些案件事实。例如，确定送检的可疑文书上某些字迹的墨水和整篇字迹的墨水种类不同，有助于确定这些字迹是文书作成后添写的。

四是可与其他证据结合审查嫌疑人是否犯罪。例如，确定嫌疑人身上的可疑斑痕是人血，且其血型与嫌疑人本人的血型不同，而与受害人血型相同，虽然血型的确定不能证明嫌疑人身上的血迹就是被害人的血，但结合案件中已收集到的其他证据材料，如从嫌疑人家中找到了杀人凶器，且证明嫌疑人具备作案条件，那么血型种类相同的鉴定结论就可以与其他证据一起，构成证明嫌疑人犯罪的证据。

第四节　事实鉴定

事实，指事情的真实情况。侦查中经常遇到与案件有关的事实的真假、有无、程度及原因等问题，有些事实是不鉴自明的，有的则必须经有专门知识的人运用专门技术进行鉴定，才能确定事情的真实情况。

一、事实真假鉴定

此种鉴定的目的，在于确定案件中有怀疑的事实的真假问题。如对可疑货币、证券、商标、印章印文鉴定，诈伤诈病鉴定等均属此类鉴定。其鉴定结果，肯定为虚假事实的结论，可以直接证明被怀疑的某种事实存在；否定结论，则可以直接证明被怀疑的某种事实不存在。

二、事实有无鉴定

事实有无的鉴定，包括显示事实、恢复事实的鉴定。如对擦刮、消退、掩盖、添改、密写、损毁文书的鉴定等均属此类鉴定，其任务在于显现事实、恢复事实，目的是通过鉴定确定事实的有与无。这种鉴定的肯定结论，表明通过鉴定发现了所要确定的事实，可以证明被怀疑的事实的存在；否定结论，表明在鉴定过程中未能发现被疑的情况，但不能排除被疑事实的不存在。因为无论主观原因还是客观方面的原因，都可能导致实际上存在某种事实而不能显示或恢复的可能。

三、事实程度鉴定

通过鉴定确定案件中需要查明事实的危害程度或行为人责任能力的大小等，是侦查技术鉴定中一种常见的鉴定类型。如人体损伤程度鉴定、劳动力丧失程度鉴定、责任事故中机器设备损坏程度鉴定、司法精神病学中的责任能力鉴定等，都属于确定事实程度的鉴定。这类鉴定结论有严格的法定标准，结论的证明作用也不能超出法定的范围。

四、事实原因鉴定

鉴定人利用专门知识和检验手段，对案件中造成某种事实的结果或引起某种事实发生的原因所做出的判断，也是鉴定结论的一种常见类型。如死亡、爆炸、起火、事故等原因的鉴定所得出的结论。这种鉴定既要依据现场的物质现象，又要考察现场及其周围的环境，多数情况下鉴定人要对现场实地进行查考、分析，亲自搜集有关资料，鉴定方法要采用技术检验、现场实验、对照比较等多种方法，最后通过综合评断作出概念性结论。该鉴定结论只证明案件中某种事实产生的原因，至于其他问题需要通过侦查、调查确定。

第五节　司法会计鉴定

运用会计学专业知识对怀疑涉及经济犯罪行为的财务人员经管的财务账目进行鉴别和判断并作出结论的活动，称为司法会计鉴定。主要是解决对财物的收支出纳是否平衡、是否与实际情况相符、在财物流转过程中是否存在舞弊以及如何进行舞弊等问题。其鉴定结论，即接受司法机关指派或聘请的具有会计专门知识的人对司法机关所指定的经济罪案中的财务问题进行鉴定后作出的结论，是确定刑事责任的一种证据。通常采用《鉴定书》的形式表述鉴定结论。

一、司法会计鉴定的客体和对象

司法会计鉴定作为经济罪案的一种重要侦查行为，鉴定的客体主要是涉及犯罪的经济事项的事实关系。通常是指犯罪嫌疑人所经手的涉及会计方面专门问题的账目、票据、凭证、报表以及其他会计资料等是否违反财务、金融管理制度和是否舞弊以及如何舞弊等方面的事实情况。司法会计鉴定的对象，是诉讼涉及的财务会计问题，包括案件中涉及反映经济业务和财物收支活动情况的有关会计资料及物品，其具体表现为：①各种原始凭证及与其同时形成的其他票据；②据以制作原始凭证的各种合同、批文、单据等书面文件；③各类记账凭证；④包括小金库记录在内的各种账簿；⑤银行对账单及余额调节表；⑥包括司法会计勘验笔录在内的各类财产盘点清查笔录和记录；⑦会计报表；⑧会计报告、财务报告、验资报告、审计报告等；⑨财务会计交接手续；⑩其他财会资料及与财会有关的书面资料。司法会计鉴定的目的，就是要通过对鉴定对象的司法会计鉴定，针对不同性质的经济罪案解决相应的会计方面的专门性问题。如贪污案件的司法鉴定，一般主要解决以下专门性问题：①贪污作案的次数或笔数；②判断作案人；③查清作案时间、地点、数额、手段、结果等情节；④判断作弊行为的程度是既遂还是未遂等。通过查清核实贪污事实在账面、凭证、其他会计资料中的反映形式，提出科学论证的理由和根据，对所鉴定的问题提出明确的结论性意见。这种司法会计鉴定结论是贪污案件中的有力证据。

二、司法会计鉴定人的条件

司法会计鉴定是取得证据证明经济罪案事实和正确认定案件性质的重要手段，它以解决会计专门知识问题来弥补侦查人员的知识不足，以其科学性、客观性、公正性帮助司法机关判明证据真伪，因此，被指定或者聘请的司法会计鉴定人必须具备以下条件：一是具有专门会计知识和财会技术能力的自然人。司法会计鉴定不仅涉及会计原理和工业企业会计、商业企业会计、交通运输企业会计、金融企业会计、农业及乡镇企业会计、机关团体及事业单位会计等等，而且还涉及各行各业、各个系统、各种不同性质的财务制度等方面的情况和问题。因此，在指派或聘请鉴定人时，应充分考虑上述情况和差别，根据犯罪嫌疑人作案的具体情形，有针对性的选定具有解决特定案件中专业性问题的知识和能力的会计师以上职称的人员。二是要经过人民检察院或公安机关、国家安全机关等法定机关的指派或聘请。属于聘请的，还应当填制司法机关的《聘请书》。否则，即使具有会计知识和技术的专门人才，由于没有进行司法会计鉴定的法律依据，因而不能成为司法会计鉴定人，更无权出具司法会计鉴定结论。三是应聘请与所鉴定的特定案件无利害关系的人。司法会计鉴定人是法定的回避对象之一，如果他与案件的当事人及其近亲属或案件的处理结果有利害关系，可能影响作出客观、公正的正确鉴定，按照刑事诉讼法的规定应当回避，不能参与本案的鉴定工作。

三、司法会计鉴定程序

进行司法会计鉴定的程序，一是由司法机关提供足够的检材并明确提出鉴定所要解决的问题。侦查机关应收集发案单位财务往来中与犯罪活动有关的全部会计资料，在正规的各种会计资料中，均有严格的编号顺序，收集时应注意编号顺序以防隐匿罪证。对于一切账目之外的经济活动或做假账的经济犯罪的案件，应在收集发案单位的有关会计资料的同时，广泛收集有关的银行存款对账单、运输部门的托运单、邮电部门的汇款单等单据和资料，以备司法会计鉴定之用。为了有利于全面系统地进行鉴定，还应送检发案单位的会计制度、现金和银行存款支票的管理方法，财物收发管理制度，与经济业务有关的制度规定，财会人员与实物保管人员的分工制度和岗位责任制度，钱、物、账、章等实际管理状况等方面的书面材料。必要时，还应向鉴定人介绍有关案情。二是进行预备检验。鉴定人根据司法机关明确提出的要求，对送检材料应先作预备检验，清点检材数量、名称、时间以及是否充分和符合鉴定的要求等；还要了解发案单位情况、发案情况、犯罪嫌疑人的情况、作案的时间范围和涉及会计账务范围等。在此基础上，鉴定人应对检材进行大体粗略的审查，如果觉得对发案单位的财务会计核算的组织方法不甚了解，或认为据现有的检材无法准确认定事实，则应要求侦查人员补充必要的检材。三是分别检验。在通过预备检验了解到发案单位的财务管理、业务范围、账簿组织形式、资金流动情况、会计核算方法、费用开支报销手续、财会保管人员配备分工及职责等等情况后，再对送检会计资料进行分别检验。检验时要紧密结合案件的具体性质和事实依法进行。有的可按委托鉴定要求的顺序来分别检验;有的可按达到鉴定要求所需的检验论证步骤的先后顺序来分别检验,如要求鉴定某企业在特定时期内偷税漏税的情况,即可先检验其与经营、利润有关的检材,然后再检验其与应缴、已缴税款有关的检材;有的可按经济问题的性质进行分别检验,如全部检材中有贪污、挪用等不同性质的问题时,可按其性质分类进行分别检验;有的还可以按经济问题的次数或笔数进行分别检验。四是对比检验。主要是将司法机关送检的会计资料进行核实比对、审查论证事实真相。如比对记账凭证与所附原始凭证张数与金额是否相符;比对明细分类账各账户余款合计数与总分类账有关账户的余额是否相符;比对外来账单与本单位有关账目是否相符等等。当然,司法会计的鉴定程序有时与其他鉴定不完全一致,如分别检验时也需要进行比对检验,比对检验有时就在分别检验时进行。如果是利用电算化作案的,应当了解犯罪嫌疑人在电算化会计核算中所处的地位及其作用,应用电子信息技术和财会专业技术查验涉案的电子信息资料进行鉴定。五是综合评断。即对整个鉴定情况作出全面系统的综合性评论判断。也就是运用会计专门知识,经过分析、鉴别、判断而作出结论。这种结论是就会计知识技术方面某个专门性问题作出的科学结论,是司法会计人员对整个鉴定过程进行综合评判后作出的具体确切的回答,而不是对法律问题作出结论。例如,司法会计鉴定结论可以回答某笔现款是被其经管人侵吞还是挪用,而不是回答该行为是犯罪还是非罪。六是制作鉴定书。它主要包括:①绪言,主要写明委托鉴定单位、时间、要求、鉴定材料及案情简述等;②检验过程、方法和可见事实;③分析与论述;④简要鉴定结论;⑤鉴定人签名、盖章;⑥有关附件。

☆规制链接　关于审查判断鉴定意见的规定

根据最高人民法院、最高人民检察院、公安部、国家安全部、司法部《关于办理死刑案件审查判断证据若干问题的规定》(自 2010 年 7 月 1 日起施行;2010 年 6 月 13 日"两高三部"联合通知规定:办理其他刑事案件参照此《规定》执行),对侦查中鉴定意见审查判断的认定要求如下:

第二十三条　对鉴定意见应当着重审查以下内容:

(一)鉴定人是否存在应当回避而未回避的情形。

(二)鉴定机构和鉴定人是否具有合法的资质。

(三)鉴定程序是否符合法律及有关规定。

(四)检材的来源、取得、保管、送检是否符合法律及有关规定,与相关提取笔录、扣押物品清单等记载的内容是否相符,检材是否充足、可靠。

（五）鉴定的程序、方法、分析过程是否符合本专业的检验鉴定规程和技术方法要求。

（六）鉴定意见的形式要件是否完备，是否注明提起鉴定的事由、鉴定委托人、鉴定机构、鉴定要求、鉴定过程、检验方法、鉴定文书的日期等相关内容，是否由鉴定机构加盖鉴定专用章并由鉴定人签名盖章。

（七）鉴定意见是否明确。

（八）鉴定意见与案件待证事实有无关联。

（九）鉴定意见与其他证据之间是否有矛盾，鉴定意见与检验笔录及相关照片是否有矛盾。

（十）鉴定意见是否依法及时告知相关人员，当事人对鉴定意见是否有异议。

第二十四条　鉴定意见具有下列情形之一的，不能作为定案的根据：

（一）鉴定机构不具备法定的资格和条件，或者鉴定事项超出本鉴定机构项目范围或者鉴定能力的；

（二）鉴定人不具备法定的资格和条件、鉴定人不具有相关专业技术或者职称、鉴定人违反回避规定的；

（三）鉴定程序、方法有错误的；

（四）鉴定意见与证明对象没有关联的；

（五）鉴定对象与送检材料、样本不一致的；

（六）送检材料、样本来源不明或者确实被污染且不具备鉴定条件的；

（七）违反有关鉴定特定标准的；

（八）鉴定文书缺少签名、盖章的；

（九）其他违反有关规定的情形。

对鉴定意见有疑问的，人民法院应当依法通知鉴定人出庭作证或者由其出具相关说明，也可以依法补充鉴定或者重新鉴定。

第六章 新兴侦查技术

所谓新兴侦查技术，是指在侦查中应用现代化的高新科学技术。

第一节 测谎技术

测谎技术兴起于 20 世纪初期，它是以生理学、医学、心理学、机械学、电子学等有关原理和方法为基础的一项综合性的高新科学技术。1885 年，测谎技术的鼻祖意大利人龙勃罗梭利用现在的生理测量仪器，通过测量脉搏、血压变化的方法来辨别谎言。世界上公认的第一台专用测谎仪是美国加州警察局的拉森和基勒两人于 1921 年研制成功的，首先应用于加州伯克利市一宗盗窃案的侦破，并取得成功。测谎技术在国外应用范围较广泛，最早用于女人对男人是否有不贞的测试上，以后逐渐引入刑事司法领域，被称之为"刑事心理技术"。

一、测谎技术概述

测谎技术的主要载体是综合性的检测仪器，通常称之为测谎仪。测谎仪基本上分为两种形式，一种是多极性测谎器，又称多电图仪；另一种是语言分析仪，又称声析测谎器。二者的科学技术根据和其主要工作原理是基本相同的。在刑事司法应用中，两者都是用来检测被审讯人受讯时意识中所产生的心理活动过程的生理反应以检验其供述是否真实。其主要区别是：测谎器检测时需要直接接触人体，而语言分析仪不需在检测时与人体接触。要了解测谎技术，首先要对测谎技术的科学根据及测谎仪的工作原理有所认识和了解。根据生理学医学原理，当人体的感受器官受到内外环境的各种刺激作用时，就会诱发情绪活动并伴发植物神经功能、躯体功能和内分泌方面的一系列生理变化。而植物性神经又可分为交感神经和副交感神经，生理反应是这两者对立统一活动的结果。植物性神经主要是管理心跳、胃肠蠕动、血管张缩、腺体分泌等内脏活动的。在审讯过程中，犯罪分子的犯罪意识导致的惧怕心理是一种较强的情绪冲动，尤其是对审讯人提出的与犯罪有关的问题很容易引起其内心刺激冲动。在受讯人答问时，如果他说谎，他体内神经系统会产生有意识的或无意识的反应。其内部器官表现出有规律的变化：在呼吸系统表现为呼吸量增减和呼吸率变化；在消化系统表现为唾液、胃液等消化液减少；在循环系统表现为心跳加快或减慢、脉搏和血压发生变化；在肌肉系统表现为肌肉抖动超过标准值等等。生理学原理还表明：有意识的反应受大脑控制，而无意识的反应则不受大脑控制。基于一系列的和多学科的科学原理与方法，科学家们研制了一种综合性检测和显示人体的心理压力产生的瞬间生理变化的科学仪器。实验证明，当人故意说谎时，会产生一定的心理压力，而这种心理压力又会引起一系列生理反应，而这些生理反应又不以人的主观意志为转移（只受人的植物神经系统控制）。所以，说谎者能够欺骗自然人，但无法欺骗能检测人的生理反应的科学仪器。这就是测谎仪的主要科学依据。

二、测谎仪的工作原理

多极性测谎器。又称多电图仪，于20世纪初首先在美国投入使用，随后在日本等国也逐步投入应用。目前，通常所使用的测谎器有3个组成部分或波道，即呼吸描记器，它主要用于记录呼吸的速度和深度；另一部分叫心动描记器，它主要用于记录脉搏速度、频率和血压的变化；还有一个组成部分叫做电流描记器，记录皮肤对电流的灵敏度和皮肤电阻的变化。这些生理反应与心理活动的联系是有科学根据的。测谎的主要原理是：根据人在进行欺骗活动时体内出现的诸如血压升高、呼吸加速、汗腺活动增强等等一系列生理变化，运用多极性的气动机械记录仪器画出血压、脉搏、呼吸变化曲线。也就是用测谎器的人体接触器来记录血压、脉搏和出汗情况。测量时先把气动管（弹性呼吸记录管）围绕在被测验者胸部或放置其腹部上，当被检测人呼吸发生变化而引起气动管变化传到仪器之上即画出呼吸曲线。将血压/脉搏套（通常医用血压计）缠置被检测人上臂（胳膊）上，对扎紧的血压套充气使它随着被检测人脉搏跳动成正比例地扩张和收缩，由另一支笔画出血压/脉搏曲线。将电极接到（附在）被检测人手掌或手指上记录电极反应，根据皮肤电流反射来反映手指汗毛孔的活动变化，即接触到被检测人手上的电极把其心理痉挛所引起的皮肤反射的抖动传到GSR笔上，画出GSR曲线。但人体接触器通常不记录肌肉的压力和运动，这种记录是靠绑在被检测人坐椅上的膨胀电极来完成。测验人员将测试到的各种曲线图同正常的标准值相比对，以判断被检测人是否说谎。这种检测试验实际是一个诊断过程，要求使用高级精密的专业仪器设备和具有合格的高级测验人员。测谎技术是生理学、机械学、电子技术等综合高科技的结晶，它充分地利用了人的生理反应受人的植物神经系统控制而非人的主观意志制约的原理，故测谎器实质是记录被检测人某些生理反应的仪器，它不仅用于测谎，而且可以用于测真。多极测谎器测谎的程序是，测谎人员预先向被测试人解释测验的性质和目的；而后的测试涉及3种类型的问题：①相关性问题；②控制性问题；③无关的问题。相关性问题是指有关那些正在侦查的问题。控制性问题是指与侦查的问题没有直接关系的问题，虽然这类问题不是正规的问题，但与相关性问题却有着相类似性的性质。无关的问题是指与侦查的问题无关。测谎时将审问中获得的相关性问题的生理反应记录（或无生理反应记录）与获得的控制性问题的生理反应记录（或无生理反应记录）作反应对比。而无关性问题则是用来在测验中安定被测验人情绪的。以这样3类问题为1组，完整的测谎试验提问至少需要3组以上的类似问题。提问的间隔是15秒至20秒之间。整个测验将持续大约1小时。因为在测验前所有要问的问题都简要地告诉了被测验人，所以测谎结果与被测人是否紧张没有关联。一般认为：如果被测验人正在说谎，他就会对控制性问题反应较大。

语言分析仪是一种声析型的测谎器，它运用电子学方法提取语音中的次声波用以测验是否说谎。亦称声析型测谎器。语言分析仪的功用与多极性测谎器相同，故通常将二者合称为测谎仪。不过，语言分析仪20世纪70年代才发明，是测谎仪中的后起之秀。与多极性测谎器相比，它操作更简便、使用更灵活，测验时无须与被测者的人体接触，而多极性测谎器则需要与被测者的人体直接接触。语言分析仪是用来测验并记录反应在不可闻声音的变化中的心理压力，这些差别是人耳听不到的。科学实验证明：人在说谎时，由于感到为难而引起语言中亚声频颤抖。所谓亚声频颤抖，就是人声音中的由肌肉微颤现象产生的次声波。这种叫做次声波的亚声频颤抖与心理压力反应有关，而与人的年龄、性别、语种无关。语言分析仪的主要原理就是用电子学的方法，把语音中的亚声频颤抖提取出来，记录附着在被检测者声音中的由肌肉微颤造成的次声波变化情况，从而测定被测试人是否说谎。在使用方法上，语言分析仪与被检测者没有任何身体上的接触，测验人员既可以事先用磁带录音，然后把磁带馈入仪器，也可以通过电话把录音送到仪器中。当面检测时，一般将被测者安坐在测谎室内的普通靠背椅上，再在他身上佩带一个话筒。由话筒将被检测者的声音接收下来。再转换成音频电流输送到分析系统，经过解析其中的次声波成分之后，便可用数据或图像等形式表现出来。语言分析仪的测谎程序如同多极性测谎器的测试程序一样，在使用语言分析仪检测前应设计几组用于测验的问题（如侦查讯问提纲），每组问题中应掺杂三种类型，即除相关性问题和无关问题外，还要特别注意设计好控制性问题，这是与要调查的问题无直接关系但有相似性质的问题，有些人对于一切与犯罪或违法有关的问题都会表现出近似于说谎的生理反应，还有些人对于说谎的生理反应非常微小，控制性问题有利于识别这两种特殊体质的人。测验中将三种类型的问题穿插进行、交替提问，以利于比对鉴别。语言分析仪广泛涉及生理学、心理学、机械学、电子学等有关原理，同使用多极性测谎器一样要求测验人员具备高标准的素质、训练和经验，应掌握生理学、心理学、法学、犯罪学、侦查学、机械学、电子学等方面的基础知识，并应了解生理变态和心理变态对测谎的影响。

三、测谎技术应用于侦查及其争议

测谎技术在国外的刑事司法中主要作为一种侦查辅助手段投入应用。1921年，美国加利福尼亚州的伯克利市警察局在调查案件中率先应用多极性测谎器，后来该州法院将测谎器的测试结果采纳为法庭证据。但在美国也有一些法院反对使用测谎器，测谎器的测试结果能否作为刑事证据，一直存在着争议。1923年，美国哥伦比亚特区巡回法院在审理弗赖伊诉合众国一案时首先开始对测谎技术在刑事司法中应用问题进行研究。该法院认为：这种测谎试验在生理学和心理学专家中未获得符合标准的科学认同，因此法院无法接受这种专家证据。明尼苏达大学的精神病学和心理学教授戴维·莱肯说：测谎器所能提供的仅仅是测验本身可能引起的表面的心情激动和情绪不安，这同主持测验的人要想得到的结果几乎毫不相干。熟练的询问人员可以利用这种机器使人招供，但准确率仅为66%。哈佛大学的法学教授艾伦·德肖维茨说：测谎器在某些情况下是有效的调查工具，但不是判断真伪的工具。所以，尽管警方的侦查人员对测谎试验的信任程度不断增长，但诸多法院认为这种证据仍存在着许多司法障碍。然而，测谎结论也与其他许多证据标准一样，从开始被完全否定逐步转向为有条件地肯定，该条件主要是两个认可证据的组织之间签订协议。很多法院认为这种协议应有一系列保证条款，如应有被告和他的律师签字的书面文字等等。如果被告与政府签有协议并遵循其保证条款的测谎证据，法院认为一般可以采纳。法院提请司法注意"测谎工具在警方、执法部门和私人侦探机构得到越来越广泛的使用"，并判断"测谎试验将毫无疑问地成为一种科学工具，不断地使用下去。"[①] 事实上，在美国自从1921年加利福尼亚州的伯克利警察局首次运用测谎器进行案件调查以来，各地的警察机构已普遍把测谎器作为犯罪调查的一种辅助手段。美国测谎器协会通过调查表明，测试准确率在87%至96%之间。测谎器作为一种科学的侦查手段，它所获取的证据之所以

[①] 转引自[美]乔恩·R. 华尔兹：《刑事证据大全》，何家弘等译，中国人民公安大学出版社1993年版，第455页。

长期以来在美国的法院难以普遍应用，更难以在欧洲大陆各国被采纳，是因为对测谎器记录的生理反应的解释尚未找到确切的科学说明。也就是说：对有关测谎技术的基本前提还未被生理学家和心理学家所普遍承认，这些基本前提是：①说谎与清晰的情绪反应之间有直接而牢固的联系；②情绪反应与生理反应之间有一定的关联作用。正是这两点难以得到十分精确的科学证实，所以测谎技术在应用上会引起争论。在我国对此也有两种不同的观点：一是认为犯罪嫌疑人处于受追诉和可能被科刑的特殊地位，即使是无罪的人，如用测谎器进行测试，生理上也可能出现异常现象。一个狡猾、老练的惯犯和一个年轻的初犯，在同样条件下用测谎器测试，其生理变化可能大不相同。尤其是间谍分子受过反审讯的特殊训练，在受审时即使说谎，其生理上也可能无异常表现。因此，使用测谎器审查被嫌疑人、被告人的供述，其可靠性是值得怀疑的。二是认为尽管测谎技术还存在不完善和有待进一步强化其准确性、可靠性的大量复杂的科学技术问题，但应当承认测谎技术已发展到了相当的水平，更重要的是它顺应了将科技成果转化为法制手段的历史大趋势，我们绝不能轻易地去否定它。尤其是当今世界正处在知识爆炸的社会突变时期和信息社会，现代化的高新科技广泛地渗透于社会生活各个领域，包括司法领域，成为推动社会发展进步的决定性力量。在这种历史发展的大趋势下，我们应当坚信在不久的将来，包括测谎技术在内的各种科学技术证据、通过仪器获得的专家证据的飞速发展，将日益接近和实现其可靠性；与此同时，现代高新科技必将日益广泛地转化为司法实践所必需的法制手段，法定的侦查手段和法定刑事诉讼证据也必将随着社会发展而日益实现其科技化和专业化。因此，测谎技术的未来是大有前途的。

语言分析仪的司法应用也是有争议的。它在发达国家广泛应用于法律实施、情报收集和商业活动等等。在刑事司法审讯活动中，它不仅用于当场检测被讯问人陈述口供的真伪，还可以在审讯之后秘密地使用它对被审讯人口供的录音进行检测。美国生产的"MK—Ⅱ"型语言分析仪可以接受任何标准盒式录音，还可以与电话连接，能用以对任何形式的说话和口头审查进行分析，在刑事司法中常用于对口供的分析、审查和判断。同多极性测谎器一样，语言分析仪在刑事司法应用中也是有争议的。持否定观点的人认为：人的思想问题是极其复杂的，人的心理活动和语言的真假与科学数据的图谱（包括声谱）不可能完全一致。因为受多种因素的影响，容易使图谱产生不稳定的特征，可能得到的是相反的结论。

四、中国测谎技术的研发与侦查应用

中国从 20 世纪 60 年代就着手研制测谎仪，后因故停顿。1991 年我国自行研究制造的 PG—1 型心理测试系统投入侦案，排除无辜准确率达 100%，认定准确率达 98%。① 当时由公安部科技信息所、中国科学院自动化所和北京市公安局联合研制，于 1991 年 5 月试制成功第一台计算机化的警用测谎仪——PG—1 型测谎仪，同年 6 月在京通过公安部科技局组织的专家审定。后获中国科学院科技进步奖。1996 年国家科委批准把"法庭心理生理测试技术"纳入"九五"计划的重点科技攻关课题。之后在中国人民公安大学警察技术培训中心支持下一批青年技术人员研制出 SPS 型测谎仪，在软硬件支撑环境方面和国外产品持平。② 到 20 世纪末，国家"九五"重点攻关项目形成产品 PG—7 型多参量心理测试仪问世。它是不断改进而成的最新产品。该产品在理论上综合了心理学、犯罪学、电子学、计算机科学、传感技术及其他相关应用科学的原理；在系统上由主机、传感器、显示器、Windows 工作平台软件及打印机组成；在性能上具有灵敏度高、体积小、易操作、直观性好等特点，尤其是具有专家自动评分系统，即测试后可由计算机自动评价，避免人为因素的干扰。它的主要工作原理是通过传感器对测试对象的脉搏、呼吸及皮电阻等生理参量变化进行测试，再经小盒子的电路放大，传输到计算机里产生图谱，判断其心理状态。2001 年 1 月 5 日，由公安部科技局召集的鉴定委员会一致通过评审意见：PG—7 型多参量心理测试仪在硬件和软件方面具有创新性，整体上达到国内领先、国际同类产品的水平，通过公安部鉴定。20 世纪后期，中国公安机关已经越来越广泛地应用测谎技术辅助破案。也有一些地方人民法院经同意或要求将测谎技术应用于经济、民事案件的证人、当事人，将测试结果作为支持性证据使用。有的地方检察机关也将测谎技术应用于反贪侦查活动。特别是 20 世纪末的最后几年适用测谎技术辅助侦破的贪污贿赂个案的案例频频见之于报端。但是，与此同时，关于测谎器的侦查办案应用在中国是否合法的争论也随之激烈。有人认为：国外应用测谎器于司法活动，大都是国家法律许可的，如在美国，法院许可的州测试结果才是合法的诉讼证据，反之是不合法的，不得用于指控的证据，还有的国家是法律明文规定了测谎测试结果的合法性。而我国是成文法传统的国家，法无明文规定故不能将测谎技术应用于侦查和其他司法办案活动。对此，我们认为，中国法律虽然对应用测谎技术没有明

---

① 引自 1999 年 7 月 21 日《检察日报》。
② 参见王补编译：《犯罪情景测试》，中国人民公安大学出版社 1997 年版，第 3 页。

确规定，但应用该技术作为侦查的一种辅助性手段，不仅从程序上讲不违法，方法上也不违法。我国的侦查活动分程序性活动和机动性活动两种，程序性活动是在侦查活动中不可选择的、必须履行的活动，比如要进行侦查必须经过的立案程序，侦查中要逮捕犯罪嫌疑人必须经过检察机关批准程序等。机动性活动是指以程序性活动为依据和前提的、由侦查人员根据当时的客观情况、有充分随机性的活动，比如立案后如何制订侦查计划、如何部署侦查力量等。根据犯罪嫌疑人的实际情况和破案的客观需要，在侦查中应用测谎器进行心理测试是在程序性活动之后的机动性活动。所以说从程序上讲，它不违法，不属于法律明确规定的非法取证手段。关于测谎结论的价值问题，最高人民检察院于1999年9月10日发出高检发研字［1999］12号文，对四川省院《关于CPS多道心理测试鉴定结论能否作为诉讼证据使用的请示》批复指出：CPS多道心理测验（俗称测谎）鉴定结论与刑事诉讼法规定的鉴定结论不同，不属于刑事诉讼法规定的证据种类。人民检察院办理案件，可以使用CPS多道心理测试鉴定结论帮助审查、判断证据，但不能将CPS多道心理测试鉴定结论作为证据使用。最高人民检察院的批复不仅指出了测谎结论的价值，也说明了在侦查中运用测谎技术程序上和方法上也均不违法。从此，在我国的依法侦查中越来越多地应用测谎技术帮助审查、判断证据，辅助侦查，提高侦查破案能力。

第二节 夜视技术

所谓夜视技术，是指在黑夜或黑暗环境下观察目标的光电成像技术。

一、夜视仪与夜视技术

夜视仪是一种能在夜间或黑暗中观察目标的光电成像装置。按不同的标准可将夜视仪进行分类：根据观察方式可分为直视型（如微光夜视仪）与电视型（如微光电视）；根据工作波段可分为微光夜视与红外夜视（红外夜视又可分为近红外与中远红外）；根据工作方式可分为主动夜视仪与被动夜视仪。所谓主动夜视仪就是仪器本身携带光源的夜视仪器，如主动红外夜视仪；而被动夜视仪则是仪器本身不携带任何光源的夜视仪，如微光夜视、热释电夜视、光机扫描夜视等。夜视技术是适应人们夜间执行任务和随着科学技术的发展而产生和发展的。在历史上，人们夜间执行任务传统的方法照明首先是采用自然物或燃料的燃光；后来发展为采用各种人工照明器材、照明弹、探照灯等来改善夜间观察场景的条件，但这在军事侦察和刑事侦查中失去隐蔽性容易暴露目标。在第二次世界大战中，德国法西斯军队首先使用军用车辆夜间驾驶仪，即主动式红外夜视仪,利用夜光秘密地把 V—2 型导弹极其隐蔽地运到英吉利海峡沿岸的发射场地,躲过了英军的所有侦察手段,保障了实行近距离地面战略袭击的成功。而后,美国军队在太平洋战争中也对日军使用了夜间主动式红外线瞄准镜,进行有效的炮火轰击。而今,夜视技术为民用开辟了广阔的途径,如在地质勘探、科研、医疗、海洋探查、交通管理、旅游、政治和经济保卫等各行各业中广泛使用。尤其在对付刑事案件活动的应用中,更是异乎寻常地大显身手。它不仅能在夜间观察环境、掌握动态,而且可以在黑暗中拍照、摄像、录像和传递电视信息,还能监视、跟踪犯罪活动,把一切可能产生犯罪的场所置于严密的控制之下,对于揭露那些借助黑暗进行盗窃、抢劫、强奸、杀人等各种刑事案件活动的歹徒是一种有力的措施。正是由于夜视技术可以在夜黑暗光中获取出其不意的证据信息,从而大大提高了侦查取证的科学水平和侦查破案的能力。

二、主动红外夜视仪

所谓主动红外夜视仪,就是指由红外光源、红外变像管、光学系统包括物镜和目镜以及电源等所组成的可观察夜间景物图像的仪器。红外线是人眼看不见的光线(辐射线),但通过红外变像管可以检测到它,因此,人们首先就研制主动红外夜视仪。红外线在电磁波中所占的波段位于可见光谱的红色光与微波之间。在自然界中,所有物体只要温度在绝对零度即 $-273.15℃$ 以上它就不断地向四周辐射红外线。所以,自然物体都是红外辐射源。红外夜视仪就是利用目标本身发射的红外线,或目标接受光如月光反射的红外线,采取光学系统聚焦,通过光电变换,把看不见的物体变成可见的图像。这种仪器采用红外探照灯发射 0.76—1.2 微米的红外线照射目标,仪器的物镜接受从目标反射回来的红外线,从而在能将红外像转变成可见像的电子真空器件红外变像管的阴极上形成目标图像,阴极发射相应的电子,经过高压加速,打到变像管的荧光屏上,便产生可见图像,以完成夜视任务。

主动红外夜视仪品种齐全,有指示仪、观察仪即望远镜、驾驶仪、瞄准具等等。使用的红外光源功率越大观察的距离越远,当今普遍采用的红外光源是用红外滤光片放在普通探照灯前面将可见光滤掉,只让不可见的红外光射出去。如果用 1000—2000 瓦的氙灯作红外光源可观察一公里左右。为了携带和使用的方便,近年来一些国家研制成功了用砷化镓发光二极管组成的红外光源和掺钕镱铝石榴石红外激光照明器等新光源,大大减小了红外夜视仪的体积和重量。如用砷化镓发光二极管作光源的便携式主动红外夜视仪只有一公斤左右。由于它自带光源,具有许多不受制于客观条件的优点,诸如它不怕其他杂乱散光的干扰,作用距离较远,人眼看不见既可监视他人又可隐蔽自己,可在漆黑的夜晚使用,红外线对烟雾有较强的穿透力不受雪、雨、雾等气候条件的影响等等。所以,它在20世纪30年代出现以后,迅速得以广泛应用。但它也并非完美无缺,除体积较大和较重不方便外,其致命的弱点是隐蔽性差。尤其是红外灯光很容易被红外探测器所探测,而且被探测的距离大于它的作用距离,如果被监视对象使用红外探测器,那么就会在尚未观察到监视对象时就反而被对方所探测到。但尽管如此,主动红外夜视仪在国外的侦查中仍然是一种有效的夜间观察和监视犯罪嫌疑人的工具。

三、微光夜视仪

所谓微光夜视仪,是指通过像增强系统将目标反射来的夜天光增强成可见光图像的被动夜视设备。这是被动夜视仪中最先出现的仪器,其主要部件是像增强管。又叫像增强器。它的工作原理主要是由仪器的物镜接收目标反射来的夜天光即微弱的星光、月光或银河系的光亮等投射到像增强管的阴极上成像。该仪器的光电阴极灵敏区为0.4—0.9微米,能很好地利用夜天光,在其作用下阴极发射出光子,由阴极加速电压,加速打在荧光屏上形成增强的可见光图像。再用光纤板将图像耦合到第二级重复进行增强,通过多级增强可得到较为清晰的图像。第二代和第三代像增强管的阴极发射效率大为改善,特别是采用微通道板技术,使其体积减小、重量减轻、性能增强,观察距离延伸到一至二公里,把微光夜视仪发展到相当成熟的阶段。但它仍有难以克服的缺点,即在全黑的夜晚不能工作(不同于主动红外夜视仪);在居民区、森林地带和阴、雨、雾天性能明显下降,受环境条件的影响极大。但总的来说,它体积小、轻便,便于随身携带和隐蔽;它不带光源使用时不会暴露自己,易于隐蔽。因此,常被应用于国外的侦查工作。

四、热释电夜视仪

所谓热释电夜视仪,是指采用热释电摄像管敏感外来远红外线显示黑夜景物的一种夜视仪,属于被动夜视仪的一种。它的主要工作原理是采用可以敏感外来的热辐射线即远红外线的热释电摄像管,由景物传来的热辐射线被投影到摄像管的热释(放)电(荷)晶体薄片上,图像各点温度不一,使晶体的自发极化也不相同,由热释电效应所释放的表面电荷也有差异,故形成空间和强度变化都和景物相同的电荷图形。这样,扫描电子束所形成的信号就受到电荷图形的调制,通过一般电视技术进行信号处理,即可显示现场景物。它的工作过程除了使用热释电摄像管外与一般电视摄像相似。在地形复杂的边远地区如沙漠、田野、森林、山地追逃时，对于发现和明确被追缉者所在位置及其行动情况极为方便有效。但由于它显示的是景物的热图即温差，形成景物"热"为"白"、"冷"为"黑"的图像，所以对一般目标的识别较为困难，其作用的距离也只在200米左右。

五、光机扫描夜视仪

所谓光机扫描夜视仪，是指运用光学机械扫描热成像技术系统显示可见光图像的夜视设备。又称光机扫描热象仪。其主要用途：一是测量辐射或与辐射有关的参数，其中温度是最重要的参数，如医用、各类热分析、热测绘等；二是仅仅要求成像，而不需要定量参数，如军事侦察、刑事侦查等。光机扫描热象仪的工作原理主要是：将从远焦望远镜来的景物图像通过多棱镜的快速旋转，完成行扫描；反射镜的旋转，完成帧扫描，这样一点一点、逐行逐帧将景物温差信号送到探测器阵列，产生与对应景物之点温度成正比的电信号。将这些信号经放大和处理送到阴极显像管或发光二极管阵列，即显示出可见光图像，地面热象仪作用距离为几百米到数千米，大型机载热象仪可达二三十公里。飞机、飞船、卫星载热象仪的作用距离远达几千公里。一般温度灵敏度为 $0.2℃$，有的达 $0.05℃$ 或更高，从景物的"热"可以得到为"黑"或为"白"的图像，由"冷"也可得到为"白"或为"黑"的图像。而"热为白"的方式目标突出，因而更易于被检测，多用于自动识别及跟踪系统；"热为黑"的方式更接近自然景物，类似普通电视机，更适用于人工侦查或监视系统。帧频慢速的几秒出一帧，快速的一秒出几十帧，图像质量完全可以达到电视标准。这种理想的夜视设备，显然是为适应提高探测器的灵敏度和增强其作用距离的需要而研制的，是目前世界上技术最成熟、性能最好的热成像系统。它在侦查中大大强化了夜视、防逃、追捕等技术手段。

六、微光电视

所谓微光电视，是指在低于白天的照度下能产生高质量图像的电视系统。它主要由微光电视摄像机、电视信号传输系统、控制器和屏幕显示器四大部分组成。同闭路电视大体一致，如同普通电视用光电转换的方式连续及时地传送活动景象，其工作原理主要是通过微光电视摄像管的光电转换器件，将被观察目标的微弱光信号转变为电信号，经处理由信号传输系统送到接收端，再将电信号处理后还原成原来的目标图像并于屏幕显示器上显现。微光电视安装受现场限制小，可建立供多人、多点同时观察的监视中心。它能充分发挥现代电视技术的长处，优于一般夜视仪：①提高了观察目标的性能。采用慢扫描利用信号积累效应,可提高观察目标的灵敏度。对于获取极弱的信号有独特的作用。②改善了观察图像质量。由于电视摄像管能在一帧时间内积累信息,它可以提高图像的信噪比;又由于信号经过处理,其图像比夜视仪更清晰。③改进了监视条件。对观察到的目标图像可以通过电缆、无线电波或激光实现远距离传输,还能用遥控摄像机跟踪监视目标。④提供了监视便利。它将目标显示在屏幕上可供多人共同观察,有利于研究对策或组织指挥,采取及时有效的侦查行动。必要时还可将观察的情况用录像机录下或用照相机翻拍下来。总之,微光电视是一种特殊的电视系统,它主要依靠微弱的夜间天空光或低亮度照明如月光、星光、大气辉光等宇宙光,在低照度条件下远远胜过人的视觉器官,它是微光夜视仪与电视技术结合的产物,是当代最有生命力的一种夜视技术。然而,微光电视也有致命的弱点,它分辨目标的性能受到气候条件的限制,如有雨、雪、烟、雾时并不比肉眼或光学仪器更好。只是在不受大气条件限制的情形下,微光电视确实卓有成效地提高了人们夜间分辨能力。它在国外的侦查中是应用较多的夜间监控技术。

第三节 声纹技术

所谓声纹技术,是指根据声纹分析、声音再生、声纹描绘、储存、管理、查对等科学研究原理运用声谱仪进行认定人身异同的科学鉴定技术。

一、声纹技术概述

人的声纹是千差万别的,而且具有各自的特性。声纹经过反复的比较,从众多的人中可以辨别出特定人的声音。涉及声纹分析、声音再生、声纹描绘、储存、管理、查对等的科学,就是声纹学。声纹的研究始于第二次世界大战。大战期间美国人提出了"声纹"的概念,当时也有人试图研究从敌军电台接收到的通话,对其进行声音频谱分析来了解敌军的军事情报。后来逐步发展成为进行同一鉴定方法的刑事科学技术。

二、声纹鉴定仪器及工作原理

进行声纹鉴定,需要运用为分析声纹鉴定而设计研制的科学仪器声谱仪,亦称摄谱仪。声谱仪是一种能产生人类说话图案的电磁仪器,它能"读出"记录在一卷磁带上说话样本的频率。它是在20世纪40年代初期由一位贝尔实验室的工作人员发明的。此人叫劳伦斯·G.克斯塔,他认为人的声音如同指纹具有唯一性。他根据每个人学习说话的程序和发出声音的生理方式所创立的声纹唯一性理论认为：声音的唯一性是基于说话的机制。根据声学原理，人的鼻腔、口腔和咽组成的声腔起到共鸣器的作用，任何两个人都不可能具有排列关系和大小完全相同的声腔。而人的唇、齿、舌、软舌、颌肌等发音器官通过熟练地使用发出可以被人听懂的言语，而每个人学会说话的方式也不完全相同，也就是说没有两个人会以完全同样的方式使用他的发音器官并产生完全相同的应用形态。正是由于人的声腔与发音器官形成了人的特定性声带外观，所以，根据声腔大小和排列关系的不同以及发音器官应用形态的相异性与发音器官结构的异性组合来判断声音的个性特征、作出准确的鉴定结论成为可能。天才的克斯塔根据自己建立在声腔按发音器官发音的熟练程度分类基础上的声纹鉴定理论的要求，为声纹鉴定设计研制改装了声谱仪，将嫌疑人说话的样本的录音与可疑声音进行比对研究，这就是克斯塔声纹技术。他最早使用的声谱仪有两种：一种是根据音量、时间的间隔显示出声音的共振线的线性声谱仪，可用于对已知和与未知声音样本的比对观察。另一种是测量音量、频率和时间的级能的等场强声谱仪，可与计算机声纹分类并网，因其外形像地形图或指纹的箕形纹，故将这种图形叫做"声纹"。1962年，克斯塔确证了五万多次声纹鉴定试验的准确率超过99%。[①] 随后，日本也加紧了这一技术的研究，建立了日语声纹识别方法。经科学研究证明：因每个人的发音器官总有些差异，在学习语言时所养成的语言习惯又各有特点。每个人从十几岁发音变声后直到五六十岁其声音特征基本保持不变。据专家的综合考察结论，人的声纹有80多个特征，它可用于识别案件中的录音资料同犯罪嫌疑人的话音是否同一，故刑事技术专家称其为第二指纹。根据声学研究原理，人的声音是一种复杂的振动波。而声谱仪的主要工作原理是：首先由声音摄谱仪录下人的声音，通过声音频率分析滤波器对声波进行分析处理。换算成以频率为 y 轴、时间为 x 轴的直线坐标，再用等高线型分析法对坐标数据进行二次处理，形成附有数量方程的几何图形。复杂的声音就这样被变成具有严格对等关系的数学模型，互相之间可以进行细致、精确的比较。任何两个人的声纹方程总有某些差别，每个人与他人的声音不会完全相同，也就是说世界上没有发现声纹完全相同的两个人。即使在同一环境中长大的双胞胎，其父母都无法区别他们的声音，但在声谱图上仍可看出二者微小的差别。声谱仪就是通过上述工作原理，将一个人讲话的声音输入声谱仪进行分析，并自动描画出在不同频率范围内声音强度的分布曲线。所谓声纹实质就是这种声音曲线图，也叫声谱。

[①] 引自 [美] 乔恩·R. 华尔兹：《刑事证据大全》，何家弘等译，中国人民公安大学出版社1993年版，第217页。

三、声纹技术在国外侦查中的应用

声纹技术是科学家通过对人的声音进行深入研究后发明创造出的一种人身同一认定的科技鉴定方法。声纹技术的研究最初始于二战期间的军事目的,但战后又被人遗忘。随着电子技术的飞跃发展,贝尔实验室的克斯塔认为如果声纹唯一性特征能够说明,那么一种新型的重要鉴定技术将在司法机关中广泛应用。于是他研制改装了声谱仪,并在1962年使该项技术研究获得了突破性进展。1965年美国联邦调查局采纳声纹鉴定技术用于侦查活动,随后日本也在侦查活动中应用。在涉及录音通信或电话威胁的案件中,诸如电话恐吓、以炸弹要挟、勒索赎金、企图敲诈等录音案件中,侦查人员可以要求声纹检验鉴定人员对该声音与特定嫌疑人的声音进行比对,确定是否同一。通过声谱仪将讲话的声音转变成一种纹形的可见图形,比对作案时的声音与嫌疑人声音是否同一。其鉴定的科学性基础在于每个人的声音纹型都与他人不同,都具有其特定性和稳定性。声纹技术是一种认定人身异同的方法,通过科学仪器进行个体识别,分析犯罪现场留下的人的声音认定特定的人,为侦查破案提供可靠的证据。20世纪70年代声纹鉴定作为一种尝试应用于侦查,得到了意想不到的成功。据资料介绍,1978年某夜,美国明尼苏达州某警察局深夜两点接到男低音报警电话:"卡伦大街,46号,有人抢劫,人多极了。"警局迅即派出的两个特别行动组刚出门又接到一个男人的低沉声报警电话:"我是申达银行波特瓦区分行,有人在向我进攻,意图不明。"第三个特别行动组又迅即出发。两分钟后一个绝望的女声报警电话说:"我丈夫被杀死,他们正在金库,我是布隆尼银行,你们救救我。"当夜警局仅有的三组警力全都出发,值班人员无奈向邻近警察局求援。30分钟后,三个特别行动组从两个报警点扑空而归。他们又赶赴第三个报警点,银行老板被打死、两个值夜班人被打伤,金库300多万元现款和近千万美元的珠宝珍物被抢劫。因邻近警局离现场较远,警察赶到现场时歹徒早已逃之夭夭。警察局邀请密执安大学声频语言学系的几位声纹学专家对前两次报警电话作声谱分析,确认是同一人的声音,且对其人的性格、爱好、年龄、"报警"时的情绪、姿势等等作出了精细的分析,为破案提供了重要线索。36天后,5名抢劫犯包括两次假报警的主谋全部缉获归案。然而,声纹鉴定技术的司法应用仍处于试验阶段。美、日等国的诸多法院只把声纹鉴定结果作为次等效力的法律证据,而没有作为审判的主要依据。在20世纪60年代后期和70年代,美国发生了不少反对采纳声纹鉴定结论的案例。1971年《法庭科学杂志》第16期还发表了署名詹姆斯·J.亨尼西与克拉伦斯·罗米格的关于"声音、言语、语音和声纹鉴定"的文章,他们认为声纹技术的开拓者克斯塔关于语音不变的理论并非完全正确。此文引起了广泛的探讨。此前也有专家教授认为声纹技术试验无法达到克斯塔声称的精确程度。诚然，任何一门新的科学技术应用于社会实践，都要经历一个试验、修改和逐步完善的漫长过程。人们对于科学技术也总是由不认识到逐步认识，由否定到逐渐肯定。声纹鉴定技术应用的争论，引起了广泛深入的研究。密执安大学声频研究室曾对35000名接受试验者进行声纹鉴别，成功率为97%，失误的3%既有技术原因也有理论原因。[①] 据其他国家的使用情况证明，运用声纹鉴定方法审查判断录音资料所得出结论准确率可达80%以上。现在，美国的法院基本上都承认声纹证据，科学界也很少全部否决该技术。使用国都报道运用声纹技术侦破了不少疑难案件。声纹技术发展到今天，其功能得以更广泛的发挥。例如，将磁带放入播放设备进行慢速播放，将录像资料通过放大慢播，反复听看分析可以检查音像带中是否被伪造、删改、插入、剪辑或模仿。还可以采用精密度极大的高分辨仪鉴别图像，用音素分析仪鉴别录音，以发现问题和排除矛盾，从而达到人像同一、人音同一。随着激光光源的开发利用，人们又采用激光的光学过滤系统来检验人的声音波谱图，从而向着更加客观真实的方向又把语言频谱的检测工作推进了一大步。美国、日本、德国、原苏联等国家的侦查机关将犯罪分子和嫌疑人、不稳定分子的声音像提取指纹一样地录制下来，用声谱仪逐人进行频谱分析编成程序贮入电脑，如遇有录音资料案件发生，便直接输入提取声音的程序语言，电脑即自动与储存的"语言档案"进行对比并输出其认定结论。

四、声纹技术在中国的侦查应用

据公安部第三研究所1994年统计的87起运用声纹鉴定的案件中，敲诈、诬告案件占20%，贪污受贿和经济纠纷占51%，强奸、谋杀案件占10%，其他占19%。为了解决检察机关在办案过程中遇到的这类问题，1995年最高人民检察院检察技术信息研究中心从美国引进了先进的5500型语图仪，开展了声纹鉴定的研究工作和检案实践。检察机关经常收到举报人携带录音资料检举受贿人的情况，尤其是在"一对一"没有旁证的案件中，录音资料往往是关键证据。因此，对录音资料的声纹鉴定就成为检察机关认定这类案件的重要证据之一。1996年12月，某基层检察院反贪局将一起涉嫌受贿案的录音资料送到最高人民检察院检察技术信息研究中心进行声纹鉴定。据举报人称，某单位主管基建副局长在单位修建实验楼的过程中，多次向举报人也就是该工程的承

---

① 参见朱勇：《法律与现代社会》，湖南教育出版社1986年版，第91页。

包商索要好处费，之后，这位副局长又多次以工程质量有问题为由，三番五次向举报人索取贿赂。举报人在给钱时都录了音，当这位副局长再一次以请单位主管部门领导吃饭为由向举报人索取 5000 元时，他一气之下，到检察机关举报了这位贪得无厌的副局长，并向检察机关提供了录音资料。为了谨慎起见，检察院决定先提取被举报人的声音样本，并在与被举报人谈话时录了音，然后将样本与举报人提供的检材一起送到北京，进行声纹鉴定。经过最高人民检察院检察技术信息研究中心对样本和检材的检验、鉴定，确认了举报人提供的证据是真实的，使这起案件得到了妥善处理，维护了法律的尊严。① 1997 年 12 月至 1998 年 9 月，深圳市人民检察院技术处在有关专家的指导下，受理声纹鉴定案件 4 件。其中市公安局移送审查起诉的梁某涉嫌持枪绑架勒索案，被告人梁某在法庭审理时拒不承认公安机关提供的录音带内容是其所言。受检察院起诉部门委托，技术人员对该案的检材和样本进行检验，作出同一认定的鉴定结论。再次开庭时，被告人不得不承认其犯罪事实，并受到应有的法律制裁。1998 年 10 月初，广东省人民检察院按照最高人民检察院《关于检察技术人员鉴定权管理暂行规定》，授予深圳市人民检察院技术处声纹检验鉴定资格。深圳市检察院声纹检验鉴定工作已全面展开，根据广东省检察院的要求，深圳市检察院技术处负责接受全省检察机关的声纹鉴定委托。② 2002 年 11 月 1 日，深圳市检察院开发的一套语音智能识别系统"广州话语音的同一认定方法"通过国家声纹鉴定专家组的鉴定。广州话是我国八大方言之一的粤方言的代表，目前世界上约有 8000 万人使用，粤方言的韵母比汉语普通话多三分之一以上，有 1200 个音（普通话 400 个），共有 11 声（普通话 4 声）。该语音的上述特性，尚无针对性的鉴定方法。1997 年 11 月，深圳市检察院向科技部门申报了《广州话语音的同一认定方法》研究课题，得到了广东省人民检察院和最高人民检察院的支持，历经 4 年的刻苦攻关攻克了这项世界难题。从 2000 年起，深圳市检察院先后运用这项科研成果对所受理的 22 件案件的犯罪嫌疑人语音进行鉴定，正确认定率为百分之百。应用结果表明，这项技术能适用于广州话语音和其他粤语方言语音的声纹鉴定。③ 天津市人民检察院也积极开展了声纹鉴定工作，如该院技术处应用我国目前先进的 VS—99 声纹仪对贪污巨额公款的犯罪嫌疑人吕某与他人订立攻守同盟的电话录音进行声纹鉴定，

---

① 引自王宁敏、欧大力：《视听技术新领域：声纹鉴定》，载《人民检察》1997 年第 11 期。
② 见《检察日报》1998 年 10 月 5 日。
③ 徐选礼、郭卫群：《听声音识别嫌疑犯》，载《检察日报》2002 年 11 月 2 日。

使百般抵赖、无理狡辩、拒不认罪的吕某最终供述了全部犯罪事实,受到了法律的严惩。① 公安部物证鉴定中心、中国刑事警察学院、最高人民检察院检察技术信息研究中心、司法部司法鉴定科学技术研究所等单位先后开展了声纹鉴定工作。在检察系统,到 2002 年已有天津市、安徽省、湖南省和深圳市等检察院的技术部门开展了声纹鉴定工作。声纹检验鉴定已在我国审查证据、证实犯罪等刑事诉讼过程中发挥着越来越重要的作用,尤其在侦查中声纹鉴定技术除了进行个体同一认定之外,还能对语音信号进行放大或降噪处理以提高分辨率,并对视听资料的内容有无增删等情况进行完整性和真实性鉴定。

第四节 录音技术

录音技术是在科学技术发展进程中声学、电学、化学、机械学等科学技术综合应用的结晶。

一、录音技术概述

运用科学原理制成的收录设备,靠一种机械手段进行物质能量转换过程,把人的陈述(演说、谈话、歌唱、呼叫、对讲等)和自然声响、机械摩擦、物体爆炸等声音如实记录下来,并同时加以固定和保存,然后经过播放显示再现原来的声迹,以恢复原始声响的最本质内涵。录音设备是录音技术的载体,主要是磁带录音机和录音磁带组成的电声设备。它能把人随时启动声韵器官所进行的表述,而且是转瞬即逝难以捕捉和无法保留的声音捕捉并保留下来,并最终以一定的声迹形式重现显示出来。而且再现的是原始声音的真迹,即真实地反映出讲话人的音质、音素、声调、语气等等。它是当今使用广泛、操作便利、效果理想的现代化电子技术。

二、磁录音技术设备

运用电磁学原理以录音磁带为载音体记录声音的一种电声设备叫磁带录音机。录音属于磁性记录:首先通过话筒把声音信号变成相应的电信号,然后利用电磁转换原理来进行信号的记录和重放。由磁头、录音磁带、机械传动机构、电气部分等部件组合构成录音机。

(一) 磁头

将电信号转换成磁信号储存在磁带上的磁头是录音机中的电磁换能器。它

---

① 张书涛:《声纹鉴定:服务侦查破案》,载《检察日报》2002 年 10 月 29 日。

还能将储存在磁带上的磁信号还原成电信号,或将磁带上存储的磁信号消除。它是录音机中的关键性元件,其性能直接影响到录音机的性能。磁头分为:录音磁头、放音磁头、抹音磁头3种。其磁头的构造大致相似,只不过作用不同:①录音磁头:把信号电流转变成为磁性,使信号记录在磁带上。②放音磁头:将记录在磁带上的磁信号转换成相应的电信号。③抹音磁头:把记录在磁带上的信号抹掉。是通以大电流,使在磁头缝隙处产生强大的磁场,以消除磁带上的残留剩磁。

(二)磁性录音带

它是在塑料薄膜带基上均匀涂抹一层磁性粉末层而构成,磁粉属于硬材料,具有较强的磁滞特性。磁带受外磁场磁化后就会产生剩磁,记录和"储存"声音并播放声音。

(三)机械传动系统

是使磁带以正常的速度经过磁头而进行抹音、录音、放音等动作和使磁带快速进带、快速倒带、停止操作等动作的机构。

(四)电气系统

由音频电压放大电路、功率放大电路、超音频振荡电路、电源电路等部分组成。录音放大电路把话筒送来的微弱信号加以放大后输入磁头并记录在磁带上;放音放大电路是把出现在放音磁头上的输出电压加以放大,还原成原来的音频信号,送至扬声器播出;超音频振荡器在录音时作超音频振荡用,放音时作功率放大用;电源电路是接通录音机的电源。由上述各部分构成录音机的电路系统。

三、录音工作原理

(一)录音原理

1. 磁铁原理。由许多具有异号磁极的极小的分子磁体组成铁磁物质,这些分子磁体也叫磁畴。在未经磁化的铁磁体里磁畴无规则排列,各磁畴的磁极作用相互抵消。故宏观的每一部分不起任何磁性作用。但把磁铁放在磁场里,部分磁畴发生偏转,某些将与外磁场方向一致和相近的磁畴会扩大其范围,使各磁畴的磁极作用不至于全被抵消,一个宏观部分在一定程度上显示磁性。即使撤销外加磁场,铁磁物质仍保留一定磁性(剩磁)。当外加磁场增强到一定程度之后,铁磁体显示最强磁性,呈饱和磁化。此时撤销外加磁场,铁磁体具有最强剩磁。这种磁铁称为"永久磁铁"。录音磁带的磁性材料相当于永久磁铁。因软铁式电磁铁的磁吸原理,正好符合于录音磁头的原理。故软铁式的电磁铁多用来作录音机的磁头。

2. 录音原理。如果将磁带靠近录音机录音磁头，磁带不动，使线圈上通有电流I时，磁带上将产生有成对的两个磁极，即N′和S′磁极；若将电流截断并让磁带稍向右方移动，再使线圈通以反向电流，在磁带上相应之处又录下相反的N′和S′磁极。若使磁带连续向右方移动，并连续改变线圈上的电流方向和强弱时，磁带即不断被磁化而在相应的各处录下一系列的N′和S′磁极，磁带在通过磁头瞬间被磁化，即留下随音频信号变化的剩磁，就是录音机进行录音的工作原理。即把声音变成电能，电能再转变为磁能，最后以磁化的形式把声音记录在磁带上。

（二）放音原理

放音的工作过程是：将录了音的磁带紧贴着用高导磁率材料制成的放音磁头不断移动，磁带上所录下的音频剩磁容易通过磁头铁芯而形成回路，因而磁带上所剩磁就会在放音磁头线圈上感应出一个与剩磁变化规律相同的感生电动势，该电动势经过放音放大器放大，送去推动扬声器时，磁带上所录下的音频剩磁信号就还原成原声音以完成放音。放音过程是把磁带上的磁能转换为电能，再把电能转变为声能，最后把声音放出来。与录音时的顺序相反。

（三）抹音原理

抹音方法是利用超音频交变磁场来消磁的超音频抹音。在抹音磁头线圈上通以比音频信号电流频率高、幅度大的超音频电流，便产生一个随着超声频电流变化的磁场，当原来已录有信号的磁带匀速地经过抹音磁头缝隙时，磁带就受到强磁场的作用被磁化到饱和状态并将磁带上录音时留下来的剩磁全部掩盖。当磁带不断向前移动逐渐远离磁头时，受抹音磁头缝隙强磁场影响就由强减弱致使磁带上的剩磁全部消失。通过这种"去磁抹音"过程就把录音时记录在磁带上的声音抹掉。

四、录音技术在国外的侦查应用

把录音技术运用于侦查取证，可以如实客观地记录、固定、保存和重现证人证言、犯罪嫌疑人的供述和辩解、被害人的陈述等，带来了言词证据方式异乎寻常地向机械运动客观证明过程的惊人变迁，人们称之为"会讲话的证据"。录音技术所获取的资料作为证据使用，在国外已有数十年的历史了。英美国家将其列为书证的一种；法国、日本、德国等国家未明确规定它是书证还是物证或其他证据，但在司法实践中广泛使用。人们最初是为了代替电话记录而设置在电话机上耦合安装录音机，后来却意外地起到了获取证据侦破犯罪案件的作用。在英国，早就把录音带列为可采纳的证据，甚至警察在走廊里录制的监室内犯罪分子的对话，亦可以作为证据使用。还确认在预审和法庭审判中使用录音手段来制作审讯记录保存,在被告翻供或指控审讯人员违法时出示作证。原苏联和东欧各国,录音技术在50年代就开始应用于诉讼活动。1946年苏联法学界就提出了在刑事诉讼中使用录音的问题,甚至有人设想,随着时间的推移,收录机将取代书写,刑事案件将由一束束磁带盒所组成。为了使录音手段合法化,1966年8月31日苏俄最高苏维埃主席团《关于对苏俄刑事诉讼法典的补充和修订》的命令中,在其他加盟共和国最高苏维埃主席团的类似命令中,以及在后来刑事诉讼法典的相应条款中,都规定允许在讯问被告人、嫌疑人和询问被害人、见证人时使用录音。同时,电传录音打字机也在侦查机关使用。前捷克斯洛伐克和波兰法典把侦查人员使用科技手段的权力具体固定下来,要求侦查和其他取证工作不能违反法律和道德的要求。1963年4月1日,东京下谷的一个年仅四岁的男孩标越吉展,在户外玩耍时突然失踪了。第二天,罪犯通过电话向被害人父母索要50万日元的赎金,当把钱送到事先指定的地点时又找不到人。警方接到报案后,除了积极进行侦破之外,还通过广播电台、电视台播送罪犯打电话时的录音,请求听众们在发现声音相似的人时赶快报告警察局。在群众不断的联系和协助下,警方抓到了几个嫌疑人,最后经过声纹鉴定,确认了作案分子。① 侦破此案所依据的主要证据就是关于行为人打电话的录音资料。

　　将录音技术手段运用于侦查是否合法,世界各国经过了长期争论,焦点是秘密录音获得的资料是否涉及侵犯公民权利,有无证据价值。尤其在日本、美国等国家曾发生较大争议。日本法学界出现过"窃听现行犯合法说"与"非法强制处分说"、"侵犯人权说"与"为公共福利窃听合法说"等争论,1953年东京高等裁判所的判决认为:警察为了"公共福利"进行窃听是合法的任意侦查行为。早在1927年美国有判例认为:窃听私人电话的案件不是强迫犯罪人自证其罪,窃听资料可作证据。1934年《联邦通讯法》及而后的判例又认为窃听是对公民谈话的非法搜查。但判例又认为如侦查需要窃听须持有法官签发的"窃听证"。1968年美国《综合整治犯罪与街道安全法》规定不得把违法窃听资料用作证据,但对重要犯罪的侦查可根据侦查机关的请求由法官发给合法的窃听证。

五、反窃听方法

　　反窃听方法主要有以下几种:
　　一是利用噪音掩盖有用信息。窃听对于收听范围内的一切声响都是"一

---

① 引自马进保、刘祁宪:《智能诉讼》,群众出版社1989年版,第70页。

视同仁"的,不论是谈话声或噪声都如实放大发送。针对窃听器无选择性这一特点,在室内举行重要会议时,可以同时放送音乐,把谈话声淹没在音乐声中,使窃听者听不清讲话声。

二是采用线路分析仪或反射仪。线路分析仪可检查出一些简单的电话窃听装置,反射仪可向线路发射出一个信号,然后在荧屏上观察线路上微小的变化,以此发现窃听装置。

三是采用"主动防护系统"。它能保持电话线上电压不变,使许多靠线路电压变化来开动的窃听器无法工作。

四是用探测仪检查、发现窃听器,或者采用全波搜索接收机搜索无线电波发现窃听器。

五是采用封闭式金属办公室。如果将办公室做成完全封闭式大金属箱子或笼子,并用导线与大地相连,就可防止无线电波从室内透到室外。

六是采用夹层玻璃密封门窗。门、窗玻璃采用双层或毛玻璃密封,具有较好的隔离无线电波的效果。①

六、录音技术在中国侦查中的应用

在《中华人民共和国刑事诉讼法》中,将"视听资料"规定为刑事诉讼的7种证据之一。这里所说的"视听资料",是指载有与案件相关内容的录像带、录音带、电子邮件等。自我国将视听资料规定为法定证据以来,录音技术在侦查中的应用迅速发展,任何单位和个人都有义务向司法机关提供自己所掌握的能证明犯罪嫌疑人、被告人有罪或无罪、罪重或罪轻的录音资料证据,经承办案件的司法人员审查认定后,作为案件的证据使用。在职务犯罪侦查领域,更多的还是由司法人员特别是检察官收集制作录音资料证据,故在侦查职务犯罪案件过程中,应当特别注重发现和收集录音资料证据,如在现场勘验、搜查等活动中注意搜索和获取录音资料证据;在侦查的其他各种活动和各个环节中注意发现和搜集录音资料证据;注意收取职务犯罪嫌疑人及其亲友提供的证明嫌疑人无罪或罪轻的录音资料;注意收集有关单位和个人所掌握的涉案录音资料证据;注意收集执法、执纪机关移送的有关案件情况的录音资料证据。检察官还常常在侦查职务犯罪过程中运用录音技术记录侦查活动和固定其他证据,如在询问证人、被害人和讯问犯罪嫌疑人时进行录音,这既是对询问、讯问等侦查活动过程的记录,又是对证人证言、被害人陈述、犯罪嫌疑人供述和

---

① "反窃听方法"见钟德馨主编:《监狱控制技术》,科学技术文献出版社重庆分社1989年版,第171—172页。

第六章 新兴侦查技术

辩解的一种证据固定手段。这种由检察官公开制作的录音资料和前述检察官所收集的由他人制作的录音资料均属现行刑事诉讼法规定的视听资料证据，经审查属实，可作为证据使用。

另据国家安全法第10条和人民警察法第16条规定：国家安全机关因侦察危害国家安全案件的需要，公安机关因侦查犯罪的需要，"根据国家有关规定，经过严格的批准手续，可以采取技术侦察措施"。这里所规定的"技术侦察"，包含将录音技术应用于电话窃听或电子侦听和秘密录音。根据有关规定，检察机关在侦查职务犯罪案件中，原则上不采用窃听等技术侦察手段，必要时经过严格审批后商公安、国家安全机关帮助进行。侦查中的秘密录音（窃听、电子侦听）在我国通常被认为法定的"技侦"手段之一，在侦查职务犯罪案件中的使用由于存在一定的法律障碍，故遇到现行侦查手段无法破案的情形时按规定经过审批后商请公安机关或国家安全机关的技术人员实施。司法实践证明秘密录音是侦破职务犯罪案件最有效的手段之一，但由于受到法律限制而在一定程度上直接影响其侦破率。而且，即便是依法进行"技术侦察"时的秘密录音在我国立法中也尚未取得证据效力，使其沦为侦查工作的一种辅助手段，只能作为分析案情的依据。但在必要的时候，依法进行转化才能成为诉讼证据，这又在一定程度上削弱了秘密录音的使用价值。因此，亟待立法规范秘密录音在侦查中的操作程序和确认其证据地位。世界各国长期的司法实践充分证明：由于职务犯罪的高智能性、隐蔽性和利用合法职权反侦查的便利性，决定了采用常规侦查手段越来越难以在侦控中有效发挥破案的作用。因此，针对全球职务犯罪日益严重的紧迫形势，《联合国反腐败公约》第50条第1款明确规定："允许其主管机关在其领域内酌情使用控制下交付和在其认为适当时使用诸如电子或者其他监视形式和特工行动等其他特殊侦查手段，并允许法庭采信由这些手段产生的证据。"但在我国现行的侦查体制下，对侦破复杂疑难案件有效的"技术侦查"手段，由于立法的限制还不能适用于职务犯罪案件的侦查工作，甚至"技术侦察"手段因缺乏有关诉讼法和专门法的依据也无法直接运用。综观当代世界法治大趋势，凡反腐败效率高的国家，其腐败罪案侦查机关都具有法定的技术侦查手段和紧急情况下的无证搜捕、限制出境等一系列特别侦查权。境外、域外的法定技侦手段主要用于侦查间谍、腐败、恐怖等罪案。如美国国会于1968年通过的一项立法规定："秘密监听"可用于侦查"贿赂政府官员罪"等12种犯罪。外国的刑事诉讼法大都规定秘密监听等技侦手段一般由法官或检察官批准，如意大利、德国等都有检察院或检察官决定或自行实施秘密监听的规定。2003年10月21日第58届联大通过的《联合国反腐败公约》明确规定各缔约国均应允许其主管机关使用诸如

"电子或其他监视形式"等特殊侦查手段,我国已于2005年10月27日由十届全国人大常委会第18次会议批准加入该公约,但国内法对检察机关却未赋予技侦手段,也未授予批准或决定使用技侦手段的职权。在现行体制下,检察机关为侦破疑难复杂的重大职务犯罪案件若商请有关机关使用技侦手段,既于法无据,又不利于案情保密,更难把握侦破案件的最佳时机,很难起到应有的作用。我国正处于职务犯罪特别是腐败案件易发多发期,而对反腐败侦查手段限制太严,致使大量积案久侦不破,客观上助长了刑讯逼供、超期羁押等违法办案、侵犯人权的行为。当务之急是应当借鉴国际通行做法,以立法的形式赋予侦查职务犯罪的检察机关应有的技侦手段和必要的特别侦查权,以科技强侦来强化职务犯罪的侦查职能。综观世界大多数国家通行的立法规定,一是要明确规定秘密录音的技术种类,如电话秘录、窃听、电子侦听等;二是要严格限定其适用的案件范围和对象,如严重危害国家和社会安全、严重破坏社会主义市场经济秩序、严重损害职务行为廉洁性等方面的案件,并只能主要适用于这类案件的犯罪嫌疑人;三是要具体规范适用程序,如主体资格、报批手续、审批权限等等;四是要公开确认证据效力,如只要是依法进行的秘密录音,即可直接作为证据使用。

在现有法制框架下为规范人民检察院讯问职务犯罪嫌疑人实行全程同步录音录像的技术工作,最高人民检察院依据现行法律的有关规定制定了《人民检察院讯问职务犯罪嫌疑人实行全程同步录音录像的规定(试行)》和《人民检察院讯问职务犯罪嫌疑人实行全程同步录音录像的技术规范(试行)》,并在此基础上于2006年12月4日印发《人民检察院讯问职务犯罪嫌疑人实行全程同步录音录像技术工作流程(试行)》的通知,要求录制人员在接受录制任务后,应当对讯问场所及设备进行检查和调试。录制的起止时间,至被讯问人员进入讯问场所开始,至被讯问人核对讯问笔录、签字捺印手印结束后停止。在固定场所进行全程同步录音录像的,应当以画中画方式显示,主画面反映被讯问人正面中景,全程反映被讯问人的体态、表情,并显示同步录像时间,辅画面反映讯问场所全景。在临时场所进行全程同步录音录像,使用不具备画中画功能的录制设备时,录制画面主要反映被讯问人,同时兼顾讯问场所全景,并显示同步时间。对参与讯问人员和讯问室温度、湿度,应当在讯问人员宣布讯问开始时以主画面反映。对讯问过程中使用证据、被讯问人辨认书证、物证、核对笔录、签字和捺印手印的过程应当以主画面反映。录制人员应当监控录音录像系统设备的运行,因更换存储介质需要暂停录制时,应当提前告知讯问人员。因技术故障等客观原因需要停止录制时,应当立即告知讯问人员。排除故障继续录制时,应当在录音录像中反映讯问人员对中断录制的语言补正。

录制人员应当及时填写《人民检察院讯问全程同步录音录像工作说明》中有关录制工作的内容，客观记录讯问过程的录制、系统运行、技术人员交接，以及对使用光盘编号等情况。本人签名后，交讯问人员按要求安排填写，在录制资料副本移交时收回归档。录制结束后，录制人员应当将录制资料的正本交讯问人员、被讯问人确认，当场装入人民检察院讯问全程同步录音录像资料密封袋，由录制人员、讯问人员、被讯问人三方封签，由被讯问人在封口处骑缝捺印手印。技术部门应当将全程同步录音录像录制资料正本存放于专门的录制资料档案柜内，长期保存，并做到防尘、防潮、避免高温和挤压，以磁介质存储的资料要存放在防磁柜内。询问证人需要进行全程同步录音录像的，参照本流程执行。

第五节 录像技术

录像技术，是以电视技术和磁带录音技术为基础而发展起来的新技术。

一、录像技术概述

运用光电效应和电磁转换的原理制成的摄像机、录像机将事物的发生、发展、运动、变化等客观真实情况原形原貌地录制下来，再经过播放重新显示原始的形象。即：录像→摄录→磁信号转变成光信号→还原成像。它不仅可以把图像和声音同步同时记录下来，而且能将记录的信息及时储存、重放，且携带便利，所以应用领域广泛。在能够同时记录、储存声音信息和活动图像并重现的技术设备中，磁带录像设备比较电影设备和视频圆盘电视唱片更具特殊优点：①可以将彩色电视信号和声音信号同时记录；②可将所记录图像和声音信号立即重放和随时监看；③可以消去不需要的图像和声音信息；④可对图像另配声音、声音信号可以单独消去再重新记录；⑤可在体积很小的磁带盒中记录大量的信息，储存和携带方便；⑥可以简单、方便地进行电子编辑并且制作节目迅速、方便；⑦可不在黑暗的房屋中观看图像，比电影机器操作简便。

录像技术的兴起最初可追溯到军事斗争的需要。第一次世界大战后，各国为了对付大战中发展起来的坦克、飞机、军舰等新武器的袭击，都秘密地研制能发现对方军事目标的雷达系统，用来显示监控目标的数量、距离、方位、速度及动态变化情况，雷达就是最早传真图像、最原始的显示目标图像的设备。二战后期，英美联军把抗感应和干扰感应显示的反雷达系统应用于诺曼底登陆战役，使法西斯的雷达系统完全陷入瘫痪，从而迅速夺取了欧洲战场的胜利。这种源于军事斗争需要的雷达显像，是最早的电子显示图像的手段。第二代晶体管电子计算机诞生后,促成了现代录像技术的发展,继普通电视摄像录像设备之后,又出现了直径不到1毫米的小孔摄像的窥视摄像装置、超远距红外激光摄像机。

二、磁录像技术设备

磁录像技术设备是由摄像机及传声器、录像机、电视信号处理装置、监视器四个主要部分组成的电子录像系统,它是记录图像、显示图像和处理图像的电子、光学和电的综合系统。其中,磁带录像机的构成可以分为五个部分:

(一)磁带和磁带盘

磁带录像机上使用的磁带叫录像带,它卷在磁带盘上。开盘式磁带使用前卷在供带盘上,记录或重放后存放到卷带盘上。盒式录像机上使用的是盒式磁带,录放时把磁带盒放在升降台上自动装带。不同用途的录像机上采用不同宽度的磁带。

(二)磁头

在录像机上要记录图像信号、伴音信号、控制信号等,因此,录像机里有图像(视频)录放磁头、伴音(音频)录放磁头、控制信号录放磁头、插入信号磁头、时间地址码磁头以及各种信号消去磁头。磁带从供带盘出来先经过总消磁头,然后进入磁鼓。磁带进入磁鼓和离开磁鼓的高度不同,所以,视频磁头转动后能倾斜地把视频磁迹记录在磁带上。录上图像信号后,再经过音频和控制磁头,分别把声音信号和控制信号记录在磁带上、下两边。然后,磁带经过主导轴和压带轮,使磁带稳速前进,最后收入卷带盘。

(三)信号系统

1. 视频信号录放系统。主要完成对视频信号的调频和解调工作,以及相应的电信号加工处理。

2. 音频信号录放系统。完成对音频信号的加工处理,记录时还要混入一个超音频电流做偏磁信号,重放时还要对重放特性进行校正。

3. 操作信号系统。磁带录像机的操作相当复杂,但新式的磁带录像机多用微处理器(微型电脑)来控制其操作系统,使磁带录像机的操作由繁变简。

(四)伺服系统

1. 磁鼓伺服系统。磁鼓伺服是稳定磁头的转速减小误差。

2. 磁带伺服系统。这是为了使带速稳定且使重放磁头准确跟踪记录磁迹。录放时带速的差异使图像的动作发生变化人为地做出慢动作、快动作和停像等特技。

3. 张力伺服系统。如果重放时张力与记录时不一样,就会造成时基误差。

为此，张力伺服系统是保证其张力恒定，并做到放、录一致。

4. 导杆伺服系统。四磁头磁带录像机的磁带导杆对磁头的压力会使磁带产生轻微变形，如果重放时和记录时导杆压力不一样，也会造成时基误差。因此在四磁头磁带录像机中加有导杆伺服系统以求对磁带的压力保持恒定。

（五）走带机构

走带机构包括磁带传动和磁鼓旋转两部分，在录像机中有精密的机械机构来传动磁带和驱动磁鼓，能保证图像的质量。

三、录像系统工作原理

（一）磁带录像机的基本工作过程

磁记录技术是利用电磁转换原理先将电信号变成磁信号，再以剩磁的形式保存在磁带上。使用信息时通过磁电转换将剩磁信号变成电信号输出。磁带录像机的基本工作过程是：摄像机将光学图像变为电视信号，再通过视频磁头，将电视信号记录在磁带上，完成图像的记录与储存；同时，将声音变为电信号通过录音磁头转换成磁信号，也记录、储存在磁带上。需要重现图像和声音时，录像机从磁带上取出记录的电视信号，输送到监视器，就重现出记录的图像和声音。

（二）电子录像系统的基本工作过程

在电子录像综合系统中，摄像机是拍摄镜头并把图像转换为电信号的过程；磁带录像机或其他录像机记录图像和从话筒送来的电声信号供日后放映；监视器原理与日常电视机相似，用来显示图像和伴音；电视信号处理装置是控制、处理和编辑图像的电子设备。现代的磁带录像机除了记录电视信号外，还能记录一路高质量的声频信号（称伴音信号）或两路立体声伴音信号。此外，还能记录一条插入信号；一条代表时间地址的信号和一条控制信号。由于图像信号的频带很宽，要比伴音信号的频率高300倍以上，因此，在磁带录像机上记录图像用的磁头与磁带之间必须有极高的相对速度。于是，记录图像信号用的磁头（称视频磁头）都装在一个旋转的圆鼓（称磁鼓）边上，使磁头围绕着磁鼓运动。这样，虽然磁带速度不高，但磁鼓的转动速度很快，就可以得到很高的相对运动速度。为了提高磁带的记录密度，必须使磁带的运动方向与磁头的旋转方向成一个角度。记录时，磁头从磁带的一边切入，斜记一条磁迹。然后从另一边离开磁带，等到磁头再接触磁带时，磁带已经向前移动了一小段距离。于是，第二条磁迹恰好排列在前一条磁迹的旁边。因此，磁带与磁鼓的边缘不是平行的，而保持一个倾角。两条磁迹之间留有一个空隙，称磁迹保护带。总之，录像系统这种由电视摄像和电缆传输及电视显示图像，并形成储存景物信号的录像磁带的全过程,是光→电→磁相互转换的过程,即利用光电器件→电视摄像管组成的摄像机,把目标景物的光信号转换成电信号,再由录像机将电信号转换成磁信号,储存于磁带。或将摄制的景物信号经电缆或发射电磁波传输到电视监视器终端,接收机把接收到的高频电讯号再经过一系列的检波、调频、放大处理,变成视频信号,经输送荧光屏通过荧光反映,显示出供人直接观看、判读的图像来。由此可见,电视摄录系统是由摄像机、信号传输系统、录像机、终端电视监视器和控制设备组成的摄、传、录、放的视频转换和信号储存系统。它能保留原始动态物体的真实变化过程,给人以直观的判读、认识、分析评判的客观手段。①

四、录像技术在国外的侦查应用

国外的侦查机关为了及时发现犯罪人,同时获取证据揭露和确证犯罪,早已广泛应用录像技术。尤其是在侦查中运用录像技术收集录像资料证据,具有可以直接收录、随时传输、同步观看的特点,即使一次转换成磁带储存,也不需要任何中间环节,因此运用它取得的第一手证据材料进行案情分析、现场指挥、果断决策、追踪堵截、通缉布防具有非常重要的意义。录像资料逼真的显示能力,超过了其他各类证据,尤其是在把录音和录像结合起来之后,把声音和形象联系在一起,实现了二者的同步,其证明性就是一加一大于二,形成了"整体大于部分之和"的综合优势效应,被国外誉为"会运动的证据"。录音和录像两种现代化的取证方式,联机配合使用,还可以同其他技术设备如电视监视器、防盗报警器、自动摄像机配合使用,以实现报警、监视、取证一体化,成为迈向智能化侦查的最有实际意义的步骤。

在当代,根据红外辐射原理,国外出现了一种"热像捕影"的侦查方法。世界上的一切物体,只要温度高于绝对零度,它就要不断向四周发射红外线辐射。这种红外辐射波人眼看不到,但它能被"红外摄像仪"捕捉到。人的体温都在37℃左右,一般高于周围气温,因此也不断发射红外辐射。作案人尽管小心谨慎,注意留下任何痕迹,却无法使自己发热的身体隐藏起来,这就不可避免地在作案现场留下一个"红外热像"。虽然作案后作案人已逃离现场,但用红外摄像仪摄下的这个热像,也可清晰地看到案犯作案时的动作,分析出案犯的身高、年龄、体貌特征,为破案提供重要依据。对需要通缉的案犯,可

---

① 录像技术及工作原理参见:a. 钟德馨:《监狱控制技术》,科技文献出版社重庆分社1989年版,第138页。b. 马进保、刘祁宪:《智能诉讼》,群众出版社1989年版,第83页。

以把摄下的热像通过广播电视发出通缉令,除了图像之外,还可以根据分析得到的情况,介绍逃犯的年龄、性别、职业、生理特点、语言习惯、衣着服饰、携带物品、大概逃向等情况。对国际性的逃犯,还可以通过国际电缆、通信卫星、高分辨传真以及其他通信工具进行联系、转播,以取得国际方面的援助。追踪逃犯时,需要把随时发生的情况和指挥总部以及有关方面联系。他们手中都有一部靠无线电传输的图像发讯机,还有对讲机等通信器材。指挥员可以在办公室或汽车上及时了解情况,发出部署调动的指挥命令,发起对罪犯的追击堵截围歼活动。前西德一家电子公司生产了一种图像发讯机,警察利用这种装置,可以把逃犯所处的位置、环境、携带的凶器等情况发射出去,在五公里的范围内,运用特殊的电视接收机即可接收到。这种装置在追捕逃犯中威力更大。① 运用录像技术进行侦查,能收集到靠普通方法无法收集到的证据,大大提高破案率。

在国外使用微光电视监视系统,控制犯罪场所或追踪监视对象,可以达到远距离秘密监视,自动寻找目标摄像的目的。采用微光电视遥控监视,可以扩大监视范围,特别是对那些地形复杂、隐蔽条件较好的场所,对狡猾的案犯以及人们无法接近监视目标进行监视时,更能发挥它独特的效用。在特定的地点秘密安装上监控设备,能配合侦查人员进行监视守候取得证据,抓获案犯,进而侦破全案或揭开某些积案的内幕。当今普遍在各主要路口安装自动监测摄像仪,如果违章车辆遇停止信号不停车或交通肇事,或利用车辆杀人、伤人后驾车逃跑等情形下闯红灯时,都会被摄录下该车特征、牌号、违章行为等,为纠正违章和侦查破案提供活生生的证据。在电视录像监视系统中,最重要的设备是摄像机,它是监视过程中最先发现目标,及时取得信号的侦查电子眼。如果没有这项前沿设备或设备不精良,有价值的信息,好的时机也会被贻误,达不到监控录像的目的。因此,各种类型的电视摄像机新产品在不断地推出,向体积小、灵敏度高、适应性强、图像清晰的目标迈进。这些设备包括小型电影摄像机、小型无线电视摄像机、窥视电视摄像机、遥控电视摄像机、微光电视摄像机、红外线电视摄像机、X 射线电视摄像机、紫外线电视摄像机、超小型电视摄像机等多种类别型号。美、日、英、法、荷兰、德等国均能生产 CCD 超小型电视摄像机,早已投放国际市场,有高灵敏度的黑白 CCD 电视摄像机、彩色 CCD 电视摄像机、微光 CCD 电视摄像机等。各国还运用 CCD 的基本原理和优点生产出了可用以直接取证的摄录一体化(又称摄录组合系统或视频电路)、磁视频照相机、高速分辨率传真机,使摄像和录像技术在侦查等司法业

---

① 引自马进保、刘祁宪:《智能诉讼》,群众出版社 1989 年版,第 93 页。

务上日益广泛应用。

五、录像技术在中国的侦查应用

我国现行刑事诉讼法明确规定视听资料是刑事诉讼的证据，包括在侦查过程中由侦查人员或负责案件侦查机关指派有关技术人员制作与案件事实或者犯罪嫌疑人有关的录音、录像、照片、胶片、声卡、光盘、电子计算机内存信息等资料，故侦查机关在侦查中广泛使用同步录音录像以固定证据的资料属刑事诉讼法规定的证据种类之一。因此，同步录像是以用于刑事诉讼为目的的视听资料。在侦查实践中，同步录像可以记录讯问、询问、勘验（含侦查实验）、检查、搜查、扣押等侦查活动，它是依法侦查案件的机关以录像方式同步记录侦查行为的诉讼活动所形成的以录像带、电子计算机硬盘、光盘等为载体的视听资料，是一种以记录侦查过程为手段形成相应的视听资料来证实案件事实的侦查行为。随着国家法治的推进，在侦查活动中不但要保护被害人的合法权益，对犯罪嫌疑人的合法权益也要采取同等保护措施。因此，对犯罪嫌疑人讯问全程录音录像已成为检察机关和公安机关如实记录和依法规范侦查讯问活动的发展方向。如为了进一步规范检察机关的执法行为，依法惩治犯罪，保障人权，提高执法水平和办案质量，2005年11月1日最高人民检察院第十届检察委员会第四十三次会议通过了《人民检察院讯问职务犯罪嫌疑人实行全程同步录音录像的规定（试行）》，规定人民检察院在办理直接受理侦查的职务犯罪案件时，每次讯问犯罪嫌疑人应当对讯问全过程实施不间断的录音、录像。询问证人需要录音或者录像的，应当事先征得证人的同意，并参照本规定执行。全程录像既有利于防止犯罪嫌疑人、被告人翻供，又便于监督检察官文明办案、规范执法。而公安机关在推行侦查录音录像过程中，则重点全力推动命案和涉黑案件讯问全程录音录像。

可见，录像技术在我国侦查中的应用如同录音技术一样，主要是在侦查过程中依法收集已经存在的录像资料用于证明案件的有关事实和情节，包括罪与非罪、罪重与罪轻的情况，记录侦查活动的过程和固定其他涉案证据，依照严格的法定程序和刑事司法制度的规定对特定案件进行必要的秘密录像以辅助侦查，也亟待通过新的立法规范秘密录像技术的应用程序、范围和对象，并确认依照法定程序进行的秘密录像所获资料的证据效力。录像技术比较于录音技术，更有其突出的特点。除在秘密录像时由于其技术要求和运用难度高于秘密录音技术而受一定的制约外，录像技术具备音像合一、动态直观、准确逼真等诸多优势，故在侦查中的应用更为广泛，其应用价值更高。

(一) 对重要侦讯活动的全程录像

对犯罪案件的重要侦讯活动，尤其是大案要案的搜查、扣押、拘捕、讯问等重要的侦讯活动通过全程录像，一是准确、系统的记录这些重要侦讯活动的全部过程，并固定其完整的证据资料；二是科学地监督侦讯人员依法文明办案，避免非法搜查、拘捕、刑讯等情况的发生；三是准确地再现侦讯活动的真实过程，防止犯罪嫌疑人诬告陷害侦讯人员违法办案。这类录像资料还应当同机同步录制多份，不允许拷贝，并在录制结束时由侦查机关当场封存一份，供诉讼使用一份，必要时还应交犯罪嫌疑人或其近亲属保存一份。封存标签上务必写明侦讯活动的时间、地点、内容、侦查人员和在场人姓名及身份，并由犯罪嫌疑人签名。如果在以后的侦审、庭审时犯罪嫌疑人、被告人对诉讼用录像带提出异议，应在检察官或法官主持下当场或当庭调出封存录像带拆封播放公开比对，必要时还可调取犯罪嫌疑人、被告人或其近亲属保存的录像带进行同时比对。在讯问全程同步录像（包括录音）工作中要特别注意：①按规定录制讯问场所的场景和起止时间，要全面准确地反映讯问工作的全程、全貌，防止录像资料缺少重要细节。②要认真履行诉讼权利告知等法定程序，严格依法讯问，防止讯问工作中出现不规范的行为。③严格遵守传唤、拘传不得超过12小时的规定。④防止突然断电、技术障碍等原因造成同步录像中断。⑤严防弄虚作假，对为掩盖违法办案行为而不对讯问工作全程同步录像，或者对同步录像资料进行剪辑删改的，要作为严重违反办案纪律行为，与违法办案行为一并严肃处理。

(二) 犯罪现场同步监控录像取证

在国家的重要设施、重要场所、战略物资等重点处所，安装全方位的电子录像监视系统，进行全天候监视，一旦发生致使公共财产、国家和人民利益遭受重大损失的犯罪行为时，根据现场监控同步录像资料即可证明犯罪活动。

(三) 监视犯罪嫌疑人的可疑行踪

根据个案线索和有关涉罪活动的信息，在侦查中利用微光电视监视系统，对特定地点、嫌疑场所和犯罪嫌疑人经常隐蔽出入的地方，如其住地、与可疑人约会的地点、参与"黄、赌、毒"活动的地点等，依法进行遥控监视和自动寻找目标进行摄像，获取涉案证据资料。

(四) 利用"电子眼"监控犯罪嫌疑人使用的车辆

当前，城市及一些主要交通要道大都安装了智能交通监控摄像管理系统，俗称"电子眼"。主要利用摄像技术，全天候地对机动车辆违章行为自动拍录，并记录车辆违章的地点、时间、车型、车号、情节等。如果犯罪嫌疑人进行犯罪活动或驾车潜逃发生违章行车行为，则可通过"电子眼"监控记录识别犯罪嫌疑人使用的车辆。而且，随着自动监测、视频雷达等技术的进步和其他相关技术的突破，"电子眼"的智能性进一步提高。如高速行驶车辆的车牌视频识别技术能对指定车辆进行适时识别报警功能，故在犯罪嫌疑人驾车进行犯罪活动或潜逃时，只要知道其车牌即可对该车进行识别报警。"电子眼"具有在全天候条件下鉴别车型、车辆行驶方向和抗非机动车干扰的功能，这有利于及时准确掌握被犯罪嫌疑人使用的车辆的所在方位及其行踪等信息。"电子眼"的智能型地磁检测器的测速误差小于2.4%，这对于围追堵截被用于犯罪活动或携款潜逃的车辆能够提供准确的依据。

（五）运用电子摄像监控系统进行侦查指挥

案件的侦查机关应当普遍建立电子摄像监控中心，连接辖区各重点部位的摄像机，实行一览无余的有效监控。同时配备先进的通信设备，侦查指挥人员可以在指挥中心"眼观六路、耳听八方"地进行全方位的有效指挥协调，用先进的科技力量提升侦查破案能力。

（六）在指控职务犯罪时运用录像技术进行法庭示证

录像技术作为法庭科技之一，在庭审时示证指控犯罪，具有准确逼真、生动形象、动态直观、便利高效等无可替代的优点。

☆规制链接 关于审查判断视听资料的规定

根据最高人民法院、最高人民检察院、公安部、国家安全部、司法部《关于办理死刑案件审查判断证据若干问题的规定》（自2010年7月1日起施行；2010年6月13日"两高三部"联合通知规定：办理其他刑事案件参照此《规定》执行），对侦查取得的视听资料审查判断的认定要求如下：

第二十七条 对视听资料应当着重审查以下内容：

（一）视听资料的来源是否合法，制作过程中当事人有无受到威胁、引诱等违反法律及有关规定的情形；

（二）是否载明制作人或者持有人的身份，制作的时间、地点和条件以及制作方法；

（三）是否为原件，有无复制及复制份数；调取的视听资料是复制件的，是否附有无法调取原件的原因、制作过程和原件存放地点的说明，是否有制作人和原视听资料持有人签名或者盖章；

（四）内容和制作过程是否真实，有无经过剪辑、增加、删改、编辑等伪造、变造情形；

（五）内容与案件事实有无关联性。

对视听资料有疑问的，应当进行鉴定。

对视听资料，应当结合案件其他证据，审查其真实性和关联性。

第二十八条 具有下列情形之一的视听资料，不能作为定案的根据：

（一）视听资料经审查或者鉴定无法确定真伪的；

（二）对视听资料的制作和取得的时间、地点、方式等有异议，不能作出合理解释或者提供必要证明的。

第六节 计算机技术

计算机是能进行数学运算的机器，有的用机械装置做成，如手摇计算机；有的用电子元件做成，如诞生于20世纪40年代的电子计算机。

一、计算机技术概述

电子计算机，是能把信息自动、高速地储存和加工的电子设备，可分为数字式、模拟式和混合式三大类。通常所说的计算机是指电子数字计算机（即数字式）。电子计算机具有数值和逻辑运算的功能。它能通过对输入数据进行指定的数值运算和逻辑运算解决各种问题，也能通过对信息加工解决数据处理问题。它与一定机电设备结合能对生产过程实施控制，已广泛应用于经济、文教、科技、军事等各个领域。现代电子计算机的记忆、推理、学习等功能类似于人脑，故人们又将其称为"电脑"；又因为20世纪70年代初微型电子计算机的诞生，人们又将其称之为"微机"；为了综合数字计算机的存储功能和模拟计算机的数据积分速度的优点，运用混合接口使模拟和数字设备结合起来形成一种计算机系统，故称之为"混合计算机"。电子计算机的诞生是人类社会智能革命的主要标志，它的发展之迅速、普及之广泛，是其他技术领域无可比拟的。由于它在信息技术、空间技术、核能技术、生物技术、海洋技术、新材料技术、新能源技术、激光技术、超导技术、光电子技术等高技术圈内起着名副其实的核心作用，故人们又将其誉称为"高技术核"。20世纪60年代问世的网络技术，可由多个计算机连接成系统实现资源共享，并能将各种不同的网络互联起来，网民可以参加在线通信。据统计，截至2008年6月底，中国网民达2.53亿人，居世界第一，每天新闻更新2万多条，日均新闻信息浏览量超过20亿次。[①] 而据中国互联网络信息中心（CNNIC）发布的《第24次中国互联网络发展状况统计报告》显示：截至2009年6月30日，中国网民规模达到3.38亿，较2008年底增长13.4%，半年增长了4000万；宽带网民规模则

---

① 参见汝信主编：《社会蓝皮书》（2009），中国社会科学文献出版社2008年版，第280页。

达到了 3.2 亿，占总网民数的 94.3%，较 2008 年底上升了 3.7 个百分点；互联网普及率达到 25.5%，保持平稳上升的态势；使用手机上网的网民达 1.55 亿，占网民的 46%，半年内迅猛增长 32.1%。网民规模、宽带网民数、国家顶级域名注册量（1296 万）三项指标仍然稳居世界第一，互联网普及率稳步提升。领跑全球互联网的中国网络，已经快速发展成使政府更好地治国理政及时了解社情民意的新平台，同时也是中国社会各阶层宣泄情感、利益表达、思想碰撞的既重要又便捷的舆论渠道。总之，当代计算机是具有储存、检索、处理资料、编制程序等功能的电子装置，是可以进行数值运算、逻辑运算和推理判断的信息加工工具，是人脑的延伸。当代计算机文化是人类的第二文化。

二、计算机技术的发展

人类渴求快而准的计算工具由来已久，但最原始的计算工具是我国春秋时代"筹算法"用的"竹筹"；唐末创造出"算盘"，后来发展到能用计算尺或高斯对数表插值计算，其精确度通常只有二、三位，最高只能达到八位。真正的计算机鼻祖是 1642 年在法国研制诞生的带有自动进位装置的巴斯加尔加减机械计算机。1671 年又出现了对这种计算机经过改进研制出的以反复地加减运算来实现乘除运算的莱布尼茨计算机。1887 年制成手摇计算机，以后又出现了电动计算机。20 世纪初电子技术的扩散，带来了近代的第三次工业革命，继电话、电报、电影诞生之后，科学家们试图用电动功能来代替人进行各类技术方面的计算。1934 年英国的数学家巴贝奇设计成功最原始的电子计算器。即"差分机"。1937 年美国的艾肯制造了第一台计算机模型，这种使用继电器的机电式计算机每秒可计数 3 次。而后德国试制成功了使用电子管组装起来的电子计算机。与其他现代科技的发展大多与军事有关一样，第二次世界大战促进了计算机技术的飞跃发展。为了适应军方提出的计算火炮弹道的需要，美国的宾夕法尼亚大学的莫尔电工学院同阿伯丁弹道研究所合作，在物理学家莫希莱的主持下研制计算机。但直到战后的 1946 年才研制成功世界上第一台综合电子计算机并命名为"埃里阿克"。计算速度为每秒 5000 次，从在阿伯丁炮击场的弹道研究所里运行的 10 年来看，要完成过去 7 个小时的运算任务它只用 3 秒钟。因此，它可谓为战争而研制却普遍应用于战争之外的广泛领域。由于"埃里阿克"体积大、功耗多、可靠性差等缺陷，美国普林斯顿大学高级研究所的美籍匈牙利数学家冯·诺依曼博士和部分研究人员在总结经验的基础上，提出了《关于电子计算机装置逻辑结构的初步探讨》，建议采用"内部指令方式"和"二进制运算"从而确定了当代"数字式电子计算机"的基础，提高运算能力达每秒五六万次，完成了第一代电子计算机的研制任务。冯·诺依曼存储程序和计算机基本结构的思想奠定了计算机的理论基础。尔后，计算机伴随着当代科学技术的发展不断地更新换代，计算机基本结构中各逻辑功能部件采用了不同的电子器件，其换代原则是硬件元件的更新。在一至五代计算机中，也只是第三代之后硬件元件只有集成度大的量变，没有质变，当然后三代机在软件方面差别明显。如"数据流计算机"，其指令的执行是根据其所需数据到达的顺序决定，而且程序中数据已到达的所有指令均同时执行，以大大提高计算机速度。用这种思想设计的计算机在一定范围内突破了冯·诺依曼机的设计思想，故有人称其为"非诺依曼计算机"。然而，它并没有突破冯·诺依曼存储程序的基本思想。

在未来社会，计算机、网络、通信技术将会一体化，人们会面对各种各样的未来计算机。如能识别自然语言的计算机将在模式识别、语言处理、句式分析和语义分析的综合处理能力上获得重大突破；高速超导计算机执行一条指令只需十亿分之一秒，比半导体元件快几十倍；光子计算机是利用激光作为载体进行信息处理的激光计算机，以光运算代替电运算，故又叫光脑，早在1986年作为实验室研究的光子计算机已研制成功，其运算速度比普遍的电子计算机快1000倍，它依靠激光束进入由反射镜和透镜组成的阵列中来对信息进行处理；量子计算机在理论方面的性能超过任何可以想象的标准计算机，个体光子通常不相互作用，但是当它们与光学谐腔内的原子聚在一起时，它们相互之间会产生强烈影响。光子的这种特性可用来发展量子力学效应的信息处理器件"光学量子逻辑门"，进而制造量子计算机；还有DNA计算机、神经元计算机、生物计算机等等。

目前世界上设计技术最先进、计算功能最强大、运算速度最快的是超级计算机，其设计原理就是让数千台乃至上万台计算机协作变成一台超级计算机"并行计算"。2008年11月，采用"曙光5000A"机型的国产超级计算机"魔方"在被誉为衡量国际高性能计算机应用状况"晴雨表"的"超级计算机500强"排行榜名列第十，而前九名都由美国的厂商制造，中国共有15台超级计算机进入500强，在发展中国家名列第一。2009年6月15日，"魔方"在上海开始高速运转。至此，中国正式迈入了每秒运算速度超百万亿次的全新计算机时代。"魔方"采用的是刀片机群体系架构，每个刀片就是一个服务器，能协同工作，运行起来的峰值速度为每秒超过200万亿次，令世人对"中国速度"另眼相看，因为它是当时世界前十台最强大超级计算机中唯一的"非美籍"，也使中国成为美国之后第二个研制出实测峰值"超百万亿次"超级计算机的国家。然而，就在这台运算速度世界第十、亚洲第一的超级计算机在上海开始高速运转8天之后，在新一轮列表中它却退居第15名。国际超级计算机年会（International Supercomputing Conference）每年6月和11月两次公布超级计算机全球500强排名。2009年6月23日早上，在德国汉堡公布新的超级计算机的全球500强列表，此次进入全球500强的运算速度较之6个月前有很大提升，排名最后的超级计算机的运算速度为17.1万亿次/秒，6个月前相同排名上的超级计算机的运算速度仅为12.64万亿次/秒。此次排名中的全部500强超级计算机的平均运算速度为22.6万亿次/秒，较之半年前的16.95万亿次/秒和一年前的11.7万亿次/秒也同样获得了大幅提升。IBM用于美国能源部Los Alamos国家实验室的超级计算机"走鹃"（Roadrunner）继续占据头名，它的浮点运算速度可达1.105千万亿次/秒。仅随其后的是Cray XT5"美洲虎"，它的浮点运算速度为1.059千万亿次/秒。而位于中国上海超级计算中心的"曙光5000A"超级计算机则超过日本位列第15，但比上次位列第10位次下滑，足见超级计算机的激烈竞赛无止境，中国期待与时俱进的新速度。此后不久，中国成功研制千万亿次超级计算机"天河一号"，峰值性能为每秒1206万亿次，一跃成为继美国之后第二个能研制千万亿次超级计算机的国家，标志中国超级计算机质的突破。

2010年5月31日，在德国汉堡举行的世界超级计算会议上公布了新一轮计算机500强榜单。中国"星云"超级计算机名列第二，仅次于美国的"美洲虎"（运算能力每秒1760万亿次）。"星云"运算能力每秒1270万亿次，安装在国家超级计算深圳中心，其理论峰值接近3000万亿次（"美洲虎"的理论峰值2300万亿次）。新榜单上中国共有24台，排在美、英、法之后与德国并列第四位，其中国家超级计算天津中心的"天河一号"排名第七。

三、计算机系统的组成

计算机系统一般由硬件、操作系统、应用程序等几个部分组成。

（一）计算机系统的构成

1. 硬件。是指构成计算机系统的电子器件、各种线路及设备，它为计算机处理数据提供物质基础，如CPU芯片、显示器、打印机、硬盘驱动器和软盘驱动器等，统称为计算机资源。简单地讲，硬件就是构成计算机系统的一切电子设备和电子器件。

2. 软件。软件一般是指为计算机运行工作服务的全部技术和各种程序。同硬件相比，软件的主要用途是充分提高硬件效能和解决用户的问题。软件又分为：① 系统软件。它是在计算机运行中对硬件进行监督、管理的一组程序，介于使用者与计算机硬件之间的界面，为使用者提供方便，并使整个计算机系统得到有效利用。软件中的操作系统是一系列监督程序、管理程序的总称，它对 CPU 执行的各种程序文件进行调度和管理；对存储器进行合理分配；对外围设备进行控制。② 应用软件。是面向用户的一组程序，为用户处理实际问题而编制，接近于处理过程，面向处理任务。它可由用户自己开发，方便用户所需，解决实际问题。概括地讲，应用程序的作用是利用这些资源来解决用户的计算问题，而操作系统则控制和协调诸用户在各个应用程序中对硬件的使用。

在计算机系统中，硬件是软件的载体，软件是控制硬件发挥作用的关键，二者不可分割。

（二）IBM—PC 型微机的硬件构成

IBM—PC 型微机是最为普及的机种，它结构开放、兼容性好、软件丰富，是世界上最流行的个人计算机。构成该机的重要部件主要是：

1. 主机箱，亦称主机。主机是微机核心部分，它又由以下部件组成：①中央处理器（CPU）。中央处理器又是主机最关键的部件，是整个微机核心中的核心。它是个火柴盒大小的方块，负责整个电脑运算和控制，是计算机的心脏。人们平时所说的 486、奔腾 586、高能奔腾 686 等，都是指 CPU，它决定微机的主要性能与运行速度。②内存储器。包括随机存储器和只读存储器。主要用于保存数据和程序。③输入输出（I/O）接口板。用于连接显示器、打印机和磁盘机及其他设备。④软盘驱动器。是外存储设备，可与内存交换信息。⑤硬盘驱动器。⑥其他。如定时器电路等。

2. 显示器。基本输出设备，是监视器与主机中的显示卡组成的显示系统，负责显示键盘输入的信息、运行的结果及跟踪监视程序的运行过程。

3. 键盘。人机对话的信息由它输给计算机，有 83 键与 101 键，常用后者。它包括打字机、数字、功能 3 个键区和系统中的常用键。

4. 鼠标。输入工具，分两键与三键两种。

5. 打印机。将微机输出信息打印在纸上。

四、计算机工作原理

计算机是一种机械装置，我们可以将其视为一种"高级算盘"工具。当人运用原始算盘运算时，首先大脑中要录入并储存"加、减、乘、除"口诀这种原始资料，然后根据具体的算术题在人脑指挥下运用算盘计算出结果。计算机的工作程序也是这样的原理。它具有储存资料、进行数值与逻辑运算等功能，也要依据预先录入的原始资料、根据程序用不同的方法提供信息。其大体过程是：

第一，通过输入设备输入程序和命令。通过输入设备向计算机输入数据、程序以及各种字符信息，并转换成计算机能识别的"二进制代码"。人们按照要解决的问题的数字描述，用计算机能接受的"语言"编制成程序，输入计算机使其按人的意图进行运算。

第二，利用存储器保存信息。它像一个大仓库用来存放通过输入设备录入的待处理信息，如同保存题目和数据的工具一样，存储着数据、表达运算法则及步骤和程序。计算机自动计算的根据就是存储器里的程序。程序要为计算机提供运算的数据、运算的顺序、进行何种运算等等。而程序、数据以及在运算中产生的结果和最后的结果都要存储于存储器内。

第三，通过运算器的算术运算、逻辑运算进行信息加工。运算器是相当于算盘一样进行运算的装置，只是它的功能更强、速度更快，并能执行人的指令，利用已存储的信息和程序推测解决问题的方法，进行逻辑推理、得出的问题的结论。这都是算盘所无法比拟、望尘莫及的。计算机中运算的数是一种信息载体，运算器根据人的意图进行数值运算是进行信息加工，它按照逻辑代数的规则进行的逻辑运算是进行判断。

第四，利用控制器来指挥协调运算过程。它类似人脑的中枢神经，其作用是按人们事先给定的指令步骤统一指挥、控制计算机各部件有条不紊地协调工作。

随着大规模集成电路的发展，现代计算机多把运算器和控制器做在一起，叫做微处理器。或中央处理器CPU。如果说计算机是"电脑"，那么CPU则是"中枢神经"与"特异功能算盘"的结合体：运算器对信息进行加、减、乘、除等数值运算和比较、移位、布尔运算等逻辑运算；控制器则控制计算机自动、连续运行以及各部分之间的联系。也就是说：运算器只管运算，数据来源何处、采用什么方式（算术方式还是逻辑方式）运算、运算所产生的结果往哪里输递等等，都要由控制器统一指挥调度。控制器如同司令部发出一系列控制信号指挥计算机各个部分协调配合地工作。

第五，经过输出设备显示结果。计算机执行人的指令完成计算任务后产生的结果，通过显示器、打印机等输出设备显示出来，以人能够识别的方式提供给人，以此完成其执行指令的计算任务。

五、云计算及其特点

"云计算"概念由Google提出，是一个网络应用模式。云计算时代可以抛弃U盘等移动设备，只需要进入Google Docs页面，新建文档，编辑内容，然后，直接将文档的URL分享给他人，他人可以直接打开浏览器访问URL，再也不用担心因PC硬盘的损坏而发生资料丢失事件。

"云"是一些可以自我维护和管理的虚拟计算资源,通常为一些大型服务器集群,包括计算服务器、存储服务器、宽带资源等等。云计算将所有的计算资源集中起来,并由软件实现自动管理,无须人为参与。这使得应用提供者无须为烦琐的细节而烦恼,这就好比是从古老的单台发电机模式转向了电厂集中供电的模式。它意味着计算能力也可以作为一种商品进行流通,就像煤气、水电一样,取用方便,费用低廉。最大的不同在于,它是通过互联网进行传输的。质言之,是指计算将越来越多地通过互联网从共用机器的"大仓库"中提供。因此,"云计算"必将成为网络争夺大战的新高地。云计算具有以下特点:

（一）超大规模

"云"具有相当的规模,Google 云计算已经拥有 100 多万台服务器,Amazon、IBM、微软、Yahoo 等的"云"均拥有几十万台服务器。企业私有"云"一般拥有数百上千台服务器。"云"能赋予用户前所未有的计算能力。

（二）虚拟化

云计算支持用户在任意位置、使用各种终端获取应用服务。所请求的资源来自"云",而不是固定的有形的实体。应用在"云"中某处运行,但实际上用户无须了解,也不用担心应用运行的具体位置。只需要一台笔记本或者一部手机,就可以通过网络服务来实现我们需要的一切,甚至包括超级计算这样的任务。

（三）高可靠性

"云"使用了数据多副本容错、计算节点同构可互换等措施来保障服务的高可靠性,使用云计算比使用本地计算机可靠。

（四）通用性

云计算不针对特定的应用,在"云"的支撑下可以构造出千变万化的应用,同一个"云"可以同时支撑不同的应用运行。

（五）高可扩展性

"云"的规模可以动态伸缩,满足应用和用户规模增长的需要。

（六）按需服务

"云"是一个庞大的资源地,你按需购买;"云"可以像自来水、电、煤气那样计费。

（七）极其廉价

由于"云"的特殊容错措施可以采用极其廉价的节点夹构成"云","云"的自动化集中式管理使大量企业无须负担日益高昂的数据中心管理成本,"云"的通用性使资源的利用率较之传统系统大幅提升,因此用户可以充分享受"云"的低成本优势,经常只要花费几百美元、几天时间就能完成以前需要数万美元、数月时间才能完成的任务。

综上,"云"以租赁计算能力及存储空间和远程处理数据来按需分配网络资源和提供服务,具有"价廉物美质优"的诸多特点。全球IT巨头正在倾力绕"云"角遂,各国政府尤其是发达国家更是高度重视迅即反应,如2009年3月美国总统奥巴马任命新的联邦政府首席信息官,负责监管以云计算为核心的高新技术的推广和应用。2010年2月初美国空军与IBM公司签订试验合同,研究云计算如何作为空军管理、监督和保护内部网络信息的工具。而在同年初发布的《数字英国报告》中,呼吁加强政府的云计算部署。又如韩国政府2009年12月决定投入巨资扩大云计算的市场规模,并将韩国相关企业的全球云计算市场占有率提高至10%。如此等等,围绕"云"这个互联网中枢神经系统而展开的控制与争夺的激烈较量可见一斑。云计算也在中国快速发展,2008年5月10日,第一个云计算中心在无锡太湖新城科教产业园投入运营;2008年6月24日又成立了IBM大中华区云计算中心;中国移动研究院已经完成云计算中心试验;中国企业创造的"云安全"概念在国际云计算领域独树一帜。总之,在"云"主宰的后信息时代几乎可以提供无限的廉价存储和计算能力,业内人士认为云计算和互联网的移动化是未来的发展方向。但毋庸置疑,利用云计算实施的各类新型犯罪也将不断滋生。因此,应在国家整体布局中及时应用云计算来切实提升司法信息系统的总处理能力,与时俱进地实现和达到超大规模效益模式,"道高一尺、魔高一丈"地有效应对必将发生"腾'云'驾雾"的犯罪活动,出奇制胜地预防和惩治各类刑事犯罪,确保社会长治久安。

六、计算机技术在国外的侦查应用

西方国家在20世纪60年代末至70年代初就应用计算机技术于法律实践。1972年前西德筹建了国家规模的警察信息系统(简称INPOL),用电子计算机处理庞大的警方数据,供警察在追查搜索工作中使用。1980年,瑞典司法专员的办公署内便装备了多功能的计算机,从它的电视屏幕上能够看到由中心站传来的情报。如果要知道某人过去作过什么案,受到何种处罚,同伙是谁,一按电钮,有关该人的详细资料就会立刻显示在电视屏幕上。1967年,美国全国犯罪信息中心(NCIC)开始为全国各地执法部门服务。它通过电脑为这些部门提供全国各地有关犯罪和罪犯的信息索引,提供有关被盗证券、汽车、财物(主要限于有系别号数的东西)和一切联邦逃犯及各州重要的通缉犯的信息。至1971年又增加了罪犯的历史档案,它不仅用于警察部门、检察官、法官和矫正官员也乐于采用。

综观电子计算机技术在世界各国侦查实践中的应用，大体表现在以下几个方面：

（一）侦查资料的超级档案库

当代各国电子计算机存储的与侦查工作有关的信息资料，主要是国家计算机档案中心和与之相联系的全国各分支系统，其中有关社会治安、司法审判与判例；大案要案的现场、作案手段、侦查通缉在逃案犯的基本情况；有前科或有劣迹的人或重点掌握对象的指纹、血型、年龄、职业、籍贯、简历、体貌特征、作案手段、前科罪名等等信息资料集中于大型存储器内，供办案人员进行检索使用。还有一些专门化的信息资料系统，如意大利反黑手党检察总局的侦查信息资料中心库与全国 26 个反黑手党检察局的信息资料库相互联网，自成网络体系，为及时有效侦破黑手党犯罪案件发挥极为重要的作用。运用电子计算机的检索功能，可以把现场提取的指纹、毛发、血迹、唾液、鞋印同存储资料进行检索比对，进行相似于鉴定人鉴定痕迹物证的同一认定；还可随时从存储资料中查找出某案件当事人的档案材料及犯罪嫌疑人、刑事被告人的刑事档案。这种现代化科学技术手段，自行分类储存。自动从千百万份备用材料中检索选择客观结果，不代表任何人的主观意志。档案资料有的还包括国际、国内、政党、社会团体、知名人士、重要设施、新闻事件等涉及国家安危的政治、经济、外交、军事、文化、科技等方面的情报。还包括重要人物、重点掌握对象及有前科、有劣迹人员的档案材料。关于个人的刑事档案，有姓名、曾用名、化名、绰号、乳名、代号等。还有该人出生地点、出生日期、家庭情况、居住地址、电话号码、本人照片、讲话录音、发表文章、出版作品等情况。还记录有本人的社会关系、亲戚朋友、性格爱好、受教育情况、技术特长；体貌特征、十指指纹、血型、病史；受过何种处分、处罚；实施过什么犯罪、手段特征、被发现过程、认罪态度、处罚结论、服刑结果以及就业、守法情况等等。

美国联邦调查局的紧急协调中心和犯罪信息中心，都是针对重大刑事案件的主要机构。紧急协调中心的主要职能是处置国家机要（即危及国家利益和安全）的刑事案件，如劫持飞机、抢劫银行和危及总统安全的重大犯罪活动。在这个中心的指挥室里，安装有联邦调查局设在全国的 59 个区域性办公室的通信设备和电视监视系统。犯罪信息中心是一个选择犯罪典型案件，搜集罪犯历史，记录失踪人员信息的机构，配备有庞大的电子计算机网络，在全国有 1.7 万个分支机构，安装了 2.4 万台终端机，在 20 世纪 80 年代就已储存 1600

万件档案，每天检索 42 万件，仅指纹档案就收集了 10.7 亿枚。① 它再和全国各州市的档案部门建立起联检系统，在需要查找某一材料时，只要在该国任何地方的终端机上一按电钮，几分钟乃至几秒钟内，就会在荧光屏上显示出明显的答案。

（二）为侦查鉴别物证提供特殊效用

当代世界各国在侦查工作中，大都采用计算机技术对现场提取的血迹、精斑、毛发、体液、痕迹、凶器等等物证进行科学技术鉴定。这些鉴定所采用的高灵敏度、高分辨率的精密分析仪器的检测装置、数据收集和分析处理都是电子计算机技术实现的。当代高精度化验分析仪器都引入了现代化的电子计算机或微处理机，将物证鉴定的电脑化进程向更高的水平推进了一大步。1985 年美国的佛多里达州发生轰动一时的强奸凶杀案。两名 20 岁的少女惨遭歹徒强奸后被杀害和肢解，并将尸体抛到了郊外的树林里。案发后，警方发现一个叫邦迪的人身上留有一个不甚明显的齿痕。当齿科专家将此拍下，并用计算机进行光学增强处理后，照片上便显现出带有凹口的齿痕，而此痕迹正好与死者门齿的咬痕相吻合。这是受害者在与歹徒搏斗中用牙齿咬伤罪犯的唯一证据，在事实面前，罪犯不得不认罪服法。

（三）为侦查进行出色的纹痕鉴定

当代电子计算机技术不仅使古老传统的指纹鉴定增强了新的活力，而且开创了声纹鉴定的奇迹，进而又促成了唇纹、鼻纹、足纹、掌纹、眼纹、耳纹等生理特征纹痕鉴定新技术的发展。如科学专家借助计算机技术相继发现人的唇、鼻、耳、眼、足、掌等处的纹痕也是因人而异、各具特征、互不相同、长期不变，故都可以作为侦查中取证的对象。如眼纹就是人的视网膜中网线结构均有各自的特点，如果对现场取得的照片特别是对红外热像中的人物视网膜进行分析，可据以破案。美国《新闻周刊》1984 年 10 月 29 日报道，科学家发明了一项"眼纹"鉴别新技术。首先是用双筒摄像机对每个人进行视网膜图像拍摄，经信号处理后存入鉴别仪的存储器里。当需要进入保密区的人，只要对着"眼纹"鉴别仪看一下，该仪器便以低密度的红外线光束对视网膜进行扫描，然后再与存储信息对照，1.5 秒后就可以显示出鉴别结果。据实验证明，这种眼纹鉴别法准确度高于指纹法，最适用于保密单位对进出人员的控制管理，如果眼纹鉴别认为不是本部门的人，自然不给开门放行。

当代各国使用的指纹鉴定系统通常有两种。一是用于审查被捕嫌疑犯的身份及其犯罪经历，以确定是惯犯还是初犯的按捺指纹鉴别系统。二是用于从作

---

① 引自马进保、刘祁宪：《智能诉讼》，群众出版社 1989 年版，第 122 页。

案现场取得的遗留指纹来判断作案的人,为破案和搜捕案犯提供依据的指纹识别系统。运用电子计算机鉴别指纹,首先要把掌握的罪犯指纹卡按照上述分类方法寻求出每个指纹能够区别其他指纹的特征点。世界各国已广泛运用电子计算机检索指纹。日本电气公司研制出一种高速计算机指纹分析机,它能在瞬间找出嫌疑犯。首先通过指纹扫描器的记录装置自动辨认指纹,不到三分钟,扫描器就能分析并记载下每一个箕形、斗形、弓形指纹与别人不同的特征。然后再把得出的资料输入检验器,这个仪器安装有高分辨能力的彩色图像屏幕。操作者利用检验器和广泛的电脑资料纠正模糊不清和失真的指纹图像,并用推断的方法,把片断的指纹扩大成一个完整的指纹,制作出来的指纹图像储存在光学片子上。在比较指纹时将小片子放进一个由微型操作机操作的分析系统,马上就可以在终端机上显示检索结果。日本把这种识别检索设备运用到侦查实践,侦破了许多疑难案件。

(四) 协助侦查和充任"侦探"

在当代计算机应用技术发达的国家,电子计算机不仅是侦查人员最得力的助手,而且还能充当"侦探",成为执行某些特定侦查任务的"机器人刑警"。如运用大型集成电路机器人执行巡逻和追踪案犯。美国的纽约市警察局曾专门设立了一支机器人刑警队。这些靠电脑操纵的刑警队员身上带有遥控发射的散弹枪、喷火器、对讲机、图像发讯机和扰乱对方视线的闪光灯及照相机,而且身披铁甲,像一辆微型坦克。1985年1月7日,纽约市的两名歹徒劫持一名汽车司机作为人质绑在一棵大树上,并向他的亲属勒索财物,歹徒却躲在附近的大楼里监视。警察局接到报案后,包围了大楼,为了避免伤亡,他们派了一名机器人刑警前去搜捕歹徒,因为机器人的脚装有履带,所以上下楼梯都很自如。在搜索大楼时,歹徒逃到那里,机器人就凭自身的感应系统发现他并追到那里,捉到目标后就自动发射枪弹,直到把犯罪人击毙。① 这种初创试验阶段的电子计算机刑警的出现,预示着人类社会及侦查活动在快速向高自动化电子世界进军!

(五) 计算机技术在我国侦查中广泛应用

计算机技术在我国的侦查领域得到广泛应用。如随着以计算机系统与网络技术为基础的电子检务、电子警务(金盾工程)建设的较快发展,我国侦查机关已建立计算机办公系统,计算机技术在侦查破案中逐渐得到广泛应用。特别是2001年4月国务院批准金盾工程项目后,公安机关在各警种的业务工作初步实现信息化的基础上,全国的公安机关较快进入信息化初查阶段。金盾工

---

① 见马进保、刘祁宪:《智能诉讼》,群众出版社1989年版,第129页。

程主要包括公安基础通信设施和网络平台建设、公安计算机系统建设、公安工作信息化标准和规范体系建设、公安网络和信息安全保障系统建设、公安工作信息化运行管理体系建设和全国公共信息网络安全监控中心建设等,是实现警务信息化的基础。侦查机关已经或正在与有关执纪、执法和其他司法机关实行专线联网,通过中央数据库统一管理和提供法律信息、涉案信息、有关档案信息等。这便于检察官、警官进行侦查办案时通过计算机查询法律、涉案信息、调阅涉案人与案件有关的材料,同执法、执纪机关交换涉案信息资源,进行涉案的专业技术问题咨询,请求有关单位协助侦查等等。如为了提高侦破命案的能力和水平,公安部逐步建立"疑似被侵害失踪人员信息系统",并在"全国未知名尸体信息系统"中收录了各地公安机关发现的未知名尸体的基本特征、特殊特征等主要信息,向全国公安机关开放,提高了查找尸源和疑似被侵害失踪人口下落的侦查工作效率。又如利用公安网络技术早已建立的网上通缉功能,检察机关与公安机关联手建立职务犯罪外逃人员的网上追逃机制,及时快速地交流信息、沟通情况,大大提高了追捕外逃职务犯罪嫌疑人的功效。实践证明,在犯罪日趋智能化和犯罪手段现代化的情形下,充分利用计算机系统和网络技术侦破犯罪案件不仅势在必行,而且日趋重要。然而,网络"黑客"非法侵入和破坏计算机信息系统的行为也日益猖獗,故在1997年我国修订刑法时将其规定为扰乱公共秩序的犯罪,2009年又在刑法修正案(七)中加以补充规定。如修正前的刑法第285条关于非法侵入计算机信息系统罪的规定是:"违反国家规定,侵入国家事务、国防建设、尖端科学技术领域的计算机信息系统的,处三年以下有期徒刑或者拘役。"而修正案在该条中增加两款,作为第2款的规定是:"违反国家规定,侵入前款规定以外的计算机信息系统或者采用其他技术手段,获取该计算机信息系统中存储、处理或者传输的数据,或者对该计算机信息系统实施非法控制,情节严重的,处三年以下有期徒刑或者拘役,并处或者单处罚金;情节特别严重的,处三年以上七年以下有期徒刑,并处罚金。"第3款则规定为:"提供专门用于侵入、非法控制计算机信息系统的程序、工具,或者明知他人实施侵入、非法控制计算机信息系统的违法犯罪行为而为其提供程序、工具,情节严重的,依照前款的规定处罚。"增加上述两种行为作为构成侵入计算机信息系统罪的法定情形,从法律上排除了司法实践中查处网络"黑客"的障碍,使惩治网络"黑客"有法可依。因此,侦查机关应当根据新的立法规范充分运用计算机技术及时有效地侦破侵入、控制、破坏计算机信息系统的犯罪案件。如侦破刑法第285条第2款规定的犯罪,必须依法综合运用计算机专业知识和技能针对个案的具体情况和不同类别展开侦查。一是要注重查明行为人非法侵入普通计算机信息系统的犯罪行为；二是要突出重点地查清犯罪主体获取普通计算机信息系统中的数据的犯罪事实；三是要查获犯罪行为人对普通计算机信息系统实施非法控制的确凿证据。而侦破第 3 款规定的犯罪，侦查的重点应当确定为"提供专门用于侵入、非法控制计算机系统的程序、工具"。既要查明犯罪嫌疑人实施为他人提供涉案程序和工具的行为，又要查获其所提供的涉案程序和工具（如果已经被毁灭则必须查证其毁灭情况并获取能够证实其毁灭的证据）。针对不同的个案情况，有的还要注重侦查犯罪嫌疑人是否明知他人实施侵入、非法控制计算机信息系统的违法犯罪行为而为其提供程序、工具；他人是否利用犯罪嫌疑人为其提供的程序、工具实施了侵入、非法控制计算机信息系统的违法犯罪行为；犯罪嫌疑人为他人实施侵入、非法控制计算机信息系统的违法犯罪行为而为其提供程序、工具的情节是否严重，如是否非法牟利、影响是否恶劣、损失是否重大、危害是否严重等等。

☆ **规制链接　关于审查判断电子证据的规定**

　　根据最高人民法院、最高人民检察院、公安部、国家安全部、司法部《关于办理死刑案件审查判断证据若干问题的规定》（自 2010 年 7 月 1 日起施行；2010 年 6 月 13 日"两高三部"联合通知规定：办理其他刑事案件参照此《规定》执行），对侦查取得的电子证据审查判断的认定要求如下：

　　第二十九条　对于电子邮件、电子数据交换、网上聊天记录、网络博客、手机短信、电子签名、域名等电子证据，应当主要审查以下内容：

　　（一）该电子证据存储磁盘、存储光盘等可移动存储介质是否与打印件一并提交；

　　（二）是否载明该电子证据形成的时间、地点、对象、制作人、制作过程及设备情况等；

　　（三）制作、储存、传递、获得、收集、出示等程序和环节是否合法，取证人、制作人、持有人、见证人等是否签名或者盖章；

　　（四）内容是否真实，有无剪裁、拼凑、篡改、添加等伪造、变造情形；

　　（五）该电子证据与案件事实有无关联性。

　　对电子证据有疑问的，应当进行鉴定。

　　对电子证据，应当结合案件其他证据，审查其真实性和关联性。

第七节　激光技术

　　激光技术是人类在 20 世纪发明的以激光器为基础的一项重大的高新科学技术。它在工业、军事、医学、探测、科研、通信等诸多领域应用极广。

一、激光技术概述

激光是一种运用物质受激辐射原理而产生的一种高强度的相干光。它具有以下主要特征：一是亮度高。一支功率为 1 毫瓦的氦氖激光器的亮度比太阳约高 100 倍，功率较大的红宝石巨脉冲激光器的亮度则比太阳高上百亿倍。二是单色性高。普通单色光源的波长范围约为千分之几埃，而氦氖激光的波长范围却只有 1000 亿分之几埃。三是方向性高。射到 1 公里之外的激光光斑直径只有 1 米左右。四是相干性高。激光的上述四点优异性质，决定了它既是一种容量巨大、性能优越的信息载体，又是一种具有强大威力和非凡精度的加工工具，因而它在新技术革命的各个领域中都得到了广泛应用。如激光技术与电子技术、通信技术、计算机技术等互相结合、互相促进，形成了激光通信、激光测距、激光电源、激光雷达、激光加工等广泛的技术领域。据 2010 年 5 月 5 日西班牙《世界报》题为《激光抗旱》的报道称：发表在《自然光子学》杂志上的瑞士日内瓦大学物理学家热罗姆·卡斯帕里安领导的一项研究表明，激光可以促使云层当中形成雨滴，这种方式如同浴室的镜面出现水雾。如果该技术成熟，将对农业和其他诸多经济领域产生重大影响。

二、激光的产生

各国科学家为了获得激光，进行了广泛研究。美国科学家 C.H. 汤斯和 A.L. 肖洛于 1958 年在《物理学评论》杂志上发表了题为"红外和光学激射器"的论文，他们认为制成激光器的可能性和主要条件是：在光源中，处在高能级的发光原子数目比在低能级的原子数目多，即能级粒子数反转。原子从高能级往低能级跃迁时产生光，其原因一是原子内部运动状态变化引起的自发辐射跃迁；二是由外来的光子诱导下发生的受激辐射跃迁，产生出来的辐射称为受激辐射。辐射的频率、偏振方向、传播方向均和诱导原子发生受激辐射跃迁的光子相同。若光源中的发光原子大都作受激辐射跃迁，光源发的光基本上就是朝一个方向传播，并差不多只有一种光频率。若处在高能级的原子数目比处在低能级的还多，光源中的发光原子作受激辐射跃迁将占优势。因此，光源发射激光的关键是发光原子在高能级的数目比在低能级的多。但自然规律是在低能级的原子数目总是比在高能级的多，人们要想获得激光务必要掌握使其数目分布出现"颠倒"的科学技术，1960 年人类终于攻克了这一科技难关，诞生了激光。

三、激光器

激光器是利用受激辐射效应建立起来的一种特殊光源，是受激辐射跃迁为主体的光源。激光器是由工作物质（发射激光的材料）、激励源（又称泵浦源，向工作物质输入能量，把原子从基态泵浦至高能级的能源）、谐振腔（放置工作物质两端的反射镜组成的光源系统）三个主要部分组成。

（一）激光器工作原理

激光器的主要工作原理是：激励源提供能量激发工作物质，使工作物质处于粒子数反转状态从而使受激辐射超过受激吸收。谐振腔的作用是强化特定量子状态的受激辐射，形成高度有序的激光输出。

激光器组成一种特殊性能的光源，是人工光源历史上光辉灿烂的一页。激光器是20世纪与原子能、半导体、计算机齐名的四大发明之一。世界第一台激光器是1960年美国休斯研究实验室的T.梅曼研制的。他采用刚玉中掺入铬离子即红宝石的晶体工作物质。梅曼当年选用这种材料时也曾犹豫，因为当时有人认为不能用红宝石晶体作激光器的工作物质，因为它的能级结构和特性所需要的泵浦强度太高，技术上难以达到。还有的论文指出，红宝石的发光量子效率很低，只有1%左右。因而梅曼也曾考虑采用碱金属蒸气作工作物质，但分析对比后发现用这种蒸气作工作物质遇到的困难会更大。梅曼在研制微波激射器时用过红宝石晶体，对它的光学特性有些了解，故他决定先用红宝石晶体试一试，从中了解一下对工作物质的具体要求，再与研究材料的科学家合作，研制新的工作物质。他重新测量了红宝石晶体的量子效率，结果发现不是文献上说的1%，而是高达75%，后经实验还可达到100%。他又分析了使红宝石晶体达到能级粒子数反转的条件，发现只要有等价于5000K黑体辐射光源泵浦就能实现能级粒子数反转，而氙灯的色温可以达到8000K。因此，梅曼坚定地选择了红宝石晶体作工作物质。世界第一台激光器所用的泵浦源即脉冲氙灯是螺旋形，红宝石棒直径1厘米，长2厘米，它刚好可以套入螺旋氙灯。在红宝石两端镀银膜，构成谐振腔。输出的光波长是694.3纳米（红色）。国外科学家把这台特殊光源称做"Laser"（激光）。1961年9月在中国科学院长春光学精密机械研究所制成中国第一台激光器，使用的工作物质也是红宝石晶体，直径0.5厘米，长3厘米。其所用的泵浦源是直管式脉冲氙灯，设计者对此的想法是，用直管式氙灯制造工艺简单，泵浦工作物质能得到与用螺旋氙灯相同的泵浦效率。①

（二）激光核聚变

激光核聚变是核聚变中的一种。所谓核聚变，是指较轻元素的原子核相遇时聚合为较重的原子核并释放出巨大能量的过程。这种常见由氢的同位素氘与氚聚合成氦释放能量的聚变（由较轻原子核聚合成较重原子核释放能量），与核裂变依靠原子核分裂释放能量不同，核聚变能储量更丰富，几乎用之不竭，且干净安全，但操作难度巨大。激光核聚变是模拟核爆炸物理效应的有力手段，就是利用激光照射核燃料使之发生核聚变反应。由于激光核聚变与氢弹的爆炸在许多方面非常相似，故在20世纪60年代激光器问世后，科学家就开始致力于利用高功率激光使聚变燃料发生聚变反应的方法来研究核武器的某些重要物理问题，此外，激光核聚变在民用上也具有十分重大的意义。

1964年，中国著名物理学家王淦昌院士提出激光核聚变的初步理论，使我国在这一领域的科研工作走在当时的世界前列。1974年，我国采用一路激光驱动聚氘乙烯靶发生核反应，并观察到氘氘反应产生的中子。此外，著名理论物理学家于敏院士在20世纪70年代中期就提出了用激光通过入射口、打进重金属外壳包围的空腔、以X光辐射驱动方式实现激光核聚变的概念。1986年，我国激光核聚变实验装置"神光"研制成功。改革开放以来，在"发展高技术，实现产业化"政策导向下，我国逐步产生了激光产业，在ICF激光驱动器、高功率化学激光器、半导体泵浦的固体激光器、超短超强激光器、激光测距测卫、人工晶体和激光产业等方面，有了较为雄厚的激光技术基础。

20世纪70年代，日本投入大量财力、人力和物力进行激光核聚变研究。1998年，日本成功研制核聚变反应堆上部螺旋线圈装置（LHD）和高达15米的复杂真空头，标志着日本已突破建造大型核聚变实验反应堆的技术难点。

2009年5月29日，世界上最大的激光聚变装置在美国加利福尼亚州北部的利弗莫尔劳伦斯国家实验所举行落成典礼。早在1998年，美国启动名为"国家点火装置（NIF）"的建设，这项军民两用的高能激光核聚变研究工程由美国能源部下属国家核安全管理局投资，总共耗资约35亿美元。"国家点火装置"被安置在加州一幢约3个橄榄球场地的10层楼内。科学家希望该激光器能模仿太阳中心的热和压力，因为当星体内部存在巨大压力的情况下核聚变能在约1000万摄氏度的变温下完成，但在压力小很多的地球，核聚变所需温度达到1亿摄氏度。"国家点火装置"将寄望通过汇聚大功率激光束实现这一

---

① 参见宋健主编：《现代科学技术基础知识》，科学出版社、中共中央党校出版社1994年版，第232页。

高温,其中能否在核聚变过程中实现"能量收益"是问题的关键。曾经有试验实现过核聚变,但未能释放超过试验所需的能量。由192个激光束组成的"国家点火装置"产生的激光能量,将是罗切斯特大学的世界第二大激光器的60倍。它可以把200万焦耳的能量通过192条激光束聚焦到一个很小的点上,从而产生类似恒星和巨大行星的内核以及核爆炸时的温度和压力。这一过程同太阳中心产生能量原理相似,因此这一试验被称为"人造太阳"。这192束激光将在2010年被汇聚于一个氢燃料小球上,创造核聚变反应产生亿度高温,打造出微型"人造太阳"。在此基础上,科学家可以实施此前在地球上无法实施的许多试验。国家点火装置的三大核心任务,一是让科学家用它模拟核爆炸,研究核武器的性能情况。这也是美国建设国家点火装置的初衷,即作为美国核武器储备管理计划的一部分,激光核聚变在发展新型核武器特别是研制新型氢弹与代替部分核试验上,极具战略意义。因为通过高能激光代替原子弹作为氢弹点火装置实现的核聚变反应,可以产生与氢弹爆炸同样的等离子体条件,为核武器设计提供物理学资料,进而制造出新型核武器。如氢弹均是以原子弹作为点火装置,原子弹爆炸会产生大量放射性物质,若采用激光作为点火源,高能激光直接促使氘氚发生热核聚变反应,氢弹爆炸后就不会产生放射性裂变物。传统的氢弹属于第2代核武器,而激光点火源氢弹则属于第4代核武器,由于不会产生剩余核辐射,不受《全面禁止核子试验条约》的限制,可作为"常规武器"使用而成为战争"新杀手",保证美国在无须核试验的情况下保持核威慑力。就模拟核试验技术总体而言,美国目前仍居世界领先地位,它不仅拥有世界上最大的"诺瓦"激光器、世界上功率最大的X射线模拟器,而现在又有"国家点火装置"。二是使科学家进一步了解宇宙的秘密。科学家可使用国家点火装置模拟超新星、黑洞边界、恒星和巨大行星内核的环境,进行科学试验。这些试验大部分不会保密,将为科学界提供大量此前无法获取的数据。三是保证美国的能源安全。科学家希望从2010年开始借助国家点火装置来制造类似太阳内部的可控氢核聚变反应,最终用来生产可持续的清洁能源。国家点火装置所产生的能量远大于启动它所需要的能量,这是半个多世纪以来核聚变研究人员一直梦寐以求的"能量增益"目标。如能成功有可能使能源结构发生革命性变化,使类似太阳的能量转变成驾驶汽车和家庭生活所需要的能源,这将是有历史意义的科学突破。

四、激光技术的侦查应用

激光同普通光一样,也是由分子和原子的运动而产生的。激光不仅有极高的亮度,而且激光束在通过远距离传输之后,发散仍很小。因此,利用激光的特点可得到十分理想的三维图像,固定图像的逼真程度能达到以假乱真、真假难辨。故它可以被运用在军事侦察、刑事侦查和反间谍斗争中,也因此成为世界各国注目的科技手段。仅从侦查的角度看,激光技术的应用在当代世界各国主要有激光摄像、激光传真、激光监视、激光报警、激光扫描、激光通信等各项具体技术。再把它们与录音技术、录像技术、计算机技术相结合,就在侦查取证中形成了一套神秘莫测的综合性科技系统设备。现介绍几种如下:

(一) 现场全息照相

运用激光技术对现场进行全息照相,可以使物像以线条斑点的形式记录在特制的底片上,再用相同的激光光源条件显示出底片上的原物立体图像。这种照相方式不仅全面逼真、分辨力很强,而且缩纳量大、恢复性能好。

(二) 事件原因和死亡时间鉴定

在刑事物证的鉴定中,可以用激光器对死者单根头发上的不同部位进行微区光谱分析,若是服毒药致死者就能分辨出所服用的是什么药物,并可根据头发生长的知识判断服用药物的时间、剂量,进而确认死亡原因。此外,日本的刑事技术专家利用人眼睛的角膜透亮度和死亡时间成一定比例的原理,制成了一种能确定人死亡时间的激光透射计。鉴定人员只要把激光束垂直照射死者眼睛角膜,透过的激光束被光电管接收,光信号转换成电信号,经放大后输送给显示仪表,将显示的透过率读数与事先编制好的数据表对照,就可准确地判定死者的死亡时间。[①]

(三) 微量物质分析

用激光技术对微量物质进行分析,可以取得犯罪证据。侦查人员利用激光技术对作案现场留下的微量金属屑末、血迹等进行分析,能协助破案。如发现嫌疑人衣服上有极少量金属粉末或污迹、血迹等,用激光微量光谱分析方法鉴定确认该物质同犯罪现场的物质相同,即取得有关犯罪证据,从而为破案提供科学依据。

(四) 光谱分析显痕

运用激光光谱技术即激光显微光谱分析技术可以解决许多取证难题。如运用激光光谱分析法能够发现留在纺织品、地毯、木器、纸张上靠放大镜显微镜都根本不能发现一点痕迹的指纹和脚印。1980 年在日本某地发生了一起重大抢劫案,两个蒙面人巧妙地避过了自动报警系统。警察在现场没有找到任何线索。第二天在市内僻静处发现了一辆被遗弃的汽车,从上面找到了两只手套,用激光光谱分析法,发现了手套内的指纹,由此而破了案。

---

① 参见马进保、刘祁宪:《智能诉讼》,群众出版社 1989 年版,第 153 页。

用激光照射法还可显现时间久远的指纹。据报道，美国利用氩激光器激发，发现了书页中 10 年前的一枚指纹，解决了悬案。英国用激光全息照相拍摄了留在地毯上的脚印照片，它是在一张全息底片上进行两次曝光，然后用激光照射这两次曝光的全息照片。经过这样处理后，地毯上的足迹就清晰可见，然后再送交电子计算机检索，从储存资料中进行同一认定。①

人们书写时留在下页纸张上的压痕，如果用激光束去照射，由于压痕处物质分子原子受冲击发生排列的微小变化，会显示出一种特殊的光线，经拍照处理就可以看出原来书写的内容。这种运用激光束照射法可以发现五六层纸的压痕字迹。用橡皮擦掉铅笔字迹，用刀子刮去或消影后重新写上的字迹，肉眼看不到破绽，但是纸内仍然留有石墨粉、碳素的微粒，若用激光照射它时仍能发出亮光。在脉冲激光照射下能显出用墨笔和铅笔在黑纸上书写的字迹。

激光对色彩有吸收作用，字迹涂层的染色物质吸收激光后变成游离状态而消失。被黑墨水、蓝黑墨水、圆珠笔涂掉的其他笔迹，可以用激光脉冲将涂物一层层剥去，或者把涂层汽化掉，然后显示出原来的字迹。

（五）激光鉴定笔迹

用激光光谱分析仪显示需要鉴定的两种笔迹中有特点的字迹，用计算机测量、记录其笔画的长短、角度、比例等，然后由计算机进行检测，可以迅速地作出书写习惯是否同一的精确结论。在侦查中涉及账册单据，审查其是否有涂改过的字迹，需要运用激光技术进行鉴定。涂改笔迹可能是用橡皮擦、或用刀子刮、消影剂涂、腐蚀掉重写、涂改或是焚毁的纸灰、书写压痕、用特种液体和工具密写字迹或是剪裁、拼贴的报纸铅字等有关文字。在采用激光设备进行处理后，就会原形毕露。

（六）报警与监控

根据激光能以极细的光束进行长距离传输的功能，在视线不能直接到达的地方，通过一面镜子或一组镜子进行激光反射束三角传递或多角传递就能形成一个传递网。因此在需要进行环围全面封索的地方，可以用激光束组成红外激光墙，使其处于严密的监视之中。如果有人接触到警戒区就不仅会有警报发出，而且可以根据信号的不同来判断撞入警区的是人、是车还是其他动物，侦查或警卫人员可对有嫌疑的人和车辆采取必要的措施进行控制。

（七）获取并辨识指纹印

在现场取证时运用激光全息存储和信息识别技术识别指纹印和脚印，能取得极其理想的效果，特别是能在地毯、木器和纸张上取得成功。准确地发现和

---

① 参见马进保、刘祁宪：《智能诉讼》，群众出版社 1989 年版，第 155 页。

完好地提取指纹印是运用指纹破案的一个重要条件。指纹乳突线中含有人体分泌的水分、盐分、脂肪、氨基酸及其他化学物质。传统的方法只能获得原指纹清晰完整且有足够的水分和盐分的指纹印。而对一些残缺不全、模糊不清、干燥长久的指纹印，以及留在特殊材料如手套、窗帘、木板、粉壁、新闻纸等物品上面的指纹印就无法发现和提取。运用状如手枪的激光发射器，喷出一股强烈的绿色激光，使人体分泌的化学物质及放射性电磁波在合适的激光照射下，发出一种绿色的可见光，则能够使指纹图像原形毕露。

运用激光与电子计算机辨识的指纹印的取得方法是撒一种粉剂在留有指纹的地方，再用氩离子激光照射这种粉剂，有指纹印处就会发出清晰易见的荧光，荧光的颜色还会因指纹印存留时间的长短不同而异，即时间长久的指纹印呈橘黄色，新近的指纹印呈绿色。如果指纹印被污损，应用计算机技术将模糊的指纹印先进行数字化处理，以增强图像的对比度，使模糊的图像变为清晰图像；还可以用一种变换透镜和特制滤光片阻止污损部位的光频率通过来减少因污损而引起的灰度。运用激光辨识指纹痕迹技术可以成功地辨识衣服上、人体上、信封上的指纹印，甚至是10年之久的旧纸上的指纹印，并能推算留指纹印的时间，它在侦查破案中有着极其重大的实用价值。

第八节　DNA证据技术

DNA证据技术，是指依法应用特定的技术规程和方法发现、采取、储存、检测或鉴定涉及法律问题的生物DNA特征，并以其结果证明相关法律事实的一种科学检测、鉴定技术。这是从现代生物技术中派生出的一种生物证据技术，主要是依法借助生物化学的手段，对生物检材进行DNA分析的科学检测、鉴定。

一、DNA证据技术概述

DNA证据技术的科学性在于DNA的基本特征。

（一）DNA及其基本的技术特征

DNA是遗传基因的物质载体，是生物遗传物质脱氧核糖核酸（Deoxyribonucleic Acid）的英文简称。DNA是除RNA病毒和RNA噬菌体外其他所有生物遗传的物质基础，它存在于细胞核、线粒体、叶绿体或游离于某些细胞质中，是构成生命的基本物质之一，具有储藏、复制和传递遗传信息的功能，是生命机体发育和繁殖的蓝本。DNA分子由两条多核苷酸链绕同一轴盘旋成双螺旋结构，其长度用碱基（核苷酸的组成部分）对的数目来表示。基因（遗传物质的基本单位）就是 DNA 分子上具有特定功能的一段多核苷酸（对），DNA 就是遗传基因的物质载体。生物体种族的延续是把遗传信息稳定地传递给后代，即以亲代 DNA 分子为模板利用碱基互补配对能力来合成子代 DNA 的过程。如父母的 DNA 分子复制时，通过碱基酸对合成两个都含有一半亲代 DNA 链的新生双链 DNA 分子后，被分配到两个子代细胞中，这种半保留复制所形成的子代 DNA 与母本 DNA 结构完全相同，在传递遗传信息时保证了物种的稳定和延续性。DNA 把父母的信息带给子女，这就是人们常说的"撒什么种子开什么花"的遗传奥秘。组成 DNA 的 A、G、C、T 四种核苷酸其排列方式接近无穷，DNA 分子量极大，并通过信使 RNA 的媒介控制着蛋白质的氨基酸顺序，生成不同功能的蛋白质，造成生理过程的变化无穷和生物体的多样性。

（二）DNA 证据技术的主要种类

根据在司法领域应用较多的情况来看，目前 DNA 证据技术主要有以下几类。

1. DNA 指纹图技术。又称 RFLPS 技术。DNA 指纹图谱是从各种生物体的血、骨、毛根、精斑、白细胞、皮肉组织、口腔皮细胞等检材中提取有效细胞的 DNA，提取方法因检材种类不同而异，如在精液与阴道分泌物的混合斑中提取精子，DNA 就要排除女性细胞成分，然后用限制性内切酶（酶是一种在生物体内具有新陈代谢的催化剂作用的蛋白质）酶切，再通过一系列技术使 DNA 片段显示成图谱。该图谱形态表现为一系列距离不等、相互间隔的多带形，称其为指纹图并非因为它像指纹，而是因为它与人的指纹一样具有高度的个体性。

2. DNA 体外扩增技术。又称 PCR 技术。这是一种体外酶促扩增特异 DNA 片段的无细胞分子克隆技术，即聚合酶链反应（英文简称 PCR）技术。从检材中提取 DNA 后，采用模仿体内 DNA 复制的过程，在体外技术合成特异 DNA 片段，主要通过加热使模板 DNA 由双链变为单链，加入聚合酶等再降温使引物（一对短片段单链 DNA）与相应的模板 DNA 互补结合，再升温使引物在酶促作用下按模板单链 DNA 的碱基序列延伸合成互补的新链。由于新链可在下一循环反应中成为模板 DNA，故如此循环至终。上述步骤现在可以应用"DNA 扩增仪"进行自动化循环扩增。这种 PCR 体外基因复制技术已发展到在几小时或几十分钟内把基因扩增到数百万倍以上，使基因便于检测。

3. DNA 短串联重复序列分析技术。短串联重复序列英文简称 STR，故又称 STR 分析技术，是 DNA 体外扩增的一种应用技术。人类基因组中约有 50 万个 STR 位点，含有大量的遗传多态性信息。用多对引物在同一反应体系内同步扩增多个 STR 位点的复合扩增，可以检测分析和解决各类案件中涉及的个体识别与亲权鉴定问题。

4. DNA 线粒体测试技术。这是首创于 1991 年的用荧光标记法对 mtDNA 多态区测序的又一种 DNA 体外扩增的应用技术。由于细胞质中线粒体的双链环状 DNA 称为 mtDNA，故该项技术又称 mtDNA 技术。由于 mtDNA 是核外 DNA 并属于母系单亲遗传，对于难以提取到染色体 DNA 的检材如不带毛囊的毛干、指甲等的个体识别，或母系单亲亲子具有特殊重要意义。

5. DNA 摹拟成像技术。是利用 DNA 技术对案发现场提取的检材进行分析，进而勾画出嫌疑人的面貌。其主要技术原理是：人的体型、头型、脸型等均由 DNA 基因所决定，如皮肤和毛发的颜色与形状、脸型的各种状态、鼻子的高低与大小等，都与 DNA 有关。例如，同卵双生子（又名同卵双胞胎，由父母各自的一个精子与一个卵子结合成一个受精卵分裂而成）不仅相貌极其相似，而且两人的性格、行为、好恶等也往往惊人的相似，这是由于同卵双生子的内在基因组合相同，即人类唯一例外的 DNA 特征雷同。即同卵双生子的体态、头型、脸相等酷似的原因取决于相同的 DNA 基因控制。同理，根据案发现场遗留的毛发、血迹、唾液等进行 DNA 分析，可利用其摹拟遗留者的种族、体型、面目及其眼、鼻、发色等，为查明案情提供可靠线索和关键证据。英国 DNA 专家凯文·苏利文将通过一滴血里的基因物质描绘出犯罪嫌疑人的全貌的新技术称为"犯罪学的圣杯"。①

二、DNA 证据技术在国外的应用

DNA 证据技术在国际上尤其发达国家日趋普及。

（一）英国首创 DNA 证据技术

英国是世界上第一个运用 DNA 证据技术的国家。1985 年英国雷塞斯特大学的遗传学专家杰弗瑞斯（Jeffreys）发明了能把人的识别特征从实验室引入法庭的鉴定技术，并将其称为"DNA 指纹图"。人类历史上第一次使用 DNA 证据技术破案也是在英国。在一个小村庄里有个姑娘被奸杀，警方在她尸体上取到了犯罪人的精液并提取 DNA。经现场情况分析作案人是同村庄的。故决定抽取所有可能作案的男人的血样做 DNA 指纹图。在宣传和说明 DNA 证据技术的基础上经过讨论，所有可能作案的村民表示愿意配合。结果作案人因恐惧这一科学技术故在取样时做手脚而败露。1987 年，英国接受 DNA 指纹作为法庭证据。1996 年 4 月，英国宣布启用以 640 万美元建立的 DNA 数据库，第一

---

① 转引自任秋凌：《DNA——现代社会的福尔摩斯》，载《法制日报》1998 年 12 月 26 日。

年收入12.5万个人发现的微量检材的基因型与数据库中的记录进行对比，为2200件案件提供了破案线索，为1200多件案件直接找到了犯罪人。英国警察部门称DNA证据技术是继1901年英国采用指纹破案以来最大的技术突破，是"技术破案"的生动写照。

（二）美国DNA证据技术的应用

20世纪后期，DNA证据技术在美国较快地得到广泛的应用。1990年，联邦调查局联合8个州12个实验室建立"DNA联合索引系统"。1991年，国会通过关于"建立DNA数据库法案"。1992年，美国科学院的科学家专门成立了一个委员会，经过周密的调查，建议将"法医科学中的DNA技术"用于法庭。1993年，国会通过反犯罪法案，拨款给司法部五年共4000万美元以改进法医DNA技术。1994年，国会通过"DNA鉴定法案"，据此法案，每年分析60万法医样品的联邦调查局开始进行法医DNA分析，并从1995年起着手DNA数据库的具体建设。1998年10月，美国联邦调查局把几百万个DNA样本输入全国DNA数据库，形成"国家DNA索引系统"（HDIS），即美国罪犯的DNA数据库。当年底即有几千人在DNA化验后被定罪，同时也有几百人经过DNA化验后被还以清白。后来，联邦调查局又陆续收录了18个州21万名罪犯的DNA特性数据。到2000年7月，已有50个州140个实验室加入了这个系统，使其在打击和防范犯罪中发挥了重要作用。仅美国赛尔克遗嘱检验法庭DNA的资料显示，1986年的亲子鉴定案就已达到3430件。司法机关越来越多地应用DNA证据技术所获得的证据来定罪或证实无罪。

（三）其他发达国家DNA证据技术的应用

2000年5月，在北京出版的中文版《高科技·高思维》中，享誉世界的未来学大师、曾任美国总统助理的约翰·奈斯比特和他的合著者指出：执法者和检察官都赞扬DNA印记是有效的办案新武器。比以前用的通缉犯照片或指纹进步多了。在德国，为一个案子检验过16400人。有时候，因为得到DNA新证据，坐了几十年牢的无辜者终被无罪开释。DNA样本也用来鉴定已腐烂的尸体，确认犯罪人，证明无辜者的清白，断定生父，判明出生时抱错的婴儿。2000年5月，德国警方宣布开发出新的头发DNA分析技术，可以提高破案效率。传统技术只能分析带发根细胞物质的头发才能得到足够的DNA信息，而这种头发在犯罪现场遗留的很少。人发平均15分钟即会有一根死亡而自己脱落，该技术能从人的自然脱发中获取充足的DNA信息，这无疑有助于提高破案效率。近年来，德国海关就依靠基因分析和DNA鉴定技术破获了一些走私犯罪案件。如德国海关人员在下莱茵地区一座废弃的泡菜厂发现了560万支走私的雪茄，现场还有一些空啤酒瓶和烟蒂。除此之外，没有发现其他任何痕迹。海关人员将啤酒瓶口和烟蒂上遗留的唾液进行取样，将之与近日通过海关的所有人的 DNA 进行对照，在案件发现后 3 个小时就在一公里外的玉米地中找到了 3 名波兰籍犯罪嫌疑人。2000 年 2 月，法国宣布建立 DNA 数据库。据法国司法警察局统计，自 1997 年以来，科技警察在半数案件的侦破中起到了决定性的作用。到目前为止，从犯罪人遗留的头发、血液、精液或唾液中提取到的 DNA 已被保存在各级法院的档案室里。将这些 DNA 样品与嫌疑犯的 DNA 进行比对，可以证明该嫌疑犯是否犯罪。法国的警察局和宪兵队现在正在建立更大的 DNA 资料库，所有 DNA 样本将被集中送到罗尼苏布瓦，编成目录存放进一个资料库，警察利用电脑就可以将某些犯罪案件与表面上同犯罪无关的人联系起来。① 在日本，到 1998 年已初步建成全国范围内的罪犯 DNA 数据库，DNA 证据技术得到广泛应用。

在当代国际社会，DNA 证据技术的显著作用越来越被各国政府所赏识。DNA 证据技术不仅在发达和比较发达的国家中被普遍应用，而且在发展中国家也得到程度不同地应用。

三、中国 DNA 证据技术的发展

DNA 证据技术在中国的应用近年来发展较快。

（一）基础建设的发展

中国于 1985 年开始研究应用 DNA 证据技术。辽宁省公安厅刑事科学技术研究所 DNA 鉴定中心在自 1987 年成立后的 10 多年间，检测了 2000 多起全国各地送检的 DNA 案件。北京市公安局也于 1989 年完成了第一张"DNA 图谱"，且当年 6 月即被应用于案件侦破：北京宣武区某学校一女学生被强奸怀孕，怀疑是本校某老师所为，后经 DNA 鉴定女生体中胎儿与该教师有亲子关系。DNA 证据技术应用于北京刑侦工作中的这第一张图谱现保存于北京警察博物馆。② 公安部物证鉴定中心设有专门的"DNA 鉴定处"。该中心在 DNA 证据技术领域处于领先地位，先后完成 DNA 指纹图等多项技术研究并及时应用于办案实践。该物证鉴定中心还在我国率先研究 DNA 数据库建设，制定了法庭 DNA 实验室质量控制标准，建立了现场检材物证 DNA 数据库，为地方公安机关侦破案件提供线索。

1999 年初，中国"罪犯 DNA 数据库"试点工作在上海全面启动，这是由

---

① 参见《参考消息》2002 年 5 月 8 日，原载法国《周末三日》周刊 2002 年 3 月 20 日一期题为《寻找犯罪痕迹的科学》的文章。

② 参见《北京晚报》2001 年 4 月 5 日。

国家计委批准立项、司法部司法鉴定科学技术研究所承担的司法鉴定高新技术科研项目。其样本量第一年约为 2500 人份，主要收集在押犯人和犯罪嫌疑人的血样，分析其一系列 DNA 位点，将结果简化为数码与其他记录一起储存于计算机数据库。当其再次作案时，通过对案发地点发现的体液、头发、血液、皮肤细胞等进行化验加以对照，即可确认是否该嫌疑人所遗留。此项目参照美国等国家的模式，通过与公安、司法系统有关部门建立协作关系，保证样本的来源和应用推广。同年 9 月 7 日，罪犯 DNA 数据库模式库在上海通过专家鉴定。这标志着我国司法鉴定领域中有关个体识别的能力已进入世界先进行列。数据库中记载着每个血样提供者的身份、犯罪前科、个人唯一的遗传特征等。当数据库发展到一定规模时通过网络形式实现地区间直至国家间的信息交流。在侦办案件时，将现场发现的 DNA 线索与数据库中的记录进行比对，便可为侦破案件提供快速、便捷、有效的手段和证据，大大提高侦查和司法鉴定的总体科技水平。公安部及地方公安机关也建立了现场物证 DNA 数据库，这些数据库一般包括"前科库"和"现场库"两个基本库，可以进行数据（大量的样本信息，特别是 DNA 分型数据信息）查询、比对和案件串并，以快速找到或排除犯罪嫌疑人或为案件的侦破提供线索，节省大量办案时间，有效地提高侦查工作的效率。如公安部在《全国未知名尸体信息系统》中收录了各地公安机关发现的未知名尸体的 DNA 信息，科学有效地提高了命案的侦破能力。此外，香港特别行政区于 1999 年通过立法，建立全民 DNA 数据库，要求全港人全部采样入库。这项 DNA 数据库工程已经开始实施启动。

（二）个案应用技术的推广

20 世纪后期，应用于个案的 DNA 证据技术在我国相继问世。如：曾获部级科技进步一等奖的"特征异位点的扩增及法医学研究方法"（公安部物证鉴定中心成果）；曾获国家科技进步二等奖的"DNA 指纹法"。随着我国 DNA 证据技术研究的进步和发展，在司法实践中个案的应用正在开始逐步走向普及。它们不仅应用于刑事案件，还大量地应用于民事案件；不仅用于人的个体识别，还用于畜的个体识别。我国司法机关已越来越注重应用 DNA 证据技术解决司法实践中的疑案，取得了良好的效果。

目前，个案应用的 DNA 证据技术正在逐渐被公安机关、检察院、法院、司法行政等机关采用。

四、中国 DNA 证据技术的侦查应用

中国 DNA 证据技术就其法治功能而言，主要是在侦查中通过对涉案的生物检材进行精准的识别鉴定，提高侦查认定的准确性和公正性。根据 2010 年

6月13日"两高三部"印发关于办案证据的两个《规定》的通知要求，对现场遗留与犯罪有关的具备检验鉴定条件的血迹、毛发、体液等生物物证，应当通过DNA鉴定与犯罪嫌疑人或被害人的相应生物检材作同一认定。侦查中的DNA鉴定主要有：

（一）串并案件侦查并对犯罪嫌疑人进行个体识别

根据从犯罪现场提取的生物检材进行分析检测，如果发现与其他犯罪现场的DNA证据相一致，则并案侦查。如果侦查中发现了犯罪嫌疑人，则可通过DNA证据技术鉴别认定被审查的人是否就是犯罪人。

（二）确认未知名尸体的身源

侦查中往往发现未知名尸体、尸块，为了确定尸源，认定是否有命案发生，可以搜集相关失踪人亲属的血样与未知名尸体的检材进行DNA证据技术检测，以确定未知名尸体是否就是失踪人的尸体。

（三）拐卖婴幼儿案件侦查中的亲权鉴定

近年来拐卖婴幼儿的案件时有发生，侦查中可以提取报失婴儿的父母的血样与侦查中发现的可能被拐卖的婴幼儿的血样进行DNA证据技术检测，以确认被拐卖婴幼儿的生父母。侦查中，如果犯罪嫌疑人声称所抱婴幼儿是自己亲生的，也可通过DNA证据技术检测，鉴别其陈述是否真实。

（四）职务犯罪案件的侦查中的应用

国家机关工作人员利用职权非法搜查、非法拘禁被害人、刑讯逼供、暴力取证等职务犯罪现场中，往往都会留有可用DNA证据技术检测鉴定的血迹、唾液、头发、皮屑等生物物质。对提取的这些体液和人体分离物质与犯罪嫌疑人的血样进行DNA检验，即可确认现场生物物质是否为犯罪嫌疑人所遗留。又如职务犯罪案件日趋严重的一个较为普遍的现象是涉案人员携款潜逃，而且越来越多的人是事前预备好假身份证、假护照等证件，还有些重特大案件的犯罪嫌疑人潜逃到异地后做整容手术。对此，采用DNA证据技术即可识别。再如一些重大的滥用职权案件和事故型玩忽职守案件中，往往造成严重的人、畜伤亡。要查清这类案件的人、畜死亡情况，其中最有效的办法就是收集现场生物物质，应用DNA体外扩增技术检测哪些属于人的、哪些不是属于人的，然后再利用DNA线粒体测试技术进行个体识别。还可以利用DNA分析技术进行死亡时间和性别鉴定。

侦查措施篇

第七章　侦查强制措施

侦查强制措施，就是有法定侦查权的机关为了使犯罪嫌疑人接受审讯、保全证据及保证侦查顺利进行，在侦查进行中所采用的暂时限制其人身自由的强制方法，亦称强制处分。广义的侦查强制措施包括对人的强制措施和对物的强制措施。对人的侦查强制措施主要有拘传、拘留、逮捕等等；对物的侦查强制措施主要有查封、扣押、冻结等等。

第一节　侦查强制措施概述

本章是讲狭义的侦查强制措施即指对人的强制措施。

一、侦查强制措施的历史沿革

早在公元前450年已知的罗马法的最早的成文法《十二铜表法》（亦称《十二表法》）第1、2条中就有对被告人押送到案的"拘捕"规定。资产阶级革命时期在反对封建专制斗争中曾提出了三个有名的宣言，即1688年英国的《权利宣言》、1776年美国的《独立宣言》、1789年法国的《人权宣言》。这些宣言都重点规定了人身自由的权利，反对任意逮捕或监禁，还在各国宪法中作了相应规定。如美国在1787年《美利坚合众国宪法》第1条第9款规定了"人身保护状"制度，并在1789年通过、1791年生效的《权利法案》第4条中规定："人民有保护其身体、住所、文件与财产之权，不受无理搜索与扣押，此为不可侵犯之权。除有可能之理由、以宣誓或代誓宣言确保、并详载指定搜索之地、拘捕之人或押收之物外，不得颁发搜查状、拘票或押状。"法国在1791年制定第一部宪法时把《人权宣言》载入宪法序言，其中规定："除非在法律规定的情况下，并且依照法律已经规定的程序外，任何人都不受控告、逮捕或拘留。"后来的《法兰西宪法》第66条规定："不得任意拘留任何人。司法机关作为个人自由的保护人，保证依照法律规定的条件使此项原则获得遵守。"日本1946年公布、1947年施行的《宪法》第33条规定："除作为现行犯被逮捕的情况外，任何人，除非根据有权限的司法官署发出的并载明构成逮捕理由的犯罪的命令状,不受逮捕。"各国根据宪法中的原则和依据,在刑事诉讼程序方面制定了对人的强制措施的具体规定,如英美法系国家的单行法或刑事诉讼规则中作出了具体规定;大陆法系国家和其他制定法典的国家都在刑事诉讼法典中作出了相应的具体规定。各国共有的强制措施包括传唤、拘传、逮捕、羁押等等。但这些强制措施不仅仅限于侦查阶段使用,审判机关为保全证据和保证审判及刑罚之执行一般也可依法采用。对于强制措施的种类和内容,各国在提法和具体规定上均有所差别。如意大利1988年9月22日通过的新的《意大利刑事诉讼法典》第4编专门规定"防范措施"。其中第1章规定的是"人身防范措施",具体强制措施有:禁止出国、向司法机关报到的义务、关于居住的禁令和义务、住地逮捕、预防性羁押、在治疗场所的预防性羁押。此外还规定了禁止性措施:暂停行使父母权、暂停行使公共职务或服务、暂时禁止从事特定的职业活动或经营活动。该法典第4编第2章又专门规定"对物的防范措施",主要有保全性扣押和预防性扣押。德国1994年10月28日修改颁布、同年12月1日生效的《德国刑事诉讼法典》在第1编"通则"中第8章对"扣押"作了具体规定;第9章对"逮捕、暂时逮捕"和"暂时执业禁令"等作了规定;第10章对"传唤"、"拘传"等作了具体规定。我国公元前407年编纂的第一部比较完整的成文法典《法经》共6篇,其中第4篇就是"捕法",即关于拘捕人犯的规定。被誉为中华法系的典范的《唐律》分为12篇,其中有《捕亡律》专篇,就是规定关于逮捕罪犯和逃丁的法律。但在封建专制时代的刑事诉讼中,对捕人的机关、条件和手续都没有明确的规定和限制,滥捕、滥押现象极为普遍。历代法律规定不仅可以羁押被告人,也可以羁押刑事案件的告诉人。如《明律·刑律·断狱》规定,被告未服罪,案情未弄清楚以前,不许放回告诉人。中华人民共和国成立后于1979年7月1日通过、1980年1月1日起施行的第一部刑事诉讼法中,把对人的强制措施作为总则的第6章,专章作了具体规定。其中规定有权采取强制措施的机关是公安机关、人民检察院和人民法院,但有权采用侦查强制措施的则仅限于公安机关和人民检察院。强制措施的种类包括拘传、取保候审、监视居住、逮捕、拘留。根据1996年3月17日八届全国人大四次会议《关于修改〈中华人民共和国刑事诉讼法〉的决定》修正后的我国刑事诉讼法,仍把强制措施作为总则编第6章专章规定。该法规定有权采取强制措施的机关是人民法院、人民检察院、公安机关、国家安全机关、军队保卫部门和监狱。除人民法院外,其他机关均可依法在侦查进行中对犯罪嫌疑人采取强制措施。修改后的法典中的强制措施的种类仍为拘传、取保候审、监视居住、逮捕和拘留,但对采取强制措施的适用范围、条件、程序、时限和保障被强制人的诉讼权利等方面则作了更为详尽的规定。

二、适用强制措施的特别规定与总体要求

根据我国代表法和有关规定，依法对县级以上各级人民代表大会代表适用强制措施的，应当书面报请该代表所属的人民代表大会主席团或者常务委员会许可；对现行犯或者重大嫌疑分子先行拘留时，应立即向其所属的人民代表大会主席团或者常务委员会报告。对未按规定报请许可的，执行机关应当暂缓执行并报告决定或批准机关；如在执行后发现未报请许可的应立即解除强制并报告原决定或批准机关。依法对乡、民族乡、镇的人大代表采取强制措施的，应当在执行后立即报告其所属的人民代表大会。另根据有关规定，依法对政治协商委员会委员采取拘传、取保候审、监视居住的，应当将有关情况通报给该委员所属的政协组织；依法对政协委员执行拘留、逮捕前，应当向该委员所属的政协组织通报情况，情况紧急的，可在执行的同时或执行后及时通报。

在侦查过程中，为了防止犯罪嫌疑人逃避侦查或继续进行犯罪以及发生意外情况，根据犯罪嫌疑人的社会危害性大小，人身的危险程度，犯罪证据是否确实、充分，以及犯罪嫌疑人本人、家庭的情况等，应当对其采取相应的强制措施。

第二节 拘传、取保候审与监视居住

拘传、取保候审与监视居住是侦查和审判中相对限制犯罪嫌疑人人身自由的强制措施。

一、拘传

拘传，指公安机关、人民检察院和人民法院，对未被拘留逮捕的犯罪嫌疑人所采取的一种强制到案接受讯问的措施。这是强制措施中最轻的一种。侦查中的拘传不包括人民法院的拘传（本书所讲的其他强制措施亦同），拘传的目的是强制被拘传人到案接受审查、讯问，以便及时查明案情。

（一）拘传的概念及概述

在侦查诉讼中，司法机关对未被羁押的犯罪嫌疑人和被告人经合法传唤无正当理由而不到案的，或虽未经传唤但情况紧急的，可以采取拘传措施强制其到案；在民事诉讼中，审判机关对经合法传唤无正当理由而拒不到庭的被告人，可以拘传强制其到庭。实行拘传各国都规定应当出示拘传票（拘传通知书）。英、美、法等国的刑事诉讼法都规定有拘传，不仅适用于被告人，而且

适用于证人。日本刑事诉讼法第 58 条规定，当被告人无固定住所、无正当理由不接受传唤或有可能不接受传唤时适用拘提。这里规定的拘提与拘传类似。关于经传唤不到案的理由是否正当，一般由实行传唤的机关来决定。拘传强制性的目的是使被拘传人接受讯问，因此各国刑事诉讼法对被拘传人到案后的讯问设有一定时间限制。对首次被拘传的人还应告知与接受讯问有关的事项。如法国刑事诉讼法第 125 条规定：对拘传到案的被告人应立即进行讯问，如不能立即开始讯问应押至监狱，狱中拘留不得超过 24 小时。限期届满后监狱负责人应将被告人押至检察官处，检察官应要求预审法官立即进行讯问。如预审法官不在，则要求法院院长或院长指定的法官立即讯问；否则，应将被告人释放。日本刑事诉讼法第 76 条第 1 款规定：在拘提被告人后应立即告知①公诉事实的要旨；②可以选任辩护人；③由于贫困或其他原因不能自行选任辩护人时，可以请求为他选任一名辩护人。

我国国民政府时期的诉讼法也有拘提的规定，不仅适用于刑、民事被告人，而且也适用于证人。中华人民共和国的刑事和民事诉讼法都有拘传的具体规定。修改后的《刑事诉讼法》第 50 条规定："人民法院、人民检察院和公安机关根据案件情况，对犯罪嫌疑人、被告人可以拘传。"第 92 条第 2 款又规定：拘传持续的时间最长不得超过 12 小时。不得以连续拘传的形式变相拘禁犯罪嫌疑人。根据上述规定和刑事诉讼法第 4、225 条的规定，我国的人民检察院、公安机关、国家安全机关、军队保卫部门和监狱，在刑事案件的侦查中有权对犯罪嫌疑人实行依法拘传。但是，由于监狱只对罪犯在监狱内犯罪的案件进行侦查，案犯本身通常处于羁押之中，故一般不需采取拘传措施。执行拘传的人不得少于 2 人，对抗拒拘传的可以使用戒具强制其到案。

（二）拘传的对象和条件

在我国拘传的对象有三类：

1. 经公安机关、人民检察院和人民法院等有权的机关合法传唤，没有正当理由而不到案的犯罪嫌疑人、被告人；

2. 因为侦查或审判工作的需要，对于某些犯罪嫌疑人或被告人，虽未经传唤，也可以进行拘传；

3. 罪行较轻不够逮捕拘留条件，但需要拘传到案接受讯问和处理的人。

在通常情况下，拘传之前先进行传唤，经合法传唤无正当理由不到案时即采取拘传措施强制其到案。这里所说的"传唤"是指司法机关通知当事人等到案的措施。广义的传唤指侦查机关和审判机关通知犯罪嫌疑人、刑事被告人或其他特定当事人于指定时间自行到案接受讯问或询问的措施。而刑事侦查学所指的传唤是狭义的，即专指侦查机关通知犯罪嫌疑人或其他特定当事人于指定时间到案接受讯问或询问的措施。传唤虽然不具有直接的强制力，但它具有命令的性质，即指示被传唤人应负到案的义务，否则将受到强制。所以，它又被认为是一种间接强制措施。在刑事侦查中传唤主要用于犯罪嫌疑人，但也适用于证人、鉴定人等其他特定当事人。传唤是一种古老的诉讼措施。在国外，传唤是各国刑事诉讼法中的具体诉讼措施之一。在英国，传唤是任何诉讼或公诉中的程序，特别是指将当事人用传票传到法庭。在普通法里《1832年统一传唤法》颁布前，旧时的王座法庭、高等民事法院、理财法院和大法官法庭的高级法庭的传唤程序是极不相同的。现在，传唤包括令状和开始传票。它包括对被告人的传唤和对诸如证人等第三人的传唤，还包括被刑事案件中的起诉书控告之人的传唤。我国古代审判案件早有传唤的做法，但有关传唤的法律规定已知最早的是清律。如清末1911年沈家本呈奏的《大清刑事诉讼律》第70条规定："侦查中得按其情形传唤被告人；预审中及起诉后为讯问起见应传唤被告人。许可代理人到场者，得不传唤被告人。"后来在国民政府于1928年制定的刑事诉讼法中也有用传票传唤被告的规定。中华人民共和国成立后，在第一部刑事诉讼法和民事诉讼法中，都对传唤当事人作了详细规定。其目的是使诉讼能按计划进行，使案件得到正确、及时处理。传唤需用传票（或通知书），并依法先期送达。被传唤人如无正当理由而拒绝到案的，要承担法律后果，如司法机关可采取拘传的强制措施强制其到案。在民事诉讼中还可对原告人依法按撤诉处理其起诉的案件，对被告人依法缺席判决。1996年修改后的《刑事诉讼法》第92条第1款规定："对于不需要逮捕、拘留的犯罪嫌疑人，可以传唤到犯罪嫌疑人所在市、县内的指定地点或者到他的住处进行讯问，但是应当出示人民检察院或者公安机关的证明文件。"该条第2款还规定，传唤持续的时间最长不得超过12小时，不得以连续传唤的形式变相拘禁犯罪嫌疑人。第97条又规定，侦查人员询问证人在必要的时候也可以通知证人到人民检察院或者公安机关提供证言。第100条规定，询问被害人适用询问证人的规定。第151条规定，人民法院决定开庭审理的公诉案件可以传唤当事人（第82条规定，当事人指被害人、自诉人、犯罪嫌疑人、被告人、附带民事诉讼的原告人和被告人）。第171条规定，自诉人经两次依法传唤无正当理由拒不到庭的按撤诉处理。在刑事侦查过程中，国家安全机关、军队保卫部门、监狱根据刑事诉讼法第4条和第225条的规定可以依法对犯罪嫌疑人等采取传唤措施。侦查过程中传唤犯罪嫌疑人应出示侦查机关制作的《传唤通知书》。《传唤通知书》是传唤当事人按指定的时间、地点到案的一种书面通知，又称传票、传唤状。各国法律都大致相同地规定传票应写明被传唤人姓名、年龄、住址、案由、应到案时间和地点以及无正当理由不到案的后果等。各国法律还不尽相同地规定了传票的送达方式，如法国刑事诉讼法第 123 条规定，传票应派法警送达。美国纽约州刑事诉讼法第 123 条规定，传票可由警察送达，或者由年龄不低于 18 岁的原告人送达，或者由法院指定的年龄不低于 18 岁的其他人送达。日本民事诉讼法第 162 条规定，传票由执行官或交邮局送达，刑事诉讼法第 54 条规定，传票送达的方法原则上准用关于民事诉讼法令的规定。罗马尼亚刑事诉讼法第 175 条规定，刑事检察机关或法院应通过书面的传票传唤当事人，也可以通过电话或电报传唤。在英国，传票是为了特定的目的传唤某人出席法庭的文件。如在高等法院，法官或书记官常以传票的方式就诉讼程序及其他事项发布命令。大法官的传票可以在待决案件中使用，如命令继续诉讼；也可用来开始诉讼，如以传票的方式传唤对某座房地产有利害关系的人到庭，以便确定他们之间的权利义务关系。中国古代将传唤当事人到案所用之书状称为"传唤状"。如在《周礼政要·狱讼》中有这样的记载："凡原被告人自用，及传唤状堂判所用状纸。"清末立宪变法时期光绪 32 年（1906 年）4 月草拟的《大清刑事民事诉讼法》第 89 条规定："凡民事案件，如索债、索赔、索回房屋或田地等案，宜用传票往传，俱不准用拘票。"宣统 3 年（1911 年）3 月公布的《承发吏职务章程》第 1 条规定："承发吏……承审判检察厅之命令而发送之事件：甲、发送传票。"中华人民共和国成立以后，在刑事和民事诉讼法中都具体规定了发送传票的制度。如《刑事诉讼法》第 81 条第 1 款规定："送达传票、通知书和其他诉讼文件应当交给收件人本人；如果本人不在，可以交给他的成年家属或者所在单位的负责人员代收。"该条第 2 款又规定："收件人本人或者代收人拒绝接收或者拒绝签名、盖章的时候，送达人可以邀请他的邻居或者其他见证人到场，说明情况，把文件留在他的住处，在送达证上记明拒绝的事由、送达的日期，由送达人签名，即认为已经送达。"我国侦查机关在实践中通常对犯罪嫌疑人使用《传唤通知书》，而对证人、被害人等使用《询问通知书》。侦查机关制作的《传唤通知书》通常为填空式一纸三联，包括存根联、回执联和通知联。主要内容包括：侦查机关名称、文书标题、文书字号、法律根据、被传唤人姓名、年龄、性别、民族、住址、工作单位、送达时间、被传唤人签名、候讯的时间地点、文书日期、侦查机关印章等，并注明"被传唤人必须持此证报到，无故不到，得以拘传"。

（三）实施拘传的方法

1. 依法办理拘传手续。对被拘传人进行拘传，须报请县级以上公安机关、人民检察院和人民法院的负责人批准，签发《拘传通知书》。《拘传通知书》上应写明：被拘传人姓名、性别、年龄等情况，拘传的理由，签发《拘传通知书》的机关及其执行拘传的人员。

2. 执行拘传时，应向被拘传人宣读《拘传通知书》并令其在通知书上签名或盖章（实践中也有捺指印），并写明宣布拘传的时间。

3. 被拘传人拒绝接受拘传时，执行人员可以使用适当的强制方法，强制其到案。

4. 被拘传人到案后，要及时进行讯问。讯问后，如发现有拘留或逮捕需要的，应迅速转办拘留或逮捕手续。

5. 讯问结束时，不需要拘留或逮捕的，应将被拘传人立即放回，恢复其自由。

二、取保候审

取保候审，指公安机关、人民检察院和人民法院责令犯罪嫌疑人提供担保人，保证其不逃避侦查和审判，并能随传随到的一种强制措施。

（一）取保候审的对象和条件

根据我国刑事诉讼法有关规定之精神，取保候审一般运用于下列对象：

1. 犯罪行为较轻不需要拘留、逮捕，但对其行动自由又必须作一定限制的犯罪嫌疑人；

2. 罪该逮捕，但采用取保候审已足以防止其继续危害社会的犯罪嫌疑人；

3. 应当逮捕的犯罪嫌疑人，但患有严重疾病，或者是正在怀孕、哺乳自己婴儿的妇女；

4. 需要拘留或逮捕而证据不足的犯罪嫌疑人；

5. 已被依法羁押但不能在侦查羁押期限内结束侦查的犯罪嫌疑人；

6. 不需要逮捕但持有效护照和出入境证件可能出境逃避侦查的犯罪嫌疑人。

（二）取保候审实施方法

1. 对犯罪嫌疑人实施取保候审须经县级以上公安机关、人民检察院和人民法院负责人批准。

2. 执行取保候审，要向被取保候审人发出《取保候审决定书》，责令犯罪嫌疑人提供保证人或交纳保证金。保证人必须是与案件无利害关系，具有信用，对被取保候审人有实际的约束能力，并有固定地址和职业、享有政治权利的人，经审查保证人符合条件，应令其出具保证书。在侦查或审判人员的主持下，由被取保候审人和保证人履行取保手续。保证人的主要责任是保证被取保候审人不逃避侦查和审判，并随传随到；如果发现被取保候审人有违反取保候审规定的情况，应及时报告并有责任限期将被取保候审人找回，否则，将对保证人作适当处理；如果保证人故意放纵隐匿自己所取保的犯罪嫌疑人、被告人，应负包庇犯罪人的刑事责任。同时，还应告诫被取保候审人，必须随传随到，不得逃避和阻碍侦查、起诉和审判工作的顺利进行；地址有变更，应及时报告，不得有误。如被取保候审人违反规定，已交纳保证金的没收，并责令具结悔过、重交保证金、提出保证人或监视居住、予以逮捕。

3. 对被取保候审人采用取保候审措施后，如果情况发生变化，应当予以撤销或者变更。

三、监视居住

监视居住，是指公安机关、人民检察院和人民法院，为了防止犯罪嫌疑人或被告人逃避侦查、起诉和审判，限定其活动区域和住所，相对限制和监视其自由的一种强制性措施。根据刑事诉讼法第50条的规定，公安机关、人民检察院和人民法院根据案件管辖的权限，可以对犯罪嫌疑人或被告人采取监视居住的措施。

监视居住的目的，是为了防止犯罪嫌疑人或被告人逃避或阻碍侦查或审判工作的顺利进行。因此，被监视居住的犯罪嫌疑人或被告人不得擅自离开指定的区域。

（一）监视居住的对象和条件

监视居住和取保候审的适用对象和条件基本相同。但是，取保候审和监视居住两种措施在实施时，必须明确其区别，绝不能同时并用。否则，一旦出现犯罪嫌疑人或被告人逃避侦查、起诉、审判或其他意外情况，承担责任的问题便难以确定。监视居住在司法实践中运用相对较少，一方面因为难以落实能切实监视犯罪嫌疑人或被告人活动的具体措施，另一方面犯罪嫌疑人或被告人在指定范围内活动的监视、控制和管束的难度很大。通常，在类似情况下，犯罪嫌疑人或被告人能提供符合条件的保证的，即采用取保候审的措施。如其确不能提供适当的担保人又不能交纳保证金的，才会采用监视居住的措施。

（二）监视居住的实施方法

在执行监视居住时，要向犯罪嫌疑人或被告人驻地公安派出所发出《监视居住委托书》。监视居住一般由驻地派出所执行。被监视居住人的住所发生变更时，执行单位应及时向承办案件的侦查、检察或审判机关报告。

对于监视居住的犯罪嫌疑人或被告人，要采取有效的监视措施。负责执行的部门可根据要求，设专人监控。但是，不能限制被监视居住人在指定范围内的合法行为，更不能变相关押。

犯罪嫌疑人或被告人监视居住的条件消失后，应撤销监视居住或改用其他强制措施，并向执行人和被监视居住人发出《撤销监视居住决定书》。

第三节 拘留与逮捕

拘留和逮捕是我国刑事诉讼法规定的两种限制犯罪嫌疑人人身自由的强制措施，是查缉人犯常用的法律手段。在侦查过程中，采取这些措施，可以防止犯罪嫌疑人逃跑、串供、毁灭证据、自杀或继续犯罪，还可以为顺利审讯犯罪嫌疑人及在法律规定的期限内侦查终结提供保障条件。

一、拘留的对象和条件

拘留是公安机关、人民检察院在侦查过程中，对于现行犯或重大犯罪嫌疑分子，在紧急情况下依法采取的临时限制其人身自由的一种强制性侦查措施。

（一）拘留的对象和条件

根据刑事诉讼法的有关规定，对于现行犯罪人或重大犯罪嫌疑分子，如果有下列情况之一的，可由公安机关先行拘留：

1. 正在预备犯罪、实施犯罪或者犯罪后被及时发觉的；
2. 被害人或者在场亲眼看见的人指认其犯罪的；
3. 在身边或者住处发现有犯罪证据的；
4. 犯罪后企图自杀、逃跑或者在逃的；
5. 有毁灭、伪造证据或者串供可能的；
6. 不讲真实姓名、住址、身份不明的；
7. 有流窜作案、多次作案、结伙作案重大嫌疑的。

凡有上述情况之一的，公安机关便可以将其拘留。人民检察院直接受理的案件中符合上述第4、5项情形之一的，可以决定拘留并协助公安机关执行。

（二）掌握拘留条件应注意的问题

拘留是侦查机关为了保证侦查工作的顺利进行，在紧急情况下所采取的一种强制性侦查措施。采用拘留措施，必须慎重。在掌握拘留条件时，应当注意以下几个方面的问题：

1. 刑事拘留的对象，主要是杀人、抢劫、放火、投毒、贩毒等重大案件的现行犯罪人或重大犯罪嫌疑人，以及需要进一步查清罪行的惯犯、流窜犯和贪污、贿赂、渎职等大案要案的犯罪嫌疑人。对其他没有社会危险性，又无逃跑、自杀、毁灭证据、串供等可能性的现行犯罪人，特别是其罪行尚不够逮捕的犯罪嫌疑人，可以待有证据证明其有犯罪事实后再采取相应的措施处理，不能"以拘代侦"，严禁采取先拘留后审查的方式。

2. 对那些过去实施的犯罪活动，现在才被揭露出来的犯罪嫌疑人，但其没有社会危险性，又不致有逃跑、自杀、毁灭证据的可能性，应当先通过侦查、调查，查清问题后再进行相应的处理，一般不要先行拘留。

3. 对已有证据证明其有犯罪事实，罪该逮捕并有必要逮捕的犯罪嫌疑人，应直接办理逮捕呈批手续，一般不要先拘留后逮捕。

在侦查中，实施拘留通常有两种情况：一种是在侦查过程中，发现重大犯罪嫌疑人，需要采取拘留措施；另一种是被司法机关当场抓获或者群众扭送到司法机关的现行犯罪人，公安机关受理后，经初步审查，认为符合法定条件，需要采取拘留措施。

二、逮捕的对象和条件

侦查中的逮捕是司法机关依法对犯罪嫌疑人在一定时间内剥夺其人身自由，并予以羁押的刑事强制措施。

（一）逮捕的对象和条件

《刑事诉讼法》第60条第1款规定："对有证据证明有犯罪事实，可能判处徒刑以上刑罚的犯罪嫌疑人、被告人，采取取保候审、监视居住等方法，尚不足以防止发生社会危险性，而有逮捕必要的，应即依法逮捕。"根据刑事诉讼法这一规定，逮捕犯罪嫌疑人必须具备以下三个条件：

1. 有证据证明有犯罪事实。犯罪事实，是作出逮捕决定的前提条件。逮捕仅适用于有证据证明有犯罪事实的犯罪嫌疑人。对于是否犯罪或犯罪事实尚无证据证明的犯罪嫌疑人，不能适用逮捕。在侦查中，要注意防止两种倾向：一是要防止犯罪嫌疑人的犯罪事实尚未查清，还没有获得确凿证据证明有犯罪事实的情况下，就急于提请逮捕；二是要防止苛求只有在全部犯罪事实或主要犯罪事实都已查清后，才决定逮捕犯罪嫌疑人。

2. 可能判处徒刑以上刑罚。这一条件是指侦查机关如根据已查清的犯罪事实，依照法律规定认定犯罪嫌疑人可能被判处徒刑以上刑罚，就可以提请逮捕犯罪嫌疑人。对那些罪行较轻，或因其他因素不会被判处徒刑以上刑罚的犯罪嫌疑人，则不能适用逮捕。

3. 采取其他强制措施不足以防止发生社会危险性。对于已有证据证明犯罪嫌疑人有犯罪事实，可以被判处徒刑以上刑罚的犯罪嫌疑人，如果采取取保候审、监视居住，仍不足以防止发生社会危险性，可视为确有逮捕必要，即应立即逮捕。反之，可以不予逮捕，而视案件的具体情况，采取其他强制措施。

上述三个条件，是一个有机的整体，缺一不可。侦查中不能任意理解逮捕条件，扩大或缩小逮捕范围，以防止错捕或漏捕问题的发生。

此外，根据刑事诉讼法的有关规定，对同时具备以上三个条件应当逮捕的

第七章　侦查强制措施

犯罪嫌疑人，如果身患严重疾病，身负较重创伤，或者是正在怀孕、哺乳自己婴儿的妇女，可不予逮捕，而改用取保候审或监视居住措施。但应注意上述不宜逮捕的因素一经消失，则应根据具体情况依法对其做出适当处理。

逮捕犯罪嫌疑人必须经人民检察院批准（人民检察院的自侦案件由本院决定逮捕）或人民法院决定。对犯罪嫌疑人的逮捕一律由公安机关执行。

（二）在所管辖区域以外执行逮捕

如果需要到所管辖区域以外执行逮捕，执行机关应按照《中华人民共和国刑事诉讼法》，最高人民检察院和公安部关于到外地执行逮捕的有关规定办理手续。

1. 公安机关到外地执行逮捕任务，应携同级人民检察院签发的《批准逮捕决定书》和公安机关签发的《逮捕证》及应被逮捕人的主要犯罪事实材料和证据，经与应被逮捕人所在地公安、检察机关联系后，由应被逮捕人所在地公安机关协助执行逮捕。

2. 在本省级辖区的范围内到外县级地区执行逮捕任务，县与县公安机关之间可以直接联系办理；跨省级辖区执行逮捕，须经地（市）公安机关之间联系后办理。

3. 如遇特殊紧急情况，公安机关来不及经自己所在地人民检察院办理批准逮捕手续时，可凭应被逮捕人的主要犯罪事实材料和证据，直接通过应被逮捕人所在地的公安机关向同级检察机关提请批准逮捕。经批准逮捕的，由应被逮捕人所在地的检察机关办理批准逮捕的法律手续。

4. 如果用函件委托外地公安机关代为执行逮捕时，应附有《批准逮捕决定书》（副本）及应被逮捕人的主要犯罪事实材料和证据，由应被逮捕人所在地的公安机关，持上述文件与同级检察机关联系办理，逮捕后通知委托逮捕的公安机关前来押解被逮捕人。

5. 对于不需押解回本地，需由应被逮捕人所在地直接处理的应被逮捕人，应由本地公安机关将应被逮捕人的全部犯罪材料和处理意见移送应被逮捕人所在地公安机关。如已具备逮捕条件的，即由应被逮捕人所在地公安机关提请同级人民检察机关批准逮捕，并将《批准逮捕决定书》的副本送交原地公安机关备查。

6. 经当地检察机关批准逮捕的被逮捕人，如需要转交外地处理的，应与有关地区公安机关联系办理解送或提交的手续。当地公安机关除留存《批准逮捕决定书》副本外，还应将《批准逮捕决定书》及被逮捕人全部犯罪事实材料及证据，随同被逮捕人一并办理移交。

7. 到外地执行逮捕时，被逮捕人所在地的检察机关除留存《批准逮捕决定书》(副本)及执行的公安机关的介绍信外,还应将其他材料、文件退交执行逮捕的公安机关。

此外,最高人民检察院根据《中华人民共和国刑事诉讼法》第16条规定的精神就逮捕外籍犯罪嫌疑人和无国籍犯罪嫌疑人的特殊程序作了专门规定:对外国人、无国籍人涉嫌危害国家安全的犯罪、重大刑事案件或者适用法律上确有疑难的案件,应当报最高人民检察院审查。最高人民检察院征求外交部意见后,决定是否批准逮捕。外国人、无国籍人涉嫌上列以外的其他犯罪案件,由分、州、市人民检察院报省级人民检察院审查。省级人民检察院征求同级政府外事部门的意见后,决定是否批准逮捕,同时报最高人民检察院备案。

三、拘留与逮捕的实施

执行拘留与逮捕,必须依法做好事前准备和事后处理的各项工作。

(一) 拘留、逮捕前的准备工作

1. 了解拘捕对象的基本情况。公安机关在执行拘捕前,应详细了解拘捕对象的有关情况。首先应当查明拘捕对象的姓名、别名、绰号、性别、年龄、外貌特征、家庭人员状况、工作单位、家庭的详细地址、有无凶器、是否受过某种不利于执行拘捕行动的职业技能训练等;其次应了解拘捕对象的住房、工作单位或藏身落脚地点的情况及周围环境,如有几个通道,有无可供藏身的隐藏处所;此外,还应了解拘捕对象的工作时间、生活习惯、日常活动规律、常去的场所以及通常在家或工作地点的时间等等。

2. 依法办理拘捕手续。公安机关需要逮捕犯罪嫌疑人时,承办单位应作出《提请批准逮捕书》,经县(市)以上公安局长批准后(检察机关逮捕自侦案件的犯罪嫌疑人无此程序),连同案卷材料、证据一并送交同级人民检察院审查,待检察院发出《批准逮捕决定书》后,再按程序和要求办理《逮捕证》。人民检察院和人民法院决定实施逮捕,亦应依法办理相应的法律手续,而后通知同级公安机关执行。

需要拘留犯罪嫌疑人时,案件承办单位应先填写《提请拘留报告书》,经县(市)以上公安局长审核批准,开具《拘留证》,方可执行拘留。人民检察院的自侦案件由侦查部门负责人审核、检察长决定,送达并协助公安机关执行拘留。对群众扭送、需要执行拘留的现行犯罪人,亦应补办相应的手续。

3. 制定拘捕方案。根据掌握了解的拘捕对象的有关情况,应制定周密的拘捕方案。拘捕方案通常包括以下几个方面的内容:

(1) 执行人员的数量及行动的分工;

(2) 确定拘捕的时间、地点;

（3）实施拘捕的具体方式；

（4）分析可能出现的意外情况并制订相应的对策；

（5）拘捕行动的物质配备。

4. 准备拘捕行动必备的证件、手续及装备。执行拘捕的人员应按照制定的拘捕方案，准备好《逮捕证》或《拘留证》、《搜查证》、《搜查记录》、《扣押物品清单》、《工作证》等文件、证件；检查准备好武器、戒具、警械、交通通信工具、搜查工具及用于发现提取可疑痕迹、物品的器材。

根据实际需要，邀请相应数量的见证人。

（二）实施拘捕的一般方法

为了防止拘捕对象逃跑、自杀、行凶和毁灭证据，实施拘捕的方法应根据拘捕对象的特点、当时所处的具体环境和具备的条件决定。

1. 室内执行拘捕的方法。①执行人员应当首先在拘捕现场的门窗等出入口和周围的通道布置岗哨，防止被拘捕人逃跑和无关人员进入。②为避免被拘捕人拒捕或发生意外，应注意选择适当的时机，假以相宜的名义，在不使拘捕对象警觉的情况下进入室内。如在住宅执行拘捕，可让被拘捕人的亲友、邻居叫门；在单位或旅店执行拘捕，亦可请求单位领导、职工、旅店员工以灵活多样的形式予以协助。③执行拘捕的人员进入室内后，即应命令在场所有人员原地原位不动，在认准拘捕对象后，迅速使用械具将其控制住，而后向其出示《逮捕证》或《拘留证》，予以拘捕，并立即搜查其身体及相关场所。如果是在拘捕对象的单位执行拘捕，通常应事先同该单位领导和保卫部门联系，共同商定拘捕的方法、时间、地点。同时，根据具体情况决定是否应当进行必要搜查。④在行驶的车、船上执行拘捕，应事先同车船乘警、驾驶员、售票员等工作人员联系，在他们的协助下，找到拘捕对象，以查票、查验证件等名义确认无误后，即可寻找适当的时机实施拘捕。为避免乘客围观，防止拘捕对象伤害、劫持乘客或乘机脱逃也可将其引诱到车船上的办公室或其他合适的地点进行拘捕。必要时还应对车船实行局部控制，暂时停止无关人员进入拘捕对象所在的部位。在拘捕对象周围布置好力量后，以突然袭击的方式将其捕获。对已经拘捕的犯罪嫌疑人，应迅速带至稳妥地点，严加看管，待车船停靠后，即应将被拘捕人押离车船。⑤在行驶的飞机上，严禁实施拘捕行动。如拘捕对象已登上飞机，执行人员则应暗中严密监视，同时与机上安全人员和乘务人员取得联系，请求他们协助控制、监视拘捕对象。拘捕对象离开飞机后，执行人员可寻找合适的时机和地点将其捕获。

2. 室外实施拘捕的方法。①应尽量避免在人多、环境复杂的公共场所进行拘捕。②应准确掌握拘捕对象的活动规律，事先准备好押解的车辆，通过严密跟踪监视拘捕对象,待其行至适当的地点,乘其不备,迅速地予以捕获。③执行人员事前应对人群作仔细的观察分析,防止被拘捕人的同伙或亲友对其进行解救。抓获被拘捕人后,更应注意对围观人群的观察,注意发现反常现象,以便早做准备。④应尽量不惊动群众,行动应果断、迅速,抓获被拘捕人后迅速离开现场。

无论采取何种方式执行拘捕,都应向被拘捕人出示《逮捕证》或《拘留证》,当场宣布逮捕或拘留,并令其在《逮捕证》或《拘留证》上签名或捺指印。对于被逮捕人,还应特别要求其写明被捕的日期,作为羁押和计算刑期的依据。如果拘捕对象拒绝签名或捺指印,执行人员应在《逮捕证》或《拘留证》上注明。

拘捕人犯时,必须警惕被拘捕人拒捕行凶或自杀。在抓捕被拘捕人后,即应对其进行身体搜查,收缴其身上的武器、可能用来行凶或自杀的物品及其他罪证和可疑物品。执行拘捕一般都应当对被拘捕人使用械具。拘捕后,应迅速押送关押场所。

如发现拘捕对象自杀或销毁、转移犯罪证据,应立即采用有效措施急救或制止。如拘捕对象已经逃跑,应迅速组织力量追缉堵截或进行通缉通报。

(三) 对被拘捕人的审查处理

拘捕犯罪嫌疑人后,除了有碍侦查或者因故无法及时通知的特殊情形外,应当把拘捕的原因和羁押的处所,在24小时内通知被拘捕人的亲属或其所在单位。如果被逮捕人是外国人,还应及时通知其所在国驻华使、领馆。同时,承办案件的侦查人员应在24小时内对被拘捕人进行第一次讯问。

对于被逮捕的犯罪嫌疑人,侦查机关经审查发现不应逮捕,应立即向原决定或批准逮捕的人民法院或人民检察院作出书面报告。如查证确不应逮捕,原决定或批准逮捕的机关应立即撤销逮捕决定或批准指示,并通知执行逮捕的公安机关,立即释放被逮捕人,并发给其释放证明。

对于被拘留的人犯,对其在讯问中的供述,侦查机关要指派专人及时查证。如果发现不应当拘留,必须立即释放,并发给释放证明。经审查,如果认为需要逮捕,公安机关应当在法律规定的期限内提请同级人民检察院批准。否则应当立即释放被拘留人,并发给其释放证明。

对于未查清其犯罪事实,但又不能排除犯罪嫌疑的被拘捕人,应当在法律规定的期限内予以释放。侦查机关可以对这类犯罪嫌疑人采取其他限制其人身自由的强制措施,以利于侦查的顺利进行。

四、检察机关决定的逮捕与拘留

人民检察院直接受理立案侦查的案件,由检察机关依法决定逮捕或拘留。

(一)决定逮捕或拘留

《刑事诉讼法》第 132 条规定:"人民检察院直接受理的案件中符合本法第六十条、第六十一条第四项、第五项规定情形,需要逮捕、拘留犯罪嫌疑人的,由人民检察院作出决定,由公安机关执行。"据此规定,人民检察院在侦查中有权决定逮捕或拘留。

1. 决定逮捕。人民检察院在对直接管理案件的侦查中,如有刑事诉讼法第 60 条规定的有证据证明有犯罪事实,可能判处徒刑以上刑罚的犯罪嫌疑人,采取取保候审、监视居住等方法尚不足以防止发生社会危险性,而有逮捕必要的,有权决定逮捕。这里所说的"有证据证明有犯罪事实",是指同时具备下列情形:①有证据证明发生了犯罪事实;②有证据证明犯罪事实是犯罪嫌疑人实施的;③证明犯罪嫌疑人实施犯罪行为的证据已经查证属实。犯罪事实可以是犯罪嫌疑人实施的数个犯罪行为中的一个。《人民检察院刑事诉讼规则》规定,需要逮捕犯罪嫌疑人的,由侦查部门填写逮捕犯罪嫌疑人意见书,连同案卷材料一并送交本院审查逮捕部门审查。犯罪嫌疑人已被拘留的,应当在审查逮捕部门接到逮捕犯罪嫌疑人意见书后的 7 日以内由检察长或者检察委员会决定是否逮捕;未被拘留的,应当在审查逮捕部门接到逮捕犯罪嫌疑人意见书后的 15 日以内由检察长或者检察委员会决定是否逮捕,重大、复杂案件不得超过 20 日。根据 2009 年最高人民检察院《关于省级以下人民检察院立案侦查的案件由上一级人民检察院审查决定逮捕的规定(试行)》,省级以下(不含省级)人民检察院立案侦查的案件,需要逮捕犯罪嫌疑人的,应当报请上一级人民检察院审查决定。对于应当逮捕的犯罪嫌疑人如果患有严重疾病,或者是正在怀孕、哺乳自己婴儿的妇女,根据刑事诉讼法第 60 条第 2 款之规定,可以采用取保候审或者监视居住的办法。

2. 决定拘留。人民检察院对于符合刑事诉讼法第 61 条第(四)项、第(五)项规定的情形之一的,即①犯罪后企图自杀、逃跑或者在逃的;②有毁灭、伪造证据或者串供可能的,可以决定拘留。拘留犯罪嫌疑人,应当由侦查人员提出意见,侦查部门负责人审查,检察长决定。

由于人民检察院直接受理侦查的是职务罪案,其犯罪嫌疑人中常有担任各级人民代表大会代表职务、涉外职务、涉外国籍或无国籍人、知名人士或担任政协组织职务的,应严格按照有关法律和政策的规定办理决定逮捕、拘留之前应当履行的手续。

(二) 通知公安机关执行逮捕、拘留

经检察机关决定逮捕的，审查逮捕部门应当将逮捕决定书连同案卷材料送交侦查部门，由侦查部门通知公安机关执行逮捕，必要时人民检察院可以协助执行。如果检察机关决定不予逮捕的，侦查部门应当根据决定，确定是否继续侦查、是否需要采取其他强制措施。犯罪嫌疑人已被拘留的，应当通知公安机关立即释放或变更强制措施。人民检察院决定拘留的，由侦查部门送达公安机关执行，公安机关应当立即执行。必要时检察机关可以协助执行。

(三) 及时讯问和作相关处理

1. 根据刑事诉讼法第133条的规定，人民检察院对直接受理的案件中被拘留的人，应当在拘留后的24小时内进行讯问。在发现不应拘留的时候，必须立即释放，发给释放证明。对需要逮捕而证据不足的，可以取保候审或者监视居住。这里规定的及时讯问与公安机关拘留人后应当及时讯问的规定是一致的。这里所说的"不应拘留"是指不符合拘留的法定条件。这里规定的"可以取保候审或者监视居住"同样必须符合法定条件、期限和其他有关规定。

2. 根据刑事诉讼法第134条规定，人民检察院对直接受理的案件中被拘留的人，认为需要逮捕的，应当在10日以内作出决定。在特殊情况下，决定逮捕的时间可以延长1日至4日。对不需要逮捕的，应当立即释放；对于需要继续侦查，并且符合取保候审、监视居住条件的，依法取保候审或者监视居住。这里对检察机关决定拘留的人被拘留后应当如何处理作了程序的规定。这里所说的"10日以内作出决定"，包括人民检察院的讯问审查、移送批捕、审查逮捕和领导决定的全部期限不得超过10日。对具有特殊情况的重大、复杂案件拘留的总期限不得超过14日，即务必在14日以内作出决定。所谓"不需要逮捕的"，是指被拘留的人不符合刑事诉讼法第60条规定的逮捕条件，因此，应当立即释放。这里所说的"依法取保候审或者监视居住"，是指符合刑事诉讼法关于适用取保候审和监视居住的规定。

3. 人民检察院决定拘留、逮捕犯罪嫌疑人被公安机关执行后，都应当根据刑事诉讼法第65、72、73条规定的程序作相应的处理。人民检察院作为法律监督机关，在侦查工作中更应严格按照法定程序进行侦查活动。

第八章 侦查紧急措施

侦查紧急措施是侦查中为了追捕犯罪嫌疑人和控制赃物、赃款必须立即采取行动、不容许拖延的处理方法。主要有追缉堵截、通缉、通报、控制赃物、搜查、扣押、辨认等。

第一节 追缉堵截

追缉堵截多部署于现场勘查中,有时也适用于侦查过程中。

一、概述

追缉堵截,是指侦查人员依法追捕和布岗设卡,抓获逃跑的案犯的活动。

追缉堵截包括追缉和堵截两个方面的内容,实际运用中体现为"紧密结合、相互配合"的形式。追缉离不开堵截,堵截也离不开追缉。没有堵截,追缉就会失去方向和目标。同时,紧急性的堵截多是以追缉为前提的,否则,单方面地进行堵截很可能是一种无效行为。

追缉堵截的逃犯包括:犯罪人、犯罪嫌疑人、被告人和已被判处刑罚的罪犯。

追缉堵截适用的条件是:逃犯的体貌特征较为明显,易于识别,估计其逃离现场不远的;发案不久,案犯在逃离现场的道路上遗留有明显的痕迹、血迹或其他物质、物品,能够显出其逃跑方向的;逃犯在犯罪过程中受了外伤,或者在搏斗中衣服被剥脱、撕碎或沾染上大量血迹、泥土、颜料等,能引起沿途群众注目的;逃犯携带的赃物数量多、体积大,特征比较明显的;逃犯驾驶交通工具或乘交通工具逃跑,发现及时的;被害人、知情人指明案犯逃跑路线和去向的等。

追缉堵截对于加快侦查速度、及时抓获案犯、制止案犯继续进行犯罪等,有着特别重要的意义。

二、追缉堵截的方法

一是尾追前堵法。即根据案犯逃跑的方向、路线,派员尾随其后追捕,在案犯逃跑行径路线的前方设卡拦截。

二是多路迂回法。即兵分多路，用中间直追，两侧迂回的方法追缉堵截。

三是四面合围法。即在追缉过程中发现案犯进入一个小的范围之内，如窜入楼群、钻进树林或庄稼地，缉捕人员应迅速抢占有利地形、地物，将其包围起来搜索缉捕。

四是寻找抓捕法。即侦查中遇到案犯去向不明，但判断其尚未逃远，派员在案犯可能隐蔽的地区内的有关场所寻找缉拿，必要时，也可以带领被害人或者目睹人寻找辨认。

五是守候抓捕法。守候是侦查过程中因为侦查破案的需要，侦查人员隐蔽在犯罪嫌疑人可能再次出现或必然经过的地点待机将其缉拿的一种侦查措施。守候要以侦查人员为主，根据需要可吸收被害人、证人等有关人员参加。守候要作好周密的部署，事先精心分工，进入守候地点后要灵活机动地充分利用地形、建筑物或其他设施严密分散隐蔽，以待有利时机缉拿犯罪嫌疑人和缴获赃物罪证。守候的方法有：①寻查守候。侦查人员根据具体案情的分析判断，在犯罪嫌疑人可能再次出现的地点进行寻查守候。如贪污、贿赂、挪用公款等犯罪嫌疑人往往会经常出入地下赌场、高档娱乐消费场所或情人、姘头的居所等等。当犯罪嫌疑人携款潜逃后，大多要选择时机，秘密前往其家属住处或情人、姘头的居所等其他有关场所，侦查人员可以在其必经地点或其到达地点进行寻查守候。②伏击守候。侦查人员预伏在犯罪嫌疑人可能再次进行某种犯罪的处所或地点，待其前来实施犯罪活动时当场将其缉捕归案。如在连续发生抢劫、强奸、盗窃等案件的地区，根据犯罪嫌疑人的活动规律分析判断其可能在某个特定地点继续作案或前来取获其隐藏的赃物，预先埋伏在该地点周围，趁犯罪嫌疑人再次进行犯罪或取赃时出其不意地将其当场捕获归案。③拘捕守候。即侦查人员持证守候，趁机拘捕犯罪嫌疑人。这往往是对于已经办理了拘留或逮捕手续的犯罪嫌疑人或重大犯罪嫌疑分子，执行拘捕的侦查人员出于策略方面的考虑，为了防止发生拒捕、逃跑、嫌疑人家属无理纠缠或不明真相的起哄闹事等意外情况的发生，持拘捕手续秘密地守候在拘捕对象必然经过的地点，乘有利时机将其拘捕归案。

三、追缉堵截应注意的问题

一是行动要迅速敏捷，要乘用最快的交通工具追缉，并且用有效的通信手段，尽快通知有关地区或部门堵截，不使案犯有喘息的时间。

二是在追缉途中，要随时留意发现案犯抛失的物品和留下的痕迹，以获取罪证。

三是要边追缉边向沿途群众访问,及时掌握情况的变化。

四是在城市郊区、农村、山区、林区、草原、沙漠等地进行追缉时,要充分利用步法追踪技术,有条件的可以使用警犬追踪搜捕。

五是要选派机警灵活、责任心强的人员担负追缉堵截的任务。

六是对带有凶器和枪支的逃犯追缉堵截时,要提高警惕、周密准备、统一指挥,既要千方百计活捉逃犯,又要避免硬打硬拼及不必要伤亡。

第二节 通缉、通报

通缉、通报是通常采用的紧急侦查措施。

一、通缉

所谓通缉,就是指法定的有权机关发布通告,通令缉拿依法应当逮捕的在逃犯罪嫌疑人的一种紧急侦查措施。这里所说法定有权决定通缉的机关除公安机关外,人民检察院根据刑事诉讼法第131条的规定也可以对直接受理侦查的案件中的犯罪嫌疑人决定通缉;就发布通缉令及执行通缉的机关来讲,仅指公安机关,因为公安机关是逮捕的执行机关,而通缉是执行逮捕的继续。

(一)通缉的意义

通缉是世界各国都采用的一种重要侦查行为,其目的是为了请求各机关、团体和全体公民协助专门机关缉获被通缉的人员。外国刑事诉讼中的通缉方式是发布通缉令(书),而有权发布通缉令的机关各国规定不尽相同,总的来讲不外乎检察机关、法院和警察当局。在统一后的德国,现行《刑事诉讼法》第131条规定:"被指控人如果在逃或者匿藏,检察院、法官可以依据逮捕令、安置令发布通缉令。"同时又规定:"无逮捕令、安置令时,只能在被逮捕人潜逃或者逃避看守的时候,才准许发布通缉令。在此种情况中警察部门也可以发布通缉令。"关于通缉令(书)的内容,各国一般都要求证明被通缉人的特征,并在可能范围内加以详细描述。奥地利刑事诉讼法第417条规定,通缉令需指出怀疑被告人所实施的犯罪行为。对其人身作尽可能准确的描述。在美国,如果通缉凶杀案的犯罪分子,联邦调查局和当地警察局一起根据走访目睹人提供的情况要绘制凶手的模拟画像,画像的说明要十分详细。德国《刑事诉讼法》第131条第(三)项规定:"通缉令应当写明被通缉人,尽可能地描述他的特征。被通缉人所涉嫌的行为,实施行为的地点与时间,也应当写明。"

我国《刑事诉讼法》第123条第1款规定:"应当逮捕的犯罪嫌疑人如果

在逃，公安机关可以发布通缉令，采取有效措施，追捕归案。"由此可见，通缉的主要意义在于：它是专门机关发动和依靠广大人民群众缉拿在逃的犯罪嫌疑人的有力措施；它有利于专门机关与社会力量形成巨大合力以便及时将犯罪嫌疑人缉拿归案；它可及早制止犯罪、及时查明案情和有力地打击犯罪。

（二）通缉的对象

根据刑事诉讼法第 123 条的规定，通缉的对象是应当逮捕的在逃犯罪嫌疑人。具体来说，既包括具备刑事诉讼法第 60 条规定的逮捕条件应当依法逮捕而又下落不明的犯罪嫌疑人，也包括已经依法执行逮捕在羁押期间逃跑的犯罪嫌疑人。在司法实践中通常表现为以下几种对象：

1. 已依法决定逮捕而逃跑或下落不明的犯罪嫌疑人；
2. 已依法决定拘留而逃跑或下落不明的现行犯或者重大嫌疑人；
3. 已被依法拘、捕后从羁押场所逃跑的犯罪嫌疑人；
4. 在依法押解途中或讯问期间乘机逃跑的犯罪嫌疑人；
5. 在依法取保候审、监视居住期间逃跑的犯罪嫌疑人；
6. 已经判刑，在服刑、关押期间越狱逃跑的罪犯。

上述任何一种情形的通缉对象，都必须同时具备三个条件才能进行通缉：一是被通缉的人必须是犯罪嫌疑人、现行犯或重大嫌疑分子；二是该被通缉人符合法定逮捕、拘留条件；三是应当逮捕或拘留的人确实在逃避法律责任而逃跑或下落不明。

（三）通缉的程序

《刑事诉讼法》第 123 条第 2 款规定："各级公安机关在自己管辖的地区以内，可以直接发布通缉令；超出自己管辖的地区，应当报请有权决定的上级机关发布。"在司法实践中，通缉的主要程序是：

1. 作出通缉的决定。公安机关需要通缉犯罪嫌疑人，由该机关的主要负责人决定；人民检察院侦查直接受理的案件应当逮捕的犯罪嫌疑人如果在逃，或者已被逮捕脱逃的，经检察长批准，可以作出通缉的决定。如果要在本辖区外通缉的由有权决定的上级人民检察院决定。

2. 发布通缉令。通缉令是公安机关发布缉拿应逮捕而在逃的犯罪嫌疑人等的书面命令。通缉令的内容要具体、简练、明确，使人看到能一目了然，便于查缉。其主要内容包括：被通缉人的姓名、性别、年龄、籍贯及衣着、语音、体貌特征和所犯罪名等；近照、身份证号码，有条件的还可附指纹或其他物证照片；发案的时间、地点、简要案情；发布通缉令的机关及公章；联系地址及电话号码；发布通缉令的时间。如果由人民检察院作出通缉决定的，人民检察院应当将通缉通知书和被通缉人的照片、身份、特征、案情等简要情况送达公安机关,由公安机关发布通缉令。国家安全机关、军队保卫部门和监狱需要通缉在逃犯罪嫌疑人或脱逃罪犯的,也要商请公安机关发布通缉令。

县级以上公安机关可在本辖区内直接发布通缉令;司法实践中有协作关系的相邻区域通常按协作规定互相抄发通缉令并报上级公安机关备案;需要在全国或跨地区通缉的,由省级公安机关报公安部,由公安部发布通缉令。通缉令应采用书面形式或报纸、传真形式或在公安内部网上发布。应将通缉令发送有关部门或者张贴、登报、广播、电视播发或电话通知有关单位,以便及时取得有关单位和广大人民群众的协助,尽快查缉被通缉人。

3. 补发通报。通缉发布后又发现新的情况的,可以补发通报。补发通报的应写明通缉令的编号和日期。另外,对不知真实姓名和住址,只知其外貌特征、作案手段、携带赃款物等情况的,也可以采用通报方式查缉。

4. 组织缉捕。公安机关接到通缉令后,应当采取有效措施周密部署通缉,控制好被通缉人可能出入或隐藏的地方,发动群众提供线索,组织力量进行围、追、堵、截。其他一切单位和公民应积极协助公安机关查缉被通缉人。一旦查获被通缉人,要立即通知发布通缉令的机关前来核实处理。

5. 撤销通缉令。被通缉对象缉拿归案后,或其投案、死亡后,由发布通缉令的公安机关在原发布通缉令的范围内撤销通缉令。

二、通报

通报是侦查紧急措施的一种,是指公安机关通告有关案件情况的活动。通常以书面文件的形式发到有关地区的公安机关内部,不对外张贴。这是公安机关为了侦查犯罪互通情报、互相配合协查的一种重要措施。

(一) 通报的类型

通常按通报的内容范围,将其分为以下几类:

1. 案情通报。适用于流窜犯罪案件、多次犯罪案件和结伙犯罪案件的侦查。通报的内容包括:案件发生的时间,犯罪人的个人特点,犯罪的手段和方法,赃物的种类、数量和特征,有条件的还可以附犯罪嫌疑人的照片、犯罪痕迹及其他物证照片。

2. 赃物通报。适用于重大盗窃、抢劫、诈骗等有赃物的案件的侦查。通报的内容除了写明主要案情外,还要特别写明赃物的种类、数量、牌号、型号、特征及特殊证号。

3. 不知名尸体通报。适用于命案侦查。通报的内容:发现尸体的时间、地点,死者的性别、身高和推断的年龄,死者的体貌特别是面部的特征及随身携带的物品的种类、数量及其特征,并附经过整容的死者照片及死者随身物品的照片。

4. 失踪人通报。适用于杀人或拐卖人口案件的侦查。通报的内容：失踪人的姓名、性别、年龄、职业、籍贯、体貌特征、衣着、生理缺陷、精神状态及失踪的时间、地点，并附失踪人的近期照片。

5. 犯罪嫌疑人通报。适用于各类案件的侦查。通报的情况有两种：一是在侦查中，犯罪嫌疑人潜逃，但因尚未确定对其逮捕，不宜使用通缉措施的；二是侦查中抓获的犯罪嫌疑人，尚未查明其确实身份的。通报的内容：前者应写明犯罪嫌疑人的姓名、性别、年龄、口音、体貌特征，涉嫌什么案件，主要犯罪活动、手段和携带的物品等；后者应写明其自称的姓名、年龄、籍贯、口音、体貌特征，涉嫌什么案件，抓获的时间及主要犯罪活动、手段和携带的物品等。犯罪嫌疑人通报，属于第一种情况的，有条件的应附犯罪嫌疑人照片和指印；属于第二种情况的，必须附嫌疑人的照片和指印。

（二）通报的发布

通报只能由县级（含县级）以上公安机关发布。发往有关省、自治区、直辖市的通报，由省级公安机关发布。跨省流窜犯罪的案件，境内外勾结走私、贩毒、盗卖文物、伪造货币等重大案件，境外黑社会组织和犯罪分子渗入活动的案件，境外对我国进行走私、贩毒、伪造货币等犯罪组织、集团的案件，需要通报的，由公安部发布通报。

（三）通报的要求

1. 通报作为公安机关内部的协查文书，内容应简明、准确，特征描述要规范、具体，所附照片要清晰、逼真，要注明通报的文号、联系方式、联系人等，以便有关单位联系与回复。

2. 通报的时间性很强，为不贻误战机，应及时发出。

3. 通报发生后，如发现新的重要情况，或者情况发生了变化，或者原来的情况有误，应及时发布补充通报或更正通报。

4. 通报的问题一经查清，则要及时撤销原通报。撤销通报应由原发布机关进行，并注明原通报的日期、编号，以便查对。

5. 有关单位接到通报后，应认真协查，及时回复。各单位应有专人负责通报的管理。

6. 通报的内容要保密，不得使用明码电报传送通报的内容。接报单位也不得扩散通报的内容。如果发布单位认为有必要向群众公布通报中的某些内容，应将公布的范围和要求写清楚。

第三节　控制赃物

控制赃物是侦查破案中经常采用的一种有效措施。指侦查人员依法对犯罪人非法所得财物的掌握，使之不得销售或转移的活动。它往往同现场勘查，通缉、通报等侦查措施同时采用。利用这一措施，对于及时查获犯罪分子，弥补犯罪造成的公、私财物损失，具有重要意义。一般应做好以下几项工作：

一、详细询问并编写失物清单

为了便于识别和发现赃物，侦查人员应及时、详细地向被害事主或其家属询问损失物品的名称、牌号、数量、体积、新旧程度、价值、记号、出厂日期、性能等特征。财物损失巨大的，应根据失主提供的情况，详细写出清单，以供查获赃物使用。有些贵重物品或物品比较奇特的，可在清单中附同类物品照片。

二、及时请有关部门和地区进行控制

在了解失物特征之后，如果判明犯罪分子持有赃物，应及时向犯罪分子可能前去销赃的部门（如委托行、旧货回收部门、文物收购门市部、珠宝收购门市部、银行、金银外币兑换门市部、农贸市场等）及其可能前去转移赃物的场所（如车站、码头的行李房、小件物品寄存处等）发出失物通知单，或派专人进行个别部署，要求这些单位发动职工群众，在日常业务工作中注意发现赃物，进而查获犯罪人。若判断犯罪分子可能携带赃物逃往外地，应及时向有关地区的侦查部门发出通报，请求协助查缉。案情重大的，应先用电话通知有关部门或地区协助。侦查部门向有关单位布置任务时，应交代必要的控制方法。有关单位若发现有人出售或转移失物单中所列物品，应设法报告侦查机关或派出所前来审查处理。如果物品持有人企图逃脱，应直接将其扭送到派出所，不得自行审查处理。

三、严密控制场外黑市销赃

有些狡猾的犯罪分子为了逃避上述有关部门的控制，往往躲开委托商行和其他有关交易场所，到场外黑市销赃。他们有的在委托行或旧货收购站门前徘徊，观察攀谈，物色买主，另约地点，看货交钱；有的在车站、码头、旅店等场所，向旅客兜售赃物；有的到偏僻街巷进行销赃等。所以，在通过有关商业部门控制销赃的同时，还应针对犯罪分子变换销赃的渠道和方法的特点，利用

专门力量，严密控制场外销赃这种措施，对于控制和发现被盗的金银、票证等，尤为重要。

四、做好对赃物持有人的审查

侦查部门在接到有关单位或个人的报告后，要抓紧对赃物持有人进行审查。审查中，应重点查清以下问题：

一是查明出售赃物的人是犯罪分子本人还是受犯罪分子指使的其他人，或是捡到赃物以及买来赃物再进行变卖的人，以便彻底弄清案情，抓获犯罪人。

二是查明可疑物品是否是赃物经过加工修理，或拆整为零、改头换面的赃物。必要时，可以提交失主辨认。

三是查明有无同伙犯，以扩大侦查战果。

第四节 搜 查

搜查是一种重要的侦查行为，几乎世界各国的刑事诉讼法或有关法律对此都有规定。我国刑事诉讼法第二编第二章第五节对搜查作了专门规定。

一、搜查的概念和意义

搜查，是侦查人员为了收集犯罪证据、查获犯罪人，对犯罪嫌疑人以及可能隐藏犯罪人或者犯罪证据的人身、物品、住处和其他有关的地方，依法进行搜索、检查的一种强制性的侦查行为。我国《刑事诉讼法》第109条规定："为了收集犯罪证据、查获犯罪人，侦查人员可以对犯罪嫌疑人以及可能隐藏罪犯或者犯罪证据的人的身体、物品、住处和其他有关的地方进行搜查。"这一规定表明：搜查的对象不仅仅限于犯罪嫌疑人，如果认为其他人可能隐藏罪证或犯罪人时，也可以进行搜查；搜查的范围不仅仅限于被搜查人的住处，也包括被搜查人的身体、物品和其他有关地方。总之，凡是有可能隐藏犯罪人或犯罪证据的地方，都可以进行搜查。在多数情况下，是在逮捕、拘留犯罪嫌疑人、被告人时进行搜查，有时也在逮捕、拘留前后进行。对不需要采取逮捕、拘留措施的刑事案件，根据侦查、审理的需要也可以进行搜查。

各国刑事诉讼中的搜查行为，通常由警察人员进行，也可以由其他侦查人员进行。但在搜查主体和搜查权、搜查程序和规则等方面，各国的法律要求和规定不尽相同。如英国的警官进行搜查一般要持有治安法官签发的搜查证。法国刑事诉讼法第92条规定，预审法官可前往任何地点以实现全部有效决定或实施搜查；预审法官应通知检察官，检察官可陪同前往。日本刑事诉讼法第

102条和第118条规定，检察官、检察事务官和司法警察职员在认为侦查犯罪有必要时，可以根据审判官签发的命令文件实施搜查，搜查可以对人犯的身体、物品、住处或其他场所进行；对人犯以外的人身、物品、住所或其他场所进行搜查，以足以认为有应予扣押物品存在的情况为限；在搜查时间上，一般要求白天进行。如美国联邦刑事诉讼规则第41条规定，除特殊情况外搜查"应当在日间执行"，本条规则中的"'日间'指当地时间上午6时至下午10时"。原属大陆法系的意大利1988年9月22日通过的新刑事诉讼法第251条专门规定搜查住所的时间限制，① 对住宅或者靠近住宅的封闭地点的搜查不得在7时之前和20时之后开始；② 但是，在紧急情况下，司法机关可以采用书面方式决定不按照上述时间限制进行搜查。德国1994年12月1日生效的刑事诉讼法第104条规定，除特殊情况外，对住房、办公房间和有圈围的产业进行搜查不得在4月1日至9月30日的晚上9时至凌晨4时期间和10月1日至3月31日的晚上9时至凌晨6时的期间进行。多数国家的法律还要求文明搜查，只是在搜查遭拒绝时才可强制搜查；搜查应尊重人格，并尽可能地维护被搜查者的体面。为了固定搜查过程中得到的情况，各国法律都注重规定搜查应当制作笔录。在我国封建社会，中央国家机关设置从属于行政的司法机关，地方则司法行政不分，在办理刑事案件中司法机关审判兼侦查，为了搜查证据、了解案情，广泛采用搜查抄家的手段。清末从日本输入现代检察制度和警察制度以后，便主要由检察机关和警察机关行使搜查权，但审判衙门也握有一定的搜查权。辛亥革命以后，1932年10月28日南京国民政府颁布的《法院组织法》在检察官职权方面规定："实行搜查处分，提起公诉，实行公诉，并监督判决之执行。"在我国的抗日民主政权时期，陕甘宁边区和其他根据地的施政纲领中，都规定了保障人权的法律原则，规定除司法、公安机关以外，任何机关、部队、团体不得非法侵入、搜查任何人的住宅。在人民民主政权时期，建立了合法的搜查手续，各地政府重申：除公安和司法机关以外，禁止任何机关、团体、学校、工厂、商店有搜查行为，违者以侵犯人权论处。如因案情需要，必须进行搜查住宅时，执行人员必须携带主管公安或司法机关的证件，否则，被搜查人可以拒绝。我国《宪法》第37条规定："中华人民共和国公民的人身自由不受侵犯"，"禁止非法搜查公民的身体"。第39条又规定："中华人民共和国公民的住宅不受侵犯。禁止非法搜查或者非法侵入公民的住宅。"因此，搜查必须严格依法进行。否则，就会触犯刑律招致非法搜查的刑事责任。我国《刑法》第245条第1款规定："非法搜查他人身体、住宅，或者非法侵入他人住宅的，处三年以下有期徒刑或者拘役。"该条第2款还规定："司法工作人员滥用职权，犯前款罪的，从重处罚。"

搜查与检查虽只有一字之别，但二者是不同的法定侦查活动。其主要区别在于：一是搜查可以适用于一切可能隐藏犯罪证据的人、物品或有关处所；而检查的对象仅限于被害人和犯罪嫌疑人；二是搜查的目的是为了收集证据、查获犯罪嫌疑人，而检查则是为了确定被害人和犯罪嫌疑人的某些特征、伤害情况和生理状况，以便了解案情、核实证据；三是遭到拒绝时的法律后果有区别，即对一切拒绝合法搜查的人均可依法强制进行搜查，而强制检查只能对犯罪嫌疑人进行但不能对被害人进行。

搜查是依法同犯罪作斗争的一种重要手段。通过搜查，既可以直接将隐藏的犯罪嫌疑人抓获归案，又可以责令有关公民交出所隐藏的犯罪嫌疑人；通过搜查，既可以从犯罪嫌疑人身上、住处、物品中和其他场所查获犯罪证据，又可以从其他有关人身上、住所等处查获隐藏的犯罪证据。因此，搜查有利于发现和搜集证据、查清犯罪事实和查获犯罪人，对于开展侦查、进行审判、追究与惩罚犯罪分子都具有非常重要的意义。

二、搜查的任务和方法

搜查的主要任务是发现和收集与案件有关的犯罪证据，查获逃避侦查的犯罪人。

为了使搜查达到预期的目的，事先应充分做好准备，如明确搜查目的、收集有关被搜查人的材料、了解被搜查处所的周围环境、确定参与搜查的人员、制定搜查方案、准备搜查所需的交通和通信工具、视听工具、搜查工具、备用武器等。根据案件性质确定搜查重点，选择恰当的搜查策略方法，周密部署、精心安排。搜查要把握时机、以快制胜；搜查中要查微析疑，不放过任何蛛丝马迹；对被搜查人家属要利用政策攻心促其协助搜查，主动交出犯罪人和赃款赃物及其他证据，或指明其隐藏的处所。

三、搜查的程序

搜查是一种严肃的并带有强制性的侦查活动，必须严格遵循法定程序。根据刑事诉讼法的规定和司法制度的要求，搜查的程序是：

第一，根据刑事诉讼法第109条的规定，搜查的主体只能是侦查人员，其他任何单位和个人都无权进行搜查。搜查的范围限于犯罪嫌疑人以及可能隐藏罪犯或者犯罪证据的人的身体、物品、住处和其他有关的地方。实践中执行搜查的侦查人员必须在2人以上，可以派司法警察或有关技术人员和请有关单位协助搜查。

第二，根据刑事诉讼法第111条的规定，进行搜查必须向被搜查人出示搜查证。但在执行逮捕、拘留的时候，遇有紧急情况，不另用搜查证也可以搜查，这里所说的"紧急情况"是指身带凶器的、可能藏有引爆装置和剧毒等危险品的、可能发生自杀或凶杀以及危害他人或公共安全的、有毁弃或转移罪证等迹象等等。

第三，根据刑事诉讼法第 112 条的规定，在搜查的时候，应当有被搜查人或者他的家属、邻居或者其他见证人在场。在实践中，侦查人员应告知被搜查人或其家属如阻碍搜查、妨碍公务应负的法律责任。搜查妇女的身体，应当由女工作人员进行。因此，见证人也必须是女性，其他无关人员不得在场。这样既有利于确保被搜查妇女的人身安全，又有利于防止被搜查人诬告陷害侦查人员。

第四，根据刑事诉讼法第 110 条的规定，侦查人员进行搜查时首先应当向被搜查的单位和个人讲明其有交出涉案的物证、书证、视听资料的义务，提出搜查的目的和要求，动员其主动依法交出。如拒不交出，侦查人员可强行搜查，对于故意隐匿罪证的应当依法追究责任；对于以暴力、威胁方法妨碍搜查的，应当依照刑法关于阻碍执行公务罪的规定追究刑事责任；对不构成犯罪的予以治安处罚。

第五，根据有关侦查制度的规定，侦查人员向被搜查人出示搜查证后应责令其在搜查证上签名或盖章，实践中也有的捺指印，如遭拒绝应在搜查证上注明。然后责令被搜查人或其家属交出与犯罪有关的证据或隐藏的犯罪人。如遭拒绝即可强行搜查。搜查应当全面、细致、及时，并且指派专人严密注视搜查现场的动向，必要时可以设置武装警戒或临时封锁，以确保搜查顺利进行。进行搜查的人员应当遵纪守法，不得无故损坏搜查现场的物品，对于查获的重要书证、物证、视听资料及其放置地点应当拍照，并且用文字说明有关情况，必要时可以录像。

第六，根据刑事诉讼法第 113 条的规定，搜查应当制作笔录。首先应将搜查情况写成笔录，即按照搜查的顺序如实地记录，写明搜查的时间、地点、过程、发现的证据、提取和扣押证据的名称、数量、特征及其他有关犯罪线索等等。然后由侦查人员和被搜查人或者他的家属，邻居或者其他见证人签名或盖章。如果被搜查人或者他的家属在逃或者拒绝签名、盖章，应当在笔录上注明。

四、搜查的分类

（一）人身搜查

人身搜查是指侦查人员为查找犯罪证据而依法对犯罪嫌疑人或可能隐藏犯

罪证据的人的身体进行搜索、检查的侦查措施。在国外刑事诉讼的侦查活动中，人身搜查是比较常见的措施之一。在英国，执行逮捕的人有权对被逮捕者人身进行搜查以获得对于刑事控告具有重要意义的物品。如警察有合理根据认为被逮捕人随身带有证据或带有可能造成危险的物品，就可以对其人身进行搜查。而且，对在押人如他使用武力或其言行表露具有不安全因素有必要对他进行搜查时，也可以对其进行搜查。美国联邦国会1911年通过的《美国诉讼法典》遵循《人权法案》确定的原则规定：保障不受无根据的搜查和没收。1994年10月28日修改颁布、同年12月1日生效的《德国刑事诉讼法典》第102条规定："[在嫌疑人处搜查]对具有犯罪行为主犯、共犯嫌疑，或者具有庇护、藏匿犯人或者赃物罪嫌疑的人员，为了破获他，或者在推测进行搜查可能收集到证据材料的时候，可以搜查他的住房与其他房间以及他的人身和属于他的物品。"我国刑事诉讼法第2编第2章第5节的有关条款规定：侦查人员可以对犯罪嫌疑人、可能隐藏犯罪证据的人和在执行被逮捕、被拘留的人的人身进行搜查；在逮捕、拘留人犯时，应当对被拘捕的人进行人身搜查，遇有紧急情况可不另用搜查证。人身搜查的目的主要是从被搜查人身上及其随身携带的物品中发现犯罪证据或侦查线索。人身搜查的重点是查获被搜查人身上携带的武器、凶器、毒药、其他赃证物品以及遗留的伤痕、血迹、精斑等等。人身搜查时要提高警惕，既要防止被搜查人逃跑、自杀，又要防止其行凶报复。人身搜查的一般方法是：配备一人或几人负责警戒和监视，由一个执行人员进行搜查。首先令被搜查人举起双手，搜查从其背后进行，搜查自上而下、由外及里。先检查衣领、衣裤口袋、腰带、衣裤的贴边、夹层等部位，注意发现有无武器、匕首、毒药及其他可供行凶、自杀的物品、器具，然后对其全身从上到下仔细检查。搜查衣帽鞋袜时要重点检查夹层、补丁、卷边等地方，必要时可用X光透视检查。根据搜查的任务，有时还应松开妇女的发髻进行检查，对烫发者应对其头发进行仔细检查。对妇女的人身搜查只能由女工作人员进行，如见证人也必须是女性的要在适当的处所进行。身体的天然孔窍（如耳朵、肛门、鼻孔等）和贴附在身上的膏药、包扎的绷带、首饰等处应检查是否隐藏罪证，必要时可对身体的隐蔽部分进行仪器检查。对被搜查人随身所带的全部物品均应细心检查。进行人身搜查时，如有必要还应请法医进行活体检查，以确定其是否有伤痕、血迹、精斑等。

（二）住宅搜查

1. 住宅搜查的概念。住宅搜查是指侦查人员为了收集犯罪证据、查获犯罪人而对可能隐藏犯罪或者犯罪证据的住处进行搜索、检查的侦查措施。亦称住处搜查。住处不仅包括长期住宅，而且包括短期和临时住处（如宾馆、饭店等），还包括其办公、工作处所。在国外刑事侦查过程中，住宅搜查措施的运用也很普遍。在英国，只要得到法律的授权，警官就可以进入私人房间以获取证据或讯问屋内人员，或者搜查该房屋和扣押证实罪行的证据。治安法官在有普通法或制定法的某项规定作依据时，即可发布房屋搜查证。国外的诉讼法典对住宅搜查的程序和规则大多有较具体的规定，例如：美国联邦刑事诉讼规则第41条规定，搜查应于白天执行，特殊情况除外。法国刑事诉讼法第59条规定，屋主未提要求或系法律规定除外，搜查及住宅搜查不得在早晨6时前或夜晚9时后进行。第96条又规定，搜查被告人以外的人住所时，必须请屋主到场才有效。屋主不在场或拒绝到场者，应有两名血亲或姻亲到场，否则，应有两名证人在场。美国纽约州刑事诉讼法第690·50条规定，在搜查住宅和车辆过程中，如果搜查人的搜查遭到拒绝，可以强行搜查，必要时，可以用非致命的武力反击被搜查的人。如果警察合理地认为采用致命的武力可以反击危及生命危险的阻击时，可以实施致命的武力。德国1994年底生效的新刑事诉讼法，对住宅搜查作了一系列具体规定，例如：第103条规定："［在其他人员处搜查］（一）对其他人员，只有在为了破获被指控人、追踪犯罪行为线索或者扣押一定的物品，并且只能在依据事实可以推测所寻找的人员、线索或者物品就在应予搜查的房间里的时候，才准许予以搜查。为了破获具有实施了《刑法典》第129条a的或者该条所列之一的犯罪行为重大嫌疑的被指控人，在根据事实可以推断他正停留在某楼房内的时候，也准许对该楼房里的住房和其他房间进行搜查。（二）前款第一句的限制不对被指控人被破获的房间或者被追捕时他进入的房间适用。"第104条规定："［夜间搜查住宅］（一）在夜间，只能在追捕现行犯，或者在延误就有危险时或者在捉拿潜逃囚犯的时候，才允许对住房、办公房间和有圈围的产业进行搜查。（二）对在夜间任何人都可以出入的房间，或者根据警察掌握的情况是有前科人员的投宿、聚集点，是犯罪赃物贮藏室或者秘密赌场，是麻醉品、武器非法交易所或者秘密卖淫地点的房间，不适用前款的限制。（三）从4月1日至9月30日，夜间是指晚上9时至凌晨4时的期间，从10月1日至3月31日，夜间是指从晚上9时至凌晨6时的期间。"第105条规定："［命令；实施］……（三）要在联邦军的办公楼房或者不对外开放的设施、设备站里搜查的时候，应当请求联邦军的上级组织部门进行搜查。请求部门有权在搜查时参与。需要在仅由非军人的其他人员居住的房间里搜查时，不必请求。"我国刑事诉讼法规定：侦查人员可以对犯罪嫌疑人以及可能隐藏罪犯或者犯罪证据的人的住处进行搜查。搜查时应当有被搜查人或者他的家属、邻居或者其他见证人在场。住宅常常是隐藏犯罪证据的处所，如犯罪工具、血衣、赃款赃物等各种预备犯罪和实行犯罪的物证，常常隐藏于住宅的各个角落。住宅内易于藏匿罪犯的地点和家具杂物较多，侦查人员必须掌握正确的搜查方法。

2. 住宅搜查的方案。在住宅搜查中，案情不同则搜查寻觅的目的物也不相同。因此，应根据具体案情制定具体的住宅搜查方案。如杀人案件的住宅搜查方案，要围绕寻觅、搜索杀人的凶器，毒药的包装，投毒或盛毒的用具，带有血痕的衣物、杀人碎尸时留下的碎骨、碎肉、血迹、毛发或有关书证等等来制定搜查方案。如果是贪污、贿赂、侵占、挪用、盗窃、诈骗之类的案件，就要围绕搜获有关账册、账单、转账或存取款凭证、文书信件，伪造或涂改证件、账据等用的药品与材料，赃款赃物及可疑股票、信用卡、存单存折、金银珠宝及首饰、高档贵重物品等等来制定具体搜查方案。住宅搜查方案的主要内容包括：搜查的目的和任务，搜查的地点和方法，搜查的时间、力量部署和物质准备，搜查的重点和顺序，搜查注意事项等等。

3. 住宅搜查的准备。在进行住宅搜查之前，必须做好下列准备工作：①对被查人的住宅情况及周围环境进行详细调查了解，根据搜查目的物的特点判断赃物、罪证或罪犯可能藏匿的地点；②确定参加搜查的人员及其具体分工；③准备必要的交通、通信工具、运输工具、照明器材、探测金属物或血迹的器具、摄录视听设备；④准备防身自卫和警戒他人的武器、警具、戒具等；⑤邀请两名见证人到场作证；⑥准备好有关的法律手续和所需的备用文书。

4. 住宅搜查的方法。住宅搜查通常采用的主要技术方法是分区定位搜查法。这种技术方法主要是将应搜查的地方分为几个部分，由专人分别进行各部分的搜查。如搜查一间方形的房子，可将其用两条相互垂直的直线"十"划分为"田"字形的四个部分，然后指派专人分别对四个特定区域进行搜查。如果主持搜查的侦查人员认为有必要，当各区域部分搜查完毕后可调换人员或重新划分区域再次搜查。在司法实践中应结合住宅内部结构、搜查工作量的分布和搜查人员力量状况等综合考虑、灵活划分区域和部署力量。如搜查四室一厅的住宅，可将每一自然房间划分为一个区域。但若其中有一间大室且需要搜查的物品大多集中在此室，可将这一房间再进行二级分区定位。对于面积特别宽大的房间或厅堂等室内区域，还可采用条幅式搜查法进行搜查。其主要方法是由若干搜查人员（通常是2至3人）从应搜查区域的任意边沿一侧开始，沿着一条基线并排地来回搜查，直到搜完所划定的区域的对面极限为止。如果需要重新搜查的，重新搜查时可以挨边进行。如第一次是从东到西搜查，重新搜查可由南到北搜查。总之，住宅搜查应当根据住宅情况和周围的环境以及搜查的目的，综合分析、通盘研究，精心确定搜查的重点部位和具体搜查方法。对各类案件，在住宅搜查中都要特别留意发现隐藏罪犯和罪证的秘密处所，必

第八章 侦查紧急措施

要时应采用技术手段。如检查墙壁有无夹墙夹壁；检查地板时，要注意缝隙泥垢，是否有被起动痕迹；检查箱柜抽屉时，应测量比较内外长度与深度，注意是否有夹层；检查新染过或浸泡待洗、已洗的衣物、被单时，应查明原来的颜色并注重寻找是否遗留某种痕迹；搜查杀人碎尸时留下的痕迹，应着重检查地、壁、家具表面有无可疑斑点；搜索赃款赃物时，应特别注重隐蔽阴暗的角落，诸如米缸、枕心、床垫、沙发套内、镜盒夹层、竹竿的空心、便纸篓、马桶下、鸡窝内、粪坑下、牛棚、猪栏、羊圈、柴草堆、书籍、画喎等等，在一般人平常不大留心注意的地方要重点搜索寻觅。如发现搜查某一地点时被搜查人及其家属神态紧张，要特别地仔细搜寻。

5. 住宅搜查的顺序。住宅搜查一般应遵循以下顺序：①按时到达搜查地点，及时在住宅周围布控岗哨，断绝内外联系；②进入住宅，向被搜查人出示搜查证；③向宅中人员宣布：留一名家属在场，其余人集中一处不准自由行动，并安排专人看管；④如发现应拘捕的人，及时向其出示拘捕证并立即对其进行人身搜查；⑤如果罪犯已供认藏匿的赃证物品的具体处所，应令其指明或让在场的家属指明具体部位；⑥采用适当技术方法进行搜查。尤其是对信息设备的搜查，要运用信息专业技术手段搜索涉案信息及电子证据。

（三）室外搜查

室外搜查是指侦查人员为了收集犯罪证据、查获犯罪人而对可能隐藏罪犯或者犯罪证据的有关露天场所等地方进行的搜查。在国外的刑事诉讼法典中，也有对除人身、住宅之外的其他地方依法搜查的规定。如法国刑事诉讼法第94条规定，搜查的对象是任何有助于查明案件事实的物品和地点。第92条还规定，预审法官可前往任何地点以实现全部有效决定或实施搜查。在日本，刑事诉讼法规定，搜查可以对人犯的身体、物品、住所或其他场所进行。对人犯以外的人身、物品、住所或其他场所进行搜查，以足以认为有应予扣押物品存在的情况为限。德国新刑事诉讼法规定搜查对象包括有圈围的产业（104条和105条）、有前科人员的聚集点（104条）、秘密赌场和麻醉品、武器非法交易所（104条）、联邦军不对外开放的设施和设施站（105条）等等。我国刑事诉讼法第109条规定，侦查人员可以依法对可能隐藏罪犯或者犯罪证据的其他有关的地方进行搜查。这里"其他有关的地方"主要指犯罪嫌疑人以及涉案的人的身体、物品、住处以外的与案件有关的地方，重点是指室外有关的露天场所，故亦称露天场所的搜查。但它又不仅限于露天场所，还包括交通工具内、车站码头、机场、交易场所、圈围的产业、庭院、厕所、畜圈等处所，这些地方有些不是露天的，甚至包括一些任何人都可以自由出入的公共场所，而这些场所有的还在豪华建筑之内。只因它不属于特定人的居室、房舍而是不特定人的活动场所，故将其与法律意义上的"住宅、住处"相区别而划入"室外搜查"的范围，实质上不是"室外"，更不是"露天场所"。当然，室外搜查大多是与案件有关的露天场所。对于人身搜查、住宅搜查的被搜查人的庭院、菜园、草堆等露天场所，往往与人身搜查、住宅搜查同时进行。尤其是对被搜查人住宅相邻近的露天场所可疑地方的室外搜查，大多是住宅搜查的继续。

单独进行室外搜查时，应持有搜查证。在搜查开始前，要根据室外地面广阔、地形复杂等特点和具体环境，划定搜查范围。同时，要做好与住宅搜查基本相同的准备工作，制定分管或分片进行搜查的具体方案。然后根据需要设置警戒线、依法宣布搜查。室外场地搜查在技术上通常采用螺旋式搜查法。采用这种方法时，搜查人员从划定搜查范围的外边缘向确定的中心点（或尸体、保险箱、其他类型的证据等位置）螺旋式地进行搜查。当搜查到中心点后，如有必要又可从中心点开始向外边缘进行反向搜查。还有一种技术方法叫做车轮式搜查法。它是先确定一个中心点，将搜查人员集中在中心点上，然后从中心点开始向外围边缘同时进行搜查，即由中心点向四面八方的外围边缘成放射状形式的进行搜查。这种方法搜查时离中心点越远搜查人员相互间距离越大，如同自行车车轮的钢丝，在车轮中心轴处交汇在一起，而离中轴越远间距越大，到车轮边缘车胎处则更大。因此，离开中心点后在搜查人员横向距离拉大时，必须互相交搭进行搜查，以保证所划定的区域都搜到。不管采用何种搜查法，对搜查范围以内的地面、卫生间、院墙、粪坑、水井、菜窖、杂物堆等等，均要仔细检查。如果搜查面积大、地形很复杂，应深入调查走访当地群众，询问是否发现可疑人、物或处所，有重点地进行搜查。室外搜查不能因任务重、搜查面大而马虎从事。在农村，有的罪犯将赃款赃物用坛子密封后埋在地下，或隐藏于畜圈、柴草堆、住宅附近的洞穴或埋在粪坑下；有的将尸体埋在菜园地下深处；有的将作案工具、罪证等丢入粪坑、池塘、树林等地。在城市，隐藏罪犯和罪证的大多是公园、公共场所、公共厕所等地。这些都是室外搜查应特别仔细检查之处。如在搜地面时，如果是砖块或水泥块地面，应注意是否有破损和新撬动痕迹，还可用锤敲击可疑地面与周围地面，听其是否有异于周围地面的空哑声音；如果是泥土地面，先观其是否有新土痕迹，然后在可疑处倒上一些水观其渗水快慢，还可与无疑之处同时作渗水速度对比检查，若有异常即掘地查验；如果是菜地、农作物耕地，应仔细观察蔬菜、禾苗生长情况，如发现某一部位与周围的生长情况不同或有其他异常现象，则应根据案情查看下面是否埋有尸体（杀人案）或赃物（经济罪案）。如发现犯罪嫌疑人或在逃案犯应立即拘捕并进行人身搜查。搜查出的尸体、罪证应摄像或拍照，与案件有关的物品应依法扣押。

五、搜查证和搜查笔录

搜查前应当出示搜查证，搜查情况应当制作笔录。

（一）搜查证

搜查证是刑事诉讼中执行搜查的法律凭证。在执行搜查时，搜查人员应向被搜查人及其家属或有关场所的负责人出示搜查证。持证搜查，在一般情况下是世界各国刑事诉讼法规定的通例。侦查过程中的搜查，应由侦查人员持搜查证（令）进行。英国规定警察官员执行搜查时要持有治安法官发布的搜查令。日本规定侦查犯罪案件的搜查要根据审判官签发的命令文件进行。罗马尼亚规定搜查一般应有检察长的批准才能进行。当然，在持证搜查的原则上，各国也有例外。如英国1968年《火器法》第47条、《1971年滥用药品法》第23条等制定法规定，在某些有限的情况下警官有权进行无证搜查。奥地利刑事诉讼法第140、141条规定，在紧急情况下，可由按照其他法定人员和治安机关的官员发布命令进行住宅搜查（原则上应由法官发布搜查令）；在极其特殊的情况下，治安机关的官员可以在没有法官发布命令的情况下进行。如果对某人发出了传票或拘捕令，或者某人的行为因为被公开追赶或公开呐喊而被怀疑实施了犯罪行为，或携带有表示其参与此种行为的物品，也可以由治安机关根据自己的权力进行住宅搜查。在美国适用无证搜查的情形有：①合法逮捕附带的搜查；②被告人自愿表示同意搜查；③存在特别因素的情形，包括紧急状态，搜查车辆，对危险嫌疑犯的"趁热追击"之即时追捕的搜查，对官方扣留物品的搜查，邮政搜查，边境搜查，"一览无遗"学说即"无掩饰学说"、"一眼看清"原则。还有的国家法律规定，如果检察官或法官亲自进行搜查，可以不用搜查证。我国法律对侦查过程中的持证搜查原则和无证搜查的例外，都作出了明确具体的规定。如我国《刑事诉讼法》第111条第1款规定："进行搜查，必须向被搜查人出示搜查证。"第2款又规定："在执行逮捕、拘留的时候，遇有紧急情况，不另用搜查证也可以进行搜查。"在司法实践中，《搜查证》由执行搜查任务的侦查机关的负责人签发，在执行搜查时通常是向被搜查人或其家属出示《搜查证》。搜查证为填空式，一纸两联，一联是存根备查，一联是执行搜查时的凭证，制作时应分别按要求填写。如果要同时对几个地点进行搜查，应把几个地点都在证上写明，或分别按不同地点开具几份搜查证。要注意写清姓名、地点，向被搜查人宣布，出示搜查证后，应令被搜查人或其家属按要求在正联下方写明"本证已于某年某月某日某时某分向我宣布"，并签名或盖章。被搜查人或其家属不在现场或拒绝签名的，应在搜查证上注明。搜查证使用后应入卷。公安机关的搜查证主要内容包括：机关名称；证件名称；编号；搜查的法律根据、持证侦查人员的姓名、被搜查人住处、姓名、搜查的对象等；局长及局机关印章；日期；宣布时间及被搜查人或家属签名或盖章。检察机关的搜查证除机关名称、检察长签名或盖章和加盖院印外，其他内容与公安机关的搜查证基本相同。

（二）搜查笔录

搜查笔录是记载搜查活动的过程和固定搜查过程中得到的情况的一种证据。亦称搜查记录。由于搜查笔录是一种证据，各国都比较重视。曾有的国家在刑事诉讼法中专门作出详细具体的规定，除了要求具有一般笔录的内容外，还要增加一些特别的内容。如注明收取或移交保管的物品和文件是由被搜查人自愿交出的还是强制收取的、是在什么地方和什么情况下出现的；记明被搜查人或其他人在企图毁灭或隐藏物品和文件或破坏秩序时的事实、侦查员采取了什么办法等等。我国《刑事诉讼法》第113条规定："搜查的情况应当写成笔录，由侦查人员和被搜查人或者他的家属，邻居或者其他见证人签名或者盖章。如果被搜查人或者他的家属在逃或者拒绝签名、盖章，应当在笔录上注明。"搜查笔录往往与扣押搜查获取的物证、书证时使用的《扣押物品清单》配合使用，如果记录中反映搜查扣押的某些重要物证、书证，应与扣押清单中的记载相符。搜查笔录通常为填空式，其主要内容有：①制作搜查笔录的机关名称（应与执行搜查的机关一致）；②搜查活动全过程的起止时间；③搜查机关执行搜查任务的人员姓名；④搜查活动所依据的《搜查证》的时间、签发机关及编号（无证搜查的可注明拘捕证的有关内容及其紧急情况）；⑤见证人情况；⑥被搜查人的住址和姓名及搜查的对象（人身、住处等）；⑦搜查的简要情况；⑧被搜查人对搜查的意见；⑨本记录的副本（扣押物品清单）一式几份；⑩搜查人、见证人、被搜查人（家属）签名或盖章；⑪日期。此外，必要时对搜查活动还应进行同步录像、摄像或拍照。

第五节　扣押物证、书证

扣押物证、书证，常常与搜查、勘验或检查一起进行。在刑事诉讼法第二编第二章第六节，专门规定了扣押物证、书证。

一、扣押物证、书证的概念和意义

扣押物证、书证，是指负责案件侦查的机关及其侦查人员对发现能够证明犯罪嫌疑人有罪或者无罪的物品、文件、款项、信息资料、电子证据等，依法强制扣留的侦查活动。

  扣押是一种普遍适用的侦查措施，各国刑事诉讼法和有关法律对扣押有所规定。一般说来，凡是有搜查权的人员，就可以实行扣押。扣押往往是在实施搜查或检查的过程中，发现可以作为证据的物品、钱财等，就立即进行扣押。现就外国刑事诉讼法中规定的几种扣押简要介绍如下：一是扣押邮件、电报、信件。如意大利《刑事诉讼法》第254条第1款规定："当司法机关确有理由认为有关信件、邮件、包裹、钱款、电报或其他通信材料是由被告人寄发的或者向其寄发的或者可能与犯罪有关时，可以在邮局或电报局对上述信件、邮件、包裹、钱款、电报或其他通信材料实行扣押。"德国《刑事诉讼法典》第99条规定："［邮件扣押］准许在邮局、电报局扣押寄交被指控人的信件、邮件以及电报；在所述地点，对有事实可以推定是由被指控人寄发的，向他转交的并且其内容对于侦查具有意义的信件、邮件和电报，同样准许扣押。"该法第100条接着规定："［管辖权］（一）对于扣押（第99条），只有法官，在延误就有危险时检察院也有权命令。"奥地利刑事诉讼法第146条至第169条规定，被告人因故意犯有应处一年以上监禁的犯罪行为而且已在押，或因该犯罪行为对其发出传票或逮捕令，预审法官就可以扣押由被告发出或寄给他的电报、信件或其他邮递品，并要求邮局或电报局和其他官方机构递送这些物件。这些机构根据检察官的要求也有义务扣押这些邮递品，直到法院作出决定。但是，预审法官的决定若在3日内未宣布，则不再推迟寄送这些物件。被扣押的邮件只能由预审法官检查，并应取得被告人的同意。如被告不同意，只要情况允许预审法官应及时请求参议室批准（未经被告同意而需检查、没收邮件时，应事先请求参议室批准，但情况紧急除外）。拆封邮件时应做笔录，但不得损坏封印，应保护好封皮和地址。扣押决定应立即通知被告，最多不超过24小时，如被告不在应通知其家属。应将扣押的文件和电报的正本或副本全部或摘要地送达被告人或收件人，但只限于在告知其内容对于调查工作无不利影响的情况下才这样做。被告不在时通知其一名家属；如信件或电报必须存档，须通知本人邮件已被扣押。如果认为扣押的邮件无检查的必要，应立即送还收件人或者送还邮件机构。二是扣押财产。如法国刑事诉讼法第97条规定，在侦查过程中，预审法官有权扣押货币、金条、汇票或存款。三是扣押可以作为证据的物品。如美国联邦《证据规则》第41条规定："对下列财产或人员可以签发搜查令和扣押令：（1）构成刑事案件证据的财产；或（2）违禁品、犯罪结果或其他通过犯罪持有的物品；或（3）预备或意图用做犯罪工具、手段或者已经用做犯罪工具、手段的财产。"我国《刑事诉讼法》第114条第1款规定："在勘验、搜查中发现的可用以证明犯罪嫌疑人有罪或者无罪的各种物品和文件，应当扣押；与案件无关的物品、文件，不得扣押。"此外，第116、117条还规定了扣押邮件、电报和查询、冻结存款、汇款。总之，凡是与查明案件有关，具有证据意义的物品、文件等都可以依法扣押。

扣押物证、书证具有极其重要的意义。通过扣押物证、书证，可以发现和保全能够证明犯罪嫌疑人有罪或无罪、罪轻或罪重的物品和文件，防止与案件有关的物品、文件被丢失、毁弃或隐藏等现象发生，以取得充分、确实的物证、书证，保证其在查明和核实案情中最大限度地发挥应有的作用，确保正确地认定案情。

二、扣押物证、书证的程序

扣押物证、书证直接关系到公民的权益问题，因此，必须严格依照法定程序进行。侦查中应尽可能扣押物证、书证的原物、原件，只有在取得原物、原件确实困难时才允许拍照、录像或复制原物和使用原件的副本或复制件。

（一）勘验、搜查时扣押物品文件的程序

根据刑事诉讼法第114条第1款的规定，在勘验、搜查中发现的可用以证明犯罪嫌疑人有罪或者无罪的各种物品和文件，应当扣押；与案件无关的物品、文件，不得扣押。据此规定，侦查阶段享有法定扣押权的只能是侦查人员，并且只能有两名以上的侦查人员才能行使扣押权。一般在勘验、检查、搜查中，发现与案件有关的物品、文件，凭勘验证、搜查证即可扣押；在执行逮捕、拘留时遇有紧急情况凭拘捕证也可扣押。单独实行扣押应该经县以上检察机关、公安机关、国家安全机关等负责人批准。在实践中，讯问犯罪嫌疑人或进行其他侦查活动时发现与案件有关的物品、文件，也应及时扣押。如果发现违禁品，无论与案件是否有关均应及时扣押交有关部门处理。侦查人员执行单独扣押时，必须持有并出示本机关的证明文件。扣押的范围限于"可用以证明犯罪嫌疑人有罪或无罪的各种物品和文件"，包括能证明其罪轻或罪重的物证、书证、视听资料等。对录音带、录像带、磁盘、光盘、优盘、移动硬盘等磁质、电子存储介质，扣押时应当注明案由、内容、规格、类别、应用长度、文件格式、制作或提取时间、制作人或者提取人等。电子证据是存储于磁性介质的数字化信息编码，能准确地反映有关案件情况，具有数据形式的证据作用。但由于电子证据容易篡改、伪造甚至删除，故收集过程中必须以打印或拷贝方式科学固定电子证据。打印文件时侦查人员必须亲自打印或现场监督打印，防止计算机操作人员在打印过程中修改文件，并注明数据信息在计算机中的位置（如所在文件夹等）。如果将计算机文件拷贝到软盘、光盘中，侦查人员应当自备计算机，拷贝后将软盘或光盘插入自备计算机中首先进行病毒检测消毒，然后打开文件检查拷贝的质量。在固定证据后，应当现场制作侦查取证笔录，主要记载电子证据的收集和固定情况，如案由、侦查人员及协助侦查人员姓名及职务、查明及固定和调取电子证据的过程，包括检查时间、地点及检查顺序等、检查中出现的问题及解决方法、取证方式及取证份数等等；对于电子邮件、电子数据交换、网上聊天记录、网络博客、手机短信、电子签名、域名等电子证据是调取复制件的，应附注无法调取原件的原因、复制过程、原件有效地等情况的说明，并由复制人和原件持有人签名或者盖章，最后由参与和协助侦查取证的人员签名。对于重要的电子证据的扣押与扣押传统书证、物证不同的是应尽可能地同时扣押其存储载体并对计算机设备的输入端、输出端及其他的端口都进行查封，以防发生篡改、删除计算机存储数据等情形。

对当时分不清与案件有无关系，或分不清是否应当扣押的物品、文件，应当先行扣押，待查清后再作处理。如查明确实与案件无关，应当及时退还。扣押时应当注意：既要扣押能够证明犯罪嫌疑人有罪、罪重的物证、书证，又要扣押证明其无罪、罪轻的物证和书证，纠正实践中自觉不自觉地偏重于扣押证明有罪和罪重的证据的片面做法。如果持有人拒绝交出应当扣押的文件、资料和其他物品，可以强制扣押。

根据刑事诉讼法第115条的规定，对扣押的物品、文件，应当会同在场见证人和被扣押物品持有人查点清楚，当场开列清单一式二份，由侦查人员、见证人和持有人签名或者盖章，一份交持有人，另一份附卷备查。在实践中，扣押物品清单应写明文件、资料和其他物品的名称、型号、规格、数量、重量、质量、颜色、新旧程度和缺损特征等。如果持有人拒绝在清单上签名或盖章，应当在清单上注明。对于扣押的金银珠宝、文物、名贵字画、违禁品以及其他不易辨别真伪的贵重物品，应当及时鉴定。对于应当扣押但不便提取的物品，经拍照或录像后，可以交被扣押物品持有人保管，并且单独开具扣押物品清单一式二份，在清单上注明该物已拍照或录像，物品持有人应当妥善保管，不得转移、变卖、毁损。由侦查人员、见证人和持有人签名或者盖章，一份交物品持有人，另一份连同照片或录像带附卷备查。

（二）扣押邮件、电报的程序

根据刑事诉讼法第116条第1款的规定，侦查人员认为需要扣押犯罪嫌疑人的邮件、电报的时候，经公安机关或者人民检察院批准，即可通知邮电机关将有关的邮件、电报检交扣押。由于邮件、电报直接涉及公民的通信自由权利，必须严格依法扣押。我国《宪法》第40条规定："中华人民共和国公民的通信自由和通信秘密受法律的保护。除因国家的安全或者追查刑事案件的需要，由公安机关或者检察机关依照法律规定的程序对通信进行检查外，任何组织或者个人不得以任何理由侵犯公民的通信自由和通信秘密。"即使是因追查刑事案件的需要扣押邮件、电报，也要按刑事诉讼法规定的程序经过公安机关或人民检察院负责人批准后，通知邮电机关执行。因此，侦查机关必须与邮电机关密切配合共同实施。这里所说的"邮件"是指通过邮政企业寄递的信件、印刷品、邮包、汇款通知、报刊等等。扣押邮件、电报的范围实践中通常包括：①由犯罪嫌疑人寄发的；②他人寄给犯罪嫌疑人的；③寄给他人转交犯罪嫌疑人的；④寄给犯罪嫌疑人转交他人的。经侦查机关负责人批准后，用《扣押邮件、电报通知书》的形式书面通知邮电机关执行。

根据刑事诉讼法第116条第2款的规定，对被扣押的邮件、电报不需要继续扣押的时候，应当及时通知邮电机关解除扣押。这里所说的"不需要继续扣押的时候"，是指案件发生变化或者邮件、电报所涉及的犯罪事实已经查清，该邮件、电报不作为证据使用，扣押的邮件、电报已失去继续扣押意义的时候。为了保护公民的合法权益和保证邮电机关工作的正常进行，实践中侦查机关认为不需要继续扣押的时候，及时按原批准程序批准后，用《解除扣押邮件、电报通知书》的形式书面通知邮电机关迅速解除扣押。对扣押在侦查机关的邮件、电报，经查明确实与案件无关的，应当在3日以内解除扣押，退还原邮电机关。

（三）查询、冻结存款、汇款的程序

根据刑事诉讼法第117条第1款的规定，人民检察院和公安机关根据侦查犯罪的需要，可以依照规定查询、冻结犯罪嫌疑人的存款、汇款。所谓"侦查犯罪的需要"是指：①所要查询、冻结的存款、汇款必须与犯罪嫌疑人及犯罪有关，包括与涉嫌的犯罪有牵连的人的存款、汇款。这里所说的"汇款"包括犯罪嫌疑人汇出的和汇给犯罪嫌疑人的。这里所指的"存款、汇款"是用于犯罪的或犯罪所得的款项。通过查询这类款项，可以查清案情、查明犯罪嫌疑人是否有罪或罪轻与罪重的事实。②为了防止转移赃款，挽回或减少损失，需要查询、冻结存款、汇款。③通过查询和冻结存款、汇款，可以发现新的犯罪线索、扩大侦查战果。刑事诉讼法第117条规定查询、冻结存款、汇款要"依照规定"，这是指依照有关法律、司法解释及司法机关与有关部门的联合规定等。

根据司法制度规定，向银行或者其他金融机构、邮电机关查询或者要求冻结存款、汇款，应当经侦查机关的负责人批准后，制作相应的查询储蓄存款、停止支付储蓄存款和查询汇款、停止支付汇款的法律文书，通知银行或者其他金融机构、邮电机关执行。对于单位犯罪的存款、汇款和与案件有关的单位的存款、汇款，根据侦查犯罪的需要按上述程序查询、冻结。对于当时分不清是否犯罪嫌疑人的或是否与犯罪有关的存款、汇款，而侦查犯罪又需要查询、冻结的，可先查询、冻结，及时审查，再根据情况处理。

根据刑事诉讼法第117条第2款的规定，犯罪嫌疑人的存款、汇款已被冻结，不得重复冻结。因此，如果犯罪嫌疑人的存款、汇款已被公安、检察机关冻结，其他公安、检察机关不得以任何理由重复冻结，但可以要求有关的银行或其他金融机构、邮电机关在解除冻结或者作出实体处理前通知有关的人民检察院或公安机关。

三、对扣押、冻结的物品、款项的处理程序

《刑事诉讼法》第118条规定："对于扣押的物品、文件、邮件、电报或者冻结的存款、汇款，经查明确实与案件无关的，应当在三日以内解除扣押、冻结，退还原主或者原邮电机关。"扣押、冻结、保管、处理涉及国家秘密、商业秘密、个人隐私的款物，应当严格遵守有关保密规定。根据规定，对扣押、冻结的物品、款项的处理程序如下：

（一）对扣押、冻结的物品、款项及时审查

侦查人员对扣押的物品、文件、邮件、电报或者冻结的存款、汇款，应当及时进行认真审查，调查核实，迅速查清被扣押物与案件及犯罪嫌疑人的关系。法条所说的"查明确实与案件无关"是指经过侦查，询问证人，讯问犯罪嫌疑人，调查核实证据，对被扣押物进行认真分析研究后，认定该扣押物或冻结的款项不是违法所得，也不具有证明犯罪嫌疑人是否犯罪、罪轻、罪重的作用，不能作为证据使用，与犯罪行为和案件事实毫无联系。否则，就是与案件有关。

（二）对扣押、冻结的物品、款项妥善保管

根据刑事诉讼法第114条第2款的规定，对于扣押的物品、文件，要妥善保管或者封存，不得使用或者损毁。因此，对能证明案件事实的物证、书证、视听资料应当入卷，不能入卷的应拍照附卷，原物封存；对容易损坏的应采用拍照、录像、绘图等方法固定和保全。待结案后依照法律和有关规定处理。司法实践中，扣押的对象不同，保管、封存的方式也不同。如对不便提取的，一般是就地加封，妥善保存；不能加封的物品，责成专人负责保管；易燃易爆、剧毒等危险品，按有关规定放置保管。电子证据扣押后的保管也与传统的书证、物证不同，如计算机设备、软盘、光盘、磁带的保管应当远离高温、高压、强磁场、静电等。任何单位和个人都不得以任何借口对被扣押的物品、文件进行毁坏、使用或者自行处理。

我国《刑事诉讼法》第198条第1款规定："公安机关、人民检察院和人

民法院对于扣押、冻结犯罪嫌疑人、被告人的财物及其孳息,应当妥善保管,以供核查。任何单位和个人不得挪用或者自行处理。对被害人的合法财产,应当及时返还。对违禁品或者不宜长期保存的物品,应当依照国家有关规定处理。"因此,对于扣押在侦查机关的款物、文件、邮件、电报应当妥善保管、专人负责,不得使用、调换、损毁或自行处理,待查明与案件有无关系之后依法处理。对单位的涉密电子设备、文件等物品,可以在密封后交被扣押的单位保管。

(三) 对扣押、冻结的物品、款项依法处理

《刑事诉讼法》第 198 条第 1 款规定,司法机关扣押物品后"对违禁品或不宜长期保存的物品,应当依照国家有关规定处理"。第 2 款规定:"对作为证据使用的实物应当随案移送,对不宜移送的,应当将其清单、照片或者其他证明文件随案移送。"第 3 款规定:"人民法院作出的判决生效以后,对被扣押、冻结的赃款赃物及其孳息,除依法返还被害人的以外,一律没收,上缴国库。"在侦查过程中,对扣押、冻结市场价格波动较大的股票、债券、基金、权证、期货、仓单、黄金等,应当书面告知当事人或者其近亲属有权按照有关规定申请出售。对不损害国家利益、被害人利益,不影响诉讼正常进行的,经侦查机关决定或由其负责人批准,在案件终结前可以依法出售。对扣押、冻结的汇票、本票、支票,应当在有效期限内作出处理。上述依法出售和变现的价款,应及时交由侦查机关负责保管的部门管理。对被扣押的书证、物证、赃款及其有关的物品和文件,经审查后依照法律规定进行处理时,对与案件有关需要用作证据的扣押物依法附卷;对与案件确实无关的扣押物依法退还。经查明确实与案件无关的物品、文件、邮件、电报,应当在查明情况后 3 日以内退还原主或邮电机关;对冻结的存款、汇款应当在 3 日以内解冻。法条所说的"3 日以内解除扣押、冻结,退还原主或者邮电机关",是指自确定该扣押物、冻结款项与犯罪行为和案件无关之日起 3 日以内对被扣押物和冻结的存款、汇款应当解除扣押、冻结,将扣押物交退原物品持有人,将邮件、电报退还邮电机关按规定投递。这里的"3 日之内"是法定时限,办案机关及侦查人员不得以任何借口留置或者拖延退还、解冻的时间。

第八章　侦查紧急措施

☆规制链接　关于审查判断物证、书证与排除其非法证据的规定

根据最高人民法院、最高人民检察院、公安部、国家安全部、司法部《关于办理死刑案件审查判断证据若干问题的规定》（2010年6月13日"两高三部"联合通知规定：办理其他刑事案件参照此《规定》执行）和《关于办理刑事案件排除非法证据若干问题的规定》（两个《规定》自2010年7月1日起施行），对侦查中审查判断物证、书证及排除其非法证据的认定要求如下：

1. 审查判断物证、书证（关于审查判断证据的《规定》）

第六条　对物证、书证应当着重审查以下内容：
（一）物证、书证是否为原物、原件，物证的照片、录像或者复制品及书证的副本、复制件与原物、原件是否相符；物证、书证是否经过辨认、鉴定；物证的照片、录像或者复制品和书证的副本、复制件是否由二人以上制作，有无制作人关于制作过程及原件、原物存放于何处的文字说明及签名。
（二）物证、书证的收集程序、方式是否符合法律及有关规定；经勘验、检查、搜查提取、扣押的物证、书证，是否附有相关笔录或者清单；笔录或者清单是否有侦查人员、物品持有人、见证人签名，没有物品持有人签名的，是否注明原因；对物品的特征、数量、质量、名称等注明是否清楚。
（三）物证、书证在收集、保管及鉴定过程中是否受到破坏或者改变。
（四）物证、书证与案件事实有无关联。对现场遗留与犯罪有关的具备检验鉴定条件的血迹、指纹、毛发、体液等生物物证、痕迹、物品，是否通过DNA鉴定、指纹鉴定等鉴定方式与被告人或者被害人的相应生物检材、生物特征、物品等作同一认定。
（五）与案件事实有关联的物证、书证是否全面收集。

第七条　对在勘验、检查、搜查中发现与案件事实可能有关联的血迹、指纹、足迹、字迹、毛发、体液、人体组织等痕迹和物品应当提取而没有提取，应当检验而没有检验，导致案件事实存疑的，人民法院应当向人民检察院说明情况，人民检察院依法可以补充收集、调取证据，作出合理的说明或者退回侦查机关补充侦查，调取有关证据。

第八条　据以定案的物证应当是原物。只有在原物不便搬运、不易保存或者依法应当由有关部门保管、处理或者依法应当返还时，才可以拍摄或者制作足以反映原物外形或者内容的照片、录像或者复制品。物证的照片、录像或者复制品，经与原物核实无误或者经鉴定证明为真实的，或者以其他方式确能证明其真实的，可以作为定案的根据。原物的照片、录像或者复制品，不能反映原物的外形和特征的，不能作为定案的根据。

据以定案的书证应当是原件。只有在取得原件确有困难时，才可以使用副本或者复制件。书证的副本、复制件，经与原件核实无误或者经鉴定证明为真实的，或者以其他方式确能证明其真实的，可以作为定案的根据。书证有更改或者更改迹象不能作出合理解释的，书证的副本、复制件不能反映书证原件及其内容的，不能作为定案的根据。

第九条 经勘验、检查、搜查提取、扣押的物证、书证，未附有勘验、检查笔录，搜查笔录，提取笔录，扣押清单，不能证明物证、书证来源的，不能作为定案的根据。

物证、书证的收集程序、方式存在下列瑕疵，通过有关办案人员的补正或者作出合理解释的，可以采用：

（一）收集调取的物证、书证，在勘验、检查笔录，搜查笔录，提取笔录，扣押清单上没有侦查人员、物品持有人、见证人签名或者物品特征、数量、质量、名称等注明不详的；

（二）收集调取物证照片、录像或者复制品，书证的副本、复制件未注明与原件核对无异，无复制时间、无被收集、调取人（单位）签名（盖章）的；

（三）物证照片、录像或者复制品，书证的副本、复制件没有制作人关于制作过程及原物、原件存放于何处的说明或者说明中无签名的；

（四）物证、书证的收集程序、方式存在其他瑕疵的。

对物证、书证的来源及收集过程有疑问，不能作出合理解释的，该物证、书证不能作为定案的根据。

第十条 具备辨认条件的物证、书证应当交由当事人或者证人进行辨认，必要时应当进行鉴定。

2. 排除非法物证、书证（关于排除非法证据的《规定》）

第十四条 物证、书证的取得明显违反法律规定，可能影响公正审判的，应当予以补正或者作出合理解释，否则，该物证、书证不能作为定案的根据。

第六节 辨 认

辨认人员侦查中为了尽快找出或认出与犯罪有关的人或物而采取的紧急措施。

一、辨认的概念和类型

辨认是同一认定的一种形式，利用的是客体的外表结构形态及其特征在辨认人的记忆中的印象。

（一）辨认的概念

辨认，是为了查明案情，由侦查人员组织的有关人员对客体特征的辨别，做出判断，找出或认定其曾经感知的那一个特定客体的活动。

辨认由县以上侦查机关负责人或主管部门的负责人决定。

辨认的组织者、主持人是承担案件侦查的侦查人员。

辨认的主体是曾经看到过与案件有关的某一特定客体的被害人、证人和犯罪嫌疑人。

辨认的客体是可能与案件有关的人体、物或场所。

辨认的目的在于收集、审查证据，证实与案件有关的事实情节，及时揭露和认定犯罪人。

（二）辨认的类型

辨认可以从不同的角度加以分类。

1. 按辨认的主体。可以分为：①被害人辨认。主要在侦查抢劫、强奸、诈骗等案件中采用。上述案件中，被害人与犯罪人有过一段时间的正面接触，对犯罪人的印象较深，侦查中通过被害人辨认，往往可以直接查获犯罪分子和赃物。②证人辨认。包括目睹人和知情人辨认，在各类案件的侦查中都可能加以运用。③犯罪嫌疑人辨认。主要是根据侦查的需要，由犯罪嫌疑人识别和指认其实施犯罪的工具或有关的场所。如果是结伙犯罪，有的犯罪嫌疑人被抓获，如有可能，也可以让其指认尚未抓获的同案犯。

2. 按辨认的客体及对象。可以分为：①人体辨认。即以解决人体是否同一为目的而进行的辨认。包括对活人的辨认和对尸体的辨认。在侦查中，前者主要是指对犯罪嫌疑人或被告人的辨认；后者主要是指对与案件有关的未知名尸体的辨认。人体辨认对查明案情往往具有特别重大的意义。②物体辨认。即以解决物体是否同一为目的而进行的辨认。物体辨认的对象包括犯罪使用物、赃物和现场遗留物等。物体辨认往往是发现嫌疑线索和查明案情的重要途径。③场所辨认。即以解决场所是否同一为目的而进行的辨认。场所辨认的对象包括犯罪现场和相关场所，后者主要指犯罪分子在作案前后曾带领或劫持受害人去过的场所。场所辨认对确定侦查范围和发现嫌疑人都有重要意义。

3. 按辨认的形式。可以分为：①公开辨认。即由侦查人员组织辨认人在被辨认人或被辨认物的持有人知晓的情况下进行的辨认。对犯罪嫌疑人的公开辨认应在其被拘捕以后进行。对物体的公开辨认要请见证人参加。对无名尸体的辨认一般都采用公开的方式。公开辨认结束后应制作正式的辨认笔录，并可以作为案件的证据在诉讼中公开使用。②秘密辨认。是由侦查人员安排辨认人在供辨认人或供辨认物的持有人不察觉的情况下进行的辨认。秘密辨认一般是在侦查中发现嫌疑人或嫌疑物后采用，有时也用于寻找辨认犯罪场所或在犯罪分子可能出现的场所寻查辨认作案人。对犯罪嫌疑人的秘密辨认应把辨认人安排在既隐蔽又便于观察的地点。对嫌疑物的秘密辨认应事先把这物品从侦查对象或其持有人处秘密取来，辨认后再秘密放回原处。对犯罪场所的秘密辨认应在一定形式的伪装或掩护下进行。秘密辨认无须请见证人参加，也不用制作正式的辨认笔录。秘密辨认的结果仅供侦查人员参考，不能作为诉讼证据使用。如果需要将该结果用作证据，则应重新组织公开辨认。

二、组织辨认的规则

辨认必须遵循下列规则：

（一）辨认前要详细询问辨认人

主要问清他所了解的辨认客体的情况和特征，即他是在什么条件下，怎样感知辨认客体的，这些客体有什么具体特征，并认真做好询问笔录，以便与辨认结果核对。

（二）要让辨认人个别进行辨认

个别辨认有两层含义两种情况：其一，当案件中有两个以上辨认人对同一个辨认客体进行辨认时，应该让他们分别单独进行，以免辨认人之间互相影响而失去辨认的客观性；其二，当案件中有两个以上辨认对象要同一个辨认人进行辨认时，也应让该辨认人分别进行，以免辨认对象之间互相干扰而影响辨认的专一性，在轮奸及合伙抢劫等共同犯罪案件中，这一点十分重要。

（三）要将辨认的活人或物与相类似的人或物混杂进行辨认

不能把其单独提供给辨认人进行辨认，以保证辨认的客观性。在选择混杂客体时应以辨认客体的特征为依据。当辨认客体是人时，混杂客体的性别、年龄、身高、体态等应与之相同或相似。当辨认的是物体时，混杂客体的种类、形状、型号、颜色等应与之相同或相似。照片辨认、录音辨认和录像辨认也应遵循对象混杂的规则。混杂客体的数量不得少于3人（件），一般以5至7人（件）为宜。对未知名尸体和场所的辨认不适用混杂的规则。对犯罪嫌疑人的秘密辨认无法由侦查人员安排混杂客体，但是，由于辨认地点多为人们日常生活或工作的场所，所以辨认客体往往实际上处于自然混杂的状态中。

（四）严禁对辨认人进行暗示和诱导

为保证辨认人独立自由地进行辨认，在辨认之前，侦查人员不能让辨认人事先看到辨认对象或知道辨认对象的情况；在辨认过程中，侦查人员可以帮助辨认人全面细致地观察客体的特征，也可以进行必要的解释，但必须保持客观的态度。如果侦查人员在组织辨认时有诱骗或暗示的行为，该辨认结果不得作为证据加以使用。为了保证自由辨认，也不能让被辨认人事先了解有关辨认人的情况，这一点在对犯罪嫌疑人的秘密辨认中尤为重要。

（五）公开辨认必须邀请见证人

对人或物的公开辨认必须邀请两名与案件无关、为人公正的普通公民作为见证人到场见证，并且要制作正式的辨认笔录。

三、辨认的组织实施

实施辨认应当作好充分准备工作。

(一) 辨认的准备

1. 明确辨认的目的。主持辨认的侦查人员应根据辨认所要解决的问题，仔细研究有关材料，正确确定辨认的目的、任务。

2. 确定辨认的内容和方法。即根据辨认的种类、目的，确定辨认的具体内容和方法，以及辨认的顺序等等，以保证辨认有条不紊地顺利进行。

3. 确定辨认时间和地点。一般来讲，公开辨认的时间和地点可有较大的选择余地，因此应尽量安排在符合辨认人原感知条件，而且外界干扰较小的环境中进行。如果辨认人原来是在室内看到的辨认对象，那么辨认也应在室内进行；如果辨认人原来是在室外看到的辨认对象，那么辨认也应在室外进行；而且光照条件最好与原来相似。秘密辨认要特别注意不能让被辨认人察觉，因此在安排辨认时间和地点时，既要考虑辨认人的感知条件，又要考虑辨认的保密性。

4. 制订辨认方案。侦查人员在组织辨认之前应制订出具体的行动方案，包括人员分工、行动步骤、可能遇到的问题及相应的对策等。

5. 如果是公开辨认，则应邀请见证人到场。如果理解辨认的目的和内容要求具有一定的专门知识，则应邀请具有此种专门知识的人作辨认的见证人。

6. 为了保证辨认的顺利进行，凡有犯罪嫌疑人、被告人或罪犯参加的辨认，应指派一定的人员承担辨认现场的警戒工作。

7. 对辨认环境做适当布置，选择好混杂客体，并准备辨认所必需的工具。

(二) 辨认的实施方法

1. 直接辨认法。即辨认人通过对供辨认客体的直接观察或感知而进行的辨认。例如：直接观看犯罪嫌疑人的外貌和动作姿势所进行的辨认；直接听犯罪嫌疑人的谈话声音所进行的辨认等。直接辨认对客体特征的感知比较真实全面，因此大多数辨认都采用直接辨认的方法。

2. 间接辨认法。即辨认人通过某种中介物了解供辨认客体的特征所进行的辨认。按中介物分为：① 照片辨认。指利用客体的照片进行的辨认。主要是在侦查人员已经发现了重点嫌疑人，但是不具备直接辨认的条件下采用。一般把侦查范围内有所有作案嫌疑的人的照片收集起来供辨认人从中查认，或者按混杂辨认规则把重点嫌疑人的照片与其他人的照片放在一起让辨认人辨认。此外，对于作案工具和有关场所的辨认，有时也可以采用照片辨认的方法。照片辨认的关键是照片本身的条件。辨认照片应尽可能准确地反映客体的特征，拍摄的时间应尽可能地接近辨认人与辨认客体接触的时间。一般来说,彩色照片优于黑白照片;单体照片优于多体照片;正面照片优于侧面照片;标准照片优于艺术照片。②录像辨认。指辨认人通过观看有关嫌疑人的录像片进行的辨认。它既具有直接辨认的直观性,又具有照片辨认的方便性,而且有利于消除辨认人的顾虑和紧张心理。其做法是侦查人员对案件中的犯罪嫌疑人进行录像,然后让被害人或目睹人就录像进行辨认。摄制辨认录像时要保证画面清晰,防止影像失真。③录音辨认。指辨认人通过录音进行的辨认,辨认的客体主要是犯罪嫌疑人及其他有关人员。录音辨认的运用主要有两种情况:一种情况是在绑架、敲诈勒索等案件的侦查过程中,让有关群众对犯罪人作案时的电话录音进行辨听,以查明犯罪人的身份;另一种情况是在被害人或证人对犯罪人的语音特征印象较深的案件中,侦查人员发现嫌疑人后将其讲话声音录下来,供被害人或目睹人辨听。制作辨认录音时,要注意录音的清晰度和录音条件的一致性。例如,犯罪人是通过电话传递声音的,辨认录音也应通过电话录制;犯罪嫌疑人录音时戴着口罩,混杂人员录音时也应戴上口罩。

(三) 制作辨认笔录

在侦查中,公开辨认应制作正式的辨认笔录,这种笔录可以作为诉讼证据使用;秘密辨认的结果也应记录下来,供侦查人员参考,如果需要用作诉讼证据,应组织公开辨认,以取得正式的辨认笔录。笔录的内容包括:

1. 辨认的时间、地点和条件。
2. 辨认人的姓名、性别、年龄、职业、住址。
3. 辨认客体的情况。如被辨认人的姓名、性别、年龄、职业、住址;被辨认物的种类、型号、形状、数量等。
4. 混杂客体的情况。如混杂的人员的姓名、性别、年龄、职业、住址;混杂物体的种类、型号、形状、数量等。
5. 辨认的结果。如与辨认人曾经感知的那个客体同一、不同一或相似(应以辨认人自述的方式记录原话)。
6. 有关人员签名或盖章。包括辨认人、被辨认人或被辨认物的持有人、见证人、担任混杂客体的人以及主持辨认的侦查人员(不少于2人)等。

此外,对于辨认客体的混杂情况和辨认同一的人、物或场所应分别拍照,附在笔录中。辨认笔录应力求客观、详细、准确。侦查人员事先询问辨认人的记录可以和辨认笔录合并入卷,以便对照和研究。

四、辨认结果的审查和运用

运用辨认结果应当进行事先审查。

（一）辨认结果的审查

辨认是一种主观活动，受主客观方面的多种因素的制约。因此辨认结果必须认真审查评断，全面考察可能影响辨认结果的各种因素，正确判断其可靠程度后，才可以在侦查中加以使用。侦查中，一般从以下几个方面进行审查：

1. 辨认主体方面的审查。主要有：①考察辨认人与案件及当事人有无直接或间接利害关系，查明有无可能影响公正辨认的因素。②考察辨认人的感知能力、记忆能力和辨识能力，要注意辨认人有无近视、色盲、夜盲、听力减弱和健忘等缺陷，要注意辨认人对某类事物的特殊认识能力的强弱（往往与职业和爱好有关）。同时，还要考察了解辨认人的文化程度、生活经历、职业特点和兴趣爱好。必要时可通过侦查实验来查明。③考察辨认人在感知、记忆和辨识时的心理状态。辨认人在感知和辨识时的心理状态对辨认结果有重要影响，例如：辨认人在受到犯罪分子的突然袭击时，会因惊吓和恐惧而产生某些感知误差；辨认人在高度紧张或极度痛苦的心态下进行辨识，也很容易出现错误。辨认人在感知、记忆和辨识时积极主动的心态或是消极被动的心态，也是影响辨认结果的重要因素。

2. 辨认客体方面的审查。主要有：①考察辨认所依据的客体的特征是否突出，是否容易与其他客体相区别。②考察辨认客体的特征是否稳定，特别要注意辨认客体的特征有无伪装、有无人为的改变。③考察辨认客体的特征是否容易感知和记忆，以及客体特征在辨认人头脑中的反映是否清晰和充分，可以结合辨认人在辨认前接受询问时对客体特征的描述进行分析和判断。

3. 辨认过程方面的审查。主要有：①考察辨认的感知阶段、记忆阶段和辨识阶段中可能影响辨认结果的各种客观因素。如感知的时间和次数，感知时的距离和光线，感知时的环境，记忆持续的时间，记忆过程中时间相近或内容相似的信号的干扰，辨识时的环境及辨认人的注意力等。②考察辨认人进行辨识时的环境条件是否与其原来感知客体时的环境条件相同或相似，特别要注意光源的颜色和环境噪音上有无差异。③考察整个辨认的组织和实施过程中有无违反辨认规则的情况，特别要注意查明辨认组织者有无诱骗或暗示的言行。

（二）辨认结果的运用

1. 公开辨认结果的运用。公开辨认结果不能单独作为证据在刑事诉讼中加以使用。公开辨认结果要作为证据加以使用，必须具备三个条件：一是辨认是严格按照组织辨认的规则进行的；二是经过审查，辨认结果是科学可靠的；三是辨认结果可以与案由的其他证据相互印证。

2. 秘密辨认结果的运用。秘密辨认的结果不能作为证据在刑事诉讼中加以使用，只能作为分析案情的一个依据。秘密辨认结果要作为证据加以使用，还必须进行公开辨认。

☆ 规制链接　关于审查判断辨认结果的规定

根据最高人民法院、最高人民检察院、公安部、国家安全部、司法部《关于办理死刑案件审查判断证据若干问题的规定》（自 2010 年 7 月 1 日起施行；2010 年 6 月 13 日 "两高三部" 联合通知规定：办理其他刑事案件参照此《规定》执行），对侦查取得的辨认结果审查判断的认定要求如下：

第三十条　侦查机关组织的辨认，存在下列情形之一的，应当严格审查，不能确定其真实性的，辨认结果不能作为定案的根据：

（一）辨认不是在侦查人员主持下进行的；

（二）辨认前使辨认人见到辨认对象的；

（三）辨认人的辨认活动没有个别进行的；

（四）辨认对象没有混杂在具有类似特征的其他对象中，或者供辨认的对象数量不符合规定的；尸体、场所等特定辨认对象除外；

（五）辨认中给辨认人明显暗示或者明显有指认嫌疑的。

有下列情形之一的，通过有关办案人员的补正或者作出合理解释的，辨认结果可以作为证据使用：

（一）主持辨认的侦查人员少于二人的；

（二）没有向辨认人详细询问辨认对象的具体特征的；

（三）对辨认经过和结果没有制作专门的规范的辨认笔录，或者辨认笔录没有侦查人员、辨认人、见证人的签名或者盖章的；

（四）辨认记录过于简单，只有结果没有过程的；

（五）案卷中只有辨认笔录，没有被辨认对象的照片、录像等资料，无法获悉辨认的真实情况的。

第九章 侦查常规措施

侦查常规措施是侦查中在通常情况下，为了获取证据、查明案情而采取的措施。主要有勘验、检查、侦查实验、询问证人和被害人、讯问犯罪嫌疑人等。

第一节 勘验、检查

勘验、检查是侦查中常采取的一项措施。其任务是为了发现和收集证据，查明案件的真实情况。

一、勘验、检查的概念和意义

勘验是侦查人员对于与犯罪有关的场所、物品、尸体进行勘查、检验；检查，是侦查人员为了确定被害人、犯罪嫌疑人、证人的某些特征、伤害情况或生理状态，对其人身所进行的检查。

在外国刑事诉讼程序中，勘验就是指勘查和验尸。勘查一般由警察机关的官员或有侦查权的人员进行；验尸是对怀疑与案件有关的尸体进行检查和验证，通常请法医或医生参与进行，有的国家规定由专门的验尸官进行，如英国。验尸的任务主要是辨认死者、确定死因。国外侦查活动中的检查一般是由警察机关的官员、检察人员、预审法官和有侦查权的人员进行。检查的范围包括：被告人、犯罪嫌疑人的人身；证人、被害人的人身以及被害人中毒毒物；与案件有关的文件、邮件和物品等等。

在我国，勘验、检查是侦查人员运用专门手段对于刑事案件的现场及其与犯罪有关的其他场所和物品、人身、尸体等进行实地观察、勘验、检查，从而找出与犯罪行为有联系的各种事实情况，为揭露证实犯罪提供线索和证据。我国刑事诉讼法第二编第二章第四节对勘验、检查作了专门规定。《刑事诉讼法》第101条规定："侦查人员对于与犯罪有关的场所、物品、人身、尸体应当进行勘验或者检查。在必要的时候，可以指派或者聘请具有专门知识的人，在侦查人员的主持下进行勘验、检查。"我国法律之所以把勘验、检查同时加以规定或规定在同一法条之中,是因为二者在主要方面是相同的。一是其主体都是侦查人员,其他如具有专门知识的人员等只能在侦查人员主持下才能进行勘验和检查。二是其性质相同,即勘验和检查都是法定的侦查活动。三是其任务都是发现、收集和研究与犯罪有关的痕迹和其他物证,分析犯罪嫌疑人作案的动机、手段等案件情况,判断案件性质,确定侦破范围,揭露和证实犯罪。勘验与检查的主要区别在于对象不同:勘验的对象是现场、物品和尸体;检查的对象是活人的身体,如被害人身体、犯罪嫌疑人身体、证人身体等,对证人身体的检查通常是检查其视听能力。

勘验、检查对于侦查破案具有极为重要的意义。任何犯罪作为一种行为,在一定的时空内不可避免地留下一定的痕迹或物品,引起犯罪现场客观物体的各种变化。通过勘验、检查,不仅可以发现和收集犯罪活动所遗留下来的各种痕迹和物品,取得第一手材料,而且可以了解案件性质、作案手段和犯罪活动情况并从中找出案件固有的规律性。因此,勘验、检查所获取的证据,更加具有客观真实性和与案件内在联系的直接性,对于侦查破案具有十分重要的作用。

二、勘验、检查的种类与程序

根据刑事诉讼法第二编第二章第四节有关条款的规定,勘验、检查的种类可分为现场勘验、物质与物品勘验、尸体勘验、人身检查。法律规定的不同种类的勘验、检查有不同的法定程序和要求,现分述如下:

(一)现场勘验

现场勘验是侦查人员对刑事案件的犯罪现场进行勘查和检验的侦查活动。这里所说的犯罪现场,是指犯罪分子实施犯罪的地点或者其他遗留有与犯罪有关的痕迹和物品的场所,如杀人现场、强奸现场、抢劫现场等等。而现场并不等于犯罪现场,它是指出事地点,即发生事件的地点。这里所说的事件,既包括犯罪事件,也包括非犯罪事件。如火灾现场,若是人为起火,就是放火或失火的犯罪现场;若是雷击起火,则是非犯罪现场。故现场包括犯罪现场和非犯罪现场。在勘查之前通常不知事件真相,侦查人员对出事现场均应认真勘查。从实践来看,出事现场大多是犯罪现场。侦查人员勘验现场一定要及时,并首先了解事件或案件发生、发现和保护现场的情况,有计划、有步骤地进行。现场上发现的与犯罪有关的物品、痕迹和文件等,应通过各种技术手段及时提取和保全,并进行仔细分析和研究,以便客观地判断犯罪分子的一切行为。

现场勘验应遵循下列法定程序的要求:

第一,侦查人员接案后应迅速赶到现场,并保护好现场。刑事诉讼法第

102条规定任何单位和个人都有义务保护犯罪现场。侦查人员到场后首先应保护现状和了解现场保护的情况，并注意观察、查明现场真伪和有无破坏等等。

第二，勘验现场的侦查人员，根据刑事诉讼法第103条的规定必须持有人民检察院或者公安机关的证明文件。

第三，根据刑事诉讼法第101条的规定，在必要的时候可以指派或者聘请具有专门知识的人员在侦查人员主持下参加勘验。

第四，根据刑事诉讼法第106条的规定和侦查制度的要求，勘验现场应当邀请两名与案件无关、为人公正的公民作为见证人到场。公安机关勘验重大犯罪现场时通常请上级公安机关派员参加。必要时还应商请人民检察院派员参加。

第五，现场勘验的情况应当遵照刑事诉讼法第106条的规定制作笔录，由参加勘验的人和见证人签名或盖章。在司法实践中，记录现场勘验情况的方式有笔录、拍照、绘图、录像等，即首先用拍照、录像或绘图方式将现场现状记录固定下来，然后将勘验的现场的有关部位、物体或痕迹的情况以及对有关物品、痕迹等的提取或保全情况进行详细记录，可以同步拍照、录像。应当注意的是，勘验的目的不仅仅是为了发现犯罪痕迹和其他物证，而且还包括查明肇事或作案环境以及对于案件有意义的其他情况。因此，有的现场虽然不可能发现任何痕迹或证物，但了解现场环境对于分析研究案情有重要意义时，也应当迅即勘验并认真记录。尤其是人民检察院直接侦查的贪污贿赂案件大多如此。如贿赂案件的现场通常很难发现痕迹与物证，但勘验了解现场环境对分析研究案情和鉴别行贿受贿双方的言词证据真伪却往往具有重要意义。因为如实的言词证据往往与现场的客观环境相吻合印证，而虚假的言词证据往往与现场的客观环境相违背形成反证。因此，侦查人员应当把现场一切有关犯罪的情况客观、全面、详细地记录下来。

（二）物质、物品勘验

侦查人员对收集到的物品和痕迹进行检查和验证以确定其与案件有无关系的侦查活动，叫做物证检验。物质、物品勘验应当遵循以下程序：

第一，根据刑事诉讼法第101条的规定，物质、物品的勘验应当细致地进行，认真地研究物品的特征和痕迹的变化情况，必要时可以指派或者聘请具有专门知识的人在侦查人员主持下进行。

第二，进行勘验的侦查人员应按照刑事诉讼法第103条的规定持有人民检察院或公安机关的证明文件。

第三，在对物质、物品单独勘验时，应当按照刑事诉讼法第106条的要求邀请见证人参加。

第四，进行物质、物品勘验首先要确定物品、痕迹与案件有无关系，如有关系则要确定其与案件事实有何种关系。如伪造账据往往与虚报冒领事实相关，涂改账目单据大多与利用账表上的少收多支从中贪污直接相关。

第五，物质、物品勘验的情况应依法制作笔录，详细地记载物证的特征和检验的过程。

（三）尸体勘验

尸体勘验是通过对尸表检验或尸体解剖，确定或判断死亡原因、致死工具、致死手段方法、死亡时间等，进而分析作案过程，为侦破案件提供线索和根据的活动。尸体勘验的主要程序是：

第一，根据刑事诉讼法第101条和第104条的规定，勘验与犯罪有关的尸体由侦查人员负责进行，必要时可请有专门知识的人员在侦查人员主持下进行；对于死因不明的尸体，公安机关有权决定解剖，并通知死者家属到场。

第二，侦查人员进行尸体勘验必须持有人民检察院或公安机关的证明文件。

第三，尸体勘验应先进行尸表检验，如对死因有怀疑或仍不能确定死因的，可以进行尸体解剖，并严格按照《解剖尸体规定》进行，注意尊重当地群众的风俗习惯。如需开棺验尸的应经县以上公安机关负责人批准并商请检察机关派员参加。检察机关进行尸体勘验时也可以邀请公安机关派员协助。

第四，尸体勘验情况应当依法制作笔录，记明勘验过程和检验中所见的全部情况及所作出的结论，由参加检验的侦查人员、法医或者医生、死者家属等签名或盖章。如果无法通知死者家属或其不愿到场的应当记明笔录。在尸体勘验过程中还可以同步制作视听资料。

（四）人身检查

人身检查是指为了确定被害人、犯罪嫌疑人的某些特征、伤害情况或者生理状态，对他们的人身进行检验、查看。其主要程序如下：

第一，侦查人员依据刑事诉讼法第101条的规定进行人身检查，必要时可请有专门知识的人在侦查人员的主持下进行检查。

第二，侦查人员执行人身检查必须持有人民检察院或者公安机关的证明文件。

第三，根据刑事诉讼法第105条的规定，人身检查是为了确定被害人、犯罪嫌疑人的某些特征、伤害情况或者生理状态。这里所说的人身"特征"是指其身上区别于他人的某些特有状态或标记；"伤害情况"是指其身体上的某个部位受到损害的情况；"生理状态"是指其生理活动和身体各器官的机能状况。犯罪嫌疑人如果拒绝检查，侦查人员认为必要的时候可以强制检查。检查妇女的身体，应当由女工作人员或者医师进行。

第四，根据立法精神和司法制度的要求，人身检查应严格限于查明案情的需要，对于人身有关部位或者生理状态进行检查时不得任意扩大范围，尤其是对妇女的人身进行检查时，必须严格遵守有关的法律和政策，不得有伤风化，更不得侮辱被检查者的人格。对被害人拒绝检查的不得强制进行。

第五，进行人身检查应当根据刑事诉讼法第106条的规定制作笔录，记明检查的过程、情况和结果，尤其是对损伤的种类、受伤程度、致伤的凶器、受伤的时间等等要详细记录。有必要和有条件的可以同时运用视听技术手段进行同步记录。笔录应由参加检查的侦查人员、法医或者医生、家属或者见证人等签名或盖章。

（五）复查、复验

复查、复验是指人民检察院在刑事检察工作中审查案件时，为了保证案件质量而对公安机关的勘验、检查重新进行勘验或检查。其主要程序是：

第一，人民检察院在审查案件的时候，对公安机关的勘验、检查，认为需要复验、复查时，可以根据刑事诉讼法第107条的规定，通知公安机关复验、复查，并且可以派检察人员参加。

第二，人民检察院根据刑事诉讼法第107条的规定对公安机关的勘验、检查认为需要复验、复查但又不宜由公安机关进行复验、复查时，可以自己进行复验、复查。

第三，执行复验、复查的侦查人员，必须持有人民检察院或者公安机关的证明文件。复验、复查根据需要可以聘请有专门知识的人员或要求有关人员参加，有的还应当请无关的见证人参加。在复验、复查中严禁一切足以造成危险、侮辱人格或者有伤风化的行为。

第四，复验、复查应当按照刑事诉讼法第106条的规定制作笔录，详细记录复验、复查的时间、地点、方法、过程和结果，由参加人员签名或者盖章。必要时可同步进行录音、录像、拍照、绘图等并附入笔录。

☆规制链接 关于审查判断勘验、检查笔录的规定

根据最高人民法院、最高人民检察院、公安部、国家安全部、司法部《关于办理死刑案件审查判断证据若干问题的规定》（自2010年7月1日起施行；2010年6月13日"两高三部"联合通知规定：办理其他刑事案件参照此《规定》执行），对侦查取得的勘验、检查笔录审查判断的认定要求如下：

第二十五条 对勘验、检查笔录应当着重审查以下内容：

（一）勘验、检查是否依法进行，笔录的制作是否符合法律及有关规定的要求，勘验、检查人员和见证人是否签名或者盖章等。

（二）勘验、检查笔录的内容是否全面、详细、准确、规范：是否准确记录了提起勘验、检查的事由，勘验、检查的时间、地点，在场人员、现场方位、周围环境等情况；是否准确记载了现场、物品、人身、尸体等的位置、特征等详细情况以及勘验、检查、搜查的过程；文字记载与实物或者绘图、录像、照片是否相符；固定证据的形式、方法是否科学、规范；现场、物品、痕迹等是否被破坏或者伪造，是否是原始现场；人身特征、伤害情况、生理状况有无伪装或者变化等。

（三）补充进行勘验、检查的，前后勘验、检查的情况是否有矛盾，是否说明了再次勘验、检查的原由。

（四）勘验、检查笔录中记载的情况与被告人供述、被害人陈述、鉴定意见等其他证据能否印证，有无矛盾。

第二十六条　勘验、检查笔录存在明显不符合法律及有关规定的情形，并且不能作出合理解释或者说明的，不能作为证据使用。

勘验、检查笔录存在勘验、检查没有见证人的，勘验、检查人员和见证人没有签名、盖章的，勘验、检查人员违反回避规定的等情形，应当结合案件其他证据，审查其真实性和关联性。

第二节　侦查实验

在侦查过程中的许多场合，都可能会遇到侦查实验的问题。我国《刑事诉讼法》第108条第1款规定："为了查明案情，在必要的时候，经公安局长批准，可以进行侦查实验。"但是，长期以来，关于侦查实验的问题，国内侦查学界还未对其进行全面、系统地研究，侦查实验作为一项科学性很强的侦查措施，尚未形成一个完整、严谨的科学体系。因此，对侦查实验问题的正确认识和掌握，无论对于丰富刑事侦查学的理论和方法，还是科学地进行侦查实践，都有着特别的重要性。

一、侦查实验的概念和类型

侦查实验是对案件某一情节客观可能性的一种验证，是侦查中的一项检查性措施，是实施其他侦查措施（如勘验、检查、询问证人、审讯犯罪嫌疑人等）的继续和发展。其目的是观察实验对象的变化和结果，揭示实验对象的原因和结果之间是否存在着必然的内在联系，借以全面、客观地认识它们。

（一）侦查实验的概念

在侦查中，为了确定与案件有关的某一事实或现象发生或存在的客观可能性，依法将该事实或现象参照案件原有条件重新加以演示的活动，叫做侦查实验。

侦查实验的范围很广泛，既可以在现场勘查和整个侦查（含预审）过程中使用，也可以在审查起诉和审判过程中使用。侦查实验是一种科学的侦查方法，其赖以进行的科学根据是物质世界的客观现象在合乎规律的条件下可以重复再现。

应当指出，在研究侦查实验的概念时，必须注意与之相近似的勘验和鉴定的区别。勘验是研究、查明和固定与犯罪有关的客体的特征。鉴定是运用专门技术手段，通过检验客体的物质特征，鉴别和确定客体的特性。侦查实验则是通过再现被研究事件的某些条件，并重新加以演示，以确定在一定条件下是否可能发生某种事实或现象。虽然勘验和鉴定过程中也进行一些实验，比如勘验过程中的观察活动往往与确定物质特征的某些单独的实验活动结合进行，鉴定中往往通过实验来取得检验样本，但是这些实验活动与人工再现案件的某些情节无关，性质也不复杂。如果需要人工再现事件的一些条件，工作就复杂得多，就需要进行侦查实验。而这些，正是勘验中的实验和鉴定中的实验无论如何也无法替代的。所以，那种认为勘验和鉴定中的某些实验也是侦查实验的看法是不正确的，应当予以澄清。

（二）侦查实验的类型

侦查实验可以按其应解决的问题分为以下几类：

1. 感知可能性实验，即在一定条件下，某些现象通过感觉器官在人脑中直接反映的可能性实验。比如在一定环境中看见或听见的可能性实验，就属于此类实验。

2. 行为可能性实验。即在一定条件下实施某种外在活动的可能性实验，包括：①行为能力可能性实验。即胜任某种外在活动主观条件的可能性实验。比如是否可能搬移重物，是否具有专门技能（如绘画、制图、驾驶汽车等）的实验。②行为过程可能性实验。即从事某种外在活动所经过的顺序的可能性实验。比如在一定的条件下是否可能按照一定的顺序完成盗窃活动的实验。③行为结果可能性实验。即实施某种外在活动所达到的最后结局的可能性实验。比如在一定条件下，某人是否可能将一重物从甲地搬到乙地；某人在一定的时间内是否可能从甲地步行到乙地的实验等。

3. 自然力可能性实验。即在一定条件下某些现场不经人力干预，自由发展可能性的实验。比如这个草堆在一定条件下能否自燃的实验；在某一场所保存某些物品时，其重量能否发生自然损耗的实验等。

二、侦查实验的任务和规则

侦查实验的主要任务及其规则如下：

（一）侦查实验的任务

1. 审查案件是否可能成立。在现实生活中，人们控告、举报、自首的犯罪事件，经过审查，最后查明并不都是犯罪事件，而可能有的是意外事件或假造案件。审查案件是否能够成立有很多途径，其中根据控告人、举报人、自首人陈述的事实情节，进行必要的侦查实验是一种有效的方法。经过侦查实验，如果控告人、举报人、自首人陈述的事件不可能发生或与犯罪无关，则案件不成立；如果侦查实验证明极大可能发生了有需要追究刑事责任的犯罪行为存在，案件就可能成立，就可以作出立案侦查的决定。

2. 审查证据真实可靠的程度。证据是正确认识是否已构成犯罪的基础。侦查中所获取的各种证据材料，可能有真有假，这就必须通过审查，鉴别其是否真实、完备，对查明和证实犯罪有无意义。为了解决这类问题，最常用也最科学的办法，就是进行侦查实验，借以验证它们是否真实可靠以及真实可靠的程度。

3. 验证侦查推断是否接近于实际。侦查中经常会遇到已作出的某种侦查推断是否正确的问题，要解决这个问题，往往也需要进行侦查实验。比如根据犯罪现场遗留的痕迹、物体的状态，推断出犯罪人作案的时间、工具和过程，但对这些推断尚有疑问，即可参照案件原有条件进行侦查实验，以证明该推断是否正确。

4. 注意发现新情况。侦查实验不仅在一定程度上是对已收集的证据材料和已作出的侦查推断的验证，而且还要注意发现尚未预想到的一些新情况，提出一些新问题，促使侦查人员对案情的认识进一步深化，从而对已作出的侦查推断进行修改和补充，使整个侦查工作建立在更符合实验、更准确可靠的基础之上，推动侦查工作的进展。

从上可以看出，侦查实验是一项重要的侦查措施。它可以帮助侦查人员准确地获取证据，正确地判断案情，恰当地缩小侦查范围，是制订侦查计划，开展侦查工作的一个基础。实践证明，在侦查过程中的许多场合，只有科学地进行侦查实验，才能有效地提高侦查的速度和质量。相反，如果不重视侦查实验，侦查工作就可能陷入盲目性。

（二）侦查实验的规则

为了完成侦查实验的任务，保证侦查实验的结果符合刑事诉讼的要求，充分发挥侦查实验在侦查中的作用，实验必须严格遵守以下规则：

1. 只能在侦查人员的主持下进行。

2. 必须是为了检验、核实证据和查明案情，而且必须是在必要的时候，比如采取其他方法达不到目的时，才可以进行。

3. 必须经公安局长或检察长批准，不得随意或擅自进行。

4. 必须邀请两名见证人到场见证。

5. 应当尽可能在案件发生、发现时的条件下进行。如果案件发生、发现时的条件已经不具备，可以在近似于案件发生、发现时的条件下进行。

6. 为了正确估计客观条件的变化对实验结果可能发生的影响，发现因条件的不同而出现的差异，必须坚持对同一情况既要用相同条件多次实验，又要变换条件反复实验，以便在相同和不同条件下多次实验的基础上，对实验结果作出全面的、非常接近于事实的判断。

7. 如果是审查两个以上的人（包括证人、被害人、犯罪嫌疑人和被告人）的陈述中的同一个问题，实验应当分别进行。

8. 实验的执行者应当是普通社会人士。侦查人员和见证人不得充当实验的执行者。

9. 证人、被害人、犯罪嫌疑人和被告人参加实验活动只能是出于自愿；不得强制他们参加。

10. 实验不公开进行。对实验过程和结果应当保密，否则应负法律责任。

11. 在实验过程中，严格禁止一切足以造成危险、侮辱人格或者有伤风化的行为，严格禁止再现犯罪案件中的一些客观和主观情节，反对不择手段地进行侦查实验。

12. 必须制作侦查实验记录。

三、侦查实验的组织领导

侦查实验必须有组织、有领导地进行，这是搞好侦查实验工作，实现侦查实验任务的一个重要条件。一般应做好以下几项工作：

（一）制订侦查实验计划

制订侦查实验计划，是组织实施侦查实验的一个首要环节。这一点，对于一些复杂的实验，尤其重要。

侦查实验计划应列举出以下几部分内容：

1. 实验的目的。即通过实验应予查证的问题。只有明确实验的目的，才能避免盲目实验，才能考虑周密的实验条件，也才能使实验得出科学的结论。

2. 实验的地点。实验应尽量在原地进行。如果原地的条件已不具备，或者改变实验地点对实验的进程和结果并无影响时，也可以另选地点或者在实验室内进行。

3. 实验的时间。应选择与案件发生、发现相同的时间。

4. 实验的自然条件。应与案件发生、发现时相近似。诸如光线、风向、风力、气温、周围环境等自然条件均应同案件发生、发现时相当。

5. 实验的工具和物品。应尽量使用原物。如果原物已经损坏不能使用，或者需要原物比对或鉴定时，应选用与原物同类的工具或物品进行实验。

6. 实验的内容、顺序和方法。即实验什么，什么先实验、什么后实验，采取什么方法实验。

7. 实验的参加者及其分工。应根据每个参加实验的人的特长，进行合理的、适当的分工。否则，就可能出现工作忙乱、顾此失彼的情况，以致造成实验失败的结果。

8. 实验的警戒工作。如果实验在户外进行，应在周围布岗设卡，做好实验的警戒工作，以保守侦查实验的秘密。

9. 必要的工作制度。如请示报告制度、审批制度、交接工作制度等。

需要指出，为了正确规定实验的条件、内容和方法，要仔细研究案件材料，要对事主、证人和其他有关人员进行补充询问。如果实验涉及某些专业知识，必要时应请教有关行业的专家，以使实验合乎科学。

(二) 确定侦查实验人员的组成

1. 确定侦查实验的主持人。侦查实验的主持人一般由实施本案侦查的负责人担任。为了查明一些重大或特别重大案件的一些关键性情节或审查一些重要证据时，也可以由负责侦查的刑事侦查处、科、队长担任。

2. 确定实验主持人的助手。特别是实验的参加者被划分为位于不同地点的若干小组时尤其需要助手。比如，在对可听度的实验中，实验的参加者被划分为两个小组，其中一组再现声音，一组记录可听度，此时就必须指派另一个侦查人员（只能是侦查人员）来当助手。

3. 确定执行实验的社会人士。实验的执行者应当是与案件无关、为人公正的社会人士，侦查人员本人和见证人不能去执行具体的实验活动。应当注意，这项工作要严防不良分子趁机混入。

4. 确定自愿参加实验的证人、被害人或犯罪嫌疑人和被告人。如果实验的目的是为了审查证人、被害人或犯罪嫌疑人和被告人的有关陈述是否真实，可以在自愿的前提下，让他们亲自参加实验。

5. 聘请实验的翻译人员。如果参加实验的普通社会人士、当事人或证人不懂得实验时所用的语言，或者是聋哑人，应当为他们聘请翻译人员到场翻译。

6. 聘请有关专家。如果实验涉及某些专门性问题，要请求专家的帮助。专家参加实验，可以保证全面考虑所研究的事件的条件，更准确地再现这些条件；可以保证实验科学地进行和实验参加人的安全；可以保证准确地记录实验的进程和结果；可以保证对实验结果作出科学的判断。

（三）邀请侦查实验的见证人

侦查实验必须邀请两名普通社会人士作为见证人。在参加实验者要划分为若干小组分头进行实验时，每一个小组都应当有两名见证人到场。如果理解实验的目的和内容要求具有一定的文化程度或专门知识，则应邀请具有这种知识的人为见证人。

侦查实验的见证人应当自始至终在场。为了真正发挥见证人的作用，侦查人员在主持实验的过程中，必须当场向见证人提示经实验所见到的情况，并让他们注意这些情况的特点或特征；见证人也有权让侦查人员注意经他们发现的具有重要意义的情况。

有的侦查人员在进行侦查实验时，不邀请见证人；或者只邀请一个见证人；或者请公安司法人员充当见证人；或者虽然邀请了两名符合要求的见证人，但实际上没有把侦查实验所见向见证人提示，只是让他们签署侦查实验笔录等。这些做法都是欠妥的，应当予以纠正。

（四）宣布侦查实验的纪律

侦查实验的纪律是：

1. 要严格服从实验主持人的统一指挥，按照分工，各负其责，互相配合，有秩序地进行工作，不得擅自行事。

2. 要严格按照侦查实验计划所规定的内容、顺序和方法进行工作，不得随意进行实验。

3. 要保护实验所涉及的公私财物，不得私拿、丢失或无故损坏任何物品。

4. 要严守侦查实验的秘密。有关侦查实验的内容、进程和结果，都不准在实验后任意谈论和泄露。

四、侦查实验实施的方法

侦查实验应视实验的种类、内容、目的，实施相应的实验方法。实验的方法是否科学，直接关系到实验的成败。一般可采用形式逻辑中探求因果联系的五种方法，即求同法、求异法、求同求异并用法、共变法和剩余法。

（一）求同法（契合法）

如果探求现象（a）的原因，在几种有（a）出现的事例中，其他情况都不同，只有一个情况（A）是共同的，那么，这一共同情况（A）就是现象

（a）的原因。这种探求因果联系的方法叫求同法（或叫契合法）。例如，某青年女工在熟睡时被奸杀，现场勘验先发现被角上有一拖鞋前掌印，后又发现被踩踏过的蚊帐上有嫌疑人的一个赤脚跟印。犯罪人既然穿拖鞋作案，为什么会有赤脚跟印呢？经反复侦查实验，发现不管是在布上还是在纸上，只要是大脚穿小号平底拖鞋，就会留下脚跟印。于是推断："犯罪人作案时穿比他脚小的平底拖鞋是产生上述现象的原因。"破案后证实，通过侦查实验所作的推断是正确的。这就是运用了求同法。

求同法可以用下列图式表示：

事例　　相关情况（条件）　　所研究的现象
（1）　　A、B、C　　　　　　a
（2）　　A、D、E　　　　　　a
（3）　　A、F、G　　　　　　a
……　　……　　　　　　　……

所以，A 和 a 有因果联系。

运用求同法得出的结论是或然的，不一定都正确。因此，必须注意以下几点：一是要注意寻求不同事例里的唯一共同条件，排除不同条件。防止不同条件中实际存在的共同条件没有被发现。如能分析出条件和所研究现象之间的因果联系，结论就是比较可靠的。二是提供比较的事例要尽可能多一些，这样得出的结论可靠性也大些。三是求同法通常在侦查实验的最初阶段使用，要进一步探求现象间的因果联系，还需采用其他方法实验。

（二）求异法（差异法）

如果探求现象（a）的原因，在第一个事例中出现（a），在第二个事例中不出现（a），而第二个事例与第一个事例的其他情况均相同，只是没有第一个事例所具有的条件（A），那么，这一个条件（A）就是所研究现象（a）的原因。这种探求因果联系的方法叫求异法（或叫差异法）。例如早晨，粮库保管员某甲从粮库扛出重 100 公斤的小麦一袋，被当场抓获。讯问时，他供称是其妻昨晚扛来让他今晨去磨面的。询问其妻也证实这一点。其妻扛得动 100 公斤小麦吗？经侦查实验，其妻根本扛不动。在事实面前某甲交代了同其妻合谋偷粮库小麦之事。这就是运用了求异法。

求异法的图式是：

事例　　相关情况（条件）　　所研究的现象
（1）　　A、B、C　　　　　　a
（2）　　B、C　　　　　　　　a 不出现

所以，A 和 a 有因果联系。

与求同法相比较，求异法更为可靠。因为在实验过程中，侦查人员可以加上或减去某一个条件，以观察所研究的现象出现或不出现。这一点恰好反映了客观事物因果联系的基本特征。所以，侦查人员在进行侦查实验时经常采用求异法，并常用它来验证求同法得来的结论是否正确。

运用求异法要注意，在研究的两个事例中除一个不同条件外，是否还有其他不同条件，并仔细分析不同条件是所研究的现象的全部原因还是部分原因，以便进一步深入考察。

（三）求同求异并用法

当研究两组事例，它们有一个条件不相同而其余不必都相同时，就要运用求同求异法。

求同求异并用法是，如果在某一组事例里，有某一个条件（A），就有所研究的现象（a）出现，而在另一组事例里，没有这个条件（A），就没有所研究的现象（a）出现，那么，这一个条件（A）就是所研究现象（a）的原因。例如：某地银行营业所曾发生一起巨款被盗案。现场勘验发现，保险柜的弹子锁是用钥匙打开的，锁内有微小擦痕。为了确定该擦痕是怎样形成的，侦查人员进行了实验。实验分两组进行，一组用选配钥匙开锁，一组用原配钥匙开锁。结果发现，凡是用选配钥匙开锁，锁内就会留下擦痕，而用原配钥匙开锁则不留擦痕。于是断定："用选配钥匙开锁是锁内微小擦痕形成的一种原因。"这里用的就是求同求异法。

求同求异法的图式是：

事例	相关情况（条件）	所研究的现象	
（1）	A、B、C、F	a	正事例组
（2）	A、D、E、G	a	
（3）	A、F、G、C	a	
……	……	……	
（1'）	B、C、G	a 不出现	负事例组
（2'）	D、E、F	a 不出现	
（3'）	F、G、D	a 不出现	
……	……	……	

所以，A 和 a 有因果联系。

求同求异并用法可分三步进行：

第一步，在正事例组中只有一个共同条件，用求同法得知：那个共同条件（A）和所研究的现象（a）有因果联系。

第二步，在负事例组中，可把"没有某个条件"看做是一个共同条件。

这样又用求同法得知：没有某个条件和不出现所研究的现象有因果联系。

第三步，再把正事例组所得的结论和负事例组所得的结论比较，应用求异法可得知：某个共同条件（A）和所研究的现象（a）的因果联系。

由此可见，求同求异并用法不是求同法和求异法的连用，而是求同法的补充。求同法只要求有一个共同现象和条件的一组事例。求同求异并用法则不仅要求有一个共同现象和条件的一组事例，还要求没有那一个共同现象和条件的另一组事例，然后根据对两组事例正反两方面的比较分析，得出结论。

运用求同求异并用法，如能分析出条件和现象之间的因果联系，结论就是可靠的（如上面的例子）。

（四）共变法

当所研究的现象（a）和某一个条件（A）有共变关系时，就需要用共变法。

共变法是在其他条件不变的情况下，如果某一个条件（A）每发生一定的变化，所研究的现象（a）也随着发生一定的变化，那么，前者（A）就是后者（a）的原因。例如：某仓库夜间被撬，初步清点物资并未发现被盗。现场勘验，发现犯罪人进入和逃离仓库时，在仓库外的沙地上遗留有鞋印各一趟，且鞋印大小，反映的鞋的型号等一样，据分析是同一个人所留，但逃离仓库的鞋印显然比进入仓库的鞋印深，后经侦查实验，发现同一人负重量增加，在沙地上所留的鞋印就深。由此断定："犯罪人从仓库盗得重物背走，是造成出入仓库鞋印深浅不同的一种原因。"于是重新清点物资，果然发现丢失 40 公斤的铅锭一块。这里就是运用了共变法。

共变法的图式如下：

事例	相关情况（条件）	所研究的现象
（1）	A_1、B、C	a_1
（2）	A_2、B、C	a_2
（3）	A_3、B、C	a_3
……	……	……

所以，A 和 a 有因果联系。

共变法的结论也是或然的。运用共变法，如能分析出条件和现象之间的因果关系，结论就比较可靠（如上面的例子）。如果所研究的现象不随着某一条件发生相应的变化，那么，就证明它们之间没有因果联系。

共变法和求异法关系密切，有时可以结合在一起使用。如把两个具有共变关系的现象改变到极限，就得到求异法的条件。例如，上例运用共变法获知，随着人的负重量的变化，就能引起沙地上鞋印深浅的变化。如将人的重量完全去掉，鞋印的深浅就不发生变化，那就是求异法的运用了。

（五）剩余法

剩余法是用来研究复合因果联系的。如果已知所研究的某一复合现象 g (a、b、c、d) 里，原因 G (A、B、C、D)，已知 A 是 a 的原因，B 是 b 的原因，C 是 c 的原因，那么，剩下的 D 就是 d 的原因。例如：某地水田水泵房被盗，现场勘查发现四台电机被盗。侦查人员已抓到甲、乙、丙三个盗窃分子，经讯问，他们分别承认只偷过一台电机，并当即将赃物交出，经反复调查，也未发现他们之中有人两次从现场偷窃电机。侦查实验证实，甲、乙、丙三个盗窃分子，其中任何一个都不能同时拿动两台电机。于是推断："还有另外的盗窃分子偷盗第四台电机。"这里运用的就是剩余法。

剩余法的图式如下：

已知所研究的复合现象 g（由 a、b、c 构成），其复合原因
是 G (A、B、C)
又知：B 是 b 的原因；
C 是 c 的原因；
所以，A 和 a 有因果联系。

从上例和上述形式中可以看出，运用剩余法必须先除掉已知因果联系的部分，因此，剩余法不可能是探求因果联系开始阶段的方法，它必须以前述几种方法推出的结论为基础。还必须注意剩余部分 (a) 不能是已知条件 (b)、(c) 之一或共同作用的结果，否则推断 (a) 是 (A) 所引起就不能成立。

剩余法的作用是引导侦查人员继续寻找所研究的复合现象中剩余部分的原因，为侦查提供新的线索和证据。

侦查实验的五种方法，需要强调的是，在实验时不能孤立或彼此分离地运用，而应综合地、互为补充和相互印证地加以运用。

五、侦查实验记录的制作

为了使侦查实验结果在刑事诉讼中起到证据的作用，从实验一开始，就应将实验的情况和结果用笔录、照相、绘图、录音、录像、制作模型等方法加以记录和固定。

侦查实验记录以笔录为主，用其他方法固定的实验情况和结果，应作为笔录的附件。笔录一般由前言、叙事和结束三个部分构成。

（一）前言部分

应写明：实验的法律依据；案件的基本情况；实验的内容和目的；实验的主持人、助手、执行者、见证人的简况；预先告之作虚假实验和证明应负的法

律责任。

（二）叙事部分

应写明实验的过程和结果，即在什么条件下，用何种方法和材料进行实验；各参加者的具体分工和所在位置；实验执行者做了些什么动作；实验的具体方法和次数；实验的条件有何种改变；每次实验的结果如何；对实验的进程和结果是怎样固定的等等。

（三）结束部分

应写明：实验的起止时间，曾经宣布过不许泄露实验的情况和结果；笔录已向所有在场的人宣读；实验的主持人、助手以及实施这项行为的一切人员和在场见证人的声明和签名。

六、侦查实验结果的审查和运用

侦查实验结果受多种因素影响。只要其中有一个因素发生偏差，实验结果就可能出现错误。因此，不能不加审查就盲目地轻信实验结果。

（一）侦查实验结果的审查

对侦查实验结果主要从以下几个方面审查：

1. 实验是否严格地按照规则进行。

2. 实验的组织实施是否正确、科学。如果实验时违反了侦查实验实施的策略规定，其结果就可能失去证据意义。

3. 实验人是否具有某种职业知识、专门技能，有无解决问题的能力。其所运用的专业知识是否是科学、可靠和无争议的。

4. 实验人与案件有无利害关系，能否客观公正地进行实验。

5. 实验人的生理、心理状态是否正常。如果实验人生理上无缺陷，认识、记忆和表达事物能力正常，则所做的实验结果就可能为真。如果实验人可能是由于对实验活动感到异常，因而使动作不够协调或者使智力降低，实验结果则可能为假。

6. 实验结果是否具有充分的事实依据。即从实验所确定的事实材料能否必然推出实验结果；对实验过程中产生的矛盾、疑点有无作出科学的、有事实根据的解释等。

7. 实验结果同案内的其他证据材料有无矛盾。当然，实验结果同案件中其他证据的矛盾，既可能意味着实验结果不正确，也可能表明案件中已有的证据不正确，所以，实验结果同案件情况相矛盾的事实本身，只能作为审查实验结果和与之相矛盾的那些情况的依据。无论是同意实验结果还是认为实验不正确或者是没有说服力，都必须用具体的事实做依据。

（二）侦查实验结果的运用

侦查实验结果经认真审查认为科学可靠后，才能在侦查中加以运用。

1. 对肯定性结果和否定性结果的运用。经过侦查实验，可能得出肯定性结果或否定结果。能够证实某一事实或现象发生或存在的客观可能性的，是肯定性结果；证实其不可能者，为否定性结果。运用实验的肯定性结果和否定性结果时，应根据实验所解决的问题进行具体分析。主要有以下几种情况：①肯定性结果只能为分析案件某一情节提供依据；否定性结果则不能证明该情节就一定不存在。比如，证人某甲证明在其家中听到隔壁有人威胁被害人某乙的声音是深夜十一点钟，经实验证明确实可以听见，据此，可以分析案发时间是深夜十一点钟。相反，如果经实验证实听不见，则不能证明案发时间不是深夜十一点钟。②肯定性结果只能为缩小侦查范围提供依据，而不能证实某人一定犯罪；否定性结果则可排除该人具备一定的犯罪条件。比如经实验证明某人可以将被盗的一重物从犯罪现场搬移至某处，这只能证明该人具有实施犯罪的条件，但不能肯定该人就一定犯罪。相反，如果经实验证明该人根本就搬不动这一重物，此时，即可根据这一否定性结果，排除该人具有这一犯罪条件。③肯定性结果证明某人犯罪的可能性小；否定性结果则可证明该人犯罪的可能性大。如库房值班员报案，称犯罪人挖墙洞进入库房盗走了大量铝锭。经实验，该洞口可以自由出入，这就对证实值班员一定是监守自盗、伪造现场的意义不大。反之，如果实验证明该洞口不能自由出入，则这一否定性结果就可以作为证实该值班员有监守自盗、伪造现场嫌疑的一个重要根据。

2. 对单义性结果和多义性结果的运用。侦查实验的结果可能是单义的，也可能是多义的。证实某一事实或现象的发生或存在只有一种客观可能性的，是单义性结果；证实具有两种以上客观可能性的，为多义性结果。根据单义性结果，可以认定有关事实或现象极有可能存在或不存在；根据多义性结果，只能对某一事实或现象的发生或存在做假定性的推测。

必须明白，侦查实验不可能将原来的事实或现象完全彻底地反映出来，它只能证明某一事实或现象发生或存在的可能性，而不是必然性，因而所得出的结果不可能与原来的完全一样。所以，任何侦查实验结果都不能单独作为侦查中认定或否定某一事实或现象的依据，但却有非常重要的参考价值。只有在实验结果能够和其他证据相互印证时，这些结果才有可能成为认定案件某一事实或现象的根据。

第三节 询问证人、被害人

询问证人、被害人是查明案情、揭露和证明犯罪的重要侦查行为。证人、被害人是案件事实的见证者或当事人,证人证言和被害人陈述是刑事诉讼中最普遍的证据来源之一:几乎任何案件的侦查都要询问证人;凡有被害人的案件也都要询问被害人。

一、询问证人的概念和意义

询问证人的目的是通过对知道案件情况的证人进行询问,使证人能客观全面地提供他所知道的一切涉案情况,取得能够作为证据的证言,用以与其他证据印证和核实查对其他相关证据,从而查明和证实犯罪嫌疑人有罪或无罪、此罪或彼罪、罪轻或罪重的情节,查明与案件有关的情况和事实,进而为查明全案提供可靠的证据。

(一)询问证人的概念

所谓询问证人,就是指侦查人员依照法定程序向了解案件真实情况的见证者以言词方式进行调查的一项侦查活动。证人是了解有关案件真实情况的第三者。也就是说,证人不是案件的当事人,而是属于当事人之外的其他诉讼参与人。询问证人是侦查任何犯罪案件都必须采取的一种侦查措施。利用这一措施,可以从多方面收集证人的证言,有时还可以直接找到人证、物证。

询问证人是一种广泛运用的侦查行为,各国刑事诉讼法都有不同程度的规定。总的来说,大陆法系国家,尤其是法国、原联邦德国和前苏联规定得更为详细、具体。其主要内容如:①要求证人宣誓和如实陈述;②接到传唤后必须到庭或到场作证;③侦查时先问清证人的身份及其与当事人的关系;④就案件本身的情况询问时先让证人主动、自由陈述,然后提问;⑤询问时要作笔录;⑥有的国家把被害人当证人对待不另作规定。统一后的德国于1994年10月28日修改颁布、1994年12月1日生效之文本《德国刑事诉讼法》,在第一编通则的第六章专门规定"证人"。该章从第48条至第53条大体规定了三个方面的程序:一是传唤证人及应传不到之后果(第48条、第51条)。即无正当理由应传不到者要在承担其费用的同时科处秩序处罚或秩序拘留,也准许强制拘传并相应适用讯问被指控人"立即讯问"之程序;如再次应传不到可再次科处秩序处罚。二是对特殊证人的询问适用特殊程序(第49条、第50条)。即询问联邦总统应在他的住所进行;询问议员和部长应分别在他们集会期间在集会处和政府成员办公地点进行。三是拒绝作证权的规定(第52条、第53

条)。从个人原因来讲主要是被指控人的订婚人、配偶、血亲或姻亲者有权拒绝作证;从职业原因讲主要是神职人员、被指控人的辩护人和律师、专利代理人、财会师、宣过誓的查账员、税务顾问和税务全权代表、医生、药剂师和助产士,对于在作为心灵感化人时和在行使职务时被信赖告知或者所知悉的事项,有权拒绝作证。

我国刑事诉讼法第二编第二章第三节专门规定"询问证人"。我国法律关于询问证人的规定与其他国家不尽相同。前述西方一些国家的法律明确规定有特定官员身份者有拒绝作证的特权或在作证程序上享有法定特权,某些人还可以以职务上、业务上的保密和亲属关系为由拒绝作证,这在一定程度上反映了其伦理道德观念和特权观念。我国《刑事诉讼法》第48条明确规定:"凡是知道案件情况的人,都有作证的义务。"只是因"生理上、精神上有缺陷或者年幼,不能辨别是非、不能正确表达的人,不能作证"。这充分表明我国立法坚持一切从实际出发、实事求是的原则和以客观事实为根据的求真务实精神。

(二)询问证人的意义

询问证人对于查明案件事实、确定案情、正确处理案件有着十分重要的意义。

1. 有利于查明案件事实的真相。犯罪嫌疑人实施犯罪行为及其有关涉案事实情况,不可能完全瞒过群众的眼睛,证人就是知道案件事实的见证人,而且又是行为人与被害人之外的第三人,与案件的处理无直接的利害关系,加之作为旁观者在案发时一般能集中注意力耳闻目睹案发情况,因此,在正常情况下证人最能客观公正地提供证明案情的证言。所以,询问证人能够获得证明案件事实真相的证据。

2. 有利于确定案情。侦查期间各种证据共同证明的案件事实和情节,总难免有矛盾和疑点,尤其是犯罪嫌疑人的供述与被害人的陈述通常存在矛盾使案情存疑难定,通过对目击证人的询问,能发现和查明犯罪嫌疑人在哪些情节上避重就轻,而被害人又在哪些情节上扩大和加重,从而帮助侦查人员弄清疑点、排除矛盾、正确认定案件事实和情节。

3. 有利于正确处理案件。犯罪分子虽然总是隐蔽作案,但"要想人不知,除非己莫为"。只要作案就总会被某些有条件感知的公民所了解,或感知到案件的某些情况。这是因为犯罪分子生活在群众之中,其犯罪活动总是首先、也是最容易被群众所发现和识破。而同犯罪作斗争,保卫国家、社会和公民自己的各种权益又反映了广大公民的意志。通过深入群众调查访问,发现和寻找证人,询问证人收集证据,这就是把专门机关的侦查同广大群众同犯罪作斗争的积极性紧密结合起来的最好方法和体现。在寻找和询问证人过程中侦查人员广泛接触人民群众直接倾听和了解当地群众对案件处理的要求和呼声。因此，通过询问证人不仅有利于查清案件事实真相确定案情，而且有利于在以事实为根据、以法律为准绳的原则下充分考虑案发地广大群众的呼声、要求和处理案件的社会效果，全面正确地处理案件。

二、询问证人的方法

询问证人的方法，总的来说应做到问题要明确、问时要灵活、问法要科学。现分述如下：

（一）问题要明确

侦查人员首先要明确自己询问证人需要查明的问题，是一个问题还是多个问题；在多个问题中哪些是关键问题、哪些是一般问题；查明这些问题要达到什么目的和要求等，都要做到心中有数。然后，才能有的放矢地询问取证。侦查人员要做到问题明确，询问前必须熟悉有关案情和材料，了解证人与犯罪嫌疑人、被害人之间有无关系或有什么关系，是否会影响客观公正地作证，如有影响或可能影响应采取什么措施来消除、防止和避免这种影响的发生等，侦查人员事先都要心中明确有数。

（二）问时要灵活

询问证人事先也要拟定提纲，通常照纲提问。但在询问过程中又要灵活机动、随机应变。如证人在陈述中有意回避关键性问题和情节的见证情况，可以利用他本身陈述的前后矛盾提出反问；如证人因时过境迁淡忘了发案时的有关重要情节，可以出示相关物证、照片等以帮助其回忆；如证人陈述新的案件事实、情节或新的同案犯罪嫌疑人等，要突破原询问提纲的限制相机抓住新情况尽可能全面收集其证言。

（三）问法要科学

一是提问的语言要通俗易懂，因人而异。如对知识分子证人问语要特别注意规范性；对国家工作人员证人问语要特别注意政策性；对普通群众证人问语要特别注意通俗性；对文化素质低且日常使用方言的证人问语要用相同意思的方言进行复述或阐述等。二是应先让证人进行系统陈述，再就其陈述的关键性情节或有矛盾之处进行提问，要求作详细叙述，问语最好是顺承证人陈述的逻辑、语意、事理等派生详问、疑问或反问。三是引兴助问。如对胆怯、拘束的证人尤其是未成年人先讲一些他感兴趣的事以缓和其紧张情绪后再转入询问让其自然陈述；对生活在边远地区见到侦查人员怯生的证人，应先与其交谈一些乡风民俗融洽问答双方的气氛后再正式询问；对不喜言谈的证人应先谈论有关他的工作成果、特长爱好、职业特点、事业成就等引起他的谈兴后再开始询

第九章 侦查常规措施

问。总之，要使证人的陈述完全、准确、谨慎，就必须采取科学的询问方法。主要有：

1. 自由陈述法。指侦查人员让证人自然地、比较详细系统地叙述所知道的有关案件的情况。采用这种方式，要求侦查人员在证人陈述完之前，不插言制止或提问，即使证人的陈述已经超出要求的范围，甚至琐碎重复，也不这样做。因为这样做，一是容易打断他的思路，可能因此而发生错乱，失掉线索，遗漏重要的细节；二是容易使他受某种影响，少讲或者根本不讲他本来知道的某种情况。只是在证人有声有色、过分夸张，或者其叙述显然离开案件的内容时，才可以经过慎密考虑，巧妙地揭露其述说中的矛盾，使他注意到对于案件具有重要意义的各种问题。否则，也会影响证人陈述的质量。

2. 广泛提问法。是侦查人员对证人进行范围广泛的提问的一种方式。这种方式，多在证人已作了系统陈述之后，根据案件情况和其叙述中的疑点进行询问时采用。采用这种方式，应注意避免下面两种提问方式：一是含有"提示性"的提问式。如："犯罪分子不是戴着一顶黑色鸭舌帽吗？"二是含有"供选择"的提问式。如："犯罪分子是戴黑色鸭舌帽，还是戴咖啡色鸭舌帽呢？"显然，上述两种提问式，范围太窄，限制了证人的陈述。最好这样提问："你想一想，案犯的衣着打扮怎么样？"很明显，根据这种提问，证人能自然地谈到犯罪分子戴没戴帽子、戴什么样式的帽子，以及帽子的颜色等情况，其准确性就往往比较大。

3. 联想刺激法。是侦查人员向证人提醒问题的一种询问方式。往往有这种情况，由于发案时间比较远，加之琐事纷繁，证人对案件的某些情况已印象淡薄，或者完全忘记。遇到这种情况，侦查人员应设法帮助证人想起这种情况。联想刺激法主要有接近联想、相似联想、对比联想和关系联想。询问证人主要采用接近联想法。接近联想，是指对一件事物的感知或回忆，引起在空间或时间上接近的事物的回忆。这种方法经常在证人记不清犯罪的地点和时间时采用。比如证人不能记忆所陈述的事实究竟是在什么地点发生的时候，侦查人员可以就距发案地点较近的场所的物体进行提问。因为在空间上接近的事物，在经验中容易形成联系，故容易从一事物想到另一事物。又比如，证人不能记忆他所陈述的事实究竟是哪一天发生的，而调查这种日期对于案件有极其重要关系的时候，侦查人员应向证人询问与案件日期相近的其他事件，例如，节日、休息日、领工资日、一定的集会、会议、家庭喜庆日、亲友来访日、家庭成员外出日等，使证人能够回忆起这些事件的发生与所查询的日期中间相隔的时间。因为在时间上接近的事物，在经验中也容易形成联系，从而由一事物回忆起另一事物。

4. 检查性提问法。是侦查人员对证人的陈述追根溯源的一种询问方式。此法对于考察证人陈述的准确性、真实性和发现新的重大问题，都很有意义。采用这种提问式，侦查人员首先要向证人提出确定的和需要补充说明的问题，让证人进行具体陈述，以便从中发现矛盾，揭发谎言，查明具有证据意义的重大问题。还要向证人询问他的消息的来源，要详细查询感知案件情况当时的条件，如时间、距离、光线、风向、音响和周围其他事件等。有时，证人作出错误的和不真实的陈述，是他没有理解侦查人员所提问题的结果。故采用此法时，侦查人员必须用证人最容易理解的言语，提出明确、具体、简要的问题，以使证人作出准确、可靠陈述。

5. 质证提问法。是侦查人员巩固证人证言的一种询问方式。一般是在证人作了系统陈述或对某一重要事实、情节作了陈述之后，要先让证人对已作出的陈述保证是对的，再让证人重述一遍。但应注意，如果证人推翻已经作出的陈述，应当允许，并要查明他推翻的原因，以便进一步开展侦查、调查工作。必须指出，上述几种询问方式，是相互联系、密不可分的，不能把它们割裂开来，孤立地去运用其中的一项方法，也不能任意破坏其中的任何一种方法，而应当把它们作为一个完整的方法体系，机动灵活地加以综合运用，只有这样，才能使取得的证言或其他证据材料具有法律效力。

三、询问的程序和规则

询问证人是一种法律性、政策性很强的侦查行为，必须严格遵照法定程序和司法规则进行。

（一）询问的主体

根据刑事诉讼法第97条的规定，询问证人只能由有侦查权的机关的侦查人员进行。侦查人员询问前应当全面分析案情，了解证人身份及其与案件事实、被害人、犯罪嫌疑人等方面的关系和证人的心理状态，根据询问的目的和重点，有针对性地拟定询问提纲，研究促进证人如实提供证言的科学方法。做好询问前的准备工作。询问时侦查人员不得少于2人。

（二）询问的地点

根据刑事诉讼法第97条的规定，询问证人可以到证人的所在单位或者住处进行，在必要的时候，也可以通知证人到人民检察院或者公安机关提供证言。为了方便证人，除有碍侦查或不利于保护证人的特殊情况外，一般应到证人所在单位或者住处进行询问。

（三）询问证人必须出示证明文件

根据刑事诉讼法第97条的规定，询问证人必须出示人民检察院或者公安机关的证明文件。另根据本法其他有关条款之规定，国家安全机关、军队保卫部门和监狱的侦查人员询问证人时，也应当出示其所在机关的证明文件。司法实践中通常是出示办案机关的询问通知书和侦查人员的工作证。

（四）询问证人应当个别进行

这是刑事诉讼法第97条第2款的专门规定。这样规定一是为了给证人创造敞开思想自然陈述的条件和气氛，以利于顺利获取真实可靠的证言；二是为了防止同案证人相互影响甚至串通，以保证证言的客观性、真实性和可靠性。

（五）询问前应告知证人的法律规定

根据刑事诉讼法第98条的规定，询问证人应告知他应当如实地提供证据、证言和有意作伪证或者隐匿罪证要负的法律责任。刑事诉讼法还规定：凡是知道案件情况的人，都有作证的义务（第48条）。有关单位和个人应当如实提供证据（第47条）。另外，我国《刑法》第305条规定：在刑事诉讼中，证人对与案件有重要关系的情节故意作虚假证明意图陷害他人或者隐匿罪证的，应视情节轻重处拘役或7年以下有期徒刑。《刑法》第311条还规定："明知他人有间谍犯罪行为，在国家安全机关向其调查有关情况、收集有关证据时，拒绝提供，情节严重的，处三年以下有期徒刑、拘役或者管制。"对证人规定上述法律责任，以保障证人如实提供证言。询问时不得向证人泄露案情。

（六）询问有法定特殊情形的证人的特殊保障程序

根据刑事诉讼法第98条的规定，询问不满18岁的证人，可以通知其法定代理人到场。但法定代理人到场是为了消除未成年证人胆怯、畏惧、恐惧心理以便如实作证，不得提示、暗示或要求证人按代理人意思作证。如果其法定代理人不愿到场不得强迫其到场。根据司法制度的有关规则要求，询问聋、哑、外国籍、无国籍和不通晓当地通用语言的人，应为其聘请翻译，以保证证言的客观真实性。

（七）询问证人应做好笔录

根据刑事诉讼法第99条和第95条之规定，询问笔录应交证人核对或向其宣读。证人可以补充遗漏和改正差错，待其承认无误后应签名或盖章。侦查人员也应签名。必要时可要求证人亲笔书写证词，询问时可以同时采用录音、录像的记录方式。

四、询问证人的步骤和态度

询问证人不仅要循序渐进，而且要端正态度。

（一）询问证人的一般步骤

这是询问证人的一个前提条件。其一般步骤是：

1. 确定询问的范围和重点。询问的范围主要包括三方面内容：第一，询问的地区范围，即在多大地区范围内进行询问；第二，询问的对象范围，即在哪些人中进行询问；第三，询问的内容范围，即应就案件的哪些问题进行询问。询问的范围确定之后，还必须从中找出访问的重点地区、重点人和重点问题。一般应以出事地点的附近为重点，向那些了解案件事实和线索比较多的人，选择那些对于侦查破案价值比较大的问题进行重点访查。

2. 了解证人的情况。主要通过有关单位的组织和群众，了解证人的身份、职业、健康水平、生理状况、感知问题的能力、气质特点、性格特征，以及他们同被害事主和犯罪人的关系，还要研究证人可能提供什么情况和能够证明什么问题等，以便正确地选择询问的方式、方法。

3. 拟定询问提纲。这是有秩序、有步骤地询问证人的保证。一般应包括以下内容：①询问的目的和要求；②询问对象简况；③询问的时间、地点；④询问的问题；⑤采用什么样的询问方式。

4. 找询问对象进行询问。一般是先让证人自由地、详细地陈述他所知道或所感受到的与案件有关的情况，之后，对证人陈述中不清楚的地方进行查询。

（二）询问证人时的态度

为使证人能够据实提供证言，侦查人员在询问证人时，应持如下态度：

1. 和蔼诚恳。即必须使证人在没有任何拘束和顾虑的情况下进行询问。切不可盛气凌人，毫无根据地怀疑证人与犯罪分子有某种牵连，毫无目标地企图设法抓住证人陈述中的漏洞，横加训斥、指责。因为这样做的结果，往往会伤害证人的自尊心，失去证人的信任，证人也就往往会沉默不语，或一推了事，显然也就难以取得客观、准确、可靠的证言。

2. 严肃认真。即侦查人员在询问证人时，举止要庄重，要注意警容风纪。在询问的过程中，要全神贯注，认真问、认真听、认真记。对于证人没有谈到或没有谈清楚的问题，要逐个加以询问，尽量搞清楚其来龙去脉，切不可粗枝大叶，草率从事。

3. 沉着耐心。即侦查人员在询问证人时，要耐心倾听，即使证人所谈情况不得要领，甚至离题较远，也不得有不耐烦的表示，更不能生硬地打断对方的讲话，而应当采取灵活适当的办法把谈话引到正题上来。只有这样，才能使证人一步一步地将自己所知道的有关案件的情况全部谈出来。

4. 实事求是。即必须从实际出发，持客观态度，不能先入为主，带着框框进行询问。对证人发问不能指名道姓，不能有倾向性，更不能采取威胁、引诱、欺骗等非法手段生追硬逼。在询问的过程中，不能向证人谈自己对案件的看法和透露已掌握的材料；对证人所谈情况，不能作出任何同意或不同意的表示，更不能只凭自己的主观想象当面否定证人的意见。否则，证人提供的证言和证物就会失真，起不到证据的作用。

五、询问不同证人的特点与证人的保护

询问证人应因人而异并注重保护证人。

（一）对几种证人询问的特点

证人的情况是极其复杂的，他们有各自的心理特点，所以，在对不同的证人进行询问时，除了要注意采取常用的几种询问方法外，还必须根据每一个证人的特点进行询问。

1. 询问被害人家属需掌握的特点。受害人家属由于亲人受到犯罪分子的袭击和侵害，基于强烈要求惩治犯罪人的心情，往往故意夸大某些事实情节。因此，对这些人进行询问应注意以下问题：①先安定情绪，然后再慢慢提问；②教育他们不能因为自己的亲人被非法侵害而不实事求是。应该注意的是，被害人家属有的本身就是犯罪人，因而他们往往故意谎报案情或不愿讲出真情。遇到这种情况，一般不要过早地把矛盾揭开，而是应先耐心地听其详细陈述，然后再问具体情节，以便发现更多的"漏洞"，揭露出事件的真相。

2. 询问有失职行为的人需掌握的特点。有失职行为的人，往往容易强调客观因素，有的还可能虚构情节，以推卸自己的责任。对这些人询问应注意以下问题：①首先要公正、客观，取得他们的尊敬和信任，不要毫无根据地认为他们与犯罪分子有牵连或是犯罪分子的同伙；②要反复交代政策，启发觉悟，说明利害，打消他们的思想顾虑，促使他们讲出真实情况；③对于与犯罪分子有牵连或是犯罪分子的同伙而故意虚构案情的，应让其详细讲述案件发生、发现前后的异常情况，以及案件发生、发现的详细过程和具体情节，以便从中发现问题，顺线追查。

3. 询问知情人需掌握的特点。知情人一般有两个特点：一是他们了解案件的重要情况，所以他们提供的证言、证物经查对核实之后，对于揭发犯罪和证实犯罪有重要的意义；二是这些人往往与犯罪分子有一定的利害关系，所以思想顾虑较多，不肯轻易地把自己所知道的情况全部提供出来。因此，对这些人进行询问时，必须针对他们的具体情况和思想特点，采取适当的方法，切不可指名问供和刑讯逼供。一般做法是：①如果他们怕受牵连，侦查人员应该向他们反复宣传政策法律，打消他们的思想顾虑，促使他们如实反映情况；②如果他们惧怕犯罪分子及其同伙打击报复，侦查人员则应在必要场合，设法保护他们，以鼓励他们讲出真情；③如果他们怕伤感情，侦查人员应耐心细致地做

思想发动工作，指明利害，争取他们与犯罪分子划清界限；④如果他们单纯是抱着"事不关己，高高挂起"的态度，侦查人员则应向他们说明这种观点是错误的，并指出所调查的罪行的严重性，以及同这种犯罪分子斗争的重要性，还可说明证人对于侦查行为给予帮助的意义等，还应提醒他们注意伪证和拒绝提供证言、证物应负的法律责任。

4. 询问青年妇女需掌握的特点。最好由女侦查员进行，或者由当地妇女干部陪同询问，使其不受拘束地谈出所知道的一切情况。

（二）证人的保护

《刑事诉讼法》第49条规定："人民法院、人民检察院和公安机关应当保证证人及其近亲属的安全。对证人及其近亲属进行威胁、侮辱、殴打或者打击报复，构成犯罪的，依法追究刑事责任；尚不够刑事处罚的，依法给予治安管理处罚。"《刑法》第307条规定："以暴力、威胁、贿买等方法阻止证人作证或者指使他人作伪证的，处三年以下有期徒刑或者拘役；情节严重的，处三年以上七年以下有期徒刑。"《刑法》第308条规定："对证人进行打击报复的，处三年以下有期徒刑或者拘役；情节严重的，处三年以上七年以下有期徒刑。"《刑法》第247条还规定，侦查人员使用暴力逼取证人证言的，处3年以下有期徒刑或者拘役，致证人伤残、死亡的，依照刑法关于伤害罪、杀人罪的规定论罪从重处罚，其法定最高刑为处死刑。最高人民检察院关于执行刑事诉讼法的规则规定：人民检察院应当保证一切与案件有关或者了解案情的公民，有客观地充分地提供证据的条件，并为他们保守秘密。不得采用羁押、刑讯、威胁、引诱、欺骗以及其他非法方法获取证言。人民检察院应当保障证人及其近亲属的安全。对证人及其近亲属进行威胁、侮辱、殴打或者打击报复，构成犯罪的，依法追究刑事责任；尚不够刑事处罚的，应当移送公安机关给予治安管理处罚。法律和司法制度之所以对证人的保护规定得如此周密，是因为我国曾一度广泛存在证人怕遭打击报复甚至危及近亲属而不愿作证，不敢交出证物、拒绝提供证言、证据的现象，实践中暴力逼证和采用威胁、引诱、欺骗等非法方法取证和犯罪嫌疑人及其亲属对证人及其近亲属进行打击报复的现象时有发生，而侦查机关往往注重证人应当履行的义务却忽视对证人及其亲属安全的保护。故在修正刑事诉讼法和修订刑法时，法学界和司法界都要求增加对证人保护的内容，司法机关还依照法律的规定制定保护证人的具体规则，所有这些对确保证人及其近亲属的安全、维护证人的合法权益，调动和激发证人依法作证的积极性，都具有重要意义。

六、制作询问证人笔录

询问证人，必须依法制作正式笔录。询问证人笔录是一种法律文书。它一般有两种形式：一种是侦查人员根据证人的陈述制作的；一种是证人亲笔书写的。询问证人笔录对于侦查和审判都有重要意义，它不仅是分析案件情况、积极开展侦查的重要依据之一，也是破案和审判的重要证据材料。

（一）制作询问证人笔录的要求

制作询问证人笔录必须准确、客观、完全、合法。具体地说，有以下几项要求：

1. 必须两人询问，一人问，一人记。
2. 对于证人的陈述要按他本人的语气记录，并且尽可能做到逐句记述，不能做任何修饰、概括和更改。
3. 对于询问时的问和答，也应逐句记入笔录里，并且要反映出问与答的语气、态度。
4. 询问结束，必须向证人宣读笔录，或由证人亲自阅读。如果证人请求补充和修改，应当允许，并让证人在补充、修改处捺手印或签名、盖章。
5. 证人请求亲笔书写证言，应当允许。但必须事先认真询问，然后要求证人立即在询问地点书写。必要时，侦查人员可以把要他回答的问题列举出来，让他亲自书写。证人书写完毕后，应马上检查笔录里所写证言是否完全，若不完全，可以让他补充。
6. 询问笔录应当按照顺序编号，并由证人逐页签名、盖章或捺手印。侦查人员则在笔录的最后一页的末尾签字。如果还有其他人员（例如翻译人员等）参加，也一律在笔录的最后一页的末尾签字。
7. 对每一个证人的询问笔录，都必须单独制作，不允许把几个证人的证言写在同一份笔录里，更不允许只制作某一个证人的笔录，而让其他证人在该笔录上分别签名。
8. 询问笔录正文里遗留下来的空白行、页，在证人签字以前，都应由侦查人员划线填满。
9. 询问证人笔录的用纸必须合乎要求，字迹必须清晰、工整。
10. 询问证人笔录必须用钢笔、碳素墨水笔（油性签字笔）或毛笔书写，不能用铅笔或圆珠笔记录。

上述 10 项要求，侦查人员必须严格遵守，不得破坏其中的任何一项。否则，询问笔录就会失去它应有的证据价值。

(二) 询问证人笔录的内容格式

一般由开头、正文和结尾三部分组成。

1. 开头部分。主要写明如下内容：① 笔录的名称：《询问证人笔录》。② 询问的侦查人员的姓名。③ 询问何人以及询问的法律依据。④ 已向证人告知：如果拒绝提供证言或故意做伪证应负的法律责任。如果有翻译人员或者其他人参加，应记明他们的姓名、工作单位、家庭住址，以及到场的原因。翻译人员还应在笔录上具结声明他将忠诚地履行自己的义务，以及如果故意弄虚作假应负的法律责任。

2. 正文部分。主要以问和答的形式记载如下内容：①证人的简况：姓名、性别、年龄或出生日期、国籍、民族、文化程度、工作单位、职业或职务、政治面目、家庭住址等。②证人关于案件事实的陈述：讲述案件事实的详细情况、来源、感受案件情况时的条件、有谁了解情况等。

3. 结尾部分。基于证人阅览笔录的方式不同，在询问笔录的末尾以下列词句结束较为妥当："笔录已经本人阅读，记载无误"，或者是"笔录已向我宣读，记载无误"。

七、对证人证言的分析评断

证人的证言，多数是符合客观实际的。但是，由于主客观方面的种种原因，也有一些证人所提供的证言并不准确、可靠，甚至是完全错误或虚构的。因此，侦查人员对于证人的证言，必须进行认真的分析核对，以鉴别其是否真实可靠以及真实可靠的程度。一般从以下几方面进行审查评断：

一是证言的来源是否可靠。审查证言的内容是否为证人直接感知。主要是查清证人所反映的有关案件事实情节是他本人亲眼看到的、亲耳听到的，还是听别人说的。如果是听别人讲的，应根据证人提供的线索，直接访问见闻者，取得证言；如果找不到证言的来源，则不能视为证据。证人猜测性、评论性、推断性的言词，不能作为证据使用。

二是感知案件情况时的条件如何。即弄清证人感知案件情况时的时间、距离、光线、风向、风速、周围的其他音响及事件等，以判断在当时情况下，他能否看见、看清和听见、听清，与实际情况是否相符合。必要时，可以进行侦查实验。

三是对事物的感知能力如何。主要是证人的生理和精神状态是否影响作证，如分析鉴别证人对案件某些事实的主观反映如何。它包括对证人的感觉能力、知觉能力、记忆力和注意力的分析判断。如果证人感知能力很差，就容易混淆事物的性质，证言也就很不准确，甚至完全错误；反之，其证言则比较可靠。

四是表达事物的能力如何。在一般情况下，证人如果没有做伪证的动机和目的，表达事物能力强的，则证言往往比较全面、准确；表达事物能力差的，则往往可能将案件的有关事实情节，特别是一些细微情节漏掉、说不准或说错。处于明显醉酒、麻醉品中毒或精神药物麻醉状态中不能正确表达的证言，不能作为定案的根据。

五是证人的职业关系。一般地说，证人对与自己职业相关的事件比较注意，所提供的这方面证言就比较可靠；反之，其准确性就往往比较小。

六是对法律的理解是否有错误。主要是指是否因对法律的不理解而误认为犯罪嫌疑人的行为已构成犯罪或不构成犯罪，或把轻罪误认为重罪，把重罪误认为轻罪等。比如把通奸说成强奸，或者把强奸说成通奸；把伤害说成是杀人，或者把杀人说成是伤害等。

七是是否受人威胁或收买。证人如果受人威胁或收买，会直接影响其陈述的真实性。如有的不敢讲出犯罪嫌疑人犯罪的关键性情节；有的有意掩盖犯罪嫌疑人的犯罪事实，为犯罪嫌疑人开脱罪责等。

八是是否有其他错误考虑。诸如：有的出于报复心理，故意夸大事实情况，将轻罪说成重罪，将不构成犯罪的违法行为说成是犯罪等；有的为维护被害人（如强奸案件的被害人）的声誉，有意掩盖被害人被害的某些事实情节等。

九是有无逼供、诱供因素。主要是审查询问证人有无引供、诱供、指名问供和刑讯逼供的情况。如果是以暴力、威胁等手段取得的证言不能作为证据使用。

另外，还应注意弄清证人反映材料的逻辑性、反映情况时的倾向性、谨慎程度及对犯罪嫌疑人有无怜悯之心，一次证言本身前后有无矛盾，这次证言同另一次证言有无矛盾，是一直这样作证还是时证时不证，提供的证言与案内几个证人的证言以及与其他证据是否相互吻合等。

总之，对于证人的证言，一定要持特别慎重的态度，既要十分重视它的作用，又不能盲目地、毫无分析地轻信，在经过客观、全面、认真、细致的审查评断和查对核实，认定为真实可靠后，才能作为证据使用。

八、询问被害人

所谓询问被害人，就是侦查人员依法定程序向受犯罪行为侵害的人以言词方式进行调查的行为。具体而言，就是侦查人员向直接遭受犯罪行为侵害的人就其受害及犯罪嫌疑人的有关情况进行询问调查的侦查活动。

(一) 询问被害人概说

根据刑事诉讼法第 100 条的规定，询问被害人适用询问证人的各条规定。据此，如前所述询问证人的意义、任务、方法、程序、规则、对证人及其近亲属的保护以及制作询问证人笔录的要求、内容格式都完全适用于询问被害人。在我国法律中，被害人既可以是证人，但又不完全等同于证人：被害人是刑事案件的当事人，而证人则是诉讼参与人；被害人可以由其法定代理人或者近亲属作为诉讼代理人参与诉讼，而证人不得委托他人代理参与诉讼；被害人对所控告的案件不予立案不服时享有申请复议权、申诉权和按自诉案起诉权，而证人不享有这些诉讼权；被害人对其被犯罪所侵犯的财产有提起附带民事诉讼的权利，而证人一般不存在上述问题，故也不享有这项权利。由于被害人与证人的诉讼地位不同，与案件及犯罪嫌疑人的关系也不同，即前者是直接的利害关系，后者是间接的第三人的关系，故询问被害人时应特别关注的是：被害人直接受到犯罪的侵害，对犯罪事实及犯罪嫌疑人的情况通常要比证人知晓得更清楚更直接更多。但是正因为他受到了犯罪的直接侵害，所以最痛恨犯罪嫌疑人，询问时往往激愤难平，难免夹杂仇恨的情绪在陈述中自觉不自觉地夸大情节，故被害人的陈述通常又比证人证言的客观性要差一些。询问被害人时还要告知他有提起附带民事诉讼的权利。鉴于被害人在询问时往往处于伤、残甚至生命垂危状态，故要特别注意及时治疗或抢救，并抓住一切可利用的机会和条件及时询问，如涉及被害人隐私的要严格为其保密。在询问的同时做好笔录和进行录音录像，使其更直观地证实犯罪。询问被害人笔录的制作方法，与本节前面叙述的"制作询问证人笔录"相同。总之，被害人与犯罪嫌疑人及其犯罪活动有直接的接触和感受，及时依法询问被害人，对全面搜集证据、查明案情，打击犯罪和保护被害人的合法权益，都是非常重要的。

(二) 询问被害人需掌握的特点

被害人受到犯罪分子的袭击和侵害后，有的由于惊吓、恐惧、悲愤而使精神受到过度刺激，从而发生某种错觉，不能确定地陈述自己被侵害的某些事实情节；有的则由于愤怒、憎恶，基于强烈要求惩办犯罪分子的心情，因而夸大某些事实情节。因此，对被害人进行询问时，应注意以下问题：

1. 先安定情绪，然后再提问。

2. 教育被害人不能因为自己被非法侵害而不实事求是。

3. 对于受重伤的被害人，要立即送医院抢救，并在医生的协助下，找机会进行询问。如果被害人生命垂危，应在医生抢救的过程中，抓紧时机进行简短的询问；不能讲话的，可以让其用打手势、点头或摇头示意等方式提供有关情况。

应该注意的是，被害人有的本身就是犯罪嫌疑人，有的是被自己的家属亲友所害，有的则是自己制造事件自己报案等，因而他们的陈述不一定真实可靠。遇到这种情况，要向他们询问具体情节，而且越详细越好，以便发现矛盾之处，利用矛盾查明事件的真相。

（三）对被害人陈述的分析评断

被害人由于直接遭受犯罪分子的侵害，往往比较了解情况，一般均会主动向侦查人员提供材料。因此，被害人的陈述，在多数情况下是有价值的。另一方面，也正因为他是被害人，往往因情绪偏激或其他原因，也会作出不真实或不完全真实的陈述。因此，对被害人的陈述不能偏听偏信，必须十分严肃慎重地分析评断，严防因被害人扩大事实，错告或诬告而造成冤、假、错案。一般应从以下几方面分析评断：

1. 从被害人与犯罪嫌疑人的关系分析。被害人与犯罪嫌疑人的关系如何，往往能够说明被害人陈述的可靠程度。一般说来，被害人与犯罪嫌疑人原来没有利害关系，或者在发案前根本不认识犯罪嫌疑人，则他的陈述往往比较可靠。如果被害人与犯罪嫌疑人有利害关系，就应该慎重审查。

2. 从被害人报案、控告的过程分析。被害人是在什么情况下报案、控告的，往往可以说明他的陈述是否可靠。一般地说，被害人主动报案、控告，其陈述就比较可靠。如果是出于被动报案、控告，往往可靠性就比较差。

3. 从被害人陈述的案件情节分析。每起案件都有具体的发生过程、情节和特点。如果被害人对案件的具体情节，特别是与被害人直接相关的情节，谈得合情合理，符合客观事物的发展规律，则他的陈述可靠性就比较大；反之，就比较小。

4. 从被害人的一贯品行分析。被害人的一贯品行和表现如何，对于分析他的陈述的真实性非常重要。一贯为人老实，遇事实事求是，坚持真理的，所作的陈述就比较可靠。为人虚伪奸诈，好吹嘘，爱撒谎，遇事添枝加叶，言过其实的，所讲的情况就很可能不完全符合事实。

5. 从案发时被害人的精神状态分析。案发时被害人的精神紧张程度，对他所提供的情况是否准确可靠有一定的影响。例如，案发时受害人处于惊恐状态，那么他在陈述时就可能把实际发生的事件和事实情节过分夸大；而因头部受伤所发生的病态变化，则可能使他已记不清或记不得甚至坚决否认曾经发生过的事件，以致有时竟歪曲了实际上发生的事实。

6. 将被害人陈述与其他证据相互印证。当发现被害人的陈述本身有矛盾、有不合情理时，必须同案内的其他证据相互印证、反复研究、查对，舍其虚假的部分，取其真实的部分。

☆ 规制链接 关于审查判断证言与排除非法言词证据的规定

根据最高人民法院、最高人民检察院、公安部、国家安全部、司法部《关于办理死刑案件审查判断证据若干问题的规定》（2010年6月13日"两高三部"联合通知规定：办理其他刑事案件参照此《规定》执行）和《关于办理刑事案件排除非法证据若干问题的规定》（两个《规定》自2010年7月1日起施行），对侦查询问中的证人证言、被害人陈述的审查判断及其排除非法言词证据的认定要求如下：

1. 证人证言（关于审查判断证据的《规定》）

第十一条 对证人证言应当着重审查以下内容：

（一）证言的内容是否为证人直接感知。

（二）证人作证时的年龄、认知水平、记忆能力和表达能力，生理上和精神上的状态是否影响作证。

（三）证人与案件当事人、案件处理结果有无利害关系。

（四）证言的取得程序、方式是否符合法律及有关规定：有无使用暴力、威胁、引诱、欺骗以及其他非法手段取证的情形；有无违反询问证人应当个别进行的规定；笔录是否经证人核对确认并签名（盖章）、捺指印；询问未成年证人，是否通知了其法定代理人到场，其法定代理人是否在场等。

（五）证人证言之间以及与其他证据之间能否相互印证，有无矛盾。

第十二条 以暴力、威胁等非法手段取得的证人证言，不能作为定案的根据。

处于明显醉酒、麻醉药品中毒或者精神药物麻醉状态，以致不能正确表达的证人所提供的证言，不能作为定案的根据。

证人的猜测性、评论性、推断性的证言，不能作为证据使用，但根据一般生活经验判断符合事实的除外。

第十三条 具有下列情形之一的证人证言，不能作为定案的根据：

（一）询问证人没有个别进行而取得的证言；

（二）没有经证人核对确认并签名（盖章）、捺指印的书面证言；

（三）询问聋哑人或者不通晓当地通用语言、文字的少数民族人员、外国人，应当提供翻译而未提供的。

第十四条 证人证言的收集程序和方式有下列瑕疵，通过有关办案人员的补正或者作出合理解释的，可以采用：

（一）没有填写询问人、记录人、法定代理人姓名或者询问的起止时间、地点的；

（二）询问证人的地点不符合规定的；

（三）询问笔录没有记录告知证人应当如实提供证言和有意作伪证或者隐匿罪证要负法律责任内容的；

（四）询问笔录反映出在同一时间段内，同一询问人员询问不同证人的。

第十五条 具有下列情形的证人，人民法院应当通知出庭作证；经依法通知不出庭作证证人的书面证言经质证无法确认的，不能作为定案的根据：

（一）人民检察院、被告人及其辩护人对证人证言有异议，该证人证言对定罪量刑有重大影响的；

（二）人民法院认为其他应当出庭作证的。

证人在法庭上的证言与其庭前证言相互矛盾，如果证人当庭能够对其翻证作出合理解释，并有相关证据印证的，应当采信庭审证言。

对未出庭作证证人的书面证言，应当听取出庭检察人员、被告人及其辩护人的意见，并结合其他证据综合判断。未出庭作证证人的书面证言出现矛盾，不能排除矛盾且无证据印证的，不能作为定案的根据。

第十六条 证人作证，涉及国家秘密或者个人隐私的，应当保守秘密。

证人出庭作证，必要时，人民法院可以采取限制公开证人信息、限制询问、遮蔽容貌、改变声音等保护性措施。

2. 被害人陈述（关于审查判断证据的《规定》）

第十七条 对被害人陈述的审查与认定适用前述关于证人证言的有关规定。

3. 对被指称非法取得书面言词证据的审查（关于排除非法证据的《规定》）

第十三条 庭审中，检察人员、被告人及其辩护人提出未到庭证人的书面证言、未到庭被害人的书面陈述是非法取得的，举证方应当对其取证的合法性予以证明。

对前款所述证据，法庭应当参照本规定有关规定进行调查。（参见"被告人供述和辩解"部分非法证据排除的"规制链接"）

第四节 讯问犯罪嫌疑人

讯问犯罪嫌疑人是依照我国刑事诉讼法的规定而进行的一种侦查活动，是侦查机关为了查明其是否犯罪和犯罪情节轻重而对犯罪嫌疑人进行面对面的审查，是侦查人员依照法定程序以言词方式对被怀疑有犯罪行为的人进行提问并要求回答的一种侦查活动。在修改前的刑事诉讼法中称为"讯问被告人"。

一、讯问犯罪嫌疑人概述

讯问犯罪嫌疑人是一种古老而又常新的侦查方式。在奴隶制时代的古罗马和雅典，通常以供定案，刑讯不仅适用向被告人取供，也适用向证人逼证。罗马法把被告人自供称为"证据之王"。欧洲中世纪后期盛行形式证据制度，导致刑讯成为重要的取证方法。封建社会刑讯逼供普遍盛行，是刑事诉讼中取证的重要特点。刑讯逼供在中国古代也被法律所确认,一般无供不定案。法外刑讯则更加残酷。资产阶级启蒙法学家对刑讯进行了猛烈抨击。18世纪意大利法学家C. B. 贝卡利亚指出:"认为疼痛是真实的试金石,好像真实是用肌肉和筋测量似的。这对于宣告体格强壮的恶棍无罪,宣告身体纤弱的但无罪的人有罪来说,是一个可靠的手段。"资产阶级革命胜利后,各国先后废除了刑讯逼供,禁止强迫被告人招供,并规定被告人有权拒绝陈述和拒绝自我认罪。英国1641年废除以拷打和秘密审讯为特征的星座法院和其他特别法院。1939年美国最高法院在裁决纳多恩诉合众国案的意见中认为,一旦执法人员初始行为的违法性得到确认,被告人就应该有机会"证明针对其指控的实质部分是毒树之果"。即执法人员违法审讯行为是"毒树",而被告人供述是"毒树之果",故不能采用为证据。① 1966年美国联邦最高法院在裁决"米兰达诉亚利桑那州"一案中确立了"米兰达规则",即执法人在对被捕人进行审讯前应告知被审讯者的"米兰达忠告":①你有保持沉默的权利,你所说的话有可能在审判中用作不利于你的证据;②你有会见律师的权利,如果你请不起律师,政府可以免费为你提供一名律师。若警察未宣读米兰达忠告,或受讯者表示要会见律师,那么警察在此时获得的口供就不能在审判中用作证据。但在涉及"公共安全"和"紧急状态"的情形下可以例外。讯问在当代各国的刑事诉讼法中都加以规定,只是其称谓不尽相同,多数国家叫讯问犯罪嫌疑人,但也有的叫讯问被疑人(如日本)、讯问被控告人(如法国)、讯问被指控人(如德国)、讯问被告人(如前南斯拉夫)等等。在一些国家的刑事诉讼法中,还将讯问犯罪嫌疑人规定在各种侦查行为之首。而在原东欧的社会主义国家和大陆法系国家的刑事诉讼法中,对讯问犯罪嫌疑人的规定比英美法系国家在程序上更为系统和具体。如罗马尼亚、南斯拉夫、奥地利等国家规定:首次讯问时应先讯问被告人的姓名、代名、出生日期及地点、工作单位、住址、国籍、民族、职业、文化程度、是否有前科和其他个人情况等。之后,再向被告人指出其所犯罪行,责令其自觉地、详细地交代本人所犯的及与此有关的一切罪行。综合来看,各国有关讯问的规则和程序大体是:①及时讯问。对被拘捕的犯罪嫌疑人要及时讯问,传讯不得超过法定时限。②讯问的时间及地点。有的规定除非紧急情况讯问不得在夜间进行,以保证被讯问人在白天神智清楚时作真实交代和供述。还有的规定凡由预审法官讯问的必须到预审法庭进行。③同案被告人、犯罪嫌疑人应分别单独讯问,但必要时可以对质。④讯问一般采用口头形式,但必要时也可以用书面形式,如讯问哑人或讯问人和被讯问人语言不通

---

① 参见何家弘著:《毒树之果》,中国人民公安大学出版社1996年版。

的时候。⑤反对刑讯逼供和禁止使用欺诈、诱骗、疲劳战术等非法手段进行讯问。⑥讯问程序。首先要告知被讯问人享有的诉讼权利，如美国告知的内容一般包括"米兰达规则"的内容。如被讯问人明确表示自愿放弃告知权利，警察当局一般要求其在书面表格上署名，然后开始进行讯问。凡关押性讯问的不论在指控前或指控后须有律师在场；非关押性讯问的被讯问者在正式指控后享有律师帮助权。讯问时被讯问人享有不得迫使其自证有罪权。对被讯问人供述内容的固定，有些国家规定用第一人称形式记入笔录，并尽可能逐字逐句记载，还要记入向被讯问人的提问和他的解答。讯问之后将笔录交被讯问人阅读或经其请求由讯问人宣读，被讯问人有权补充或修正笔录。在我国，审讯的方法自古有之，早在奴隶制时代就出现了刑讯这种最古老的司法原则。如《礼记·月令》云："仲春之月……命有司省囹圄，去桎梏，毋掠肆，止狱讼。"这里是说在万物萌生的春季二月应停止用刑。那么，在仲春之月以外的时间就可以"肆掠"刑讯。由于我国古代实行侦审合一，对被审问者不仅笞杖责打逼供来刑讯，而且对轻罪还以笞杖来刑罚，故有"决断时之笞杖"与"讯问时之笞杖"之别（见《读例存疑》卷一）。但从已知史籍记载来看，刑讯的制度化始于秦朝，如《史记·李斯传》有"榜掠千余"的记载。《汉书·杜周传》中也有关于被告不服"以掠笞定义"的记载。《唐律》规定：审讯时应"审察辞理，反复参验"，拒不承认者，可"然后拷讯"；但"拷囚不得过三度"、总数不得过二百，每次应相隔二十日。尔后的历代封建王朝的司法制度中对刑讯不仅相沿袭用，而且往往还删掉唐律中限制性的规定，再加上肆意法外用刑，"往往见行杖之下，立毙人命"（见中国第一历史档案馆藏清朝档案《朱批奏折·律例》45—52号，广东海关监督郑五赛奏）。辛亥革命以后，我国历史上第一个真正提出废除刑讯制度的孙中山先生代表临时政府正式宣布：不论何种案件，"一概不准刑讯"。1912年3月8日，内务部和司法部提出了废除刑讯的法令。但后来的北洋政府和国民党政府的警察与特务机关实际上又大搞刑讯逼供。我国历史上第一次真正实现废除刑讯的是新民主主义革命时期人民民主政权的法律制度。毛泽东在第二次全国苏维埃代表大会的工作报告中指出："苏维埃中央政府已经明令宣布废止肉刑，这亦是历史上的绝大改革。"当时实行重证据不轻信口供的原则，坚决废止肉刑，反对逼供信。中央执行委员会第6号训令规定："必须坚决废止肉刑，而采用搜集确实证据及各种有效方法。"对于已捕的人犯要禁止一切不人道的待遇，反对"逼供信"，提倡调查研究，以确实可靠的证据作为定罪判刑的依据。抗日民主政权的法律制度中，诸多保障人权条例规定司法机关接手人犯应于24小时内侦讯；除司法、公安机关外，任何机关、部队、团体不得对任何人加以审问；对人犯不准侮辱人格、殴打及刑讯逼供。并在诉讼制度中规定了严禁刑讯逼供、重证据不轻信口供的原则，对于抵制野蛮刑讯的封建遗毒的影响、保证办案质量起了十分好的作用。当时边区政府主席林伯渠在1941年5月政府工作报告中指出：由于重证据禁刑讯，"三年来的审判，一般是适当的，很少有不服判决的事。甚至判处死刑的罪犯，也都承认自己是应该处死"。解放战争时期人民民主政权的法律制度中，陕甘宁边区宪法原则规定除司法机关、公安机关依法执行职权外，任何机关团体不得有逮捕审讯的行为。对犯法人采取感化教育的政策。在司法制度方面，建立合法的传讯、拘捕等手续。各地政府重申：除公安和司法机关以外，禁止任何机关、团体、学校、工厂、商店有拘捕、审讯等行为，违者以侵犯人权论处。如因案情需要，必须进行传讯时，执行人员必须携带主管公安或司法机关的证件，否则，被传讯人可以拒绝。并重申解放区一直遵循的禁止肉刑，严禁乱打乱杀的基本政策和法制原则。中华人民共和国成立之后，不仅从司法制度上彻底废止了刑讯制度，而且不断地健全和完善依法讯问的法制规范。尤其是1979年颁布和1996年修正的《中华人民共和国刑事诉讼法》都规定："严禁刑讯逼供和以威胁、引诱、欺骗以及其他非法的方法收集证据。"《中华人民共和国刑法》第136条把刑讯逼供规定为犯罪，并规定致人伤残的以伤害罪从重论处。修订后的刑法第247条又把刑讯逼供和暴力取证规定为犯罪，致人伤残、死亡的以故意伤害罪、故意杀人罪从重处罚，最高法定刑规定为死刑。

《刑事诉讼法》第91条规定："讯问犯罪嫌疑人必须由人民检察院或者公安机关的侦查人员负责进行。讯问的时候，侦查人员不得少于二人。"根据本条规定和刑事诉讼法的其他有关规定，对讯问犯罪嫌疑人的概念可以作如下分析和理解：

（一）讯问的主体是侦查人员

这里所指的侦查人员包括人民检察院、公安机关、国家安全机关、军队保卫部门、监狱从事侦查工作的人员，其他任何机关、团体和个人都无权讯问。讯问时侦查人员不得少于二人，这样可以一人问一人记提高讯问效率，还可以商讨对策提高讯问质量，并可以互相监督防止侦查人员违法和犯罪嫌疑人诬陷侦查人员，同时可以加强警戒防备犯罪嫌疑人行凶报复、逃跑、自杀等意外事件发生。

（二）讯问的对象是犯罪嫌疑人

刑事案件从立案开始到破案查获犯罪嫌疑人，一般都是背着侦查对象进行的，但有些案件情节非经当面讯问难以查清。讯问的具体对象是：

1. 被依法逮捕的犯罪嫌疑人；

2. 被依法拘留的犯罪嫌疑人；

3. 被依法传唤的犯罪嫌疑人，即不需要逮捕、拘留的犯罪嫌疑人；

4. 被依法拘传的犯罪嫌疑人，即对不需要逮捕、拘留的犯罪嫌疑人经传唤不到案而依法拘传的；

5. 在本人住处接受讯问的犯罪嫌疑人。

（三）讯问包括侦查讯问和预审

讯问犯罪嫌疑人包括整个侦查阶段侦查人员对犯罪嫌疑人的依法审讯活动。这里所说的"预审"是侦查阶段后期对查获的犯罪嫌疑人的讯问，它是侦查工作的继续和发展，又是对初期侦查工作的检验核实。预审既是一个必要的诉讼环节，又是从属于侦查程序的。全国人大常委会法工委刑法室编著的《中华人民共和国刑事诉讼法释义》在解释第91条时指出："讯问犯罪嫌疑人，是整个侦查阶段对犯罪嫌疑人的讯问，既包括查获犯罪嫌疑人后的初次讯问，也包括进一步查证犯罪的预审活动中对犯罪嫌疑人的讯问。"总之，讯问犯罪嫌疑人是包括预审在内的整个侦查阶段的讯问。

1. 侦查讯问。在刑事侦查学上，侦查讯问是相对于预审而言的。侦查讯问主要指为侦查破案而对现行犯或重大嫌疑分子等依法进行的讯问。它是在预审前的侦查阶段为收集证据、追缴赃款赃物、揭露和证实犯罪、追捕同案犯等的侦查需要而对犯罪嫌疑人进行的一种面对面的审查。它是每起刑事案件必经的重要程序，侦查讯问的结果对破案工作的成败极为重要。一是侦查讯问的对象。主要是两大类：一类是现行犯、重大嫌疑分子、公民扭送到司法机关的嫌疑人和自首人。这类案件，由于情况紧急来不及事先进行细致的侦查，难以掌握证明其有犯罪事实的材料或证据材料很残缺，故讯问的目的主要是查明是否有犯罪事实。也正是从这个意义上讲，它是侦查讯问而不是预审。另一类是被依法传讯或拘捕的犯罪嫌疑人。拘捕后24小时内的初次讯问的重要目的也是查明是否有犯罪事实以及是否应当拘捕，如发现不应拘捕的应立即释放，故严格地讲，拘捕后的初次讯问不是刑事诉讼法第90条规定的核实证据材料的预审而是属于侦查讯问。而对犯罪嫌疑人的首次传讯也是为了查明有无犯罪事实，尚未进行到核实证据材料的阶段，因而也是侦查讯问。侦查讯问的重点是查明犯罪嫌疑人是否有犯罪行为；发现与案件有关的、能证实有无犯罪和犯罪情节轻重的各种证据，一经发现就要及时收集、调取；通过侦查讯问获取的口供中发现线索，及时进行查证；还要从侦查讯问的供述中发现并追缴赃款赃物。因此，侦查讯问往往与其他侦查活动同步进行或交叉进行、侦讯结合。如在侦查讯问的同时或讯问前后进行询问证人和被害人或进行勘验、检查、搜查、扣押、鉴定、辨认、查询、冻结等侦查措施，外侦内讯、侦讯配合、互相印证、相互补充、扩大线索、衔接协调，然后将侦讯情况进行综合分析研究，依法收集和调取证据材料，及时破获案件。二是侦查讯问对象的到案途径。主要是：①当场抓获；②公民扭送；③侦查机关传讯；④依法拘捕后在 24 小时内进行的讯问；⑤犯罪人自首；⑥侦查人员主动前往被讯问人处的讯问。

2. 预审。所谓预审，则是指侦查人员为了对收集、调取的证据材料予以核实和全面澄清案情而以对犯罪嫌疑人进行审讯为主要内容的侦查活动。预审是一个外来词，它作为一项刑事诉讼活动最早是由法国1808年颁布的《拿破仑刑事诉讼法典》确定的。尔后，各国的刑事诉讼法典也相继地确立了预审制度，但其具体规定则各有不同，如有的规定由检察官预审，有的规定由法官预审，有的规定对重大犯罪案件由大陪审团预审。在美国，预审又称"预先听证"或"审查性审判"，其主要目的是审查是否存在合理根据以支持对被告人提出的指控，以确定是否交付审判。预审在地区法院进行，检察官和被告人均应到庭，辩护律师也可出庭。证人要出庭作证，被告人可以对控方证人进行交叉询问。预审法官不得再主持本案的庭审，以防其预断。预审是被控以重罪的被告人的一项权利而非必经诉讼程序，凡经大陪审团审查决定起诉的一般不再预审。而英国规定凡按正式起诉程序由刑事法院审理的案件，除法律另有规定外，都要经过治安法院预审，又称起诉审。而法国规定初级预审就是由预审法官主持的正式侦查，二级预审是上诉法院审查庭对初级预审进行的审查。在我国，预审是为提起公诉和法庭审判做预备工作的活动。预审与侦查讯问大同小异。所谓大同，就是审查讯问犯罪嫌疑人时所遵循的法律根据、程序和要求等大体相同；而所不同的是侦查讯问在预审之前，预审则是侦查讯问的继续；侦查讯问主要目的是挖掘犯罪重要线索、弥补和充实主要犯罪事实的证据材料，证实犯罪、扩大成果、及时发现和纠正侦查工作的缺点。而预审的主要目的是在侦查破案的基础上核实收集、调取的证据材料，进一步收集和审查证据，全面澄清案情，最后完成对案件的全部侦查任务。侦查讯问侧重于"问"，预审则侧重于"审"。预审也要坚持侦查与审讯相结合，侦查是审讯的先导，审讯是侦查的继续。二者往往反复交叉进行。我国的刑事诉讼法对预审的规定没有当代西方国家那样的复杂形式，但内容方面很严密、科学和具体。整个侦查过程分为侦查和预审两大阶段。侦查阶段主要是收集证据、调取证据材料，一般不限制侦查对象的人身自由，各种侦查措施基本上是背着侦查对象秘密进行不让其察觉，在初步判定犯罪嫌疑人、有证据证明有犯罪事实的时候，一般是在将犯罪嫌疑人缉拿归案，并进行初次讯问即侦查讯问后，案件就立即转入预审阶段。预审阶段主要是在侦查破案的基础上进一步收集和审查证据，对收集和调取的证据材料予以核实，通常是在犯罪嫌疑人被依法限制人身自由的条件下进行公开的面对面的讯问。因为犯罪嫌疑人最清楚自己是否实施了犯罪行为以及其行为的动机、目的、方法、手段和经过情形等，所以通过审讯犯罪嫌疑人和公开查证措施能解决秘密侦查阶段难以发现和证实的犯罪线索和事实，既可全面澄清案情、追查其他共同犯罪嫌疑人，又可听取犯罪嫌疑人的辩解，做到不错不漏、不枉不纵。预审的主要方式是讯问犯罪嫌疑人，其讯问的重点是对收集、调取的证据材料进行审查核实，故侦查学上常称这种讯问为"审讯"。这种预审中的审讯仍属侦查活动，它同人民法院在审理中对被告人的审讯的性质是不同的。预审是侦查的继续和发展，又是侦查的检验核实，它既对侦查工作质量起保障作用，又为起诉和审判工作奠定基础，只有通过预审工作才能完成全案的侦查任务。由此可见，我国刑事诉讼中的预审与外国的预审有较大差别：一是负责预审的机关不同，外国大多由基层法官主持预审。二是预审在诉讼过程中所处的阶段有的不一样，如英美法系国家的预审一般是处于起诉之后庭审之前的阶段，而大陆法系国家有的是在初步侦查之后的阶段。三是外国的预审除了审查起诉理由是否充足、起诉证据是否充分、起诉条件是否合法外，一般还审查决定被告人是否可以保释。我国的预审之所以规定在侦查阶段，是因为还要运用侦查手段复核证据认定案件事实；还要通过预审进一步发现犯罪线索，扩大侦查成果。

二、讯问的任务和意义

侦查人员应当围绕讯问的任务全面深入地进行讯问，进一步扩大侦查工作的成果。

（一）讯问的任务

讯问犯罪嫌疑人的主要任务是：

1. 查清犯罪事实。通过讯问犯罪嫌疑人，要将已掌握的证据材料与口供逐一对照核实，通过吻合的印证确证犯罪，消除供证矛盾。还要注意挤净余罪和发现并查清未曾掌握的线索和证据，追讯一切新的涉案情况。要从犯罪的时间、地点、方法、手段、经过、动机、目的、后果等方面讯问其全部犯罪活动，查清全案犯罪事实。所谓全部犯罪事实，主要包括两方面内容：①查清现案。讯问中的案件通常有两部分：一部分是经过侦查的案件；一部分是没有经过侦查的案件。没有经过专门侦查的案件又有几种情况：有的是在实施犯罪行为时被当场抓获的；有的是企事业单位、有关行政部门或纪检部门移送的；有的是人民群众直接扭送的；也有的是自首的等。这些没有经过专门侦查的案件，当然不可能掌握犯罪嫌疑人全部罪行和充分、确凿的依据的。经过专门侦查的案件，情况也不尽相同：有的犯罪事实清楚，证据充分确凿；有的只是主要犯罪事实清楚，证据确凿，一些次要问题和具体情节尚未搞清楚；有的案件各种证据之间有矛盾，哪个可靠，哪个虚假，尚未解决；有的共同犯罪案件，同案犯之间，有的查清了，有的还没有查清等。凡此种种，都必须通过审讯，彻底搞清。②挤净余罪。犯罪分子往往不只是实施一次犯罪，特别是那些惯犯、流窜犯等，往往都是多次作案，罪行累累，而查获他则是通过一起具体案件的侦破，或者是在他犯罪时被当场抓获。因此，在审讯之前，一般是查清了某一具体案件的犯罪事实，而没有掌握其他罪行，或者虽然有犯罪的线索，但由于工作条件的限制，在破案前还没有对其他罪行进行查证，未能核实。这就要求在审讯中，不仅要查清现案，而且还要注意发现疑点，抓住线索，详细追查，深挖侦破过程中还没有掌握的其他罪行，挤净余罪。

2. 追查同案犯及其他犯罪线索。既要追讯本案的同案犯，又要追查其他犯罪线索，以便查清本案全部犯罪嫌疑人和扩大战果，顺线追踪查破案中案、案连案、窝串案和群体案，起到"办理一案、带出一串、侦破一片"的效果。因此，在讯问犯罪嫌疑人的过程中，务必追查其他应当追究刑事责任的人。包括两方面内容：①查清全部同案犯。不少案件，特别是有些重大刑事案件，往往是多数人结伙作案，有的则已形成有组织、有计划的犯罪集团。对于这些案件，有的在破案时已经查清，将全部同案犯抓获；但也有的在破案时只查获了一名或几名案犯，而不掌握其他同案犯。因此，还必须通过讯问犯罪嫌疑人，查清其他同案犯。②追查其他案件的犯罪人。犯罪人既要犯罪，就必然与社会上某些阴暗面发生错综复杂的联系，因而有的往往会结识一些其他违法犯罪分子或了解很多犯罪线索。通过讯问犯罪嫌疑人，不光要追清同案犯，而且还要促其把他所知道的其他案件的犯罪人或犯罪嫌疑线索提供出来，以进一步扩大战果。

3. 教育犯罪嫌疑人认罪服法。通过讯问要对犯罪嫌疑人深入细致地教之以法、晓之以理、动之以情，尽力教育启发其走坦白从宽的道路。

4. 保障无罪的人不受刑事追究。刑事案件错综复杂，嫌疑人仅仅是涉嫌犯罪，被讯者存在罪与非罪两种可能性。讯问犯罪嫌疑人的重要任务之一就是《刑事诉讼法》第93条规定的"应当首先讯问犯罪嫌疑人是否有犯罪行为，让他陈述有罪的情节或者无罪的辩解"。因为犯罪分子是非常狡猾的，他们在作案后，为了逃避法律制裁，往往制造假象，转移视线，嫁祸于人。故在已经逮捕、拘留的犯罪嫌疑人中，必然会有极少数是属于无罪的人。特别是被拘留的犯罪嫌疑人，还会存在有罪和无罪两种可能性。这就要求审讯人员在审讯中，必须认真审查各项证据材料的真假，注意发现侦查中存在的问题，认真听取犯罪嫌疑人关于无罪的辩解。经过审讯、查证，凡属错拘、错捕的，必须按法律规定，立即予以释放。确保无辜的人不受追究。

（二）讯问的意义

讯问犯罪嫌疑人主要有以下几方面意义：

1. 讯问是侦查工作的继续和发展。侦查破案和讯问犯罪嫌疑人是整个侦查程序中有密切联系的两个阶段。侦查破案阶段，是从发现犯罪、决定立案侦查开始，通过侦查调查活动，收集证据，查清犯罪事实，直到把犯罪分子缉拿归案为止。当犯罪分子或重大犯罪嫌疑人被逮捕或拘留以后，案件就由侦查破案阶段转入审讯阶段。在侦查破案阶段，一般不限制侦查对象的人身自由，侦查对象可以在社会上自由活动，侦查人员所采取的各种侦查措施，基本上是背着侦查对象秘密进行的，不能让侦查对象察觉。正是由于这种客观条件的限制，往往很难查清案件的全部情况，特别是那些只有通过采取面对面的公开侦查措施才能发现和证实的犯罪事实和线索问题，在侦查破案阶段是很难解决的。而审讯阶段，通常是在犯罪嫌疑人的人身自由已经被剥夺的条件下进行的公开的正面审查。由于犯罪嫌疑人对自己是否实施了某种犯罪行为，以及实施犯罪行为的动机、目的、方法、手段和经过情形等，是最清楚的。所以，通过审讯犯罪嫌疑人和公开调查取证，既可以彻底揭露和证实犯罪嫌疑人的全部犯罪事实，追查其他应当追究刑事责任的犯罪分子，又可以听取犯罪嫌疑人的申辩，真正做到不错不漏，不枉不纵。可见，审讯犯罪嫌疑人是对侦查工作的检验、核实，是侦查工作的继续和发展。

2. 讯问是对侦查工作的检验和把关。讯问犯罪嫌疑人尤其是预审阶段的讯问，要全面系统地进行供证对照和核实侦查所掌握的犯罪事实、全部案件情节等，对侦查工作具有最后从证据上系统全面地把关的意义。

3. 讯问可以及时为犯罪嫌疑人提供悔罪和坦白、立功的机会。而且还能为劳动改造犯人打下良好的基础。在审讯中，针对犯罪嫌疑人的思想状况、心理特点和走上犯罪道路的社会根源、思想根源等，认真做好法制教育工作，使之认罪服法，弃旧图新，重新做人，不仅可以促使犯罪嫌疑人彻底坦白交代自己的全部罪行，为起诉、审判的顺利进行创造条件，还可以为法院判刑后投入劳改打下一个良好的基础。因此，在讯问中充分运用法制宣传和思想教育的方法，不仅能促使犯罪嫌疑人及时悔罪改过、坦白交代自己的罪行和积极揭发他人的犯罪事实争取立功赎罪，而且还有利于其认罪服法并在将来努力改造、重作新人。

4. 讯问能为起诉和审判的顺利进行奠定基础、创造条件，是起诉、审判的准备。人民检察院的起诉和法院的审判，是在审讯犯罪嫌疑人的基础上进行的。审讯工作做得好与不好，直接关系到起诉、审判能否顺利进行。如果审讯工作能严格按照法律规定办事,使得移送起诉的案件犯罪事实清楚,证据充分、确凿,定罪准确,法律手续完备,就可以为起诉和审判工作的顺利进行创造条件。否则就会给人民检察院的起诉和法院的审判带来困难。因此,讯问尤其是预审工作做得细、搞得好,能有效地减轻起诉和审判工作压力和创造良好的条件。

5. 讯问可保证无罪的人不受刑事追究。如果犯罪嫌疑人确属无罪,他必定要在讯问中首先作无罪的辩解,使其获得申述自己无罪的事实与理由的机会,从而可保证无罪的人不受刑事追究。

6. 讯问可掌握犯罪活动的主客观情况,强化同犯罪作斗争的能力。通过对讯问活动中不断积累的资料综合分析,可以了解犯罪动态、掌握其特点和研究犯罪的主观原因及促成犯罪的客观因素。从而找出犯罪的趋势、动向和规律,有针对性地采取多方面的措施揭发和控防犯罪,提高同犯罪作斗争的能力。

三、讯问的程序和规则

讯问犯罪嫌疑人是一项十分复杂而又极其严肃的侦查行为,因此各国都将其作为一种十分重要的侦查行为,因此大都规定于各种侦查行为之首。综观当代世界各国刑事诉讼法规定,讯问犯罪嫌疑人(被告人)的规则和程序大体如下:①及时讯问及讯问的时间和地点的规定。如对被拘捕者及时讯问、一般不得在夜间讯问、应到预审法庭、侦查地或其所在地讯问等。②一般用口头形式讯问。③对同案犯应分别单独讯问。④禁止使用暴力、欺诈、诱骗等手段讯问。⑤程序上先告知被嫌疑人有权拒绝回答、首次应讯问其个人自然情况、指出其所涉罪行、责令其详细交代、做好笔录等。我国现行刑事诉讼法对讯问犯罪嫌疑人的程序和要求规定如下:

第一,根据刑事诉讼法第91条的规定,讯问只能由侦查人员进行,并不得少于二人。主要是为了保证讯问真实合法、客观全面和加强防范。

第二,根据刑事诉讼法第92条的规定,对不需要逮捕、拘留的犯罪嫌疑人,可以传唤到犯罪嫌疑人所在市、县的指定地点或者到他的住处进行讯问,但是应当出示负责侦查的机关的证明文件。传唤、拘传持续的时间最长不得超过12小时。不得以连续传唤、拘传的形式变相拘禁犯罪嫌疑人。在实践中,传唤犯罪嫌疑人应当制作传唤通知书,经传唤不到的可以拘传。法律规定传唤、拘传持续时间是指一次传唤、拘传的时间最长不得超过12小时。两次传唤、拘传之间的间隔时间要足以保证不变相拘禁犯罪嫌疑人。

第三,根据刑事诉讼法第93条的规定,讯问时应当首先讯问犯罪嫌疑人是否有犯罪行为，让他陈述有罪的情节或者无罪的辩解，然后向他提出问题。犯罪嫌疑人对侦查人员的提问，应当如实回答。但是，对与本案无关的问题，有拒绝回答的权利。这就要求侦查人员在讯问时首要任务是查清被讯问人罪与非罪的问题，侦查人员不得主观片面地出入人罪，要保证讯问内容的客观真实，尤其是要耐心听取其无罪的辩解，认真思索、仔细核查、判断真伪、及时查清、妥善处理。还要注意不问与本案无关的问题，尤其是对与案件无关的个人隐私、家庭生活、社交往来等方面的案外问题严禁提问。更要特别注意严禁采用逼供和威胁、引诱、欺骗以及其他非法的方法获取供述。实践中提讯在押的犯罪嫌疑人应当填写提押证，在看守所或者人民检察院进行讯问。提讯在押犯罪嫌疑人到人民检察院讯问的，由司法警察押解。初次讯问时，应先查问犯罪嫌疑人的姓名、化名、籍贯、出生时间、地点、职业、个人简历、文化程度、是否受过刑罚或行政处罚等基本情况，查清其身份，严防错拘、错捕或问错对象。侦查人员在全面系统地提问之后，对犯罪嫌疑人自然陈述有罪情节或无罪辩解中不清楚、不全面或事实和情节前后矛盾的地方重点提问，详细查清，以保证讯问的客观公正。

第四，根据刑事诉讼法第94、9条和14条的规定，讯问聋、哑的犯罪嫌疑人，应当有通晓聋哑手势的人参加，并将这种情况记入笔录（第94条）。讯问不通晓当地语言的人、外国人，应有翻译人员为他们翻译（第9条）。讯问不满18岁的未成年犯罪嫌疑人时，可以通知其法定代理人到场（第14条）。上述规定是为了保障未成年人、有生理缺陷的人、不通晓当地语言的人和外国人、无国籍人的辩护权所作的特殊规定，认真执行这些规定也有利于保证讯问工作的顺利进行。

第五，根据刑事诉讼法第95条的规定，讯问犯罪嫌疑人应当制作笔录。笔录应当不失原意地记录侦查人员的讯问情况和犯罪嫌疑人的供述与辩解的内容，并交犯罪嫌疑人核对。对无阅读能力的要向其宣读，如记载遗漏或有差错应补充或改正。犯罪嫌疑人认为无误后由其在笔录上逐页签名或盖章；如拒绝签名或盖章的应在笔录上注明。侦查人员也应在笔录上签名。在讯问聋哑人、不满18周岁的人、不通晓当地语言的人时，还应将这些人的身份、简历、职业等自然情况和其特殊的生理缺陷、年龄、语言等情况以及翻译人、法定代理人的情况记明笔录。犯罪嫌疑人请求自行书写供述的应当允许，必要时也可以要求其亲笔书写供述。讯问时可以同步录音、录像。检察机关直接受理侦查的贪污贿赂、侵权、渎职等职务罪案隐蔽性极强、案情复杂、反侦查情况严重，尤其有必要在讯问时同步录音录像，多形式、多方面地固定证据，保证讯问的真实性和合法性不被事后的翻供、翻证和诬陷所怀疑甚至否定。

第六，根据刑事诉讼法第96条的规定，犯罪嫌疑人在第一次被讯问后或采取强制措施之日起，有权聘请律师提供法律帮助。这是修改刑事诉讼法时增加的特殊规定。从国际潮流来看，英美法系国家较早就允许律师从刑事诉讼开始时参与诉讼。大陆法系国家在"二战"后吸取法西斯主义残害人权的教训，也陆续允许律师在侦查阶段参与诉讼为犯罪嫌疑人（被告人）提供法律帮助。第八届联合国预防犯罪和罪犯待遇大会通过的《关于律师作用的基本原则》第1条规定："所有的人都有权请求由其选择的一名律师协助保护和确立其权利并在刑事诉讼的各个阶段为其辩护。"第7条规定："各国政府还应确保被逮捕或拘留的所有的人，不论是否受到刑事指控，均应迅速得到机会与一名律师联系，不管在何种情况至迟不得超过自逮捕或拘留之时起的48小时。"我国是联合国的常任理事国之一，应当带头执行联合国的有关原则和顺应世界立法的趋势。所以，在修改刑事诉讼法时增加了第96条的规定。该条规定，侦查阶段犯罪嫌疑人可以聘请律师为其提供法律咨询、代理申诉、控告。犯罪嫌疑人被逮捕的，聘请的律师可以为其申请取保候审。涉及国家秘密的案件，犯罪嫌疑人聘请律师应当经侦查机关批准。这里所说的"涉及国家秘密的案件"，是指案情或者案件性质涉及国家秘密的案件。受委托的律师有权向侦查机关了解犯罪嫌疑人涉嫌的罪名，可以会见在押的犯罪嫌疑人，向犯罪嫌疑人了解有关的案情。根据2007年10月28日修订、2008年6月1日起施行的《中华人民共和国律师法》第33条规定，律师会见在押犯罪嫌疑人，不被监听。涉及国家秘密的案件，律师会见在押犯罪嫌疑人，应当经侦查机关批准。在实践中，公、检、法机关对律师参与刑事诉讼的制度均制定了具体的实施规则。如三机关都规定：同一律师或辩护人不得同时接受两个或两个以上同案犯罪嫌疑人的委托。在侦查阶段，公安、检察机关规定：同案的犯罪嫌疑人不得聘请同一名律师；律师不得同时接受两个或两个以上同案犯罪嫌疑人的委托提供法律帮助。侦查人员应当将告知犯罪嫌疑人可以聘请律师为其提供法律服务的情况以及在押犯罪嫌疑人提出聘请律师的要求记明笔录；对于因涉密不许聘请律师的应向其说明理由。在押犯罪嫌疑人提出明确的律师事务所名称或律师姓名直接委托的，侦查机关应及时转递委托意见；如果提出由其亲友代为委托的，应将委托意见及时转递该亲友；如果提出聘请律师但无具体委托对象或代为委托人的，侦查机关应当通知当地律师协会或者有关机关为其推荐律师。在押犯罪嫌疑人的委托意见可以书面提出，也可以口头提出。口头提出的应当记明笔录，由其签名或者盖章。受委托的律师会见在押犯罪嫌疑人应提前告知侦查机关，并出具委托书、律师执业证明和律师事务所介绍信。根据《刑事诉讼法》第33条关于"公诉案件自案件移送审查起诉之日起，犯罪嫌疑人有权随时委托辩护人",以及上述修订并实施的《律师法》第 34 条关于"受委托的律师自案件审查起诉之日起,有权查阅、摘抄和复制与案件有关的诉讼文书及案卷材料。"等规定,律师在侦查阶段参与诉讼并不具有辩护人的权利,不得行使查阅、摘抄、复印本案的诉讼文书材料等权利。因为侦查阶段的案件事实和证据材料等均处于不确定状态,更不是定案定罪的结论性依据,还有待进一步调查核实。侦查期间律师参与诉讼的主要任务根据刑事诉讼法第 96 条之规定是提供维护犯罪嫌疑人合法权益的法律帮助。

第七,根据刑事诉讼法第 43 条的规定,侦查人员必须依照法定程序收集能够证实犯罪嫌疑人有罪或者无罪、犯罪情节轻重的各种证据。这里所说的证据理所当然包括犯罪嫌疑人的供述和辩解。因此,讯问必须严格遵守上述各项法定程序依法进行讯问。该法条还特别规定:"严禁刑讯逼供和以威胁、引诱、欺骗以及其他非法的方法收集证据。"最高人民检察院在实施刑事诉讼法的试行规则中也相应地明确规定:"严禁采用刑讯逼供和以威胁、引诱、欺骗以及其他非法的方法获取供述。"根据刑法第 247 条的规定,侦查人员对犯罪嫌疑人实行刑讯逼供的,可"处 3 年以下有期徒刑或者拘役。致人伤残、死亡的,依照本法第 234 条、第 232 条的规定定罪从重处罚"。即依照伤害罪和杀人罪从重处罚,而伤害、杀人两罪的最高法定刑都是死刑。法律和制度之所以对刑讯逼供作出如此严厉的禁止性规定,是因为残酷的拷讯是历史上直接导致无数冤、假、错案的根源。在我国古代暴力逼供的规范化、制度化的称谓就有"拷鞫"、"刑讯"、"掠治"、"拷问"等。再加上封建官吏通常法外刑讯,"囚不胜笞,皆诬伏"。唐代武则天掌政时,酷吏来俊臣等人用醋灌鼻、下地牢、将人入瓮用火烧等酷刑,威逼口供,制造大量冤狱。到明代法外刑讯登峰造极,据《明吏·刑法志》记载:嘉靖年间,酷吏常用的拷讯手段和刑具有挺棍、夹棍、脑箍、烙铁、一封书、鼠弹筝、拦马棍、燕儿飞、灌鼻、钉指等。在野蛮、残酷的拷讯中,无数的无辜人民成为酷刑下的冤鬼。这种数千年的司法恶习根深蒂固,并不能随着旧司法制度的灭亡而彻底摆脱其影响,法制稍有不健全它就会死灰复燃,并已经在"文化大革命"中重演。至今还有司法人员在办案中按自己的主观臆断去逼供,一旦被讯者提出反证或申述无罪的辩解就态度粗暴,轻者斥责其不老实交代罪行;重则搞疲劳战术、侮辱人格、非法折磨甚至捆绑吊打。犯罪嫌疑人屈打成招的情况也时有发生。为了不让"文化大革命"中无法可依、有法不依、执法不严、违法不究、法外刑讯、滥罚无辜的惨痛教训再次发生,国家特别注重这方面的法制建设,对严禁刑讯逼供行为从法制上和司法制度上、从实体上和程序上都作出了严密具体的明确规定。司法机关尤其是侦查机关及其侦查讯问人员,一定要严格依法办案,杜绝刑讯逼供等司法恶习的影响，尤其人民检察机关要强化这方面的法律监督，有效地促进我国侦查工作的社会主义文明和民主进程。

四、讯问的方针和原则

讯问犯罪嫌疑人应坚持实事求是，重证据，重调查研究，严禁逼供信的方针和原则。

（一）实事求是

实事求是即要求在审讯中一切从实际出发，忠于事实真相；重证据是要求不轻信口供，认定案件的根据是证据不是口供；重调查研究是要求在审讯中运用深入细致调查研究的办法解决各种矛盾和疑难问题；严禁逼供信是禁绝在审讯中施用刑讯逼供手段并轻信口供。审讯方针的核心是要求在审讯工作中忠于案件事实真相，就是要在审讯过程中始终客观地、如实地核实案件的具体情况，力求还案件客观事实的本来面目。忠于事实真相还要求创造条件让犯罪嫌疑人全面具体地、客观地、如实地、不错不漏地陈述案件事实，并依法如实地固定供述并及时收集、调取相关证据。忠于事实真相更要求负责审讯的侦查（预审）人员具备坚持真理、修正错误、绝不趋炎附势、随波逐流的无所畏惧的精神；具备不畏权势、不屈从外界压力、不怕得罪人、不怕打击报复、不贪图借案升官发财的职业道德；具备不徇私情、不贪赃枉法、不因亲友说情或个人恩怨好恶而出入人罪的公正无私的品质。总的说来，要做到忠于客观事实的真实面目，严禁在审讯工作中采用实用主义态度根据需要任意取舍证据材料歪曲事实真相的行为。实事求是，就是要从实际出发、忠于事实真相、以事实为根据来查明和确定案件的真实情况。审讯工作的根本任务就是要澄清和核实案件的事实。而案件事实是客观存在的，它既不以审讯人员的主观意志为转移，也不以犯罪嫌疑人的虚假供述而改变，为了保证口供的真实性和客观性，必须从多方面、多层次、多环节、多途径地查问犯罪嫌疑人同犯罪事实、犯罪证据三者之间的内在联系，以便对犯罪嫌疑人实施的犯罪事实和应承担的罪责进行全面的、具体的、符合逻辑的审查和确定。要做到实事求是，审讯的过程中应充分估计到被审讯的犯罪嫌疑人或者有罪或者无罪的两种可能性，是则是、非则非；不缩小、不夸大；不隐瞒、不捏造；不歪曲、不错漏；不减轻、不加害；不枉无辜、不纵有罪。质言之，严格依照法定程序和要求实事求是地进行审讯和录供，即审讯的过程中，必须遵循刑事诉讼法第二编第二章的第二节"讯问犯罪嫌疑人"中各条款的法定程序与要求。

（二）重证据、重调查研究

所谓证据，就是刑事诉讼法第42条规定的"证明案件真实情况的一切事实,都是证据"。而口供也是该条文所规定的"犯罪嫌疑人、被告人供述和辩解"。就犯罪嫌疑人而言,口供是指其就案件情况所作的陈述,既包括承认自己有罪的犯罪嫌疑人对其犯罪情况所作的叙述,也包括否认自己有罪的犯罪嫌疑人就自己未实施犯罪而进行的辩解,还包括同一案件的同一犯罪嫌疑人分别在此罪与彼罪或同罪的不同事实部分所作的有罪陈述与无罪的辩解。重证据就是要求尊重同案件有密切联系并能够反映案件真实情况的客观确实存在的事实。就是要求认定案情和处理案件,都必须根据充分确凿的证据。同时,必须特别注重口供以外的各种证据的查对、核实和运用。证据是案件的事实情况在人们头脑中的反映,或犯罪分子在实施犯罪行为时在犯罪现场和其他有关场所留下的痕迹和物品。证据本身虽然不是犯罪事实,但却能在某一方面或某种程度上反映案件的事实情况。侦查人员原本不知道已经发生过的犯罪事实,但凭借各种证据能使侦查人员的主观认识同案件的客观实际相一致,进而弄清案件的真实情况。因此,证据是正确认识案件真实情况的基础和根据,也是对付犯罪嫌疑人抗拒审讯、顽固狡辩和久审不供,破除其侥幸心理的有力工具。如果没有证据,不仅不可能揭露和证实犯罪,而且审讯工作也很难顺利进行。而证据是通过调查研究获取的,故重证据不仅是尊重客观事实,而且是重视调查研究,注重依靠查证核实的确凿证据来认定案件事实。因此,在审讯过程中必须依靠群众,进行深入细致的调查,全面收集与案件有关的各种证据,认真分析研究,鉴别真伪,搞清它们与案件事实之间的关系,千方百计地依法收集、调取充分、确凿的证据,也就掌握了认定案件事实的根据,即使犯罪嫌疑人顽固抵赖、矢口否认、闭口不供,也完全可以根据证据做出定案结论;所谓不轻信口供,并非不信口供。因为口供不论是承认有罪的交代还是否认有罪的解释或反驳指控的申辩,经过查证属实也是一种证据。对于查证属实的口供证据不仅要相信,而且应予以重视,因为它可以印证其他有关本案的各种证据的特殊作用,从法定证明力和地位上讲它也是认定案件事实的一种根据。但是由于犯罪嫌疑人在预审过程中是受审查的对象,与案件的结局有着直接的利害关系,这种特殊的诉讼地位,便决定了犯罪嫌疑人口供的复杂性。一般来说,犯罪嫌疑人为了逃避惩罚,总是想尽办法掩盖犯罪事实,而为了掩盖罪行又总是千方百计地对抗审讯,如编造谎言、捏造事实、避重就轻、狡辩抵赖、嫁祸于人等,很难轻易据实供述,而往往作虚伪的供述和辩解,甚至基于某种特殊原因有的故意代人顶罪、供认自己实施了本来不是自己实施的犯罪活动。因此,对于口供,无论是辩解,或是承认罪行,还是检举揭发他人的犯罪,都必须持十分慎重的态度,决不可以盲目轻信,更不能作为查明案件事实的唯一根据。否则,轻信无罪的辩解就易放纵犯罪;轻信有罪或揭发他人犯罪的供述就易造成冤、假、错案伤害无辜;特别是狡猾的犯罪嫌疑人往往在审讯时供认虚假的罪行以掩盖其真实的罪行,一旦轻信这种口供定案,在起诉或审判阶段他又翻供,补充侦查仍无实据,不仅容易放纵犯罪,而且给侦查机关和办案人员造成严重的不良影响。所以,如果仅有口供,没有其他足以证实案件情况的真凭实据,就不能根据口供定罪。我国《刑事诉讼法》第46条规定:"对一切案件的判处都要重证据,重调查研究,不轻信口供。只有被告人供述,没有其他证据的,不能认定被告人有罪和处以刑罚;没有被告人供述,证据充分确实的,可以认定被告人有罪和处以刑罚。"这虽然是审判案件中运用证据的重要原则,但对侦查工作尤其是审讯工作也具有重要的指导意义。犯罪嫌疑人在审讯过程中提供口供,往往会考虑口供对自己是否有利,故常在口供中掺杂虚假成分甚至完全虚假,或在替人担罪、或在逼供诱供时提供虚假供述,如果只凭口供定案就会造成冤、假、错案。故重证据就要以事实为根据,不轻信口供就要对未经核实印证的口供绝不能轻易相信,在侦查预审工作中应当注重对口供以外的其他证据的收集和调取,绝不要只把注意力盯在口供上;同时对犯罪嫌疑人不供认有罪的案件,更要把主要精力用来收集和核实其他证据,并注意防止出现错案。

(三) 严禁刑讯逼供

刑讯逼供是封建拷问式证据制度的产物,是一种摧残犯罪嫌疑人身心、制造冤假错案的封建余毒。在封建社会的司法制度中,刑讯逼供是世界各国的共同特征。中世纪的德、法、英等国家普遍采用刑讯。欧洲典型的封建专制法典即1532年遵照德皇查理五世之命制定的《加洛林纳刑法典》第31条规定:"假如某人被怀疑对他人有背叛行为,而嫌疑犯被发觉在后者之面前躲躲闪闪,形迹可疑;同时,前者又是可能犯这类罪的人时,那么这就是足以适用刑讯的证据。"刑讯制度是有罪推定的表现,正如意大利著名的法学家贝卡利亚所说:"法律准许我折磨你,因为你是有罪的。"我国历代封建王朝的法律都规定了刑讯制度。据宋代郑克编著《折狱龟鉴补》载:"罪从供定,犯供最关紧要。"故司法官吏就想方设法地刑讯逼供。如胡太初在《昼帘绪论·治狱篇》中指出:"世固有畏惧监系觊欲早出而妄自诬服者矣;又有吏务速了强加拷讯逼令供认者矣;亦有长官自恃己见,妄行臆度,吏辈承顺旨意,不容不以为然者矣;不知监系最不可泛,及拷讯最不可妄加,而臆度之见最不可恃以为是也。史传所载,耳目所知,以疑似受枉而死而流伏辜者,何可胜数!"贝卡利亚针对中世纪的刑讯制度在1764年写的《犯罪与刑罚》中主张取消审讯中的拷打而提出了无罪推定思想,1789年还规定在法国的《人权宣言》中,1976年生效的联合国《公民及政治权利国际公约》第14条也规定:"被告人未经依法确定有罪以前，应假定其无罪。"我国历史上诸多有识之士对刑讯制度进行过猛烈的抨击，有的朝代还发生过改革的讨论。1940年12月25日毛泽东在《论政策》一文中指出："对任何犯人，应坚决废止肉刑，重证据而不轻信口供。"中华人民共和国成立以后，毛泽东又多次作出类似的指示。周恩来也曾严肃指出："不能单纯凭口供，要有证据，有物证、人证、旁证，不能用逼供信的办法，也不能指供诱供，这样都会犯错误，冤枉人。"1950年7月14日政务院通过的《人民法庭组织通则》规定："受理案件后，应认真地进行调查证据，研究案情，严禁刑讯。"尔后在一系列法律、法规和有关文件中都作出了类似规定。但在"文化大革命"中，社会主义法制遭到极其严重的破坏，在所谓一人供听、二人供信、三人供定和"大棒底下出材料"等奇谈怪论的鼓吹下，五花八门的刑讯逼供手段被无所不用其极。有鉴于此，我国刑法规定对实行刑讯逼供要处以刑罚，致人伤亡的以伤害罪、杀人罪从重论处。刑事诉讼法规定："严禁刑讯逼供和以威胁、引诱、欺骗以及其他非法的方法收集证据。"这一规定主要是严禁刑讯逼供，严禁以威胁、引诱、欺骗方式来获取证据。特别是以刑讯逼供、威胁引诱、欺骗方式取得的犯罪嫌疑人的口供，是供述人在迫于压力或被欺骗情况下提供的，虚假的可能性更大，如果仅凭这种口供作为定案根据，就极易造成错案。而且，这种违反法定程序和要求的暴力取证、非法逼供的口供和证据，即使是真实的也在法律上失去了作为证据的价值，因为证据的来源不合法而不能作为定案的依据。"两高三部"《关于办理刑事案件排除非法证据若干问题的规定》的第1条规定："采用刑讯逼供等非法手段取得的犯罪嫌疑人、被告人供述和采取暴力、威胁等非法手段取得的证人证言、被害人陈述，属于非法言词证据。"接着第2条即规定非法言词证据不能作为定案的根据。在审讯实践中，凡是搞刑讯逼供、指供、诱供、骗供的，常常把案件搞得真假难分，甚至把一些本来较简单的案件搞得复杂化，往往同时给被审讯人造成身心伤害，给办案人酿成违法犯罪的恶果，给国家法制带来严重破坏。所以，我国刑法、刑事诉讼法对此都作了严格的禁止性规定，是审讯工作中必须严格遵守的方针和原则。

五、讯问的步骤

讯问的主要步骤是：

（一）熟悉案情和研究犯罪嫌疑人的特点

熟悉案情和掌握犯罪嫌疑人的特点，这是决定审讯方法和策略的必要前提。"知己知彼，百战不殆"，只有充分了解案情和掌握犯罪嫌疑人的特点，才能正确确定斗争的策略和方法，克敌制胜，完成审讯的任务。通常应注意熟悉和了解以下内容：

1. 犯罪嫌疑人犯有哪些罪行以及所犯罪行的时间、地点、方法、手段和危害后果等具体情况。

2. 案件中已经有了哪些证据，它们的可靠程度如何，能够证明哪些问题，还有哪些问题缺少证据，哪些证据可以在审讯中使用，哪些证据不能在审讯中使用。

3. 犯罪嫌疑人的身份。即犯罪嫌疑人的姓名、籍贯、社会经历，以及是偶犯还是惯犯，被拘捕之前是否受过打击处理等。

4. 犯罪嫌疑人的心理状况、性格、习性、嗜好及被拘捕前后的思想动态等。

5. 犯罪嫌疑人是单人作案还是与他人合伙作案。如是合伙作案，他们的共同罪行是什么，同案犯各自在犯罪中所处的地位和所起的作用如何，谁是主犯，谁是从犯、胁从犯，谁是教唆犯，他们相互之间有过哪些矛盾和争斗等。

（二）制定讯问计划

讯问人员熟悉和掌握了案情及犯罪嫌疑人特点之后，心中有了底，就可据此制定讯问计划。

根据不同案件，对讯问计划的要求是：重大疑难案件，必须制定详细的书面讯问计划；较复杂一些的案件和简易案件，可以制定简要的书面讯问计划或审讯提纲。

讯问计划的内容主要包括：案情简介；通过讯问应查明的主要问题；对犯罪嫌疑人的特点及其心理的分析；审讯的步骤、方法和策略（包括审讯对策、问话提纲、人力组织、侦审配合、教审配合等）。

讯问计划制定好之后，要报经主管领导批准。在计划执行过程中要根据情况的变化及时补充、修改，灵活掌握。此外，每次审讯之前，还应根据总的计划安排，作出具体计划，即主要是明确每次审讯的重点，从什么地方问起，如何提问，犯罪嫌疑人可能怎样回答，进一步怎样提问，是否使用证据材料，怎样使用等，并应列出简要的讯问提纲，以保证审讯有步骤地进行。

（三）按法律规定进行第一次讯问

根据法律规定，对于被逮捕、拘留的人，必须在逮捕、拘留后的 24 小时以内进行讯问；在发现不应当逮捕、拘留的时候，必须立即释放，并发给释放证明。这就要求审讯人员在受理案件后，对于被拘留、逮捕的犯罪嫌疑人必须在法律规定的时间内，抓紧进行讯问，不得拖延，否则就是违法。

第一次讯问，一般首先从犯罪嫌疑人的基本情况问起，要问清犯罪嫌疑人的姓名、别名、绰号、性别、年龄、籍贯、住址、工作单位、职务、民族、文化程度、家庭成员、主要社会关系、社会经历以及有无前科犯罪，等等。然后讯问他是否有犯罪行为，并使其陈述有罪的情节或无罪的辩解。如果犯罪嫌疑人承认自己有罪并做出交代以后，审讯人员要进一步提出具体问题，指令犯罪嫌疑人做详细交代，力求把主要罪行和犯罪活动的重要情节问下来，以加速案件讯问的进度。对于犯罪嫌疑人的无罪辩解，应特别注意，如果他讲得有理有据，审讯人员应立即查证核实，一旦发现错拘、错捕，要按法律规定，及时加以纠正。如果犯罪嫌疑人的辩解全是谎言，也要让他把话说完．然后选择时机，有理有据地进行批驳。

第一次讯问，是审讯人员同犯罪嫌疑人交锋的第一个回合。一些狡猾的犯罪分子往往利用这个机会观察审讯人员的举止态度、问话语气，试图摸底。所以，第一次审讯应当严肃对待，认真做好准备，尤其要根据案件的具体情况和犯罪嫌疑人的特点，注意选择好突破口，以便攻得策略、斗得艺术，力争首战告捷。

（四）抓紧时机复审

第一次讯问后，还应抓紧时机进行复审，而不能只交一次锋就长期搁下不管。复审是对一个具体案件审讯的深入发展，往往反复进行若干次才能拿下全案。如果第一次讯问突破了缺口，要趁热打铁，继续追讯，争取一鼓作气，查清全部犯罪事实。如果不抓住战机，乘胜追查，犯罪嫌疑人由动摇而转到坚持顽固立场，稍作退却又行防守，想好了一套对付讯问的策略，再要突破就更困难了。如果第一次讯问没有突破，更应继续审讯，使犯罪嫌疑人没有充足的时间去编造谎言，同时，也使他们看到审讯人员的决心和毅力，以瓦解其侥幸心理。

（五）结束讯问

结束讯问是讯问案件的最后一个环节，是对侦查（包括审讯）阶段的全部活动进行全面检查和总结，它直接关系到办案质量。因此，必须严肃认真地做好这项工作。

结束讯问即意味着侦查终结。结束讯问必须具备一定的条件。这些条件是：事实清楚，证据充分、确凿，定性、定罪准确，法律手续完备。

经过全面认真地分析讨论，认为已经具备了结束讯问的条件，即可结案，并着手制作结案报告。结案报告一般分为四部分：①犯罪嫌疑人的基本情况。包括：犯罪嫌疑人的姓名、别名、性别、年龄、籍贯、家庭出身、个人成分、民族、文化程度、逮捕之前的工作单位、职务和住址，以及本人的主要历史、有无犯罪前科等。②逮捕的理由和根据。③犯罪嫌疑人的犯罪事实。包括：作案的时间、地点、手段、经过、动机、目的、危害后果等。如果原逮捕根据中所列部分罪行被否定，或者情节有重大变化，或者根据目前条件很难加以澄清，应在结案报告中写明讯问、查证的结果，以及讯问人员的看法和意见。

④处理意见。

结案报告经有关领导审批后,应就是否起诉办理法律手续。如系检察机关侦查的案件,则应直接作出起诉、不起诉或撤销案件的决定。如系公安机关侦查的案件,要制作《起诉意见书》或《不起诉意见书》,连同案件材料、证据一并移送人民检察院审查决定。犯罪嫌疑人没有犯罪,不应当追究犯罪嫌疑人刑事责任时,应当撤销案件,犯罪嫌疑人已经逮捕的,应当立即释放,发给释放证明,并通知原批准逮捕的人民检察院。

六、讯问的谋略

讯问的谋略多种多样,要根据不同的对象灵活地加以运用,最常用的主要有:

(一)政策攻心

政策攻心是讯问犯罪嫌疑人的基本的策略方法。它是指在调查研究的基础上,通过刑事政策教育追讯犯罪嫌疑人的罪行。政策攻心对于分化瓦解敌人,促使犯罪分子交代罪行,有着重要的作用。

政策攻心的中心内容是向犯罪嫌疑人宣讲"惩办与宽大相结合"的政策,即坦白从宽,抗拒从严。由于犯罪嫌疑人的社会经历、心理状态、性格特点、罪行轻重以及走上犯罪道路的原因各不相同,他们在审讯中的思想情况十分复杂,而且在审讯过程的不同阶段中,会不断发展变化,这就要求审讯人员必须随时注意分析和掌握犯罪嫌疑人的思想动态,有的放矢地进行政策教育,不能泛泛而谈。"惩办与宽大相结合"的政策包括宽、严两个方面,该宽的宽,该严的严,不是宽大无边,也不是严得无限。所以,审讯人员向犯罪嫌疑人宣讲政策时,一定要讲得全面,注意分寸,不言过其实,不脱离刑法规定的量刑幅度;要留有余地,不给犯罪嫌疑人"许愿"、"打保票",不利用"坦白从宽、抗拒从严"的政策搞诱供、骗供和逼供;要正确区分抗拒和正当辩解的界限,对于犯罪嫌疑人有理有据地提出的反证,申辩自己无罪或罪轻,要耐心听取,不能不分青红皂白,一概视为"抗拒",横加指责。否则,容易造成假案,即使犯罪嫌疑人真的坦白交代了,也不利于对他们的教育改造。

此外,在审讯中要把政策教育同法制教育、形势教育、社会发展规律教育、唯物辩证法教育结合起来,要把审讯中的教育同家属亲友的规劝结合起来。还可以从已经处理的案件中,选择一些切合犯罪嫌疑人实际情况的从宽从严的典型案例,有针对性地进行教育,给犯罪嫌疑人指明出路。

审讯中对犯罪嫌疑人开展政策攻心,执行"坦白从宽、抗拒从严"的政策,是一个严肃的政策原则问题,一定要说到做到。有立功表现的,最后处理时一定要从宽,需要起诉的案件,应在起诉意见书上把犯罪嫌疑人的立功表现写清楚,作为从宽起诉、判刑的依据。对于表现不好,隐瞒罪行,包庇同案犯,或者在看守所中散布抗拒言论,违犯监规,在处理时一定要从严,并在起诉意见书中写清楚,作为从严起诉、判刑的依据,以便真正做到宽严兑现。

(二) 利用矛盾讯问

利用矛盾讯问,是指利用犯罪嫌疑人口供中的矛盾,结合所掌握的证据材料追讯犯罪嫌疑人的罪行。利用矛盾讯问,可以动摇和瓦解犯罪嫌疑人的抵触思想和顽固态度,迫使其不得不如实供认罪行。利用矛盾,首先要注意把矛盾抓准。这就要求讯问人员要认真、细致地分析研究犯罪嫌疑人的每次口供中不合情理及与证据材料有出入的地方,并经过认真分析研究,调查核实,找出能够击中犯罪嫌疑人要害的矛盾。然后,利用这些矛盾追讯犯罪嫌疑人的罪行。

此外,对于共同犯罪的案件,可以利用同案犯之间的利害冲突和相互不信任,进行分化瓦解,重点突破。如果同案犯之间有攻守同盟,则应在分别审讯的情况下,抓住他们相互之间口供的矛盾和漏洞,适时予以揭露,各个击破。

(三) 迂回包抄讯问

迂回包抄讯问是指讯问中有意识地绕过主要问题,从侧面追讯犯罪嫌疑人的罪行。迂回包抄讯问,可以麻痹犯罪嫌疑人,使他很容易回答,精神不致过分紧张,无意中谈出对案件有重要价值的情况,或者暴露一些可供利用的矛盾或破绽,为最后追问主要问题创造条件。使用这种讯问方法,事先一定要做好准备,要有计划、有目的地进行提问。既要避免暴露审讯意图,又要使犯罪嫌疑人的供述不离开问题的中心。发问要具体,逻辑性要强,使犯罪嫌疑人只能做正面回答,没有更多思考的余地。当把与主要问题有关联的一些具体问题逐个问清楚之后,再选择适当时机,集中力量审主要问题,使犯罪嫌疑人陷入既无法回缩,又推脱不了的困境,只好老实交代罪行。此法常在案件情况复杂而审讯人员掌握的证据材料又比较少时采用。

(四) 出示证据讯问

出示证据讯问是指审讯中运用证据追讯犯罪嫌疑人的罪行。出示证据讯问是揭穿犯罪嫌疑人的谎言和假供,瓦解其侥幸心理,迫使其老实交代的一种有效的方法。

1. 出示证据前的准备工作。出示证据讯问,事先必须做好充分的准备工作。主要有:①对准备出示的证据材料,要认真查证,仔细鉴别,慎重选择,不能使用没有经过查证核实、不确凿可靠的证据。②要深入细致地分析研究犯罪嫌疑人不供的原因，以便有针对性地出示证据。③要充分估计当出示证据时犯罪嫌疑人可能提出的狡辩，准备好对付其狡辩的对策。

2. 出示证据的时机。出示证据，必须掌握有利的时机。一般在以下几种情况下出示证据效果较好：①犯罪嫌疑人存在严重侥幸心理，因而态度顽抗，气焰嚣张，拒不供认的时候，乘其思想毫无准备之际，出其不意地出示证据材料，使之陷入被动，迫使其在铁证面前，不得不老实交代罪行。②经过政策攻心，犯罪嫌疑人的思想开始动摇，但还在犹豫不决的时候，及时出示证据，可以打掉其幻想，加速其动摇转化的过程，促使他决心走坦白交代的道路。③当犯罪嫌疑人已开始交代罪行，但由于畏罪思想严重，又准备后缩的时候，适时出示证据，有利于促使他下决心彻底坦白交代，使其不会因为交代了部分问题又感到后悔而翻供。

3. 出示证据的方法。根据犯罪嫌疑人的情况和证据的多少而定。一般是：从犯罪嫌疑人看，对于初犯、年龄较轻、社会经验较少的犯罪嫌疑人，适合采取开门见山、单刀直入的方法出示证据；对于社会经验丰富的犯罪嫌疑人，适合采取由浅入深、步步为营，连续出示证据，一举攻破的方法。从证据的多少看，证据充分、确凿的，适合采取正面出示证据的方法；如果证据少，可以采取暗中点破的方法。

4. 出示证据应注意的问题。主要是：出示证据要留有余地，要力争以较少的证据，获得比较大的战果。只能向犯罪嫌疑人出示个别的证据或证据的某一部分。对证据材料中的具体细节也不能全部暴露，某些带有关键性的情节，应予以保留，以查对犯罪嫌疑人的供述是否真实可靠，态度是否老实。

在审讯阶段，案件的证据情况各不相同。有的证据多，有的证据少，有的只掌握犯罪嫌疑人某一罪行的证据，有的从已掌握的证据中只能说明犯罪嫌疑人有犯罪的重大嫌疑等。因此，如何使用证据、使用哪些证据、在什么情况下使用证据，事先都必须认真研究，还必须结合犯罪嫌疑人特点，注意斗争策略，讲究斗争艺术。

除上述谋略之外，尚有很多可相机运用的讯问谋略。总之，要针对被讯问对象的年龄、性别、经历、身份、心理、气质等具体特征，选用相对应的审讯策略和技巧。诸如以柔克刚或以刚克柔、先发制人或后发制人、以变应变或以不变应万变、正面提问或迂回包抄、以子之矛攻子之盾等。如针对虚构情况、编造谎言、掩盖事实、推卸罪责、抗拒审讯的犯罪嫌疑人，应采取重点抓住其假供、伪供中的矛盾，"以子之矛攻子之盾"，使其虚假供述不能自圆其说而迫其交代事实真相。又如针对误认为侦查人员手中没有任何证据而顽固狡辩、拒不供认犯罪事实的嫌疑人，可先让其充分暴露自以为作案时隐蔽保险、天衣无缝的幻想，在其得意时选择恰当时机出示针对性强的关键证据并义正词严地驳斥诡辩、揭露犯罪，以突破一点、打开局面，迅速攻下全案，后发制人。

七、制作讯问笔录

讯问笔录是记载和固定讯问全部活动的诉讼文件。世界各国的刑事诉讼法对讯问笔录都有较详细具体的规定，对犯罪嫌疑人交代的罪行或无罪的辩解，一般要求用第一人称的形式记入笔录，有的要求逐字逐句记载，有的则可以摘录。笔录应交被讯问人阅读，或经其请求由审讯人宣读；被审讯人有权请求对笔录加以补充和修正，并记入笔录；在笔录上应说明其内容由被审讯人亲自读过或由审讯人为他宣读过，并通过被审讯人签名证明记载的供述是正确的。如果笔录有数页，有的国家也要求被审讯人在每页上分别签名证明。对笔录中所有的补充和修正之处，都必须由被审讯人签名（有的要求审讯人也要同时签名）加以认证。讯问笔录译成其他文字的，全部翻译文字和每页文字一般要求翻译人员和被审讯人都签名。如果被审讯人请求自写供词的应当允许，但有的国家规定要将其记入讯问笔录。笔录应当由被审讯人和审讯人签名。被审讯人拒不签名的应记入笔录由审讯人签名。

随着科学技术手段的现代化和应用化的发展，越来越多的国家已在刑事诉讼法中规定采用速记机、其他机械工具、录音、视听记录等形式记载和固定审讯活动的内容和过程。如意大利1988年9月22日通过的《刑事诉讼法典》在第二编"诉讼行为"的第三章"诉讼行为的记载"中，用了整整一个专章共9条（第134条至第142条）的篇幅规定了笔录的一般规则、程序和要求。关于记载的方式，规定记载诉讼行为通过笔录的方式进行。笔录以完整的或者摘要的形式制作，可使用速记机、其他机械工具或手记。摘要笔录可用录音记录，必要时也可采用视听记录方式。关于笔录的制作，规定由法官的助手制作。关于笔录的内容，要求注明地点、年、月、日、起止时间等。关于笔录的签署，要求制作者、法官、受问者在每页结尾处签名，不愿或不能签名的记入笔录。还规定：印有速记符号的记录带应在第二日以内整理成普通文字，记录带同诉讼文书附在一起。录音、视听记录由技术人员操作，由法官的助手领导。进行录音时在笔录中注明录制工作的起止时间。录音带、视听录像带以及整理出的记录应同诉讼文书附在一起。

讯问笔录是犯罪嫌疑人供述的书面形式，是口供的载体。口供是刑事证据之一，而口供的证据价值就是通过笔录来记载、固定和储存备用的。因此，它理所当然地受到各国刑事诉讼立法的重视。我国《刑事诉讼法》第95条规定：

"讯问笔录应当交犯罪嫌疑人核对,对于没有阅读能力的,应当向他宣读。如果记载有遗漏或者差错,犯罪嫌疑人可以提出补充或者改正。犯罪嫌疑人承认笔录没有错误后,应当签名或者盖章。侦查人员也应当在笔录上签名。犯罪嫌疑人请求自行书写供述的,应当允许。必要的时候,侦查人员也可以要犯罪嫌疑人亲笔书写供词。"根据本条规定,审讯犯罪嫌疑人时应当制作笔录,制作讯问笔录应当做到:①笔录应当核对。可以交犯罪嫌疑人自己阅读,如其无阅读能力应当向他宣读。②如果记载有遗漏或差错,犯罪嫌疑人可以提出补充或者改正,在补充或者改正的地方,犯罪嫌疑人应当签名或盖章或捺指印。③犯罪嫌疑人经阅读或听读讯问笔录确认无误后,应当签名或者盖章(审讯实践中常有捺指印);侦查(预审)人员也应当在笔录上签名;讯问时依法有通晓聋哑手势的人、翻译人、法定代理人参加或在场的,这些人也应当在笔录上签名或盖章。④犯罪嫌疑人要求以书面形式供述的时候,应当允许;必要时侦查人员也可以要求犯罪嫌疑人亲笔书写供词。法条规定的"必要的时候",主要指有下列情况的时候:a. 犯罪嫌疑人有口齿不清、口吃、口腔或喉部患病发音困难或方言音重难以听清等情形的;b. 需要犯罪嫌疑人的笔迹进行对比和鉴定的;c. 需要防止犯罪嫌疑人以记录有误为由翻供的;d. 犯罪嫌疑人口供涉及一些科学技术问题,审讯人员不能立即解决这些问题,需要与专业人员研究或找有关书籍了解的。书面供述的,犯罪嫌疑人应当在书面供述上签名、盖章或捺指印。在涂改之处应盖章或捺指印。⑤审讯时进行录音、录像的,一般也应当制作简要笔录,注明录音和视听记录的操作人员、起止时间等内容。⑥如果采用打印、速记、录音、视听记录的,原则上应及时整理成文字形式,并将上述各类记录带(纸)和整理的文字记录一并附卷。总之,讯问笔录是反映审讯活动的书面文件,是一种重要的证据材料。讯问笔录包括每次讯问笔录、系统讯问笔录和被告人的亲笔供词三部分。对于重大和特别重大案件的审讯,应同时录音、录像进行记录。现将讯问笔录的具体制作方法归纳如下:

(一) 制作讯问笔录的具体方法

1. 要有专人负责作记录,不准许一个审讯人员自审自记。这样做,可以保证审讯质量和记录质量,也是保障审讯人员人身安全的一项重要措施。

2. 记录员事前必须熟悉案件情况,包括主要犯罪事实情节和与案件有关的人名、地名、单位、专用名词、专门术语等;还要熟悉整个审讯计划和每次审讯的重点、意图,以便与审讯员密切配合,协同作战。

3. 必须如实反映审讯情况。对审讯员的提问和犯罪嫌疑人的陈述,应采用一问一答的方式,不失原意地记录下来。同时,又要注意抓住重点。对于涉及案件的重要事实情节,要一字不差地记录原话。特别是当犯罪嫌疑人供述犯罪事实时,要把他供述的作案时间、地点、手段、方法、过程、后果、动机、目的以及与犯罪有关的事和人等记录得清清楚楚。如果犯罪嫌疑人讲得太快,记不下来,审讯员要让犯罪嫌疑人讲得慢些,在关键的地方可以让他再重复一遍。此外,对于犯罪嫌疑人在审讯过程中的外部表情,如哭笑、吵闹、低头不语、冒汗、发抖等,也要在讯问笔录上如实地加以反映。

4. 笔录要做到语句通顺、字迹清晰。要防止影响原意的错别字和不应有的省略。对于犯罪嫌疑人供词中的方言土语和事物名称的简称,要加以注明。

5. 每次审讯结束后,要令犯罪嫌疑人阅读讯问笔录,没有阅读能力的,要向其宣读,然后在笔录的最后一页写明"以上给我看(或念)过,记载正确无误",让犯罪嫌疑人签名或捺手印,并写上日期。如果记录有遗漏或者差错,应当允许犯罪嫌疑人补充或者更正,并令其在补充或涂改的地方捺手印。如果不是记录有误,而是犯罪嫌疑人要借机更改口供,或者统一前后口供的矛盾,则不予修改,可令犯罪嫌疑人在笔录的末页上加以说明。最后,审讯员、记录员则分别在笔录的末页上签名。

(二)每次讯问笔录的制作

每一次审讯都必须制作笔录。只有将每次审讯的情况记载下来,才能在下次审讯前研究犯罪嫌疑人的态度,寻找问题的关键,确定再次审讯的对策。制作笔录的具体方法同前所述。

(三)系统讯问笔录的制作

当把犯罪嫌疑人的每条罪行以及每条罪行的主要情节审清,并把犯罪嫌疑人口供中的各项矛盾澄清之后,应按犯罪嫌疑人进行犯罪的次序或罪行的轻重大小,最后进行一次全面系统的讯问,制作一份系统、完整的讯问笔录,把犯罪嫌疑人的全部罪行用文字固定下来。

系统笔录主要包括以下内容:

1. 犯罪嫌疑人简况。

2. 犯罪嫌疑人什么时候开始犯罪,为什么犯罪,犯了哪些罪,和谁一起犯罪。对每条罪行都要问清时间、地点、手段、侵犯的对象、造成的后果等。

3. 对其所犯罪行的认识。

☆规制链接 关于审查判断犯罪嫌疑人(被告人)供述和辩解的规定

根据最高人民法院、最高人民检察院、公安部、国家安全部、司法部《关于办理死刑案件审查判断证据若干问题的规定》(2010年6月13日"两高三部"联合通知规定:办理其他刑事案件参照此《规定》执行）和《关于办理刑事案件排除非法证据若干问题的规定》（两个《规定》自 2010 年 7 月 1 日起施行），对侦查讯问取得的犯罪嫌疑人供述和辩解的审查判断与排除非法言词证据的认定要求如下：

1. 犯罪嫌疑人（被告人）供述和辩解（关于审查判断证据的《规定》）

第十八条 对被告人供述和辩解应当着重审查以下内容：

（一）讯问的时间、地点、讯问人的身份等是否符合法律及有关规定，讯问被告人的侦查人员是否不少于二人，讯问被告人是否个别进行等。

（二）讯问笔录的制作、修改是否符合法律及有关规定，讯问笔录是否注明讯问的起止时间和讯问地点，首次讯问时是否告知被告人申请回避、聘请律师等诉讼权利，被告人是否核对确认并签名（盖章）、捺指印，是否有不少于二人的讯问人签名等。

（三）讯问聋哑人、少数民族人员、外国人时是否提供了通晓聋、哑手势的人员或者翻译人员，讯问未成年同案犯时，是否通知了其法定代理人到场，其法定代理人是否在场。

（四）被告人的供述有无以刑讯逼供等非法手段获取的情形，必要时可以调取被告人进出看守所的健康检查记录、笔录。

（五）被告人的供述是否前后一致，有无反复以及出现反复的原因；被告人的所有供述和辩解是否均已收集入卷；应当入卷的供述和辩解没有入卷的，是否出具了相关说明。

（六）被告人的辩解内容是否符合案情和常理，有无矛盾。

（七）被告人的供述和辩解与同案犯的供述和辩解以及其他证据能否相互印证，有无矛盾。

对于上述内容，侦查机关随案移送有录音录像资料的，应当结合相关录音录像资料进行审查。

第十九条 采用刑讯逼供等非法手段取得的被告人供述，不能作为定案的根据。

第二十条 具有下列情形之一的被告人供述，不能作为定案的根据：

（一）讯问笔录没有经被告人核对确认并签名（盖章）、捺指印的；

（二）讯问聋哑人、不通晓当地通用语言、文字的人员时，应当提供通晓聋、哑手势的人员或者翻译人员而未提供的。

第二十一条 讯问笔录有下列瑕疵，通过有关办案人员的补正或者作出合理解释的，可以采用：

（一）笔录填写的讯问时间、讯问人、记录人、法定代理人等有误或者存在矛盾的；

（二）讯问人没有签名的；

（三）首次讯问笔录没有记录告知被讯问人诉讼权利内容的。

第二十二条 对被告人供述和辩解的审查，应当结合控辩双方提供的所有证据以及被告人本人的全部供述和辩解进行。

被告人庭前供述一致，庭审中翻供，但被告人不能合理说明翻供理由或者其辩解与全案证据相矛盾，而庭前供述与其他证据能够相互印证的，可以采信被告人庭前供述。

被告人庭前供述和辩解出现反复，但庭审中供认的，且庭审中的供述与其他证据能够印证的，可以采信庭审中的供述；被告人庭前供述和辩解出现反复，庭审中不供认，且无其他证据与庭前供述印证的，不能采信庭前供述。

2. 依法排除非法言词证据（关于排除非法证据的《规定》）

第三条 人民检察院在审查批准逮捕、审查起诉中，对于非法言词证据应当依法予以排除，不能作为批准逮捕、提起公诉的根据。

第四条 起诉书副本送达后开庭审判前，被告人提出其审判前供述是非法取得的，应当向人民法院提交书面意见。被告人书写确有困难的，可以口头告诉，由人民法院工作人员或者其辩护人作出笔录，并由被告人签名或者捺指印。

人民法院应当将被告人的书面意见或者告诉笔录复印件在开庭前交人民检察院。

第五条 被告人及其辩护人在开庭审理前或者庭审中，提出被告人审判前供述是非法取得的，法庭在公诉人宣读起诉书之后，应当先行当庭调查。

法庭辩论结束前，被告人及其辩护人提出被告人审判前供述是非法取得的，法庭也应当进行调查。

第六条 被告人及其辩护人提出被告人审判前供述是非法取得的，法庭应当要求其提供涉嫌非法取证的人员、时间、地点、方式、内容等相关线索或者证据。

第七条 经审查，法庭对被告人审判前供述取得的合法性有疑问的，公诉人应当向法庭提供讯问笔录、原始的讯问过程录音录像或者其他证据，提请法庭通知讯问时其他在场人员或者其他证人出庭作证，仍不能排除刑讯逼供嫌疑的，提请法庭通知讯问人员出庭作证，对该供述取得的合法性予以证明。公诉人当庭不能举证的，可以根据刑事诉讼法第一百六十五条的规定，建议法庭延期审理。

经依法通知，讯问人员或者其他人员应当出庭作证。

公诉人提交加盖公章的说明材料，未经有关讯问人员签名或者盖章的，不能作为证明取证合法性的证据。

控辩双方可以就被告人审判前供述取得的合法性问题进行质证、辩论。

第八条 法庭对于控辩双方提供的证据有疑问的，可以宣布休庭，对证据进行调查核实。必要时，可以通知检察人员、辩护人到场。

第九条 庭审中，公诉人为提供新的证据需要补充侦查，建议延期审理的，法庭应当同意。

被告人及其辩护人申请通知讯问人员、讯问时其他在场人员或者其他证人到庭，法庭认为有必要的，可以宣布延期审理。

第十条 经法庭审查，具有下列情形之一的，被告人审判前供述可以当庭宣读、质证：

（一）被告人及其辩护人未提供非法取证的相关线索或者证据的；

（二）被告人及其辩护人已提供非法取证的相关线索或者证据，法庭对被告人审判前供述取得的合法性没有疑问的；

（三）公诉人提供的证据确实、充分，能够排除被告人审判前供述属非法取得的。

对于当庭宣读的被告人审判前供述，应当结合被告人当庭供述以及其他证据确定能否作为定案的根据。

第十一条 对被告人审判前供述的合法性，公诉人不提供证据加以证明，或者已提供的证据不够确实、充分的，该供述不能作为定案的根据。

第十二条 对于被告人及其辩护人提出的被告人审判前供述是非法取得的意见，第一审人民法院没有审查，并以被告人审判前供述作为定案根据的，第二审人民法院应当对被告人审判前供述取得的合法性进行审查。检察人员不提供证据加以证明，或者已提供的证据不够确实、充分的，被告人该供述不能作为定案的根据。

立案侦查篇

第十章 现场勘查

现场勘查是侦查人员依法对涉嫌犯罪的场所及其周围环境查考的活动,包括现场实地勘验、检查、现场访查和现场分析等内容。不能把现场勘查单纯理解为是对现场进行实地勘验和检查。

第一节 犯罪现场及其保护

研究犯罪现场(即涉嫌犯罪的场所,下同)的概念类型及犯罪现场保护,是现场勘查的前提。

一、犯罪现场的概念

犯罪现场是指由涉嫌犯罪行为引起变化的客观环境的总称。它包括案件发生的地点和同案件有关的其他场所。

案件发生的地点,是指犯罪分子着手侵犯犯罪对象并直接给社会带来危害后果的地点。例如,杀人案件的杀人地点,盗窃案件的盗窃地点,抢劫案件的行抢地点等。同案件有关的其他场所,是指除了发生案件的地点之外,其他遗留有同案件有关的痕迹、物体的一切场地和处所。

在通常情况下,一起案件只有一处现场。有时候,一起案件也可能有几处现场。因为有些犯罪,特别是一些复杂的犯罪,犯罪分子必须有准备犯罪、实施犯罪和处理罪证的过程。这一过程,一般不可能在一段时间内于一个地点完成,而往往是在几段时间内于几个地点陆续完成的。这样,就形成了若干个发展阶段内的几处现场。

应该指出的是,犯罪分子进入和逃离有关场所的路线,也应视为犯罪现场的范围。因为犯罪分子在犯罪过程中的来去路线,无疑也与案件有关。例如常常在来去路线上留下犯罪分子的脚印、坐卧痕迹等,在逃跑的路线上还会留下赃物或其他有关痕迹和物品。

从上不难看出,对犯罪现场不能简单地理解为仅是一个地域概念。犯罪现场是犯罪人为了实现其犯罪意图,在一定时间、空间侵犯一定的对象,从而引起该对象及其所在物质环境发生一系列变化的客观存在。换言之，犯罪人的犯罪行为必然要受一定的时间和空间所限制，必然要受一定时空中的一定客体所制约。就是说，犯罪现场必须具备犯罪人的犯罪行为、犯罪的时间和空间以及被犯罪侵犯的物质实体的变化三种要素，缺一不可，离开任何一种要素，犯罪现场就不存在。

二、犯罪现场的类型

犯罪现场可以从不同角度分成下述几类：

（一）按现场有无破坏划分

按现场有无破坏，可以分为原貌现场和变动现场。原貌现场是指犯罪分子作案后没有遭到改变和破坏的现场。原貌现场又可以分为伪装现场和非伪装现场。伪装现场是指犯罪分子在作案的过程中，对其犯罪行为故意加以掩饰的原貌现场。非伪装现场是指犯罪分子在作案的过程中，对其犯罪行为未加以故意掩饰的原貌现场。变动现场是指犯罪分子作案后，发生了部分或全部改变的现场。变动现场又可以分为自然变动现场和人为变动现场。自然变动现场是指罪分子作案后，由于自然力的原因而部分或全部改变的现场。自然变动的情况：一是因气候的变化或自然灾害使现场的原貌状态发生了改变；二是因家禽、家畜、野兽等动物的活动而使现场的原貌状态发生了改变。人为变动现场是指犯罪分子作案后，由于其他人为的原因而发生部分或全部改变的现场。人为变动现场又可分为无意变动现场和故意变动现场。无意变动现场是指犯罪分子作案后，人们不是出于有意破坏的目的而部分或全部改变的现场。无意变动的情况主要有：一是由于事主、被害人或周围的群众不了解保护现场的重要意义，发现出事后，随便进入现场乱摸乱动，使现场遭到破坏；二是由于急救、抢险等原因而使现场遭到破坏；三是由于现场保护人员疏忽大意或保护现场的方法不当致使现场遭到破坏。故意变动现场是指发案后，由于人的故意破坏而部分或全部改变的现场。故意变动的情况主要有两种：一是犯罪分子及其同伙事后趁机将现场的原貌状态破坏；二是犯罪分子的亲友为了包庇犯罪分子，趁机破坏了原貌现场。

（二）按犯罪分子活动的先后划分

按犯罪分子活动的先后，可以分为第一现场，第二现场，……等。有的杀人碎尸案件，犯罪分子将尸块和凶器藏匿几十个地方，这样就使一个案件出现十几个乃至几十个现场。第一现场是指犯罪分子着手实施犯罪行为的场所，即案件的发生地点，亦即主体现场。第二、第三等现场，是指与第一现场前后关联的其他主要地点，亦称关联现场。多现场的案件，不仅要把所有现场都找到，而且要判明这些现场的先后顺序。这样有助于判明犯罪分子的作案时间、过程、来去路线以及犯罪分子可能隐藏的地区，从而划定侦查范围。需要指出，在划分现场先后时，要注意容易混淆的几种情况：一是不能把犯罪分子在一个场所作案所侵犯的不同部位看成是第一、第二、第三等几个现场。二是不能把在一个地区之内连续发生的几起案件看做是同一案件的几个现场，即使是同一个或同一伙人所为，也不能这样看，因为它们不是同一起案件。三是不能把原貌现场称之为第一现场。因为原貌现场是相对于变动现场而言的，第一现场既可能是原貌现场，也可能是变动现场。四是应注意1号现场、2号现场等与第一、第二现场等的区别。1号、2号等现场是指发现现场的顺序，而不是犯罪分子的活动顺序。

（三）按现场与犯罪活动的联系划分

按现场与犯罪活动的联系，可分为中心现场和外围现场。中心现场是犯罪分子实施主要作案活动的场所，或遗留犯罪物证较集中的地点。如杀人案件的杀人地点，藏匿尸体的地点等均可称为中心现场。外围现场是指与中心现场相联系的周围有关地带和处所。如犯罪分子进入某一作案地点前后停留或藏身的地点，来去的路线以及其他遗留同犯罪有关的痕迹、物品的地点。中心现场和外围现场不是两个独立的现场，而是一个现场的中心部分和外围部分。

（四）按现场所处的空间划分

按现场所处的空间，可以分为露天现场和室内现场。露天现场是指犯罪分子在室外作案时形成的现场。室内现场是指犯罪分子在室内作案时形成的现场。

（五）按案件性质划分

实际部门为便于从不同类型案件现场的特点和规律出发，研究现场勘查的具体方法，也为便于统计，常按案件性质将现场分类。如杀人现场、盗窃现场、强奸现场、抢劫现场、放火现场、毒害现场等。

以上分类，目的是使侦查人员在进行现场勘查时开阔视野、全面考虑，把各种情况都估计到，以便根据各类现场的特点，采取相应方法开展勘验和访查工作。

三、保护现场

保护现场是指对犯罪现场进行警戒封锁，使其保持着案件发生、发现时状态的工作。

保护现场人人有责。我国《刑事诉讼法》第102条规定："任何单位和个人，都有义务保护犯罪现场，并且应立即通知公安机关派员勘验。"负有保护现场职责的，通常首先是基层公安保卫人员和发案单位、基层组织的治保人员或检察机关的司法警察。他们在获悉案件发生时，应迅速赶往现场了解情况，并根据现场的具体环境，及时采取措施，严密地将现场保护起来，同时要立即报请有关的侦查管辖机关派员勘查。

（一）保护现场的任务

1. 划定保护范围。范围的大小，原则上应包括中心现场和外围现场。一般说来，在侦查人员未到达现场之前，保护的范围可以适当划大一点，待侦查人员到达现场以后，在侦查人员的主持下，可以斟酌具体情况和实际需要，再作适当调整。

2. 布置警戒。划定保护范围后，应立即组织群众，布置警戒，维护秩序，采取措施，昼夜值班，不允许任何无关人员进入现场保护区。

3. 采取紧急措施。负责保护现场的人员，应针对现场出现的紧急情况，积极采取紧急措施。诸如急救人命（包括受伤的犯罪分子），排除险情，排除交通障碍，扭送和追缉人犯等，并记明现场变动前后的情况。

4. 初步访问。负责保护现场的人员应抓紧发案不久的有利时机，访问事主、发现人和现场周围群众，了解案件发生、发现的经过以及群众对案件的议论等，以便给现场勘查工作打下一个基础。

（二）保护现场的方法

1. 露天现场保护的方法。一般是在保护区周围布置警戒，加以封锁。如果范围不大，可以在现场周围绕以绳索或撒白灰加以标记，并在现场重要部位的出入口设岗看守或设置屏障。对通过现场的道路，必要时可以临时中断交通，指挥行人、车辆绕行。如果是在大院内空地上的现场，可以在院子的大门设岗看守或将大门关闭。对于院内有其他住户的现场，可以划出进出的通道。露天现场容易因刮风、下雨、下雪、日晒或动物流窜而被破坏，所以对留有与犯罪有关的痕迹、物体的场所应重点加以保护。必要时，可以用席子、塑料布、面盆等将有关痕迹、物体遮盖起来，但要注意不使用散发着强烈气味的物品去遮盖，以免破坏嗅源，妨碍警犬追踪。

2. 室内现场保护的方法。通常是在门、窗等重点部位设岗看守。也可以将门、窗封闭，但要注意防止破坏门、窗上的痕迹。对于房子周围和进出口经过的场所，特别是犯罪分子可能出入的路线、进入现场前藏身的处所，也必须划出一定的范围，布置警戒封锁，采取妥善措施，严密加以保护。

（三）保护现场应注意的问题

1. 在侦查人员未到达现场之前，除采取紧急措施外，任何人员，包括负责保护现场的人员，都不得随便进入现场，更不能随意触摸和移动现场上的任何物品。

2. 案件管辖机关接到报案后，首先要迅速组织力量前往现场，同时还必须根据报案的情况进一步部署保护现场的工作，以免因保护方法不妥当而使现场遭到不应有的破坏。

3. 侦查人员到达现场后，保护现场人员应将案件发生、发现的经过情况，事主、周围群众和有关人员对案件的反映和议论，现场是否遭到变动或破坏，以及所采取的保护措施等，如实向侦查人员汇报。

4. 保护现场的时间，一般应从现场发现后到勘查完毕为止。重大复杂的案件现场或一次不能全部查明的现场，可以对整个现场或现场的某一部分延长保护时间，以便再次勘查。

为了切实做好保护现场工作，公安等具有侦查职能的机关要对基层公安保卫人员、治保人员以及广大群众进行保护现场基本知识的宣传教育，使他们懂得保护现场的重要意义并掌握保护现场的一些具体方法。对于基层公安保卫人员和治保人员，还可以结合集训、传达会议精神，运用具体案例进行教育。

第二节 现场勘查的任务和要求

为使现场勘查正确、顺利地进行，必须明确现场勘查的任务和要求。

一、现场勘查的任务

现场勘查的基本任务是通过现场实地勘验和现场访查，为查明是否发生犯罪事件提供线索和证据。具体地说，现场勘查有以下几项任务：

（一）判明事件的性质

这是现场勘查首先要解决的问题。关于事件的性质，不外乎三种情况：一是犯罪案件，二是不幸事故，三是假造的案件。由于事件的性质可能是这样，也可能是那样，所以现场勘查必须首先判明是否发生了犯罪案件。有些现场对事件的性质反映得很明显，一看就知道已经发生了一起什么性质的事件。但是，有些现场对事件的性质反映得并不明显，需要经过现场勘查，才能确定是否已经发生了犯罪案件。确定是犯罪事件之后，才有可能对案件的性质作出初步的判断，而后决定是否需要立案侦查。如果对事件的性质尚未搞清楚，或者把事件的性质搞错了，把本来是不幸事故或假造的案件当成了犯罪案件立案侦查，那就会使整个侦查工作走弯路。

（二）收集与犯罪有关的痕迹和物品

刑事案件的一个重要特点，就是犯罪分子作案以后，一般都会在现场上留下各种痕迹、物品，其中包括手印、脚印、破坏工具痕迹、车轮痕迹、牲畜蹄迹、弹头、弹壳、作案工具、衣帽鞋袜、纽扣、烟头、火柴棍、唾液、精斑、血迹、毛发、粪便等。这些与犯罪有关的痕迹、物品，都是侦查人员认识案情和开展侦查工作的重要依据。如果离开了这些痕迹、物品，侦查人员对案情所作的分析判断，就缺乏必要的事实根据，当然也就难以正确地确定侦查范围，制订侦查方案，匹配侦查力量，开展侦查工作。实践证明，在现场勘查过程中，如果与犯罪有关的痕迹、物品的发现率、利用率高，工作就主动，破案就迅速、及时、准确；反之，侦查工作就很难深入开展，弄得不好，还可能导致放纵犯罪分子，冤枉好人的错误。

（三）研究和了解犯罪分子实施犯罪的情况

犯罪现场能反映出犯罪分子实施犯罪的情况。这种情况，包括犯罪的时间、地点，犯罪的过程、工具、手段，犯罪的人数，罪过形式，犯罪的动机、目的、对象以及犯罪所造成的危害后果等。判明这些情况，对于确定侦查范围有着重要的意义。但是，侦查人员在对现场进行勘查之前，对这些情况是不完全了解的，只有通过对犯罪行为引起的各种变化了的情况的实地勘验、对事主以及现场周围群众的访查、对勘验和访查所得材料的综合分析，才能作出比较符合实际情况的判断。

（四）研究和了解犯罪分子的某些个体特点

犯罪分子的个体特点，主要是指犯罪分子的性别、年龄、身高、体型、职业、爱好、生活习惯、动作姿势、相貌以及衣着打扮等。对这些情况，只有通过现场勘查，对所获得的大量材料经过去粗取精、去伪存真、由表及里、由此及彼地分析，才能作出比较确切的判断，从而为侦查破案提供线索和方向。

（五）确定侦查范围

所谓确定侦查范围，就是指通过现场勘查确定侦查工作应该指向哪里，应该在什么地区、什么行业、什么单位和什么人中寻找犯罪分子，也就是侦查人员经常说的给犯罪分子"画像定向"。这是现场勘查的最终目的。上述现场勘查的几项任务，都可以为确定侦查范围提供条件和根据。如果侦查范围不准确，就会使整个侦查工作陷入被动局面。

综上不难看出，现场勘查是立案前的一项重要的活动。它是判明事件性质，决定是否立案侦查的首要环节；是正确分析案情，制定侦查方案，运用各项侦查措施的物质基础；是获取证据材料的一条重要途径。同时，现场勘查所发现、收取的与犯罪有关的痕迹和物品以及所了解的犯罪分子在现场的活动过程等，可以用来印证犯罪嫌疑人的口供、证人证言、被害人陈述的可信程度。所以，关于现场勘查的问题，常被看成立案侦查活动中最重要、最实际的问题之一。

二、现场勘查的要求

为了完成现场勘查的各项任务,现场勘查必须遵循及时的要求,客观的要求,合法的要求和保密的要求。

(一) 及时的要求

及时的要求,是指侦查人员一旦接到报案,就必须以最快的速度及时到达现场;到达现场后,必须抓住一切有利时机和条件,及时进行现场勘查。为此,必须做到以下几点:一是必须有高度的政治责任感,不论白天黑夜、刮风下雨,条件多么恶劣,只要接到报案,就能及时出发。二是行动必须迅速敏捷,到达现场后,应抓紧时间,迅速及时地开展实地勘验和现场访查工作,并根据案件的具体情况,考虑各项勘查工作的先后,不给犯罪分子以"喘息"的机会。三是必须建立必要的工作制度,做到常备不懈,如昼夜要有人值班,要保持交通工具和各种勘查器材性能良好、完备无缺,以便一旦接到报案,就能开得动、用得上。实践证明,如果能抓住发案不久,现场还未遭到破坏,与犯罪有关的痕迹、物品还比较明显,犯罪分子还未来得及远逃,赃物尚未处理,事主和现场周围群众对有关情况记忆犹新等有利时机,迅速赶往现场,及时进行访查、勘验和追缉堵截犯罪分子等,就能及时、准确查明案情,取得证据,查获犯罪人。否则,就可能失去有利时机,延长侦查过程,甚至出现僵局。

(二) 客观的要求

客观的要求,是指侦查人员勘查现场必须从实际出发,实事求是,按照犯罪现场的本来面目去认识犯罪现场。要贯彻现场勘查客观性的要求,一是要求侦查人员在勘查现场的过程中,必须实事求是,正视客观现实,尊重客观规律,尊重辩证唯物论,既不夸大、也不缩小,不先入为主,偏听偏信,不带着框框去工作,不随意歪曲现场情况、牵强附会,更不准捏造一些根本与案件无关的情节。二是要求侦查人员在勘查现场的过程中,要严格认真,一丝不苟,不放过任何细微末节。三是要求侦查人员必须把握和研究犯罪现场的一切方面,一切联系和"中介",做到既收取能够肯定问题的材料,也收取能够否定问题的材料,切忌以偏赅全、挂一漏万,得出片面的、表面的、主观的结论而把侦查工作引向歧路。实践表明,按照犯罪现场的客观实际情况决定侦查的范围、重点以及侦查的具体方法,是每一个侦查人员所必须记住的一个最基本的工作方法。有的侦查人员在侦查破案中之所以犯错误,离开了犯罪现场的实际情况、歪曲了犯罪现场的本来面目是重要原因之一。

（三）合法的要求

法律是侦查案件、惩罚犯罪、保护人民的有力武器。侦查人员勘查现场必须持有人民检察院或者公安机关和其他依法享有侦查权的机关的证明文件，必须遵守刑法、刑事诉讼法和其他有关法律的规定，严格依法办事。首先要严格地按照刑法的规定判明已经发生的事件是否涉嫌犯罪，是否应当追究行为人的刑事责任；再是现场勘查的整个过程和每一个行动，都必须严格按照有关法律规定的程序进行。只有严格依法办事，才能使勘查所获取的材料在侦查中起到证据的作用。如果不依法办事，不遵守现场勘查的具体诉讼程序，不严格遵守每一项程序中的各项具体规定，即使获取的材料对于证明案件情况很有意义，也不能在刑事诉讼中作为证据加以使用。

（四）保密的要求

侦查人员必须严格保守现场的有关秘密情况，不得任意向无关人员泄露。一是侦查人员在勘查现场的过程中，要严防一切无关人员进入现场。二是要正确处理保守秘密和公布案情的关系，既不能将现场情况全部封锁，也不能将现场情况全部公开，而是要根据案件的具体情况和侦查工作的需要，有领导、有目标、有控制地公布案情。三是对于随意泄露现场秘密的行为，应当认真追究，严肃处理。

第三节　现场勘查的组织领导

现场勘查必须有组织、有领导地进行，这是搞好现场勘查工作，实现现场勘查任务的一个重要条件。

一、现场勘查人员的组成

（一）确定现场勘查的指挥人员

现场勘查工作往往头绪繁多，情况复杂，参加勘查的人员又常常来自不同的单位。为了使现场勘查工作能在统一指挥下，有步骤、有计划地进行，就需要确定现场勘查的指挥人员。一般说来，现场勘查的指挥人员由负责侦查的部门负责人担任。一般案件现场的勘查，也可以由领导指定的侦查人员负责指挥。涉及两个地区以上的重大或特大案件现场的勘查，由直接参加侦查的主要一方或上一级侦查机关的侦查部门的领导干部负责指挥。

（二）确定具体参加勘查的人员

具体参加现场勘查的人员不宜过多，一般由侦查人员负责进行，发案地段的民警或企业、事业单位的保卫干部协助。必要的时候，也可以指派或者聘请具有专门知识的人,在侦查人员的主持下进行勘验或者检查。比如命案现场,可以指派法医参加勘验;放火案件现场,可以邀请消防队员参加勘验;技术破坏案件现场,可以邀请有关专家和工程技术人员参加勘验等。有警犬的地区,警犬训练员也应带警犬参加,以便利用同犯罪有关的痕迹和物品为嗅源追缉人犯。

(三)商请有关机关派员参加

现场勘查的案件涉及两个以上机关管辖的,由涉嫌主罪的管辖机关主持和指挥勘查,有关机关派员参加配合勘查。公安机关等侦查机关在勘查重大和特别重大案件现场时,还应商请人民检察院派检察人员参加。

二、邀请现场勘查的见证人

现场勘查必须邀请两名与案件无关、为人公正的普通公民作为见证人到场见证。这项工作,首先,要严防犯罪分子和其他不良分子趁机混入;其次,不能让事主及其亲友充当见证人;第三,公安司法人员不能充当见证人。以此贯彻现场勘查的客观的要求和合法的要求。

现场勘查的见证人至少应有两人。作为一般原则,也不应当多于两人。因为人数过多,可能使现场遭到破坏,或者留下他们的痕迹、物品,给勘查工作增加困难。

现场勘查的见证人应当自始至终在场。侦查人员在勘验、检查现场的过程中,必须向见证人提出经勘验、检查所发现的痕迹、物品,并让他们注意这些痕迹、物品的特点或特征;另外,见证人也有权让侦查人员注意经他们发现的具有重要意义的痕迹、物品,以便真正发挥见证人的作用。

三、现场勘查的领导和指挥

(一)制定勘查方案

现场勘查方案,是现场勘查的指挥人员部署勘查力量,指挥勘查行动的依据。所以,现场勘查人员组成并邀请见证人之后,为了正确地组织现场勘查,负责勘查的指挥人员,应在初步了解案件情况的基础上,制定切实可行的勘查方案。

现场勘查方案一般包括以下内容:

1. 列举需要查明的问题。
2. 列举查明每个问题的措施(包括各项紧急措施)、时间与要求。
3. 制定必要的工作制度。如请示报告制度、审批制度、交接工作制度等。

制定现场勘查方案,对勘查各类案件现场都是必要的,特别是勘查那些情况复杂的重大和特别重大案件现场，必须提出详细的勘查方案，而且在各个主要方面，还应提出具体的工作部署。这样，有助于考虑形成犯罪现场的各个因素，运用各项侦查措施，组织和使用侦查力量，迅速完成勘查的任务和目的。

（二）现场勘查人员的分工

为了有秩序地全面及时地勘查现场，特别是勘查重大、特别重大案件现场，现场勘查的指挥人员应根据每个参加勘查的人员的特长，进行合理的、适当的分工。否则，就会出现工作忙乱、顾此失彼的情况，以致造成勘验不细、访查不深的结局。

一般说来，勘查一般案件现场，可以分为现场访查和实地勘验两个组进行工作。勘查重大和特别重大案件现场，可以分为现场访查、实地勘验、现场保护和调查控制四个组进行工作。

1. 现场访查组。主要负责访问事主、其他当事人和现场周围群众，了解案件发生、发现前后的情况和过程，收集群众对案件的议论等。

2. 实地勘验组。主要负责勘验、检查现场实地，发现、固定和收取与犯罪有关的各种痕迹、物品等。

3. 现场保护组。充实原现场保护力量，负责保护现场和维护现场秩序，防止现场遭到自然或人为的破坏。

4. 调查控制组。主要负责控制赃物、追缉堵截犯罪分子，监视看管犯罪嫌疑人或现行犯，查对现场实地勘验和访查中发现的重要线索。

现场勘查工作是一个有机的整体，所有参加勘查的人员都必须在现场勘查指挥人员的统一领导之下，各负其责，开展工作。同时，相互之间要主动联系，密切配合。这样，才能使现场勘查中所获得的材料得到及时补充和印证，顺利地完成现场勘查的任务。实际工作中，有的侦查员和技术员到达现场之后，只顾埋头实地勘验，而不及时进行现场访问，或者实地勘验、检查完了之后再深入群众访查，使勘验和访问相互脱节；有的则技术员只管实地勘验，侦查员只管现场访问，两者互不及时通气。这些做法都不利于提高勘查的效率与质量，应当改进。

（三）现场指挥应注意的问题

为了迅速、准确地查明现场和其他有关的情况，现场勘查的指挥人员还必须注意以下问题：

1. 必须全面贯彻现场勘查的各项要求，真正做到主动及时、认真细致、全面客观、依法办事。

2. 必须把专门工作和依靠群众结合起来。只有相信群众、依靠群众，把现场实地勘验和深入群众查访结合起来，才能加速查明现场情况。

3. 必须把现场勘查同追缉堵截、控制赃物、搜查或扣押等侦查措施密切结合起来,通过现场勘查发现问题,通过采取其他侦查措施澄清情况,以达到及时、准确地查明现场情况的目的。

四、现场勘查的纪律

为了顺利地进行勘查工作,现场勘查的指挥人员应向全体勘查人员和见证人宣布现场勘查的纪律。

现场勘查的纪律是:

1. 要严格服从指挥人员的统一指挥,按照组织分工,各负其责,互相配合,有秩序地进行工作,不得擅自行事。
2. 要保护现场上的公私财物,不得私拿、丢失或无故损坏任何物品。需要提取有关物品时,要经领导批准并征得事主同意,且要办理手续。
3. 现场访问严禁逼供、诱供和指名问供。
4. 要尊重当地群众的风俗习惯。
5. 要严格保守现场秘密和发现的线索秘密。

第四节 现场访问和现场勘验

现场访问和现场勘验是现场勘查的两个主要组成部分,是勘查任何犯罪现场都必须采取的专门措施。现场访问和现场勘验做得好坏,直接关系到现场勘查的质量和侦查工作的结局。

一、现场访问

现场访问是指侦查人员深入出事地点,向了解案件有关情况的人进行调查询问的活动。其目的是使事主和现场周围的有关群众能够客观全面地提供出他们所知道的案件的有关情况,以便从中发现侦查的线索和证据,推动侦查工作的进展。

现场访问应查询的问题,因访问对象的不同而有所区别。

(一)访问报案人和最早发现案件的人应查询的问题

侦查人员到达现场后,首先应访问报案人和最早发现出事的人。主要查询以下问题:

1. 发现出事的时间、地点。
2. 发现出事的详细经过。
3. 发现出事时现场的状态如何,有无变动,变动的原因是什么,以及变动后的状态如何等。

（二）访问事主和事件的目睹人应查询的问题

事主和事件的目睹人是现场访问的重点。着重查询以下问题：

1. 事件发生、发现的时间。

2. 事件发生、发现的详细经过。

3. 有关行为人的情况，如行为人的人数、年龄、体态、相貌、口音、衣着等具体特征，特别要注意询问行为人有什么特别记号，如斑痕、伤疤、瘊痣、文身、麻脸、独眼、秃顶、镶牙、断手、断腿、口吃等，以及行为人所使用的凶器、交通工具等。

4. 有关财物的损毁、损失情况，特别要注意询问有关失物的种类、数量、价值、体积、重量、式样、新旧程度、平时保管使用情况以及失物的特别特征等。

5. 有无怀疑对象，怀疑的依据是什么，被怀疑对象的特征是什么等。

（三）访问事主的家属、亲友应查询的问题

1. 被害事主平时的生活规律、工作情况、交往人员情况，以及出事前后的言行表现等。

2. 有无怀疑对象，根据是什么。

（四）访问现场周围知情群众应查询的问题

1. 在出事当时或出事前后看到或听到过一些什么情况，如是否看到可疑人，是否听到某种异常声响或喊叫、呼救的声音以及是否看到其他可疑迹象等。

2. 有关被害事主及其家属、亲友的政治态度、工作表现、道德品质、生活作风、经济状况、平时来往人员等方面的情况。

3. 对事件的看法以及别人对事件的舆论和反映。

4. 当地的社情（包括非常时期的敌情、特情）和其他可疑情况。

现场访问必须严格地按照我国刑事诉讼法规定的询问证人和被害人的程序进行，必须根据访问对象的情况采取适当的方式、方法进行询问，必须制作正式的询问笔录。

二、现场勘验

侦查人员深入出事现场实地，运用各种科学技术手段，发现、观察、提取、记录一切同犯罪有关的痕迹、物品，并给予分析研究，以确定其产生、发展的原因及与犯罪行为的关系，这种工作就是现场勘验。

按勘验的对象划分，现场勘验主要有：现场环境勘验、现场痕迹勘验、现场尸体勘验、活体检验、现场文书勘验以及现场物质、物品勘验。

现场勘验的目的是查明现场实地同犯罪有关的一切痕迹和物品，对于同犯罪无关的场所，不能擅自进行勘验或检查。

（一）各种勘验应查明的问题

现场勘验的种类不同，应查明的问题也不尽相同。

1. 现场环境勘验应查明的问题。主要有：

（1）现场的方位；

（2）现场同周围环境的关系；

（3）行为人进入和逃离现场的路线。

2. 现场痕迹勘验应查明的问题。主要有：

（1）痕迹在现场中的位置、状态、承受客体的情况，以及同周围其他痕迹、物体的关系；

（2）形成痕迹的物质成分及痕迹上附着物质的情况；

（3）痕迹形成的过程、新旧程度、原因和造型客体的情况；

（4）痕迹与犯罪的关系。

3. 现场尸体勘验应查明的问题。主要有：

（1）尸体在现场上的位置、姿势以及与其他痕迹、物体的关系；

（2）死亡的时间、过程和致死的原因；

（3）尸体现象和尸体外表生前的特殊记号；

（4）尸体外部损伤的形状、性质、分布状况、严重程度以及其他异常情况；

（5）如是碎尸，还应查明碎尸的手段、方式和工具，有条件的尚要了解各种尸体的内部情况；

（6）衣着情况，包括随身携带的物品、包裹以及与死因有关的遗留物情况；

（7）尸体、尸块与犯罪的关系。

4. 现场活体检验应查明的问题。主要有：

（1）伤势，包括外部损伤和内部损伤情况；

（2）损伤的原因和具体过程；

（3）检验对象身上的附着物，如衣服上、头发里的血迹，指甲缝里的皮肤碎片等；

（4）行为人或犯罪嫌疑人皮肤外表的特殊记号；

（5）有的案件还需要查明检验对象的性机能和其他生理机能；

（6）检验对象的身体损伤情况与犯罪的关系。

5. 现场文书勘验应查明的问题。主要有：

（1）文书在现场的具体位置、状态及其与周围其他痕迹、物体的关系；

（2）文书的种类及其特征；

（3）文书制作的时间、材料和工具；

（4）文书与犯罪的关系。

6. 现场物质、物品勘验应查明的问题。主要有：

（1）物质、物品所在的位置、状态及其与周围其他痕迹、物体的关系；

（2）物质、物品的名称、种类，制作时所用的材料及其颜色、形状、大小、重量和特殊记号；

（3）遗留的时间、形成的过程和原因；

（4）物质、物品与犯罪的关系。

（二）现场勘验的一般步骤

1. 视察现场和划定勘验范围。主要是通过对现场周围和现场中心的大体情况进行巡视观察，弄清现场的方位、现场周围的环境和现场中心的大体情况，弄清行为人进入和逃离现场的路线，以便对现场概貌有一个初步的了解，并在此基础上，划定勘验范围。

2. 确定勘验顺序。是指从现场的什么部位开始勘验。这应视现场的具体情况来定。一般做法有：从现场中心向外围勘验；由外围向中心勘验；分片分段勘验；沿着有关的来去路线勘验；沿着地形、地物勘验；从容易遭到破坏的地方开始勘验；从入口处开始勘验等。总之，确定勘验的顺序，必须从实际出发，因案而异，因地而别。如果不视现场的具体情况，盲目地进行勘验，势必形成忙而无序的局面，影响勘验的速度和质量。

3. 进入现场观察现场状态。一般做法是：先派一两名有经验的侦查人员进入现场仔细观察，找出一条可供侦查人员进出现场的路线，然后让其他侦查人员沿着标出的路线进入现场，观察案件发生、发现时的状态。同时，将现场全貌和现场周围的环境分别拍成现场全貌照片和现场方位照片，以便把发现案件时的现场本来状态固定下来。

4. 初步勘验和详细勘验。初步勘验，也叫静的勘验。是指侦查人员不改变现场状态所进行的勘验。一般做法是：用眼睛看，用鼻子嗅等。对于发现的具有证据价值的痕迹、物品，要立即进行拍照固定，并把它们的状态详细记载下来。详细勘验，也叫动的勘验。是指侦查人员改变现场物品状态和位置进行的勘验。一般做法是：利用各种光照角度和技术手段，对有关客体翻转、移动勘验，仔细寻找和发现各种痕迹、物品，研究它们形成的原因及与犯罪的关系，并对有关痕迹、物品加以固定和收取。初步勘验和详细勘验是两个紧密衔接的工作过程，是不可能截然分开的。在通常情况下，对现场上的某一物体或某一部位进行了初步勘验之后，接着就应进行详细勘验，而不是把整个现场普遍进行一次初步勘验之后，再从头开始一遍详细勘验。

5. 现场复验。由于主客观条件的限制，有时现场上的某一情况不能一次认识，遇到这种情况，必须进行现场复验，以加深对现场的认识，获得更多、更全面、更准确、更完善的材料。

6. 临场实验。如果经过复验，有些问题仍搞不清楚，可以临场进行实验，以确定现场某一现象究竟是在什么情况下形成的，是否与犯罪有关。

（三）制作现场勘验笔录

现场勘验笔录是一项重要的法律文书，是侦查人员依法用文字对现场勘验情况所作的记述。现场勘验笔录由导言、叙事和结尾三部分构成：

1. 导言部分。主要记载以下内容：

（1）接到报案的时间，报案人的姓名、住址、工作单位、职业以及案件发生、发现的时间、地点和经过情况。

（2）侦查人员到达现场的时间。

（3）保护现场人员的姓名、职业，保护现场过程中发现的情况及其所采取的措施。

（4）现场勘验人员的姓名、职务和分工。

（5）在场见证人的姓名、职业和住址。

（6）勘验的范围和顺序。

（7）勘验开始和结束的时间，以及勘验当时的温度、光线等天气情况。

2. 叙事部分。主要记载以下内容：

（1）现场方位。记明现场的具体地点及其周围环境情况。对现场周围环境中的有关地形、地物，可用"东西南北"或"前后左右"等词加以描述，并注明该地形、地物距中心现场的距离。

（2）现场全貌。记明现场具体范围和状态。

（3）现场中心。主要记明出事中心地点的状态。这是现场勘验笔录的重点，一定要写得详细具体。

（4）现场细目。记明在现场各处发现的可疑痕迹、物品（如凶器、血迹、精斑、毛发、粪便等）的数量及其特征。

（5）现场勘验所见的一切反常现象。

3. 结尾部分。主要记载以下内容：

（1）采取的痕迹、物品的名称和数量。

（2）拍照的现场照片的种类和数量。

（3）绘制的现场图的种类和数量。
（4）一切在场人员的有关声明。
（5）现场勘验人员签名或盖章。
（6）见证人签名或盖章。
（7）笔录制作的日期。
（8）笔录制作人签名或盖章。

应该指出，现场勘验笔录只能由侦查人员制作；记载必须简明扼要，重点突出；用语必须明确、肯定，不能使用模棱两可、含混不清的语词；勘验中如果进行了尸体勘验、活体检验、侦查实验、人身搜查等，应单独制作笔录，并由主持人、勘验人、见证人签名或盖章，多次勘验的现场，每次勘验均应制作笔录，一案有多处现场，应分别制作勘验笔录。

第五节 现场讨论

现场访问和现场实地勘验结束后，现场指挥人员把所有参加勘查的人员（不包括现场见证人）召集起来，临场对现场情况和其他有关问题进行分析研究，称为现场讨论，也叫临场讨论或现场分析。

一、现场讨论的意义

现场讨论是现场勘查的一个重要组成部分，是现场访问和勘验的继续和深入，是现场勘查过程中一个带有关键性的步骤或环节，它对于立案侦查有着极为重要的意义。具体地说：

（一）是对勘查过程的全面检查

现场勘查工作包括的内容很多，有现场访问、现场勘验，有的还要进行现场实验和采取有关紧急措施。这些在现场勘查中各有其特殊的任务和作用，但是它们只是按照现场勘查的分工，作为各自一个方面对案件的某一情况进行研究，所得的材料是分散的、孤立的和片面的。现场讨论则可以把各方面的材料汇集起来，通过相互印证来发现矛盾和问题，以便及时复验现场或补充访问，迅速补救勘查的漏洞和不足，保证现场勘查的质量。

（二）可以正确认识案件的情况

侦查人员通过现场访问、现场勘验和现场其他措施，获得的材料很多、很丰富，但是这些材料往往只是对事物的直观反映，只反映事物各个片面和表面的联系，有它的局限性。因此，通过这些材料只能了解事物的个别现象，不能把握事物的本质。同时，在这些材料中，本质和非本质的东西往往混杂在一起,有时还会出现反映某种假象的材料,从而掩盖了事物的本质。这就很难正确地认识案件的情况。现场讨论则可以通过一系列的抽象和概括,综合许多事物和每一个事物各方面的材料,进行思考、判断和推理,分清真相与假象,本质与现象,找出事物之间的内在联系,从而获得对案件全貌情况的正确认识。

(三) 可以准确地确定侦查范围

现场勘查的一个非常重要的目的,就是确定是否需要立案侦查。对于需要立案侦查的案件必须准确地确定出侦查范围。这就必须对勘查所获得的各种材料进行综合分析判断。实践证明,判断恰当与否,不但直接决定着侦查范围的确定,而且严重地影响着侦查计划的制定、侦查力量的配备以及工作的部署。现场讨论作出恰如其分的判断,就能定出恰当的侦查手段,加速案件的侦破。

显然,现场讨论对于弥补现场访问和现场实地勘验的漏洞,对于正确地认识案件的全面情况和确定侦查范围等很有意义,必须切切实实地认真搞好现场讨论。

二、现场讨论应解决的问题

现场讨论应解决的问题是多方面的,概括地说,主要有以下几点:

(一) 判明事件与犯罪行为的关系

在现实生活中,人们控告、举报的犯罪事件,经过审查,最后查明并不都是犯罪事件,而可能是如前所述的是不幸事件或假造的案件,也可能因犯罪事实显著轻微而不需要追究刑事责任。现场讨论作为现场勘查的一个重要组成部分,首先必须通过对勘查所获取的一切材料的分析研究,判明已发生的事件是否与犯罪行为有关,是否已构成犯罪,以确定是否立案侦查。

(二) 鉴别证据的真实性和证明力

要确定已发生的事件是不是犯罪事件,还必须对勘查所获的一切证据或材料认真地审查和评断。证据是正确认识是否已构成犯罪的基础。现场勘查所获取的证据材料,可能有真有假,其证明力也可能有大有小,这就必须通过认真地分析研究,鉴别各种证据材料是否真实、完备,对于查明和证实犯罪行为有无意义。如果证据材料不真实、证明力极小,必然会在此基础上对事件的性质和情况做出错误的推断,其结果就可能使被告人受到不实事求是的追究,或者使根本无罪的人受到刑事追究。

经过审查,如果认为存在需要追究刑事责任的犯罪事实,应进一步分析判断作案的时间、作案的地点、作案的工具、作案的过程、作案的动机目的、作案的人数以及作案人的特点等案情,对勘查时来不及履行立案手续的,应迅即制作立案决定书。如果认为没有犯罪事实,或者犯罪事实显著轻微,不需要追究刑事责任,应当依法撤销案件;对因情况紧急勘验时未办理立案手续的,就不应当立案并制作不立案决定书,同时,将不立案的原因通知控告人,控告人等如果不服,可以申请复议,或通过人民检察院的侦查监督职能和程序对不立案决定进行监督。

三、现场讨论的步骤

现场讨论一般分汇集材料、个别分析、综合分析和重点分析四步进行。简述如下:

(一) 汇集材料

一般是按现场勘查的分工,通过勘查人员的汇报,把现场访问材料、现场实地勘验材料、现场实验材料以及采取各种紧急措施所获取的材料,分门别类地汇集在一起。

(二) 个别分析

个别分析是指对每类材料中的每一项材料进行单独考查,逐项认识。一是要分析各项材料的可信度;二是要分析每一项材料对于证明犯罪的实际意义。如果经过分析,认定某一项材料对于证实犯罪毫无意义,即使它是真实的,也应当舍弃。总之,通过个别分析,要对每一个问题都做出有根据的推断,以便为下一步的综合分析打下可靠的基础。

(三) 综合分析

综合分析是指将案件各方面材料联系起来,通过由此及彼、由表及里的分析,揭示它们之间的内在联系,并通过相互印证、相互补充、相互比较,进一步分析材料的可靠性和证明力的大小,进而对整个案情作出判断。一般是首先要把所有的材料集中起来,对案件一个方面或几个方面进行分析,找出它们之中哪些是共同说明一个问题或几个问题,哪些是单独说明一个问题或几个问题,哪些是比较准确地说明一个问题或几个问题,哪些只是对某一个或几个问题作出某种可能性判断,哪些在说明一个或几个问题上还有矛盾等,以便逐步解决与所发生的案件有关的各项问题,使侦查人员初步了解案件的一些重要情节。然后,再把每一个情节有机地联系起来,形成一个统一的整体,作出全面的分析判断。只有这样,才能对整个案件有一个正确全面的认识。

(四) 重点分析

在个别分析和综合分析的过程中,常常会遇到一些得不到解决的问题,如有些材料之间存在着明显的矛盾;有些痕迹、物品尚未得到科学的认识;有些问题的认识尚有争议等。遇到这些情况,应当由个别到局部,由局部到整体进行重点分析。必要时,可以进行现场实验,或者复验现场和再向有关人员访问。

四、现场讨论的几种分析方法

现场讨论常采用心理分析法、辩证分析法和逻辑推理法。简述如下：

（一）心理分析法

主要是运用心理学的理论和方法分析证人的感知能力，以及直接故意犯罪这一客观事实所反映的犯罪人的犯罪动机特点和其他心理特点。

1. 证人感知能力分析。主要是分析证人对案件有关事实、情节的感知特点。

2. 犯罪人犯罪动机分析。适用于直接故意犯罪事件。犯罪动机属于犯罪主观方面的因素，是犯罪人的一种主观心理状态，但是只要犯罪人直接故意实施犯罪行为，这种主观心理状态就会在犯罪行为发生的过程及其结果中有所反映。犯罪动机分析法，就是从已知（犯罪的客观行为和结果）推断出未知（犯罪的动机），从犯罪的客观现实判明犯罪的主观因素的一种方法。犯罪行为的发生过程，一般可以分为四个阶段，即犯罪动机的产生阶段、犯罪目的的确定阶段、犯罪手段的选择阶段和犯罪行为的实施阶段。犯罪动机是促使犯罪目的形成的主观因素，犯罪手段是犯罪目的得以实现的保证，犯罪行为的实施则是犯罪人在犯罪动机的推动下，以犯罪目的为出发点，通过运用具体的犯罪手段实现的。也就是说，犯罪行为的发生，是犯罪动机的形象化、具体化和行为化；犯罪行为发生过程中各阶段之间，前者是后者的原因，后者是前者发展的必然结果，它们像一条锁链一样，是不可分割地、紧密地、一环扣一环地联系在一起的。现场讨论正是根据这种联系来分析犯罪人的犯罪动机的。

3. 犯罪人其他心理特点分析。除犯罪动机之外，犯罪人的智力、情感、意志、技能、能力、性格等主观心理特点，也必然要在犯罪行为的发生过程及其结果中有所反映，也应注意运用心理分析法进行分析。

（二）辩证分析法

辩证法是观察事物、分析问题的根本方法。现场讨论中的辩证分析，主要是指分析各项勘查材料所反映出来的矛盾。分析时应注意掌握矛盾的个性；抓矛盾的主要方面；透过现象看本质；分析必然性与偶然性；分析现实性与可能性等。并注意关于量变与质变、肯定和否定、原因和结果分析的运用。

（三）逻辑推理法

经过上述的分析，对各项材料进行综合比对，相互印证之后，还必须运用逻辑推理的形式，对所发生的案件的事实情节作出恰当的推断。

1. 现场判断。是断定事件事实的情况，即指出案件某一客观事实具不具有某种性质，或者指出案件中两个事物之间具不具有联系（关系）。需要强调指出的是，现场判断应以现场客观事实和痕迹物品为基础，否则，得出的判断便是不正确的。判断的形式有两类：一类是简单判断，即不包含其他判断的判断，如性质判断、关系判断等；另一类是复合判断，即包含两个或两个以上的简单判断组成的判断，如假言判断、选言判断；此外，还有必然性判断和或然性判断。现场讨论中常采用的判断有：①必然性判断：是断定必然具有或必然不具有案件事实的判断。它是表示对案件规律性认识的判断，要求准确可靠，不能有任何其他可能性存在，否则就会犯主观臆断的错误。例如，从出事地点和其他某些情况分析，得出抢劫杀人的必然性判断时，又发现被害人的财物被抛至距出事现场较远的地方，那么，对该案件的性质就不能作出必然性判断的结论。因为它有可能是凶犯在抢劫杀人逃跑途中将财物失落，也有可能是其他原因杀人而故意制造抢劫杀人的假象。②或然性判断：是断定可能具有或可能不具有案件事实的判断。它是带有对案件推测性认识的判断，不是完全肯定，也不是完全排除，而是反映某些情况的不可排除性，并有待于进一步的解决。或然性判断有或然性小、有或然性和或然性大的程度区别。必须指出，或然性判断尽管接近于否定或肯定的程度不同，但也不可忽视或漏掉对每一种推测的证明。因为根据极小的线索作出的判断，可能就恰恰是行为人的疏忽造成的。另外，或然性判断虽然是一种推测性判断，但它是以一定的客观事实为依据的，是合乎逻辑、符合情况、接近事实的。没有事实乱猜疑，所作的推测就可能是错误的判断。或然性判断能够帮助侦查人员在纷繁复杂的案件中，理出一些头绪，排除一些可能性，指出一定的范围和重点，为进一步判明案情和开展侦查工作指明方向。③选言判断：是断定案件某一事实情节有几种情况、几种可能可供选择的判断。一般是在分析的材料不足，不能作出必然性判断或或然性判断时所采用的一种判断形式。例如，一女青年在郊外河边一僻静处被杀。勘查发现：死者怀孕约六个月，身上无任何钱财和证明身份的文件。据此判断，该女青年被害或是情杀，或是仇杀，或是抢劫杀人，或是杀人灭口，或是其他杀人。对案件的某一事实情节作出选言判断时，必须根据对已有材料的分析，穷尽一切可能性，否则整个判断就可能是假的。根据选言判断进行侦查，必须同时在各方面布置侦查力量，同时开展工作，否则就会放纵真凶，贻误战机，甚至可能冤枉无辜。选言判断可以帮助侦查人员提出侦查的范围和解决问题的各种线索。因此，对于各种案件，特别是某些复杂的杀人案件（如不知名尸体案）的事实情节的判断，选言判断的形式是不可少的。④假言判断（或称条件判断）：是有条件地对案件的有关事实情节的断定。因为它具有假设的性质，所以叫假言判断。假言判断由前件和后件两部分组成，前件和后件之间具有条件关系。由于前后件之间的条件关系不同,可以分为充分条件假言判断、必要条件假言判断和充分必要条件(唯一条件)假言判断三大类。现场讨论中常用的是充分条件假言判断,其特征是:有前件存在,必有后件存在;但如无前件存在,后件不一定不存在。就是说,充分条件假言判断,前件是后件的充分条件,后件是前件的必要条件,前件真时后件必真,前件假时后件不一定假,后件真时前件不一定真,后件假时前件必假。可见,对某些事实情节作出假言判断时,要掌握充分材料,至少要弄清在哪些条件下才能得出这种判断,要注意前件与后件之间的必然联系。如果不充分占有材料,不认真分析这些材料,判断时前件与后件之间没有必然联系,那么这种假言判断便是错误的。应该指出,所发生的案件的情况千差万别,判断的材料来源也不一样,这就决定了对案件的事实情节的判断形式也必然不尽相同,就是在同一个案件里,对不同的事实情节所采取的判断形式也不会相同,所以,在运用上述四种判断形式的时候,应当根据情况和需要,灵活地运用其中的一种或几种,以求得出正确的判断。

2. 现场假说。是说明事物的存在(或不存在)、性质、原因和规律的假定,并且证明这一假定的一种思维方法。一是假说的提出:即根据对勘查材料的分析研究,对那些因果关系搞不清楚的事实提出来的。不根据事实进行推测是幻想,而不是假说。一般说来,一个具体的事实可以由不同的原因所引起,为了寻找该事实的真正原因,就应该列举产生它的一切可能原因,然后通过分析、反驳和验证,找出其真正的原因。现场讨论中提出的假说,多数系相对"穷尽"。即在一定条件下,它只有这几种可能,并不排除将来随着侦查工作的进展,发现新的可能。二是假说的证明:一般有下面两种方式:①通过复验现场直接证明假说。例如要证明现场上有血迹,可以通过复验现场直接进行观察。②通过现场实验证明由假说所推出的结果。这种证明包含三个步骤:第一步,由假设推出结果。暂时承认某一假说是真实的,由它推出一些结果来。第二步,用现场实验检验由假说所推出的结果。第三步,假说被证明或推翻。由假说所推出的结果,被实验证实了,假说就是真实的,应该被采纳;被实验推翻了,假说就是虚假的,应该被舍弃或修改。

3. 现场推理。是根据案件已知的判断来推导出一个新的判断的思维形式。现场讨论中要根据已知的案件材料,对案件作出科学的推理,这是认识案件情况的重要方法。实践证明,现场讨论离不开推理。没有推理,对案件的认识就只停留在表象上、外表上,而不能认识它的本质及内在联系,也就不能指导侦查实践。现场讨论时经常采用的推理有以下几种:①演绎推理:是从案件的一般规律和特点,导出个别事件特性的推理方法,是前提与结论间具有必然联系的推理。例如：从"凡是被掐死的人，颈部必有表皮剥脱和软组织出血的痕迹"和"某人是被掐死的"，即可推导出"某人在颈部一定有被掐的痕迹和软组织出血现象"。反之，从"某人没有这种痕迹和现象"就可推导出"某人不是被掐死的"结论。现场讨论中，运用演绎推理的方法，从一般推导出特殊，就能给侦查人员指明方向，推进侦查的进展。②归纳推理：是由个别的事物或现象推导出该类事物或现象的普遍性规律的推理，是前提与结论间具有或然联系的推理。这种根据个别案件的特点推导出同类案件共同特点的推理，在现场讨论中也是经常采用的。如探讨犯罪现象之间的因果关系，研究损伤及其检验等都要运用归纳推理。例如法医学证明：掐死只见于他杀，自掐不能致死就是运用归纳推理得出的科学结论。侦查中串联案件并案侦查更是离不开归纳推理。③类比推理：是根据两个对象都有某种属性，而且其中一个对象还有另外的某个属性，由此推出另一对象也具有同样某个属性的推理。类比推理的结论只能是或然性的。但它在现场讨论中也是经常被采用的，特别是在推断是否惯犯作案、相似案件的串联、追破积案等方面有着重要作用。④回溯推理：是根据事物的结果，运用已知的知识，推断产生这种结果的原因，或产生这种结果的过程和环节。从结果推断原因，就是回溯推理的逻辑过程。犯罪案件的发生，往往只知道结果，不知道原因，如人被杀死了，但不知杀人原因，而其因果关系又是复杂多样的。运用回溯推理的方法有助于查明事件的因果关系和事实真相。可以说，回溯推理贯穿现场讨论和侦查的全过程。例如根据现场状态推断作案的过程；根据犯罪行为的结果推断犯罪手段、动机和目的；根据尸体现象的变化推断死亡原因等。

五、现场讨论中的案情分析

（一）事件性质分析

已经发生的事件是否属于犯罪事件，这是现场讨论中必须首先解决的问题。因为只有判明了事件的性质，才可以决定是否立案侦查。在一般情况下，判明事件的性质并不难。但是，实践中也常碰到一些比较复杂的事件，要判明它究竟是属于何种性质，则必须通过对勘查材料的认真分析，反复研究，并结合侦查调查，才能最后判明。一般从以下几方面分析：

1. 分析访问对象的陈述是否合乎情理。主要分析被害事主及其亲属和其他证人的陈述是否有个人目的；陈述本身是否前后矛盾；陈述是否符合犯罪事件发生、发展的一般规律；陈述是否与其他证人证言相矛盾；陈述是否与现场实地勘验所见相一致；陈述时的神态表情怎样；陈述是否由某种错觉所引起；陈述是否为事件的发生在头脑中所引起的无关设想或联想；是否由于其本身就是犯罪人而故意提供假情况或有意陷害别人；所讲情况的来源等。

2. 分析事件现场的本身是否存在矛盾。主要是分析现场痕迹（包括尸体上的痕迹和活体损伤）是否符合犯罪事件的一般规律；现场是否有外来物质；现场痕迹与遗留在现场上的造型物是否相吻合；第一现场与其他现场及现场的中心与外围是否有内在联系；现场内部现象是否因自然或人为的因素遭到改变；现场是否由某种自然因素（如雷击）或其他不可抗拒的原因造成的；现场有无其他该出现而未出现、不该出现而相反出现了的反常现象等。

3. 分析现场周围群众对事件的反映。一起事件发生后，现场周围的群众定会作出种种反映。分析他们的反映，也有助于对事件性质的判断。主要是分析群众对被害事主或报案人的工作性质、政治倾向、工作作风、道德品质、性格特点、经济情况、家庭成员和社会关系等情况的反映。因为这些情况往往能够反映出是否因报复、图财和奸情等引起的犯罪案件。对责任事故还是破坏事故等涉及专门知识的问题，在确定性质时，尚需请有关专家参加研究。

4. 进行复验复查和必要的现场实验。经过上述分析研究之后，如果仍不能判明事件的性质，可以对现场复验、复查。必要时，经领导批准，也可以通过现场实验来审查是否已经发生了犯罪事件。

（二）犯罪情况的分析

判明了事件为犯罪案件之后，还必须对犯罪的具体情况进行分析研究。它主要包括对犯罪时间、犯罪地点、犯罪人数、犯罪工具、犯罪方法、犯罪目的、犯罪动机的分析研究。简述如下：

1. 犯罪时间分析。有助于确定嫌疑人范围，肯定或否定嫌疑线索，核实证人的证言和犯罪嫌疑人、被告人的口供等。一般：①根据被害事主、发现人、报案人和知情群众所提供的发案经过情况，如被害事主和犯罪人遭遇的时间、最后看到死者生前活动的时间、听到呼救声的时间、听到异常声响的时间、看到犯罪人逃跑的时间、现场最后离开人的时间、发现出事的时间、走亲访友的时间等进行分析。②根据能表明时间的物品，如手表停止的时间、日历停翻的时间、日记停记的时间、盖有邮戳的信件、汇款单上表明的时间、报纸上记载的时间、影剧票及车票上表明的时间等进行分析。③根据现场陈设，如室内灯光是亮着或关闭着，床上被褥是否铺开，炉火是否熄灭，炉温情况如何，热水瓶中的水是否还热，饮食食具状况等进行分析。④根据痕迹的新鲜程度进行分析。⑤根据其他物质的状态，如血迹、精斑、尿斑、粪便、糨糊等干湿程度，现场物体上的尘土堆积情况，遗留在现场的烟头、火柴杆的数量和新鲜程度，蜡烛的痕迹，燃烧的纸，特殊气味等进行分析。另外，还可以根据天气变化的情况、被害人的生活习惯、现场尸体勘验所见等进行分析。必要时，可以通过侦查实验进行分析。

2. 犯罪地点分析。分析犯罪地点包括两方面内容：一是发现案件的地点是否为第一现场，二是有无第二、第三等现场。有助于判明犯罪人与被害人的关系，准确地发现和收集与犯罪有关的痕迹、物品，有时还可以找到案件的目睹人和其他证人等。分析犯罪地点的根据：①被害人和周围群众关于发案经过的陈述。②犯罪人在实施犯罪行为时形成的各种痕迹。③现场外来物质。④现场丢失物品的状况等。

3. 犯罪人数分析。对于确定侦查范围和进一步侦查调查具有重要意义。一般从①现场不同种类的犯罪痕迹；②被害人尸体上的不同种类的伤痕；③失物的数量、体积、重量；④被害人或群众目睹的犯罪人数等方面进行分析。

4. 犯罪工具分析（详见第四章第一节）。

5. 犯罪方法分析。犯罪方法，主要是指犯罪分子在现场上的活动特点，如出入现场的行走路线、作案对象的选择、作案的经过以及破坏方法的职业特点等。分析犯罪的方法，可以初步判明犯罪分子是否为惯犯，以及犯罪分子的职业特点等，有时还可以推断在同一地区先后发生的几起案件是否为同一人或同一伙人所为。为判明犯罪人的犯罪方法，应全面分析现场的痕迹、物品的状况，原有物体变动的情况以及事主的陈述和知情群众提供的情况等。必要时，可以进行现场实验。

6. 犯罪目的分析。犯罪目的是指犯罪人通过实施犯罪行为所期望达到的结果。直接反映着犯罪行为的社会危害性程度，在某些情况下，还直接影响到犯罪行为的性质。例如故意杀人和伤害致死，两者之间的根本区别就在于犯罪目的不同。犯罪目的是犯罪主观方面的因素，它只存在于直接故意犯罪中。就多数犯罪事件来说，犯罪目的是比较明确的，一般从行为本身及其危害后果就可判明。但有的复杂案件，如上述的故意杀人和伤害致死，从行为本身和所造成的后果来看，就很难划分，只有经过对勘查材料的认真分析研究，并进行必要的侦查调查，才能初步判明。如果犯罪人被当场抓获，还要分析其对犯罪目的的陈述等。

7. 犯罪动机分析。犯罪动机是指引发犯罪人实施犯罪行为的内心起因，往往比较隐蔽，其情况也是千差万别、错综复杂的，要真正准确地认识它并不容易，尤其是当犯罪人采用销匿罪证、移花接木等手段，布设疑阵，制造假象，竭力掩盖其真实的犯罪动机，以转移侦查视线时，就更不容易。因此，要判明犯罪动机，必须全面、细致地对勘查中所获得的各项材料作系统分析，全面认识犯罪人的活动，才能对犯罪动机作出准确的判断。一般根据现场状况、被害人情况、事主和证人的陈述、犯罪嫌疑人口供等进行分析。必须指出,犯罪动机的复杂性往往使案件的情节变得相当复杂,特别是结伙犯罪,其犯罪成员的犯罪动机往往不可同一而论,所以在研究他们犯罪动机的口供时,也不能相同看待。例如,一起结伙杀人案,甲、乙、丙合伙杀害丁,拿走丁的财物,由乙、丙分掉。初看起来,丁被杀是图财害命,但从甲的行为看,并无此动机。根据深入侦查和犯罪嫌疑分子的供认获知:甲因与丁有仇而以丁家有大量财物引诱图财的乙、丙合伙杀害丁。据此分析,推断甲、乙、丙三个嫌疑人的犯罪动机:甲是报私仇,而乙、丙则是图财。

(三)犯罪人条件分析

1. 犯罪时间条件分析。任何犯罪事件都有特定的犯罪时间。犯罪时间是发现和审查犯罪嫌疑人最基本的条件。按照时间的一度性和排他性(一个人在特定的时间内只能从事一种活动),只有当某人具备了犯罪时间之后,才能进一步考察他有无其他犯罪条件。分析犯罪时间条件,主要是根据具体出事的时间、地点以及周围的环境,分析什么人有接触现场的机会,并有足够的时间去实施和完成犯罪行为。但应特别注意,有些狡猾的犯罪分子,为了转移侦查视线,往往在犯罪时间上施展伎俩,制造假象。例如,有的犯罪人利用工间、课间作案;有的利用看电影、看戏途中离开进行作案,作案后又返回原处;有的夜晚乘车由甲地到乙地作案,天亮前又乘车返回甲地;有的内外勾结、故布疑阵;有的谎称回家探亲或外出,夜里又潜回作案等。

2. 熟悉内情条件分析。熟悉内情条件,是指犯罪人对现场情况和被害人的生活规律是否熟悉以及熟悉的程度。分析犯罪人是否熟悉内情的根据主要是:选定的作案时间、作案地点、作案部位、来去路线、出入口等是否合适,选择的作案目的物是否准确等。另外,弄清被害人的身世、活动范围、接触关系(如亲朋、邻里、同事、同学、同路人等等)和被害的具体过程,也能推断出犯罪人是否熟悉情况等。例如,持明显器械杀人,而被害人毫无防备,很可能是熟人;作案避人耳目,可能是当地人;守候作案,可能是熟悉现场情况的人;犯罪后处理现场(如破坏现场等)的,可能是近处人作案等。

3. 因果关系条件分析。因果关系是指犯罪人与被害客体之间的矛盾或利害关系。有些犯罪事件,在弄清其性质的基础上,即可判明犯罪人与被害客体之间是否存在因果关系。例如,奸情杀人,表明犯罪人与被害人之间可能有过正当的或不正当的男女关系;投毒、报复杀人,可以确定犯罪人与被害人之间可能有过矛盾冲突;遗弃杀人,犯罪人多为被害人的亲属等。又例如,放火案件,根据现场情况,可以判明犯罪人与被焚烧对象是否有直接的利害关系等。在研究因果关系条件时,要考虑前因、后因、远因、近因、本因、他因等诸方面因素。

4. 犯罪痕迹、物品条件分析。犯罪人作案遗留的痕迹、物品是多种多样的，如现场遗留手印、足迹、工具痕迹、枪弹痕迹、断离痕迹以及血迹、精斑、唾液、粪便、尿迹、毛发等。通过技术勘验提供的物质上的根据，可以查找留下现场痕迹的人身、物或同类型物质。

5. 同类遗留物条件分析。犯罪分子作案时，往往将作案工具、使用物或随身携带的物品遗留在犯罪现场，甚至将身上带来的农作物颗粒、泥土、花粉等物质遗留在现场。这些物质、物品具有一定的特征，可以用来查找犯罪人。因此，对现场遗留的物质、物品，必须进行检验识别，确定是否为犯罪人所留和与犯罪行为的关系，以便查明犯罪人是否具有过或者仍具有同现场遗留物相同的物质、物品。

6. 赃物条件分析。有些盗窃、抢劫等案件，必须查明失物的数量、特征，以便从嫌疑人处发现赃物。但应注意犯罪人是否将赃物转移、扔掉、烧掉、毁坏或改头换面隐藏。

7. 职业特点分析。有些案件现场，往往可以反映出行为人的职业特点。例如：从作案手段看，用解剖技术肢解尸体，可以表明行为人的医疗或屠宰职业特点；善于使用斧、锯之类工具作案，可以反映行为人的木工职业特点；使用选配钥匙开锁或使用技术方法打开保险柜锁，可以反映行为人具有开锁或熟悉保险柜的职业特点。从失窃物品看，被盗物品中有些物品有一定专业性，可以反映行为人懂得物品的性能等。从现场遗留物品看，现场遗留的文件、书报、字迹、钢笔等，在一定程度上可以反映行为人的文化程度；现场遗留的工作证、介绍信和其他表明身份的证件，则可以直接指明行为人的职业身份等。但应注意行为人是否有意伪装现场或有意陷害他人，例如某市一杀人分尸案，行为人故意将第三者的照片撕下一半放在尸块包裹里来转移侦查视线。

8. 惯犯偶犯分析。主要从作案手段看是否有技巧。使用工具熟练，破坏方法得当，有一定习惯性，则往往反映是惯犯所为。另外，惯犯有作案经验，往往不留痕迹或有意消痕灭迹。某些犯罪人专门盗窃贵重物品如铜锭、锡锭等，就可能是具有销赃能力的惯犯。

9. 体貌特征分析。体貌特征主要是指犯罪人的性别、年龄、身高、体态、口音、相貌、走路姿态、发型、文身、疤痣、生理上的残缺以及衣着打扮等。分析犯罪人的体貌特征，主要是根据被害人或目睹人提供的材料，现场痕迹（如脚印、手印等）、现场其他情况（如出入口位置高低、大小等），现场物品的损失情况（数量、体积、重量）等来判定。如果被害人与加害人搏斗过，还应注意犯罪人身上是否有伤、血迹或衣物是否破损。但应注意到某些特征如衣着、发型、鞋等是否在犯罪后改变,以免疏忽上当。

10. 反常表现分析。犯罪人在实施犯罪后,由于怕犯罪行为被揭发受惩,往往在心理上表现出极大的恐怖感,这些必然在神态表情和言行举止中有所反映,如发案前后情绪紧张,精神不振,心情不安,故作镇静等;还有的经济、生活、工作、交往、言语等一反常态,或到处探听消息、尾随偷听、反侦查等。但应注意必须把有无反常表现与上述其他条件联系起来综合分析,判明是不是反常及反常的原因。

必须指出,由于犯罪事件的情况不同,犯罪人条件也不尽相同,必须根据犯罪事件具体情况作出切合实际的判断。力求做到范围尽量缩小,重点突出,根据可靠。如果根据现有材料,还不能够对犯罪人条件作出明确的判断,就不必勉强,待收集足够材料以后,再研究确定。但应根据现有材料,作出或然性判断,以便为进一步开展工作提供方向。

第六节 结束勘查

结束勘查是现场勘查的最后一道工序,是对现场勘查的全部活动进行全面的检查、总结。结束工作做得好与不好,直接影响着勘查的质量,影响着整个侦查破案工作的开展。

一、结束勘查的条件

结束勘查必须具备一定的条件。这些条件是:
一是现场主要情况已经查明和研究清楚。
二是侦查的范围、重点和应采取的侦查措施已经确定。
三是各项法律手续已经完备。
结束勘查前,侦查人员应遵照这三个条件对现场勘查活动进行一次认真的检查、复核,发现不足之处,要及时补正。必要时,还可以对现场进行复验、复查。只有同时具备了这三个条件,才能决定结束勘查。

二、结束勘查后的处理

现场勘查结束以后,侦查人员应当根据案件的具体情况,抓紧时间搞好现场勘查后的处理。主要包括以下几项工作:

(一)撤销现场保护

结束勘查后,应撤销现场保护,通知事主进行妥善处理。重要物品应当向事主当面点清。杀人现场可以让死者的家属、亲友将尸体火化或掩埋,如果没有亲属，可以由侦查案件的机关协同民政部门或者生前所属单位负责处理。

（二）运送有关痕迹、物品

现场勘查结束后，对于提取的有关痕迹、物品，应当妥善包装、加封和运送，防止损坏和丢失。如果现场有些物品需要提取，应当给物主开具收据；如果是贵重物品和内部机密文件，应当由负责案件侦查机关的主要负责人批准后才能提取。

（三）处理监视和扭送的犯罪嫌疑人

现场勘查结束后，对于在现场保护和现场勘查过程中所监视的重大犯罪嫌疑人和群众扭送的犯罪嫌疑人，应依法采取适当的措施。需要对其人身、住宅进行搜查时，应严格按照刑事诉讼法的有关规定办理。

第十一章 立 案

立案是刑事诉讼的开端。《中华人民共和国刑事诉讼法》第二编第一章对立案作了专章规定。根据我国刑事诉讼法的规定，刑事诉讼程序即公安机关、人民检察院和人民法院在当事人和其他诉讼参与人的参加下进行刑事诉讼活动的法定步骤、程式和次序的全过程，主要分为立案程序、侦查程序、提起公诉程序、审判程序、执行程序和死刑复核程序、审判监督程序。通常将最后两个程序称为特殊程序，将前五个阶段的程序称为普通程序。而立案就是刑事诉讼开始阶段的程序，即立案程序。

第一节 立案的概念和意义

立案是侦查和审判的前提，其对于及时查明和证实犯罪，防止无根据地任意追究公民的刑事责任等具有重要的意义。

一、立案的概念

立案是享有法定侦查权和审判权的国家机关对所掌握的刑事案件材料进行审查，判明有无犯罪事实和是否应当追究刑事责任，依法决定是否作为刑事案件进行侦查或审理的诉讼活动程序。所谓享有法定侦查权的机关，主要是指人民检察院和公安机关，但也包括国家安全机关、军队保卫部门和监狱。享有法定审判权的机关是人民法院。因此，具体地讲，立案通常是指公安机关、人民检察院和人民法院根据立案管辖权对接受的报案、控告、举报、自首和本机关自己发现的材料进行审查，认为有犯罪事实并需要追究刑事责任时，依法决定交付侦查或审理的一种诉讼活动。但侦查学中讲述的立案并不包括人民法院的立案，因为中国法律没有赋予人民法院侦查权，人民法院的刑事立案没有启动侦查的功能，故法院只能对自诉案件即不需要进行侦查的非公诉案件直接立案审理。

立案是刑事诉讼的开端程序，是每个需要追究刑事责任的案件都必然要经过的一个诉讼程序。因为首先必须确定有犯罪的案件存在，然后才能进行侦查、起诉及审判活动。在立案阶段的前期审查工作中，为了核实准备据以立案的材料，立案机关通常要进行一般性的调查，对于特殊案件还可以进行专门性的调查，如对涉案现场、尸体、会计资料等进行勘验、检查、鉴定等，但这不是法定意义上的侦查，其目的是判断是否有犯罪事实和应否追究刑事责任，属于立案审查工作的范畴。因此，立案是同犯罪事实发生时间最为接近的诉讼阶段，任何刑事案件，只有发现有犯罪事实或者犯罪嫌疑人并依法决定立案以后，才能依次进行其他阶段的诉讼活动。

立案是独立完整的诉讼阶段。我国刑事诉讼法第二编将立案、侦查和提起公诉分别以专章并列加以规定，并将立案列为本编三章之首，这不仅表明立案是刑事诉讼的开始阶段，而且是刑事诉讼的一个独立阶段，它不依附和不隶属于任何其他刑事诉讼阶段。立案阶段的独立性还体现在它有法律规定的特定诉讼任务，有完成特定任务的特殊诉讼活动与方式，在司法实践中有一整套相对独立适用的报批制度、法律文书和处理程序。立案还是一个完整的诉讼程序。它从对报案、控告、举报、自首材料的接受和立案机关自己发现的材料的获取开始；继而对涉案材料进行审查，包括采取一般调查和专门调查的措施对材料进行核查；进而作出立案或者不立案的决定，并按照法定的相应程序进行移送或通知；最后是依法立案或者不立案必然出现两种不同的处理结果。

立案的任务是审查是否存在需要追究刑事责任的犯罪事实和应否决定立案。立案阶段所要确立的"犯罪事实"不是构成犯罪的案件的全部事实和一切情节，而是仅仅指有犯罪行为或有犯罪嫌疑人的事实。也就是说，只要查明是否有需要追究刑事责任的犯罪行为或犯罪嫌疑人存在，并作出依法立案或不立案的决定，就完成了立案阶段的具体任务。而且，这正是立案与侦查等诉讼阶段的主要区别所在。司法实践中有的把审查当侦查，把立案当破案，未查清案件的全部事实或未查获犯罪嫌疑人就不立案，这种做法是错误的。一是"不破不立"往往因未及时立案而不能采用有效的侦查手段和强制措施以致贻误破案时机；二是"先破后立"往往导致在立案前违法采用侦查强制措施而造成违法办案；三是"有案不立"往往因时过境迁淡化了对案件线索的重视而放纵犯罪。对此，作为法律监督机关的人民检察院首先要带头严格依法办案，杜绝在办理检察机关直接受理的案件中发生上述问题。同时，又要严格履行法律监督职责，对其他机关的上述问题进行法律监督，及时予以检察监督纠正，以保证国家的刑事诉讼法统一正确实施。

二、立案的意义

立案是刑事诉讼活动的开端，其重要意义主要表现在以下几个方面：

（一）有利于迅速发现和及时追究犯罪

公安机关、人民检察院或者人民法院，对接受的报案、控告、举报、自首材料或本机关自己发现的犯罪线索迅速进行审查，对符合立案条件的及时立案，以便有效地组织力量、部署侦查，采用法定手段和措施迅速破案或调查审理，有助于及时发现和追究刑事案件。

（二）有利于侦查、审判活动的顺利进行

我国刑事诉讼法赋予公安机关、人民检察院和人民法院的侦查、审判权力，一般只有在依法作出立案决定后才能实施。也就是说，立案决定是公、检、法等机关具体进行侦查、审判等诉讼活动的合法依据。因为只有经过立案程序审查立案的案件，才能为侦查、审判等活动提供有犯罪事实发生、需要追究刑事责任、具备刑事案件成立的条件等法定依据。同时，立案还为侦查、审判等诉讼活动提供必要的诉讼文书、案卷材料和立案的证据等。以上这些，都是进行侦查、审判等活动的前提和基础。没有立案这个前提程序为侦查、审判等活动提供可靠的依据，便无法进行侦查、审判，也就没有刑事诉讼的整个过程。

（三）有利于保障公民的合法权益

立案是法定程序，通过立案程序的依法严格控制，既可以避免对那些行为不构成犯罪或者具有法定不追究情形的公民进行刑事追究，还可以防止某些司法机关无根据地任意追究公民的刑事责任，杜绝或减少冤假错案。这就从刑事诉讼的第一道程序上保障了公民的合法权益。

（四）有利于社会治安的综合治理

及时正确立案，能够在审查立案材料中发现和掌握社会治安状况，了解发案特点、重点部位、发展趋势和各类犯罪的作案手段，通过及时准确的统计、综合和分析，为制定防范、打击、遏制犯罪的相应对策提供客观依据，有效地促进社会治安的标本兼治、综合治理，为推进社会主义市场经济建设创造良好的社会治安环境。

第二节 立案的材料来源及审查

了解立案的材料来源，及时对立案的材料进行审查，对于正确立案很有意义。

一、立案的材料来源

根据刑事诉讼法第83条至第85条的规定和司法实践经验，立案阶段的案

件线索和证据材料来源主要有以下渠道:

(一) 公安机关或者人民检察院发现的犯罪事实或者犯罪嫌疑人

《刑事诉讼法》第 83 条规定:"公安机关或者人民检察院发现犯罪事实或者犯罪嫌疑人,应当按照管辖范围,立案侦查。"公安机关在办理刑事案件的侦查、预审活动过程中,通过讯问犯罪嫌疑人、询问证人、被害人和勘验、检查、搜查等专门调查工作中,常常能发现一些新的犯罪证据和新的犯罪嫌疑人;在户籍管理、交通管理、特种行业管理和巡逻执勤等治安防范工作中,通过其管理职能和盘查、访问等形式也经常能发现犯罪线索、证据和犯罪嫌疑人。人民检察院在侦查直接受理的案件中,更是常常办理一案带出一串。随着市场经济的发展,检察机关直接受理侦查的贪污贿赂、侵权渎职等国家工作人员的职务犯罪案件也愈来愈表现为"窝案"、"串案"、"群案"等形式,往往是大案套小案、案中有案、此案串彼案、案案相连,因而在侦查活动中经常不断地发现新的犯罪事实和新的犯罪嫌疑人;不仅如此,人民检察院在履行法律监督职能、依法行使检察权时,通过审查批捕、审查起诉、监所检察、民事行政检察等职能活动,也经常发现犯罪事实和犯罪嫌疑人。因此,立法机关根据司法实践中反映出的上述客观情况和长期以来的司法实践经验,在修改刑事诉讼法时专门新增加了一条作为第 83 条并列为立案一章之首,规定公安机关、人民检察院发现的犯罪事实和犯罪嫌疑人是立案材料的重要来源。同时,这也意味着公安、检察机关在新的历史时期更应着力提高自身发现犯罪的能力,充分发挥专门机关的职能作用。

(二) 单位和个人的报案或者举报

《刑事诉讼法》第 84 条第 1 款规定:"任何单位和个人发现有犯罪事实或者犯罪嫌疑人,有权利也有义务向公安机关、人民检察院或者人民法院报案或者举报。"任何犯罪不仅是对国家、社会、发案单位的侵害,也是对公民个人合法权益的侵害。因此,任何有关的单位和个人向公安司法机关报案或举报犯罪事实和犯罪嫌疑人,具有法律上的行使权利与履行义务的双重性质。法条所规定的"任何单位",包括国家机关、团体、企业事业单位等所有的单位;"个人"包括我国公民、外国公民和无国籍人;"报案"是指单位和个人(包括被害人)向公安司法机关报告发现有犯罪事实或者犯罪嫌疑人;"举报"是指当事人以外的其他知情人向司法机关检举、揭发犯罪嫌疑人的犯罪事实或者犯罪嫌疑人的线索。为了依法保护国家、单位、个人的合法权益,任何单位和个人发现犯罪事实和犯罪嫌疑人都有权利和义务积极主动地向公安司法机关报案或者举报,这是立案材料的最主要来源,也是专门机关依靠广大人民群众发现犯罪的最主要途径。

（三）被害人的报案或者控告和直接起诉

《刑事诉讼法》第84条第2款规定："被害人对侵犯其人身、财产权利的犯罪事实或者犯罪嫌疑人，有权向公安机关、人民检察院或者人民法院报案或者控告。"被害人是刑事案件的当事人，他们往往是最早发现犯罪事实和犯罪嫌疑人的人，有些被害人甚至与犯罪嫌疑人进行过搏斗等直接接触，能够提供比较详细的、具体的案情。当被害人其人身、财产权利等遭受犯罪侵害，为了保护自己的合法权益并及时制止犯罪和尽快挽回损失，他们大多能积极主动地向公、检、法机关报案或者控告。司法实践中也有少数被害人由于种种原因不报案、不控告，如有的强奸案件的被害人为了顾及自己的声誉或其父母虑及少女甚至幼女的声誉而不报案、不控告；还有少数被害人法律意识不强，受到犯罪嫌疑人或其家属的利诱、威吓等而不愿或不敢报案、控告。这些都应当引起专门机关的注意。这里所说的"控告"，是指被害人及其近亲属或其诉讼代理人，对侵害被害人合法权益的犯罪行为向公安司法机关告发，要求依法追究实施犯罪行为人的法律责任。《刑事诉讼法》第88条还规定："对于自诉案件，被害人有权向人民法院直接起诉。被害人死亡或者丧失行为能力的，被害人的法定代理人、近亲属有权向人民法院起诉。"由此可见，被害人提供立案材料的方式除报案和控告之外，还包括自诉案件被害人及其法定代理人、近亲属直接向人民法院起诉。依上所述，被害人的报案、控告和直接向法院起诉，是立案材料的主要来源，也是专门机关通过当事人发现犯罪和了解犯罪事实与犯罪嫌疑人情况的一个主要途径。

（四）犯罪人自首

《刑事诉讼法》第84条第4款规定："犯罪人向公安机关、人民检察院或者人民法院自首的，适用第三款规定。"而第3款规定公安司法机关对于报案、举报、控告，都应当接受。并要求按管辖分工依法妥善处理。这里所说的自首，应当以刑法的规定为依据。1997年3月14日八届全国人大五次会议修订的我国《刑法》第67条第1款规定："犯罪以后自动投案，如实供述自己的罪行的，是自首。"该条第2款还规定："被采取强制措施的犯罪嫌疑人、被告人和正在服刑的罪犯，如实供述司法机关还未掌握的本人其他罪行的，以自首论。"关于自动投案的形式和时间，法律未作明确规定，在司法实践中一般未作特定限制。如犯罪人因病、伤或者为了减轻犯罪后果等特殊原因，本人不能亲自投案的，可委托他人代为投案，或者先以信电投案。自动投案的时间既可以是在犯罪被发觉前，也可以在犯罪被发觉后。即使在被通缉、追捕过程中自动投案甚至在投案途中被抓捕的，也应视为自首。但自首的必备条件之一是犯罪人如实供述自己的罪行。因此，自动投案的犯罪人如实供述自己罪行的材料和被采取强制措施的犯罪嫌疑人、被告人或正在服刑的罪犯如实供述司法机关还未掌握的本人其他罪行的材料,都称之为自首的材料。所以,自首也是立案材料的主要来源。由于我国修订刑法对自首处罚从宽的规定比原刑法更宽,加之在依法治国的进程中法制的威慑力日益增强,犯罪人自首的也会越来越多,因而自首也是专门机关发现犯罪和控制犯罪的重要途径。

二、立案材料的审查

公安机关、人民检察院和人民法院发现或者接受报案、控告、举报、自首和自诉人起诉的材料后,根据刑事诉讼法第86条的规定应当按照管辖范围迅速进行审查。审查的目的是确认有无犯罪事实和是否需要追究刑事责任。因此,既要审查材料来源的可靠性和材料的真实性,又要审查材料反映的事实是否存在、是否属于犯罪事实和对行为人是否需要追究刑事责任,还要审查材料所反映的审查的方法事实的证据是否确实。

审查的方法主要是对发现和接受的案件材料进行调查和核对,司法实践中通常称之为初查。

初查是司法实践中长期以来对立案前的司法调查约定俗成的通称。该称谓的实质就是指公安司法机关对所接受的报案、控告、举报、自首等材料所进行的核对和调查,其法律根据是《刑事诉讼法》第86条所规定的"人民法院、人民检察院或者公安机关对于报案、控告、举报和自首的材料,应当按照管辖范围,迅速进行审查"。司法实践中将这里所说的"审查"必须采取调查或核对的方式叫做"初查",并与立案后的"侦查"相对称。检察机关规定初查由人民检察院的侦查部门进行。但是举报材料性质不明难以归口,情况紧急必须及时办理或者群众多次举报未查处和检察长交办的,由举报中心进行初查。举报线索的初查由检察长决定,一般应秘密进行。我国刑事诉讼法虽然未明确规定对立案材料的审查应当秘密进行,但根据客观实际和司法实践经验必须秘密进行。国外有些刑事诉讼法作了明确规定,有些国家立法将类似我国的立案及立案前的审查规定为"初期侦查",明确规定初期侦查必须保密。如意大利《刑事诉讼法典》第329条第1款规定:"由公诉人和司法警察进行的侦查活动应当保密,直至被告人能够了解之时。"因为初查乃至预审前的侦查阶段尚未证实嫌疑人是否实施犯罪,若公开对其进行司法调查势必对一部分无罪的嫌疑人造成严重的不良影响,同时对实施犯罪的嫌疑人也会"打草惊蛇"难免发生毁证、匿赃、逃跑、自杀等情况而使初查乃至侦查工作陷入困境。因此,初查工作秘密进行,既是为了保障犯罪嫌疑人的合法权益和人身安全,又是保证初查工作顺利有效进行的需要。初查的主要任务是根据立案材料提供的线索查明是否有犯罪事实发生和是否需要追究刑事责任，不得任意扩大初查工作的范围以初查代替侦查而延误立案。初查主要采用一般性的司法调查、核对的方法，诸如询问提供立案材料的人员，查清材料来源的可靠性和材料内容的真实性；向有关单位或组织调阅与犯罪事实和犯罪嫌疑人有关的证据材料与已接受的报案、控告、举报和自首等材料进行核对，看是否吻合一致；委托有关单位或组织对某些问题代为调查，充实必要证据；对重大复杂的案件线索或专门性的问题商请有关单位或组织派员协助调查或联合调查获取确实的证据等。只有在紧急情况下对特殊案件才可以采取必要的专门性调查措施，如勘验、检查、鉴定等。初查过程中原则上对被查对象不能采取强制措施，但法律有特别规定的例外。如《刑事诉讼法》第84条规定公、检、法机关对于报案、控告、举报、自首都应当接受，"对于不属于自己管辖而又必须采取紧急措施的，应当先采取紧急措施，然后移送主管机关。"这里"紧急措施"通常是指保护现场先行拘留嫌疑人、扣押物证、书证等措施。应当特别指出的是：只有符合这种法定的紧急措施的要求才可以对初查对象采用先行拘留的强制措施，在司法实践中决不能作任何扩大范围的适用。初查完毕后，负责初查的部门认为有犯罪事实需要追究刑事责任的，提请批准立案；如认为没有犯罪事实，或事实不清、证据不足，或有刑事诉讼法第15条规定的情形之一的，提请批准不予立案。我国检察机关还规定：要案即县处级以上干部的案件线索初查后的处理情况，应当在作出决定10日内按照备案范围报上级人民检察院。上级人民检察院认为处理不当的，应当在收到备案材料后10日以内通知下级人民检察院纠正。人民法院对于自诉案件的直接起诉材料，立案前主要由告诉申诉部门进行审查，如果认为证据不充分的，主要采取告知自诉人提出补充证据的办法进行处理。

第三节 立案的条件

立案的条件亦称立案的理由。根据对立案材料的审查，只有符合立案的法定条件才能立案，否则就不予立案。《刑事诉讼法》第86条规定公、检、法机关按照管辖范围对立案材料进行审查，"认为有犯罪事实需要追究刑事责任的时候，应当立案；认为没有犯罪事实，或者犯罪事实显著轻微，不需要追究刑事责任的时候，不予立案。"据此，立案必须具备以下条件：

一、犯罪事实条件

犯罪事实条件，通常又称为"有犯罪事实"或"事实条件"。犯罪事实条件所指的是有犯罪事实存在,其客观表现是由我国刑事法律规定为危害社会的、依照法律应当受刑罚处罚的行为已经存在。这里所说的危害社会的行为,概括地说就是我国《刑法》第13条所规定的"一切危害国家主权、领土完整和安全,分裂国家、颠覆人民民主专政的政权和推翻社会主义制度,破坏社会秩序和经济秩序,侵犯国有财产或者劳动群众集体所有的财产,侵犯公民私人所有的财产,侵犯公民的人身权利、民主权利和其他权利,以及其他危害社会的行为"。诸如分裂国家、放火、伪造货币、杀人、抢劫、贪污、受贿、泄露国家机密、假传军令等,均属危害社会的行为。只有危害社会的行为在客观上确有其事才符合立案的犯罪事实条件。应当特别强调的是:对法条规定公、检、法机关"认为有犯罪事实"要从立法本意上作全面正确的理解。这里所说的"认为"必须以查证属实的事实材料和相应的证据为依据,绝不能理解为公安司法人员可以凭主观估计、合理想象、逻辑推测和单纯的内心确信去"认为",而是办案人员主观意识对于立案的客观事实材料及相关证据的能动的反映的"认识"。否则,就违背立法的本意而势必产生理论和实践上的严重错误和危害。有鉴于此,我们不妨把有危害社会行为的犯罪事实的具体表现列举如下:

一是危害社会的行为确已发生,但不要求作为犯罪既遂的全过程实施终了。反过来说,危害社会的行为确已发生不仅仅是指犯罪既遂,而且还包括犯罪预备、犯罪未遂、犯罪中止等状态的行为确已发生。

二是确已发生的危害社会的行为触犯了刑律,已经达到刑法所规定的构成犯罪的程度。有些危害社会的行为不一定达到刑法所规定的犯罪的程度。在社会生活中,危害社会的行为大量的是违反道德规范或纪律规范的,只有达到一定的危害程度才是违反法律规范的。而在违反法律规范的行为中,又有大量的是违反民事、经济、行政等法律规范,只有触犯刑律应受刑罚处罚的才是违反刑事法律规范的。即使在违反刑事法律规范的行为中,还有大量情节显著轻微危害不大的依法不认为是犯罪。在符合犯罪构成要件的行为中,也有一些是法定免除处罚的,如《刑法》第24条第2款规定:"对于中止犯,没有造成损害的,应当免除处罚";甚至还有法定不负刑事责任的,如刑法第20条第1款规定的正当防卫行为、第21条第1款规定的紧急避险行为等。因此,这里所说的构成犯罪的程度是指达到依法应追究刑事责任的程度。

三是依法应追究刑事责任的犯罪事实有必要的证据予以证明。也就是说,犯罪事实不是仅凭来源不清或匿名举报等材料反映的,而是经过办案人员初查获取了必要证据证明的犯罪事实。司法实践中如何把握必要证据的"度"是一个极为重要的问题,掌握过宽容易降低立案条件的标准而造成立案不当;掌握过严容易混淆初查与侦查的界限造成延误立案。应当把握一个总原则：立案的证据应达到"必要"的程度而不要求"充足"的程度。

二、刑事责任条件

刑事责任条件，通常又称为"需要追究刑事责任"或"法律责任条件"。立案以追究刑事责任为直接目的。也就是说，公、检、法机关认为危害社会的犯罪行为应当受到刑罚处罚的才能立案。否则，虽有危害社会的行为发生，但具备法定不需要追究刑事责任的情形，就应不予立案。法定不立案的情形：一是《刑事诉讼法》第 15 条规定的情形之一的：①情节显著轻微、危害不大，不认为是犯罪的；②犯罪已过追诉时效期限的；③经特赦令免除刑罚的；④依照刑法告诉才处理的犯罪，没有告诉或者撤回告诉的；⑤犯罪嫌疑人、被告人死亡的；⑥其他法律规定免予追究刑事责任的。二是《刑事诉讼法》第 86 条中规定的公、检、法机关"认为没有犯罪事实，或者犯罪事实显著轻微，不需要追究刑事责任的时候，不予立案"。这里所说的"认为没有犯罪事实"，应当理解为对立案材料及其证据经审查所作出的主观方面的认识判断，而非客观实际方面的事实。例如：从客观实际来讲本来发生了犯罪事实，但公安司法机关所接受的材料和初查的证据都不能证明发生了犯罪事实；或者所接受的材料反映有犯罪事实，但经初查、核对得不到任何证实；或者犯罪人自首时供述其实施了犯罪行为，但未查获任何其他证据等，都应该"认为没有犯罪事实"。对具有上列情形不追究刑事责任的，如果已立案追究，应当撤销案件，或者不起诉，或者终止审理，或者宣告无罪。综上所述，刑事责任条件是指根据刑事法律的规定对行为人需要追究刑事责任。其具体表现有：

一是需要追究刑事责任的行为是根据刑法的规定构成犯罪的行为。即行为人危害社会的行为侵犯了我国刑法所保护的社会关系；行为人在客观方面实施了危害社会的行为；实施危害社会行为的主体是达到刑事责任年龄、具备刑事责任能力的自然人或法人（单位）；行为人对自己的行为会发生危害社会的结果有主观上的故意，或对可能发生危害社会的结果有主观上的过失并属于法定应负刑事责任的过失犯罪。也就是说，需要追究刑事责任的行为是构成犯罪应受刑罚处罚的行为。

二是现有证据证明犯罪行为排除了法定不追究刑事责任的情形。也就是说，公、检、法机关所接受的案件材料和初查获取的证据均证明其犯罪行为不属于刑事诉讼法第 15 条和第 86 条所规定的任何不追究刑事责任的情形之一。

综上所述，犯罪事实条件是立案的首要条件，如果没有犯罪事实存在也就根本谈不到追究刑事责任问题。但是，并非所有的犯罪事实都需要追究刑事责任，还必须具备刑事责任条件。最终能否立案，还要看根据法律规定是否需要追究刑事责任。只有依法需要追究刑事责任的犯罪事实存在，才能予以立案。因此，刑事责任条件也必不可少。从这个意义上讲，立案的两个条件同等重要，缺一不可。

在司法实践中，由于案件事实的复杂性和定性的难度大，准确地掌握立案条件是很不容易的。为了准确地把握和正确地执行立案条件，公安部、最高人民检察院和最高人民法院依据刑事诉讼法、刑法等法律的规定，结合长期司法实践的客观实际情况和经验，按照各自管辖范围对刑事案件制定了立案标准。这些立案标准的特点是比较具体化、操作性强、方便司法，对于正确、合法、及时地立案是很有必要和非常有益的。这些立案标准与立案条件既有密切联系又有具体区别，两者的辩证统一关系表现为：立案条件是确定立案标准的依据，立案标准是立案条件适用于各类案件的具体化。因此，在掌握和执行中两者不可偏废，既不能互相冲突，又不能相互代替。

第四节 立案的程序

立案条件是立案的实质内容，立案程序是立案的合法形式。立案程序是指立案阶段刑事诉讼活动的程式、次序和形式。立案程序的步骤依次是：接受涉案材料、对材料审查和调查并综合判断、决定立案或不予立案。

一、接受涉案材料

公安机关、人民检察院和人民法院，对于报案、控告、举报、自首，都应当接受，然后再依照管辖分工进行处理。在接受材料方面应做的主要工作是：

（一）认真负责地做好接受材料的工作

根据刑事诉讼法第 84 条之规定，公、检、法三机关对于报案、控告、举报、自首都应当接受。在实际工作中应特别注意热情接待、及时接受，不得以任何理由推诿或拒绝。对于不属于自己管辖的，应当先接受后移送主管机关处理，并且通知报案人、控告人、举报人和自首人。对于不属于自己管辖而又必须采取紧急措施的，应当先采取紧急措施，以防止犯罪嫌疑人逃跑、行凶、自杀、毁证匿赃或逃避侦查、审判，然后移送主管机关处理。如果所接受的材料属于本机关管辖的，应当及时办理受案的法律手续。以检察机关为例，人民检察院举报中心负责统一管理犯罪案件线索，举报中心对于所收到的犯罪案件线索材料应当逐件登记举报人和被举报人的基本情况、举报的主要内容和办理情况。经审查除需要进行紧急初查的以外，应当在 7 日以内对本院管辖的移送侦查部门初查,对属于其他院管辖的移送有管辖权的人民检察院,应当移送举报材料的原件,如移送重要举报线索应经检察长批准。对于县、处级以上干部犯罪的要案线索要一律层报省级人民检察院备案;其中涉嫌犯罪数额特别巨大或者犯罪后果特别严重的,层报最高人民检察院备案;厅、局级以上干部的要案线索一律报最高人民检察院备案。要案线索的备案应逐案填写备案报告并在受理后7日内办理备案;情况紧急的,应在备案前及时报告。接到备案的上级人民检察院对备案材料应当及时审查,如有不同意见,应当在10日内将审查意见通知报送备案的下级人民检察院。

(二)热情诚恳地接受口头报案、控告、举报和自首

《刑事诉讼法》第85条第1款中规定:"接受口头报案、控告、举报的工作人员,应当写成笔录,经宣读无误后,由报案人、控告人、举报人签名或者盖章。"根据这一规定,公、检、法机关应当热情诚恳地接待报案人、控告人、举报人和自首人,不得以任何借口推诿和拒绝。接待工作人员应当尽可能地将案件事实和有关情节询问清楚,并依法制作笔录,经宣读或交本人阅读后,若有意见允许其更正,待本人认为无误后让其在笔录上签名或盖章。对于自首笔录应当逐页签名或盖章。对于电话告发的除做好笔录外,必要时还可以录音。当面举报的必要时也可以录音。

(三)向控告人、举报人说明诬告应负的法律责任

《刑事诉讼法》第85条第2款规定:"接受控告、举报的工作人员,应当向控告人、举报人说明诬告应负的法律责任。但是,只要不是捏造事实,伪造证据,即使控告、举报的事实有出入,甚至是错告的,也要和诬告严格加以区别。"为了确保控告、举报的真实性,保障无辜的公民免受诬告陷害,同时又不挫伤控告人、举报人揭发犯罪的热情和积极性,接受控告、举报的工作人员应当依照法律规定向控告人、举报人说明诬告应负的法律责任。要求控告人、举报人实事求是,对所提出的告发尽量做到准确和客观。同时又要严格区别诬告与告发事实有出入乃至错告的界限,耐心细致地做好这方面的法律解释和法制宣传,提高控告人和举报人的法律意识,依法行使控告、举报权利。

(四)保障告发者及其近亲属的安全

《刑事诉讼法》第85条第3款规定:"公安机关、人民检察院或者人民法院应当保障报案人、控告人、举报人及其近亲属的安全。报案人、控告人、举报人如果不愿公开自己的姓名和报案、控告、举报的行为,应当为他保守秘密。"为了更好地保障报案人、控告人、举报人的安全,保护群众揭露犯罪的积极性,保障侦查工作的顺利进行,修改刑事诉讼法时增加了对报案、控告、举报行为保密的规定,即按其本人要求,应当在任何时候为其报案、控告、举

报保密。这样更有利于保护群众与犯罪作斗争的积极性，也有利于保护报案人、控告人、举报人及其近亲属的安全。如果他们正处于危险之中或可能遭受损害，还应及时采取保护性措施，如及时拘捕具有社会危险性的犯罪嫌疑人，或对被告发人及时采取其他有效措施，尽可能地排除对报案人、控告人、举报人及其近亲属的威胁。应当指出的是，这里所说的任何时候为其保密仅限于报案、控告、举报以及为公安司法机关提供案件来源、线索的行为。如报案人、控告人和举报人要作为证人提供证言，则不属于本条款规定的范围。

（五）受理被害人的直接起诉

《刑事诉讼法》第18条第3款规定："自诉案件，由人民法院直接受理。"第88条规定："对于自诉案件，被害人有权向人民法院直接起诉。被害人死亡或者丧失行为能力的，被害人的法定代理人、近亲属有权向人民法院起诉。人民法院应当依法受理。"为了保障被害人的合法权益，人民法院对于被害人及其法定代理人、近亲属依法提出的直接起诉，只要具备立案条件的，都应当受理。如果起诉材料不充分的，应告知其补充。被害人或其代为告诉人书写自诉状确有困难的，可以口头告诉，由人民法院工作人员作出告诉笔录，向刑事自诉人宣读，自诉人确认无误后应当签名或盖章。

二、对材料审查和调查并综合判断

公安机关、人民检察院、人民法院发现犯罪事实或者犯罪嫌疑人和接受案件材料后，应当按照刑事诉讼法规定的管辖范围迅速进行审查和调查、核对，进行综合分析，判断其是否具备立案的条件。《刑事诉讼法》第86条规定："人民法院、人民检察院或者公安机关对于报案、控告、举报和自首的材料，应当按照管辖范围，迅速进行审查。"从立法本意上讲，这一规定同样适用于第83条规定的公安机关或者人民检察院发现犯罪事实或者犯罪嫌疑人。只是在立法技术上疏漏第83条规定的情形。因为公安、检察机关发现的犯罪事实或犯罪嫌疑人，首先也必须迅速进行审查是否符合立案的条件，查明其犯罪事实是否显著轻微、犯罪嫌疑人的行为是否需要追究刑事责任，然后才能决定是否应当立案。这里所说的审查，结合司法实践来讲主要是审查犯罪事实、调查核对证据、综合判断案情。

（一）审查犯罪事实

对于涉案材料所反映的犯罪事实，首先认真审查该事实是否实际发生、客观存在。司法实践中有些告发尤其是有的匿名举报不乏捏造事实、伪造证据的诬告陷害之词；也有的是为了转移司法人员的视线故意进行虚假告发；还有的是告发者极不负责任将道听途说、捕风捉影、张冠李戴的事一时冲动地进行举报。因此，审查犯罪事实的第一步就是要正确认定有无犯罪事实发生。其次，在查明确有材料所反映的事实存在的基础上，进一步审查事实的性质，查明其是否属于刑事案件。司法实践中由于告发者受到法律知识的限制或抱有其他目的等种种原因，往往将大量党纪、政纪案件，行政违法案件，民事、经济纠纷案件等作为刑事案件来告发。因此，第二步是要认真审查材料所反映的是否属于犯罪案件的事实。然后，对于犯罪案件的事实，还要审查其实施的行为人是否需要追究刑事责任。司法实践中，有些确有犯罪事实的案件却依法不追究行为人的刑事责任。如犯罪嫌疑人死亡的、已过追诉期限的、经特赦令免除刑罚的等，而这些告发者往往不知道或知道但另有企图而进行告发。所以，在审查事实时还应认真审查行为人有无法定不追究的情形，正确认定对其是否需要追究刑事责任。

(二) 调查核对证据

审查犯罪事实之后还要对该犯罪事实有无确实证据或证据线索进行审查。这里所说的审查就是调查核对证据，其采用的主要调查核对方法，就是本章第二节立案材料的审查中所叙述的"初查"，故不在此复述。需要强调的是初查的主要任务是正确认定有无犯罪事实发生和应否追究行为人的刑事责任。而侦查的主要任务是依法收集、调取、核实与案件有关的各种证据，揭露、证实犯罪，查获犯罪人防止其逃避侦查和审判；同时还要保护公民的合法权益不受侵犯、保障无罪的人不受刑事追究。因此，立案前的初查与立案后的侦查是有区别的：

1. 法律依据不同。初查是根据刑事诉讼法第86条之规定进行的，而侦查是根据刑事诉讼法第二编第二章的规定进行的。

2. 职权方式不同。一是初查既可由公安司法机关自行调查，也可以商请有关单位派员协助调查或联合调查，还可委托有关单位代为调查；而侦查只能由具有侦查权的专门机关进行，只是在必要时可以吸收有关人员协助侦查，但是不能委托公民或其他单位代为侦查。二是初查一般是采用非强制性的普通调查了解，所获得的证据材料是作为立案或不立案的根据；而侦查往往采用法定强制性的手段进行，所获得的证据材料是作为定罪或不定罪的根据。至于初查取得的证据，也只有经过侦查程序重新固定转化为侦查证据才能作为定案的证据。

3. 法律后果不同。一是在初查时除遇有刑事诉讼法第84条规定的特殊情况应当先采取紧急措施外，对犯罪嫌疑人一般不采取任何强制措施；而侦查通常根据案件的侦破需要对犯罪嫌疑人采取各种必要的法定强制措施。二是初查结束后，可能立案侦查追究刑事责任，也可能不予立案；而侦查终结后，可能提起公诉交付审判，也可能撤销案件或不起诉。

（三）综合判断案情

审查和调查核对证据材料的过程，就是确认有无犯罪事实和分析、综合评断这种犯罪事实是否需要追究行为人的刑事责任的过程。在初查结束之后，应当将依法接受的材料、自己发现的犯罪事实和犯罪嫌疑人、刑事自诉状等情况有机地紧密结合审查和调查核对等初查获取的证据材料进行综合研究，全面系统地科学分析案情，对照立案条件进行准确核实，综合评断应否立案。应把握的总的要求是：根据立案条件的要求，只要掌握能够证实犯罪事实存在的一定证据材料，需要追究刑事责任，排除了法定不予追究的情形，就可以立案。应当指出的是，并非必须查清全部犯罪事实和查获犯罪嫌疑人以后才能立案，应当大力纠正司法实践中大量存在的"不破不立"、"先破后立"等错误做法。

三、决定立案或不予立案

决定立案或不予立案，是公、检、法机关对立案材料的处理结果。它是对立案材料依法审查后，依据事实、证据和法律进行综合评断所作出的结论和处置。

（一）决定立案

立案是法定的诉讼程序，应有审批制度和立案手续。经过审查认为有犯罪事实发生需要追究刑事责任的，应当作出立案的决定。公、检、法机关的立案审批手续大同小异、不尽相同，但都应制作《立案决定书》，其主要内容包括案由、立案时间、立案材料来源、立案的事实根据和法律依据、立案的机关等。《立案决定书》是追究犯罪、进行侦查或者审判活动的前提条件和依据。

人民法院受理的被害人起诉的自诉案件，经审查认为具备立案条件的，应当在收到自诉状或者口头告诉第 2 日起 15 日内作出立案决定，并书面通知自诉人。

人民检察院直接受理的案件决定对人民代表大会代表立案，应按规定的程序向该代表所属的人民代表大会主席团或者常务委员会通报。

（二）决定不予立案

经过审查认为没有犯罪事实发生，或者虽有犯罪事实发生但依法不需要追究刑事责任的，应当作出不予立案的决定。对不立案的，应当制作《不立案决定书》，其主要内容包括案件材料来源、决定不立案的根据和理由、决定不立案的机关等。不予立案的，人民检察院和公安机关还应制作《不立案通知书》将不立案的原因通知控告人，控告人如果不服，可以申请复议。自诉案件不符合立案条件的，人民法院应当在 15 日以内作出不立案决定，书面通知自诉人并说明理由。对于未构成犯罪决定不予立案的案件，如果其行为需要给予其他处分，接受案件材料的机关应将其移送有关主管机关处理。

第五节 立案监督

所谓立案监督，从监督的实质内容来讲就是对不立案的监督。

一、立案监督的概念

立案监督有广义和狭义之分。广义的立案监督是指对公安司法机关的立案活动进行的监督。狭义的立案监督仅指人民检察院依法对公安机关的立案活动进行司法监督。这里是从广义上讲立案监督。无论是广义还是狭义的立案监督，其监督的主要内容和对象是针对有法定管辖权的机关对案件作出的不立案的决定。因此，理论界又将立案监督称之为"对不立案的监督"。

二、立案监督的内容和范围

立案监督的对象，主要是不立案的决定。而行使立案监督权的主体有两类：一是人民检察院。《刑事诉讼法》第8条规定："人民检察院依法对刑事诉讼实行法律监督。"第87条又具体规定人民检察院应当对公安机关应立案而不立案的情况实行法律监督。二是刑事案件的控告人，主要是被害人。刑事诉讼法第86条和第87条规定，控告人对公安司法机关不立案决定不服有权申请复议或向人民检察院提出申诉，被害人在有证据的情况下还可依据刑事诉讼法第170条第3项的规定提起自诉。法律还对公安司法机关接受立案监督提出了要求，如刑事诉讼法第86条规定应将不立案的原因通知控告人，控告人如果不服可以申请复议；第87条规定公安机关接到人民检察院通知立案的应当立案。

（一）立案监督的内容

立案监督的内容主要包括：

1. 立案监督的主体。包括人民检察院和控告人即主要是被害人。
2. 立案监督的对象。即针对公安司法机关作出的不立案决定。
3. 立案监督的方式。一是人民检察院依法行使司法检察权；二是控告人（被害人）依照法律的规定行使申请复议权、申诉权和自诉权。
4. 立案监督的要求：①要求公、检、法机关认真履行承办控告人（被害人）提出的申请、申诉和自诉的义务与职责；②要求人民检察院强化立案监督、严格履行对不立案实行监督的法定职责；③要求公安机关严肃对待不立案决定并认真接受人民检察院和控告人（被害人）的监督。

（二）立案监督的范围

立案监督的范围主要有两大类：

1. 检察机关的监督。主要范围包括：①人民检察院认为公安机关对应当立案侦查的案件而不立案侦查的。这种情况在司法实践中突出地表现为公安机关存在着"有案不立"、"不破不立"、"以罚代刑"等应立案而不立或不及时立案的现象。对此，检察机关应及时通知公安机关立案，公安机关必须执行。②被害人认为公安机关对应当立案侦查的案件而不立案侦查，向人民检察院提出的。对此，如果人民检察院认为公安机关不立案理由不能成立应通知公安机关立案。

2. 控告人（被害人）的监督。其范围包括：①对公安司法机关不立案的决定不服而提出申请复议的；②对公安机关不立案决定不服向人民检察院提出申诉的；③对公安机关或者人民检察院不立案决定不服而根据自己掌握的证据向人民法院提起自诉的。

三、立案监督程序

立案监督程序，是指刑事诉讼法及相关的司法制度专为立案监督所规定的具体程序。鉴于司法实践中长期存在有案不立、不破不立等情况往往造成被害人告状无门，修改刑事诉讼法时一方面具体强化了控告人（被害人）对不立案监督的权利及力度；另一方面又从监督方式和渠道上规定了可供控告人（被害人）灵活方便地选择的多种有效监督途径。如明确赋予其申请复议监督权，申诉监督权和提起自诉监督权等。为了有利于控告人（被害人）方便行使立案监督权，在程序上并无严格的限制。首先，控告人（被害人）对公安司法机关决定不立案不服有权向作出决定的机关提出申请复议，决定机关应认真复议并将结果答复申请人。其次，是对公安机关不立案决定认为不正确的有权申诉请求检察机关要求公安机关立案。再次，是对公安、检察机关不立案决定认为不正确的可利用自己掌握的证据向法院直接提起自诉。而这些监督权的行使并无顺序上的限制，完全由权利人自主、方便、灵活地选择。因此，这里所讲的立案监督程序主要是人民检察院对立案的专门监督程序。人民检察院是国家的法律监督机关，检察机关对司法活动包括立案活动的监督必须严格按照法定程序来进行。鉴于我国刑事诉讼法颁布时未明确规定检察机关的立案监督权及具体监督程序而导致长期对立案监督不力，修改刑事诉讼法时为了保证有罪必究和解决人民群众告状难的问题，特新增加第87条关于人民检察院对公安机关实行立案监督的规定："人民检察院认为公安机关对应当立案侦查的案件而不立案侦查的,或者被害人认为公安机关应当立案侦查的案件而不立案侦查,向人民检察院提出的,人民检察院应当要求公安机关说明不立案的理由。人民检察院认为公安机关不立案的理由不能成立的,应当通知公安机关立案,公安机关接到通知后应当立案。"由于公安机关管辖着全部刑事案件的绝大部分,强化对公安机关的立案监督也就是抓住了立案监督工作的核心和重点。根据法律和检察机关的制度规定,立案监督的程序如下:

(一)受理监督

受理监督就是对立案监督的受理。受理监督的来源有两个方面:

1. 主动检察发现。具有法律监督职能的人民检察院在全面行使检察监督职权发挥其专门的法律监督职能的过程中,通过办案、调查研究、接待受理公民和组织的报案、控告、举报等途径,主动地全面检察监督公安机关的立案活动,发现有应当立案而不立的,及时受理监督。

2. 热情接待申诉。被害人认为公安机关对应当立案侦查的案件而不立案侦查,向人民检察院提出的,人民检察院控告申诉部门应当热情接待和积极接受,作为重要的申诉案件受理监督。

(二)检察审查

人民检察院受理监督后,应当根据法律的规定及时进行检察审查,其主要方法有审阅案件材料、要求公安机关说明不立案的理由、请被害人进一步提供涉案材料、向有关单位和公民进行调查等。其具体程序分别是:

1. 对检察发现受理监督的审查。人民检察院发现公安机关对应当立案侦查的案件不立案侦查的,由审查逮捕部门具体审查,经检察长批准可以要求公安机关在10日内书面说明不立案的理由。经审查逮捕部门审查,认为公安机关不立案理由不能成立的,提出通知公安机关立案的建议呈报检察长或者检察委员会讨论决定。这里所说的"不立案理由不能成立"主要是指与刑事诉讼法第86条规定的"没有犯罪事实,或者犯罪事实显著轻微,不需要追究刑事责任"的不立案条件不一致,不能作为不立案的理由和根据。

2. 对接受申诉受理监督的审查。被害人认为公安机关对应当立案侦查的案件不立案侦查,向人民检察院提出的,由人民检察院控告申诉检察部门根据法律和事实进行审查,并可以要求被害人提供有关的材料,进行必要的调查。并应当经检察长批准后要求公安机关在10日内书面说明不立案的理由。认为公安机关不立案的理由不能成立的,应当将案件移送审查逮捕部门,按上述对检察发现受理监督的审查方法进行审查。

(三)决定处理

通过对公安机关应当立案而不立案情况的受理监督、检察审查之后,就要决定如何进行监督处理。其步骤是：

1. 作出决定。人民检察院审查逮捕部门审查认为公安机关不立案理由不能成立建议通知公安机关立案的，应当由检察长决定；重大或者疑难、复杂的案件，由检察长提交检察委员会讨论决定。

2. 通知立案。人民检察院作出通知公安机关立案的决定后，应当制作通知立案书，载明要求公安机关立案的时限，送达公安机关，同时抄报上一级人民检察院备案。

3. 答复申诉。对受理申诉的立案监督，认为公安机关不立案理由成立的，应当在30日内将不立案的理由和根据告知被害人；认为公安机关不立案理由不能成立经审查决定并通知公安机关立案的，审查逮捕部门将其结果通知控告申诉部门，由控告申诉部门答复被害人。

人民检察院为了强化立案监督的力度和带头严格执法，还规定了检察机关立案监督的自律机制和自我监督程序。如规定人民检察院审查逮捕部门或者审查起诉部门发现本院侦查部门对应当立案侦查的案件不报请决定立案侦查的，应当报告检察长决定。

（四）监督执行

监督执行就是依法对通知公安机关立案的执行情况进行监督。《刑事诉讼法》第87条明确规定："人民检察院认为公安机关不立案理由不能成立的，应当通知公安机关立案，公安机关接到通知后应当立案。"这就从立法上对公安机关严肃对待人民检察院的立案监督和认真接受监督提出了法定的要求。但是，任何要求都应有一定的措施和程序来保障。监督公安机关执行立案的主要措施及程序是：

1. 报请上级监督执行。人民检察院通知公安机关立案，公安机关不予立案的，发出通知的人民检察院应当将案件情况报告上一级人民检察院。上一级人民检察院经审查认为应当立案的，应当通知同级公安机关立案。

2. 报请直接立案侦查。如果属于国家机关工作人员利用职权实施的重大犯罪案件，人民检察院通知公安机关立案不被执行的，发出通知的人民检察院层报经省级以上人民检察院决定，人民检察院可以直接立案侦查。

第十二章　侦查步骤

对于一起案件的侦查，通常要经过侦查决策、调查取证、对重点犯罪嫌疑人审查、破案和侦查终结几个步骤。

第一节　侦查步骤概述

侦查步骤分一般步骤和特殊步骤。分述如下：

一、侦查的一般步骤

侦查的一般步骤是指人民检察院、公安机关、国家安全机关、军队保卫部门和监狱，在刑事案件的侦查过程中依法按照普遍采用的程序进行专门调查和适用有关的强制措施。刑事案件的侦查是从立案后开始的。侦查一般步骤主要包括：

（一）侦查决策

1. 分析判断案情。根据对立案材料的仔细研究，及时对案情作出符合逻辑的分析判断，即对案件性质、罪与非罪和作案动机、时间、处所、工具、手段、过程、犯罪嫌疑人及其各种情况等，作进一步分析推断。

2. 选择侦查途径。即选择从何处用何种方法展开侦查。

3. 制定侦查计划。在客观具体的事实资料和分析判断的基础上，根据侦查的一般规律和本案的特点制定切实可行的侦查计划。

（二）调查取证

1. 向知情人、被害人调查取证，根据侦查计划所确定的侦查最初任务深入调查访问，发现和查证嫌疑线索。

2. 对现场提取的痕迹、物品进行甄别，邀请有关专家解决技术上的难题，为划定侦查范围、追查犯罪线索提供科学依据。

3. 查证犯罪线索。汇集疑人疑事逐一深入研究，结合其他案情尽快侦查综合印证案情各个细节，进一步查证犯罪线索。

（三）重点侦查

1. 确定犯罪嫌疑人。要根据侦查初期发现和查证的嫌疑线索，展开对犯罪嫌疑人的发现和查证，以确定谁是案件的重点犯罪嫌疑人。

2. 突破重点犯罪嫌疑人，打破侦查僵局。围绕重点犯罪嫌疑人的犯罪事实进行深入调查取证和综合侦查多方取证。对经查证有作案时间和条件的重点犯罪嫌疑对象，从作案时间、作案因素、作案工具、作案行动表现和作案后赃、证物的情形等方面机动灵活地采用各种侦查手段收集、固定和强化犯罪证据，并对所有证据进行全面甄别和印证，使间接证据形成环环相扣、坚固有力的锁链性，直接证据具有无可辩驳的排他性，用铁的证据来确定犯罪嫌疑人，打破侦查僵局。

（四）破案

侦查阶段要灵活动用侦查措施和手段出奇制胜地破获案件。在侦查的各个环节，都要根据案件本身的特点和实际需要有的放矢地、灵活机动地相机运用勘验、检查、侦查实验、询问证人和被害人、搜查扣押、通缉通报、技术鉴定、侦查讯问和多种强制措施搜集案情和证据，只有根据在握证据弄清案件事实和认定犯罪嫌疑人的前提下，才能适用破案。

（五）结束侦查

结束侦查就是通常所说的侦查终结，经过全面系统的预审核实全案情况后，提出是否起诉的意见或依法撤案，依法办理结束侦查所需的各项文书，最后终结案件的侦查。

二、侦查的特殊步骤

所谓侦查特殊步骤，是指侦查不同性质类型的特殊个案采用比较特定的或侧重采用的侦查步骤。但是，侦查特殊步骤的特殊性是相对而言的。如通常立案之后即进行侦查，立案是一个独立的诉讼阶段，但在司法实践活动中立案审查有的需采用一些侦查方法，如采用询问和勘查的方法进行，遇有紧急情形时还可先行拘留，这种立案审查中的勘查现场和先行拘留实质是采用的侦查方法。这就打破了侦查的常规性程序，将循序进行的一般步骤前后倒置为特殊步骤。因此，侦查一般步骤包含着侦查特殊步骤，侦查特殊步骤寓于侦查一般步骤之中。侦查中对具体的特定案件依法采用相应的特别侦查手段和措施更要选择恰当的时机和适宜的侦查阶段，如电子监控、监听、秘密搜查等，都会打破常规采用特殊侦查步骤。侦查特殊步骤与侦查一般步骤相对称，刑事案件种类繁多，每类案件都有不同的表现形式和特点，因此，在侦破方法步骤上也应有所区别，绝不能千篇一律。侦查人员不仅要掌握刑事案件的普遍规律和侦查破案的一般步骤，而且还要认真地研究和总结各类刑事案件的不同特点和侦查破案的特殊方法步骤。如杀人案件的侦查方法步骤、强奸案件的侦查方法步骤、贪污案件的侦查方法步骤，还有在特殊情形下采用专案侦查或并案侦查的方法步骤等，都是根据该类案件的特点采用的特殊侦查方法步骤。它的特殊性在于与侦查其他类型案件方法上的相对区别性，它与侦查一般方法步骤相联系，并体现出侦查一般方法步骤。

第二节　侦查决策

　　侦查决策，是指侦查人员为完成某个具体案件的侦查任务，对未来侦查实践的方向、目标、原则、措施、谋略、方法作出决定的活动。侦查决策也就是制定侦查计划的过程。既关系到侦查工作能否正确地开始，也关系到侦查的进程和结局。其内容有以下几项：

一、分析案情

　　分析案情，是在现场勘验、调查的基础上，以辩证唯物主义为指导，对初步占有的各种材料，加以综合分析研究和推理，从认识上再现案件发生的全过程。

　　分析案情大体分为两个阶段：第一阶段是侦查开始阶段对案情的分析，即侦查决策中对案情的分析；第二阶段是侦查过程中对案情的复析。分析案情贯穿于侦查工作的各个阶段，但主要集中在侦查决策阶段。

　　（一）分析案情的内容

　　1.侦查开始阶段案情分析的内容。侦查开始阶段的案情分析是从一系列个别、孤立、分散、零碎的材料中，通过分析、推理、判断、综合，形成对案情初步认识。因此，这个阶段案情分析主要围绕着案件本身进行，从认识上再现犯罪情况。对于预谋案件，着重分析侦查对象的特点和犯罪意图，预谋犯罪活动的性质、过程、方式及其发展趋势。对于已经发生的犯罪案件，分析案情应在初步认识案件性质的基础上，按照现场勘查阶段现场分析的内容进行分析。

　　2.侦查过程中的案情复析的内容。是侦查人员根据侦查工作的进展程度，对初期的案情分析进行反复的认识，其目的在于尽量达到对案情的正确分析，使侦查工作沿正确方向发展。案情复析的内容主要包括两个方面：一是评断侦查开始时对案情的分析，看其是否正确、全面。评断案情，主要从现场痕迹、物品与案件主要情节是否一致，现场痕迹、物品之间有无矛盾，表面反常与内在联系是否一致等方面去研究。二是弥补案情分析的不足，主要从作案的罪过形式动机、目的、作案人的特点、作案过程的某些环节等方面进行分析补充。

3. 侦查缉捕之前模拟画像分析的内容。是侦查人员根据掌握的作案人的人身特征，用画像或用幻灯接合或用计算机模拟显示的方法将目睹或事主口述的作案人的体貌特征形象化地反映出来。其主要方法是：①特征描述法。根据现场目睹者回忆作案人的形象、主要特征，用画像的方法绘画出来，再请事主、目睹者反复识别修改，直至与作案人体貌相似为止，再发通缉、通报，发动群众和有关单位缉获。②幻灯接合法。把若干人的相貌各部分的特征，按照不同的类型分别制成幻灯片，案件发生后根据事主、证人等提供的作案人的相貌特征，选择相似的部位拼接成特定的作案人的面貌，再拍成照片，供侦缉时参考。③计算机模拟显示法。运用现代计算机的特殊功能，将上述特征描述法和幻灯接合法的优点综合起来，由电子技术专家精心设计编制出作案人的模拟显示图像，以供缉捕犯罪嫌疑人所用。

（二）分析案情的方法

1. 辩证分析法。由于犯罪形式多种多样，案件情况千差万别，加之犯罪分子伪造现场，制造假象，使本来十分复杂的案情，变得更加复杂。只有坚持辩证分析法，一切从案件的实际情况出发，以现场勘验、现场访问获取的材料为基础，通过去粗取精、去伪存真，达到主观与客观基本相一致，从而对案情作出接近于事实的分析判断。

2. 逻辑推理法。逻辑推理是从已知的案件事实推出未知的情况，从而扩大侦查人员对案情未知领域认识的一个主要手段。这也是分析案情经常运用的一种思维形式。特别在案件侦查开始阶段，由于占有材料不多，对案件情况知道甚少，对需要查明的问题一时尚难以提出肯定的意见。在这种情况下，只能借助于逻辑推理的方法，运用严密的逻辑思维形式，对案情分析研究和推理判断，并根据以往经验和犯罪活动规律，对案件有关情况提出侦查假定。

3. 心理分析法。任何犯罪行为都是受犯罪人的主观心理活动所驱使，犯罪行为是犯罪心理活动的外部表现，犯罪心理活动必然通过其犯罪行为在犯罪现场上表现出来。因此，运用心理学原理，透过犯罪行为留下的犯罪现场状态，可以分析出犯罪人临场的心理活动特征，从而为判断犯罪活动过程和犯罪分子的个人条件提供重要依据。

二、选择侦查途径

侦查途径是指从何处用何种方法开展侦查工作。侦查人员要善于在现场勘查、案情分析的基础上，正确选择侦查途径，及时部署侦查。还要善于根据情况的变化，在必要的时候灵活转换侦查途径。只有这样才能保证侦查工作始终沿着正确道路顺利发展，牢牢掌握侦查主动权。

第十二章 侦查步骤

刑事案件的侦查途径很多，具体某一案件应采用哪一条途径，应根据当时掌握的情况、警力、技术、装备等状况来确定。常选用的有以下几种：

（一）由事到人的侦查途径

这种侦查途径，是从犯罪事实出发，排查犯罪人。具体可从以下几个方面开展工作：

1. 从因果关系入手。即以犯罪分子作案罪过形式为依据，从前因后果中发现嫌疑线索，比如对直接故意犯罪的案件，首先要搞清犯罪分子与事主有无一定的关系，如亲戚朋友、街坊邻居、婚姻恋爱、奸情私通、财产纠纷、新仇旧恨、利害冲突等关系，以此判断是否熟人作案。其次，要根据现场勘查的情况，分析犯罪分子对现场环境的熟悉程度和对内部人员活动规律的掌握程度，以及对作案时间、侵害目标选择的准确程度，以此判断是否知情人作案。

2. 从作案的规律入手。即以犯罪分子的活动规律为依据，发现犯罪嫌疑分子。一是掌握活动规律，判断其可能再出现进行重复犯罪活动。二是事先获取情报，掌握犯罪侵犯的目标，判断有可能抓获现行。三是发现犯罪分子埋藏赃物地点，判断犯罪分子有可能前来取赃。四是判明犯罪分子手中持有存折等，判明其有可能前往取款等。

3. 从作案手段入手。即以犯罪分子作案的习惯动作为依据，从调查作案手法入手，发现犯罪分子。首先从调查中发现犯罪分子的作案手段、习惯动作有无与过去发生的案件有相似之处。其次从勘验中注意发现犯罪分子使用的作案工具、破坏障碍物的手法上有无定型化的特征，与过去发生的案件有无相似之处。

4. 从并案侦查入手。即以数起案件的内在联系为依据，把发生的数起案件合并侦查。合并的条件是：发案时间相同，作案手段相同，作案工具相同，痕迹相同，犯罪言语相同，案情性质相同，案犯体貌特征相似，作案人数相同，侵害客体同类。并案侦查的优势，在于把数起案件中各自独立、毫无联系的情况串连起来，加以系统地研究，达到较全面、深刻的认识案件本质。

（二）由人到事的侦查途径

这种侦查途径，是从已知的作案人或嫌疑人出发，通过侦查，发现或确定犯罪事实。主要从以下几方面入手：

1. 从特定的嫌疑对象入手。即以基础工作中发现的嫌疑人的嫌疑根据为依据，通过侦查，发现其实施犯罪的情况。

2. 从人身形象入手。根据事先掌握的犯罪分子的体貌特征，在划定的范围内排队。一般通过控制犯罪分子经常吃、住、行、销的场所查找。

3. 从控制身体负伤的人入手。即根据犯罪分子被抓伤、打伤、咬伤、击伤的部位和伤势程度,通过医院门诊部、卫生所等医疗卫生部门,从控制治疗不明外伤的人员入手,发现带伤的犯罪分子。

(三) 由物到人的侦查途径

这种侦查途径是从犯罪分子遗留的痕迹、物品或赃物出发,以物找人,发现犯罪分子。

1. 从可疑痕迹入手。即以现场发现的痕迹为依据,寻找、发现犯罪分子。比如,根据犯罪分子遗留的工具痕迹、指印、足迹等,寻找发现犯罪人。

2. 从现场可疑物入手。比如根据犯罪人遗留在现场上的作案使用物及特征明显的其他物品为依据,寻找发现犯罪人。

3. 从控制赃物入手。即以失物的特征为依据,寻找发现犯罪分子。一是通过控制赃款使用,如从控制花用、挥霍、还债、赌博、存款五个渠道去发现线索;二是通过控制证券兑换,根据号码与特征,从支取、兑换两个环节上进行控制,从中发现线索;三是通过控制特种行业和黑市销赃发现犯罪人。

总之,选择侦查途径要从人、事、物三个方面着手。由于事物在不同环境、条件下存在着向不同方向发展的可能性,因此,选择侦查途径不能仅仅局限于某一方面,要从多方向、多角度考虑,并从中选择最佳的侦查途径。

三、拟定侦查计划

应在对案情深入讨论和综合分析的基础上,科学合理地拟定侦查计划。

(一) 侦查计划的类型

1. 根据案件侦查的不同阶段,可分为全案侦查计划和分段侦查计划。全案侦查计划是整个案件侦查工作的全盘设计。分段侦查计划,是案件侦查过程中某一阶段的计划。包括最初阶段的计划和实施阶段的计划两种。最初阶段侦查计划主要是在侦查初期围绕与案件有关的人、事、物线索的查证工作的安排。实施阶段的侦查计划,是确定嫌疑对象后,针对嫌疑对象的情况和特点,以及侦查工作的要求,指明采取哪些侦查手段、通过什么途径去查明犯罪事实和获取证据。

2. 根据侦查计划的内容和涉及范围,可分为个案侦查计划、并案侦查计划、专项侦查计划和补充侦查计划。个案侦查计划是一个案件的侦查计划,即以一个具体现行案件为侦查目标或以特定嫌疑对象为目标而制定的侦查计划。并案侦查计划,即以数起同类案件为目标的侦查计划。只有在判明数起案件为同一个或同一伙犯罪分子所为后,才能制定并案侦查计划。专项侦查计划,是为采取某项专门侦查手段而制定的具体执行计划。补充侦查计划,是在案件侦查过程中,发现案情遗漏或者有新的发展,需要进一步开展侦查活动而制定的计划。

（二）拟定侦查计划的步骤

1. 轮廓设想。重点是保证侦查计划的多样性，即从各种不同角度和多种途径尽可能设想出多种方案，为决策者提供思考与选择余地。

2. 精心设计。是制定侦查计划的关键步骤。主要包括两项工作：一是确定方案细节，二是估计方案的实施结果。

3. 领导抉择。是侦查指挥员，采用对比的方法，从拟定的侦查方案中，选择其中的一个方案付诸实施。

（三）侦查计划的内容

1. 立案的根据。包括案件发生、发现的时间、地点，当事人的基本情况及造成的后果，简要叙述通过审查立案材料所查明的犯罪事实等。如果是以线索材料为依据立案侦查的案件，则要把线索来源和初步查证的犯罪嫌疑事实叙述清楚，并说明立案侦查的理由。

2. 对案情的分析判断。即根据已掌握的材料，对案件性质、犯罪过程以及犯罪人的个人特征及其犯罪的手段、方法和所具备的条件等的分析判断，并写明初步确定的侦查范围。

3. 侦查的任务和措施。即根据案件的具体情况，确定应当查明的问题、要求，为查明这些问题拟采用的侦查措施和手段，以及完成各项任务的期限等。

4. 侦查力量的组织和分工。即写明专案班子的组成人员，每个人承担的具体任务，完成任务的时间、要求以及有关方面的配合等。如果参加侦查的人员较多，则要分为几个组，写明每个组的负责人、组成人员、具体任务等。

5. 有关工作制度。即写明请示报告制度和工作进展情况的汇报制度等。

6. 附分段侦查计划或某一方面的侦查计划。

（四）制定侦查计划应注意的问题

1. 要全面细致地研究案件材料。

2. 要充分发扬民主，集思广益。

3. 要全面安排，点面结合。

4. 要随着客观情况的变化，适时修改侦查计划，以使其更加切合实际，更加完善，保证侦查工作始终沿着正确的方向开展。

第三节　调查取证

调查取证是案件侦查的中心环节。一般从以下几方面进行：

一、核实调查

首先要对知情人、被害人提供的材料进行核实,并通过向被害人、知情人进一步访问,寻找新的知情人。调查核实的内容主要有:

(一) 犯罪人体貌特征情况

犯罪人体貌特征在侦查中有特殊意义,因此,要对犯罪分子的体貌特征进一步加以核实。

(二) 赃款、赃物情况

即尽快地把有关赃物、赃款的来源、特征、用途等情况调查清楚。并注意调查了解赃物可能的去向。

(三) 被害人情况

对被害人的调查通常是在两种情况下进行:一是案件情况不清,根据已获取的材料尚不能作出准确的判断;二是案件发生的因果关系明显,暴露出了犯罪人与事主、被害人有利害关系,此时若对被害人进行调查,可以准确认定案件性质,判定和缩小侦查范围,推动案件侦查。比如,对以占有财物为目的的案件,如果尚不能认定案件性质,要围绕财会、保管、发货、值班等有关情况进行调查,确定案件的真伪和性质;以性犯罪为目的案件,要调查核实被害人的思想品质、生活作风和恋爱、婚姻等情况,以及发案时外出行动等情况,从中发现线索;以私仇报复为目的的案件,要围绕被害人调查其与他人之间有无矛盾冲突而导致案件的发生。

二、甄别现场提取物

现场提取物的甄别主要包括:

(一) 对手印的甄别

对现场采集到的手印要确定是否犯罪所留,是何手、何指、何部位所留,所在部位与动作的特定关系,评断其使用价值。

(二) 对足迹的甄别

对现场采集到的足迹要确定是否犯罪所留,确定足迹所反映的、可供同一鉴定的所采用的特征,确定鞋印所反映的鞋的种类、产地和销售情况。

(三) 对笔迹、证件的甄别

对现场搜集到的有关字迹、印章印文、证件、图片、账册、单据等进行甄别,确定字迹所反映的特征,确定证件和印章的真伪,确定书面言语特征。

(四) 对血迹的甄别化验

对现场采集到的血迹要确定是人血还是动物血,若是人血,还要确定是被害人的血还是犯罪人的血，并确定血型。

（五）对工具痕迹的鉴别

对现场采集到的工具痕迹要确定其与犯罪的关系，对现场发现的工具要确定是否作案工具，工具特征及工具与犯罪的关系。

（六）对液体物的化验

对现场采集到的唾液、排泄物、胃内容液以及吃剩下的食物，要进行化验，确定其性质特征，有无毒物反映。

（七）对犯罪遗留物的调查

对发现的遗留物要确定是否犯罪分子所遗留，如果是犯罪分子所遗留，则要调查物品的产地、销售情况等。

三、邀请专家解决技术难题

由于犯罪现场遗留的物证多种多样，对它们的勘验涉及许多科学领域和先进的检测手段。鉴于侦查机关技术设备、力量的限制，要主动邀请有关专家解决技术上的难题。

四、查证犯罪线索

（一）犯罪线索的来源

犯罪线索一般是指侦查中发现的与犯罪案件有关联的人、事、物。必须指出的是，一个犯罪线索，在犯罪事实没有查清之前，只能是调查和侦查工作的对象。

在初期侦查阶段，广泛地开辟线索来源，使线索源源不断地反映上来，是推进侦查工作的关键所在。常见的犯罪线索来源的渠道有：

1. 从被害人、目睹人提供的情况中寻找发现。
2. 从调查被害人的情况入手寻找发现。
3. 从群众的检举揭发中寻找发现。
4. 从做知情人的工作中寻找发现。
5. 从派出所、基层组织提供的材料中寻找发现。
6. 从侦查犯罪团伙中寻找发现。
7. 从收容教养工作中寻找发现。
8. 从控制赃物中寻找发现。
9. 从阵地控制、堵卡中寻找发现。
10. 从通报中寻找发现。
11. 从巡查辨认中寻找发现。

12. 从摸底排队中寻找发现。
13. 从外线控制中寻找发现。
14. 从特情情报中寻找发现。
15. 从技术侦察中寻找发现。
16. 从犯罪资料中寻找发现。
17. 从有关执纪、执法、司法机关提供的涉案信息中发现。
18. 从网络舆情和媒体信息资料中发现。

上述十八条发现犯罪线索渠道，可以归纳为：发动群众，寻找线索；通过派出所、基层组织日常工作发现线索；通过使用各种侦查措施发现线索；通过犯罪情报资料发现线索；通过各种专项斗争发现线索。

（二）犯罪线索的查证方法

对搜集来的犯罪线索，要运用公开或秘密调查的方法，逐个进行调查核实，以便从中发现、确定重点嫌疑分子。

查证犯罪线索，首先要从提出线索的根据入手进行调查，以进一步核实根据是否属实。只有提出的犯罪线索的根据属实，才有可能深入进行调查。

当确定线索的根据属实后，应从以下几个方面进行查证：

1. 审查嫌疑人有无作案的时间

时间是构成犯罪不可缺少的条件，线索查证首先查其有无作案时间。审查有无作案时间，主要采用定时、定人、定位的方法，查明某人在发案时的活动情况和当时所在的位置。查证的方法：一是侧面调查。二是正面谈话。在查证时间时，还要查有无记录或可作证明时间的物品。如单位出勤簿、签到簿、生产记录、出差报销凭证等。

2. 审查嫌疑人有无作案的因素

作案因素是构成犯罪主、客观方面不可缺少的条件。审查嫌疑人有无作案因素，要以犯罪动机、目的的分析为基础，对调查对象的政治思想、道德品质、生活作风、经济状况、工作表现等有关情况进行深入的调查研究，判断其有无作案的主、客观动因。

3. 审查有无证明嫌疑人犯罪的证据

犯罪分子实施犯罪，总会留下一定证据，审查嫌疑人必须从查找证据入手，以肯定或否定嫌疑。在线索查证中，由于直接证据往往难以获得，要特别注意获取间接证据。

（三）犯罪线索查证的要求

1. 查证线索要深入细致。
2. 查证线索要突出重点，兼顾一般。

3. 查证线索要及时、准确。

第四节　重点侦查

重点侦查是案件侦查的关键环节。一般从以下几方面进行：

一、确定重点犯罪嫌疑人

确定重点犯罪嫌疑人主要是依据现场勘查、调查访问获取的材料。构成重点犯罪嫌疑人必须具备以下几个条件：

一是动机目的方面的条件。包括作案因素条件，因果关系条件。

二是行为实施方面的条件。包括作案时间条件、知情条件和技能条件等。

三是物质方面的条件。包括具备犯罪工具条件，遗留物条件，赃物条件，痕迹特征条件。

四是相貌特征方面的条件。包括静态特征和动态特征条件。

五是案后表现方面的条件。包括神态反常、经济反常等。

二、突破重点犯罪嫌疑人

重点犯罪嫌疑人确定之后，就要根据具体情况，综合运用侦查技术和侦查措施，获取证据，突破犯罪嫌疑人。

一要严密监控侦查对象，为取证创造条件。随着侦查工作的深入，在重点犯罪嫌疑人逐步明朗的情况下，应该充分估计到嫌疑人为逃避侦查可能采用的各种伎俩。如利用权力或职务上的方便条件毁灭和转移罪证；利用小恩小惠拉拢欺骗群众，妄图割断其自身与案件的联系；借故外出或潜逃隐匿，逃避侦查；施展诡计，嫁祸于人，企图转移侦查视线；有的自知法网难逃，铤而走险继续犯罪。因此，确定重点犯罪嫌疑人后，侦查部门要紧紧依靠发挥基层公安、保卫组织的作用，把重点犯罪嫌疑人严密控制起来，配合侦查取证。

二要选择突破口，运用各种措施、手段和策略。突破口的选择是侦查能否成功的前提，是一项非常严谨而细致的工作。侦查人员为了选择好突破口，应对侦查对象的本人情况、犯罪关系，或在团伙中的地位以及与案件有关的问题，进行深入细致的了解，做到心中有数。

突破口的选择常常是那些能够打开局面的薄弱环节，易于取证的环节，对方防守脆弱的环节，集团（团伙）犯罪中的从犯或动摇分子，以及有条件使用侦查手段的对象等。突破口确定后，应及时采用相应的措施和手段进行突破。常用的措施手段有：内线侦查、密捕突讯、密搜取证、外线监视、秘密辨认以及技侦手段等。

三、打破侦查僵局

侦查的顺利进行并获得好的效果，取决于对案件的科学分析和对侦查范围的准确确定，以及采取的侦查措施正确且实施严密。这些都是保证侦查正确推进的前提条件。如果案情判断失误，侦查范围确定不准，侦查措施、手段运用不正确或不得力，那么侦查工作就可能受阻，出现停滞局面。如何打破这种停滞的状况，使侦查工作有突破性的进展，必须抓好以下两个方面的工作：

（一）研究案件侦查停滞的原因

通常情况下，研究的主要方面是：现场勘查是否细而全，有无遗漏；对犯罪痕迹、物品的研究和检查是否正确；对案件分析是否符合实际情况；工作部署是否落实；侦查工作是否深入细致，有无遗露的线索或查证不实的问题等。找出侦查工作的停滞原因后，就要对症下药地采取针对性的措施，突破僵局，推进侦查。

（二）研究侦查推进的方法

无论是案件复杂，还是工作上的原因，侦查推进的基本途径还是应从现场、物证、情报、措施、指挥等方面入手。每个案件如何推进，则根据检查出来的问题，研究通过分析提出相应的措施，攻克难关，扭转被动局面。其方法有：

1. 复查或重新勘查研究犯罪现场，进一步分析研究案情。
2. 调整侦查部署。包括侦查力量和侦查措施的调整。
3. 实行并案侦查，在串案或查对犯罪档案基础上，主动与友邻地区协同侦查，发挥整体侦查的威慑力和综合效力。
4. 改变侦查策略，诱使犯罪嫌疑人暴露，伺机侦查取证。
5. 讲究指挥艺术，精心设计，合理分配力量，组织总体侦查战役。

第五节 破　　案

所谓破案是指侦查机关查出刑事案件的真相，破案的标志性活动通常是依法将犯罪嫌疑人实施拘留逮捕或采取其他强制措施。破案可以在限制犯罪嫌疑人人身自由的条件下，进一步查清其全部犯罪事实。

一、破案条件和破案时机

破案的基本条件必须是案件性质已经确定，主要犯罪事实和犯罪嫌疑人已经查清，并取得了揭露和证实犯罪的主要证据。具备了上述条件，即可依照刑事诉讼法规定的程序，将犯罪嫌疑人缉拿归案，通过讯问，进一步追查和证实其犯罪。

破案时机则要根据不同案件的现实危害，及时选择。对现实危害性不大，又有条件控制侦查对象活动的案件，要尽可能查清犯罪事实，收集足够证据后再破案；对重大预谋案件，在查清预谋活动后，应在犯罪分子实施犯罪前，及时破案；对集团案件，在查清主要犯罪事实和主要犯罪成员后，即可破案。

总之，任何现行案件，只要确定了案件性质，查清了主要犯罪事实，取得了确凿的证据，就要及时破案。但对有长期经营价值的案件，为扩大战果，也可采取破案留根的方法，继续侦查。

二、破案的准备和实施

破案需要在实施前做好充分准备。

（一）破案前的准备

破案前，应制定具体的破案计划，报请领导批准。破案计划的内容通常包括：案件侦查的结果；破案的理由和根据；侦查力量的组织和分工；破案的方法和步骤；对案犯的分别处理，以及对犯罪嫌疑人如何组织审讯等。同时要办理必要的法律手续，做好破案的各项物质准备，如要准备好车辆、通信工具、武器、戒具等。

（二）拘捕实施的方式

拘捕犯罪嫌疑人的方式主要有以下几种：

1. 用传唤或拘传方式进行拘捕。对某些案情复杂、侦查取得部分证据的案件的犯罪嫌疑人，可采用此方式将侦查对象传到侦查部门再行拘捕。

2. 秘密拘捕。对重大犯罪集团、团伙或预谋案件，因某些问题难以查清，为继续侦查，搞清内幕，在不惊动其他犯罪嫌疑人的情况下，可采用秘密方式，拘捕其中个别犯罪嫌疑人，经过突讯，侦破全案。

3. 抓获现行。即对某些案件，采取诱捕方式，当侦查犯罪嫌疑人再次作案或销赃毁证时，抓获现行。

无论采取哪种破案方式，拘捕前都要做到熟知案犯姓名、体貌特征、个性特点、思想动态、犯罪前科及犯罪记录；要熟知被拘捕人所在的处所及其周围的环境、地形、出入道并严密加以控制；要研究发生各种意外情况的处置对策；要行动迅速、敏捷，注意收缴凶器和其他罪证，防止犯罪嫌疑人拒捕行凶和毁灭证据；要在姓名核对无误后出示拘捕证，令其签字，并在其住所搜查之后，按预定计划执行押解。

（三）掩护秘密侦查力量撤离

在专案侦查过程中，如果进行内线侦查，破案时，必须设计妥善的办法，既要使内线人员安全撤离，又要防止其暴露身份。

三、破案后的处理

破案以后，侦查人员应抓紧时间做好破案后的处理。这主要包括以下几项工作：

（一）追缴赃物

对犯罪嫌疑人因犯罪所获得的赃物、赃款，要全部追缴。这是获取罪证、揭露和证实犯罪的重要内容。这项工作做好了，往往可以发现许多新的犯罪事实或新的犯罪嫌疑分子，破获大量的积案。同时，通过追缴赃物，还可以教育群众，加强防范工作。

（二）整理材料档案

破案后，应把破案前所获取的各种材料，按照其内容和作用分别整理，装订成档案。使其能够全面、客观、真实、系统地记载犯罪嫌疑人实施犯罪行为的情况和侦查中所取得的全部证据材料，正确地反映侦破工作的全过程。这对于全面了解侦查工作的进行情况，讯问犯罪嫌疑人，正确地分析和处理案件有着重要的意义。

（三）总结经验教训和做好善后工作

破案后，指导破案的领导人，应组织侦查人员对整个案件的侦破工作进行全面的总结。在肯定成绩的同时，还要认真检查侦破过程中走弯路的教训，分析产生缺点错误的原因，用以教育侦查人员，提高侦查水平和破案的本领。对于破案有功的个人和单位，应分别予以表扬和奖励。

对于侦查过程中发现的与本案无关的可疑线索，如果破案前未来得及查清的，破案后，应积极组织力量进行追查，有的应及时转交有关部门进行调查处理。

对侦查中确定的嫌疑对象，曾经通知有关地区和单位进行过工作的，经过查证已排除嫌疑的，应通知有关地区和单位销毁材料，消除影响。

☆ **规制链接　关于审查判断破案材料的规定**

根据最高人民法院、最高人民检察院、公安部、国家安全部、司法部《关于办理死刑案件审查判断证据若干问题的规定》（自 2010 年 7 月 1 日起施行；2010 年 6 月 13 日"两高三部"联合通知规定：办理其他刑事案件参照此《规定》执行），对侦查破案经过等材料审查判断的认定要求如下：

第三十一条　对侦查机关出具的破案经过等材料，应当审查是否有出具该说明材料的办案人、办案机关的签字或者盖章。

对破案经过有疑问，或者对确定被告人有重大嫌疑的根据有疑问的，应当要求侦查机关补充说明。

第六节　侦查终结

侦查终结是介于刑事诉讼过程中侦查阶段和起诉阶段的交叉点上的一道重要诉讼程序。它对于全面总结科学评价侦查工作和为起诉工作奠定良好的基础，对进一步准确、及时追究犯罪人和保障无罪的人不受刑事追究，都具有非常重要的意义。

一、侦查终结的概念

侦查终结，是公安机关、人民检察院、国家安全机关、军队保卫部门和监狱等有法定侦查权的机关，对自己立案并经过一系列的侦查活动，认为案件事实和证据已经查清，不需要继续进行侦查时，对侦查工作作出结论和对案件作出进一步处理的活动。这是侦查的最后程序。

在国外的刑事诉讼法中，英美法系国家对警察机关进行的侦查如何终结的问题规定得很少，而大陆法系国家则规定得多一些，原苏联则规定得相当详细具体。日本的法律规定，侦查终结时，检察官有决定起诉或不起诉的权限。司法警察官员结束侦查后，应当迅速把案件连同文书和证物一并移送检察官。从此侦查权转移于检察官。检察官对移送的案件和自行侦查的案件进行审查后，可以用裁定作出起诉或不起诉处分。统一后的德国新《刑事诉讼法典》第 169 条 a 规定："［侦查终结］检察院考虑提起公诉的时候，应当在案卷中注明侦查已经终结。"第 170 条规定："［侦查终结］（一）侦查结果提供了足够的提起公诉理由时，检察院应当向对案件有管辖权的法院递交起诉书提起公诉。（二）否则，检察院应当停止程序。停止程序时，检察院应向曾作为被指控人受过讯问或对他签发过逮捕令的被指控人作出通知；如果被指控人请求予以通知或者显然对于通知有特别利益的，同样适用此规定。"总之，根据各国刑事诉讼法的规定和综观其实际做法，侦查终结大体有三种情况或方式：一是移送起诉；二是终止侦查，也就是我国通常所说的撤销案件；三是中止侦查，即暂时停止侦查。对于起诉的案件，在英美国家警察将侦查所获的全部案件材料连同文书移交给检察官或预审法官，侦查就告结束。对于终止侦查的形式，各国侦查实践中都采用，如法国的法律规定，若预审法官认定该事实不构成重罪、轻罪及违警罪，或尚未发现犯罪行为人，或指控被告人的根据不足者，应作出命令宣布此案停止进行。审判前拘留的被告人应予释放。中止侦查是由于出现某些情况而不得不暂时停止侦查，原苏联和东欧一些国家对此有具体规定，而西方资本主义国家对此一般不作专门规定。中止侦查的原因如犯罪嫌疑人居留点不明或患有精神等重大疾病、未查明犯罪行为人等。

我国刑事诉讼法第二编第二章第九节对侦查终结作了专门规定，共有 7 个条文（第 124 条至第 130 条），对侦查羁押期限、延期审理、延长羁押期限、羁押期限的计算、侦查终结案件的处理和在侦查中撤销案件等情况作了具体规定。

侦查终结作为侦查阶段的最后程序，是对侦查工作所作的全部总结。经过侦查终结，案件事实已经查清，查获了充分、确实的证据，不仅为下一诉讼阶段的起诉工作打下良好的基础，而且可以保障对不应追究刑事责任的人及时作出撤销案件处理。

二、侦查羁押期限

所谓侦查羁押期限，是指刑事诉讼法规定的侦查期间羁押犯罪嫌疑人的期限。由于羁押限制犯罪嫌疑人的人身自由，为了在便于侦查的同时尽量缩短羁押时间，法律对侦查羁押期限作了严格具体的规定。侦查机关必须在各种法定侦查羁押期限以内侦查终结。否则，应当变更强制措施，不得违法超期羁押。

（一）侦查羁押的一般期限

《刑事诉讼法》第 124 条规定："对犯罪嫌疑人逮捕后的侦查羁押期限不得超过二个月。"这里所说的"逮捕后的侦查羁押期限"，不包括逮捕前的拘留时间，这里规定的"不得超过二个月"是指从犯罪嫌疑人被逮捕后的第 2 日起到侦查终结的时间不得超过二个月。这是为了保障公民的合法权利而对一般刑事案件的侦查羁押期限所做的原则性规定。

（二）侦查羁押的延长期限

1. 《刑事诉讼法》第 124 条规定："案情复杂、期限届满不能终结的案件，可以经上一级人民检察院批准延长一个月。"这里所说的"案情复杂"是指案件涉及的犯罪情况复杂，如集团犯罪、一人数罪、涉及证人众多等。如果是最高人民检察院直接立案侦查的案件，可以由本院决定延长一个月的羁押期限。

2.《刑事诉讼法》第125条规定："因为特殊原因，在较长时间内不宜交付审判的特别重大复杂的案件，由最高人民检察院报请全国人民代表大会常务委员会批准延期审理。"本条中的"特殊原因"是指关系国家政治、外交等方面的原因，涉及整个国家安全、利益的重大问题，例如过去的日本战犯、国民党战犯之类的案件。这类案件是极少数，要从严控制，不得随意扩大范围。本条中："较长时间内不宜交付审判"不是指一般的因案情复杂在羁押期限内不能办结，而是由于政治上的关系或具有其他特殊原因在相当长的时期内不宜交付审判。这里所说的"特别重大复杂的案件"，是指涉及全国性的犯罪或者是在全国乃至国外将产生重大影响的案件。总之，对于本条的规定要从严掌握，不得随意适用。

3.《刑事诉讼法》第126条规定："下列案件在本法第一百二十四条规定的期限届满不能侦查终结的，经省、自治区、直辖市人民检察院批准或者决定，可以延长二个月：

（一）交通十分不便的边远地区的重大复杂案件；

（二）重大的犯罪集团案件；

（三）流窜作案的重大复杂案件；

（四）犯罪涉及面广，取证困难的重大复杂案件。"本条是关于对几种在第124条的法定期限内不能侦查终结的案件可以再延长羁押期限的规定，共列举了四种可以延长期限的情况，在执行中应当注意：第一项必须是交通十分不便的边远地区的同时是既重大又复杂的案件才能适用；第二项主要是针对一些严重危害公共安全、民愤极大而又不易侦破的集团作案的案件而规定的；第三项是在"流窜作案"和"重大复杂"两个条件同时具备时才能适用；第四项是指犯罪涉及多省区或境外造成取证困难的重大复杂案件。

4.《刑事诉讼法》第127条规定："对犯罪嫌疑人可能判处十年有期徒刑以上刑罚，依照本法第一百二十六条规定延长期限届满，仍不能侦查终结的，经省、自治区、直辖市人民检察院批准或者决定，可以再延长二个月。"执行本条规定应当注意：①可能判处的刑罚应以其主要犯罪行为及已取得的证据为根据；②必须以依次适用第124条和第126条规定延长的期限届满仍不能侦查终结为前提；③适用本条规定的仅限于第126条列举的4种案件且可能判处10年有期徒刑以上刑罚的情况；④省级以上人民检察院立案侦查的案件由本院审查决定需要延长的期限；⑤适用本条再延长的最长期限等于第124条的3

个月加第 126 条的 2 个月再加本条的 2 个月，总计最长期限为 7 个月。

（三）侦查羁押期限的计算

1. 《刑事诉讼法》第 128 条第 1 款规定："在侦查期间，发现犯罪嫌疑人另有重要罪行的，自发现之日起依照本法第一百二十四条的规定重新计算侦查羁押期限。"本条中"另有重要罪行"，主要是指与原发现的罪行不同种的犯罪，如原立案是贪污罪后发现另有受贿重要罪行；但也应包括同种的、重大的、将影响定罪量刑的犯罪，如原发现受贿 10 万元，后发现另有受贿 100 万元的重要罪行。这里所说的"发现"既包括犯罪嫌疑人主动交代，也包括侦查人员侦查发现。

2. 《刑事诉讼法》第 128 条第 2 款规定："犯罪嫌疑人不讲真实姓名、住址，身份不明的，侦查羁押期限自查清其身份之日起计算，但是不得停止对犯罪行为的侦查取证。对于犯罪事实清楚，证据确实、充分的，也可以按其自报的姓名移送人民检察院审查起诉。"根据这一规定，侦查工作的重点应放在收集证据上，对这类案件只要查清了犯罪事实，证据确实充分，即使未查明真名身份也可以终结侦查，移送起诉。

3. 《刑事诉讼法》第 122 条规定："对犯罪嫌疑人作精神病鉴定的期间不计入办案期限。"这里所说的"不计入办案期限"是指不计入侦查羁押期限；"鉴定的期间"是指在省级人民政府指定的医院开始对犯罪嫌疑人进行鉴定到得出鉴定结论的期间。在司法实践中，侦查机关要慎重对待对犯罪嫌疑人作精神病医学鉴定，既不能轻率作出结论，又不能久拖不决。

三、侦查终结的条件和要求

侦查终结标志着侦查活动的结束，必须严格遵照法定程序来终结侦查。根据刑事诉讼法第 129 条的规定，结合司法实践经验和做法，侦查终结应当符合下列条件和要求：

（一）事实清楚

案件的全部事实情节，诸如：犯罪嫌疑人有无实施犯罪的时间、地点、手段、经过、罪过形式、动机、目的，有无造成危害后果，有无同案犯及其他犯罪线索，等等，都已一一搞清。有些案件由于条件的限制，对犯罪嫌疑人的主要罪行或犯罪嫌疑人没有实施犯罪的主要问题已经查清核实，但是对某些次要罪行或问题在作了各种努力之后，仍未搞清楚，又无继续调查的线索，在这种情况下，也可以及时结案处理。经侦查不构成犯罪的事实也已查清。

（二）证据充分、确凿

证据材料来源可靠，对犯罪嫌疑人的每条罪行都有充分的真凭实据加以证明。对于属于获罪嫌疑的问题,已澄清嫌疑,有足够的证据能够作出肯定或否定的明确结论。原来存在于犯罪嫌疑人口供之中,或口供与其他证据材料之间,以及证据材料相互之间的矛盾,已经得到了解决。案件的全部证据材料,都是经过查证核实、确凿无误的材料,形成了完整的证据体系。根据证据材料所认定的案件事实,都是有根有据,合情合理,完全符合客观实际的。

(三)定性定罪正确

主要是指要已划清罪与非罪的界限,特别是把犯罪同一般违法行为已区别开来。既不把本来不属犯罪的行为认定为犯罪,也不要把本来属于犯罪的行为不认为是犯罪。在罪行认定之后,还进一步划清了罪与罪之间的界限。只有这样,才能分清是非轻重,对案件做出正确处理。

(四)法律手续完备

主要是指案件的各项法律手续,如逮捕证、拘留证、传讯证、搜查证和搜查笔录,以及法律上规定的其他必要的手续,都不能短缺。此外,每件口供和其他证据材料的手续也已齐备,符合法律要求。

四、侦查终结的程序

侦查终结必须遵循下列程序:

(一)全面系统审查案件事实和证据

侦查终结案件,首先要由办案人全面系统地审查案件事实和证据,经审查认为符合侦查终结的全部条件和要求的,提出侦查终结的意见。

(二)制作侦查终结报告

侦查终结报告由办案人员制作,其主要内容包括犯罪嫌疑人的基本情况;是否对犯罪嫌疑人采取强制措施或采取强制措施的理由及羁押场所;犯罪事实、情节、证据情况;犯罪嫌疑人的认罪态度;根据犯罪事实及适用的法律提出的处理意见等。

(三)批准侦查终结

侦查终结报告应经部门负责人审核同意后,报告侦查机关的主管负责人。一般案件经侦查机关主管负责人审查批准即可终结侦查;重特大案件应由机关负责人提交机关领导成员集体讨论决定。

五、侦查终结案件的处理

侦查终结的案件,应当严格依照法定程序作出处理:

(一)移送审查起诉

《刑事诉讼法》第129条规定:"公安机关侦查终结的案件,应当做到犯罪事实清楚，证据确实、充分，并且写出起诉意见书，连同案卷材料、证据一并移送同级人民检察院审查决定。"在司法实践中，如果公安机关认为证据不足不符合起诉条件的和犯罪情节轻微依法不需要判处刑罚的或免除刑罚的，在移送起诉时注明具备不起诉条件。凡是公安机关移送的案件，一律由检察院审查决定起诉或者不起诉。

（二）撤销案件

《刑事诉讼法》第130条规定："在侦查过程中，发现不应对犯罪嫌疑人追究刑事责任的，应当撤销案件；犯罪嫌疑人已被逮捕的，应当立即释放，发给释放证明，并且通知原批准逮捕的人民检察院。"本条所说的"侦查过程中"不是单指侦查终结时，而是指侦查阶段的全过程中的任何时间，一旦发现不应追究刑事责任的情形，就应及时撤销案件、释放被逮捕的犯罪嫌疑人并通知原批准的人民检察院。

国家安全机关、军队保卫部门和监狱侦查终结的案件，根据刑事诉讼法第4条和第225条的规定，适用第129条和第130条的规定作出与公安机关相同的处理。

（三）不起诉

公安、安全、军队、监狱侦查终结的案件移送人民检察院审查后，认为有法定不起诉条件的，应当依法作出不起诉决定，并将不起诉决定书送达侦查机关。人民检察院侦查终结的案件，适用刑事诉讼法第135条的规定，作出提起公诉、不起诉或者撤销案件的决定进行处理。

六、补充侦查

所谓补充侦查，是有侦查权的机关依法对已侦查终结的案件继续进行收集补充证据的一种侦查行为。它适用于部分事实、情节需要进一步查证的刑事案件。补充侦查有两种法定形式：一是退回补充侦查，即人民检察院将案件依法退回原侦查机关或部门要求其补充侦查。二是自行补充侦查，即决定补充侦查的人民检察院自行进行补充侦查。根据法律的规定，在审查批捕阶段的补充侦查只能退回补充侦查而不能由人民检察院自行侦查，而在审查起诉和法庭审理阶段的补充侦查则可由人民检察院决定是否自行侦查。根据法律规定的不同诉讼阶段的补充侦查，可以分为三类：

（一）审查批捕阶段的补充侦查

《刑事诉讼法》第68条规定："对于不批准逮捕的，人民检察院应当说明理由，需要补充侦查的，应当同时通知公安机关。"根据这一规定，侦查批捕阶段的补充侦查应当由人民检察院退回原侦查机关或部门进行，而且应当在作出不批准逮捕决定的同时决定退回补充侦查并通知原侦查机关。

(二) 审查起诉阶段的补充侦查

《刑事诉讼法》第140条第2款规定:"人民检察院审查案件,对于需要补充侦查的,可以退回公安机关补充侦查,也可以自行侦查。"该条还规定应当在一个月以内补充侦查完毕。补充侦查以二次为限。在司法实践中应注意:无论是退回补充侦查,还是自行补充侦查,或者是既退回补充侦查又自行补充侦查,每案在审查起诉阶段的补充侦查总数不得超过二次,每次补充侦查时间不得超过一个月。

(三) 法庭审理阶段的补充侦查

刑事诉讼法第165条规定,在法庭审判过程中,遇有检察人员发现提起公诉的案件需要补充侦查,提出建议的,可以延期审理。第166条又规定:"人民检察院应当在一个月以内补充侦查完毕。"根据法律的规定,在审判阶段是否进行补充侦查,其决定权不在人民法院而是由人民检察院作出决定。在司法实践中,检察机关决定补充侦查的案件,是检察人员发现提起公诉的案件有些事实还不清楚,或有的证据还不确实、充分。

补充侦查是侦查工作的重要组成部分,它对查清全部案情、达到侦查终结的要求和保证办案质量,具有非常重要的意义。

☆规制链接 关于侦查终结证据的综合审查和运用的规定

根据最高人民法院、最高人民检察院、公安部、国家安全部、司法部《关于办理死刑案件审查判断证据若干问题的规定》(自2010年7月1日起施行;2010年6月13日"两高三部"联合通知规定:办理其他刑事案件参照此《规定》执行),适用侦查终结证据综合审查和运用的要求如下:

第三十二条 对证据的证明力,应当结合案件的具体情况,从各证据与待证事实的关联程度、各证据之间的联系等方面进行审查判断。

证据之间具有内在的联系,共同指向同一待证事实,且能合理排除矛盾的,才能作为定案的根据。

第三十三条 没有直接证据证明犯罪行为系被告人实施,但同时符合下列条件的可以认定被告人有罪:

(一) 据以定案的间接证据已经查证属实;

(二) 据以定案的间接证据之间相互印证,不存在无法排除的矛盾和无法解释的疑问;

(三) 据以定案的间接证据已经形成完整的证明体系;

(四) 依据间接证据认定的案件事实,结论是唯一的,足以排除一切合理怀疑;

(五) 运用间接证据进行的推理符合逻辑和经验判断。

根据间接证据定案的，判处死刑应当特别慎重。

第三十四条 根据被告人的供述、指认提取到了隐蔽性很强的物证、书证，且与其他证明犯罪事实发生的证据互相印证，并排除串供、逼供、诱供等可能性的，可以认定有罪。

第三十五条 侦查机关依照有关规定采用特殊侦查措施所收集的物证、书证及其他证据材料，经法庭查证属实，可以作为定案的根据。

法庭依法不公开特殊侦查措施的过程及方法。

第三十六条 在对被告人作出有罪认定后，人民法院认定被告人的量刑事实，除审查法定情节外，还应审查以下影响量刑的情节：

（一）案件起因；

（二）被害人有无过错及过错程度，是否对矛盾激化负有责任及责任大小；

（三）被告人的近亲属是否协助抓获被告人；

（四）被告人平时表现及有无悔罪态度；

（五）被害人附带民事诉讼赔偿情况，被告人是否取得被害人或者被害人近亲属谅解；

（六）其他影响量刑的情节。

既有从轻、减轻处罚等情节，又有从重处罚等情节的，应当依法综合相关情节予以考虑。

不能排除被告人具有从轻、减轻处罚等量刑情节的，判处死刑应当特别慎重。

第三十七条 对于有下列情形的证据应当慎重使用，有其他证据印证的，可以采信：

（一）生理上、精神上有缺陷的被害人、证人和被告人，在对案件事实的认知和表达上存在一定困难，但尚未丧失正确认知、正确表达能力而作的陈述、证言和供述；

（二）与被告人有亲属关系或者其他密切关系的证人所作的对该被告人有利的证言，或者与被告人有利害冲突的证人所作的对该被告人不利的证言。

第三十八条 法庭对证据有疑问的，可以告知出庭检察人员、被告人及其辩护人补充证据或者作出说明；确有核实必要的，可以宣布休庭，对证据进行调查核实。法庭进行庭外调查时，必要时，可以通知出庭检察人员、辩护人到场。出庭检察人员、辩护人一方或者双方不到场的，法庭记录在案。

人民检察院、辩护人补充的和法庭庭外调查核实取得的证据，法庭可以庭外征求出庭检察人员、辩护人的意见。双方意见不一致，有一方要求人民法院开庭进行调查的，人民法院应当开庭。

第三十九条 被告人及其辩护人提出有自首的事实及理由，有关机关未予认定的，应当要求有关机关提供证明材料或者要求相关人员作证，并结合其他证据判断自首是否成立。

被告人是否协助或者如何协助抓获同案犯的证明材料不全，导致无法认定被告人构成立功的，应当要求有关机关提供证明材料或者要求相关人员作证，并结合其他证据判断立功是否成立。

被告人有检举揭发他人犯罪情形的，应当审查是否已经查证属实；尚未查证的，应当及时查证。

被告人累犯的证明材料不全，应当要求有关机关提供证明材料。

第十二章 侦查步骤

第四十条 审查被告人实施犯罪时是否已满十八周岁，一般应当以户籍证明为依据；对户籍证明有异议，并有经查证属实的出生证明文件、无利害关系人的证言等证据证明被告人不满十八周岁的，应认定被告人不满十八周岁；没有户籍证明以及出生证明文件的，应当根据人口普查登记、无利害关系人的证言等证据综合进行判断，必要时，可以进行骨龄鉴定，并将结果作为判断被告人年龄的参考。

未排除证据之间的矛盾，无充分证据证明被告人实施被指控的犯罪时已满十八周岁且确实无法查明的，不能认定其已满十八周岁。

第十三章　职务犯罪侦查的特定规范

职务犯罪是指国家工作人员或者其他从事公务的人员利用职务便利实施的危害公务行为廉洁性的犯罪。较一般犯罪而言，职务犯罪具有犯罪主体反侦查能力较强、犯罪行为预谋性强、实施犯罪与发现犯罪的时间跨度较长、犯罪行为较隐蔽、犯罪性质较为复杂等特征。犯罪主体不但可以利用职务便利掩饰犯罪，还可以利用职权对抗侦查，甚至运用所掌握的公权力进行反侦查活动。为了保障司法机关有效侦查涉嫌职务犯罪案件，需要在适用普遍性规定的基础上，增加一些特定规范。主要包括特定诉讼规定、特定侦查规则及人民监督员监督侦查的特别规定。

第一节　特定诉讼规定

职务犯罪侦查中的特定诉讼规定包括侦查管辖的特别规定、侦查程序的特别规定。这些特别规定主要出现在刑事诉讼法和最高人民法院、最高人民检察院、公安部、国家安全部、司法部、全国人大常委会法制工作委员会《关于刑事诉讼法实施中若干问题的规定》等文件中。

一、侦查管辖的特别规定

现行职务犯罪侦查管辖，主要包括管辖分工、牵连管辖、管辖规范等内容。

（一）案件管辖的法定分工

《刑事诉讼法》第18条第2款规定："贪污贿赂犯罪，国家工作人员的渎职犯罪，国家机关工作人员利用职权实施的非法拘禁、刑讯逼供、报复陷害、非法搜查的侵犯公民人身权利的犯罪以及侵犯公民民主权利的犯罪，由人民检察院立案侦查。对于国家机关工作人员利用职权实施的其他重大的犯罪案件，需要由人民检察院直接受理的时候，经省级以上人民检察院决定，可以由人民检察院立案侦查。"这表明检察机关是职务犯罪侦查的特定主体，公安机关、国家安全机关等其他侦查机关对职务犯罪没有侦查权，在工作中发现职务犯线索要及时移交检察机关管辖。

检察机关管辖的职务犯罪案件可分为以下几类：

1. 贪污贿赂犯罪案件。贪污贿赂犯罪，是指刑法第八章规定贪污贿赂罪以及其他章明确规定依照第八章相关条文定罪处罚的犯罪案件。这类职务犯罪案件从刑法第382条规定的贪污案至第396条第2款规定的私分罚没财物案，共有12个罪名的案件，司法实践中通常将其统称为贪污贿赂罪或贪污贿赂案件。

2. 渎职犯罪案件。渎职犯罪，是指刑法分则第九章和刑法修正案（四）规定的国家机关工作人员渎职犯罪案件。这类职务犯罪从刑法第397条至第419条规定滥用职权案、玩忽职守案、国家机关工作人员徇私舞弊案等共35个罪名的案件，统称为渎职犯罪案件。

3. 职务侵权犯罪案件。所谓职务侵权犯罪案件，主要是指国家机关工作人员利用职权实施的侵犯公民人身权利和民主权利的犯罪案件，即刑法第四章规定的下列犯罪案件：

（1）非法拘禁案（第238条）；

（2）非法搜查案（第245条）；

（3）刑讯逼供案（第247条）；

（4）暴力取证案（第247条）；

（5）体罚、虐待被监管人案（第248条）；

（6）报复陷害案（第254条）；

（7）破坏选举案（第256条）。

4. 其他重大职务犯罪案件。所谓其他重大职务犯罪案件，是指国家机关工作人员利用职权实施除上述贪污贿赂、渎职、侵权三类犯罪之外的其他重大犯罪案件。这类重大职务犯罪案件需要由人民检察院直接受理的时候，经省级以上人民检察院决定，可以由人民检察院立案侦查。

（二）互涉案件的牵连管辖

所谓互涉案件的牵连管辖，主要是指检察机关与公安机关在按照法定分工侦查的案件涉及对方管辖的案件时，针对这种互涉情形的个案所规定的一种牵连管辖。刑事诉讼法修改后，实践中因上述情形的互涉案件按法定分工管辖往往在造成侦查资源浪费的同时还会影响侦查效率贻误破案时机。1998年1月19日，最高人民法院、最高人民检察院、公安部、国家安全部、司法部、全国人大常委会法制工作委员会联合作出《关于刑事诉讼法实施中若干问题的规定》，对上述互涉案件的管辖作出原则性的规定："如果涉嫌主罪属于公安机关管辖，由公安机关为主侦查，人民检察院予以配合；如果涉嫌主罪属于人民检察院管辖,由人民检察院为主侦查,公安机关予以配合。"这实质上是对互涉案件作出一种补充性的牵连管辖。

(三) 检察机关的管辖规范

最高人民检察院在《人民检察院刑事诉讼规则》中,对职务犯罪案件的侦查管辖作了如下规定:

1. 分级管辖。人民检察院对职务犯罪案件主要实行分级管辖制度,即最高人民检察院管辖全国性的重大案件;省级人民检察院管辖全省(自治区、直辖市)性重大犯罪案件;分、州、市人民检察院管辖本辖区内的重大犯罪案件;基层人民检察院管辖本辖区的犯罪案件。

2. 属地管辖。职务犯罪案件的侦查,以属地管辖为主。即由职务犯罪嫌疑人工作单位所在地的人民检察院管辖,但如果由其他人民检察院管辖更为适宜的,可以由其他人民检察院管辖。

3. 指定管辖。对管辖权有争议或者情况特殊的案件,由共同的上级人民检察院指定管辖;上级人民检察院可以指定下级人民检察院立案侦查管辖不明或者需要改变管辖的案件。

4. 专门管辖。所谓专门管辖,是指军事检察院、铁路运输检察院等专门人民检察院对职务犯罪案件的侦查管辖。其中军队、武装警察与地方互涉职务犯罪案件的管辖,按照有关规定执行。

5. 其他管辖。这里所说的其他管辖,主要是指具有以下三类特定情形的职务犯罪案件的管辖规定:

(1) 必要时上级人民检察院可以侦查下级人民检察院管辖的案件,也可以将本院管辖的案件交下级人民检察院侦查;下级人民检察院认为案情重大、复杂,可以请求移送上级人民检察院侦查。

(2) 对管辖不明的案件,可以由有关人民检察院协商确定管辖。

(3) 几个人民检察院都有管辖权的案件,由最初受理的人民检察院管辖;必要时可由主要犯罪地人民检察院管辖。

二、侦查程序的特别规定

侦查程序是指侦查人员在办理刑事案件过程中所应当遵循的规范和准则。职务犯罪侦查程序是由刑事诉讼法及有关规定等法律法规所确立下来的,具有法律强制力和普遍的指导意义,对于保证检察机关侦查办案质量,保障公民合法权益不受侵害具有重要的作用。刑事诉讼法在第二编"立案、侦查和提起公诉"第二章专设"人民检察院对直接受理的案件的侦查"一节作为第十节对检察机关职务犯罪侦查程序进行单独规定。

（一）强制措施的特别规定

《刑事诉讼法》第 132 条规定："人民检察院直接受理的案件中符合本法第六十条、第六十一条第四项、第五项规定情形，需要逮捕、拘留犯罪嫌疑人的，由人民检察院作出决定，由公安机关执行。"即对有证据证明有犯罪事实，可能判处徒刑以上刑罚的犯罪嫌疑人、被告人，采取取保候审、监视居住等方法，尚不足以防止发生社会危险性，而有逮捕必要的，应即依法逮捕。犯罪后企图自杀、逃跑或者在逃的，有毁灭、伪造证据或者串供可能的，可以先行拘留。需要注意的是检察机关只有对犯罪嫌疑人逮捕、拘留的决定权，作出决定后，应当由公安机关在监管场所内执行看押。

《刑事诉讼法》第 134 条规定："人民检察院对直接受理的案件中被拘留的人，认为需要逮捕的，应当在十日以内作出决定。在特殊情况下，决定逮捕的时间可以延长一日至四日。对不需要逮捕的，应当立即释放；对于需要继续侦查，并且符合取保候审、监视居住条件的，依法取保候审或者监视居住。"与公安机关对被拘留的人提请审查批准逮捕的时间最长可以延长至三十日，人民检察院自接到公安机关提请批准逮捕书后的七日以内作出批准逮捕或者不批准逮捕的决定不同，检察机关对自行侦查案件决定逮捕的时间大为缩短。这主要是由于一般刑事案件存在流窜作案、多次作案、结伙作案等特殊情况，公安机关事先可能一无所知，需要花费大量时间了解核实案情、进行深挖、缉捕同案人员，而检察机关职务犯罪侦查非常慎重，往往事先已经经历案件受理、初查阶段，对案情有所把握，不需要刻意延长逮捕审查决定时间。

（二）侦查终结特别规定

《刑事诉讼法》第 135 条规定："人民检察院侦查终结的案件，应当作出提起公诉、不起诉或者撤销案件的决定。"作为国家法律监督机关，负责保障法律的统一、正确实施，在刑事诉讼活动中，起着承上启下的作用，与其他侦查机关侦查终结的案件不同的是通过对职务犯罪案件直接提起公诉、不起诉或者撤销案件，决定公诉活动的进程。

三、其他有关侦查的规范与特点

根据司法解释的有关规定和侦查实践中总结的经验，职务犯罪侦查还应注重以下规范与特点。

（一）关于自首、立功等情节的侦查认定

根据最高人民法院、最高人民检察院《关于办理职务犯罪案件认定自首、立功等量刑情节若干问题的意见》（法发［2009］13 号）的规定，贪污贿赂、渎职等职务犯罪成立自首需同时具备自动投案和如实供述自己的罪行两个要件。犯罪事实或者犯罪分子未被办案机关掌握,或者虽被掌握,但犯罪分子尚未受到调查谈话、讯问,或者未被宣布采取调查措施或者强制措施时,向办案机关投案的,是自动投案。在此期间如实交代自己的主要犯罪事实的,应当认定为自首。犯罪分子向所在单位等办案机关以外的单位、组织或者有关负责人员投案的,应当视为自动投案。没有自动投案,在办案机关调查谈话、讯问、采取调查措施或者强制措施期间,犯罪分子如实交代办案机关掌握的线索所针对的事实的,不能认定为自首。没有自动投案,但具有以下情形之一的,以自首论:①犯罪分子如实交代办案机关未掌握的罪行,与办案机关已掌握的罪行属不同种罪行的;②办案机关所掌握线索针对的犯罪事实不成立,在此范围外犯罪分子交代同种罪行的。单位犯罪案件中,单位集体决定或者单位负责人决定而自动投案,如实交代单位犯罪事实的,或者单位直接负责的主管人员自动投案,如实交代单位犯罪事实的,应当认定为单位自首。单位自首的,直接负责的主管人员和直接责任人员未自动投案,但如实交代自己知道的犯罪事实的,可以视为自首;拒不交代自己知道的犯罪事实或者逃避法律追究的,不应当认定为自首。单位没有自首,直接责任人员自动投案并如实交代自己知道的犯罪事实的,对该直接责任人员应当认定为自首。因此,在侦查职务犯罪案件时,应对上述规定的情形逐一深入侦查取证,形成全面、客观、真实、具体的证据链进行侦查认定。在侦查终结时,根据犯罪的事实、性质、情节和对于社会的危害程度,结合自动投案的动机、阶段、客观环境,交代犯罪事实的完整性、稳定性以及悔罪表现等具体情节,对于具有自首情节的犯罪嫌疑人,侦查部门移送案件时应当予以说明并移交相关证据材料。

  上述司法解释还规定,立功必须是犯罪分子本人实施的行为。为使犯罪分子得到从轻处理,犯罪分子的亲友直接向有关机关揭发他人犯罪行为,提供侦破其他案件的重要线索,或者协助司法机关抓捕其他犯罪嫌疑人的,不应当认定为犯罪分子的立功表现。据以立功的他人罪行材料应当指明具体犯罪事实;据以立功的线索或者协助行为对于侦破案件或者抓捕犯罪嫌疑人要有实际作用。犯罪分子揭发他人犯罪行为时没有指明具体犯罪事实的;揭发的犯罪事实与查实的犯罪事实不具有关联性的;提供的线索或者协助行为对于其他案件的侦破或者其他犯罪嫌疑人的抓捕不具有实际作用的,不能认定为立功表现。犯罪分子揭发他人犯罪行为,提供侦破其他案件重要线索的,必须经查证属实,才能认定为立功。据以立功的线索、材料来源有下列情形之一的,不能认定为立功:①本人通过非法手段或者非法途径获取的;②本人因原担任的查禁犯罪等职务获取的;③他人违反监管规定向犯罪分子提供的;④负有查禁犯罪活动职责的国家机关工作人员或者其他国家工作人员利用职务便利提供的。犯罪分子检举、揭发的他人犯罪，提供侦破其他案件的重要线索，阻止他人的犯罪活动，或者协助司法机关抓捕的其他犯罪嫌疑人，犯罪嫌疑人、被告人依法可能被判处无期徒刑以上刑罚的，应当认定为有重大立功表现。

根据上述规定，在侦查中应将其每一事实和案情一一查证和记录在案，尤其要调取充分的证据予以证明。在案件侦查终结时，对于具有立功情节的犯罪嫌疑人，应当根据犯罪的事实、性质、情节和对于社会的危害程度，结合立功表现所起作用的大小、所破获案件的罪行轻重、所抓获犯罪嫌疑人可能判处的法定刑以及立功的时机等具体情节，依法进行侦查认定，并将全部证据材料移送公诉部门。

（二）职务犯罪侦查的有关特点

基于犯罪主体及犯罪客体的特定性，与一般犯罪侦查相比，职务犯罪在侦查程序的启动和展开、证据类型和收集等方面还具有如下特点：

第一，一般犯罪往往有现场、有物证，从案发到启动侦查间隔时间不长，证据形式齐全、完整，而职务犯罪更多的是现场不易被发现、缺乏物证，证据种类单一。

第二，一般犯罪案件往往有被害人，即有明确的犯罪侵犯对象，而职务犯罪虽都侵犯了一定的法律关系，但相当一部分案件，尤其是渎职犯罪案件更多的没有被害人，即没有明确的、直接的犯罪侵犯对象。

第三，一般刑事案件往往是"由事（案）到人"，即通过已经发生的案件事实追查犯罪行为人；而职务犯罪更多的是"由人到事（案）"，即通过对行为人的审查，确定是否存在职务犯罪案件事实，或确定需要进一步查明的证明对象以及收集证据的方向。

另外，一般犯罪侦查往往是"由证到供"，即通过物证、书证、证人证言等证据，获取犯罪嫌疑人口供，而职务犯罪更多的是"由供到证"，即通过犯罪嫌疑人供述，确定证明对象、收集证据。

第二节 特定侦查规则

职务犯罪的特定侦查规则包括受案与立案规则，侦查活动规则和侦查监督规则。

一、受案、立案规则

（一）职务犯罪案件的受理规则

《人民检察院刑事诉讼规则》第120条规定，人民检察院直接受理由本院管辖的报案、控告、举报和犯罪嫌疑人的自首。对于不属于本院管辖的有关犯罪的报案、控告、举报和自首，也应当接受。其中，人民检察院举报中心负责统一受理、管理举报线索。本院检察长和其他部门或者人员对所接受的犯罪案件线索，应当及时批交或者移送举报中心。有关机关或者部门移送人民检察院审查是否立案的案件线索和人民检察院侦查部门查办案件发现的案件线索，由侦查部门自行审查。

举报中心对于所收到的举报线索，应当及时审查，并根据举报线索的不同情况和管辖规定，在七日以内分别作出如下处理：

1. 不属于人民检察院管辖的，移送有关主管机关处理，并且通知报案人、控告人、举报人、自首人。对于不属于人民检察院管辖的必须采取紧急措施的，应当先采取紧急措施，然后移送主管机关。

2. 属于人民检察院管辖的，按照《最高人民检察院关于完善人民检察院侦查工作内部制约机制的若干规定》第2条的规定，集体研究举报线索的分流。属于本院管辖的，由举报中心按照职能分工移交本院有关部门办理，属于下级人民检察院或者其他人民检察院管辖的，由举报中心移送有管辖权的人民检察院。

（二）职务犯罪案件分级备案管理规则

《人民检察院刑事诉讼规则》第125条规定，人民检察院对于直接受理的要案线索实行分级备案的管理制度。县、处级干部的要案线索一律报省级人民检察院备案，其中涉嫌犯罪数额特别巨大或者犯罪后果特别严重的，层报最高人民检察院备案；厅、局级以上干部的要案线索一律报最高人民检察院备案。要案线索的备案，应当逐案填写要案线索备案表。备案应当在受理后七日以内办理；情况紧急的，应当在备案之前及时报告。接到备案的上级人民检察院对于备案材料应当及时审查，如果有不同意见，应当在十日以内将审查意见通知报送备案的下级人民检察院。

（三）职务犯罪案件初查的规则

《人民检察院刑事诉讼规则》第127条规定，侦查部门对举报中心移交举报的线索进行审查后，认为需要初查的，应当报检察长或者检察委员会决定。举报线索的初查由侦查部门进行，但性质不明、难以归口处理的案件线索可以由举报中心进行初查。在举报线索的初查过程中，可以进行询问、查询、勘验、鉴定、调取证据材料等不限制被查对象人身、财产权利的措施。不得对被查对象采取强制措施，不得查封、扣押、冻结被查对象的财产。人民检察院对要案线索初查后的处理情况，应当在作出决定后十日以内按照备案的范围报上级人民检察院备案。上级人民检察院认为处理不当的，应当在收到备案材料后

第十三章 职务犯罪侦查的特定规范

十日以内通知下级人民检察院纠正。

（四）职务犯罪案件立案规则

立案是刑事诉讼活动开始的标志，是刑事诉讼过程中必经的一个独立的诉讼程序，任何刑事诉讼均须经过立案这个环节才被视为合法程序。《人民检察院刑事诉讼规则》第133、134条规定，人民检察院决定对案件立案侦查的，应当制作立案决定书。人民检察院决定不予立案的，如果是被害人控告的，应当制作不立案通知书，写明案由和案件来源、决定不立案的原因和法律依据，由侦查部门在十五日以内送达控告人，同时告知本院控告申诉检察部门。控告人如果不服，可以在收到不立案通知书后十日以内申请复议。对不立案的复议，由人民检察院控告申诉检察部门办理，并在收到复议申请的三十日以内作出复议决定。人民检察院对于未构成犯罪，决定不予立案，但需要追究党纪、政纪责任的被举报人，应当移送有关主管机关处理。决定对人民代表大会代表立案，人民检察院应当按照本规则第79条规定的程序向该代表所属的人民代表大会主席团或者常务委员会通报。

二、侦查活动规则

职务犯罪侦查活动规则主要有以下内容：

（一）检察官是职务犯罪侦查的法定主体

检察官是职务犯罪侦查的法定主体，不能由公安机关及其他侦查机关代替，否则会导致程序违法，侦查结果无效。侦查中讯问犯罪嫌疑人的时候，检察人员不得少于二人。对于不需要逮捕、拘留的犯罪嫌疑人，经检察长批准，可以传唤到犯罪嫌疑人所在市、县内的指定地点或者到他的住处进行讯问。提讯在押的犯罪嫌疑人，应当填写提押证，在看守所进行讯问。因侦查工作需要提押犯罪嫌疑人出所辨认罪犯、罪证或者追缴犯罪有关财物的，可以提押犯罪嫌疑人到人民检察院接受讯问。检察人员对于与犯罪有关的场所、物品、人身、尸体应当进行勘验或者检查。必要时，可以指派检察技术人员或者聘请其他具有专门知识的人，在检察人员的主持下进行勘验、检查。

（二）证人协助调查职务犯罪活动

证人对职务犯罪案件的相关情况比较了解，或者知道职务犯罪的全过程、阶段性过程，或者掌握职务犯罪的罪证能够直接指认犯罪嫌疑人，吸收证人协助调查职务犯罪活动，有助于检察院侦查部门顺利开展案件侦破工作，提高侦查效率。因此，《人民检察院刑事诉讼规则》明确规定，除特殊情况外，人民检察院可以吸收证人协助调查。人民检察院应当保证一切与案件有关或者了解案情的公民，有客观充分地提供证据的条件，并为其保守秘密，保障证人及其近亲属的安全。

(三) 讯问职务犯罪嫌疑人全程同步录音、录像

人民检察院讯问职务犯罪嫌疑人实行全程同步录音、录像,是指人民检察院办理直接受理侦查的职务犯罪案件,每次讯问犯罪嫌疑人时,应当对讯问全过程实施不间断的录音、录像。为进一步规范执法行为,依法惩治犯罪,保障人权,提高执法水平和办案质量,最高人民检察院出台《人民检察院讯问职务犯罪嫌疑人实行全程同步录音录像的规定(试行)》及相应配套性文件,要求人民检察院讯问职务犯罪嫌疑人实行全程同步录音、录像。主要内容有:讯问全程同步录音、录像,实行讯问人员与录制人员相分离。讯问由检察人员负责,不得少于二人;录音、录像一般由检察技术人员负责。对录制人员适用刑事诉讼法有关回避的规定。讯问在押犯罪嫌疑人,除法定情形外,应当在看守所进行。讯问未羁押的犯罪嫌疑人,除客观原因外,应当在检察院讯问室进行。讯问开始时,应当告知犯罪嫌疑人将对讯问进行全程同步录音、录像,告知情况应在录音、录像中予以反映,并记载于讯问笔录。讯问结束后,录制人员应当及时制作全程同步录音、录像的相关说明,经讯问人员和犯罪嫌疑人签字确认后,交由检察技术部门立卷保管。

(四) 对职务犯罪嫌疑人的通缉由有管辖权限的检察院决定

人民检察院侦查直接受理的案件,应当逮捕的犯罪嫌疑人如果在逃,或者已被逮捕的犯罪嫌疑人脱逃的,经检察长批准,可以作出通缉的决定。各级人民检察院需要在本辖区内通缉犯罪嫌疑人的,可以直接决定通缉;需要在本辖区外通缉犯罪嫌疑人的,由有决定权的上级人民检察院决定。人民检察院应当将通缉通知书和通缉犯的照片、身份、特征、案情简况送达公安机关,由公安机关发布通缉令,追捕归案。人民检察院应当与公安机关积极配合,及时检查监督通缉的执行情况。对于应当逮捕的犯罪嫌疑人,如果潜逃出境,可以报告最高人民检察院商请国际刑事警察组织中国国家中心局,请求有关方面协助,或者通过其他法律规定的途径追捕归案。

(五) 职务犯罪案件侦查羁押期限变更的审批

职务犯罪案件,检察院侦查部门认为需要延长侦查羁押期限、重新计算侦查羁押期限的,应当在原侦查羁押期限届满前,向本院审查逮捕部门移送延长侦查羁押期限、重新计算侦查羁押期限的意见,写明案件的主要案情和变更的具体理由。审查批准或者决定延长侦查羁押期限,由审查逮捕部门办理。受理案件的人民检察院审查逮捕部门对延长侦查羁押期限、重新计算侦查羁押期限的意见审查后,应当提出是否同意的意见,报检察长决定。其中,延长侦查羁押期限需将侦查机关的理由和本院的审查意见层报有决定权的人民检察院审查

决定。有决定权的人民检察院应当在侦查羁押期限届满前作出是否批准延长侦查羁押期限的决定,并交由受理案件的人民检察院审查逮捕部门送达本院侦查部门。人民检察院直接立案侦查的案件,不能在法定侦查羁押期限内侦查终结的,应当依法释放犯罪嫌疑人或者变更强制措施。人民检察院监所检察部门对于本院直接立案侦查的案件,发现超过侦查羁押期限的,应当提出纠正意见,报告检察长。批准、决定延长侦查羁押期限或者决定重新计算侦查羁押期限的,审查逮捕部门应当同时书面告知本院监所检察部门。

(六)职务犯罪案件侦查终结后的处理

《人民检察院刑事诉讼规则》第134、135条规定,经过侦查,认为犯罪事实清楚,证据确实、充分,依法应当追究刑事责任的案件,侦查人员应当写出侦查终结报告,并且制作起诉意见书。对于犯罪情节轻微,依照刑法规定不需要判处刑罚或者免除刑罚的案件,侦查人员应当写出侦查终结报告,并且制作不起诉意见书。侦查终结报告和起诉意见书或者不起诉意见书由侦查部门负责人审核,检察长批准。起诉意见书或者不起诉意见书以及其他案卷材料,一并移送本院审查起诉部门审查。国家或者集体财产遭受损失的,在提出提起公诉意见的同时,可以提出提起附带民事诉讼的意见。

三、侦查监督规则

职务犯罪侦查监督主要发现和纠正以下违法行为:对犯罪嫌疑人刑讯逼供、诱供的;对被害人、证人以体罚、威胁、诱骗等非法手段收集证据的;伪造、隐匿、销毁、调换或者私自涂改证据的;徇私舞弊,放纵、包庇犯罪分子的;故意制造冤、假、错案的;在侦查活动中利用职务之便谋取非法利益的;在侦查过程中不应当撤案而撤案的;贪污、挪用、调换所扣押、冻结的款物及其孳息的;违反刑事诉讼法关于决定、执行、变更、撤销强制措施规定的;违反羁押和办案期限规定的;在侦查中有其他违反刑事诉讼法有关规定的行为的。

(一)职务犯罪案件侦查的内部监督

《人民检察院刑事诉讼规则》第384条规定,诉讼参与人对于侦查机关或者侦查人员侵犯其诉讼权利和人身侮辱的行为提出控告的,人民检察院应当受理,并及时审查,依法处理。第389条规定,人民检察院审查逮捕部门、审查起诉部门发现侦查人员在侦查活动中的违法行为情节严重,构成犯罪的,应当移送本院侦查部门审查,并报告检察长。侦查部门审查后应当提出是否立案侦查的意见,报请检察长决定。对于不属于人民检察院管辖的,应当移送有管辖权的机关处理。第390条规定,人民检察院审查逮捕部门或者审查起诉部门对本院侦查部门侦查或者决定、执行、变更、撤销强制措施等活动中的违法行为，应当根据情节分别处理。情节较轻的，可以直接向侦查部门提出纠正意见；情节较重或者需要追究刑事责任的，应当报告检察长决定。

（二）职务犯罪案件侦查的层级监督

职务犯罪案件的立案、侦查、逮捕、起诉由同一个检察院办理，权力较为集中。尽管内部有分工和制约，但容易产生监督制约不到位的情况。为最大限度地强化对职务犯罪侦查工作的内部监督制约，提高办案质量，最高人民检察院在《关于省级以下人民检察院对直接受理侦查案件作撤销案件、不起诉决定报上一级人民检察院批准的规定（试行）》、《关于省级以下人民检察院立案侦查的案件由上一级人民检察院审查决定逮捕的规定（试行）》等规定中，对检察机关内部的办案机制进行重大改革，确立了上一级检察院对下一级检察院职务犯罪侦查工作中撤销案件、不起诉、逮捕等事项的决定权。主要内容包括：

1. 除省级人民检察院办理直接立案侦查的案件，决定逮捕的，按照有关规定报最高人民检察院备案审查外，省级以下人民检察院办理直接立案侦查的案件，拟作撤销案件、不起诉决定的，或需要逮捕犯罪嫌疑人的，应当报请上一级人民检察院审查决定。下级检察院认为需要撤销或者变更上一级检察院决定的逮捕措施时，应当报请上一级检察院同意。

2. 职务犯罪案件的撤销案件、不起诉决定权等上提一级后，仍需要实行人民监督员制度。

第三节 人民监督员监督侦查的特别规定

实行人民监督员制度，是我国检察改革的一项重大措施，是根据我国宪法及有关法律的规定，在推进公众参与司法的改革中创新的一项人民监督制度。为了加强外部监督，切实防止和纠正检察机关查办职务犯罪工作中司法不公的问题，根据宪法和法律关于一切国家机关必须倾听人民的意见、接受人民的监督的规定，最高人民检察院根据中央关于司法体制改革的要求，经报告全国人大常委会于2003年8月部署实施试点工作。实行人民监督员制度，是检察机关扩大公民有序参与司法的民主进程的一项制度创新。它反映了坚持党的领导、人民当家做主和依法治国有机统一的内在要求，是人民管理和监督国家事务在检察工作中的具体体现；完全符合司法改革的发展方向，使民众易于接近司法，便于参与司法，有效地监督司法，是检察机关推进司法民主进程的重要举措和体现。

第十三章　职务犯罪侦查的特定规范

一、人民监督员制度的基本内容

人民监督员制度的基本内容主要体现为以下几个方面：

（一）监督主体

这项制度规定的监督主体，是由机关、团体、企事业单位和基层组织民主推荐并征得本人同意或公民自荐，经考察后确认的人民监督员。其主要条件是有选举权和被选举权；有一定的文化；身体健康。但被剥夺政治权利的人除外。此外，还要求少数民族、工人、农民和女性均要占一定比例，使其具有广泛的代表性和社会公信力。

（二）监督范围

人民监督员主要监督检察机关查办职务犯罪工作中的拟撤销案件、拟不起诉等案件。由于检察机关对这些案件行使一定的实体性裁量权，直接关系当事人的诉讼权益，对案件的处理决定还具有终结诉讼程序的效力，如果不强化有效的外部监督，就有可能发生检察权滥用的问题。因此，突出对这些案件进行严格的监督，并规定了刚性的监督程序。人民监督员重点监督的内容还包括应当立案而不立案或者不应当立案而立案的；超期羁押的；违法搜查、扣押、冻结的；应当给予刑事赔偿而不依法予以确认或者不执行刑事赔偿决定的；检察人员在办案中有徇私舞弊、贪赃枉法、刑讯逼供、暴力取证的违法违纪等情形。此外，人民监督员只要发现或了解检察机关及其工作人员有其他违法违纪问题或不良表现，也可以提出批评和改进的建议。这种监督并不限于职务犯罪案件的诉讼活动。

（三）监督程序

人民监督员监督检察机关查办职务犯罪工作，应当按照规定确定3人以上、总人数为单数的人民监督员参加个案监督，并推举1人主持监督。主要程序为：①案件承办人向人民监督员全面、客观地介绍案情和出示主要证据，并说明相关的法律适用情况；②人民监督员向案件承办人提问，必要时经检察长批准可以旁听讯问犯罪嫌疑人和询问证人，听取有关人员陈述和本案律师的意见；③人民监督员独立进行评议后，采用无记名投票方式按少数服从多数的原则形成表决意见。

（四）监督效力

人民监督员的监督具有刚性的程序保障，检察机关对监督意见必须认真听取、认真研究、认真作出采纳或不采纳的决定、认真对未采纳的监督意见向人民监督员作出解释和详细说明。多数人民监督员对检察委员会的决定有异议的，可以要求提请上一级人民检察院复核，上一级人民检察院应当及时复核并反馈结果。上一级人民检察院的决定,下级人民检察院应当执行。

(五) 监督保障

人民监督员制度规定检察机关不得缩小监督范围;不得诱导、控制、规避监督;不得干扰监督和泄漏监督评议、表决情况。对打击报复或者阻碍人民监督员行使监督权利的,应当依法依纪处理,构成犯罪的依法追究刑事责任。监督经费纳入国家财政预算。

人民监督员制度,体现了检察工作与群众路线相结合的司法原则和诉讼民主的要求,促进了人权保障。人民监督员制度能有效防止检察机关在查办职务犯罪案件中可能出现的差错,促进了规范执法,在一定程度上提高了查办职务犯罪案件的质量;促进了检察机关依法独立行使检察权,维护了法律的统一正确实施;促进了检察队伍整体素质的进一步提高,防止和减少了检察工作中违法违纪问题的发生。

二、对保障人权的监督

检察机关在运用检察权惩治职务犯罪的过程中,为了提高诉讼效率往往容易忽视充分有效地维护当事人的诉讼权利,也就是通常所说的重打击轻保护的问题。尤其是职务犯罪案件的立案、侦查、逮捕、起诉都是检察机关作出的决定,外部监督机制相对弱化。人民监督员制度的出台是保障职务犯罪嫌疑人及其他涉案人员人权的一项重要举措。对保障人权的监督主要是对检察人员在办案中超期羁押、刑讯逼供、暴力取证等违法违纪情形的监督。

(一) 对违法搜查等侵权行为的监督

公民的人身自由、人格尊严、住宅等不受侵犯,禁止非法搜查公民的身体、住宅或非法侵入公民住宅,禁止用任何方法对公民进行侮辱、诽谤和诬告陷害。保护公民人身权利、民主权利是检察机关的法定职责,更不得执法犯法。人民监督员制度明确规定对检察人员的违法搜查等行为实行监督,使检察机关专门的法律监督行为置于广泛的人民监督之中,对于规范公共权力和保障公民权利、有效推进民主法治进程,都具有重大的现实意义和深远的历史意义。

(二) 对超期羁押案件的监督

超期羁押是指依法被刑事拘留、逮捕的犯罪嫌疑人、被告人,在侦查、审查起诉、审判阶段的羁押时间超过刑事诉讼法规定的羁押时限的一种违法行为。超期羁押不仅严重侵害犯罪嫌疑人、被告人的合法权益,而且违背法治理念,亵渎法律尊严。为维护法律的尊严,保障刑事诉讼活动顺利进行,保护犯罪嫌疑人、被告人的合法权益,必须采取有效措施,对超期羁押现象予以坚决的纠正和根除。将职务犯罪案件超期羁押纳入人民监督员监督视野，是检察机关主动接受人民监督员监督的具体体现，是检察机关通过外部监督力量的引入规范内部执法行为、规范权力运行模式的具体体现，同时也是扩大犯罪嫌疑人人权保障的具体体现。

（三）对刑讯逼供、暴力取证等违法行为的监督

刑讯逼供、暴力取证是严重侵犯公民人身权利和民主权利的违法行为，法律明文禁止。但是，出于各种原因，职务犯罪侦查活动中此类行为难以禁止，而检察机关内部监督机制受到各种制约，监督效力受到一定影响。通过引入人民监督员这一中立的第三方充分发挥外部监督作用，对检察人员刑讯逼供、暴力取证等违法违纪情况进行监督，实践中有效提升了对此类行为的监督力度和监督效果。

三、对保障物权的监督

物权是权利人在法律规定的范围内，直接支配特定的物而享受其利益，并得排除他人干涉的权利。物权对维系社会稳定，促进社会发展，保障公民的合法权益具有重要意义。在职务犯罪侦查活动中，人民监督员对检察机关违法行使职权造成嫌疑人或其他人财物损失的行为进行监督，提出监督意见可以有效防范此类行为的发生，最大限度维护当事人合法权益。对物权的监督主要表现为对违法搜查、扣押、冻结的，赃款赃物管理不善的，应当给予刑事赔偿而不依法予以确认或者不执行刑事赔偿决定的等侵犯公民物权行为的监督。2010年5月9日最高人民检察院发出关于印发《人民检察院扣押、冻结涉案款物工作规定》的通知，该《规定》在第一章"总则"的第10条明文规定："人民检察院扣押、冻结、保管、处理涉案款物，应当按照有关规定接受人民监督员的监督。"

（一）对扣押、冻结涉案款物行为的监督

所谓扣押、冻结涉案款物，是指人民检察院在侦查等依法行使检察职权过程中扣押、冻结的违法所得、与犯罪有关的款物、作案工具、非法持有的违禁品等。对搜查、扣押、查封、冻结、追缴这些干预公民财产权的行为如果缺乏制度的规范和必要的监督，就容易走向滥用，财产权受恣意侵害的可能性增大。人民监督员对人民检察院有关部门在办案中违法搜查、扣押、冻结等情形提出监督意见的，由侦查监督部门会同财务部门承办，涉嫌违法违纪的，由纪检监察部门承办。

（二）对赃款赃物管理的监督

少数基层检察院对涉案款物在立案前的初查阶段就违法实施扣押、冻结和

追缴，有的扣押、冻结后又长期占用不处理，或在处理时该移送的不移送，该退还的不退还，或者处理涉案款物的方式欠妥当，执法行为不规范等等。因此，人民监督员对检察机关赃款赃物管理行为进行监督，可以有效避免此类问题的发生。

（三）对应当给予刑事赔偿而不依法予以确认或者不执行刑事赔偿决定的监督

根据国家赔偿法第15、16条之规定，检察机关在办理职务犯罪案件中，有下列情形之一的，受害人有取得赔偿的权利：对没有犯罪事实或者没有事实证明有犯罪重大嫌疑的人错误拘留的；对没有犯罪事实的人错误逮捕的；依照审判监督程序再审改判无罪，原判刑罚已经执行的；刑讯逼供或者以殴打等暴力行为或者唆使他人以殴打等暴力行为造成公民身体伤害或者死亡的；违法使用武器、警械造成公民身体伤害或者死亡的；违法对财产采取查封、扣押、冻结、追缴等措施的；依照审判监督程序再审改判无罪，原判罚金、没收财产已经执行的。对应当给予刑事赔偿而不依法予以确认，或者不执行刑事赔偿决定的行为由人民监督员进行监督是检察机关通过外部监督促进内部规范执法的重要举措。人民监督员对人民检察院办理的职务犯罪案件应当给予刑事赔偿而不依法予以确认，或者不执行刑事赔偿决定提出监督意见的，检察机关刑事赔偿工作部门应当按照人民监督员制度相关要求认真办理。

四、对保障诉权的监督

诉权，是由诉的法律制度所确定的起诉和诉愿的权利。赋予当事人进行诉讼的基本权利，是指公民所享有的请求国家维护自己的合法权益的权利，如当事人遭受国家机关不当的处分时，依法向原处分机关的上级机关提出申诉，请求撤销或变更原处理。对保障诉权的监督主要体现为对应当立案而不立案或者不应当立案而立案的监督。立案是刑事诉讼中的一个独立的诉讼阶段，包括刑事诉讼法第83条至88条规定的全部内容。即对立案材料的接收、审查、处理以及对立案的监督等。立案阶段是刑事诉讼的开始，是每个刑事案件的必经程序，是对案件进行侦查和审判的合法依据。因此，通过人民监督员对是否应当立案实施外部监督，保障其合法实施立案权具有重要意义。此外，人民监督员对"拟撤销案件"的监督除对保障人权之外，同样包含对诉权的保障。在刑事诉讼中，公民诉权是当事人为不受非法侵害或为维护自己受到侵害的权利寻求司法保护进行诉讼的基本权利。而人民监督员对案件是否应当撤销进行监督，明显包含有对保障诉权的监督因素。人民监督员对人民检察院应当立案而不立案或者不应当立案而立案和拟撤销案件提出监督意见的，分别由侦查监督部门和侦查部门按照有关程序接受监督。

第四节 司法警察在侦查中的职能

司法警察，简称法警，是中华人民共和国人民警察的警种之一。根据警察法的规定，我国司法警察分为两类，即人民法院司法警察与人民检察院司法警察。本书中特指人民检察院司法警察。

一、司法警察的性质和任务

在检察机关设置司法警察，是法律监督所具有的国家强制性的重要体现。做好新时期检察机关的司法警察工作，对于保障职务犯罪侦查工作的顺利进行，强化检察机关的法律监督功能，全面推进中国特色社会主义检察事业，具有重要意义。

（一）司法警察的性质

司法警察是依法参与国家检察活动的一支重要力量，而且是依法保障检察机关执行法律监督任务的具有武装性质的司法力量。人民检察院司法警察作为人民警察的重要组成部分，依法配备相应的警用装备，实行单独序列、编队管理、双重领导，为法律监督工作开展提供有力的警务保障，其组织管理和职务行为，体现出一定程度的军事化并有明显的强制性，具有武装性质。同时，司法警察负有依法保护犯罪现场、执行传唤、拘传和协助执行其他强制措施、送达法律文书、保护检察官依法履行职责等法定职责，是执行法律监督任务的专门司法力量。

（二）司法警察的任务

根据人民检察院组织法、人民警察法及《人民检察院司法警察暂行条例》等规定，司法警察的主要任务，是通过行使职权，维护社会主义法制，维护检察工作秩序，保护公民的人身安全、人身自由和合法财产，保护公共财产；预防、制止妨碍检察活动的违法犯罪行为，保障检察工作的顺利进行。由此可见，司法警察是检察机关联系人民群众、展示司法形象的一个重要窗口，担负着维护社会主义法治和检察工作秩序的重要使命。

上述性质和任务，要求依法加强司法警察队伍建设，全面提高司法警察的政治和业务素质，确保司法警察依法履行职责。

二、司法警察的职责

检察机关司法警察的根本职责，就是为法律监督工作的开展提供有力的警务保障。司法警察在工作中要严格落实有关规定，依法认真负责地全面履行司法警察的各项职责，充分发挥司法警察的职能作用。根据最高人民检察院制定的《人民检察院司法警察执行职务规则（试行）》（以下简称法警职务规则）第 2 条规定，司法警察的职责包括：

1. 保护人民检察院直接立案侦查案件的犯罪现场；
2. 执行传唤；
3. 参与搜查；
4. 执行拘传，协助执行其他强制措施，协助追捕逃犯；
5. 提押、看管犯罪嫌疑人、被告人和罪犯；
6. 送达法律文书；
7. 参与执行死刑临场监督活动；
8. 负责检察机关专门接待群众来访场所的秩序和安全，参与处置突发事件；
9. 执行检察长交办的其他任务。

在司法警察的上述职责中，依法保护人民检察院直接立案侦查案件的犯罪现场，执行传唤、拘传和协助执行其他强制措施，协助追捕逃犯，提解、押送、看管、送达法律文书，以及法律法规规定的其他职责和任务，属于司法警察在检察机关侦查职务犯罪活动中的主要工作职责；保护检察官依法履行职责的工作，负责公诉人出庭的安全，并且维护检察机关日常工作、办案和接待上访中的秩序和安全等工作，属于司法警察的日常工作职责。

三、司法警察执行职务规则

为了确保司法警察正确履行职责，最高人民检察院制定法警职务规则对其职务行为予以具体规范。

（一）司法警察执行职务的一般要求

法警职务规则第 3 至第 8 条规定：司法警察根据侦查部门的需要在检察官指挥下协助开展侦查工作，并为侦查部门提供警务保障。司法警察在履行职务、执行各项警务活动中，必须忠于职守，严格执法，服从命令，遵守纪律，严守秘密，廉洁奉公。司法警察应持《执行警务令》执行职务。办案部门应按规定的程序办理用警手续；警务部门接到派警命令后，必须在规定的时限内派出人员。在办理重大案件警力不足时，可以由上一级警务部门统一协调警力，实行跨区域警务协作，保证办案用警需要。司法警察执行职务必须按规定着装，保持警容严整，举止端庄，出示警官证，并严格依照有关规定使用警械具或枪支。

（二）司法警察执行职务的具体要求

法警职务规则第9至第21条分别对司法警察保护犯罪现场、传唤、参与搜查、执行拘传、协助执行拘留或逮捕、协助追捕在逃犯罪嫌疑人、执行提押或押解任务、看管犯罪嫌疑人或被告人和罪犯、送达法律文书、参与执行死刑临场监督、维护接待群众来访场所秩序、执行检察长交办的其他任务等职务行为提出具体要求。如第9条规定："人民检察院司法警察在执行保护犯罪现场任务时，应当做到：①做好现场警戒，维护秩序，制止无关人员和车辆进入现场；②防止突发事件，保护现场侦查人员和群众的安全；③发现可疑人员或可疑情况应及时向现场指挥人员报告，并听从现场指挥的调遣，采取相应措施，防止可疑人员逃离现场或转移物品；④对以暴力、威胁等方法妨碍现场侦查活动的人员，可以强行带离现场，或者依法采取其他措施。"又如第21条规定："人民检察院司法警察在执行检察长交办的其他任务时，应明确任务的性质、目的、要求及完成任务的时间等情况，制订相应的措施和方案，保证任务的顺利完成。"

司法警察在执行职务时，应当严格遵照法警职务规则相关规定履行职责。违反规定，情节轻微的，给予批评教育；情节严重的，依据人民警察法和最高人民检察院的有关规定给予行政处分；构成犯罪的，依法追究刑事责任。

四、司法警察与检察官在侦查中的配合与制约

司法警察在侦查中主要是协助配合检察官侦查职务犯罪案件，但同时必须发挥法定监督和制约作用。

（一）司法警察与检察官在侦查中的配合

职务犯罪案件的侦查工作由检察机关侦查部门负责。司法警察根据侦查部门的需要在检察官指挥下协助开展侦查工作，并为侦查部门提供警务保障。司法警察协助检察官开展职务犯罪侦查工作是检察机关整合检察资源、提高办案效率、确保办案安全的有力举措。

司法警察与检察官在侦查中的配合主要体现为：司法警察根据侦查部门的要求协助依法初查；负责依法执行传唤、拘传以及协助执行其他强制措施；依法担负搜查、勘验、检查现场的警戒，制止以暴力、威胁等方法阻碍搜查、勘验、检查的行为，保障检察官依法履行职责及其人身安全；在案件承办检察官的指挥下，完成扣押、查封等任务，协助依法追缴赃款赃物和协助依法追捕。此外，司法警察还负责本级检察院办案工作区的日常管理，履行看管、提押犯罪嫌疑人职责，维护检察机关自侦部门办案区域的安全和秩序，以及查找证人和犯罪嫌疑人等任务。司法警察在履行职责中，应服从侦查部门的指挥和领

导，加强与侦查部门的信息交流和沟通，实行派警、出警、反馈等制度，建立指挥有力、协作紧密、高效有序的工作机制。

（二）司法警察与检察官在侦查中的制约

在职务犯罪侦查活动中，司法警察与检察官既要密切配合，相互支持，又要互为制约，从而有利于促进严格公正文明执法，确保顺利完成职务犯罪侦查工作。这在相关文件中也有明确规定。如《人民检察院司法警察看管工作细则》（以下简称法警看管细则）第17条规定，司法警察执行看管任务时，应当适时提醒办案人员遵守办案时限，发现办案人员对犯罪嫌疑人、被告人体罚、虐待、刑讯逼供时，应当制止，制止无效的，应当及时向主管领导报告。因此，在侦查中司法警察务必依照法律及有关规定的要求，以高度的责任心和强烈的使命感及时有效地监督制约检察官的违法违纪违规侦查行为；检察官必须虚心听取司法警察的提醒和警示，自觉接受法警的监督制约，无条件地及时纠正自身的错误侦查行为，确保侦查活动的合法、文明与安全。

五、司法警察在侦查中的安全防范职能

加强检察机关办案安全防范工作，是落实宪法关于尊重和保障人权要求、实践文明公正执法的具体体现，也是维护社会稳定、树立检察机关司法公信力和执法形象的必然要求。在职务犯罪侦查活动中，司法警察应充分发挥其安全防范职能，与检察官明确职责分工，紧紧围绕办案安全加大履职力度，切实做好办案安全防范工作。其中，案件承办检察官全面负责对安全预案的制定与组织落实，司法警察在检察官的指挥下，承担各项警务职责，做好安全防范工作，确保不发生安全责任事故。凡是法警职务规则等规定明确由司法警察履行的职责，如传唤、拘传、提押、看管、维护场所秩序等工作，在条件具备的前提下，都应当交由司法警察负责。具体而言，侦查中司法警察的安全防范职能主要有以下内容：

（一）看管工作中的安全防范

司法警察执行看管任务，应当根据案件性质、看管场所的具体情况、犯罪嫌疑人或被告人的人数及其危险程度配备警力，制定处置突发事件的工作预案。对一名犯罪嫌疑人、被告人的看管一般应配备不少于两名司法警察。对男性、女性、成年、未成年、同案犯以及其他需要分别看管的犯罪嫌疑人、被告人，应当分别看管。对女性犯罪嫌疑人、被告人，应当由女司法警察看管。执行看管任务时，司法警察应当严格执行法警看管细则第7至18条相关规定，做好安全防范工作，遇有紧急情况时，可以采取相应强制措施制止，必要时可依照有关规定使用警械具。如果违反看管工作细则，导致犯罪嫌疑人、被告人自杀、自残、脱逃、串供、行凶等严重后果的,依照有关规定给予纪律处分;构成犯罪的,依法追究刑事责任。

(二)办案工作区的安全防范

检察机关办案工作区的安全防范工作应主要由司法警察负责。讯问犯罪嫌疑人、被告人时,安全防范工作由办案人员负责,司法警察听从指挥。犯罪嫌疑人、被告人或者其他涉案人员进入办案工作区后,值班司法警察应当对其及携带物品进行检查,发现危险物品应予以暂时扣押。办案人员在讯问中,需要看管犯罪嫌疑人、被告人的,应当通知法警部门安排警力,在警力不足时,可安排专人看管。

(三)其他警务中的安全防范

除看管及办案工作区的安全防范外,司法警察在侦查及相关工作中还要履行以下安全防范职能:

1. 执行保护犯罪现场任务时,要防止突发事件,保护现场侦查人员和群众的安全。

2. 协助执行扣押、查封任务时,要注意警戒现场,保护现场检察人员安全,防止意外事件的发生。

3. 协助执行拘留、逮捕任务时,对于抗拒拘留、逮捕的犯罪嫌疑人,可依法采取适当的措施,必要时可以使用武器,防止犯罪嫌疑人逃跑、自杀、自残、行凶等事故的发生。

4. 执行提押任务时,严格遵守看守所、拘留所、监狱的有关规定,核实被提押人的身份,防止错提、错押。

5. 执行押解任务时,严防被押人逃跑、自杀、自残、行凶、滋事或被劫持等,押解途中如果发生突发事件,应当保护犯罪嫌疑人、被告人的安全,迅速将其转移到安全地点看管,并及时报告。

6. 参与执行死刑临场监督活动时,应听从检察官的指挥,按时到位,保护检察官的安全,并处理可能发生的紧急情况。

7. 维护接待群众来访场所秩序时,应劝解疏导个别不遵守上访秩序的人员,制止不法分子的破坏活动,维护检察机关的工作秩序,保护检察官的人身安全等等。

8. 执行其他出警任务时,应当严格按照有关规定切实履行好安全防范职能。

六、司法警察使用警械和武器的原则和特别规定

司法警察作为具有武装性质的执行法律监督任务的司法力量,必要时可以

依法使用警械和武器，为我国检察工作提供有力的警务保障。作为人民警察的重要组成部分，司法警察使用警械和武器时应当严格遵守《人民警察使用警械和武器条例》等规定。在法律、法规没有授权的情况下，不得使用警械和武器，避免使用警械和武器不当或滥用警械和武器侵犯公民的合法权利。

（一）司法警察使用警械和武器的基本原则

根据《人民警察使用警械和武器条例》的规定，司法警察在使用警械和武器时应遵循的基本原则主要有：

1. 依法使用警械和武器原则。条例第 2 条规定，人民警察制止违法犯罪行为，可以采取强制手段；根据需要，可以依照本条例的规定使用警械；使用警械不能制止，或者不使用武器制止，可能发生严重危害后果的，可以依照本条例的规定使用武器。

2. 减少伤亡与损失原则。条例第 4 条规定，人民警察使用警械和武器，应当以制止违法犯罪行为，尽量减少人员伤亡、财产损失为原则。

3. 避免无关受害或受损原则。条例第 6 条规定，人民警察使用警械和武器前，应当命令在场无关人员躲避；在场无关人员应当服从人民警察的命令，避免受到伤害或者其他损失。

（二）司法警察使用警械和武器的特别规定

最高人民检察院针对检察工作实际，在法警职务规则、法警看管细则等相关规定中，对司法警察使用警械和武器作出了一些特别规定。如：

1. 司法警察执行拘传任务，被拘传犯罪嫌疑人如有抗拒拘传行为，执行拘传的司法警察可使用警械强制其到案。

2. 司法警察在协助执行拘留、逮捕任务时，对于抗拒拘留、逮捕的犯罪嫌疑人，可依法采取适当的措施，必要时可以使用武器，防止犯罪嫌疑人逃跑、自杀、自残、行凶等事故的发生。

3. 司法警察在看管犯罪嫌疑人、被告人和罪犯时，应保持高度警惕，严防被看管人逃脱、自杀、自残、行凶、串供、传递信物和被劫持，遇紧急情况时可采取相应强制措施，必要时可使用武器。

第十四章 职务犯罪案件的侦查

职务犯罪案件的侦查是指对我国刑法规定的贪污受贿等贪利型犯罪案件和渎职侵权犯罪案件的侦查。

第一节 贪污案件

贪污案件,是指刑法第382条、第383条所规定的贪污罪案。

贪污案件侦查,是检察机关依法对国家工作人员利用职务便利非法占有公共财物以及法定特殊情形下侵吞私有财物案件的侦查。类罪意义上的贪污案件包括贪污案、挪用公款案、巨额财产来源不明案、隐瞒境外存款案、私分国有资产案、私分罚没财物案以及其他刑法条文规定按贪污罪、挪月公款罪的规定定罪处罚的案件。而非类罪意义的贪污案是指国家工作人员利用职务上的便利,侵吞、窃取、骗取或以其他手段非法占有公共财物的案件。贪污既是侵犯国家廉政制度和亵渎职务的犯罪,又是侵犯财产的犯罪,具有极大的社会危害性。它不仅在经济上直接侵犯人民民主专政的物质基础,而且在政治上毁坏执政党和人民政府的威信,腐蚀公职人员的思想,污染社会风气。因此,打击贪污犯罪对巩固国家政权建设极其重要。而贪污犯罪的主体,一般都是利用合法的职权和形式进行隐蔽的犯罪活动,所以,贪污案件的侦查难度极大,任务十分艰巨。

一、贪污案件的特点

贪污案件通常具有以下特点:

(一)作案主体的特殊性

根据修订后的我国刑法第382条的规定,贪污案的作案成员是国家机关、国有公司、企业、企事业单位、人民团体中从事公务的人员,或受上述单位委派或委托从事公务的人员以及其他依法从事公务的人员(包括基层组织中协助政府从事行政管理工作时的人员)等。其中又以经管钱、物、账的财会、保管、供销等人员为多。这些特殊主体总是以合法身份为掩护,利用经手、管理公共财物的便利条件占公为私,而且在作案前、中、后采取各种伪装手段掩盖犯罪事实,给侦查工作造成特殊困难。

(二) 犯罪客体的复杂性

虽然刑法第 382 条规定贪污罪是国家工作人员利用职务上的便利,侵吞、窃取、骗取或者以其他手段非法占有公共财物的行为,但修订刑法中贪污罪的客体并非原刑法中贪污罪的客体。贪污罪从原"侵犯财产罪"的同类客体中分离出来与贿赂罪独立成专章,其直接客体也转变成复合型的复杂客体:①主要直接客体是国家工作人员职务的廉洁性;②次要直接客体是财物所有权关系,其中主要是公共财产所有权,其次是法定特殊情形下侵犯私有财产所有权。后者主要限于刑法条文规定的国家工作人员在非国有单位从事公务时利用职务非法占有私有财物,以及国家工作人员收受私人礼物数额较大应交公而不交公的特殊情形。由此可见,因刑法的修订,贪污罪由原单一客体变为复杂客体,其次要客体又区分为一般次要客体和法定特殊情形的次要客体。而且随着国家体制改革的深入,贪污罪的客体更加复杂化。

(三) 作案过程的持续性

贪污案件的犯罪人往往欲壑难填、贪得无厌,又因为作案手段隐蔽和有合法身份作掩护,一般初试得逞者极少被及时查究,故对其贪欲起着进一步的刺激和强化作用,巩固其进一步犯罪的动机,驱使其无止境地进行犯罪,有些贪污大案要案持续作案上百起、时间长达十几年。因此,侦查时有些重要情节因时过境迁很难查证。

(四) 作案手段的隐蔽性

贪污犯罪人一般很少贸然作案,而是在其职务的掩护下进行充分周密的预谋准备,首先策划好规避法律逃避惩罚的对策。而且他们大多伪装廉洁勤政,在群众面前为人廉表,口头上"嫉"贪如仇,对领导送其所要,见了上级投其所好,精心地给自己涂上"先进"、"劳模"、"红旗手"、"功臣"、"优秀企业家"等等光彩夺目的保护色,巧妙地编织保护网,筑起了坚实的保护层,拴住了保护伞,再加上本人窃据了一定的实权和领导职务,因而他们极易骗得善良的人们的轻信,并利用官僚主义作风严重和贪占小便宜好听恭维话的少数领导人的偏信,加之客观上一些单位财务管理松弛,他们在制度混乱的情况下,长期隐蔽地暗中作案,很难被人发觉。而且,一旦露出马脚,他们就会巧妙地动用手中的挡箭牌、身上的保护色、周围的关系网、身边的保护伞等来对抗侦查,使本身就很难侦查的贪污在侦查过程中无不遇到来自多方面的干扰和阻力。

第十四章　职务犯罪案件的侦查

（五）作案成员的纠合性

在改革、开放和搞活的进程中，贪污犯罪也从过去的单独作案转向共同作案、团伙作案和集团作案，贪污犯罪还呈现出内外勾结作案、境内与境外纠合作案等趋势，使侦查遇到新难题。

（六）作案性质的交织性

在新的历史条件下，贪污性质的犯罪还往往与其他性质的犯罪盘根错节地交织作案，尤其是常常与挪用公款、行贿受贿、走私、诈骗、赌博、嫖娼等违法犯罪案件错综交织，多罪一体、一案多人、一人多案、窝案、串案、群罪、案中案、案外案、大案套小案、此案连彼案、一案牵数案等等。这一特点使侦查工作更加复杂、侦查任务十分繁重。

二、贪污案件的受理与立案

人民检察机关受理贪污案件，除自己在侦办其他案件过程中发现的外，有机关、团体、企事业单位的控告、报案、举报，有党纪、政纪、执法机关的移送，有群众的举报、知情人的报案，有犯罪人的自首、同案犯的揭发等等。受案时因情况尚不清楚，很难决定是否符合立案条件，故要有一个立案前的审查阶段，即初查阶段。贪污案件的初查，可由负责案件管辖的检察机关进行，也可委托发案单位进行，还可由检察机关与发案单位联合进行。审查的目的是看其是否符合立案条件，只有在符合立案条件时才能由检察机关立案侦查。由于贪污案件不同于杀人、放火、强奸等其他刑事案件是从发现明确的犯罪后果开始的，而是从发现有贪污嫌疑的人开始的。这种由嫌疑人查犯罪事实的案件的初查，不能等同于由犯罪事实查嫌疑人的其他刑事案件的立案前的审查，初查必须查明是否存在危害社会的犯罪行为的事实，并要查明所存在的该犯罪事实是否需要追究刑事责任。因此，贪污案件的初查不能太粗，应查到能够据以确定是否有犯罪事实和是否需要追究刑事责任为止。否则就无法确定能否立案。立案是法定刑事诉讼的开始程序，贪污案件的立案通常应将受案材料和初查材料进行综合审查，一般在具备以下条件时应当立案：① 犯罪嫌疑人的身份符合法定贪污罪特殊主体的条件；② 嫌疑人非法将公共财物占为己有或在非国有单位将私有财物非法占为己有等行为利用了职务上的便利；③ 非法获取的财物达到一定数量，一般要求达到案发时贪污犯罪数额的起刑点以上。根据修订刑法第383条第（三）、（四）项的规定和最高人民检察院《关于人民检察院直接受理立案侦查案件立案标准的规定（试行）》的规定，个人涉嫌贪污数额在5千元以上的或不满5千元但情节较重的，应予立案；④ 依法律规定应追究其刑事责任。立案应当由检察长批准。

三、保全证据和控制有关涉案资料

贪污案件立案后应抓紧制定侦查计划迅即开展侦查。由于贪污案件是犯罪嫌疑人利用自己合法经手、管理公共财物、账务之便进行作案，许多证据及涉案资料往往就在作案人直接控制之下，一旦其发觉罪行将被揭露，随时可能转移、隐匿、销毁赃证和有关涉案的资料，重大案件还会发生作案人携赃款潜逃或自杀的情况。因此，侦查贪污案件的开始首要任务是根据受案和初查掌握的案情，及时果断地依法控制和保全证据及涉案资料，包括作案工具、痕迹、赃款赃物和涉案会计账簿、凭证、报表、统计资料、合同、协议、电报、书信、记录等等。对于侦查开始后犯罪嫌疑人尚未觉察到的，应先采取有效的保全防范措施，再根据侦查工作的需要选好适宜时机复制、调取或查封可能作为证据的各类账册、原始凭证、记账凭证、有关合同、协议、通信记录以及其他会计资料和涉案资料。对于侦查中犯罪嫌疑人开始警觉或有所发现的，要抢在犯罪嫌疑人动手前采取控制和保全措施，通常是对犯罪嫌疑人进行传讯或采取其他强制措施，同时不失时机地对可能隐匿证据、转移赃款赃物的地点及犯罪嫌疑人的人身、住所、办公场所进行搜查并扣押有关证据资料和赃款赃物。对于犯罪嫌疑人已经察觉或意识到其罪行已在被侦查，但对其进行传讯和采用查封、搜查、扣押措施的时机又不成熟的，应迅即进行严密而又周全的布控，突出重点、全面设防、相机出击，巧妙地在犯罪嫌疑人着手销毁、隐匿证据或匿藏、转移赃款赃物之时，以迅雷不及掩耳之势出其不意地有效制止反侦查行为，做到同时发现证据和保全、提取证据，并运用视听技术手段在侦查中进行同步取证，一举三得。对查封、扣押的涉案资料，应由专人专管，严防失窃和流散。

四、清查会计资料核实款物

在贪污案件的侦查中，最重要的是查明作案手段和犯罪数额。而要查明作案手段与犯罪金额，又必须清查有关的会计资料和核实涉案的款物。贪污作案的手段，通常是对自己合法经管的财物直接侵吞或监守自盗，对钱财、有价证券等采取弄虚作假的方法进行骗取。在侦查中审查账证、核实款物也要针对其作案手段采用相应的方法和措施，确定不同的查核重点。例如：会计人员贪污作案的主要手段是利用其主管制作记账凭证，审核原始票据、科目汇总、登记账簿、编制会计决算等专业职务之便，采用账面少收多支、假票报账、重复报销、涂改票据、乱冲账、假转账等手段套取现金个人贪污或与出纳合谋贪污。对此，查账核库的重点应当是：逐笔审核原始凭证，看是否与记账凭证相符，并将记账凭证与现金日记账进行对照审核，查其是否相符，如有相应的收付款额不符就有问题；对原始凭证中的大额购货发票和各类支付费用单据，要进行查对和分析、核实，如有虚假必有问题；对报销票据的内容相同原始凭证开票单位相同的要进行全面对照、审查，如属于一式两份的票据重报的，其中有一份必是不应报销的；对报账凭证中票据上有涂改嫌疑痕迹的应仔细观察、分析、判断，尽可能地与原票号码存根联进行核对，如在时间、数量、单价、金额等内容上不符有涂改的，必有问题；对账目混乱的应重点审查转换、冲账中有无假转账、走空账套取现金的行为。又如：业务主管人员贪污作案的手段主要是利用其担任党政机关、企事业单位的各种领导职务之便，虚报冒领、少支多报、私购公报以及各种假公济私的手段侵吞占有下属单位或部门的钱物。对此，应重点审查、详细分析，对照往来账户、核对固定资产账和实物库存是否相符，并在一定的知情范围调查询问，发动群众进行死账活查，发现疑点追根究底、迅速查个水落石出。在系统、全面查账时，首先还要在查账之前清点库存现金、物资、有价证券，防止查出问题之后经手、管理财物的涉案人员在现金、物资、有价证券等方面借口狡辩、对抗侦查、掩饰案件事实真相。清查会计资料核实款物时，还应注重掌握和选用科学的查账技术方法，最基本的常用查账技术方法有：

一是核查法，即对一种会计资料同另一相关会计资料进行查对复核。包括原始凭证与记账凭证的核对，记账凭证与账簿核对，账与账核对（如总账与明细账核对），账簿与报表核对等。通过核对查明是否在核算中有弄虚作假、营私舞弊、多报冒领以及错账、漏账、假账等问题。

二是审阅法，即对有关涉案会计资料的内容及所反映的经济活动是否合理、合法、真实进行审查。通过对账簿的审阅和对记账凭证、原始凭证、会计报表的审查，初步确定凭证和账目是否符合会计原理、有无错误以及是否合理合法。

三是普查法，即对发案单位的财会业务范围进行全面审查。通过对发案单位一定时间内的全部账务进行详细审查，以分析判断其财务状况是否正确合法，从中发现有无贪污盗窃等问题。

四是抽查法，即对发案单位财会业务进行局部审查。通过抽查一定时间内的部分账目、凭证进行检查分析，推断其财务状况是否正确合法，如发现问题应酌情扩大抽查范围或改为普查。

五是顺查法，即视案情需要按照会计工作顺序进行查账。通过按会计核算工作的顺序清查每一步骤、每个环节的证、账、表等是否相符，为发现问题进一步追根溯源、查清事实。

六是逆查法，即根据需要采取同会计工作顺序相反的审查方法。通过逆查表、账、证等注意从中发现账账、账证、账实不符的原因，揭露真相。

七是盘查法，即核实账面与实物是否相符的审查方法。通过按账簿记录对多项财物、库存现金、银行存款、债权债务等进行核对，如果发现账面与实物不符应立即查明原因、分清性质、弄清事实。

八是询查法，即在查账的同时向有关单位和有关人员调查询问核实情况的审查方法。对某些不能直接从会计资料上作出结论和判断性质的问题有的放矢地通过询问往来单位经手人或有关当事人、知情人等，进行内查外调把问题核实清楚。

九是外查法，即对利用资金账外循环、收支不入账、有意乱账、隐匿或销毁收支凭证等手段进行贪污作案的，应从外围的业务和经济往来单位的账据、凭证中查清涉案的收支项目与数额，从中找出问题所在。还可采用会计勘查的其他各种技术方法进行查账。在审查核实会计资料方面，应把握审查和核实的重点内容。如审查的重点有原始票据、记账凭证、现金日记账、银行存款日记账、费用明细账、收付明细账、实物明细账等；核实的重点包括账表核对、账账（总账与明细账）核对、账证核对、账单核对、账实（即实物）核对、账户（户主）核对、收付核对等等。在掌握审核重点内容的基础上，还要进一步把握审查的核心。如审查会计报表的核心是各种报表之间及各项之间，其相对应数额是否一致、有无不符；审查账簿的核心是各类各项支出是否正常；审查记账凭证的核心是附件是否齐全、原始凭证与记账凭证反映的内容、数额是否相符、手续是否完备；审查原始凭证的核心是内容是否合法和日期、数量、金额、印章、手续等是否真实、齐全。

五、甄别会计资料真伪的技术操作方法

在侦查贪污案件过程中，甄别会计资料的真伪应以清理账务和核实实物为基础并同时进行。在甄别方法上应结合具体案情而定，可根据被查单位的工作性质、特点甄别凭单账据的真伪，如购买与本单位工作性质无关的物品或大量购买本单位用量很小的物品的单据，必有虚假嫌疑应重点查证；还可利用价格与市价的悬殊、字迹的异常、发票的失管、数额的超常、对方往来单位与本单位工作和业务性质或内容等无关、账户的核算内容与对应关系不符、账务反映的内容与时间或地点反常等等，都能比较直观直觉地甄别账据是否有虚假之嫌。此外，在甄别账务真伪的技术上还有一些通用的具体操作方法。诸如：

（一）制作"银行存款"往来明细对账清单

单位与银行之间的结算业务，主要有托收承付、托收无承付、汇兑、转账支票、现金支票等形式。采用同银行对账的技术方法，应同开户银行重点查对

银行往来账目是否与银行结算单相符,特别要注意现金支票收付业务和是否有借用银行账户的情况。同开户银行对账要查对发生额和期末金额、存款和取款日期、款项来源和用途、支票种类(现金还是转账)和支票号码等等。审查现金支票还须详细审查支票存根,必要时可画出表格将日期、号码、金额等予以统计,查有无断号。对发现的断号应马上与银行对账单核对,如被人领走,则应去银行查寻领款人。核对其他结算方式的账目要十分注重审查每项业务往来是否与被查单位及经管人员的业务有关、是否合理合法。查对发生额主要以银行对账单为主,然后和同期银行存款账、财会原始凭证逐笔核对。要根据存、取款单上银行加盖的现金或转账收讫、付讫日戳与银行对账单核对,找出被查账务中有无收到转账支票不入账进行贪污;或以转账支票存入银行而账上记现金存入,并增记银行存款同时减记现金存库将这部分现金贪污而在账面仍能与银行账面保持一致,在会计(记账)人员与出纳人员共同贪污的案件中采用这种手段的居多。还要注意查对有无通过提供或借用银行账户为其他单位代收、代垫资金从中渔利。

(二)制作"应收应付、预收预付"往来明细对账清单

将被查账务中的"应收款、应付款、预收款、预付款"科目的逐笔业务按科目和时间顺序列成清单,与债权债务单位的相应账目逐笔核对。在贪污案件中,直接或间接地利用这些会计科目进行作案的不少。在正常情况下这些账目都是已经成立的债权或债务,在会计核算中都是按单位或个人进行明细分类核算。但是,有的管理人员、财务人员和业务人员等,利用这些结算资金形式进行贪污作案,如以现金结算方式从对方单位取得现金用坏账损失冲销应收款从中贪污;将收入列为应付款待有机可乘时进行贪污等等。在清查对账中,一要注意对方汇来金额与被查单位所开发票或收据是否相符,如多汇余额甚至全部汇款长期未动或转汇、退现金给第三单位或个人的,应作为贪污重点嫌疑一追到底。二要对长期未收回的或已作为坏账处理的应收款认真细致地核查对方单位是否收到该物,如未收到应进而清查这笔"呆账"的真正原因,尤其要注意查明是否管理或经手该物的人员监守自盗或盗卖后贪污变价款。三要对应付账款核查付款凭证所载内容与附件和发票及实物入库单等是否相符(重点是付款凭证、支票、汇票、托收承付反映的内容与发票、实物单反映内容有无矛盾),核查付款结算日期与发票日期是否异常地相距太远,对同城结算的应付账款、外埠托收承付款以及汇款结算的付款,要审查付款金额与购物发票是否相符,注意发现是否有利用资金转拨之机从中套购私人用品、偿付私人债务或转汇他人、其他单位账户套取现金贪污或进行营利活动、非法活动等舞弊行为。四要对存出、存入的保证金重点审查核实收、实付情况,进而清查被保证

物的实际存在情况，从中查明支出给外单位的押金和收到外单位的押金是否有被贪污挪用的情况，特别是应注重查明在包装押金中有无包装物已退而收回的押金不入账私吞的情况。五要对应付税金中用现金交纳的款项进行核对，如单位的应付税金不是通过银行交纳而是用现金交纳的，应到税务机关查对真伪防止借纳税之名从中贪污。六要对单位的应付赔款、罚金进行查核，一是查支付的款项数额与实际赔偿、处罚的数额是否相符，看是否有虚增付款数额从中贪污的行为；二是查收款单位开具的收据与其账据上的收入记载是否吻合，看是否有贪污罚没款收入的行为。

（三）制作"买卖收支"往来明细对账清单

采用这种甄别对账，用以查证利用收入不记账、少记账或虚记支出、多记支出等手段进行贪污作案的行为。在对账时要重点查明在买卖活动中有无回扣、佣金，是否从销货款额中直接剔除；是否有私自提价或降价销售行为，提价部分的款项和降价的实惠归谁占有；在记账单据中有无漏收少收和扩支多报、未支空报等虚假内容或虚增空减金额的情况；是否有将不属于本单位开支的款项由本单位报销列账、用假发票报账转移资金；有无虚列工资、奖金、津贴等情况和其他各类虚报冒领行为等等。在核对现金收入时，应重点查对凭证户头与被查单位名称是否相符、凭证内容与被查单位业务是否相关、凭证日期与记账日期是否相近，对方账上的付出与被查单位收入是否相等；在核对现金支出时，应重点查对外来发票的真实性、报账收据是否与支票有重复性、白纸条子是否符合规定性、自制凭证有无虚假性。在核对记账凭证与现金日记账时，应重点查对现金收付记账凭证与现金收付日记账的逐笔数额，并审核现金日记账的金额与合计数是否都正确。

（四）制作"经费与实物"账目明细对照清单

运用这种技术方法从经费账与实物账的对照清查中发现矛盾进而查证贪污作案的行为。一是从票物印证上去查对，即查入库单、库存物品或到被查单位干部职工中调查核实经费支出发票上所购物品是否存在，如果只有报账发票而没有该物品或购物的任何证据，即是利用空头发票报账的贪污行为。二是从核实品名上去查对，即将经费支出的原始单据上的品名与实际购买物品的品名进行对照检查，核对其标牌、品名、质量、型号、价格等是否一致，如果不一致则应进一步查明是否以次充好、以劣充优、以此充彼、以假充真而以低价充高价从中贪污。三是从数额比较上去查对，即查发票上所购物品的数量与实际购买物品数量是否相符，如果实购数额少于发票上的数额，就是利用以少报多的手段从中贪污。四是从账物余额上去查对，即查账上的库存物品余额与实物库存余额即实有物品库存余额是否吻合，如果账多物少或账上有账下无，即应进一步查证是否经手、管理物品的人员监守自盗私自变卖贪污。

六、适时进行搜查、扣押

贪污案件侦查中的搜查、扣押是侦查贪污案件中的常用措施，有时能对破案起决定性作用。搜查的时机要因案而定，如突然的机遇发现可能隐藏犯罪证据或赃款赃物的人身、物品、住处和其他有关地方时，必须及时进行应急搜查。而在一般情况下则应事先作好充分准备、根据已知案情进行周密部署后相机进行搜查，搜查行动要注重突击性和保密性，以免让贪污嫌疑人及其家属或其他涉案人闻风而事先转移赃证。搜查顺序先难后易、先重点目标后一般目标，如发现赃款赃物已经转移或可能原地藏匿，要根据线索和合理判断立即扩大搜查范围或进行突击性的重复搜查。搜查要密切而又隐蔽地注视在场嫌疑人或其家属的心理活动状态，通过听其言、观其行、察其神，寻觅、捕捉和判断新的搜查目标、线索和方向。搜查工作要认真仔细、注重查微析疑，不放过任何蛛丝马迹，尤其对那些烟灰尘土多、光线阴暗、空气污浊等不引人注目的地方要精搜细查。在高度注重搜查赃款赃物的同时，对一切能以其内容证明贪污事实的书证要尽力搜索。同时对在场的被搜查人或其家属教之以法、晓之以理，鼓励其主动交出涉案一切赃、证。总之，搜查行动要以快制胜，搜查方法要细中求精，搜查谋略要疑中取实，搜查方向要随机应变，搜查过程要察言观色，搜查捷径要攻心巧取，搜查目的要获取赃证。扣押在贪污案件侦查中主要是扣押能证明贪污犯罪嫌疑人有罪或者无罪的各种物品、文件、邮件、电报等等。扣押在多数情况下是伴随搜查而进行的，也有在勘验和其他应急情况下进行的扣押。扣押要审查判断拟扣押物品和文件能否用以证明犯罪嫌疑人有罪或无罪的作用，对无此作用与关系的不要扣押，但一时难判断其是否与案件有关的应当扣押审查。扣押要依法进行、手续完备，对贵重物品和与案件关系重大的物品、文件等，要详细注明其名称、型号、编号或号码、成色、质数量，完好程度、特征等等，有的要当被扣押人面密封后专管。整个搜查、扣押的过程和被扣押物品、文件应当进行摄像或拍照。扣押后要及时进行逐件清理、查核，联系整个案情进行细致分析，从中发现破绽、顺藤摸瓜、一追到底，查清其来龙去脉。

七、讯问贪污犯罪嫌疑人

讯问是贪污案件中常用多用的侦查措施，应遵循最高人民检察院的规定实行全程同步录音录像。讯问前要全面熟悉已知案情和犯罪嫌疑人的特点，拟制全面系统而又有重点和针对性的讯问提纲。选择好讯问的时间、地点，第一次讯问还要注重创造有利于犯罪嫌疑人就范的环境和氛围。针对嫌疑人的社会阅历、地位身份、自然状况等确定具备制服该嫌疑人的特有条件的讯问人，以利于从外在形象和内在气质上都形成先声夺人的趋势。要根据不同贪污犯罪嫌疑人的个性特征和心理状态，采用不同的讯问方法。从生理角度讲，人的气质分为不同类型，对性情脆弱的抑郁质类型的嫌疑人讯问时应采用自由交谈式的灵活方法消除其紧张心理，然后利用其脆弱的感情唤起其亲情观念和罪责感，适时辅以运用证据消除其猜疑，促其坦白交代。对性情急躁的胆汁质气质的嫌疑人，讯问时应采用激将法和后发制人交叉并用的张弛结合法，首先攻克其锐气；然后利用这类人供述中往往漏洞较多的把柄，以其矛攻其盾，彻底揭露其谎言，迫其陷入不能自圆其说的窘境；进而动之以情，化对立情绪为合作态度，以柔克刚。对性情沉静的黏液质类型的嫌疑人，讯问时要注意节奏适中、沉着耐心，切忌急躁冒进，然后循序渐进地择机施压，以刚克柔。对性情活泼的多血质的嫌疑人，首先用较长时间慢条斯理地向其冷静发问，有意消磨其快速敏锐的防御能力，松懈其戒备心理；然后针对这类人兴趣分散、坚持性差的弱点，声东而击西、跳跃发问，进一步转移其注意力和打乱其心理防线；继而针对嫌疑人心理防线的缺口和其情绪变化状态，乘虚而进、出其不意、攻其不备，先松后紧、步步紧逼，后发制人。对于兼具上述四种基本气质中的两种或三种的混合型气质的人，则综合采用与之相对应的两种或三种讯问方法；若混合型气质中又有某一种呈现为主要气质的，也应重点采用与之对应的讯问方法。整个讯问过程一要充分准备、有的放矢；二要对症下药、攻心为上；三要引而不发、不逼不诱；四要深入浅出、循序渐进；五要瞄准火候、用好证据；六要抓住焦点、一追到底；七要情法结合、柔刚互克；八要文明审讯、以理服人。

八、贪污案件侦查措施的综合运用

侦查贪污案件过程中通常综合运用的措施有：内查外调相结合；勘验、检查、询问、查询、冻结、查封等措施综合使用、交叉使用或同步使用；鉴定、辨认和通缉、抓逃综合或同时运用；强制措施与搜查、扣押、讯问等措施同步进行；统一指挥异地联侦和境外取证、追赃、缉捕的方法和措施相结合；在运用各种侦查措施的同时，同步运用视听技术搜集和固定证据。

☆ **规制链接**

1. 关于基层组织人员取得公务人员资格的立法解释

全国人民代表大会常务委员会关于《中华人民共和国刑法》第九十三条第二款的解释

（2000年4月29日第九届全国人民代表大会常务委员会第十五次会议通过）

全国人民代表大会常务委员会讨论了村民委员会等村基层组织人员在从事哪些工作时属于刑法第93条第2款规定的"其他依照法律从事公务的人员"，解释如下：

村民委员会等村基层组织人员协助人民政府从事下列行政管理工作，属于刑法第九十三条第二款规定的"其他依照法律从事公务的人员"：

（一）救灾、抢险、防汛、优抚、扶贫、移民、救济款物的管理；
（二）社会捐助公益事业款物的管理；
（三）国有土地的经营和管理；
（四）土地征用补偿费用的管理；
（五）代征、代缴税款；
（六）有关计划生育、户籍、征兵工作；
（七）协助人民政府从事的其他行政管理工作。

村民委员会等村基层组织人员从事前款规定的公务，利用职务上的便利，非法占有公共财物、挪用公款、索取他人财物或者非法收受他人财物，构成犯罪的，适用刑法第382条和第383条贪污罪、第384条挪用公款罪、第385条和第386条受贿罪的规定。

2. 关于贪污案件立案标准的规定

根据最高人民检察院《关于人民检察院直接受理立案侦查案件立案标准的规定（试行）》（高检发释字【1999】2号，自1999年9月16日起施行），对贪污案件的立案标准规定如下：

贪污案（第382条、第383条，第183条第2款，第271条第2款，第394条）

贪污罪是指国家工作人员利用职务上的便利，侵吞、窃取、骗取或者以其他手段非法占有公共财物的行为。

"利用职务上的便利"是指利用职务上的主管、管理、经手公共财物的权力及方便条件。

受国家机关、国有公司、企业、事业单位、人民团体委托管理、经营国有财产的人员，利用职务上的便利，侵吞、窃取、骗取或者以其他手段非法占有国有财物的，以贪污罪追究其刑事责任。

"受委托管理、经营国有财产"是指因承包、租赁、聘用等而管理、经营国有财产。

国有保险公司的工作人员和国有保险公司委派到非国有保险公司从事公务的人员利用职务上的便利，故意编造未曾发生的保险事故进行虚假理赔，骗取保险金归自己所有的，以贪污罪追究刑事责任。

国有公司、企业或者其他国有单位中从事公务的人员和国有公司、企业或者其他国有单位委派到非国有公司、企业以及其他非国有单位从事公务的人员，利用职务上的便利，将本单位财物非法占为己有的，以贪污罪追究刑事责任。

国家工作人员在国内公务活动或者对外交往中接受礼物，依照国家规定应当交公而不交公，数额较大的，以贪污罪追究刑事责任。

涉嫌下列情形之一的，应予立案：

1. 个人贪污数额在5千元以上的；
2. 个人贪污数额不满5千元，但具有贪污救灾、抢险、防汛、防疫、优抚、扶贫、移民、救济款物及募捐款物、赃款赃物、罚没款物、暂扣款物，以及贪污手段恶劣、毁灭证据、转移赃物等情节的。

第二节 贿赂案件

贿赂案件，主要是指刑法第385条至第393条规定的贿赂类罪案件。但广义的贿赂案件还包括刑法第163条、第164条、第184条规定的非国家工作人员贿赂罪案。

贿赂案件的侦查是指人民检察机关或公安机关对受贿案件、行贿案件、介绍贿赂案件和单位受贿案件，对单位行贿案件，单位行贿案件和非国家工作人员受贿案件，对非国家工作人员行贿案件进行的专门调查工作和采取有关的强制措施的活动。刑事诉讼法第18条明确规定，贿赂犯罪由人民检察院立案侦查，但在刑法修订后进行管辖分工时，将非国家工作人员的贿赂案件的侦查管辖划归公安机关。在国际上，贿赂案件有的也称之为贪污案件，但大多称为贿赂犯罪案件，而且在贿赂案件的分类上有些国家和地区更细更具体，如有的还区分事前受贿罪、事后受贿罪、间接受贿罪、索贿罪、斡旋受贿罪；有的还区分议员的贿赂、公共机构人员的贿赂、公司与合作社等职员的贿赂、银行职员的贿赂、公务人员贿赂、司法官员贿赂；有的还区分政府事务中的贿赂、签订合同中的贿赂、投标中的贿赂、拍卖中的贿赂等等。通观形形色色的贿赂犯罪案件，都有两个最基本的特征：一是具有对合性，即有行贿就有受贿，反之有受贿即有行贿。虽然介绍贿赂罪案表面上似乎没有这种直观的对合性，但其行为的实质正是撮合行贿与受贿之间对合性的实现；二是索贿和受贿的渎职性，凡索贿受贿行为，都利用了职务上、工作上、业务上的便利条件，这一点也是在侦查活动中务必仔细查证的，否则就无以证实构成本罪。国际上关于贿赂案件的侦查机构有的设在司法机关内，但已越来越趋于建立专门的侦查机构。如尼日利亚的"腐败行为调查局"、文莱的"反贿赂局"、巴西的"反贪污调查委员会"等等。反贪污贿赂机构除依法行使对贿赂案件的初查权、审查权、询问权、写信查询、签发传票、讯问、调查财务账册、提取资料等一般调查权外，还依法行使下列侦查权和采用侦查措施：无证搜查权，强行搜查权，查封权，扣押权；检查、复制银行账目，要求嫌疑人申报财产，要求有关人员提供犯罪证据，进行无证拘捕犯罪嫌疑人，限制转移财产，收缴嫌疑人旅行证件、限制出境、要求获得协助权等等。此外，新加坡、马来西亚、文莱等国家的法律还专门赋予对贪污贿赂案件的特别侦查权，如依照特别法的规定侦查贪污贿赂案件时不受其他法律的约束和限制，如果其他法律有相反的规定时，有特别侦查权的人员仍有权决定对有关场所或事项进行特别侦查；有贪污贿赂案件特别侦查权的人员只要有充分理由怀疑或确信贪污贿赂犯罪已发生，他们就可以发令授权或指定有关人员进行侦查；享有特别侦查权的人员在侦查中可以对任何地方和任何场所进行检查或搜查，调查所涉及的单位或个人都必须予以协助，任何单位和个人不得妨碍特别侦查权的依法实施。当然，这种特别侦查权只允许具有法定资格的官员才能行使，即仅限于检察长、检察官、国家公诉人、调查署长等法律规定的官员行使。我国法律之所以规定贿赂案件由检察机关立案侦查，是因为人民检察院是宪法规定的国家法律监督的专门机关，负有监督机关、团体、企业事业单位及其工作人员严格执行法律的职责，而对利用职务或职业之便进行贿赂犯罪活动的行为立案侦查，既是执行国家法律的司法活动，也是法律执行的监督活动。

一、贿赂案件侦查的重点方法

按照刑事诉讼法的规定，检察机关侦查贿赂案件可使用的主要权力和采用的措施有：讯问犯罪嫌疑人；询问证人、被害人（如没有谋求更没有获得不正当利益而被勒索给予索贿者以财物的人）；勘验、检查；搜查；扣押物证、书证（包括涉案的邮件、电报）；鉴定（采用较多的是司法会计鉴定、笔迹鉴定、痕迹鉴定、物品鉴定、货币及有价证券的鉴定等等）；通缉；拘传；取保候审；监视居住；拘留；逮捕。从司法实践来看，当前贿赂犯罪案件不断增多，大案要案突出，社会危害极为严重，贿赂活动带有一定的行业性和部门特点，犯罪手段和形式不断翻新，并与贪污、私分、挪用、涉税和玩忽职守等经济、渎职犯罪交织在一起，而且反侦查能力很强，侦查取证的难度很大。因此，贿赂案件的侦查一定要注意侦查艺术、运用侦查谋略，针对案件的不同情况选准个案突破口。在各类贿赂案件中，被勒索给予受贿者财物的人、行贿人、介绍贿赂人、证人、知情人等，都是突破贿赂案件时可供选择的薄弱环节。在贿赂案件中，公款行贿、单位行贿的比重日益上升，这种行贿不仅大多有账可查，而且行贿方的单位领导人、财会人员、行贿活动的实施人员及有关司机、领导的秘书等人员往往都是直接或间接的责任人员和知情人、证人，这也是侦查贿赂案件应当充分了解、掌握和利用的条件。在普通贿赂（即公务贿赂）案件的侦查中，要重点围绕受贿嫌疑人的职务与行贿人谋求的利益之间的联系展开侦查；在非国家工作人员贿赂犯罪案件的侦查中，要重点查明利用职务之便收受他人财物的情况；在商业贿赂案件的侦查中，要重点查明经营者在购销活动中账外暗中收受回扣的情况。在侦查中还应注意：贿赂作为类罪，它所侵犯的共同客体是国家公职人员职务行为的廉洁性。其中，受贿罪是国家公职人员、公司及其他企业人员等利用职务或职业之便收受他人贿赂，损害了职务或职业的廉洁性，如果贪赃枉法为请托人谋取不正当利益的，同时还侵害国家机关管理的正常活动；行贿罪和介绍贿赂罪虽不限于公职人员的特殊主体，但在客观上也是利用公职人员的职务、职业、职权为其谋利，直接或间接地利用贿赂收买公职人员，从而同样侵害了公职人员职务、职业的廉洁性或不可收买性。因此，应当尽力全面地和多渠道搜集这方面的证据。关于贿赂案件犯罪主体问题，对受贿案件应重点查明嫌疑人是否依法担任一定职务，行使特定的管理或业务职能，具有各种受贿罪所要求的法定职务或职业；对行贿和介绍贿赂案件，只要查明是否符合一般犯罪主体条件即可；对法人行贿、受贿案件则应查明是否符合具备刑法条款规定的要求，并不一定要具有民法意义上的法人资格。侦查贿赂案件的客观方面行为时，应重点查明受贿嫌疑人是否利用本人或他人职务上的便利，所利用的是现在职务还是过去或将来职务上的便利，以及是否主动索取或被动收受了他人贿赂，有无承诺或已经为请托人谋利的行为；应查明行贿嫌疑人是否实施了行求、期约与交付贿赂的行为；对介绍贿赂嫌疑人应主要侦查其是否在行贿人、受贿人之间进行沟通、传递要求、转送财物、安排双方会见等调解、撮合活动。在侦查贿赂案件的犯罪主观故意时，应查明受贿嫌疑人是否认识到自己的取财行为利用了职务、职业或工作之便，违背了自己的职务规范；查证行贿嫌疑人是否具有意图使有关从事公务的人员利用职务、职业之便为自己谋取不正当利益的目的；查明介绍贿赂嫌疑人是否明知行、受贿双方具有贿赂意图而从中进行沟通与撮合。贪污案件的侦查方法和手段也适用于贿赂案件的侦查。在贿赂案件侦查中应特别注重收集视听资料证据，包括收缴已形成的涉案视听资料和运用视听技术手段对侦查活动进行同步录音录像，尤其是搜查、扣押、讯问的全过程和情况应用视听技术同步固定和强化证据。

二、受贿案件的侦查方法

受贿案件，主要是指刑法第 385 条、第 386 条、第 387 条、第 388 条规定的受贿罪和单位受贿罪案件，广义上的受贿案件还应当包括刑法第 163 条、第 184 条规定的非国家工作人员受贿罪案。受贿案件侦查是对利用职务或职业之便收受他人财物的行为依法进行专门的调查和采取有关的强制措施。受贿案件是贿赂案件的主要组成部分，行贿罪是受贿罪的对合犯罪，介绍贿赂罪是受贿罪与行贿罪之间的关联犯罪；受贿罪是侵犯国家廉政制度的犯罪和渎职罪，行贿罪和介绍贿赂罪不一定是渎职罪但因都与受贿罪有内在的密切关系并都侵犯了国家的廉政制度而统归类为贿赂罪；在我国刑法对贿赂罪的规定中，不仅受贿罪的法定刑最高，而且在索贿和给予财物方没有获得不正当利益的情况下，仅获取财物的一方构成受贿罪而给予、交付财物方不是犯罪。因此，不仅在立法上体现了受贿罪是贿赂类罪的主要组成部分，而且在司法实践中受贿案件的数量也远远超过行贿和介绍贿赂两类案件的总和。在贿赂案件的侦查方面，受贿案件的侦破难度更是最大的，而且受贿案件的侦查方略和侦查手段、措施等均适用于行贿案件和介绍贿赂案件的侦查。

（一）受贿案件的一般特点

受贿案件通常有以下基本特点：

1. 作案成员具有特殊性。普通受贿即公务受贿案件的作案成员只能是国家机关、国有公司、企业、事业单位、人民团体中从事公务的人员和国家机关、国有公司、企业、事业单位委派到非国有公司、企业、事业单位、社会团体从事公务的人员，以及受国家机关、国有公司、企业、事业单位委托从事公务的人员；非国家工作人员受贿案件的作案成员主要是有限责任公司、股份有限公司的董事、监事或者职工和其他集体所有制企业、私营企业、中外合作企业、外资企业和外国公司在我国境内设立的分支机构中的董事长、经理、企业管理人员及其职工。此外，国有公司、企业、事业单位、机关、团体等法人或非法人组织也能成为受贿案件的主体。而作案居多的又主要是：党政机关的领导干部和主管、经管或掌握人、财、物的审批人员和经办人员；司法、行政执法、执纪等机关的少数基层领导人员和办案人员；金融、证券等部门的管理人员、从业人员；企业、事业单位的领导和管理人员、财会人员和购销人员；公用事业管理单位的领导和管理人员；内外商贸及各种生产要素市场、期货市场、技术市场等行业的主管人员、经管人员和其他业务人员；协助政府从事行政管理时的村民委员会等基层组织的人员等等。

2. 发案的热点部位带有行业性。受贿案件发案的重点领域是党政机关、司法机关、行政执法机关、经济管理部门等。就部门和行业而言，尤其金融、证券、建筑、土地批租、房产房管、期货商贸外贸（包括有外贸经营自主权的企业）、交通运输、技术市场、公益公用事业管理以及其他垄断性或者专营性较强的部门和行业，都是受贿案件的多发部位。

3. 作案的形式和手段日趋多样性。诸如：借婚、丧、嫁、娶、年、节等一切可乘之机大受"馈赠"形式掩饰的贿赂；借父母、子女、配偶、保姆等人之手收受贿赂，以佯作不知掩饰心照不宣；借各种合法名义的劳务费、信息费、咨询费、奖金、折扣等形式掩盖在经济往来中收受贿赂；以借为名掩盖贿赂之实；由亲属出面间接隐形受贿；以各种名义的私交受"赠"纳贿；接受有意安排的娱乐活动中以"赢"为幌子的贿赂；在"购"股、"买"卡（信用卡）、"联合"投资等形式中象征性地付款掩饰其中的贿赂；利用职权为外商在境内谋利由其亲友或子女在境外曲线受贿等等。

4. 案件事实和情节具有复杂性。一是制造假象隐蔽作案。贿赂犯罪是肮脏的权钱交易，通常以极其秘密的方式和精心的伪装后进行作案，受贿人又以职务便利为掩护将为请托人的谋利活动夹杂于正常履行职责之中不留痕迹，使整个作案过程难为外人所知且不易泄露案情。二是巧立名目欺骗性强。如以借用、试用新产品或代购物品等名目行贿受贿，一旦案发，手续、发货票齐全；还有以奖金、劳务费、咨询费、信息费、兼职工资等名目为贿赂精心披上"合法"的外衣。三是串供串证真假难分。行贿受贿是对合性的犯罪，一般双方都是既得利益者，权钱交易双方恶意串通勾结、订立攻守同盟串供串证，加之知情人往往是作案人的亲属、亲信，案发后大多能甘冒风险地作伪供、作假证，使案情更加复杂化。四是数罪交织一人多案。受贿案件往往与贪污、挪用公款、行贿、走私、巨额财产来源不明、隐瞒境外存款不报、赌博、嫖娼等案件交织一体、盘根错节、一人多案、复杂难查。五是以权抗法危害严重。受贿人都是有职有权之人，有的还是位高权重、大权在握的领导干部，他们利用职权非法以权谋私，不仅严重损害国家公务行为的廉洁性、危害国家的廉政建设和形象，而且往往个案就能使国家利益遭受严重损失甚至特别严重的损失。六是规避法律证据难取。受贿案件在市场经济条件下不仅将职权引入了货币交换的市场机制，而且还呈现出现代市场经济条件下的智能化、技术化和信息化趋向。作案人不仅利用智能、现代化技术和信息进行作案,而且利用其智能、技术和信息千方百计地规避法律、进行反侦查活动,具有很强的对抗性和对抗侦查的能力。

5. 次要客体兼及选择性。如刑法中的公务受贿罪侵犯的客体主要是国家工作人员职务的廉洁制度。但其侵犯的次要直接客体却呈现为兼及性和选择性的状态。受贿罪的次要客体是国家机关及其他国有单位的正常管理活动。但在行为人索贿不为他人谋取非正当利益和"受财不枉法"地为他人谋利的情形下,却只侵犯其职务廉洁制度而不侵犯机关、单位的正常管理活动;只有在受财枉法为他人谋取非正当利益时的受贿行为才选择和兼及次要客体。这种次要客体的兼及选择状况在犯罪构成理论上是一个较复杂的问题,它给司法实践中认定新的受贿罪又增加了新的难度。

(二)受贿案件的立案

根据我国刑事诉讼法规定,受贿案件由人民检察院管辖即直接受理立案侦查。受贿案件的立案及所涉及的主要事项有:

1. 受理案件。即检察机关对受贿案件的报案、控告、举报、自首等应当立即接受。

2. 审查受案材料。检察机关对受理受贿案件材料应及时审查,对所反映的受贿线索进行综合分析,其中有涉嫌犯罪金额较大的,或犯罪后果严重的,或犯罪嫌疑人职务较高的,应及时确定由有管辖权的贪污贿赂案件侦查机构负责处理。

3. 初查受贿线索。反贪污贿赂侦查机构为了确定是否有犯罪事实需要追究刑事责任,应对经审查筛选出的受贿线索进行必要的调查核实即初查。初查应当秘密进行,如有犯罪事实以免打草惊蛇、证毁人逃,万一发生紧急情况应依法采取紧急措施;如举报失实或属诬告,秘密调查可以防止给被举报人造成不良影响。经过初查,认为有犯罪事实需要追究刑事责任的,应报检察长提请批准立案侦查;认为没有犯罪事实或事实不清、证据不足的,或有刑事诉讼法第15条规定情形之一的,也应报检察长提请批准不予立案。

4. 立案侦查。人民检察院决定对受贿案件立案侦查的,应当制作立案决定书。立案决定书应当写明犯罪嫌疑人的基本情况、案件来源、举报的主要犯罪事实、经审查认定的主要犯罪事实和决定立案的法律依据。根据刑法和最高人民检察院的规定:个人涉嫌受贿数额在5千元以上的和不满5千元但情节较重的应予立案;单位受贿数额在10万元以上的和不满10万元但具有其他严重情节的应予立案。司法实践中应注意立案数额标准的新规定。

（三）受贿案件的侦查计划

决定立案后负责侦查工作的检察官应及时着手制定侦查计划。制定侦查计划时，应深入研究受案材料和初查所获全部材料和证据，尽可能准确地确定侦查方向；根据受贿案件所涉及的地域、行业、单位和有关人员确定侦查范围。对于案情性质不够清楚、侦查方向难以确定并存在几种可能性的案件，应把几种可能性都考虑在侦查计划之中，运用模糊理论确定一个侦查的模糊域（即侦查活动应涉及的模糊区间），相应地拟定各种应采取的侦查措施和应变策略。制定侦查计划时还应针对受贿嫌疑人的个性特点、犯罪心理特征、作案手段以及作案前后有无制造假象、毁证匿赃和携款潜逃等情况，确定具体的侦查方法和步骤。受贿案件的侦查计划主要包括下列内容：

1. 简要案情及对案情的初步判断；
2. 提出侦查方向、确定侦查目标、界定侦查范围；
3. 列出应查明的主要问题；
4. 完成各项具体侦查任务的期限和要求；
5. 全案侦查的步骤、方法、措施、时间及注意事项；
6. 侦查组织领导、力量安排和职责分工；
7. 侦查物质保障措施；
8. 侦查保密措施及必要的侦查制度和纪律等。

（四）受贿案件的侦查谋略

受贿案件是典型的智能性犯罪，侦查中要特别注重运用谋略采取恰当的对策，我国检察官在侦破受贿案件中常用的谋略有：

1. 针对个案的薄弱环节选准突破口。如从被索贿人中选择突破口。被索贿者因被受贿者利用职务之便敲诈勒索其财物，故对受贿人有憎恶感，只要依法对其进行法律政策教育，促其如实作证，一般是可以做到的。故被索贿人常被当做贿赂案件较薄弱的环节。此外，行贿人、法人（单位）行贿的知情人、介绍贿赂人、其他涉案人及其知情家属等等，都是可供选择的突破口。

2. 从外围入手、先扫外围后攻堡垒。对一些地位高职权大的犯罪嫌疑人受贿案件，通常先扫除其外围防线，先突破知情或涉案的司机、秘书、姘妇、财会人员甚至犯罪嫌疑人的亲友、亲属等人后，再运用已掌握的大量证据和有关线索迫使受贿人就范。

3. 声东击西，以查此案掩查彼案等方法灵活迂回觅取证据。

4. 与行政执法机关或其他司法机关联合调查取证或委托调查间接查证。

5. 欲擒故纵、懈怠犯罪嫌疑人，相机取证寻找新的突破口。

6. 统一指挥、异地联侦，综合运用侦查措施和手段侦查受贿大案要案。

统一指挥、异地联侦可以在侦查涉案地广、涉及面大的受贿大案要案中充分发挥检察机关的综合侦查功能优势及时侦破案件。综合运用侦查措施和手段进行取证、追赃、审讯，可以出其不意、攻其不备地以证促审、以审印证、以赃证罪，有效地抵御反侦查活动的干扰，以快取胜地侦破受贿案件。总之，受贿案件的侦查谋略要因案制宜、随机应变、智取证据。

（五）受贿案件侦查中的科学技术应用

受贿案件的侦查常常遇到以权抗法的干扰阻碍，加之案件本身的串供毁证、翻供翻证、拒供伪证等现象非常普遍，故强化侦查中科学技术的应用、提高受贿案件证据的科技含量来确证犯罪已势在必行。一是凡涉及专门性的问题尽可能依法进行科学技术鉴定，以获取科技证据或用科技固定证据。如对涉案账务依法进行司法会计鉴定；对贿赂物品可依法进行产品或商品鉴定；对与贿赂有关的劣质建筑可依法进行工程技术鉴定；对涉及受贿的物质可依法进行物证技术鉴定等等。二是尽可能收集涉案的视听资料和运用视听技术收集、固定证据。视听资料证据主要是利用录音、录像和电子计算机储存的资料所表示的内容来证明案件的事实的证据。这类证据的主要形式表现为：证明案件事实有关的内容以录音带、录像带、磁盘、优盘、光盘等为载体。它通过声像、语言、行为等直观地证明案件事实，不仅信息量大、精密度高，而且所反映的动作和形态等具有连续性，可以印证犯罪嫌疑人作案情况或某一情节的全过程。视听资料证据一部分由证人、涉案人、关系人或嫌疑人提供给侦查机关的，但更主要的是由侦查机关运用视听技术主动依法收集的。运用视听技术不仅可以收集证据，还可以在侦查中对搜查、扣押、询问、讯问等活动进行同步录音录像固定证据，以防止犯罪嫌疑人翻供和证人翻证。

（六）受贿案件侦查中查账的重点

侦查受贿案件除应用侦查贪污案件相同的方法检查涉案的会计资料外，还要注重检查下列账务：

1. 以代购物品为名的涉案物，要清查购货地销售该物品的时间、数量、型号、质量、价格等，销售发票与有关账据是否相符。

2. 以试用为名的涉案物，要查证该物品是否试制新产品，试制单位是否有符合国家规定的将试制品无偿给有关人试用的制度，该单位账务是否有涉案物的记载等等。

3. 以降价销售为名的涉案物，要查明降价原因、审批手续、是否符合降价销售的有关规定以及该物在销售单位账务上记载处理情况。

4. 对法人（单位）行贿或用公款以个人名义行贿的受贿案件，应先查行贿方单位的账务。鉴于近年来这类行贿款项绝大多数是由"小金库"开支的，故要重点审查小金库的账务。清查小金库的主要查账方法有：一是清理"销售明细账"，查找截留利润不入账的款项去向；二是清理"销售明细账"，查找销售收入未入账款的去向；三是清理"营业外或预算外收入"，查找罚没收入未入账款的去向；四是清理"销售发票"与"销售收入"是否相符，查找加价收入未入账款的去向；五是清理"银行存款日记账"与"银行对账单"是否相符，查找银行存款利息未入账款的去向；六是清理"固定资产账"与实有固定资产是否相符，查找变卖公产公物收入未入账款的去向；七是清理"生产、经营成本费用账"，查找虚增成本资金的去向；八是清理"收款收据"不连号的情况，查找在对外服务收费中使用收据不入账款的去向；九是清理节日及年底年初月份的经费支出和凭证发票，查找大量现金支出和大批量购物的真实去向。通过认真细致地审查清理以上会计资料，查证涉案款物的来龙去脉，获取系统的会计资料证据，是通过行贿方的账务查证受贿的有效方法。

（七）受贿案件侦查中的搜查、查封和扣押

侦查受贿案件运用搜查、查封、扣押等措施的基本要求与侦查贪污案件基本相同。要特别注意的是：

1. 搜查前要做好充分准备和周密部署，先查清被搜查人的准确住址及周围环境，确保准时迅速隐蔽地前往搜查，保证搜查的突击性。搜查中不仅要查找赃款赃物，而且要注重其他证据的搜查。由于受贿案件的犯罪嫌疑人都是有职权者、有的还是身居要职的官员，搜查前要安排备用的警力和交通、通信工具，一旦搜查受阻或利用权势无理取闹刁难搜查人员时，应果断地依法强行搜查，并对妨害搜查者及时依法强行带离搜查现场，如情节恶劣构成妨害公务犯罪的应依法追究其刑事责任。

2. 查封动产种类物时，要注明型号、品名、产地、成色、完好程度以及有关编号等内容。

3. 扣押邮件、电报、信件等书证时要注意查明其内容的时效性；扣押债券、股票、国库券之类的计息证券时，应注明证券的发放时间、编号或其计息标准和方法等；扣押金、银首饰和珍邮、古玩、高档字画等贵重物品时，要尽可能注明其所具有的各种特征和标记，当时无法鉴别真伪或质量和价值的，应当场并当物品持有人面予以密封，并加密封标记注明封标编号。处理密封的扣押品时应会同物品原持有人、见证人验明无误后开封依法处理。

（八）受贿案件侦查中的追赃

受贿案件侦查中追缴赃款赃物要以快制胜，严防转移赃款赃物。对犯罪嫌疑人已交代赃款赃物去向的要迅即追查，以防同案人或其亲属再转移；对犯罪嫌疑人的财产及赃款购置物品和转移或存入银行的赃款，要及时依法查封、扣押、冻结，防止知情人、家属进行变卖转移或提取造成追赃的新困难；对可能藏匿、转移赃款赃物的，要依法突击性地搜查扣押。由于受贿案件往往案中有案、案案相连、窝案、群案、串案现象突出，故在追缴赃款赃物时要在追缴本案赃款赃物的同时，注意追缴与犯罪嫌疑人有关的本案之外的赃款赃物。

（九）受贿案件侦查中的讯问

受贿案件的讯问与贪污案件的讯问大体相同，并应全程同步录音录像。受贿是智力与职权恶性融合的犯罪，行贿受贿双方直接授受贿赂的，几乎都订立了牢固的攻守同盟；而更大量的作案方法是由家属、亲友出面收受贿赂，心照不宣地利用职务之便为行贿人谋利。侦查时讯问前者往往矢口否认，后者则理直气壮地对收受财物佯装不知，而对为行贿人谋利则辩解为依法履行正常的职务。不论前者还是后者，反审讯的对抗心理都极其顽固。因此，讯问时切忌简单核实，要充分运用讯问谋略捕捉战机突破口供和深挖犯罪。为达此目的，务必采用一些特殊的讯问对策。诸如：引而不发、点而不露地使用有力的证据，强攻硬取或旁敲侧击地攻破犯罪嫌疑人的侥幸心理；运用模糊语言进行斗智，克敌制胜；对订立攻守同盟的，分别同步讯问行贿人和受贿人，从双方供述的蛛丝马迹中寻找破绽，深入分析其中的矛盾，彻底揭露伪供，突破攻守同盟；对畏罪心理重而反侦查能力低的犯罪嫌疑人可单刀直入地讯问，辅以法制教育促其消除顾虑交代犯罪事实；对顽抗狡辩、反侦查能力强的犯罪嫌疑人，讯问人员要态度严肃地用以法制权的气势压倒对方，讯问中间用有力的证据和有价值的材料揭露谎言，打消其侥幸心理，进而突破口供；对受国家培养教育多年良知未尽的偶犯，讯问时应特别注重循循善诱、晓之以理、教之以法，郑重告知坦白与抗拒的不同后果，政策攻心，促其坦白交代走从宽之路；对智能高又有一定修养的犯罪嫌疑人，讯问时应充分尊重其人格并彻底揭露其作案思想根源及其行为的社会危害，以诚相待、动之以情，促其认罪服法；对共同犯罪、法人犯罪案件因事先串供串证而讯问时众口同供的，应分别让其充分佯供诡辩、尽其表演，然后抓住破绽以其矛攻其盾，或运用在握证据对其关键性谎言以致命的一击，迫其在无法自圆其说的窘境中就范。

（十）受贿案件侦查措施的综合运用

受贿案件的侦查过程中，要根据案件的情况和针对反侦查活动的迹象，综合灵活地运用各种侦查措施和手段，以智取证、以快制胜。如对一案涉及多人或一人多起受贿事实的，进行同步侦查取证，同时分别进行询问、查询、搜查、扣押、鉴定、拘捕、讯问等等，以迅雷不及掩耳之势使犯罪嫌疑人的反侦查活动措手不及，迫其在惊魂未定之时束手就擒。又如对职高位尊而又狡诈狂妄的犯罪嫌疑人，若其背景复杂、保护伞厚、犯罪的网络范围大，则根据侦的特殊需要与党纪、政纪、行政执法机关和其他侦查机关联合行动、上下联手、内外联查、协同作战、多管齐下，如实行公务回避、易职调离、停职反省、撤职开除、查审结合、联手取证等等，将各种措施有机结合、用足用活，合力侦破这类大案要案。

（十一）利用影响力受贿案件的侦查

2009年2月28日十一届全国人大常务委员会第七次会议表决通过《中华人民共和国刑法修正案（七）》，其中第13条对刑法第388条规定的受贿罪后增加一条作为第388条之一："国家工作人员的近亲属或者其他与该国家工作人员关系密切的人，通过该国家工作人员职务上的行为，或者利用该国家工作人员职权或者地位形成的便利条件，通过其他国家工作人员职务上的行为，为请托人谋取不正当利益，索取请托人财物或者收受请托人财物，数额较大或者有其他较重情节的，处三年以下有期徒刑或者拘役，并处罚金；数额巨大或者有其他严重情节的，处三年以上七年以下有期徒刑，并处罚金；数额特别巨大或者有其他特别严重情节的，处七年以上有期徒刑，并处罚金或者没收财产。""离职的国家工作人员或者其近亲属以及其他与其关系密切的人，利用该离职的国家工作人员原职权或者地位形成的便利条件实施前款行为的，依照前款的规定定罪处罚。"这实质是一种不同于受贿罪和单位受贿罪的新型特殊犯罪，其罪名如何确定有多种选择。如可称为"影响力交易罪"。理由是其与《联合国反腐败公约》第18条规定的"影响力交易罪"犯罪的行为极为相似，以此确定罪名能充分体现国内法与国际法称谓上的一致性。又可称之为"利用影响力受贿罪"，该称谓既可体现与国际法相关规定的一致性，又能保持国内法同类罪名的传统性。还可称为"斡旋受贿罪"，此称谓不仅符合传统刑法理论的要求，而且能够显示此罪与其他受贿罪的原则区别。上述各种罪名的提法各有所长，但最终由最高人民法院、最高人民检察院研究确定为"利用影响力受贿罪"。受贿属于国家工作人员的职务犯罪，在《刑法修正案（七）》通过之前，第388条规定以受贿论处的条款为："国家工作人员利用本人职权或者地位形成的便利条件，通过其他国家工作人员职务上的行为，为请托人谋取不正当利益，索取请托人财物或者收受请托人财物的，以受贿论处。"由此可见，非国家工作人员不能单独构成本罪。故在过去的侦查实践中，对非国家工作人员利用国家工作人员的职务便利从中索取和收受财物的行为，只能根据刑法总则关于共同犯罪规定的要件进行侦查取证和认定犯罪。在2007年5月30日中央纪委印发的《关于严格禁止利用职务上的便利谋取不正当利益的若干规定》中，首次提出"特定关系人"的概念，即指"与国家工作人员有近亲属、情妇（夫）以及其他共同利益关系的人"。同年7月8日，最高人民法院、最高人民检察院联合发布《关于办理受贿刑事案件适用法律若干问题的意见》，以司法解释的形式重申了"特定关系人"的概念。据此，特定关系人与国家工作人员通谋，利用国家工作人员的职权或者职务形成的便利条件与行贿人实施权钱交易行为的，以受贿罪论处。即对国家工作人员身边的各种"特定关系人"实施的此类犯罪行为，只能作为国家工作人员受贿犯罪的共犯追诉，因而也必须遵循非独立犯罪主体构成犯罪的要求侦查取证，尤其是要重点查明国家工作人员的近亲属或者其他特定关系人在主观方面是否与该国家工作人员有通谋的情节，并务必获取有无通谋的确凿证据，而这些又恰恰是此类案件侦查的困惑和难点。自《刑法修正案（七）》公布之日起实施后，国家工作人员身边的各种"特定关系人"可以独立成为利用影响力受贿罪的主体，这不仅弥补了立法上的缺陷，而且解决了以往刑法理论上关于离职的国家工作人员利用原职权或者地位形成的便利条件收受他人财物是否构成受贿罪引起长期争议的问题，更有利于破解此类案件侦查取证的难题，对于依法有效地惩治受贿犯罪具有非常积极的意义。在侦查利用影响力受贿罪的实践中应当注意：

1. 查明犯罪嫌疑人的主体身份是否合格。国家工作人员利用本人职权或地位形成的便利条件，通过其他国家工作人员职务上的行为，为请托人谋取不正当利益，索取或者收受请托人财物的行为，在刑法理论上通常称为斡旋受贿（亦称间接受贿、居间受贿）。这种案件传统的犯罪主体必须是刑法意义上的国家工作人员，与其有各种特定关系的非国家工作人员不是本罪合格的独立主体。但在刑法第388条修正后增补利用影响力受贿罪的规定中，正好使这类非国家工作人员成为法定的与国家工作人员"关系密切的人"，从而正式取得受贿犯罪新的独立犯罪主体资格。综观这一利用影响力受贿罪的法条，其犯罪主体包括：①国家工作人员的近亲属。即包括离职的在内的国家工作人员的近亲属，侦查中应当掌握在刑事法律意义上的近亲属范围之内，主要是指刑事诉讼法第82条第（六）项规定的"夫、妻、父、母、子、女、同胞兄弟姊妹"。②与国家工作人员关系密切的人。在这类人中应当排除国家工作人员的近亲属，在无新的有权解释之前侦查中可参照"两高"的前述司法解释来酌定范围，即与包括离职的在内的国家工作人员有情妇（夫）以及其他共同利益关系的人。③离职的国家工作人员。侦查此类人员的范围包括离休、退休、退职、停职的国家工作人员等，即作案时已经离开原有国家工作人员职务的各种人员。就侦查涉嫌本罪犯罪嫌疑人的主体身份是否合格而言，上述第①、③类主体由于有法律、制度和政策的明确规范，在社会生活中公开透明度也较大，原则上又不能随意扩大或缩小既定范围，其犯罪主体资格是否合格是能够较好地把握范围和比较易于侦查取证，同时也能及时查明证实。但第②类主体资格的侦查取证工作难度极大,比较而言,其中"共同利益关系"较"情妇(夫)关系"更难于界定和查证,在侦查范围上可重点锁定国家工作人员的"身边人"和与其有"共同利益人",包括相互有密切的经济交往、政治交易、工作交道、情感交流、癖性交好、利益交换的人等,最常见的如领导干部身边的工作人员或服务人员、国家工作人员职务活动直接涉及的人员、与国家工作人员有干亲、同乡、师生、校友、战友、网友、伙伴等密切关系的人员等等,原则上可视具体个案线索和特点适当扩大侦查范围,可以"粗略设想",务必"精细查证"。侦查中涉案的国家工作人员与这类关系密切人在接受侦查询问或讯问时,双方都会极力否定这种密切关系,故侦查重点必须放在突破其他相关证据上。如依照法定程序查获犯罪嫌疑人与关系密切的国家工作人员之间的通话记录、短信联络、网上沟通、信件往来、知情人证明双方会面次数与频率、录音录像记录、休闲娱乐合照、出游住行登记等等。在充分掌握大量书证、物证、视听资料等客观性证据之后,再通过择机出示证据等方式以证促供和获取真实的相关证言,进而深入查清其密切关系背后的涉案事实与利益。在侦查认定本罪嫌疑人主体要件时务必注意:上述三类主体只能构成利用影响力受贿罪的独立主体而不能独立构成刑法第385条规定的普通受贿罪的主体,但如果他们伙同国家工作人员实施索取和收受贿赂的行为则是普通受贿罪的主体(共犯)而不能将其认定为利用影响力受贿罪的主体。

2. 查实犯罪嫌疑人的行为是否侵犯了受贿罪的同类客体。利用影响力受贿罪的主体虽然不是国家工作人员,但其犯罪行为却要依赖国家工作人员职务上的行为来实施,必然侵犯各种受贿罪所共同侵犯的客体——国家公职行为的廉洁制度。国家公务职能的廉洁性和公务行为的公正性是受贿类罪(包括受贿罪、单位受贿罪、利用影响力受贿罪等)的同类客体,而本罪行为人是通过"利用行为"来侵犯受贿罪共同侵犯的同类客体的,即要么利用了与其关系密切的国家工作人员的职务行为实施犯罪行为,要么利用了与其关系密切的国家工作人员的职权或地位形成的便利条件通过其他国家工作人员职务上的行为实施犯罪行为。但无论其采取"单独利用行为"还是"双重利用行为",都反映出行为人"利用影响力"为他人进行谋取不正当利益的权钱交易,从中获取或者索取财物,严重侵犯了国家工作人员的职务廉洁性以及国家机关、国有企事业单位的正常工作秩序,因而实质上就是"斡旋受贿"的本质特征,故属于一种特殊的受贿犯罪。因此,在侦查工作中务必查证犯罪嫌疑人的行为确实侵犯了受贿罪共同侵犯的同类客体才能认定为本罪。在这方面侦查工作的重中之重,就是要查明犯罪嫌疑人如何利用影响力以间接的行为方式来直接侵犯国家工作人员的职务廉洁性以及国家机关、国有企事业单位的正常工作秩序。

3. 查清犯罪嫌疑人主观方面有无与国家工作人员的通谋。为了准确认定本罪主观方面的要件，不仅要查明犯罪嫌疑人通过国家工作人员职务上的行为实施犯罪的直接故意，而且要查清其主观方面有无与国家工作人员通谋的情节。从立法原意上讲，并非任何人都具有独立构成利用影响力受贿罪的主体资格，而具有独立构成本罪主体资格者的类似行为也不一定就能构成利用影响力受贿罪。如果犯罪嫌疑人冒充国家工作人员的亲友和关系密切人招摇撞骗收受他人财物的，并不是利用影响力受贿罪，而是构成诈骗罪或者其他违法行为。即使是与国家工作人员关系密切人或其近亲属实施本罪所规定的行为，但如果是国家工作人员利用职务上的便利为请托人谋取利益，授意请托人将财物给予犯罪嫌疑人的，或犯罪嫌疑人与国家工作人员通谋共同实施本罪行为的，均应以刑法第385条规定的普通受贿罪的共犯论处，其犯罪嫌疑人中的非国家工作人员不能独立构成利用影响力受贿罪。因此，一定要查清犯罪嫌疑人主观方面有无与国家工作人员的通谋的故意及其目的，以便在侦查认定时准确界定犯罪性质。

4. 查证犯罪嫌疑人客观方面是否实施了斡旋受贿行为。在侦查实践中需要查证犯罪嫌疑人实施的作案行为方式客观上是否表现为涉嫌本罪的以下情形：①是否通过国家工作人员职务上的行为间接受贿，或者利用此国家工作人员职权或者地位（包括离职的国家工作人员的原职权或者地位）形成的便利条件，通过彼国家工作人员职务上的行为居间受贿；②是否为请托人谋取不正当利益；③是否索取或者收受请托人财物数额较大或者有其他较重情节。这些都是认定利用影响力受贿罪客观行为方面的重要内容，务必深入侦查全面取证。在侦查实践中必须突出查证的重点，一是犯罪嫌疑人利用国家工作人员职务、职权、地位的作用、便利条件等"影响力"进行为请托人谋取不正当利益的交易活动过程与重要情节；二是犯罪嫌疑人为请托人谋取利益的"不正当"性质，即要么其利益本身在实体上违反了国家法律、法规、国家政策和国务院各部门规章的规定，要么虽然利益本身正当但在其谋取的程序或手段上违反了前述法律法规和政策规章的规定；三是犯罪嫌疑人所索取或者收受请托人的财物或者其他较重情节，达到了最高人民检察院规定的发案时适用的追诉标准或者符合构成本罪的其他较重情节，既要查证财物的品名、性质、价值（包括具体的精确数额和数额较大、巨大、特别巨大等情形），又要查证是否有其他法定或司法解释所规定的情节，包括较重情节、严重情节、特别严重情节等状况。

☆ 规制链接　关于贿赂案件立案标准的规定

根据最高人民检察院《关于人民检察院直接受理立案侦查案件立案标准的规定（试行）》（高检发释字【1999】2号，自1999年9月16日起施行），对贿赂案件的立案标准规定如下：

受贿案（第385条、第386条，第388条，第163条第3款，第184条第2款）

受贿罪是指国家工作人员利用职务上的便利，索取他人财物的，或者非法收受他人财物，为他人谋取利益的行为。"利用职务上的便利"，是指利用本人职务范围内的权力，即自己职务上主管、负责或者承办某项公共事务的职权及其所形成的便利条件。

索取他人财物的，不论是否"为他人谋取利益"，均可构成受贿罪。非法收受他人财物的，必须同时具备"为他人谋取利益"的条件，才能构成受贿罪。但是为他人谋取的利益是否正当，为他人谋取的利益是否实现，不影响受贿罪的认定。

国家工作人员在经济往来中，违反国家规定，收受各种名义的回扣、手续费，归个人所有的，以受贿罪追究刑事责任。

国有公司、企业中从事公务的人员和国有公司、企业委派到非国有公司、企业从事公务的人员利用职务上的便利，索取他人财物或者非法收受他人财物，为他人谋取利益，或者在经济往来中，违反国家规定，收受各种名义的回扣、手续费，归个人所有的，以受贿罪追究刑事责任。

国有金融机构工作人员和国有金融机构委派到非国有金融机构从事公务的人员在金融业务活动中索取他人财物或者非法收受他人财物，为他人谋取利益的，或者违反国家规定，收受各种名义的回扣、手续费归个人所有的，以受贿罪追究刑事责任。

国家工作人员利用本人职权或者地位形成的便利条件，通过其他国家工作人员职务上的行为，为请托人谋取不正当利益，索取请托人财物或者收受请托人财物的，以受贿罪追究刑事责任。

涉嫌下列情形之一的，应予立案：
1. 个人受贿数额在5千元以上的；
2. 个人受贿数额不满5千元，但具有下列情形之一的：
（1）因受贿行为而使国家或者社会利益遭受重大损失的；
（2）故意刁难、要挟有关单位、个人，造成恶劣影响的；
（3）强行索取财物的。

单位受贿案（第387条）

单位受贿罪是指国家机关、国有公司、企业、事业单位、人民团体，索取、非法收受他人财物，为他人谋取利益，情节严重的行为。

索取他人财物或者非法收受他人财物，必须同时具备为他人谋取利益的条件，且是情节严重的行为，才能构成单位受贿罪。

国家机关、国有公司、企业、事业单位、人民团体，在经济往来中，在账外暗中收受各种名义的回扣、手续费的，以单位受贿罪追究刑事责任。

涉嫌下列情形之一的，应予立案：

1. 单位受贿数额在 10 万元以上的；
2. 单位受贿数额不满 10 万元，但具有下列情形之一的：

（1）故意刁难、要挟有关单位、个人，造成恶劣影响的；

（2）强行索取财物的；

（3）致使国家或者社会利益遭受重大损失的。

行贿案（第389条、第390条）

行贿罪是指为谋取不正当利益，给予国家工作人员以财物的行为。

在经济往来中，违反国家规定，给予国家工作人员以财物，数额较大的，或者违反国家规定，给予国家工作人员以各种名义的回扣、手续费的，以行贿罪追究刑事责任。

涉嫌下列情形之一的，应予立案：

1. 行贿数额在 1 万元以上的；
2. 行贿数额不满 1 万元，但具有下列情形之一的：

（1）为谋取非法利益而行贿的；

（2）向 3 人以上行贿的；

（3）向党政领导、司法工作人员、行政执法人员行贿的；

（4）致使国家或者社会利益遭受重大损失的。

因被勒索给予国家工作人员以财物，已获得不正当利益的，以行贿罪追究刑事责任。

对单位行贿案（第391条）

对单位行贿罪是指为谋取不正当利益，给予国家机关、国有公司、企业、事业单位、人民团体以财物，或者在经济往来中，违反国家规定，给予上述单位各种名义的回扣、手续费的行为。

涉嫌下列情形之一的，应予立案：

1. 个人行贿数额在 10 万元以上、单位行贿数额在 20 万元以上的；
2. 个人行贿数额不满 10 万元、单位行贿数额在 10 万元以上不满 20 万元，但具有下列情形之一的：

（1）为谋取非法利益而行贿的；

（2）向 3 个以上单位行贿的；

（3）向党政机关、司法机关、行政执法机关行贿的；

（4）致使国家或者社会利益遭受重大损失的。

介绍贿赂案（第392条）

介绍贿赂罪是指向国家工作人员介绍贿赂，情节严重的行为。

"介绍贿赂"是指在行贿人与受贿人之间沟通关系、撮合条件，使贿赂行为得以实现的行为。

涉嫌下列情形之一的，应予立案：

1. 介绍个人向国家工作人员行贿，数额在 2 万元以上的；介绍单位向国家工作人员行贿，数额在 20 万元以上的；
2. 介绍贿赂数额不满上述标准，但具有下列情形之一的：
（1）为使行贿人获取非法利益而介绍贿赂的；
（2）3 次以上或者为 3 人以上介绍贿赂的；
（3）向党政领导、司法工作人员、行政执法人员介绍贿赂的；
（4）致使国家或者社会利益遭受重大损失的。

单位行贿案（第 393 条）

单位行贿罪是指公司、企业、事业单位、机关、团体为谋取不正当利益而行贿，或者违反国家规定，给予国家工作人员以回扣、手续费，情节严重的行为。

涉嫌下列情形之一的，应予立案：

1. 单位行贿数额在 20 万元以上的；
2. 单位为谋取不正当利益而行贿，数额在 10 万元以上不满 20 万元，但具有下列情形之一的：
（1）为谋取非法利益而行贿的；
（2）向 3 人以上行贿的；
（3）向党政领导、司法工作人员、行政执法人员行贿的；
（4）致使国家或者社会利益遭受重大损失的。

因行贿取得的违法所得归个人所有的，依照本规定关于个人行贿的规定立案，追究其刑事责任。

第三节 挪用公款案件

挪用公款案件，是指刑法第 384 条规定的挪用公款罪案。

挪用公款案件的侦查，是指人民检察院依法对国家工作人员挪用公款归个人使用的案件的侦破活动。

一、挪用公款案件的特点

挪用公款案件的主要特点有：①犯罪主体只能由国家工作人员构成。主要包括国家机关中从事公务的人员，国有公司、企业、事业单位、人民团体中从事公务的人员和国家机关、国有公司、企业、事业单位委派到非国有公司、企业、事业单位、社会团体从事公务的人员，以及其他依法从事公务的人员。村民委员会等基层组织人员协助政府从事行政管理工作时的人员，属于其他依法从事公务的人员；非国家工作人员与上述人员通谋挪用公款的，可以构成本罪的共犯。②主观方面是故意，其目的是使用公款。③客观方面表现为行为人利用职务之便挪用公款归个人使用，其具体表现为：一是挪用公款归个人使用进行非法活动。如将公款利用职务之便挪用于走私、贩毒、赌博、嫖娼等违法犯罪活动。二是挪用公款数额较大进行营利活动。如利用职务之便挪用公款为个人进行投资、经营、存款取息等营利活动。三是挪用公款数额较大超过3个月未还的。如利用职务之便挪用公款为个人购物、治病、借给亲友等，在时间上超过3个月被追查时尚未归还。四是挪用国家特定的救灾、抢险、防汛、优抚、扶贫、移民、救济款物归个人使用的。如将上述特定款物利用职务之便挪用于个人进行非法活动、营利活动或个人购物活动等等。④行为人的行为既侵犯了国家公职人员的职务廉洁性，又侵犯了公共财产的所有权。

二、挪用公款案件的立案条件

我国刑法第384条规定，国家工作人员利用职务上的便利，挪用公款归个人使用，进行非法活动的，或者挪用公款数额较大、进行营利活动的，或者挪用公款数额较大、超过3个月未还的，是挪用公款罪。挪用用于救灾、抢险、防汛、优抚、扶贫、移民、救济款物归个人使用的，从重处罚。根据上述规定，挪用公款案件的立案条件不像其他案件那样单纯好掌握，而是要根据行为人客观方面不同的具体表现行为适用不同的立案条件。如挪用公款归个人进行非法活动的没有"数额较大"的条件，而挪用公款归个人进行营利活动和归个人使用超过3个月未还的则要求具备"数额较大"的条件。根据最高人民检察院现行规定：涉嫌挪用公款归个人使用，数额在1万元至3万元以上超过3个月未还的和挪用公款数额在1万元至3万元以上归个人进行营利活动的，应予立案；挪用公款归个人使用数额在5千元至1万元以上，进行非法活动的，应予立案。因此，凡具有法定挪用公款客观表现行为之一并相应达到上述数额标准的，应立案侦查。司法实践中应注意，立案的数额标准一旦有新的规定即应执行新规定的标准。

三、挪用公款案件的侦查重点

侦查挪用公款案件的重点，一是注重查明作案方法及挪用手段，如是个人挪用还是共同挪用，如果是共同挪用不仅要查清挪用人与使用人的自然情况和客观上共同实施的挪用行为，而且更要查清挪用人与使用人的共同故意，即他们是如何"共谋"挪用公款的。又如对挪用公款给单位使用的，应查明是照顾业务往来单位的关系以本单位名义借给对方单位使用，还是为谋私利以个人名义给其他单位使用，因为前者是违章借贷，后者是挪用公款犯罪。二是要查明作案时间和公款被使用的时间。因为只有查明作案时间才能认定公款被使用时间，只有确定公款被实际使用的时间才能认定挪用公款归个人使用是否超过3个月未还。在侦查超过3个月未还的情况时，还要注意查清是案发前未还还是案发后未还。因为按照有关本罪的司法解释规定，如果案发前归还本息且不是数额巨大的，可不认为是犯罪由主管部门按政纪处理，即使是数额巨大的依法应予追究的也可视情况予以从轻或减轻处罚。三是要重点查明被挪公款的使用用途，尤其要查清是用于非法活动，还是营利活动或个人购物等活动。所谓非法活动，就是国家法律法规所禁止的活动，如走私、贩毒、赌博、嫖娼等犯罪活动和一切违法活动。如果是共同挪用或挪用公款给他人使用的，要认真查证案发前挪用人是否知道使用人将公款用于非法活动，如果知道的应认定是进行非法活动；不知道的，对挪用人不能认为是进行非法活动。对于使用人要重点查清其是否知道所使用的款项是被挪用的公款，如果知道的，应认定其挪用公款进行非法活动的共同犯罪；不知道的，对使用人不能认定为挪用公款案件的共犯，而只能按其使用公款所进行的犯罪活动或违法活动处理。所谓营利活动，是指国家法律所允许的牟利活动，如经商、办厂、炒股、投资等等。如果挪用公款给他人使用的，同样要查清案发前是否知道他人进行营利活动，如果不知道的则不能认为挪用人是进行营利活动。所谓归个人使用，是指个人进行购物、还债、建房、治疗等等。四是要查明归个人使用的形式。根据有关司法解释，挪用公款归个人使用包括本人使用和给他人使用。如果以个人名义为私利将公款给企事业单位、机关、团体使用的，也视为归个人使用。但应特别查清是否为私利而挪用，不仅要查证是否因挪用公款给单位使用个人从中获取物质利益，还要查明是否获取非物质利益，如就业、升学、调动工作、晋升职业等等。若单位的负责人擅自批准将公款给他人使用，只要查证其行为是为了私利也应认为是犯罪。如果行为人未实际获取私利的，还要特别仔细查证私利的意思表示、期约、索要或许诺等行为。五是要重点查明被挪用公款的性质，即要查证是国有公款还是集体的公有资金，尤其要查清是否属于用于法定的特定款物。六是要重点查明被挪用的公款是否归还，如未归还的还应进一步查证是行为人主观上不想退还还是客观上不能退还，如果是主观上不退还的则其犯罪已转化为贪污公款，要从其行为表现来查明犯罪故意的转化过程，如挪用巨额公款后携款潜逃，其潜逃的行为说明行为人主观上已转化为占有公款不想退还。

四、挪用公款案件的侦查方法

挪用公款案件的具体侦查方法,主要是进行会计勘验、司法会计鉴定、讯问犯罪嫌疑人(应全程同步录音录像)、询问证人等等,必要时还要进行搜查、扣押或查封涉案财物。在侦查及会计勘验中,要特别注意采用内查外调、查账与调查、查内外账与账外查账等方法相结合,重点采取以下方法:①通过核查账簿、凭证、账务处理的方法等,查清有无为掩盖挪用公款而制作虚伪凭证或造假账据。②通过核查现金账、实物账的余额与实有库存现金、实物是否相符发现问题,如有差额即账内有账外无或账面大账外小,应进一步查清差额数量、查明顶库或充平账面的方法和手段。③通过核查虚设的会计科目,查明伪造债权债务关系的过程、手段、挪用公款的实际情况即挪用次数、时间、数额、行为人作案手段、被挪用公款公物的去向。④通过与涉案单位核对账证,调查询问知情人等查明犯罪嫌疑人弄虚作假的事实。⑤通过核查每次挪用的时间、数额、用途以及账务处理过程、情节和手段,查明用后次挪用抵偿前次挪用的多次挪用行为,连续计算挪用时间。⑥通过核查及必要时进行搜查等手段查明犯罪嫌疑人的偿还能力和有无归还公款公物的打算。⑦通过核查挪用与使用人是否同一主体,如不是同一主体则应进一步查证二者的共谋情节,共同故意的内容以及各自作案的行为和应按共同犯罪处理的全部主客观要件。

☆规制链接 关于挪用公款案件立案标准的规定

根据最高人民检察院《关于人民检察院直接受理立案侦查案件立案标准的规定(试行)》(高检发释字【1999】2号,自1999年9月16日起施行),对挪用公款案件的立案标准规定如下:

挪用公款案(第384条,第185条第2款,第272条第2款)

挪用公款罪是指国家工作人员利用职务上的便利,挪用公款归个人使用,进行非法活动的,或者挪用公款数额较大、进行营利活动的,或者挪用公款数额较大、超过三个月未还的行为。

国有金融机构工作人员和国有金融机构委派到非国有金融机构从事公务的人员,利用职务上的便利,挪用本单位或者客户资金的,以挪用公款罪追究刑事责任。

国有公司、企业或者其他国有单位中从事公务的人员和国有公司、企业或者其他国有单位委派到非国有公司、企业以及其他单位从事公务的人员,利用职务上的便利,挪用本单位资金归个人使用或者借贷给他人,数额较大,超过三个月未还的,或者虽未超过三个月,但数额较大,进行营利活动的,或者进行非法活动的,以挪用公款罪追究刑事责任。

涉嫌下列情形之一的,应予立案:
1. 挪用公款归个人使用,数额在 5 千元至 1 万元以上,进行非法活动的;
2. 挪用公款数额在 1 万元至 3 万元以上,归个人进行营利活动的;
3. 挪用公款归个人使用,数额在 1 万元至 3 万元以上,超过 3 个月未还的。

各省级人民检察院可以根据本地实际情况,在上述数额幅度内,确定本地区执行的具体数额标准,并报最高人民检察院备案。

"挪用公款归个人使用",既包括挪用者本人使用,也包括给他人使用。

多次挪用公款不还的,挪用公款数额累计计算;多次挪用公款并以后次挪用的公款归还前次挪用的公款,挪用公款数额以案发时未还的数额认定。

挪用公款给其他个人使用的案件,使用人与挪用人共谋,指使或者参与策划取得挪用款的,对使用人以挪用公款罪的共犯追究刑事责任。

第四节 巨额财产来源不明案件

巨额财产来源不明案件,是指刑法第 395 条第 1 款规定的巨额财产来源不明罪案。

一、巨额财产来源不明案件的特点

我国刑法规定:国家工作人员的财产或者支出明显超过合法收入,差额巨大的,可以责令其说明来源。本人不能说明来源是合法的,差额部分以非法所得论,即构成巨额财产来源不明罪。据此规定,巨额财产来源不明案件的特点是:①巨额财产来源不明案件的犯罪主体是国家工作人员,非国家工作人员不具备该案件的主体资格;②本罪侵犯的主要客体是国家机关的廉政制度,同时也侵犯了公私财产所有权;③客观方面犯罪嫌疑人持有巨额财产又不说明或不如实说明其财产来源,而侦查机关也无法查清巨额财产的真实来源;④本罪的主观方面表现为无视国家的廉政制度,故意拥有超过合法收入的巨额财产,而且又拒不说明或拒不如实说明财产真实来源,其目的是为了非法拥有公私财产或逃避法律制裁。

二、巨额财产来源不明案件的立案条件

刑法第 395 条第 1 款规定了巨额财产来源不明犯罪的数额条件是"差额巨大的"。最高人民检察院在《关于人民检察院直接受理立案侦查案件立案标准的规定(试行)》中,对上述法条中"差额巨大的"作出了具体规定作为立案的数额标准,即涉嫌巨额财产来源不明数额在 30 万元以上的,应予立案。因此,对国家工作人员的财产或者支出明显超过合法收入,差额在 30 万元以上

的，应当立案侦查。如果有新的规定，即按新规定中的立案数额标准执行。

三、巨额财产来源不明案件侦查的重点及方法

侦查巨额财产来源不明案件，要注意把握侦查重点和方法：一是要核实犯罪嫌疑人是否符合刑法总则规定的"国家工作人员"的主体资格。二是要核查犯罪嫌疑人拥有的财产或支出是否明显超过合法收入。核查的主要方法是首先对犯罪嫌疑人的合法收入进行全面合理的登记核算，国家工作人员的合法收入主要包括工资、奖金、贷款、稿酬、馈赠、合法继承遗产、其他合法收入。如果是县处级以上干部的，1995年7月以后的合法收入应以本人申报情况为据。因为1995年中共中央和国务院发文要求处级以上国家工作人员从7月1日起申报自己的财产收入。将其合法收入汇总后，再将犯罪嫌疑人拥有的财产或支出数额减去其合法收入，得出其差额部分的准确数额。三是要责令犯罪嫌疑人说明巨额财产的来源，并在讯问时全程同步录音录像。在司法实践中，犯罪嫌疑人对超过合法收入的差额部分的巨额财产，一般表现为积极地说明各种渠道的来源，但所说明的往往是虚假的来源而非真实来源。对此，侦查人员要进行逐一核查，如果查明其来源于贪污、受贿、挪用公款等犯罪所得，则应撤销本案而按其所犯之罪立案侦查；如果侦查既不能认定是其他犯罪所得，又查不清其合法来源，则应按本罪处理。四是要将计就计地巧妙收集反侦查证据用以揭露和印证犯罪。本罪中"本人不能说明其来源"是有意隐瞒事实真相、拒不说明财产的真实来源。这种主观心理状态往往表现为反侦查的客观行为，如有意编造谎言给侦查人员乱列"财产来源"清单，搅乱侦查视线；或依托亲友主动代为充当"馈赠者"、"债权人"等；或通过电话、电报、书信、口头要求等方式暗中指使他人伪造"来源"的证据；或干脆闭口不开、拒不说明来源等等。对上述各种反侦查行为务必采用各种有效的侦查措施和手段巧妙地收集和固定证据，以确证其差额财产来源的非法性。五是发现犯罪嫌疑人的财产有藏匿、转移等迹象时，应迅即依法采取搜查、扣押、查封、冻结账户等措施。六是对犯罪嫌疑人供述其财产来源于拾得物、漂流物、埋藏物或其他无主财产的，应认真调查核实真假，如查证属实，一般应撤销本案按《民法通则》的有关规定处理，但如果数额巨大依法应追究刑事责任的，按刑法规定的侵占罪处理；如果查无实据，则仍应按巨额财产来源不明罪处理。七是对查明犯罪嫌疑人拥有的巨额财产确系接受他人馈赠或受委托代为他人保管的，则应进一步查清赠与人、委托人的财产来源是否合法。如果对方财产来源合法，赠与和保管行为亦为合法的，则不构成犯罪应撤销案件；如果对方财产来源于犯罪所得，而受贿人、代管财产人不知的，则应撤销案件但将其财产的赃款赃

物收缴并追究对方所犯之罪的刑事责任；如果明知是赃款赃物而予以接受和代为保管的，则应撤销巨额财产来源不明案而以窝赃案立案侦查；如果查明事前与对方有共谋、事后以受赠和代管为名匿赃的，则应按对方所犯之罪的共犯立案侦查，如果所共谋实施的犯罪不是检察机关管辖的，应将案件移送有管辖权的机关立案侦查。八是对巨额财产的一部分查明是其他犯罪所得，而另一部分无法查明其真实来源的，则按所犯其他之罪和本罪数罪并罚处理。

☆ **规制链接　关于巨额财产来源不明案件立案标准的规定**

根据最高人民检察院《关于人民检察院直接受理立案侦查案件立案标准的规定（试行）》（高检发释字【1999】2号，自1999年9月16日起施行），对巨额财产来源不明案件的立案标准规定如下：

巨额财产来源不明案（第395条第1款）

巨额财产来源不明罪是指国家工作人员的财产或者支出明显超出合法收入，差额巨大，而本人又不能说明其来源是合法的行为。

涉嫌巨额财产来源不明，数额在30万元以上的，应予立案。

第五节　隐瞒境外存款案件

隐瞒境外存款案件，是指刑法第395条第2款规定的隐瞒境外存款罪案。

一、隐瞒境外存款案件的特点

根据刑法规定，隐瞒境外存款案件是国家工作人员在境外的存款应当依照国家规定申报而隐瞒不报，数额较大的行为。特点是：① 犯罪行为侵犯的客体是国家机关的廉政监督制度，主要是违反了国家工作人员财产申报制度。② 犯罪的客观行为方式具体地表现为纯正的不作为行为，即负有申报自己的境外存款法定义务而不申报，不履行法定义务。③ 案件的犯罪主体只能由国家工作人员构成，即仅指刑法总则所规定的并有申报财产义务的国家工作人员。④ 主观上明知自己有申报境外存款的义务而故意隐瞒不报。

二、隐瞒境外存款案件立案的条件

根据刑法第395条第2款的规定，隐瞒境外存款只有数额较大的行为才构成犯罪。但什么是"数额较大"法无明文规定。最高人民检察院的司法解释规定:"涉嫌隐瞒境外存款,折合人民币数额在 30 万元以上的,应予立案。"因此,在司法实践中,如果发现国家工作人员涉嫌隐瞒自己在境外的存款有申报义务而不报,数额达到 30 万元以上的,应予立案侦查。司法实践中要注意一旦有新的规定,即应执行新的立案数额标准。

三、隐瞒境外存款案件的侦查重点

隐瞒境外存款的犯罪案件不同于一般职务犯罪案件,在侦查中应把握住几个重点:①行为人有无申报境外存款的义务。本罪的主体是国家工作人员,但并非所有的国家工作人员都能成为本罪主体,行为人有申报在境外存款的义务是构成本罪的前提条件。②行为人是否在国(边)境外相关金融机构存入了货币、货币支付凭证、有价证券以及黄金、白银等具有货币价值的贵重金属,其来源是否合法也应查明,但它不影响本罪的构成,不是本案的重点。③行为人隐瞒不报的境外存款是否数额较大,是否达到人民币 30 万元以上,这是罪与非罪的界限,是本案务必查清的重点。

四、隐瞒境外存款案件侦查的主要方法

隐瞒境外存款案件侦查的主要方法,一是先内后外,即先查境内的涉案情况,搜集境内尽可能搜集的一切证据,然后再由内及外地查境外存款的情况。所谓境外,在目前是指与我国大陆实行不同法律制度的境外国家和地区,包括我国的香港、澳门特区和台湾地区。确需出境侦查取证的案件,有的应与公安机关联系通过国际刑警组织中国国家中心局与案件涉及的国家或地区的侦查机关进行联络,请求对方协助侦查取证;有的应将在境内已查获的案情层报最高人民检察院审查和负责联络通过外交途径解决;有的要依据双边司法协助协定或条约的规定办理;涉香港、澳门特别行政区的通过个案协查方式。根据具体案情的需要,境外侦查取证既可委托境外司法机关取证,也可派员出境调查取证。二是要查明作案人的全面情况,特别是有无法定国家工作人员的身份,是否负有申报境外存款的法定义务,不申报的原因等等。其身份应通过本人所在单位或派出单位及其主管机关的人事部门查证;申报义务应根据国家最高权力机关和行政机关的法律、法令和行政法规的具体规定来确定;不申报的原因应查清主观上有无过错和客观上有无不能及时申报的特殊情况,只有主观上明知自己有申报义务、客观上又有按时申报的可能性的才构成隐瞒境外存款案件。三是要查证境外存款的币种及数额,如果是外币和贵重金属的应按国家有关规定和比价换算成人民币数额。四是如果发现境外存款的来源是贪污、受贿、走私或巨额财产来源不明的,应及时采取相应措施并案侦查。五是要根据个案的

具体情况灵活地综合运用搜查、扣押、询问（可以同步录音录像）、讯问（应当全程同步录音录像）等法定侦查措施，尽可能获取有关书证（如境外银行存、取款的凭证等）及证言、口供，进而查明境外存款的时间、地点、数额、币种、余额及变化情况以及存款银行规定的查询制度、取款的具体手续和要求等等。六是如果查明行为人的境外存款来源于犯罪或其他非法所得，首先应要求行为人积极合作将赃款赃物或非法所得款物追回境内。因为有些境外银行和其他金融机构取款时要查验存款人的亲笔签名、书面委托或当事人的密码等等，故要对行为人进行法制教育和政策攻心，争取行为人的配合与合作挽回国家的经济损失。对于行为人拒不合作的，也应采取其他合法途径或有关国际惯例进行境外追赃，尽可能不使国家财产遭受损失。

☆ **规制链接 关于隐瞒境外存款案件立案标准的规定**

根据最高人民检察院《关于人民检察院直接受理立案侦查案件立案标准的规定（试行）》（高检发释字【1999】2号，自1999年9月16日起施行），对隐瞒境外存款案件的立案标准规定如下：

隐瞒境外存款案（第395条第2款）

隐瞒境外存款罪是指国家工作人员违反国家规定，故意隐瞒不报在境外的存款，数额较大的行为。

涉嫌隐瞒境外存款，折合人民币数额在30万元以上的，应予立案。

第六节 私分国有资产案件

私分国有资产案件，是指刑法第396条第1款规定的私分国有资产罪案。

一、私分国有资产案件特点

根据刑法规定，私分国有资产罪是指国家机关、国有公司、企业、事业单位、人民团体，违反国家规定，以单位名义将国家资产集体私分给个人，数额较大的行为。私分国有资产案件的主要特点是：①犯罪主体是国有性质的法人或非法人单位，只能由国有公司、企业、事业单位、人民团体才能构成犯罪主体，集体私分国有资产的主管人员和其他直接责任人员是罪责的具体承担者，非特殊主体不构成本罪。②这种犯罪既侵犯了国有单位及国家工作人员职务廉洁性，又侵犯了国有资产所有权。犯罪的对象是单位应上交的国家税金或其他各类国有资产。③主观方面行为人知道是国有资产而故意进行集体私分。④私分的行为客观上表现为违反国家规定的法人行为或非法人单位的集体行为。

二、私分国有资产案件的立案条件

根据刑法第 396 条第 1 款的规定，私分国有资产案件是以单位名义将国有资产集体私分数额较大的行为。至于本案中何为数额较大，刑法条文中没有具体规定。最高人民检察院于 1999 年 9 月 16 日发布实施的司法解释规定，涉嫌私分国有资产累计数额在 10 万元以上的，应予立案。因此，在司法实践中应遵照法律和司法解释的规定，对国有单位集体私分国有资产累计数额达 10 万元以上的行为，应当立案侦查。如果将来有新的数额标准，即按规定执行。

三、私分国有资产案件侦查重点

在侦查私分国有资产案件过程中，应当重点查明：① 私分款物的性质是否属于国有资产。如果私分的是国有资产以外的公有财产和非公有财产均不能以私分国有资产案件进行侦查。② 查清私分款物的来源，查明私分款物来源有助于弄清是否属于国有资产。③ 查清是否违反国家规定以集体名义将国有资产私分给个人。④ 查明私分的单次和累计数额是否较大。⑤ 查清应对私分活动直接负责的主管人员及其直接责任人员是谁。

四、私分国有资产案件侦查的主要方法

在侦查私分国有资产案件中，通常采用的主要方法是：

（一）核查发案单位的主体资格

1. 通过发案单位本身的性质核实其主体资格。如国家机关是根据国家法律设立的、具有管理国家事务性质的单位，只要查明确系国家机关或其分支机构、派出机构等，无疑具有私分国有资产罪的主体资格。这类主体比较直观明了，容易查清。

2. 通过有关文件、证件核查发案单位的主体资格。这主要是一些企业、事业、团体的性质不像国家机关那样直观明了，需要通过查核有关该单位成立的文件、有关管理机关核发的证件（如执照等）来进一步查核单位的性质是否为国有单位。若不是国有单位即不具有私分国有资产案件的主体资格。

3. 通过发案单位的上级主管部门、工商登记机关核查其主体资格。侦查中要注意查核有关文件资料、注册登记的书面资料与调查知情人、询问经管人相结合，甄别是否属于假国有真私有或假国有真集体的单位。

（二）核查私分财物的来源与性质

1. 通过勘验发案单位的会计资料查证私分款物的来源，同时要注意甄别会计资料的真伪，查账与调查相结合、内查与外调相结合、查账内经营与账外经营相结合、查账内账与账外账相结合，深入查清私分的公款是国家或上级的拨款还是应上交国家的资金；是生产经营等收入不入账还是多报支出空列成本；是虚报国有资产的消耗、损耗还是变卖国有资产不入账；是巧立名目虚报冒领国有资金还是弄虚作假将国有资产化为法人财产和单位财产；等等。

2. 通过查明私分财产的来源进而查清其性质。在查明来源的基础上要进一步深入查证私分财产的性质。如查明被私分的款项是集体资金还是国有资金，如果是国有资金还必须查明是应上交的税金、管理费还是发案单位的自有资金，如果是国有单位自有资金还要查证单位对该项资金是否具有自主支配的权力。

（三）固定私分国有资产的证据

1. 商请有关机关联手调查稳固证据。在侦查中根据需要可商请有关机关派员协助侦查或联手调查，如对涉及私分应上交的税金的案件可请税务机关的人员协助调查，帮助勘验应税会计资料，对照国家税法和有关税收征收制度来核实私分款项性质，多方取证、稳固证据。

2. 聘请有关专业技术人员进行鉴定固定证据。对于被集体私分的款物性质不清、所有权不明的应聘有关权威机关进行鉴定，如对涉及是否属于应上交国家的税金问题应请国家税务机关指定专门技术人员进行税务鉴定；对涉及其他国有资产权属不清的问题应请国有资产管理机关的专门人员进行鉴定。尤其应引起侦查人员注意的是，在国有资产所有权与使用权分离的状态下，如果该项国有资产被合法占有、使用和收益的国有单位当做其法人自有财产变价私分，案发后发案单位与侦查机关在该财产的处分权归属问题上又发生严重的认识上的争议和意见分歧的，应聘请财政机关及国有资产管理部门的专业人员进行该项国有资产所有权中的处分权或终极处分权鉴定。

（四）全面查证案件中的私分事实情况

1. 调查核实私分的名义。即要查证私分是否以单位名义进行的，是否单位领导共同研究决定的，是否体现了单位的意识和意志。

2. 调查核实是否将国有资产集体私分给个人。要查证是否集体私分给单位的每一个人或单位的绝大多数成员。如果只分给少数人员就可能是共同贪污国有资产而非集体私分国有资产。侦查中既要从会计资料中或账外账中查明私分的记载及单位成员签收或签领的名册，又要找单位成员调查核对有无私分情况或私分所得与账册记载数额是否相符。

3. 调查核实私分的形式。当前集体私分的形式极多,诸如补助、奖金、岗位津贴、误餐费等等。要查证私分的具体形式。

4. 查证私分的时间、地点、次数、人数、份数及份额、总数额及人均额、平均分还是等级分等等。

5. 查证主持私分的主管人员及其他直接责任人员,既要调取有关私分的会议记录、批准手续等书证,又要调查询问有关负责人、专管人和知情人、证人等收集证言。主管人员及直接责任人员是否分得财物不影响案件的成立,但他们是否分得财物的事实要查清取证。

6. 调查核实私分行为是否违反国家规定。主要查证是否违反了全国人大及其常委会制定的法律和决定与国务院制定的行政法规、规定的行政措施,发布的决定和命令中有关国有资产管理、使用、处理等方面的规定。要将所违反的规定和如何违反规定的详情一一调查取证。

(五) 追回被私分的国有资产

要对发案单位的干部职工进行法制宣传和政策教育,鼓励他们主动退还国有资产,也可责令发案单位自行组织清收。

(六) 综合运用侦查措施及时破案

私分国有资产案件由于发案单位的成员通常是利益均沾,私分时又巧立名目化公为私,或先将国有资产巧妙"合法"地转化为国有单位的法人财产,然后再将其作为单位的"自有"财产以"合法"的形式以单位名义集体私分给个人,往往具有一定的隐蔽性和欺骗性,加之知情者又都是既得利益者不愿作证,故侦查工作有一定的难度。但是,又因为这类案件一般都有账有据可查,涉及人员较多难以串供串证,对侦查破案是一种有利条件。侦查中要注意讲究策略和艺术,尽可能以快取胜。要综合运用侦查措施,如突击搜查、重点检查发案单位的小金库查获账外账,在单位不合作时根据需要及时查封或扣押涉案账据和有关资料,适时强制其主管人员或直接责任人员,全面讯问犯罪事实并全程同步录音录像,侦审结合,同步分别询问单位成员调查取证,快速突破案件。

☆规制链接 关于私分国有资产案件立案标准的规定

根据最高人民检察院《关于人民检察院直接受理立案侦查案件立案标准的规定(试行)》(高检发释字【1999】2号,自1999年9月16日起施行),对私分国有资产案件的立案标准规定如下:

私分国有资产案（第 396 条第 1 款）

私分国有资产罪是指国家机关、国有公司、企业、事业单位、人民团体，违反国家规定，以单位名义将国有资产集体私分给个人，数额较大的行为。

涉嫌私分国有资产，累计数额在 10 万元以上的，应予立案。

第七节 私分罚没财物案件

私分罚没财物案件，是指刑法第 396 条第 2 款规定的私分罚没财物罪案。

一、私分罚没财物案件的特点

刑法规定的私分罚没财物罪，是指司法机关、行政执法机关违反国家规定，将应当上缴国家的罚没财物以单位名义集体私分给个人，而且数额较大的行为。私分罚没财物案件的主要特点是：①侵犯的客体是公职行为的廉洁性和国有资产的所有权；②客观方面表现为违反国家规定私分罚没财物数额较大的行为；③主体是国家司法机关、行政执法机关；④主观方面表现为故意。

二、私分罚没财物案件的立案条件

根据我国刑法第 396 条之规定，私分罚没财物"数额较大"的行为，才构成本罪。最高人民检察院的司法解释将本罪的"数额较大"解释为累计额 10 万元以上，并规定"涉嫌私分罚没财物，累计数额在 10 万元以上的，应予立案"。若以后有新的数额标准，即按新规定执行。

三、私分罚没财物案件侦查的方法和重点

私分罚没财物严重破坏了国家正常的财经活动，是腐败现象的重要表现形式之一。在侦查中，应当把握以下要领：

一是首先要查明私分罚没财物是不是违背其职责的廉洁性和侵犯国家对国有资产的所有权的行为。司法机关和行政执法机关是从事社会管理活动的社会主体，当他代表国家依法对违反社会管理规定的行为进行处罚的同时，又依法具有保护其经手和管理的罚没财物的职责，如果将其经手、管理的应当上缴国家的罚没财物进行私分，就是违背其职责的廉洁性和侵犯国有资产所有权的行为，这是本案必须查明的重点。侦查中要根据有关的法律如有关的组织法等来核实发案单位是否属于国家司法机关或行政执法机关，国家司法机关主要包括人民法院、人民检察院、公安机关、国家安全机关等。行政执法机关是指工商管理机关、税务机关、海关、卫生检疫机关、商品检验部门、环境保护执法部

门等等。还要根据有关法律规定查明发案单位的特定职责及国家法律和政策对其职责的廉洁性规定；查明国家赋予发案机关享有的罚没权及罚没财物所有权的具体规定。凡是私分罚没财物案件，都是直接违反上述法律和政策规定的有关职责要求与规定的行为。

二是要查明是否存在违反国家规定集体私分罚没财物而且数额较大的事实。在侦查是否违反国家规定时，要注意核实是否违反全国人民代表大会及其常务委员会制定的法律和决定，国务院制定的行政法规、规定的行政措施、发布的决定和命令，否则就不是私分罚没财物案件所要求的违反国家规定的要件。在侦查集体私分行为时，第一，要查明是否集体私分，本案所要求的私分是指以单位名义私分给单位全体成员或绝大部分员工。如果是少数人秘密私分并在账面做假，就不是私分罚没财物案件，应查明其是否共同贪污。如果是截留应上缴的罚没财物用于单位购置固定资产，则不应视为私分。这些都是应当彻底查清的事实。第二，要查清私分的是否罚没财物，所谓罚没财物是指国家司法机关、行政执法机关以及法律、法规授权的机构依法律、法规对公民个人和单位实施处罚所得的处罚和没收财物，主要是款和物。如果私分的不是罚没款物而是单位的国有款物，可能构成私分国有资产罪不能以私分罚没财物罪处理。侦查中要找被处罚的单位和公民询问被处罚的情况，尤其是应查明被处罚的事由、性质、财物名称、数量、时间、地点、实施处罚的具体单位等，一定要查证核实，还要调取或复制被处罚的凭证（通常是罚没收据）及处罚通知等一切有关书证。如果是单位被处罚的还要调取或复制有关会计凭证资料和账务记载资料。要将被处罚的情况与发案单位的罚没凭证存根、罚没收入及上缴国库的情况逐笔核对。还要特别注意调查有无罚没不开收据或给白条收据或不给国家统一规定的收据等情况。对于整个涉案期间的罚没账务，既要累计汇总核对收缴情况和余额情况，又要逐笔核对。如果发案单位账面收入与上缴平衡，或收与缴及余额平衡，但又存在私分罚没财物的事实的案件，就应着重侦查罚没收入不入账或账外有账的情况，特别要调查是否有罚没财物给白条、不给收据或给不符合规定的收据的情况。对这类情况要先广泛地调查访问，然后对发案单位的罚没收入和缴库情况逐笔核对。侦查中，还要对发案单位的私分情况分别调查询问有关领导和职工，讯问直接负责的主管人员和其他直接责任人员，广泛收集证据。侦查中还可委托有关机关对某些问题进行专项调查、鉴定或邀请其协助侦查，如可以委托审计机关对发案单位的罚没账务进行审计检查或审计鉴定。

三是在侦查本案犯罪主体要件中，要重点查清行为人是不是国家司法机关和行政执法机关。私分罚没财物案件只能由单位构成，而且仅限于司法机关和行政执法机关。在核查司法机关时，主要查明发案单位是否属于法院、检察院、公安机关、国家安全机关、监狱及其分支机构或派出机构。在核实行政执法机关时，主要查明是否属于工商、税务、卫生检疫、海关、商检、环保执法等方面的职能单位。在查明单位性质的同时，还要重点查明主持私分的直接负责的主管人员和其他责任人员，因为这两种人是本案的被处罚者。因此，侦查中应了解发案单位领导的工作分工情况，财务工作的分工及责任范围、职权职责等情况，调查询问有关私分罚没财物行为的起始过程及有关研究、批准或决定的记录、手续等等，还要查明私分的经手人员及经办过程、账务处理、财物分发等情况及书证，从多方面查证私分活动的直接负责的主管人员和其他直接责任人员所应承担的罪责，并在讯问中全程同步录音录像。

四是要查明私分活动的主观故意。重点要查证司法机关或行政执法机关明知是应当上缴国家的罚没财物而不予上缴，并以单位名义集体私分给个人。而且要查明这是一种集合体的故意，并非某个自然人的故意。值得注意的是集体的故意是由个体的故意集合而成的。在一个具体案件中，往往会是首先由某一个具体的自然人先表示出私分罚没财物的犯意，而后得到单位集体的认可，主要是领导集团的认可或主要负责人的认可，最后以单位的名义进行集体私分。在这时，首先表示犯意的个体故意已上升为集体的故意，因为如果没有领导集团的认可，该个体犯意就不能变成以单位名义集体私分的行为。侦查中要注重搜集有关研究讨论私分的会议记录或领导批准意见，没有书证或无法收集书证的，应向一切有关人员收集证言，询问过程可以同步录音录像。如果被私分的是单位的国有资产与罚没财物的混合款物，则应将非罚没财物部分另行立案以私分国有资产案进行侦查，然后按数罪并罚的程序处理。

☆规制链接　关于私分罚没财物案件立案标准的规定

根据最高人民检察院《关于人民检察院直接受理立案侦查案件立案标准的规定（试行）》（高检发释字【1999】2号，自1999年9月16日起施行），对私分罚没财物案件立案标准的规定如下：

私分罚没财物案（第396条第2款）

私分罚没财物罪是指司法机关、行政执法机关违反国家规定，将应当上缴国家的罚没财物，以单位名义集体私分给个人的行为。

涉嫌私分罚没财物，累计数额在10万元以上的，应予立案。

第八节 渎职侵权案件

渎职案件,是指刑法分则第九章即第 397 条至第 419 条所规定的国家机关工作人员渎职犯罪的各种案件。侵权案件是指国家机关工作人员利用职权侵犯公民人身、民主权利的案件。

一、渎职侵权案件的特点

根据我国刑法第九章的规定,渎职罪是指国家机关工作人员滥用职权、玩忽职守或者徇私舞弊,妨害国家机关的正常活动,致使公共财产或者国家和人民利益遭受重大损失的行为。渎职案件是规定在刑法第九章中的 35 种具体犯罪案件的总称。通常所说的渎职罪是类罪而非一个具体的罪名。渎职罪又可分为一般渎职罪和特殊渎职罪两类。所谓一般渎职罪是指所有的国家机关工作人员都可实施的犯罪,包括滥用职权罪,玩忽职守罪,泄露国家秘密罪等等。特殊渎职罪是指只有特殊身份的国家机关工作人员才能实施的犯罪,如徇私舞弊减刑、假释、暂予监外执行罪,私放在押人员罪,放纵走私罪,商检失职罪等等。综观所有的渎职案件,都具有以下特点:①犯罪的主体是国家机关工作人员,包括国家各级权力机关、行政机关、司法机关、军队、政党和政协机关中从事公务的人员。全国人民代表大会常务委员会根据司法实践中遇到的情况,讨论了刑法第九章渎职罪主体的适用问题,并于 2002 年 12 月 28 日第九届全国人民代表大会常务委员会第三十一次会议通过了《关于〈中华人民共和国刑法〉第九章渎职罪主体适用问题的解释》。其解释全文如下:"在依照法律、法规规定行使国家行政管理职权的组织中从事公务的人员,或者在受国家机关委托代表国家机关行使职权的组织中从事公务的人员,或者虽未列入国家机关人员编制但在国家机关中从事公务的人员,在代表国家机关行使职权时,有渎职行为,构成犯罪的,依照刑法关于渎职罪的规定追究刑事责任。" ② 犯罪的客体是国家机关的正常活动和信誉,是国家机关工作人员的滥用职权、徇私舞弊或玩忽职守等行为侵犯国家机关的正常管理工作和在人民群众中的威信。③ 犯罪的主观方面既有故意,也有过失,其中有的具体犯罪既可由故意构成,也可由过失构成,如泄露国家秘密罪。④ 犯罪案件的客观方面表现为滥用职务上的权力,或不尽职责、或徇私舞弊,致使国家和公民利益遭受重大损失。

侵权案件的主要特征:① 主体是国家机关工作人员。② 客体是公民的人身和民主权利。③ 主观方面是故意。④ 客观方面是利用职权实施侵犯公民人身权利、民主权利的行为，如非法拘禁、搜查、刑讯逼供、暴力取证等等。

二、渎职侵权案件的立案条件

渎职侵权案件的立案，除了要符合刑事诉讼法第86条所规定的"认为有犯罪事实需要追究刑事责任的时候，应当立案"的条件外，还应根据刑法对每个具体罪名的规定掌握具体的立案条件。其中，有些具体的罪名立案时涉及数额和数量标准问题，要按照最高人民检察院的司法解释执行。最高人民检察院《关于渎职侵权犯罪案件立案标准的规定》中，对有关罪名的立案数额和数量标准作出了具体规定。要根据法律的规定适用有关数额、数量标准，全面掌握，及时正确地立案侦查渎职侵权案件。在司法实践中，一旦制定了正式的立案标准或出台新的立案标准，要按新的规定执行。

三、渎职侵权案件的侦查难点

一是作案方式通常表现为作为或不作为两种形式，查证行为人主观上的故意或过失难度较大。

二是渎职案件有严重的危害后果，有些案件发案后危害性尚未控制住，侦查人员既要设法控制危害性，又要勘验现场侦查取证，情况复杂。

三是发案的领域广泛，并带有明显官僚主义的腐败特性，侦查取证困难大。

四是在具体案件性质上，法律规定大都较为原则笼统，罪与非罪界限较难区分。

五是侦查过程干扰阻力大、行为人反侦查能量大、案件本身侦查难度大。

六是侵权犯罪的主体往往以合法的职务行为作"护身符"，多数案件客观上合法履职与非法侵权浑然一体同步施行，罪与非罪界限很难查明和区分。

四、渎职侵权案件的现场勘查

现场勘查中应注意：① 正确研究现场种类。现场情况错综复杂，往往会出现若干个现场。勘查现场时，务必从与犯罪活动的联系程度分清中心现场和外围现场；从实施犯罪的顺序分清第一现场、第二现场等；从完损状况分清原貌现场和变动现场等。在中心现场遭到破坏或被伪装的情况下，更要仔细勘查外围现场，以求获取重要证据；在原貌现场遭到破坏、原貌状态被改变、痕迹及其他物证遭到破坏时，仍要进行细致的勘查，尽力查寻现场上仍未被破坏和未变动的部位及地方，觅获重要证据。② 要判断事件的性质。现场显示的事件性质一般是清楚的，但也有的案件现场显示的事件性质并非显而易见，需要通过现场勘查才能搞清楚。只有弄清事件性质，才能确定是否需要立案侦查。③注意发现和收集犯罪痕迹及其他物证。对犯罪现场的各种与犯罪有关的痕迹、物品，要充分运用科学技术手段加以发现和收取，妥善保存，为侦破案件提供更多的线索和证据。④注意了解和研究犯罪嫌疑人在现场的活动情况，诸如作案人数、犯罪嫌疑人个人情况特点、在现场的行为状况、责任人的主观责任、周围群众耳闻目睹的情况等。

五、侦查渎职侵权案件的搜查与扣押

搜查是侦查渎职侵权案件的一项不可缺少的措施，特别是对于侦查枉法追诉、裁判案等有重要作用。搜查中应注意那些不引人注目的部位和物品，冷静观察、细心沉着、发现破绽、全面查获证据。搜查时应同步进行录音录像，全面记录和多方固定证据，尤其对搜查发现的与案件有关的痕迹及时用录像手段提取和固定，既方便又效果好。对搜查发现可以作为证据使用的各种物品、文件及各种违禁品，应依法扣押。扣押书证、物证也是侦查渎职侵权案件不可缺少的一项侦查措施。扣押的目的在于保全证据，用以揭露和证实国家工作人员渎职侵权犯罪的行为。

六、渎职侵权案件证据的查证和收集

在渎职侵权案件的侦查中，侦查人员要千方百计地查获罪证，而犯罪嫌疑人则想方设法逃避侦查，或设置阻力和障碍、隐匿毁灭证据、伪证陷害嫁祸于人等。还因为作案人具有职务权势，往往使知情人不敢举报、证人不敢作证。因而案件虽有明显的犯罪嫌疑人，但其侦查工作却相当艰难。故在收集证据的方法和策略上应注重以下几点：①利用矛盾各个击破。案件的责任往往涉及数人，有的是共同犯罪，有的是证人或知情人也有一定的责任，这些人之间的责任性质和责任大小均不相同，故在承担责任上也会有必然的矛盾，而且犯罪嫌疑人与被害人、证人等相互之间也存在各种矛盾。侦查案件要注意发现各种矛盾、利用矛盾、分化瓦解、各个击破。侦查讯问要全程同步录音录像。②避实就虚攻其不备。犯罪嫌疑人往往利用职务和特权破坏犯罪现场、威胁或利诱知情人、证人进行串证、伪证活动掩盖犯罪，给侦查造成困难。侦查时应先避实就虚，攻其不备的薄弱环节，打开缺口后再乘虚深入地进行侦查取证。③迂回进攻步步进逼。渎职侵权案件的犯罪嫌疑人几乎都在发案后为自己充分准备好了开脱罪责的口供，故侦查时一般不应急于取供；甚至不应急于先取直接证据，因为犯罪嫌疑人往往对直接证据精心设置了反侦查的障碍。所以一般宜采用迂回进攻的策略，先易后难、先外后内、先查次要问题再查主要问题、先尽

可能收集各种间接证据，一环紧扣一环、一步紧追一步地逐步缩小包围圈最后逼取直接证据。④重点进攻全面查证。在侦查中，对全案性问题的重点或某一情节某一方面案件事实的关键性问题和证据，要作为进攻的重点目标尽一切可能地进行短期突破，然后紧紧抓住战机全面收集证据，以快制胜。

七、渎职侵权案件的侦查实验

在侦查渎职侵权案件进行侦查实验时，应注意以下要点：①实验的自然条件如时间、温度、光线、风力等应同事件发生时的条件相近似。②实验的地点应可能在发案原地进行，只有无法在原地进行时才考虑另选相近似地点。③实验时尽可能使用原工具和物品（使用前要拍照，并证明实验的情况），不能用原物的应用同类物代替。④ 实验宜反复多次以防结果的偶然性。

☆规制链接　关于渎职侵权犯罪案件立案标准的规定

根据最高人民检察院《关于渎职侵权犯罪案件立案标准的规定》（高检发释字【2006】2号，自2006年7月26日起施行），对渎职侵权犯罪案件的立案标准规定如下：

一、渎职犯罪案件

（一）滥用职权案（第397条）

滥用职权罪是指国家机关工作人员超越职权，违法决定、处理其无权决定、处理的事项，或者违反规定处理公务，致使公共财产、国家和人民利益遭受重大损失的行为。

涉嫌下列情形之一的，应予立案：

1. 造成死亡1人以上，或者重伤2人以上，或者重伤1人、轻伤3人以上，或者轻伤5人以上的；

2. 导致10人以上严重中毒的；

3. 造成个人财产直接经济损失10万元以上，或者直接经济损失不满10万元，但间接经济损失50万元以上的；

4. 造成公共财产或者法人、其他组织财产直接经济损失20万元以上，或者直接经济损失不满20万元，但间接经济损失100万元以上的；

5. 虽未达到3、4两项数额标准，但3、4两项合计直接经济损失20万元以上，或者合计直接经济损失不满20万元，但合计间接经济损失100万元以上的；

6. 造成公司、企业等单位停业、停产6个月以上，或者破产的；

7. 弄虚作假，不报、缓报、谎报或者授意、指使、强令他人不报、缓报、谎报情况，导致重大事故危害结果继续、扩大，或者致使抢救、调查、处理工作延误的；

8. 严重损害国家声誉，或者造成恶劣社会影响的；

9. 其他致使公共财产、国家和人民利益遭受重大损失的情形。

国家机关工作人员滥用职权,符合刑法第九章所规定的特殊渎职罪构成要件的,按照该特殊规定追究刑事责任;主体不符合刑法第九章所规定的特殊渎职罪的主体要件,但滥用职权涉嫌前款第 1 项至第 9 项规定情形之一的,按照刑法第 397 条的规定以滥用职权罪追究刑事责任。

(二)玩忽职守案(第 397 条)

玩忽职守罪是指国家机关工作人员严重不负责任,不履行或者不认真履行职责,致使公共财产、国家和人民利益遭受重大损失的行为。

涉嫌下列情形之一的,应予立案:

1. 造成死亡 1 人以上,或者重伤 3 人以上,或者重伤 2 人、轻伤 4 人以上,或者重伤 1 人、轻伤 7 人以上,或者轻伤 10 人以上的;

2. 导致 20 人以上严重中毒的;

3. 造成个人财产直接经济损失 15 万元以上,或者直接经济损失不满 15 万元,但间接经济损失 75 万元以上的;

4. 造成公共财产或者法人、其他组织财产直接经济损失 30 万元以上,或者直接经济损失不满 30 万元,但间接经济损失 150 万元以上的;

5. 虽未达到 3、4 两项数额标准,但 3、4 两项合计直接经济损失 30 万元以上,或者合计直接经济损失不满 30 万元,但合计间接经济损失 150 万元以上的;

6. 造成公司、企业等单位停业、停产 1 年以上,或者破产的;

7. 海关、外汇管理部门的工作人员严重不负责任,造成 100 万美元以上外汇被骗购或者逃汇 1000 万美元以上的;

8. 严重损害国家声誉,或者造成恶劣社会影响的;

9. 其他致使公共财产、国家和人民利益遭受重大损失的情形。

国家机关工作人员玩忽职守,符合刑法第九章所规定的特殊渎职罪构成要件的,按照该特殊规定追究刑事责任;主体不符合刑法第九章所规定的特殊渎职罪的主体要件,但玩忽职守涉嫌前款第 1 项至第 9 项规定情形之一的,按照刑法第 397 条的规定以玩忽职守罪追究刑事责任。

(三)故意泄露国家秘密案(第 398 条)

故意泄露国家秘密罪是指国家机关工作人员或者非国家机关工作人员违反保守国家秘密法,故意使国家秘密被不应知悉者知悉,或者故意使国家秘密超出了限定的接触范围,情节严重的行为。

涉嫌下列情形之一的,应予立案:

1. 泄露绝密级国家秘密 1 项(件)以上的;

2. 泄露机密级国家秘密 2 项(件)以上的;

3. 泄露秘密级国家秘密 3 项(件)以上的;

4. 向非境外机构、组织、人员泄露国家秘密,造成或者可能造成危害社会稳定、经济发展、国防安全或者其他严重危害后果的;

5. 通过口头、书面或者网络等方式向公众散布、传播国家秘密的;

6. 利用职权指使或者强迫他人违反国家保守秘密法的规定泄露国家秘密的；

7. 以牟取私利为目的泄露国家秘密的；

8. 其他情节严重的情形。

（四）过失泄露国家秘密案（第398条）

过失泄露国家秘密罪是指国家机关工作人员或者非国家机关工作人员违反保守国家秘密法，过失泄露国家秘密，或者遗失国家秘密载体，致使国家秘密被不应知悉者知悉或者超出了限定的接触范围，情节严重的行为。

涉嫌下列情形之一的，应予立案：

1. 泄露绝密级国家秘密1项（件）以上的；

2. 泄露机密级国家秘密3项（件）以上的；

3. 泄露秘密级国家秘密4项（件）以上的；

4. 违反保密规定，将涉及国家秘密的计算机或者计算机信息系统与互联网相连接，泄露国家秘密的；

5. 泄露国家秘密或者遗失国家秘密载体，隐瞒不报、不如实提供有关情况或者不采取补救措施的；

6. 其他情节严重的情形。

（五）徇私枉法案（第399条第1款）

徇私枉法罪是指司法工作人员徇私枉法、徇情枉法，对明知是无罪的人而使他受追诉、对明知是有罪的人而故意包庇不使他受追诉，或者在刑事审判活动中故意违背事实和法律作枉法裁判的行为。

涉嫌下列情形之一的，应予立案：

1. 对明知是没有犯罪事实或者其他依法不应当追究刑事责任的人，采取伪造、隐匿、毁灭证据或者其他隐瞒事实、违反法律的手段，以追究刑事责任为目的立案、侦查、起诉、审判的；

2. 对明知是有犯罪事实需要追究刑事责任的人，采取伪造、隐匿、毁灭证据或者其他隐瞒事实、违反法律的手段，故意包庇使其不受立案、侦查、起诉、审判的；

3. 采取伪造、隐匿、毁灭证据或者其他隐瞒事实、违反法律的手段，故意使罪重的人受较轻的追诉，或者使罪轻的人受较重的追诉的；

4. 在立案后，采取伪造、隐匿、毁灭证据或者其他隐瞒事实、违反法律的手段，应当采取强制措施而不采取强制措施，或者虽然采取强制措施，但中断侦查或者超过法定期限不采取任何措施，实际放任不管，以及违法撤销、变更强制措施，致使犯罪嫌疑人、被告人实际脱离司法机关侦控的；

5. 在刑事审判活动中故意违背事实和法律，作出枉法判决、裁定，即有罪判无罪、无罪判有罪，或者重罪轻判、轻罪重判的；

6. 其他徇私枉法应予追究刑事责任的情形。

（六）民事、行政枉法裁判案（第399条第2款）

民事、行政枉法裁判罪是指司法工作人员在民事、行政审判活动中，故意违背事实和法律作枉法裁判，情节严重的行为。

涉嫌下列情形之一的，应予立案：

1. 枉法裁判，致使当事人或者其近亲属自杀、自残造成重伤、死亡，或者精神失常的；

2. 枉法裁判，造成个人财产直接经济损失10万元以上，或者直接经济损失不满10万元，但间接经济损失50万元以上的；

3. 枉法裁判，造成法人或者其他组织财产直接经济损失20万元以上，或者直接经济损失不满20万元，但间接经济损失100万元以上的；

4. 伪造、变造有关材料、证据，制造假案枉法裁判的；

5. 串通当事人制造伪证，毁灭证据或者篡改庭审笔录而枉法裁判的；

6. 徇私情、私利，明知是伪造、变造的证据予以采信，或者故意对应当采信的证据不予采信，或者故意违反法定程序，或者故意错误适用法律而枉法裁判的；

7. 其他情节严重的情形。

（七）执行判决、裁定失职案（第399条第3款）

执行判决、裁定失职罪是指司法工作人员在执行判决、裁定活动中，严重不负责任，不依法采取诉讼保全措施、不履行法定执行职责，或者违法采取保全措施、强制执行措施，致使当事人或者其他人的利益遭受重大损失的行为。

涉嫌下列情形之一的，应予立案：

1. 致使当事人或者其近亲属自杀、自残造成重伤、死亡，或者精神失常的；

2. 造成个人财产直接经济损失15万元以上，或者直接经济损失不满15万元，但间接经济损失75万元以上的；

3. 造成法人或者其他组织财产直接经济损失30万元以上，或者直接经济损失不满30万元，但间接经济损失150万元以上的；

4. 造成公司、企业等单位停业、停产1年以上，或者破产的；

5. 其他致使当事人或者其他人的利益遭受重大损失的情形。

（八）执行判决、裁定滥用职权案（第399条第3款）

执行判决、裁定滥用职权罪是指司法工作人员在执行判决、裁定活动中，滥用职权，不依法采取诉讼保全措施、不履行法定执行职责，或者违法采取保全措施、强制执行措施，致使当事人或者其他人的利益遭受重大损失的行为。

涉嫌下列情形之一的，应予立案：

1. 致使当事人或者其近亲属自杀、自残造成重伤、死亡，或者精神失常的；

2. 造成个人财产直接经济损失10万元以上，或者直接经济损失不满10万元，但间接经济损失50万元以上的；

3. 造成法人或者其他组织财产直接经济损失20万元以上，或者直接经济损失不满20万元，但间接经济损失100万元以上的；

4. 造成公司、企业等单位停业、停产6个月以上，或者破产的；

5. 其他致使当事人或者其他人的利益遭受重大损失的情形。

（九）私放在押人员案（第400条第1款）

私放在押人员罪是指司法工作人员私放在押（包括在羁押场所和押解途中）的犯罪嫌疑人、被告人或者罪犯的行为。

涉嫌下列情形之一的，应予立案：

1. 私自将在押的犯罪嫌疑人、被告人、罪犯放走，或者授意、指使、强迫他人将在押的犯罪嫌疑人、被告人、罪犯放走的；

2. 伪造、变造有关法律文书、证明材料，以使在押的犯罪嫌疑人、被告人、罪犯逃跑或者被释放的；

3. 为私放在押的犯罪嫌疑人、被告人、罪犯，故意向其通风报信、提供条件，致使该在押的犯罪嫌疑人、被告人、罪犯脱逃的；

4. 其他私放在押的犯罪嫌疑人、被告人、罪犯应予追究刑事责任的情形。

（十）失职致使在押人员脱逃案（第400条第2款）

失职致使在押人员脱逃罪是指司法工作人员由于严重不负责任，不履行或者不认真履行职责，致使在押（包括在羁押场所和押解途中）的犯罪嫌疑人、被告人脱逃，造成严重后果的行为。

涉嫌下列情形之一的，应予立案：

1. 致使依法可能判处或者已经判处10年以上有期徒刑、无期徒刑、死刑的犯罪嫌疑人、被告人、罪犯脱逃的；

2. 致使犯罪嫌疑人、被告人、罪犯脱逃3人次以上的；

3. 犯罪嫌疑人、被告人、罪犯脱逃以后，打击报复报案人、控告人、举报人、被害人、证人和司法工作人员等，或者继续犯罪的；

4. 其他致使在押的犯罪嫌疑人、被告人、罪犯脱逃，造成严重后果的情形。

（十一）徇私舞弊减刑、假释、暂予监外执行案（第401条）

徇私舞弊减刑、假释、暂予监外执行罪是指司法工作人员徇私舞弊，对不符合减刑、假释、暂予监外执行条件的罪犯予以减刑、假释、暂予监外执行的行为。

涉嫌下列情形之一的，应予立案：

1. 刑罚执行机关的工作人员对不符合减刑、假释、暂予监外执行条件的罪犯，捏造事实，伪造材料，违法报请减刑、假释、暂予监外执行的；

2. 审判人员对不符合减刑、假释、暂予监外执行条件的罪犯，徇私舞弊，违法裁定减刑、假释或者违法决定暂予监外执行的；

3. 监狱管理机关、公安机关的工作人员对不符合暂予监外执行条件的罪犯，徇私舞弊，违法批准暂予监外执行的；

4. 不具有报请、裁定、决定或者批准减刑、假释、暂予监外执行权的司法工作人员利用职务上的便利，伪造有关材料，导致不符合减刑、假释、暂予监外执行条件的罪犯被减刑、假释、暂予监外执行的；

5. 其他徇私舞弊减刑、假释、暂予监外执行应予追究刑事责任的情形。

第十四章 职务犯罪案件的侦查

（十二）徇私舞弊不移交刑事案件案（第402条）

徇私舞弊不移交刑事案件罪是指工商行政管理、税务、监察等行政执法人员，徇私舞弊，对依法应当移交司法机关追究刑事责任的案件不移交，情节严重的行为。

涉嫌下列情形之一的，应予立案：

1. 对依法可能判处3年以上有期徒刑、无期徒刑、死刑的犯罪案件不移交的；
2. 不移交刑事案件涉及3人次以上的；
3. 司法机关提出意见后，无正当理由仍然不予移交的；
4. 以罚代刑，放纵犯罪嫌疑人，致使犯罪嫌疑人继续进行违法犯罪活动的；
5. 行政执法部门主管领导阻止移交的；
6. 隐瞒、毁灭证据，伪造材料，改变刑事案件性质的；
7. 直接负责的主管人员和其他直接责任人员为牟取本单位私利而不移交刑事案件，情节严重的；
8. 其他情节严重的情形。

（十三）滥用管理公司、证券职权案（第403条）

滥用管理公司、证券职权罪是指工商行政管理、证券管理等国家有关主管部门的工作人员徇私舞弊，滥用职权，对不符合法律规定条件的公司设立、登记申请或者股票、债券发行、上市申请予以批准或者登记，致使公共财产、国家和人民利益遭受重大损失的行为，以及上级部门、当地政府强令登记机关及其工作人员实施上述行为的行为。

涉嫌下列情形之一的，应予立案：

1. 造成直接经济损失50万元以上的；
2. 工商管理部门的工作人员对不符合法律规定条件的公司设立、登记申请，违法予以批准、登记，严重扰乱市场秩序的；
3. 金融证券管理机构工作人员对不符合法律规定条件的股票、债券发行、上市申请，违法予以批准，严重损害公众利益，或者严重扰乱金融秩序的；
4. 工商管理部门、金融证券管理机构的工作人员对不符合法律规定条件的公司设立、登记申请或者股票、债券发行、上市申请违法予以批准或者登记，致使犯罪行为得逞的；
5. 上级部门、当地政府直接负责的主管人员强令登记机关及其工作人员，对不符合法律规定条件的公司设立、登记申请或者股票、债券发行、上市申请予以批准或者登记，致使公共财产、国家或者人民利益遭受重大损失的；
6. 其他致使公共财产、国家和人民利益遭受重大损失的情形。

（十四）徇私舞弊不征、少征税款案（第404条）

徇私舞弊不征、少征税款罪是指税务机关工作人员徇私舞弊，不征、少征应征税款，致使国家税收遭受重大损失的行为。

涉嫌下列情形之一的，应予立案：

1. 徇私舞弊不征、少征应征税款，致使国家税收损失累计达10万元以上的；
2. 上级主管部门工作人员指使税务机关工作人员徇私舞弊不征、少征应征税款，致使国家税收损失累计10万元以上的；

3. 徇私舞弊不征、少征应征税款不满 10 万元，但具有索取或者收受贿赂或者其他恶劣情节的；

4. 其他致使国家税收遭受重大损失的情形。

（十五）徇私舞弊发售发票、抵扣税款、出口退税案（第 405 条第 1 款）

徇私舞弊发售发票、抵扣税款、出口退税罪是指税务机关工作人员违反法律、行政法规的规定，在办理发售发票、抵扣税款、出口退税工作中徇私舞弊，致使国家利益遭受重大损失的行为。

涉嫌下列情形之一的，应予立案：

1. 徇私舞弊，致使国家税收损失累计 10 万元以上的；

2. 徇私舞弊，致使国家税收损失累计不满 10 万元，但发售增值税专用发票 25 份以上或者其他发票 50 份以上或者增值税专用发票与其他发票合计 50 份以上，或者具有索取、收受贿赂或者其他恶劣情节的；

3. 其他致使国家利益遭受重大损失的情形。

（十六）违法提供出口退税凭证案（第 405 条第 2 款）

违法提供出口退税凭证罪是指海关、外汇管理等国家机关工作人员违反国家规定，在提供出口货物报关单、出口收汇核销单等出口退税凭证的工作中徇私舞弊，致使国家利益遭受重大损失的行为。

涉嫌下列情形之一的，应予立案：

1. 徇私舞弊，致使国家税收损失累计达 10 万元以上的；

2. 徇私舞弊，致使国家税收损失累计不满 10 万元，但具有索取、收受贿赂或者其他恶劣情节的；

3. 其他致使国家利益遭受重大损失的情形。

（十七）国家机关工作人员签订、履行合同失职被骗案（第 406 条）

国家机关工作人员签订、履行合同失职被骗罪是指国家机关工作人员在签订、履行合同过程中，因严重不负责任，不履行或者不认真履行职责被诈骗，致使国家利益遭受重大损失的行为。

涉嫌下列情形之一的，应予立案：

1. 造成直接经济损失 30 万元以上，或者直接经济损失不满 30 万元，但间接经济损失 15 万元以上的；

2. 其他致使国家利益遭受重大损失的情形。

（十八）违法发放林木采伐许可证案（第 407 条）

违法发放林木采伐许可证罪是指林业主管部门的工作人员违反森林法的规定，超过批准的年采伐限额发放林木采伐许可证或者违反规定滥发林木采伐许可证，情节严重致使森林遭受严重破坏的行为。

涉嫌下列情形之一的，应予立案：

1. 发放林木采伐许可证允许采伐数量累计超过批准的年采伐限额，导致林木被超限额采伐 10 立方米以上的；

2. 滥发林木采伐许可证，导致林木被滥伐 20 立方米以上，或者导致幼树被滥伐 1000 株以上的；

3. 滥发林木采伐许可证，导致防护林、特种用途林被滥伐 5 立方米以上，或者幼树被滥伐 20 株以上的；

4. 滥发林木采伐许可证，导致珍贵树木或者国家重点保护的其他树木被滥伐的；

5. 滥发林木采伐许可证，导致国家禁止采伐的林木被采伐的；

6. 其他情节严重，致使森林遭受严重破坏的情形。

林业主管部门工作人员之外的国家机关工作人员，违反森林法的规定，滥用职权或者玩忽职守，致使林木被滥伐 40 立方米以上或者幼树被滥伐 2000 株以上，或者致使防护林、特种用途林被滥伐 10 立方米以上或者幼树被滥伐 400 株以上，或者致使珍贵树木被采伐、毁坏 4 立方米或者 4 株以上，或者致使国家重点保护的其他植物被采伐、毁坏后果严重的，或者致使国家严禁采伐的林木被采伐、毁坏情节恶劣的，按照刑法第 397 条的规定以滥用职权罪或者玩忽职守罪追究刑事责任。

（十九）环境监管失职案（第 408 条）

环境监管失职罪是指负有环境保护监督管理职责的国家机关工作人员严重不负责任，不履行或者不认真履行环境保护监管职责导致发生重大环境污染事故，致使公私财产遭受重大损失或者造成人身伤亡的严重后果的行为。

涉嫌下列情形之一的，应予立案：

1. 造成死亡 1 人以上，或者重伤 3 人以上，或者重伤 2 人、轻伤 4 人以上，或者重伤 1 人、轻伤 7 人以上，或者轻伤 10 人以上的；

2. 导致 30 人以上严重中毒的；

3. 造成个人财产直接经济损失 15 万元以上，或者直接经济损失不满 15 万元，但间接经济损失 75 万元以上的；

4. 造成公共财产、法人或者其他组织财产直接经济损失 30 万元以上，或者直接经济损失不满 30 万元，但间接经济损失 150 万元以上的；

5. 虽未达到 3、4 两项数额标准，但 3、4 两项合计直接经济损失 30 万元以上，或者合计直接经济损失不满 30 万元，但合计间接经济损失 150 万元以上的；

6. 造成基本农田或者防护林地、特种用途林地 10 亩以上，或者基本农田以外的耕地 50 亩以上，或者其他土地 70 亩以上被严重毁坏的；

7. 造成生活饮用水地表水源和地下水源严重污染的；

8. 其他致使公私财产遭受重大损失或者造成人身伤亡严重后果的情形。

（二十）传染病防治失职案（第 409 条）

传染病防治失职罪是指从事传染病防治的政府卫生行政部门的工作人员严重不负责任，不履行或者不认真履行传染病防治监管职责，导致传染病传播或者流行，情节严重的行为。

涉嫌下列情形之一的，应予立案：

1. 导致甲类传染病传播的；

2. 导致乙类、丙类传染病流行的；

3. 因传染病传播或者流行，造成人员重伤或者死亡的；

4. 因传染病传播或者流行，严重影响正常的生产、生活秩序的；

5. 在国家对突发传染病疫情等灾害采取预防、控制措施后，对发生突发传染病疫情等灾害的地区或者突发传染病人、病原携带者、疑似突发传染病病人，未按照预防、控制突发传染病疫情等灾害工作规范的要求做好防疫、检疫、隔离、防护、救治等工作，或者采取的预防、控制措施不当，造成传染范围扩大或者疫情、灾情加重的；

6. 在国家对突发传染病疫情等灾害采取预防、控制措施后，隐瞒、缓报、谎报或者授意、指使、强令他人隐瞒、缓报、谎报疫情、灾情，造成传染范围扩大或者疫情、灾情加重的；

7. 在国家对突发传染病疫情等灾害采取预防、控制措施后，拒不执行突发传染病疫情等灾害应急处理指挥机构的决定、命令，造成传染范围扩大或者疫情、灾情加重的；

8. 其他情节严重的情形。

（二十一）非法批准征用、占用土地案（第410条）

非法批准征用、占用土地罪是指国家机关工作人员徇私舞弊，违反土地管理法、森林法、草原法等法律以及有关行政法规中关于土地管理的规定，滥用职权，非法批准征用、占用耕地、林地等农用地以及其他土地，情节严重的行为。

涉嫌下列情形之一的，应予立案：

1. 非法批准征用、占用基本农田10亩以上的；

2. 非法批准征用、占用基本农田以外的耕地30亩以上的；

3. 非法批准征用、占用其他土地50亩以上的；

4. 虽未达到上述数量标准，但造成有关单位、个人直接经济损失30万元以上，或者造成耕地大量毁坏或者植被遭到严重破坏的；

5. 非法批准征用、占用土地，影响群众生产、生活，引起纠纷，造成恶劣影响或者其他严重后果的；

6. 非法批准征用、占用防护林地、特种用途林地分别或者合计10亩以上的；

7. 非法批准征用、占用其他林地20亩以上的；

8. 非法批准征用、占用林地造成直接经济损失30万元以上，或者造成防护林地、特种用途林地分别或者合计5亩以上或者其他林地10亩以上毁坏的；

9. 其他情节严重的情形。

（二十二）非法低价出让国有土地使用权案（第410条）

非法低价出让国有土地使用权罪是指国家机关工作人员徇私舞弊，违反土地管理法、森林法、草原法等法律以及有关行政法规中关于土地管理的规定，滥用职权，非法低价出让国有土地使用权，情节严重的行为。

涉嫌下列情形之一的，应予立案：

1. 非法低价出让国有土地30亩以上，并且出让价额低于国家规定的最低价额标准的百分之六十的；

2. 造成国有土地资产流失价额 30 万元以上的；

3. 非法低价出让国有土地使用权，影响群众生产、生活，引起纠纷，造成恶劣影响或者其他严重后果的；

4. 非法低价出让林地合计 30 亩以上，并且出让价额低于国家规定的最低价额标准的百分之六十的；

5. 造成国有资产流失 30 万元以上的；

6. 其他情节严重的情形。

（二十三）放纵走私案（第 411 条）

放纵走私罪是指海关工作人员徇私舞弊，放纵走私，情节严重的行为。

涉嫌下列情形之一的，应予立案：

1. 放纵走私犯罪的；

2. 因放纵走私致使国家应收税额损失累计达 10 万元以上的；

3. 放纵走私行为 3 起次以上的；

4. 放纵走私行为，具有索取或者收受贿赂情节的；

5. 其他情节严重的情形。

（二十四）商检徇私舞弊案（第 412 条第 1 款）

商检徇私舞弊罪是指出入境检验检疫机关、检验检疫机构工作人员徇私舞弊，伪造检验结果的行为。

涉嫌下列情形之一的，应予立案：

1. 采取的伪造、变造的手段对报检的商品的单证、印章、标志、封识、质量认证标志等作虚假的证明或者出具不真实的证明结论的；

2. 将送检的合格商品检验为不合格，或者将不合格商品检验为合格的；

3. 对明知是不合格的商品，不检验而出具合格检验结果的；

4. 其他伪造检验结果应予追究刑事责任的情形。

（二十五）商检失职案（第 412 条第 2 款）

商检失职罪是指出入境检验检疫机关、检验检疫机构工作人员严重不负责任，对应当检验的物品不检验，或者延误检验出证、错误出证，致使国家利益遭受重大损失的行为。

涉嫌下列情形之一的，应予立案：

1. 致使不合格的食品、药品、医疗器械等商品出入境，严重危害生命健康的；

2. 造成个人财产直接经济损失 15 万元以上，或者直接经济损失不满 15 万元，但间接经济损失 75 万元以上的；

3. 造成公共财产、法人或者其他组织财产直接经济损失 30 万元以上，或者直接经济损失不满 30 万元，但间接经济损失 150 万元以上的；

4. 未经检验，出具合格检验结果，致使国家禁止进口的固体废物、液态废物和气态废物等入境内的；

5. 不检验或者延误检验出证、错误出证，引起国际经济贸易纠纷，严重影响国家对外经贸关系，或者严重损害国家声誉的；

6. 其他致使国家利益遭受重大损失的情形。

（二十六）动植物检疫徇私舞弊案（第413条第1款）

动植物检疫徇私舞弊罪是指出入境检验检疫机关、检验检疫机构工作人员徇私舞弊，伪造检疫结果的行为。

涉嫌下列情形之一的，应予立案：

1. 采取伪造、变造的手段对检疫的单证、印章、标志、封识等作虚假的证明或者出具不真实的结论的；

2. 将送检的合格动植物检疫为不合格，或者将不合格动植物检疫为合格的；

3. 对明知是不合格的动植物，不检疫而出具合格检疫结果的；

4. 其他伪造检疫结果应予追究刑事责任的情形。

（二十七）动植物检疫失职案（第413条第2款）

动植物检疫失职罪是指出入境检验检疫机关、检验检疫机构工作人员严重不负责任，对应当检疫的检疫物不检疫，或者延误检疫出证、错误出证，致使国家利益遭受重大损失的行为。

涉嫌下列情形之一的，应予立案：

1. 导致疫情发生，造成人员重伤或者死亡的；

2. 导致重大疫情发生、传播或者流行的；

3. 造成个人财产直接经济损失15万元以上，或者直接经济损失不满15万元，但间接经济损失75万元以上的；

4. 造成公共财产或者法人、其他组织财产直接经济损失30万元以上，或者直接经济损失不满30万元，但间接经济损失150万元以上的；

5. 不检疫或者延误检疫出证、错误出证，引起国际经济贸易纠纷，严重影响国家对外经贸关系，或者严重损害国家声誉的；

6. 其他致使国家利益遭受重大损失的情形。

（二十八）放纵制售伪劣商品犯罪行为案（第414条）

放纵制售伪劣商品犯罪行为罪是指对生产、销售伪劣商品犯罪行为负有追究责任的国家机关工作人员徇私舞弊，不履行法律规定的追究职责，情节严重的行为。

涉嫌下列情形之一的，应予立案：

1. 放纵生产、销售假药或者有毒、有害食品犯罪行为的；

2. 放纵生产、销售伪劣农药、兽药、化肥、种子犯罪行为的；

3. 放纵依法可能判处3年有期徒刑以上刑罚的生产、销售伪劣商品犯罪行为的；

4. 对生产、销售伪劣商品犯罪行为不履行追究职责，致使生产、销售伪劣商品犯罪行为得以继续的；

5. 3次以上不履行追究职责，或者对3个以上有生产、销售伪劣商品犯罪行为的单位或者个人不履行追究职责的；

6. 其他情节严重的情形。

第十四章　职务犯罪案件的侦查

（二十九）办理偷越国（边）境人员出入境证件案（第415条）

办理偷越国（边）境人员出入境证件罪是指负责办理护照、签证以及其他出入境证件的国家机关工作人员，对明知是企图偷越国（边）境的人员，予以办理出入境证件的行为。

负责办理护照、签证以及其他出入境证件的国家机关工作人员涉嫌在办理护照、签证以及其他出入境证件的过程中，对明知是企图偷越国（边）境的人员而予以办理出入境证件的，应予立案。

（三十）放行偷越国（边）境人员案（第415条）

放行偷越国（边）境人员罪是指边防、海关等国家机关工作人员，对明知是偷越国（边）境的人员予以放行的行为。

边防、海关等国家机关工作人员涉嫌在履行职务过程中，对明知是偷越国（边）境的人员而予以放行的，应予立案。

（三十一）不解救被拐卖、绑架妇女、儿童案（第416条第1款）

不解救被拐卖、绑架妇女、儿童罪是指对被拐卖、绑架的妇女、儿童负有解救职责的公安、司法等国家机关工作人员接到被拐卖、绑架的妇女、儿童及其家属的解救要求或者接到其他人的举报，而对被拐卖、绑架的妇女、儿童不进行解救，造成严重后果的行为。

涉嫌下列情形之一的，应予立案：

1. 导致被拐卖、绑架的妇女、儿童或者其家属重伤、死亡或者精神失常的；
2. 导致被拐卖、绑架的妇女、儿童被转移、隐匿、转卖，不能及时进行解救的；
3. 对被拐卖、绑架的妇女、儿童不进行解救3人次以上的；
4. 对被拐卖、绑架的妇女、儿童不进行解救，造成恶劣社会影响的；
5. 其他造成严重后果的情形。

（三十二）阻碍解救被拐卖、绑架妇女、儿童案（第416条第2款）

阻碍解救被拐卖、绑架妇女、儿童罪是指对被拐卖、绑架的妇女、儿童负有解救职责的公安、司法等国家机关工作人员利用职务阻碍解救被拐卖、绑架的妇女、儿童的行为。

涉嫌下列情形之一的，应予立案：

1. 利用职权，禁止、阻止或者妨碍有关部门、人员解救被拐卖、绑架的妇女、儿童的；
2. 利用职务上的便利，向拐卖、绑架者或者收买者通风报信，妨碍解救工作正常进行的；
3. 其他利用职务阻碍解救被拐卖、绑架的妇女、儿童应予追究刑事责任的情形。

（三十三）帮助犯罪分子逃避处罚案（第417条）

帮助犯罪分子逃避处罚是指有查禁犯罪活动职责的司法及公安、国家安全、海关、税务等国家机关工作人员，向犯罪分子通风报信、提供便利，帮助犯罪分子逃避处罚的行为。

涉嫌下列情形之一的，应予立案：

1. 向犯罪分子泄漏有关部门查禁犯罪活动的部署、人员、措施、时间、地点等情况的；

2. 向犯罪分子提供钱物、交通工具、通讯设备、隐匿处所等便利条件的；

3. 向犯罪分子泄漏案情的；

4. 帮助、示意犯罪分子隐匿、毁灭、伪造证据，或者串供、翻供的；

5. 其他帮助犯罪分子逃避处罚应予追究刑事责任的情形。

（三十四）招收公务员、学生徇私舞弊案（第418条）

招收公务员、学生徇私舞弊罪是指国家机关工作人员在招收公务员、省级以上教育行政部门组织招收的学生工作中徇私舞弊，情节严重的行为。

涉嫌下列情形之一的，应予立案：

1. 徇私舞弊，利用职务便利，伪造、变造人事、户口档案、考试成绩或者其他影响招收工作的有关资料，或者明知是伪造、变造的上述材料而予以认可的；

2. 徇私舞弊，利用职务便利，帮助5名以上考生作弊的；

3. 徇私舞弊招收不合格的公务员、学生3人次以上的；

4. 因徇私舞弊招收不合格的公务员、学生，导致被排挤的合格人员或者其近亲属自杀、自残造成重伤、死亡，或者精神失常的；

5. 因徇私舞弊招收公务员、学生，导致该项招收工作重新进行的；

6. 其他情节严重的情形。

（三十五）失职造成珍贵文物损毁、流失案（第419条）

失职造成珍贵文物损毁、流失罪是指文物行政部门、公安机关、工商行政管理部门、海关、城乡建设规划部门等国家机关工作人员严重不负责任，造成珍贵文物损毁或者流失，后果严重的行为。

涉嫌下列情形之一的，应予立案：

1. 导致国家一、二、三级珍贵文物损毁或者流失的；

2. 导致全国重点文物保护单位或者省、自治区、直辖市级文物保护单位损毁的；

3. 其他后果严重的情形。

二、国家机关工作人员利用职权实施的侵犯公民人身权利、民主权利犯罪案件

（一）国家机关工作人员利用职权实施的非法拘禁案（第238条）

非法拘禁罪是指以拘禁或者其他方法非法剥夺他人人身自由的行为。

国家机关工作人员利用职权非法拘禁，涉嫌下列情形之一的，应予立案：

1. 非法剥夺他人人身自由24小时以上的；

2. 非法剥夺他人人身自由，并使用械具或者捆绑等恶劣手段，或者实施殴打、侮辱、虐待行为的；

3. 非法拘禁，造成被拘禁人轻伤、重伤、死亡的；

4. 非法拘禁，情节严重，导致被拘禁人自杀、自残造成重伤、死亡，或者精神失常的；

5. 非法拘禁3人次以上的；

6. 司法工作人员对明知是没有违法犯罪事实的人而非法拘禁的；

7. 其他非法拘禁应予追究刑事责任的情形。

（二）国家机关工作人员利用职权实施的非法搜查案（第245条）

非法搜查罪是指非法搜查他人身体、住宅的行为。

国家机关工作人员利用职权非法搜查，涉嫌下列情形之一的，应予立案：

1. 非法搜查他人身体、住宅，并实施殴打、侮辱等行为的；

2. 非法搜查，情节严重，导致被搜查人或者其近亲属自杀、自残造成重伤、死亡，或者精神失常的；

3. 非法搜查，造成财物严重损坏的；

4. 非法搜查3人（户）次以上的；

5. 司法工作人员对明知是与涉嫌犯罪无关的人身、住宅非法搜查的；

6. 其他非法搜查应予追究刑事责任的情形。

（三）刑讯逼供案（第247条）

刑讯逼供罪是指司法工作人员对犯罪嫌疑人、被告人使用肉刑或者变相肉刑逼取口供的行为。

涉嫌下列情形之一的，应予立案：

1. 以殴打、捆绑、违法使用械具等恶劣手段逼取口供的；

2. 以较长时间冻、饿、晒、烤等手段逼取口供，严重损害犯罪嫌疑人、被告人身体健康的；

3. 刑讯逼供造成犯罪嫌疑人、被告人轻伤、重伤、死亡的；

4. 刑讯逼供，情节严重，导致犯罪嫌疑人、被告人自杀、自残造成重伤、死亡，或者精神失常的；

5. 刑讯逼供，造成错案的；

6. 刑讯逼供3人次以上的；

7. 纵容、授意、指使、强迫他人刑讯逼供，具有上述情形之一的；

8. 其他刑讯逼供应予追究刑事责任的情形。

（四）暴力取证案（第247条）

暴力取证罪是指司法工作人员以暴力逼取证人证言的行为。

涉嫌下列情形之一的，应予立案：

1. 以殴打、捆绑、违法使用械具等恶劣手段逼取证人证言的；

2. 暴力取证造成证人轻伤、重伤、死亡的；

3. 暴力取证，情节严重，导致证人自杀、自残造成重伤、死亡，或者精神失常的；

4. 暴力取证，造成错案的；

5. 暴力取证3人次以上的；

6. 纵容、授意、指使、强迫他人暴力取证，具有上述情形之一的；

7. 其他暴力取证应予追究刑事责任的情形。

（五）虐待被监管人案（第248条）

虐待被监管人罪是指监狱、拘留所、看守所、拘役所、劳教所等监管机构的监管人员对被监管人进行殴打或者体罚虐待,情节严重的行为。

涉嫌下列情形之一的,应予立案:

1. 以殴打、捆绑、违法使用械具等恶劣手段虐待被监管人的;
2. 以较长时间冻、饿、晒、烤等手段虐待被监管人,严重损害其身体健康的;
3. 虐待造成被监管人轻伤、重伤、死亡的;
4. 虐待被监管人,情节严重,导致被监管人自杀、自残造成重伤、死亡,或者精神失常的;
5. 殴打或者体罚虐待 3 人次以上的;
6. 指使被监管人殴打、体罚虐待其他被监管人,具有上述情形之一的;
7. 其他情节严重的情形。

(六) 报复陷害案(第 254 条)

报复陷害罪是指国家机关工作人员滥用职权、假公济私,对控告人、申诉人、批评人、举报人实行打击报复、陷害的行为。

涉嫌下列情形之一的,应予立案:

1. 报复陷害,情节严重,导致控告人、申诉人、批评人、举报人或者其近亲属自杀、自残造成重伤、死亡,或者精神失常的;
2. 致使控告人、申诉人、批评人、举报人或者其近亲属的其他合法权利受到严重损害的;
3. 其他报复陷害应予追究刑事责任的情形。

(七) 国家机关工作人员利用职权实施的破坏选举案(第 256 条)

破坏选举罪是指在选举各级人民代表大会代表和国家机关领导人员时,以暴力、威胁、欺骗、贿赂、伪造选举文件、虚报选举票数或者编造选举结果等手段破坏选举或者妨害选民和代表自由行使选举权和被选举权,情节严重的行为。

国家机关工作人员利用职权破坏选举,涉嫌下列情形之一的,应予立案:

1. 以暴力、威胁、欺骗、贿赂等手段,妨害选民、各级人民代表大会代表自由行使选举权和被选举权,致使选举无法正常进行,或者选举无效,或者选举结果不真实的;
2. 以暴力破坏选举场所或者选举设备,致使选举无法正常进行的;
3. 伪造选民证、选票等选举文件,虚报选举票数,产生不真实的选举结果或者强行宣布合法选举无效、非法选举有效的;
4. 聚众冲击选举场所或者故意扰乱选举场所秩序,使选举工作无法进行的;
5. 其他情节严重的情形。

三、附则

(一) 本规定中每个罪案名称后所注明的法律条款系《中华人民共和国刑法》的有关条款。

(二) 本规定所称"以上"包括本数;有关犯罪数额"不满",是指已达到该数额百分之八十以上的。

(三) 本规定中的"国家机关工作人员",是指在国家机关中从事公务的人员,包括在各级国家权力机关、行政机关、司法机关和军事机关中从事公务的人员。在依照法律、法规规定行使国家行政管理职权的组织中从事公务的人员，或者在受国家机关委托代表国家行使职权的组织中从事公务的人员，或者虽未列入国家机关人员编制但在国家机关中从事公务的人员，在代表国家机关行使职权时，视为国家机关工作人员。在乡（镇）以上中国共产党机关、人民政协机关中从事公务的人员，视为国家机关工作人员。

（四）本规定中的"直接经济损失"，是指与行为有直接因果关系而造成的财产损毁、减少的实际价值；"间接经济损失"，是指由直接经济损失引起和牵连的其他损失，包括失去的在正常情况下可以获得的利益和为恢复正常的管理活动或者挽回所造成的损失所支付的各种开支、费用等。

有下列情形之一的，虽然有债权存在，但已无法实现债权的，可以认定为已经造成了经济损失：（1）债务人已经法定程序被宣告破产，且无法清偿债务；（2）债务人潜逃，去向不明；（3）因行为人责任，致使超过诉讼时效；（4）有证据证明债权无法实现的其他情况。

直接经济损失和间接经济损失，是指立案时确已造成的经济损失。移送审查起诉前，犯罪嫌疑人及其亲友自行挽回的经济损失，以及由司法机关或者犯罪嫌疑人所在单位及其上级主管部门挽回的经济损失，不予扣减，但可作为对犯罪嫌疑人从轻处理的情节考虑。

（五）本规定中的"徇私舞弊"，是指国家机关工作人员为徇私情、私利，故意违背事实和法律，伪造材料，隐瞒情况，弄虚作假的行为。

（六）本规定自公布之日起施行。本规定发布前有关人民检察院直接受理立案侦查的国家机关工作人员渎职和利用职权实施的侵犯公民人身权利、民主权利犯罪案件的立案标准，与本规定有重复或者不一致的，适用本规定。

对于本规定施行前发生的国家机关工作人员渎职和利用职权实施的侵犯公民人身权利、民主权利犯罪案件，按照《最高人民法院、最高人民检察院关于适用刑事司法解释时间效力问题的规定》办理。

第十五章 普通刑事案件的侦查

犯罪案件形形色色，种类繁多，每类案件都有自己的表现形式和特点，因此，在侦查方法上也应该有所区别，不能千篇一律。作为一个侦查人员，不仅要掌握犯罪案件的普遍规律和侦查的一般方法，而且还要认真地研究和总结各类犯罪案件的特点和侦查的特殊方法。

现将公安机关管辖的案件中几类常发的普通刑事案件的侦查方法简述如下：

第一节 放火案件

放火案件，是指我国刑法第114条所规定的放火罪，即故意放火焚烧公私财物，危害公共安全的行为。

放火案件一般都具有如下特点：案件情况比较复杂，在未经现场勘验和调查访问之前，很难分辨是放火，还是不慎失火或自然起火；现场变动比较大，犯罪遗留的痕迹物品容易遭到破坏；放火的原因是多种多样的，但一般有较明显的因果关系。

放火案件侦查，是指公安机关在办理放火案件过程中，依照法律进行的专门调查工作和有关的强制性措施。

侦查放火案件，一般应采取以下方法：

一、认真细致地勘查现场

侦查人员在接到报案后，应会同有关人员立即赶到出事现场。在积极扑灭火灾的同时，应抓紧进行现场勘验。实践表明，对火案现场勘查得越及时，效果越好，否则会使火场内许多重要的痕迹及其他物证遭到破坏，对侦查工作造成困难。放火案现场勘查的重点是：

一是访问事主和周围群众（包括最先发现起火的人、救火群众等），着重了解关于火灾发生的时间，最先着火的地点，火焰的气味、颜色；救火时现场变动的情况（如有哪些人参加救火，谁先进入火场，对现场作了哪些变动，在抢救中听到或看到哪些情况）；起火前，现场上有无其他可能引起火灾的火

第十五章 普通刑事案件的侦查

险,以便判明是失火、放火或自然起火;被烧毁的物品是什么,损失多大;事主的政治态度、社会关系、生活作风,以及平时与人有无纠纷等;事主和群众对起火原因的看法,以及对纵火犯的分析判断。

二是查明火源(即起火点)。正确地判明起火点,对发现痕迹和其他物证,判明起火原因和案情等均有着重要意义。为此,除询问最先发现起火的人,由其指明最先发现起火的地点以外,应重点勘查最初发现火焰的地点,或火从这一点向别处蔓延的地点,因为在这些地方常常可以找出或确定起火地点。有时因起火地点空气不太流通,往往在未发出火焰以前,冒出大股浓烟,这是判明起火点的重要根据。由于起火点的物品比其他地方燃烧的要早,因此,烧得比较严重的物品可以证明它起火最早(但也有例外情况),由于燃烧的物质不同,其颜色、气味亦各异,这也是判明起火点的一个根据。但在勘查前应注意起火点被燃烧的物品和痕迹有无被移动和损坏,以免得出错误的判断。

三是认真勘查火场,注意发现引火物,搜集犯罪痕迹、物品。火案现场常由于燃烧和抢救火险遭到破坏,但如果仔细寻找,仍然可以发现犯罪痕迹、物品。要特别注意在火场周围及起火地点的灰烬中,发现带有纵火痕迹或能够起火的物品(引火物)。例如装有油类的容器,浇有油类的木柴、稻草、废纸、刨花、火柴及香烟头等物。从这些物品的种类和特征上可以查明是属于现场原有的,还是别人带到现场去的,并查明这些物品由谁负责保管,或归谁所有。

放火犯在作案时可能在身上或衣服上残留有纵火的痕迹或引火物。如果在发案当时扣留纵火嫌疑犯,应对其身体进行检查。重点检查嫌疑人的衣服口袋和手指甲缝等处,有时能在这些地方发现各种放火物和残屑,在衣服上可能发现引火物品或引火物沾染的痕迹;头发、眉毛上也可能有被火烧焦的痕迹。因此,在检查时必须特别细致。

起火点勘查完毕后,还应对现场其他部分进行勘查。应特别注意勘查门、窗、墙壁、地板、天花板等处被烧坏与被破坏的情况,并注意发现犯罪分子在火场上遗留下的破坏工具痕迹和足迹、手印等。勘查中还要注意特殊气味(如煤油、汽油的气味等),必要时,可提取部分现场灰烬,进行化验。

四是勘查火场周围环境。环境勘查主要是通过对火场周围环境的巡视观察,了解火场所处的位置,周围的道路、院墙、邻居建筑物的情况,从中判断犯罪分子有没有放火的方便条件,附近有没有可能引起火灾的设置,这也有助于确定起火地点。在进行环境勘查时,应注意搜集可疑的物品和痕迹。

五是在火案现场内,如果发现有尸体,必须仔细勘验,判明死因。在未进行尸体勘验前,应将尸体在火场的位置和尸体周围接触的物品详细记载下来,以研究死者临死亡前的环境和致死的条件。并要注意火灾刚发生时死者能否逃出火场，死者姿势有无外逃的动作反应。尸体上若有伤痕，则应判明是生前伤还是死后伤，并要检查其呼吸道有无烟灰，现场有无血迹，必要时应进行尸体解剖，以判明死因。

六是勘查人员到达现场后，如果火尚未扑灭，在抢救中应注意观察火场内火的趋势、火焰及火烟的颜色、气味等，以判明起火燃烧的物品及起火的原因。

二、分析案情，确定侦查范围

在现场勘查和调查访问结束后，应对案件进行全面的分析研究，以便正确确定侦查范围。在放火案件中，临场讨论应着重解决：起火的原因、起火的时间和地点（即起火点在什么地方，是一处或几处）、放火的动机目的以及有关犯罪人的情况等。

（一）分析起火原因

侦查放火案件，首先应判明火灾的性质，即查明起火的原因，是放火还是失火或自然起火。这是决定是否立案侦查的先决条件。

为了正确判断起火原因，应全面分析研究访问群众和现场勘查中所得到的材料。如果在起火点附近原来根本没有引起自燃物质，但在勘查中发现了人为的引火物（如火柴、煤烟等），这就足以肯定是故意放火。另外，还应考虑：现场是否有两个或两个以上互不相连的起火点；原来关闭的门窗，起火时是否已被打开或被破坏；是否发现有毁坏防火工具和故意妨碍救火的行为发生；室内原有贵重物品是否丢失，在勘查火场时是否发现这些贵重物品被烧后留下的残迹；现场是否有行凶杀人的痕迹；在起火前是否有人表示过放火意图，或在临起火前是否有人从起火地点跑出等。

在判断起火原因时，还应该认真考虑失火或自然起火的各种可能性。如煮饭、吸烟不慎；违反消防安全规程；雷击起火以及某些物体本身发热起火等。必要时，可请具有一定职业经验的群众参加研究，或进行消防技术鉴定。

（二）分析放火动机

判明放火的动机目的，有助于找出犯罪分子与被害人之间的因果关系，缩小侦查范围，确定侦查方向。

研究放火动机，必须广泛听取群众意见，充分利用现场勘查材料，并应深入了解被害人的政治面貌、社会关系、生活作风、经济状况，以及平时同他人有无纠纷等。当放火烧毁的是国家的重要物资仓库、公共财物，及首脑机关、要害部门，应充分估计危害国家安全的破坏因素；如果被烧毁的物品主要是账目、单据，或起火室内原有的财物不见，一般是为了掩盖贪污、盗窃行为而放火；如果被烧毁的财物属于私人所有，而且数量不多，危害不大，则可能是因私仇报复而放火。由于判断放火动机目的比较复杂，所以必须全面细致，要估计到各种可能性，切忌主观片面。

（三）判断放火时间

正确判断放火时间，对审查嫌疑人在时间上有无作案条件，具有重要意义。为了判明放火时间，首先应向事主、最先发现起火人以及其他知情群众了解发现起火的时间，如查明什么人在什么地点、什么时间和什么情况下最先发现起火。同时，也可在消防技术人员协助下，研究现场物品燃烧情况，并结合其他材料，推断起火时间。必须指出，在实践中，发现起火时间与实际放火时间往往并非同时。因此，在分析放火时间时，还应考虑放火的方法。如直接点燃被燃烧的物品，则放火和发现起火的时间大体相同；利用棒香之类做引线，点着引线后必经过一定时间，才会逐渐燃烧物品，在这种情况下，放火时间和发现起火时间就有着一定距离。

（四）分析犯罪分子的有关情况，确定侦查范围

在分析研究上述情况的基础上，应进一步判明有关犯罪人的一些具体情况。如根据放火现场上被盗物品的数量和有关痕迹（如脚印、破坏工具痕迹等）可以判断犯罪人的大致人数；根据起火点的位置和犯罪人出入现场的路线，可以判断犯罪人的身高和是否熟悉现场情况等等，从而可以初步确定放火人的范围，为进一步开展侦查提供明确的方向。

三、搜集犯罪证据，及时破案

在经过对案情的分析研究，确定了侦查范围以后，侦查人员应进一步深入群众进行调查研究，对可能放火的人员进行排队摸底逐个审查，找出重点嫌疑人。

对嫌疑人的审查应着重考虑以下几个方面的情况：嫌疑人的政治态度，平日表现；和被害人之间的关系；案件发生前后的动态；在时间上有无作案的可能；是否具有与放火物或现场遗留物相似的物品，以及其他可疑情况。

在确定重点嫌疑人之后，还应进一步采取各种侦查措施。广泛搜集犯罪证据。由于放火犯在犯罪前通常都要进行一定的准备，作案后又可能在身上留下痕迹，因此及时地对重点嫌疑人实行搜查，往往能够取得重要犯罪证据。

在搜查中应特别注意发现是否有与现场引火物相类似的物品。如果系杀人、盗窃和贪污灭迹而放火，则应搜查其犯罪工具、赃物及其他留有犯罪痕迹的物品（如血衣等）。

对侦查过程中所搜集的各种痕迹、物品应进行必要的科学技术鉴定，有些物品还应聘请有经验的群众或有关专门人员进行识别，以保证犯罪证据的可靠性。

第二节　爆炸案件

爆炸案件，是指我国刑法第114条所规定的爆炸罪，即故意用爆炸的方法，杀伤不特定多数人的生命、健康或者破坏公私财产，危害公共安全的行为。

爆炸案件具有以下特点：暴露性强，群众对爆炸发生的声、光、烟雾的颜色和气味、爆炸后现场出现的疑人疑事等，会有一定程度的了解；由于急救人命、财产，排除险情，致使现场遭到破坏；现场会留下爆炸残留物；犯罪人一般具有爆炸的知识、技能和获取爆炸物的条件；犯罪人有较长时间的预谋准备等。

爆炸案件侦查，是指公安机关在办理爆炸案件过程中，依照法律进行的专门调查工作和有关的强制性措施。

爆炸案件的侦查，一般采取以下方法：

一、仔细勘验爆炸现场

勘查爆炸现场，主要解决爆炸的性质、炸药的种类和数量，引爆的方式、方法，爆炸装置的质量，爆炸的目的和后果，以及残留物与爆炸现场的联系等问题。此外，如果现场爆炸起火，就要查清谁先谁后，并查明爆炸或起火前现场有无存放易燃易爆物质；如在现场勘验中发现嫌疑人，要认真从其身上或处所发现炸药痕迹，以及制造爆炸装置的物品。

针对爆炸现场波及面较广的特点，在勘验现场时，必须划定较大的勘验范围，以爆炸中心为重点，采取由中心向外围、分片、分段、分层进行勘验的方法。

（一）确定爆炸中心点

爆炸的中心点就是安放爆炸装置的部位。确定爆炸中心点，一般是通过起爆点来判断。除了悬空爆炸外，现场都留有炸点。寻找炸点首先从破坏最严重的地方找起，破坏越严重，离炸点则越近；其次是通过物体被破坏部位和人体受伤的部位及轻重程度来确定爆炸中心点及爆炸高度。对炸点要注意观察炸坑的形状大小、坑口直径、坑口深度、坑口外围震动的情况，以及炸坑所在地面结构等情况。

爆炸中心点确定以后，要注意搜集炸坑气味。炸药爆炸后，气味很容易在极短时间内消失。但是，由于爆炸产生的微粒和气味混在砂土或洞穴中，故其气味又能保持较长时间。因此，可将有气味的炸坑底部的泥土用密封瓶或塑料袋盛装起来，以备进一步鉴定。炸药爆炸后，在被炸物体和坑内，常常留下颜色深浅不同的烟痕，这些烟痕也要采集，以备检验和侦查实验所用。

由于爆炸物的种类、装置、形状和数量不同，爆炸后形成的炸点的情况也不尽相同。炸点的形状、大小、深浅和爆炸后的气味、烟痕残留物等，是判断爆炸性质和爆炸物的种类、装置、形状、数量的主要依据。

（二）确定炸药的种类

确定炸药种类，最科学的方法是从现场寻找未爆尽的炸药残余，通过化验，即可得出准确的结论。若现场上取不到残余的炸药，则可取爆炸中心点的泥土或包装物残片进行化验。此外，还可根据现场的烟熏痕迹和爆炸时的火光、烟雾颜色、爆炸声响、爆炸后的气味来推断是何种类型的炸药爆炸。

（三）推断起爆方式

起爆方式一般有机械、电子、化学和导火索四种。在正常情况下，炸药和雷管都不能自爆，必须借助于机械、电力、化学和导火索等方式才能起爆。推断起爆方式，要以爆炸现场发现的遗留物为依据。如果在现场遗留的残物中，发现有齿轮、发条、弹簧、线路板、晶体管或遥控装置的零件物品，则可推断为机械起爆；如果在残物内发现有金属导线、导线线脚、铜管、金属碎片、电池碎片等物品，则可推断为电力式电雷管引爆；如果发现有导火索残余，则可判断为导火索起爆；如果发现有助燃、助爆的化学物质，而现场残渣中又未发现其他引爆物残片，则可推断为化学引爆。如果在现场勘验中，没有发现上述引爆物品，就应考虑现场勘验是否仔细，有无遗漏之处，勘查范围是否过小，并应及时重新勘验现场。对现场残渣重新筛选、化验，努力发现上述爆炸物品残余，以便为推断起爆方式提供依据。

（四）寻找爆炸抛出物

抛出物是指从炸点周围抛射出去的物质，包括：炸点的物质；炸点周围的物质；爆炸物的包装捆绑物。犯罪分子在实施爆炸前，为了增强爆炸威力和掩盖犯罪行为，常常将炸药、钉子、碎铁块、铁沙等物混入一起装入玻璃瓶或金属筒内，并在外面包裹上其他日用品。通过对包裹物的搜集研究，就能对这些物品进行推断，进而对爆炸物的种类、装置进行研究分析，寻找侦查线索。

爆炸现场一般分为三个地带：第一地带在爆炸的中心部位，其半径为炸药包的7—14倍。这一地带破坏最大，在此范围以内的物体和人体多被炸碎急剧向外抛散，若无炸坑和障碍物阻挡，几乎不停留于这一地带。第二地带为爆炸物和空气冲击波共同作用的地带，其半径为炸药装置半径的 14—20 倍。其破坏的特点是有烧灼痕迹，坚硬物体被炸成较大碎块抛散；人体衣服被剥落或燃烧，内脏破裂、体内出血，但人体可保持完整状态；较多的爆炸残留物落于地面。第三地带为爆炸时空气冲击的作用地带，其范围为炸药装置半径的 20 倍以上。其破坏的特点是房屋倒塌，门窗家具损坏及玻璃震碎；人体出现冲击伤；爆炸残留物大量降落，形成抛出物比较集中地带。对爆炸现场三个地带的分析，可为搜寻抛出物提供范围。寻找抛出物，可以从炸点开始向外仔细搜寻。也可以根据划分的三个地带分片、分段查找，有的可适当扩大范围，尽量发现和提取与爆炸有关的痕迹、物品。

（五）研究现场痕迹判断作案情况

犯罪人投放爆炸物品的方法多种多样，通过仔细研究现场痕迹，可以判断出作案的情况。研究投放爆炸物的过程，要根据爆炸现场的具体情况进行分析研究。如果现场建筑物的门窗尚存，爆炸点又在室内，则应仔细勘验门窗的开启情况，注意有无破坏撬压痕迹，以便推断犯罪人进入现场路线；如果门窗已损坏，则应研究建筑物的结构，向知情人调查访问门窗的开关情况，结合爆炸的时间、方式，分析犯罪人进出现场的情况；如果是在车厢内或公共场所发生的爆炸，因为爆炸的中心点就是放置炸药之处，犯罪人怎样进行投放的，一般较易判断。但仍应对犯罪人引爆时所处的位置和进出现场的路线进行勘验搜索，因为犯罪人在逃离现场时，往往可能由于心情紧张而遗留一些痕迹、物品。在爆炸现场如发现作案的辅助物体，如木梯、竹竿、绳索等，应千方百计寻找其来源，以便进一步发现犯罪人足迹，判断犯罪人作案情况。总之，判断犯罪人作案过程，要根据现场各种痕迹、遗留物来进行。判断是否正确，还要通过搜集的证据进行验证。

（六）检验死伤人员

检验死伤人员是勘验爆炸现场的重要内容。通过对尸体或受伤人员的检验，可为查明案情和死者的姓名、住址提供依据。在检验死伤人员时，应注意从死伤者身上发现和搜集炸药、铁丸、铁片等爆炸残留物品。要查明伤痕分布情况，以此判断每个死伤者所处的位置和姿势。伤势最严重的人，可能是犯罪人杀害的主要目标或是自炸身亡的犯罪人本人。如有可能，应尽量将搜集到的尸体残肢、衣服碎片进行整复，以便查明死者身份。

二、进行现场访问

在现场勘验的同时，要迅速组织力量，抓住发案不久，人们记忆犹新的时机，进行现场访问。现场访问应了解以下几个问题：

一是了解爆炸现象。由于炸药的种类不同,爆炸时产生的光、火、声、烟、味等现象也不一样。要通过发现人或现场附近的人以及事主进行了解。

二是了解爆炸发生的详细经过。包括爆炸发生的准确时间、部位,爆炸发生前后听到看到的一切声响和震动感觉。

三是了解爆炸前后现场的变化。如爆炸前现场物品的位置及爆炸后变动的情况,爆炸后进入现场的人员对现场所作的改变情况。

四是向单位或事主了解使用、接触爆炸物品的人员情况、爆炸物品的品种、用途、保管情况以及现场是否存放过爆炸物品等。

五是了解事主的经济、政治和社会关系、生活作风等情况,以查明案件的因果关系。

六是了解现场死伤人员的姓名、年龄、住址、职业,以及到现场的原因等情况。

三、判断案件性质,确定侦查范围

根据现场勘验和调查访问的材料,对案件的性质进行分析判断,确定侦查范围,这是侦破爆炸案件的重要环节。

(一)分析判断犯罪的动机

犯罪人作案的动机、目的与爆炸目标、对象是紧密相关的。如果犯罪分子选择爆炸目标是重要建筑物或军事设施而不是针对某个具体的人,可能出于危害国家安全的破坏;如果爆炸目标指向交通车辆或人多热闹的公共场所,而不是针对某个特定的人,则可能出于对现实极端不满而报复社会,发泄仇恨心理;如果爆炸目标是私人住宅或针对某特定人,则可能是出于私仇报复,或奸情、恋爱、婚姻等纠纷,或因受了批评、处分而不满引起的行凶报复;如果爆炸目标是财会室、营业室、仓库,则可能出于掩盖贪污、盗窃等罪行。

(二)初步确定案件的性质

犯罪动机和案件性质是密切相关的。犯罪动机决定案件的性质,案件性质是犯罪动机在案件中的具体体现,反映了侦查工作的基本方向和范围。爆炸案件的性质,有的比较容易确定,有的则难以确定,不少案件的性质待破案后才能确定。在侦查工作初期,只能做出初步判断。

四、根据侦查范围摸排嫌疑对象

在分析作案的动机、确定案件性质的基础上,侦破工作要紧紧抓住划定的侦查范围,摸排嫌疑对象。摸排时,主要抓住以下几个环节:

（一）有无作案时间

有无作案时间历来是肯定或否定犯罪嫌疑的重要依据。当发案时间被确定后，应下大工夫切实查明重点嫌疑人在发生爆炸时的活动情况。一般搞清重点嫌疑人当时在什么地方、干什么事、有谁能够证明，如确实查明不具备实施犯罪时间条件的，即可予以排除。如果发现重点嫌疑人行踪不明，具有作案时间，就要进一步查清其是否到过爆炸现场，什么时间去过，有无在现场逗留、窥视等情况。在查证时间的问题上，要十分警惕犯罪分子可能利用亲友、邻居、同伙的关系，制造假象，书写伪证，有意掩盖作案时间。

（二）有无犯罪动机

犯罪分子进行爆炸杀人，其犯罪动机多数能够在与被害人之间存在某些矛盾或利害冲突中反映出来。这些矛盾冲突，又在群众中有所显露。因此，调查被害人的思想品质、生活作风、社会关系、与谁有仇、有无奸情和有无经济问题等情况，可以从侧面发现犯罪分子爆炸的真实动机。

（三）有关涉案物品

调查核实有无爆炸物品、引爆物、包装物及遗留在现场上的其他物品。在侦查过程中，肯定或否定犯罪嫌疑分子，关键在于调查核实有无与遗留在现场相同或相似的爆炸物和包装物。这是从物到人发现犯罪分子的一条重要途径。有些爆炸案件，犯罪分子使用的炸药、雷管、手榴弹、导火索等爆炸物品和选用包装炸药的容器，以及携带炸药的物品、引爆装置等也都各具特征，虽然多已炸碎，但是，经过认真仔细的搜集、整理、拼接，有的也能够基本复原。根据其种类、型号、产地，调查其生产、销售、使用环节，查清其来源出处，不仅能说明犯罪分子的社会职业、居住地区，而且可以为确定侦查方向、范围提供依据。

（四）有无反常表现

发案后，要认真观察了解犯罪嫌疑人有无反常的言行，认真分析、研究，并查清反常的原因。要切忌主观臆断。在摸排嫌疑分子时，要注意选择最佳的摸排方法。根据案件的不同特点，可分别采取"由事到人"或"由人到事"的方法。如果被炸地点是私人住宅，并且是针对具体人实施的，则可按"由事到人"的方法去寻找犯罪人。首先从认真调查了解被害人的工作性质、社会交往、个人品德、家庭情况、婚姻关系、邻里关系、经济状况等方面的情况分析推断犯罪人实施爆炸的动机，进而从分析有无这种动机的人，摸排出嫌疑人。然后再查证嫌疑人有无作案时间，有无同样爆炸物品及取得该物品的条件，有无使用爆炸物品的知识，现场遗留痕迹、物品是否嫌疑人所留，进一步缩小侦查范围，最后排除一般嫌疑人，突出重点嫌疑人，通过取证，认定犯罪嫌疑人。

如果爆炸案件发生在公共场所，并且不是针对特定的人员，犯罪人可能同时被炸死的则可以按"由人到事"的方法去摸排。首先要查明每个炸死、炸伤的现场人员的姓名、住址、身份。然后对死者的现实表现、有无犯罪思想基础、是否流露过犯罪意图等情况进行调查，找出嫌疑对象，再进行物证调查，如果物证在其身上都得到了正确的印证，即可认定该死者就是犯罪人。对于"自毁毁人"同归于尽的爆炸案件，犯罪人往往是被炸得最厉害的一个，因此，要特别注意爆炸中心点上的几个死者，细心搜索残肢碎块和细小物品，为查明死者身份提供较多的依据。

对于那些在公共场所制造爆炸而犯罪人并未在现场炸死的，可通过对现场幸存群众的详细访问，发现疑人疑事，结合现场遗留的痕迹、物品、爆炸药物以及爆炸装置的情况进行判断。对于利用他人带物之机，在公共场所进行爆炸的，只要查明带物死者的身份，查清爆炸物品与死者之间的联系，就可以揭穿犯罪人狡猾的犯罪手法，达到揭露、证实犯罪人的目的。

五、侦查特大爆炸案件应注意的问题

由于特大爆炸案件往往发生在车站、码头、影剧院或商场等繁华场所，来往人员多，涉及范围广，现场情况比较复杂，因此，侦查中还应注意以下四个问题：

一是对发生的特大爆炸案件，要及时逐级上报，不得延误。并迅速组织力量，赶赴现场。

二是对现场情况的处置要及时得当。对发生在车站、码头、影剧院、商场等繁华场所的爆炸案件，由于人多拥挤，因此，到达现场后，要求多方面配合，立即采取措施，疏导群众，保护现场，对受伤人员，应组织车辆迅速送医院抢救；对现场的勘验，既要保证工作的顺利开展，又要照顾到正常的秩序，以利安定人心，缩小影响。

三是侦查措施的实施，要着眼全局，机动灵活。比如对发生在车站、码头的爆炸案件，现场访问工作就不能按常规办事。为了不影响车、船的正常运行，可派侦查人员上车、上船，对旅客逐一进行登记，待需要时再作调查访问。

四是团结协作，紧密配合。这类案件发生后，到现场的单位和人员一般都较多，因此，在开展工作之前，首先要组织一个临时指挥部，便于集中领导、统一指挥。在工作中，指挥员要善于将各方面人员组织调动起来，明确分工，各负其责，团结协作，紧密配合。只有这样，才能在复杂混乱的情况下，保证

侦查工作紧张而有秩序地进行。

第三节 杀人案件

杀人案件，主要是指我国刑法第 232 条所规定的故意杀人罪，即故意非法剥夺他人生命的行为。

杀人案件一般都具有如下特点：犯罪人在杀人之前通常有一定的预谋准备过程；杀人后，会在犯罪现场留下尸体、凶器和其他痕迹、物品；犯罪人的行为与被害人的死亡结果之间，往往有较明显的因果关系。

杀人案件侦查，是指公安机关在办理杀人案件过程中，依照法律进行的专门调查工作和有关的强制性措施。

侦查杀人案件，主要采取以下方法：

一、认真勘验尸体现场

一般应以尸体为中心，对发现地点、杀人地点、移尸地点，以及犯罪人遗留的痕迹、物品和现场周围环境以及犯罪人进出现场的路线进行全面细致的勘验和研究。重点解决以下几个问题：

一是通过尸体外表检验，初步判断死亡的原因，即弄清是正常死亡还是非正常死亡，是自杀还是他杀。如果是他杀，还要查清致死的方法和致死的工具是一种还是几种，以及被害的时间、被害者的姓名和身份。

二是研究发现尸体的地点是否杀人现场，现场有无伪装。如果系杀人第一现场，则要研究尸体位置和姿势及其与现场周围物体、痕迹的关系，现场血迹形成的形状，有无挣扎搏斗迹象，从而推断死者是怎样被害的；如果判明发现尸体的地点不是杀人的第一现场（如尸体上有严重的开放性损伤，而现场周围无血或血量很少），就应在勘验尸体地点时，根据现场留下的痕迹（如拖痕、血滴线、脚印、交通工具痕迹等），以及尸体上的附着物质来判明凶犯用什么方法，使用什么工具，通过什么路线移尸到此地，以便寻找杀人地点。

三是根据现场周围的环境、血迹分布，以及手印、脚印和其他活动痕迹，研究凶犯的作案过程、作案人数，由哪里来，到哪里去，在现场上进行了哪些活动，在现场停留的时间，凶犯身上、衣服上留有何种痕迹。

四是对现场凶犯遗留物品进行勘验研究，发现和提取各种可疑的物品、痕迹。如凶犯遗留的凶器、衣着用品，及手印、脚印、破坏工具和交通工具痕迹、碎尸现场尸体残肢的包裹、盛装物；毒害现场呕吐物、排泄物、饮食用具、药罐、药瓶等。对于上述遗留物品、痕迹都要妥善地加以固定、提取和研

第十五章 普通刑事案件的侦查

究。为了查明某些物品的来源，可以请被害人家属或周围邻居辨认。对某些疑难物品的检验，必要时可聘请有关专门人员共同研究。

二、深入细致地开展调查访问

侦查人员在勘验现场以前和勘验过程中，应认真访问报案人、发现尸体的人、死者家属、知情人和周围群众。主要查明：

第一，最初发现尸体的时间、地点和现场的原貌状况；

第二，发案后有哪些人到过现场，表现如何，曾触动过哪些物品。现场及周围环境有何变动；

第三，死者的历史、政治态度、经济状况、社会关系、平日生活作风、有无私仇和奸情关系、死前的表现和行踪、和哪些人有过来往；

第四，在发案前后，是否有人听到呼救声，发现什么可疑情况，有谁在何时何地最后看到过死者；

第五，被害人家属和周围群众认为哪些人有行凶的嫌疑，根据是什么；

第六，如果被害者受重伤，应马上急救，同时应抓紧时间询问其姓名、住址，遇害经过，凶犯的姓名、住址、面貌特征，逃跑方向，使用什么交通工具，及凶犯在搏斗中是否负伤等，以便及时组织追缉堵截。

三、分析案情，确定侦查范围

侦查人员经过现场勘验和调查访问以后，应根据已获得的各种材料，对案情进行全面、细致的分析研究，以便确定侦查方向，进一步开展侦查工作。在对案情进行分析研究时，主要应判明事件的性质（即是自杀还是他杀，是自然死亡还是不幸事故等），行凶的时间、地点，杀人的手段和动机目的等。经过案情分析以后，大致可以确定侦查的范围。在此基础上应制定出侦查计划、组织力量，开展全面侦查。首先应深入群众进行调查摸底，找出重点嫌疑对象，然后广泛搜集证据，对嫌疑分子进行层层过筛，逐个审查。

在确定侦查对象和发现嫌疑分子时，主要应考虑其政治态度、经济收支状况；与被害人之间的关系，有无促其行凶杀人的因素；案件发生前和被害人被害当时的行踪去向；案件发生后有无反常表现及其他可疑情况（如嫌疑人的身上、衣服上有无因行凶作案而留下的痕迹）。

在侦查过程中，有时可能发现新的嫌疑分子，对此应及时列入侦查范围并进行认真细致的审查。

四、正确运用侦查措施搜集犯罪证据

在侦查过程中，对重大嫌疑对象，根据案情需要，经领导批准，可以采取秘密搜查、拘留突审和其他侦查手段，主动出击，获取罪证；同时要固定专人，严密控制，防止其灭证、行凶、逃跑和自杀。

对已潜逃的凶犯和重大嫌疑对象，应及时采取措施追捕归案。如果犯罪人已逃往外地，应利用通报或其他方式，将逃犯的外貌特征通知有关地区的公安部门，请其协助侦缉。

对谋财害命的案件，应弄清被劫财物的具体特征，严密控制销赃、藏赃处所，以便发现赃物，缉拿犯罪人。

五、杀人碎尸案件的侦破特点

犯罪分子在行凶杀人以后，由于考虑到自己和被害人之间存在着比较明显的因果关系，为了逃避罪责，转移侦查目标，有时将尸体肢解成数段移至不同地点掩藏。对碎尸案的侦破，首先应组织群众查找分散于各处的尸体残肢并分别对各部分肢体现场进行细致的勘验。搜寻肢解的尸体，不应局限于某一地区，对有可能掩藏尸体残肢的一切地方都应进行全面的搜查。

对于已经发现的尸体各部分，应迅速进行法医勘验。法医勘验主要解决下列问题：判明几部分尸体残肢是否属于同一个人的尸体；被害人的性别、年龄、身高，有无某种独特的生理特征；判断死亡的时间和原因；尸体上伤痕的性质；行凶的工具，肢解的方法，并分析凶手是否具有某种职业经验（如是否懂得人体解剖的一般知识等）。

对未知名碎尸应迅速查明死者的身份，这是侦查碎尸案件的关键。因为，在一般情况下，只有查明了死者的姓名和身份之后，才能正确地分析案情，查清因果关系，确定侦查方向。有时当死者身份查明以后，可以直接揭露犯罪分子。通常采用以下几种方法：

一是组织现场周围群众或有关人员对尸体进行辨认。

二是通过各有关单位发现和审查失踪人员或外出未归人员，从中查找线索。

三是通过对被害人穿着物品的细小特征和生前伤疤、印痕、老茧、骨骼、毛发、牙齿等进行综合分析研究，判明死者的职业和地区特点，以便缩小查找的范围。

四是对死者进行整容，恢复其生前的面貌，并拍摄照片，及时通报外地，请有关地区公安机关协助查找。

在实践中，犯罪分子为了便于隐藏和搬运尸体，往往把肢解的尸体用口袋、席子、床单、提包等包装起来，分别运送到各处。对这些包装物品应进行详细的检查，并把它作为一种重要物证妥善加以提取和保存，必要时可组织群众和有关人员辨认。碎尸案件的显著特点是凶手与被害人之间一般都相互认识，因果关系明显，同时还必须具备一定的作案条件。因此，在查明被害人的姓名和身份的同时，还要尽快找到杀人地点和肢解尸体的地方。在有些情况下，当找到了行凶杀人和肢解尸体的地点以后，就可以直接查获犯罪分子。

六、毒害案件的侦破特点

毒害案件与凶杀案件性质是相同的，只是作案手段有所区别。对毒害案件的侦破除了采取前述一般凶杀案件的侦破方法以外，还应抓住以下几个问题：

第一，查明被害者中毒前饮食情况，即中毒前一、二餐饭，饮食物的来源、加工情况；饮食物有无异物、异味与反常情况；除正常饮食外，曾否用过药物。

第二，了解被害人中毒以后的症状，即食后多久发生中毒、有何反应；如有无头晕、肚痛、呕吐、大量出汗、四肢麻木等症状，以及这些症状出现的时间，以便分析系何种药物中毒。

第三，对被害者所使用的饮食用具、食物及呕吐排泄物，进行化验，查明其中有无毒素及属于何种毒素，必要时，应解剖中毒尸体，进行检验。

第四，查明中毒者在中毒前的工作、生活、健康及精神状况，判明是否病死或自杀。

第五，查明被害人与他人的关系如何，有无重大私仇等。

第六，当地经常使用哪些农药和毒品，并由哪些人进行保管和使用。

通过对上述情况分析研究，判明毒物的种类和案情性质，如果是有意毒害，则应立案侦查。

第四节　强奸案件

强奸案件，是指我国刑法第236条所规定的强奸妇女罪和奸淫幼女罪。强奸妇女罪，即指违背妇女意志，使用暴力、胁迫或者其他手段强行与妇女发生性交的行为。奸淫幼女罪，即指同不满14周岁的幼女发生性关系的行为。

强奸案件的主要特点是：犯罪分子作案时一般都使用暴力，现场上往往留有拖拉、扭打和挣扎的痕迹；被害人与犯罪分子有过一定时间的正面接触，因此，一般比较了解犯罪分子的面貌特征；强奸犯一般都有习惯性，有在同一地区或附近地区连续作案的可能。

强奸案件侦查，是指公安机关在办理强奸案件过程中，依照法律进行的专门调查工作和有关的强制性措施。

强奸案件的侦查，一般采取以下方法：

一、及时勘验现场

强奸案件的现场痕迹、物品很容易消失或遭到破坏。因此，在案件发生后，应不失时机地进行勘验。勘验的重点应是实施强奸的地点和犯罪分子出入现场的道口及来去路线。勘验中应注意以下问题：

一是强奸所在地搏斗、挣扎痕迹。特别要注意发现、保全和提取强奸现场的土地上、草地上留下的身体压痕、脚印、手印以及搏斗挣扎时撕下的衣片、纽扣等物。

二是犯罪人抛弃和遗留的零星物品，如帽子、手帕、烟头、唾液等物。

三是在被害者的衣裤、被褥、床单上或强奸所在地，往往发现精斑或擦有精斑的纸张和布片，应注意提取。

四是血迹、毛发往往会遗留在强奸所在地或被害人衣裤等有关部位，应详细地记录其位置，并妥善加以提取。

二、详细询问被害人

在询问过程中一般应重点查明以下问题：在什么时间、地点和在什么情况下被犯罪分子用什么方法强奸的；犯罪分子进入和离开现场的道口，来去路线和方向，以及在现场停留的时间；犯罪分子的面貌、口音、衣着和其他特征，在作案过程中说过些什么话；抵抗搏斗的情况怎样，是否抓伤、咬伤犯罪分子，撕破犯罪分子的衣服等；对犯罪分子是否熟悉，在发案之前是否发现过可疑迹象，对谁有怀疑，有什么根据。

三、确定侦查范围

侦查人员经过现场勘验和调查访问以后，必须对案情进行认真的分析研究，以确定侦查范围。首先，应研究确定案件的性质，即判明是强奸还是通奸或伪造强奸。如果是强奸，则应判明犯罪分子作案的方法和手段，比如是用暴力还是诱骗或使用麻醉物品等，是个别强奸还是集体轮奸，以及犯罪分子的有关情况。同时，还应根据现场的周围环境，犯罪分子的来去路线及作案手段等分析判断犯罪分子是熟人还是生人，是惯犯还是偶犯，是有计划的作案还是偶然相遇作案。

在发现和确定嫌疑人时，一般应重点审查以下几种人：过去因侮辱妇女受过处理，至今仍未悔改的分子；平时有侮辱妇女的言行，发案前后行踪不明的分子；与被害人提供的年龄、相貌、口音、身材等特征相符的人；身上留有搏斗伤痕或持有与现场遗留物相似的物品的人。

为了及时准确地揭露犯罪，证实犯罪，在确定了侦查方向以后，还应进一步深入群众调查访问，广泛搜集犯罪证据。必要时可以让被害人对重点嫌疑对象进行侧面辨认。

对那些具有习惯性的强奸案件，应根据犯罪分子作案的规律和特点，在犯罪分子可能作案的地区，布置力量进行守候，抓获现行。

四、侦查强奸案件应注意的问题

（一）准确甄别案件性质

强奸案件立案审查中往往发现一些比较复杂的情况，有的本属通奸，被丈夫发觉后为保全自己面子或防止夫妻关系破裂，而谎报被强奸；有的未婚女青年因不正当的男女关系而怀孕后为保全自己的名誉，谎报被人强奸；有的原来怀有某种目的自愿与人通奸，后因目的未达到而谎报被强奸；还有甚者为对某人泄私恨、图报复、诬告他人强奸等等。在接受报案时，应根据"违背妇女意志"这一认定强奸罪的本质特征，区分政策界限，要把强奸同未婚男女的恋爱过程中的不正当的性行为加以区别；把强奸与通奸加以区别；把强奸未遂同侮辱妇女的行为加以区别。因此，分析判断案件性质时，一定要调查核实，甄别其真伪，对确属强奸的方能立案侦查。

（二）保护被害人的名誉

被害人遭到犯罪分子强奸后，精神上受到刺激，肉体上受到摧残，往往怕损害名誉，不敢声张，不敢报案，甚至报了案也不愿提供证言。因此，在侦查工作中，要注意保护被害者的名誉。在印发协查通报、通缉令或在发动群众公布案情时，不要公布强奸的详细情节，更不要公布被害人的姓名、家庭住址、工作单位。找被害人谈话询问时，次数要少，参加人亦要少，尽量由女侦查人员进行，防止被害人因轮番换人多次取证，造成思想压力，影响陈述内容的准确性。组织被害者协助守候、辨认时，要征得本人同意，并进行化装，注意安全。

（三）严格遵守法律和有关规定

对被害人一般不进行身体检查。必须检查妇女身体时必须按照《中华人民共和国刑事诉讼法》第105条第3款的规定，"应由女工作人员或医师进行"，并要得到领导批准，征得被害人或被害幼女的家长的同意。

强奸案件的侦查实验，绝对禁止让被害人模仿被奸动作、侮辱人格或有伤风化的行为。

对犯罪嫌疑分子，不得公开提取精液或拔取阴毛作检验样本。

第五节 抢劫案件

抢劫案件，是指我国刑法第263条规定的抢劫罪，即以非法占有为目的，当场使用暴力、胁迫或者其他方法，强行立即获取公私财物的行为。

抢劫案件基本上可分为入室行抢和拦路抢劫两种。但无论哪种形式的抢劫，抢匪都是公开进行犯罪，并与被害人有一定时间的正面接触。因此，被害人了解犯罪人的面貌特征和犯罪经过。犯罪人在行抢时大部分带有作案工具，在现场容易留下痕迹，如果发生搏斗则可能在犯罪人和被害人身上发现搏斗的伤痕。犯罪人一般都持有被抢去的赃物。

抢劫案件侦查，是指公安机关在办理抢劫案件过程中，依照法律进行的专门调查工作和有关的强制性措施。

侦查抢劫案件，主要采取以下方法：

一、询问受害人

侦查人员在接到报案以后，应立即赶赴现场，抓紧时机做好对被害人的询问工作。通常应了解：

第一，被抢劫的时间、地点及经过；

第二，抢匪来去的方向，进出犯罪地点的方法；

第三，抢匪的人数、大约年龄、衣着打扮和衣貌特征、口音和方言特点；

第四，抢匪是否对被害人施用暴力，是否持有作案工具，作案工具的种类、式样，以及使用作案工具的经过；

第五，被抢劫的财物是事主的、公家的还是别人寄存的，财物的名称、数量、价值、颜色和固有特定特征，存放地点，抢匪是指名索要某种财物，还是无目的地乱翻、遇到什么拿什么；

第六，被害人是否进行了抵抗，在抢匪身上和衣服上可能留下什么痕迹。

在实践中，曾发现有的人为了实现非法侵吞公共财物和其他个人目的，而故意伪造抢劫案件现场，谎报假案。因此，在询问被害人时，应将被害人的陈述同现场实际情况对照起来进行分析研究，注意是否有矛盾。如根据现场周围环境，分析在当时的具体情况下，是否可能发生抢劫案件。如果被害人受到暴力伤害时，需请法医进行仔细检验，判明是否被害人自己形成的伤痕。对现场遗留物品应注意查明其上面是否有被害人的手印，并查明该物品的来源。同时，还要注意其他反常现象，比如现场上除了被害人的脚印以外，是否有其他人的脚印，周围群众是否听到呼救的声音等等。

二、抢劫案现场勘验的重点

（一）路劫地点的勘验

首先，要在抢劫地点上仔细寻找犯罪人遗留的足迹和各种物品，如纽扣、刀子、棍棒、口罩、帽子、烟头等，并注意从这些物品上发现手印。另外，还要按照犯罪人来、去路线进行勘验，注意寻找足迹、交通工具痕迹和其他痕迹、物品。如果发现赃物隐藏的地方，估计犯罪人会来提取时，应布置力量守候，以便当场抓获。

（二）入室行抢现场的勘验

首先，要查明犯罪人进入现场的方法，如是诱骗被害人开门，然后威胁索要财物；还是破坏门窗闯入室内行抢。对于后者，要寻找出入口，注意发现入口处的门、窗是否被破坏、利用什么工具破坏的，其技术的熟练程度如何，有无破坏工具痕迹和足迹，并要在其附近显现手印。另外，要仔细寻找各种犯罪遗留物，在犯罪人翻动和触摸过的物体上发现手印。如果犯罪人使用暴力，被害人受伤，就要寻找血迹，并记载其数量、形状和位置，犯罪人若对事主进行捆绑，则要查明绳索的来源，检验绳扣结成的形状、种类等。为了查清犯罪经过情况，使被害人便于回忆，在现场勘验时，可以让被害人在场，及时提供有关情况。

三、追缉堵截犯罪人

在现场勘查过程中，如果发现抢匪逃离不远，则应根据逃跑方向，发动群众并通知有关部门设防堵截。如果在现场上发现犯罪分子的脚印和遗留物，可进行步法追踪，必要时可以使用警犬追踪。当抢匪已逃离本地区时，应将犯罪人的面貌特征、口音、衣着打扮及携带物品等及时通报有关地区协助查缉。

抢匪在作案以后，一般都急于销赃，因此，应及时将被抢走物品的名称和特征记号等通知可能前往销赃的部门和行业，注意查获赃物和犯罪分子。

四、深入调查摸底发现嫌疑人

侦查人员经过对现场勘验中所获得的材料和被害人提供的情况进行认真的分析研究，就可以对犯罪人的范围有个初步的判断，在此基础上，应进一步深入群众进行调查摸底，以发现和确定重点嫌疑对象。在摸底排队中一般对下列几种人应着重进行审查：

一是与犯罪分子年龄、相貌特征、口音、衣着、身材等相似的人；

二是历史上有过抢劫犯罪活动，虽经处理，至今仍有犯罪嫌疑的人；

三是无固定职业，经济来源不明，行迹可疑并具有作案条件的人；

四是曾向有关人员透露过采用类似手段作案，至今未受处理的人；

五是有类似赃款、赃物或凶器及现场遗留物的可疑分子。

为了进一步扩大线索，搜集犯罪证据，可以在重点嫌疑分子周围或在其社会关系中物色和布置力量，掌握嫌疑分子的动态。必要时还可以让被害人侧面辨认。

第六节　盗窃案件

盗窃案件，是指我国刑法第264条所规定的盗窃罪，即以非法占有为目的，秘密多次窃取或者窃取数额较大公私财物的行为。

盗窃案件的特点是：犯罪人作案的方式比较隐蔽，事主对犯罪人的面貌和活动很少了解，犯罪人作案后一般都有现场，会遗留下各种痕迹和其他物证；惯犯盗窃手法具有习惯性；大多数犯罪分子都持有被窃去的赃物；犯罪成员青少年居多。

盗窃案件侦查，是指公安机关在办理盗窃案件过程中，依照法律进行的专门调查工作和有关的强制性措施。

侦查盗窃案件，一般采取以下方法：

一、盗窃案件现场勘验的重点

盗窃案件的侦查工作一般都是从现场勘验开始的。侦查人员接到发生案件的报告以后，应迅速赶赴现场，及时进行勘验，发现和提取各种痕迹、物品，查明犯罪分子作案的手段和在现场的活动情况，以及其他有关犯罪的材料，从而为分析案情，确定侦查方向，提供条件。勘验盗窃案件的现场，通常是以被盗处所和被破坏处所为重点，同时还要注意对现场周围环境的勘验。

（一）勘验盗窃分子出入的道口和破坏处所

在勘验中，应注意发现犯罪分子留下的足迹、运输工具痕迹和其他物品，借以判明盗窃分子用什么方法、在什么地方进入现场的，作案后从什么地方出去的。对犯罪分子进入现场的地点应仔细地勘验。如果犯罪分子是挖开墙洞、地洞进入的，就要研究洞的大小、方向（是从里往外还是从外向里）以及挖洞所使用的工具；如果是破坏门锁进入的，则应勘验门锁的破坏痕迹，判明是用原配钥匙,还是用选配钥匙打开的,或是用工具撬开的;若是犯罪分子撬破门窗进入的,则应勘验撬破门窗的工具痕迹;若是犯罪分子攀登越入,就要注意寻找被踩踏物体上的足迹,并观察进入口的灰尘是否被粘走,上面是否留有手印。

(二)勘验被盗财物的保管处所

要查明犯罪分子进入现场后,有些什么活动,拿走什么东西,这些东西在被盗前的存放保管情况,及保管财物的箱柜等是否牢固。同时,要注意在保管这些财物的箱柜上和犯罪分子接触、翻动过的物体上,去发现手印及其他犯罪痕迹。

(三)勘验现场周围环境

主要是勘验现场四周的地形、地物(如树林、沟渠、道路、院墙、山坡、防空洞等),注意发现犯罪分子作案前后逗留和作案后隐藏赃物的迹象。

在现场勘验中应注意发现和研究各种反常现象。比如与盗窃目的毫无关系的地方,出现了明显的破坏痕迹;挖洞的泥土,屋里多屋外少;窗户虽然被撬开,但没有被人攀登和通过的痕迹等等。

对于由于人为和自然原因而遭到破坏和变动的现场,只要认真细致地进行勘验,同样可以发现各种与犯罪有关的痕迹、物品。在勘验时,应向事主和有关人员详细了解现场变动的情况,以便把事主、有关人员的痕迹同犯罪分子的痕迹区别开来。

二、询问事主和访问群众

为了正确地分析判断案情,确定侦查方向,在现场勘验过程中和勘验前后,应当询问事主和访问现场周围知情群众。在访问时应提出以下问题:

一是发现被盗的时间、地点和经过;

二是被盗物品的名称、数量、用途及特征;

三是发现被盗时现场的情况,有哪些人进入过现场,在现场上的活动,移动和触摸过哪些物体;

四是被盗物品在平时及被盗前放置的地点,保管的方法,是否加锁,钥匙由谁保管,有哪些人了解这些情况;

五是事主与群众认为哪些人有偷盗嫌疑,根据是什么,以及案件发生后周围群众的反映及其他有关情况;

六是在没有被盗前,现场是怎样的情况,有哪些东西明显起了变化,现场上有没有不是事主的物品。

在侦查企事业、机关等单位被盗的案件时,应特别注意查询在案件发生前有无可疑人前来窥视或探听有关工作情况和被盗物品的情况，并要了解该人的衣着打扮和外貌特征及其他有关情况。因为有些犯罪分子，特别是一些惯犯，在作案前常常进行"踩点"，发现这方面情况，有助于获得有关犯罪分子的材料。

在侦查盗窃国家和集体财产的案件时，还应了解被盗单位的物资保管制度和保管方法，以及制度执行的情况等。必要时，还应了解被盗财物保管人员的有关情况。

三、严密控制赃物

盗窃分子在作案后为了逃避侦查，往往急于出售或设法转移赃物。因此，在案件发生后，应及时采取措施，严密控制盗窃分子可能前往销赃或隐匿赃物的场所，如旧货商店、委托行、旅店、邮局及车站码头的物品存放处等。这对于发现被盗物品和查获盗窃分子有着重要作用。因此，在案件发生后，应立即查清被盗物品的名称、数量、性能、用途、价值及详细特征，开列失物通知单，分别送往盗窃分子可能前往销赃或隐匿赃物的行业和场所，请其协助发现赃物，抓获盗窃分子。有些盗窃分子，在销赃前，已将被盗物品改头换面或化整为零，所以在检查赃物时，应特别注意观察物品的细微特征，以识破犯罪分子的诡计。

如果被盗财物是支票、存折及其他有价证券，应将这些证券的账号、号码及其他特征及时通知银行、储蓄所、邮局及各有关机关，等犯罪分子前去取款时，当场查获。

如果判定犯罪人是流窜犯或是某些具有甲地作案、乙地销赃、丙地藏身的惯犯，还应利用通缉、通报等形式委托有关地区的公安部门，协助侦缉犯罪人和查找赃物。

四、分析案情确定侦查范围

在侦破盗窃案件中，分析研究案情，主要解决以下问题：

（一）判明是内盗、外盗或监守自盗

确定内盗或外盗，应仔细地分析现场环境或被盗单位内部情况。内盗一般都熟悉被盗物品的保管情况和保管处所，了解出入现场的路线。因此，作案时，目标选择得比较准确，行动迅速。通常作案时间选择得也比较恰当，如正当该单位保存有大量现金，或作案时间正是工作人员开会或休息的时间。这就说明极大可能犯罪分子是内部人员或是了解内部情况的人员。

"监守自盗"是负责保管财物的工作人员自己所为。在刑法上将"监守自盗"行为规定为贪污或侵占犯罪行为。对此应仔细地分析和观察现场情况，特别要注意发现各种反常现象。如障碍物上的破坏痕迹与破坏手段是否一致，被盗财物的体积与被撬破洞口的大小是否相符，以及现场各种犯罪痕迹的分布是否符合犯罪活动的一般规律等等。同时，还要查明物资、现金的周转情况，必要时亦可清点物资和清查账目，有时可以发现在报案前该项财物早已不见，这对揭穿伪装，弄清案情具有重要意义。

外部人员作案，一般不熟悉内部情况，作案行动比较缓慢，有时在现场会留下杂乱的行动痕迹，寻找偷盗的目标不准确，往往把现场物品翻得很乱，遇到什么拿什么。

应该指出，上述内盗、外盗、监守自盗的特点，仅仅是就一般情况而言。在实践中，有些外盗分子由于犯罪前经过周密的计划和准备（如进行"踩点"），事先摸清了财物存放地点和保管情况，所以作案时间和目标选择也比较准确，遗留的痕迹也比较少。因此，对于某些盗窃案件，根据初步侦查所获得的材料，尚不能肯定是内盗或外盗时，应做出几种可能的推断，并根据各种推断同时开展工作，逐步缩小侦查范围。

（二）判明犯罪分子作案的方法

查明犯罪分子作案的方法对确定是惯犯或偶犯，以及犯罪分子的其他情况具有重要意义。为此，在分析案情时，应特别注意研究犯罪分子破坏障碍物的方法。根据犯罪分子遗留的犯罪工具和工具痕迹，认真观察和分析犯罪人撬门破锁的位置，采用的方法及技术熟练程度等。实践表明，惯盗分子作案的方法往往是带有习惯性的，他们每次作案几乎都采用同样的方法进入现场，使用同样的工具进行破坏。因此，将某些作案方法相同的案件对照起来进行研究，可以确定是否一人作案，往往侦破一案，即可连破数案。

（三）确定侦查范围

经过上述一系列侦查工作和分析研究以后，大致上可以确定犯罪人的范围。即什么人有条件作案，哪些人作案的可能性最大。在发现和确定嫌疑对象时，一般应考虑以下条件：

1. 历史上有过盗窃或其他不良行为，在案件发生前后行动表现反常或在发生被盗时间内行踪不明；
2. 平时熟悉被盗财物存放保管的情况，在发案前曾到过被盗地点或探问过被盗财物的有关情况；
3. 熟知被盗物品性能、用途，并急需该项物品；
4. 经济来源不明，在案件发生后突然暴富，经济开支超过正常收入；
5. 有类似现场遗留物或持有与形成现场痕迹相似的工具；

6. 有类似被盗赃物和赃款。

发现和确定嫌疑人是一项极其复杂细致的工作,因此,必须在深入群众调查研究的基础上,充分利用现场勘查所获得的各种材料,根据每个案件的不同特点结合具体人的活动和表现进行具体的分析研究。坚决防止主观性和片面性。

为了查清犯罪事实,揭露和证实犯罪,在确定嫌疑人以后,还必须进一步采取各种侦查措施,全面地搜集犯罪证据。

第七节 诈骗案件

诈骗案件,是指我国刑法第266条规定的诈骗罪,即以非法占有为目的,用虚构事实或者隐瞒真相的方法,骗取数额较大的公私财物的行为。

诈骗案件的特点是:被骗对象与犯罪人有一段较长时间的正面接触,对犯罪人的体貌特征、方言土语、生活习惯和行骗方法等留有较深刻的印象,犯罪人可能无意中在事主面前暴露出身份、经历、同伙和行踪等重要情况;诈骗手法往往带有习惯性、流窜性、延续性;行骗过程中往往留下有关的书证、物证等。

诈骗案件侦查,是指公安机关在办理诈骗案件过程中,依照法律进行的专门调查工作和有关的强制性措施。

对诈骗案件的侦查,一般采取以下方法:

一、详细询问案情

诈骗案件一般没有现场可供勘验。侦查工作首先要从详细询问事主和其他知情人入手,通过询问,了解整个案件经过。询问的主要内容有:

一是诈骗犯的姓名、性别、年龄、衣着打扮、说话口音、习惯动作,以及嗜好、面貌特征、气质风度等等。

二是被害人是在什么时间、地点和情况下,与诈骗犯相识的,双方接触、交谈、活动的详细经过。

三是诈骗犯以什么身份出现,采取什么方法行骗的,出示过何种证件、信件,是否暴露社会关系和落脚点,行骗过程中有无熟人和同伙。

四是被骗财物的名称、产地、数量、价值、特征、暗记,以及有无明显标记等等。如是现金、支票,还应问清账号和号码;如使用交通工具的则还应问清是什么交通工具及其特征等。

五是有哪些物证、书证留在事主或有关人的手里。

询问过程中,要仔细研究被询问对象的特点和心理状况,对症下药,耐心做好思想工作,解除顾虑,使其如实地陈述情况,以便在分析判断案情、确定侦查方向中减少失误。此外,诈骗犯与被害人对话中涉及的人、事、地,虽可能多属虚构,但也不排除假中有真,有的则是客观事实在案犯头脑中的反映,并在闲谈中无意识地流露出来。因此,询问中要抓住这些点滴线索,认真查证,以扩大线索。

二、判断案情确定侦查重点

诈骗犯罪一般比较暴露。因此,犯罪的时间、地点、动机、目的以及作案的方法、手段和人数等问题,通过对事主的询问即可查明。需要重点分析的则是犯罪分子的个人情况及其可能隐匿的地点和逃跑的方向。

(一)对诈骗犯身份的分析判断

对诈骗犯身份的分析,可从诈骗犯书写的收据,填写住宿登记的字迹,来往的信件,判断其文化程度;从案犯活动的具体场所,谈话的内容,使用的专业术语、行话,有什么职业习惯,判断其可能在哪些部门工作过;从行骗的方法、手段,持有的证件、合同、支票或其他物品的特征,判断其社会职业;从案犯的个人爱好、嗜好,习惯动作、衣着特征、生活习惯,判断其属于哪个阶层的人。

(二)对诈骗犯居住地区的分析判断

根据诈骗犯的衣着、口音、方言土语的特征,行骗过程中暴露出来的落脚点,熟悉何地的风土人情,了解哪些地区的街名、村名,以及谈话中涉及的有关地区的情况等方面进行分析研究。还可根据案犯遗留的证件、合同、文书的内容,涂改的情况、印刷单位等,分析案犯到过的地区和居住地区。此外,有时从案犯的相貌特征上也能分析出是何地区、何民族的人。

(三)对诈骗犯去向的分析判断

犯罪分子作案后,大多迅速逃离作案地区。可根据诈骗犯骗得的财物,购买的车船票以及作案的规律特点,判断其逃往去处、是否会继续作案,以便有针对性地采取措施。

(四)对诈骗犯是否惯犯或团伙犯的分析判断

判断是惯犯还是偶犯,可以从案犯有无充裕时间、有无正当职业、行骗手法是否大胆老练、是否持有"合法"证件,以及其他地区的诈骗案件中,在作案手法、案犯体貌特征、所留证明、合同、支票等是否同该案件相同去进行分析判断。

对于是否团伙犯罪,可从事主所见案犯的人数,诈骗过程中有无他人配合，结合被骗物品的数量、运输、销赃的方法进行分析判断，即可大致确定出侦查的方向和范围。同时，也为选择突破该案的途径，采取侦查措施、手段提供了依据。

三、采取相应措施查找犯罪嫌疑人

对诈骗案件，一般可采用下述侦查措施和手段：

（一）带领事主寻找辨认

诈骗犯多系好逸恶劳之徒，诈骗一旦得逞，即迅速逃离作案地点，进行挥霍享受。因此，侦查工作应在详细询问事主的基础上，由侦查人员带领事主或其他目睹人，在诈骗犯可能出没的地区和场所进行寻找辨认，往往可以直接发现和捕获案犯。在进行寻找辨认时，事主及目睹人应适当化装，以防案犯察觉逃跑。

（二）追捕堵截严把关口

如果事主报案及时，案犯尚未察觉，或不可能迅速逃离本地，应根据其体貌特征、衣着打扮或所持证件，立即组织力量追缉堵截，对案犯可能前往落脚的旅馆、招待所以及车站、码头等地应进行严密控制，以及时将案犯抓获。

（三）通报协查

根据诈骗犯逃窜作案和在事主面前暴露得比较充分的特点，可在详细询问事主和其他目睹人的基础上，及时通报案犯可能隐匿、居住或前往作案的地区，请当地公安机关协助查缉。接到外单位协查通报后，应与本地区发生的类似诈骗案件进行串案分析，若认定是一人作案，则应实行并案侦查。

（四）以物找人或以人找人

以物找人，主要通过两个途径进行：一是对诈骗犯在行骗过程中使用和遗留的物品，如伪造的证件、单据、合同、信件、衣物、工具等，要认真进行调查核对，为查找案犯，证实犯罪提供依据；二是要严密控制各种销赃场所，通过赃物发现诈骗犯。

以人找人，是指通过对销赃、窝点、落脚点的人的调查控制，发现诈骗犯。因此，以人找人离不开案犯的窝点和落脚点。了解案犯窝点、落脚点的途径，先从事主提供的与诈骗犯谈话的内容去发现；其次是通过指纹登记、辨认照片、查对犯罪资料档案去发现；此外，也可以布置特情进行侧面调查、打探，发现被骗的赃物和案犯的踪迹。

（五）统一指挥协同侦查

根据诈骗犯多系流窜作案这一突出特点，对涉及若干地区或数省、市的重大诈骗案件，应采取统一指挥、明确分工、协同作战的办法进行侦查。

对于国际性的诈骗集团案件的侦破，要查明其在国内的成员的情况，适时破案，并追缴被诈骗款项。必要时，还应布置特情，严密控制其动态，当案犯入境时及时抓获。对案情重大的，还可以通过国际刑警组织，请求协助查缉。

第八节 逃税、抗税案件

逃税、抗税案件，是指我国《刑法修正案（七）》修改的刑法第 201 条规定的逃税罪和我国刑法第 202 条规定的抗税罪。即依法应纳税人不缴或者少缴应纳税收的逃税行为和以暴力、威胁方法拒不缴纳税收的抗税行为。

逃税、抗税案件的主要特点是：① 在犯罪的主观故意方面，逃、抗税的目的是为了小团体或个人的私利。② 法律政策性强，如国家针对各行各业规定的税种税率和纳税细则等规定很多。③ 专业性强，侦查逃税、抗税案件要运用税收、会计专业知识和企业生产经营知识。④ 逃税的主要手段是采取各种欺骗、隐瞒方式逃避依法纳税；抗税的主要手段公开以暴力、威胁的方法抗拒履行纳税义务。

一、逃抗税案件的侦查重点

逃税、抗税案件的侦查重点：① 犯罪嫌疑人是否有纳税或负责纳税的义务。② 在主观故意方面是否具有逃避纳税的目的。③ 客观方面表现为有无违反税收法规的逃税、抗税行为。④ 犯罪嫌疑人的行为是否侵犯了国家的税收征管制度。

二、主要侦查方法

逃税、抗税案件的主要侦查方法：一是收集纳税资料。即向犯罪嫌疑人的所在单位或犯罪嫌疑人处调取纳税资料，或由税务机关提供纳税资料。必须收集的纳税资料主要有纳税申报、纳税鉴定、纳税检查报告及记录、纳税缴款书、会计报表等等。二是结合纳税资料分析案情。即根据国家税收政策、法规、会计制度的规定和纳税资料，进行综合分析，确定犯罪嫌疑人应缴纳的税种、征税的依据、纳税的环节、征收方式等，查明其违反会计制度的行为同影响国家税收的关系。三是对有关的和涉案的会计资料、账簿、文件等要及时调取或查封。四是清查账目。即根据经营、生产特点和财务会计性质以及应纳税种的特点，有针对性地清查与其纳税有关的会计资料，从账簿、凭证上查找、核实与逃税、抗税事实之间的联系，提取能够证明逃税、抗税的基本情况和手段的书证材料，并提取违反税收法规的账证，核准数额及其占应纳税款的比例。五是综合运用侦查措施。如对暴力抗税的现场进行勘查；对目睹抗税的证人及时询问；对抗税凶器等物证进行收缴；对涉案款物进行搜查扣押；对涂改、伪造的账务进行查封；对无证无账的要对其全部生产、经营状况进行检查；必要时扣押、封存有关产品、商品；对转移资金或逃、抗税款的应冻结有关银行账户；对逃、抗税的书证应进行司法会计鉴定和税务鉴定；对逃、抗税的犯罪嫌疑人应当依法传唤或拘传；对犯罪后企图自杀、逃跑或在逃的，或有毁灭、伪造证据或串供可能的逃、抗税犯罪嫌疑人应当及时拘留，符合逮捕条件的应予逮捕。

第九节 重大责任事故案件

重大责任事故案件，是指我国《刑法修正案（六）》修改的刑法第134条规定的重大责任事故罪，即在生产作业中违反有关安全管理规定，或者强令他人违章冒险作业，因而发生重大伤亡事故或者造成其他严重后果的行为。

重大责任事故案件的主要特点是：① 侵犯的客体是厂矿企事业单位的生产安全。② 客观方面表现为，一是行为人的行为违反了规章制度，即主要是违反保障生产作业安全有关的劳动纪律、操作规程、劳动保护法规等；二是因违反规章制度造成重大伤亡事故或其他严重后果；三是造成严重后果的行为发生在生产或作业过程中。③ 行为人是工厂、矿山、林场、建筑企业或者其他企业、事业单位的管理人员、工作人员和其他操作人员。④ 行为人主观上表现为过失，即疏忽大意或过于自信的过失。符合以上特点的重大责任事故，公安机关应当迅速受案审查，并对涉嫌犯罪的及时立案侦查。

一、重大责任事故的调查处理

为加强行政机关与检察机关在重大责任事故调查处理中的联系和配合，严肃查处重大责任事故涉及的职务犯罪，2006年2月，最高人民检察院会同监察院及国家安全生产监督管理总局制定了《关于加强行政机关与检察机关在重大责任事故调查处理中的联系和配合的暂行规定》，根据有关法律、法规的规定，要求国务院或国务院授权有关部门组成的事故调查组，应当邀请最高人民检察院参加；地方各级人民政府或政府授权有关部门组成的事故调查组，应当邀请同级检察机关参加。事故调查工作由事故调查组统一领导、组织协调。事故调查组成员和检察机关所派人员应当积极配合，紧密协作，在事故调查组领导下，各自在法定职权范围内开展调查工作。事故调查组调查的有关材料，应当及时分送检察机关参与调查的工作人员。事故调查组召开的有关会议，应当及时通知检察机关人员参加。事故调查组调查中发现与事故责任有关的国家机关工作人员涉嫌下列行为之一的，应当及时将有关证据材料及必要的调查材料复印件移交参与事故调查的检察机关所派人员，检察机关可视情况组织办案组依法查办涉嫌职务犯罪案件：① 贪污、挪用公款，收受财物或者向他人行贿的；② 不依法履行职责，工作中严重失职渎职的；③ 违法审批产生严重后果的；④ 不依法查封、取缔、给予行政处罚，产生严重后果的；⑤ 事故发生后，有关部门不立即组织抢险救灾、贻误抢救时机造成事故扩大，产生严重后果的；⑥ 对事故隐瞒不报、谎报、拖延迟报，产生严重后果的；⑦ 其他渎职行为。

二、重大责任事故案件的现场勘查

重大责任事故案件的现场是行为人违章行为造成严重后果的地点、场所。任何现场的原貌状态和特征，都是收集证明案件主要事实的物证的主要来源。因此，案发后应尽一切可能地迅即勘查现场。在勘查现场时，一是侦查人员应尽可能会同有关专业技术人员携带勘查器材风雨无阻地立即赶赴出事地点。二是到达现场后如果事态仍在蔓延应马上采取紧急措施进行有效的控制。三是对现场进行拍照或录像，同时了解事故发生的时间、地点、具体方位、范围、经过、结束时间等，还要了解是采用什么方法和措施控制事故的。如果中心现场不突出的，应将事故最严重的地点分别拍照或录像。四是提取现场一切与案件有关的物证，如引起失火的电器、引起瓦斯爆炸的矿灯等物体或痕迹，不便提取的也要拍照或录像，绘制现场图和制作勘验笔录。在勘查现场时，还要特别注意查明人身伤亡情况，查明死者身份、工作岗位、事故发生时所处位置，与事故的关系等。对受伤人员首先是立即采取救护措施，在不影响抢救生命的前提下求得医生的配合及时询问事故发生的时间、起因、经过、责任人员等情况。此外，还应清点物质损害情况，现场访问有关人员，包括分别访问生产指挥人员、事故发生时在岗人员和事故知情人、目睹人和安全管理人员等。在此基础上，立即召开现场分析会，研究事故的原因。如有必要，可以复查现场，或聘有关专业技术人员进行鉴定及依法进行侦查实验。有关现场勘查情况，应与劳动部门出现场的人员、发案单位及其主管部门负责人及在场专业技术人员充分交换意见，并充分听取他们的意见。

三、收集调取有关书证

重大责任事故案件的行为特征都是违反规章制度，因此，这些规章制度是证明案件性质的重要的直接书证，务必收集入卷。尤其是现代化生产分工精细，工艺复杂，劳动纪律、生产制度、操作规章等等都很明确具体，这些国家或有关行业统一颁布的各种规章制度大多汇集成册，也有的分散在发案单位或其主管单位的档案中，要一一收集或调取，有的也可以复制。然后对收集的规章制度进行审查鉴别，确定犯罪嫌疑人违反其中的具体条款，详细标明入卷。

四、技术鉴定和侦查讯问、询问

侦查重大责任事故案件时，要注重充分运用侦查技术手段对事故原因及危害后果作出科学的认定。尤其是对于通过现场勘验和调查尚不能认定事故直接原因的，要进行侦查实验或聘请专业技术人员进行鉴定。在侦查危害后果时也离不开科学技术鉴定，如对于造成人身伤亡后果的要进行法医鉴定，造成物质损害的要进行损毁程度及价值鉴定等等。在此基础上，要依法进行侦查讯问，促使犯罪嫌疑人在事实面前认罪服法。同时还要进一步询问证人核实案件事实细节。

五、侦查重大责任事故的重点

重大责任事故的侦查重点，一是要查清案件性质和行为人主观心理状态上有无过失，严格区分由于过失导致的重大责任事故与故意破坏和意外的自然事故、技术事故的界限，正确区分罪与非罪、此罪与彼罪，不枉不纵。二是查清因果联系，正确区分若干责任人的具体责任。重大责任事故行为人的行为分为作为与不作为两种形式：作为的形式主要表现为不服从管理和指挥，冒险蛮干或强令他人冒险违章作业等等；不作为表现为擅离职守，遇到险情不采取有力措施等等。还要查明行为的违章与严重后果的联系，如果只有违章行为但未造成重大伤亡或其他严重后果的，或者有严重后果但不是行为违章引起的，都不得以本案来查处。此外，还要查清违章行为造成的严重后果是否发生在生产、作业过程之中，如果事故的发生不在生产、作业之中或与生产、作业没有联系，也不能按重大责任事故案件来处理。三是查清行为人是否直接从事生产操作的工作人员和领导、指挥生产的人员，如工人、安全员、技术员、化验员、工段长、厂长、矿长以及其他操作人员等等。

第十五章　普通刑事案件的侦查

☆ **规制链接**

1. 最高人民检察院　公安部
关于公安机关管辖的刑事案件立案追诉标准的规定（一）

（公通字〔2008〕36号　2008年6月25日印发）

一、危害公共安全案

第一条〔失火案（刑法第115条第2款）〕过失引起火灾，涉嫌下列情形之一的，应予立案追诉：

（一）造成死亡一人以上，或者重伤三人以上的；

（二）造成公共财产或者他人财产直接经济损失五十万元以上的；

（三）造成十户以上家庭的房屋以及其他基本生活资料烧毁的；

（四）造成森林火灾，过火有林地面积二公顷以上，或者过火疏林地、灌木林地、未成林地、苗圃地面积四公顷以上的；

（五）其他造成严重后果的情形。

本条和本规定第十五条规定的"有林地"、"疏林地"、"灌木林地"、"未成林地"、"苗圃地"，按照国家林业主管部门的有关规定确定。

第二条〔非法制造、买卖、运输、储存危险物质案（刑法第125条第2款）〕非法制造、买卖、运输、储存毒害性、放射性、传染病病原体等物质，危害公共安全，涉嫌下列情形之一的，应予立案追诉：

（一）造成人员重伤或者死亡的；

（二）造成直接经济损失十万元以上的；

（三）非法制造、买卖、运输、储存毒鼠强、氟乙酰胺、氟乙酸钠、毒鼠硅、甘氟原粉、原液、制剂五十克以上，或者饵料二千克以上的；

（四）造成急性中毒、放射性疾病或者造成传染病流行、暴发的；

（五）造成严重环境污染的；

（六）造成毒害性、放射性、传染病病原体等危险物质丢失、被盗、被抢或者被他人利用进行违法犯罪活动的；

（七）其他危害公共安全的情形。

第三条〔违规制造、销售枪支案（刑法第126条）〕依法被指定、确定的枪支制造企业、销售企业，违反枪支管理规定，以非法销售为目的，超过限额或者不按照规定的品种制造、配售枪支，或者以非法销售为目的，制造无号、重号、假号的枪支，或者非法销售枪支或者在境内销售为出口制造的枪支，涉嫌下列情形之一的，应予立案追诉：

（一）违规制造枪支五支以上的；

（二）违规销售枪支二支以上的；

（三）虽未达到上述数量标准，但具有造成严重后果等其他恶劣情节的。

本条和本规定第四条、第七条规定的"枪支"，包括枪支散件。成套枪支散件，以相应数量的枪支计；非成套枪支散件，以每三十件为一成套枪支散件计。

第四条 [非法持有、私藏枪支、弹药案（刑法第128条第1款）] 违反枪支管理规定，非法持有、私藏枪支、弹药，涉嫌下列情形之一的，应予立案追诉：

（一）非法持有、私藏军用枪支一支以上的；

（二）非法持有、私藏以火药为动力发射枪弹的非军用枪支一支以上，或者以压缩气体等为动力的其他非军用枪支二支以上的；

（三）非法持有、私藏军用子弹二十发以上、气枪铅弹一千发以上或者其他非军用子弹二百发以上的；

（四）非法持有、私藏手榴弹、炸弹、地雷、手雷等具有杀伤性弹药一枚以上的；

（五）非法持有、私藏的弹药造成人员伤亡、财产损失的。

本条规定的"非法持有"，是指不符合配备、配置枪支、弹药条件的人员，擅自持有枪支、弹药的行为；"私藏"，是指依法配备、配置枪支、弹药的人员，在配备、配置枪支、弹药的条件消除后，私自藏匿所配备、配置的枪支、弹药且拒不交出的行为。

第五条 [非法出租、出借枪支案（刑法第128条第2、3、4款）] 依法配备公务用枪的人员或者单位，非法将枪支出租、出借给未取得公务用枪配备资格的人员或者单位，或者将公务用枪用作借债质押物的，应予立案追诉。

依法配备公务用枪的人员或者单位，非法将枪支出租、出借给具有公务用枪配备资格的人员或者单位，以及依法配置民用枪支的人员或者单位，非法出租、出借民用枪支，涉嫌下列情形之一的，应予立案追诉：

（一）造成人员轻伤以上伤亡事故的；

（二）造成枪支丢失、被盗、被抢的；

（三）枪支被他人利用进行违法犯罪活动的；

（四）其他造成严重后果的情形。

第六条 [丢失枪支不报案（刑法第129条）] 依法配备公务用枪的人员，丢失枪支不及时报告，涉嫌下列情形之一的，应予立案追诉：

（一）丢失的枪支被他人使用造成人员轻伤以上伤亡事故的；

（二）丢失的枪支被他人利用进行违法犯罪活动的；

（三）其他造成严重后果的情形。

第七条 [非法携带枪支、弹药、管制刀具、危险物品危及公共安全案（刑法第130条）] 非法携带枪支、弹药、管制刀具或者爆炸性、易燃性、放射性、毒害性、腐蚀性物品，进入公共场所或者公共交通工具，危及公共安全，涉嫌下列情形之一的，应予立案追诉：

（一）携带枪支一支以上或者手榴弹、炸弹、地雷、手雷等具有杀伤性弹药一枚以

上的;

（二）携带爆炸装置一套以上的;

（三）携带炸药、发射药、黑火药五百克以上或者烟火药一千克以上、雷管二十枚以上或者导火索、导爆索二十米以上，或者虽未达到上述数量标准，但拒不交出的;

（四）携带的弹药、爆炸物在公共场所或者公共交通工具上发生爆炸或者燃烧，尚未造成严重后果的;

（五）携带管制刀具二十把以上，或者虽未达到上述数量标准，但拒不交出，或者用来进行违法活动尚未构成其他犯罪的;

（六）携带的爆炸性、易燃性、放射性、毒害性、腐蚀性物品在公共场所或者公共交通工具上发生泄漏、遗洒，尚未造成严重后果的;

（七）其他情节严重的情形。

第八条 ［重大责任事故案（刑法第134条第1款）］在生产、作业中违反有关安全管理的规定，涉嫌下列情形之一的，应予立案追诉：

（一）造成死亡一人以上，或者重伤三人以上的;

（二）造成直接经济损失五十万元以上的;

（三）发生矿山生产安全事故，造成直接经济损失一百万元以上的;

（四）其他造成严重后果的情形。

第九条 ［强令违章冒险作业案（刑法第134条第2款）］强令他人违章冒险作业，涉嫌下列情形之一的，应予立案追诉：

（一）造成死亡一人以上，或者重伤三人以上的;

（二）造成直接经济损失五十万元以上的;

（三）发生矿山生产安全事故，造成直接经济损失一百万元以上的;

（四）其他造成严重后果的情形。

第十条 ［重大劳动安全事故案（刑法第135条）］安全生产设施或者安全生产条件不符合国家规定，涉嫌下列情形之一的，应予立案追诉：

（一）造成死亡一人以上，或者重伤三人以上的;

（二）造成直接经济损失五十万元以上的;

（三）发生矿山生产安全事故，造成直接经济损失一百万元以上的;

（四）其他造成严重后果的情形。

第十一条 ［大型群众性活动重大安全事故案（刑法第135条之一）］举办大型群众性活动违反安全管理规定，涉嫌下列情形之一的，应予立案追诉：

（一）造成死亡一人以上，或者重伤三人以上的;

（二）造成直接经济损失五十万元以上的;

（三）其他造成严重后果的情形。

第十二条 ［危险物品肇事案（刑法第136条）］违反爆炸性、易燃性、放射性、毒害性、腐蚀性物品的管理规定，在生产、储存、运输、使用中发生重大事故，涉嫌下列情形之一的，应予立案追诉：

（一）造成死亡一人以上，或者重伤三人以上的；

（二）造成直接经济损失五十万元以上的；

（三）其他造成严重后果的情形。

第十三条［工程重大安全事故案（刑法第137条）］建设单位、设计单位、施工单位、工程监理单位违反国家规定，降低工程质量标准，涉嫌下列情形之一的，应予立案追诉：

（一）造成死亡一人以上，或者重伤三人以上的；

（二）造成直接经济损失五十万元以上的；

（三）其他造成严重后果的情形。

第十四条［教育设施重大安全事故案（刑法第138条）］明知校舍或者教育教学设施有危险，而不采取措施或者不及时报告，涉嫌下列情形之一的，应予立案追诉：

（一）造成死亡一人以上、重伤三人以上或者轻伤十人以上的；

（二）其他致使发生重大伤亡事故的情形。

第十五条［消防责任事故案（刑法第139条）］违反消防管理法规，经消防监督机构通知采取改正措施而拒绝执行，涉嫌下列情形之一的，应予立案追诉：

（一）造成死亡一人以上，或者重伤三人以上的；

（二）造成直接经济损失五十万元以上的；

（三）造成森林火灾，过火有林地面积二公顷以上，或者过火疏林地、灌木林地、未成林地、苗圃地面积四公顷以上的；

（四）其他造成严重后果的情形。

二、破坏社会主义市场经济秩序案

第十六条［生产、销售伪劣产品案（刑法第140条）］生产者、销售者在产品中掺杂、掺假，以假充真，以次充好或者以不合格产品冒充合格产品，涉嫌下列情形之一的，应予立案追诉：

（一）伪劣产品销售金额五万元以上的；

（二）伪劣产品尚未销售，货值金额十五万元以上的；

（三）伪劣产品销售金额不满五万元，但将已销售金额乘以三倍后，与尚未销售的伪劣产品货值金额合计十五万元以上的。

本条规定的"掺杂、掺假"，是指在产品中掺入杂质或者异物，致使产品质量不符合国家法律、法规或者产品明示质量标准规定的质量要求，降低、失去应有使用性能的行为；"以假充真"，是指以不具有某种使用性能的产品冒充具有该种使用性能的产品的行为；"以次充好"，是指以低等级、低档次产品冒充高等级、高档次产品，或者以残次、废旧零配件组合、拼装后冒充正品或者新产品的行为；"不合格产品"，是指不符合《中华人民共和国产品质量法》规定的质量要求的产品。

对本条规定的上述行为难以确定的，应当委托法律、行政法规规定的产品质量检验机构进行鉴定。本条规定的"销售金额"，是指生产者、销售者出售伪劣产品后所得和应得的全部违法收入；"货值金额"，以违法生产、销售的伪劣产品的标价计算；没有标价的，按照同类合格产品的市场中间价格计算。货值金额难以确定的，按照《扣押、追缴、没收物品估价管理办法》的规定,委托估价机构进行确定。

第十七条 [生产、销售假药案(刑法第141条)] 生产(包括配制)、销售假药,涉嫌下列情形之一的,应予立案追诉:

(一)含有超标准的有毒有害物质的;

(二)不含所标明的有效成分,可能贻误诊治的;

(三)所标明的适应症或者功能主治超出规定范围,可能造成贻误诊治的;

(四)缺乏所标明的急救必需的有效成分的;

(五)其他足以严重危害人体健康或者对人体健康造成严重危害的情形。

本条规定的"假药",是指依照《中华人民共和国药品管理法》的规定属于假药和按假药论处的药品、非药品。

第十八条 [生产、销售劣药案(刑法第142条)] 生产(包括配制)、销售劣药,涉嫌下列情形之一的,应予立案追诉:

(一)造成人员轻伤、重伤或者死亡的;

(二)其他对人体健康造成严重危害的情形。

本条规定的"劣药",是指依照《中华人民共和国药品管理法》的规定,药品成分的含量不符合国家药品标准的药品和按劣药论处的药品。

第十九条 [生产、销售不符合卫生标准的食品案(刑法第143条)] 生产、销售不符合卫生标准的食品,涉嫌下列情形之一的,应予立案追诉:

(一)含有可能导致严重食物中毒事故或者其他严重食源性疾患的超标准的有害细菌的;

(二)含有可能导致严重食物中毒事故或者其他严重食源性疾患的其他污染物的。

本条规定的"不符合卫生标准的食品",由省级以上卫生行政部门确定的机构进行鉴定。

第二十条 [生产、销售有毒、有害食品案(刑法第144条)] 在生产、销售的食品中掺入有毒、有害的非食品原料的,或者销售明知掺有有毒、有害的非食品原料的食品的,应予立案追诉。

使用盐酸克仑特罗(俗称"瘦肉精")等禁止在饲料和动物饮用水中使用的药品或者含有该类药品的饲料养殖供人食用的动物,或者销售明知是使用该类药品或者含有该类药品的饲料养殖的供人食用的动物,应予立案追诉。

明知是使用盐酸克仑特罗等禁止在饲料和动物饮用水中使用的药品或者含有该类药品的饲料养殖的供人食用的动物,而提供屠宰等加工服务,或者销售其制品的,应予立案追诉。

第二十一条 [生产、销售不符合标准的医用器材案(刑法第145条)] 生产不符合保障人体健康的国家标准、行业标准的医疗器械、医用卫生材料,或者销售明知是不符合保障人体健康的国家标准、行业标准的医疗器械、医用卫生材料,涉嫌下列情形之一的,应予立案追诉:

(一)进入人体的医疗器械的材料中含有超过标准的有毒有害物质的;

（二）进入人体的医疗器械的有效性指标不符合标准要求，导致治疗、替代、调节、补偿功能部分或者全部丧失，可能造成贻误诊治或者人体严重损伤的；

（三）用于诊断、监护、治疗的有源医疗器械的安全指标不符合强制性标准要求，可能对人体构成伤害或者潜在危害的；

（四）用于诊断、监护、治疗的有源医疗器械的主要性能指标不合格，可能造成贻误诊治或者人体严重损伤的；

（五）未经批准，擅自增加功能或者适用范围，可能造成贻误诊治或者人体严重损伤的；

（六）其他足以严重危害人体健康或者对人体健康造成严重危害的情形。

医疗机构或者个人知道或者应当知道是不符合保障人体健康的国家标准、行业标准的医疗器械、医用卫生材料而购买并有偿使用的，视为本条规定的"销售"。

第二十二条 ［生产、销售不符合安全标准的产品案（刑法第146条）］生产不符合保障人身、财产安全的国家标准、行业标准的电器、压力容器、易燃易爆产品或者其他不符合保障人身、财产安全的国家标准、行业标准的产品，或者销售明知是以上不符合保障人身、财产安全的国家标准、行业标准的产品，涉嫌下列情形之一的，应予立案追诉：

（一）造成人员重伤或者死亡的；

（二）造成直接经济损失十万元以上的；

（三）其他造成严重后果的情形。

第二十三条 ［生产、销售伪劣农药、兽药、化肥、种子案（刑法第147条）］生产假农药、假兽药、假化肥，销售明知是假的或者失去使用效能的农药、兽药、化肥、种子，或者生产者、销售者以不合格的农药、兽药、化肥、种子冒充合格的农药、兽药、化肥、种子，涉嫌下列情形之一的，应予立案追诉：

（一）使生产遭受损失二万元以上的；

（二）其他使生产遭受较大损失的情形。

第二十四条 ［生产、销售不符合卫生标准的化妆品案（刑法第148条）］生产不符合卫生标准的化妆品，或者销售明知是不符合卫生标准的化妆品，涉嫌下列情形之一的，应予立案追诉：

（一）造成他人容貌毁损或者皮肤严重损伤的；

（二）造成他人器官组织损伤导致严重功能障碍的；

（三）致使他人精神失常或者自杀、自残造成重伤、死亡的；

（四）其他造成严重后果的情形。

第二十五条 ［走私淫秽物品案（刑法第152条第1款）］以牟利或者传播为目的，走私淫秽的影片、录像带、录音带、图片、书刊或者其他通过文字、声音、形象等形式表现淫秽内容的影碟、音碟、电子出版物等物品，涉嫌下列情形之一的，应予立案追诉：

（一）走私淫秽录像带、影碟五十盘（张）以上的；

（二）走私淫秽录音带、音碟一百盘（张）以上的；

（三）走私淫秽扑克、书刊、画册一百副（册）以上的；

(四) 走私淫秽照片、图片五百张以上的；

(五) 走私其他淫秽物品相当于上述数量的；

(六) 走私淫秽物品数量虽未达到本条第 (一) 项至第 (四) 项规定标准，但分别达到其中两项以上标准的百分之五十以上的。

第二十六条 ［侵犯著作权案（刑法第 217 条）］以营利为目的，未经著作权人许可，复制发行其文字作品、音乐、电影、电视、录像作品、计算机软件及其他作品，或者出版他人享有专有出版权的图书，或者未经录音录像制作者许可，复制发行其制作的录音录像，或者制作、出售假冒他人署名的美术作品，涉嫌下列情形之一的，应予立案追诉：

(一) 违法所得数额三万元以上的；

(二) 非法经营数额五万元以上的；

(三) 未经著作权人许可，复制发行其文字作品、音乐、电影、电视、录像作品、计算机软件及其他作品，复制品数量合计五百张 (份) 以上的；

(四) 未经录音录像制作者许可，复制发行其制作的录音录像制品，复制品数量合计五百张 (份) 以上的；

(五) 其他情节严重的情形。

以刊登收费广告等方式直接或者间接收取费用的情形，属于本条规定的"以营利为目的"。

本条规定的"未经著作权人许可"，是指没有得到著作权人授权或者伪造、涂改著作权人授权许可文件或者超出授权许可范围的情形。

本条规定的"复制发行"，包括复制、发行或者既复制又发行的行为。

通过信息网络向公众传播他人文字作品、音乐、电影、电视、录像作品、计算机软件及其他作品，或者通过信息网络传播他人制作的录音录像制品的行为，应当视为本条规定的"复制发行"。

侵权产品的持有人通过广告、征订等方式推销侵权产品的，属于本条规定的"发行"。

本条规定的"非法经营数额"，是指行为人在实施侵犯知识产权行为过程中，制造、储存、运输、销售侵权产品的价值。已销售的侵权产品的价值，按照实际销售的价格计算。制造、储存、运输和未销售的侵权产品的价值，按照标价或者已经查清的侵权产品的实际销售平均价格计算。侵权产品没有标价或者无法查清其实际销售价格的，按照被侵权产品的市场中间价格计算。

第二十七条 ［销售侵权复制品案（刑法第 218 条）］以营利为目的，销售明知是刑法第二百一十七条规定的侵权复制品，涉嫌下列情形之一的，应予立案追诉：

(一) 违法所得数额十万元以上的；

(二) 违法所得数额虽未达到上述数额标准，但尚未销售的侵权复制品货值金额达到三十万元以上的。

第二十八条 ［强迫交易案（刑法第 226 条）］以暴力、威胁手段强买强卖商品、强迫他人提供服务或者强迫他人接受服务，涉嫌下列情形之一的，应予立案追诉：

(一) 造成被害人轻微伤或者其他严重后果的；

（二）造成直接经济损失二千元以上的；

（三）强迫交易三次以上或者强迫三人以上交易的；

（四）强迫交易数额一万元以上，或者违法所得数额二千元以上的；

（五）强迫他人购买伪劣商品数额五千元以上，或者违法所得数额一千元以上的；

（六）其他情节严重的情形。

第二十九条 ［伪造、倒卖伪造的有价票证案（刑法第227条第1款）］伪造或者倒卖伪造的车票、船票、邮票或者其他有价票证，涉嫌下列情形之一的，应予立案追诉：

（一）车票、船票票面数额累计二千元以上，或者数量累计五十张以上的；

（二）邮票票面数额累计五千元以上，或者数量累计一千枚以上的；

（三）其他有价票证价额累计五千元以上，或者数量累计一百张以上的；

（四）非法获利累计一千元以上的；

（五）其他数额较大的情形。

第三十条 ［倒卖车票、船票案（刑法第227条第2款）］倒卖车票、船票或者倒卖车票坐席、卧铺签字号以及订购车票、船票凭证，涉嫌下列情形之一的，应予立案追诉：

（一）票面数额累计五千元以上的；

（二）非法获利累计二千元以上的；

（三）其他情节严重的情形。

三、侵犯公民人身权利、民主权利案

第三十一条 ［强迫职工劳动案（刑法第244条）］用人单位违反劳动管理法规，以限制人身自由方法强迫职工劳动，涉嫌下列情形之一的，应予立案追诉：

（一）强迫他人劳动，造成人员伤亡或者患职业病的；

（二）采取殴打、胁迫、扣发工资、扣留身份证件等手段限制人身自由，强迫他人劳动的；

（三）强迫妇女从事井下劳动、国家规定的第四级体力劳动强度的劳动或者其他禁忌从事的劳动，或者强迫处于经期、孕期和哺乳期妇女从事国家规定的第三级体力劳动强度以上的劳动或者其他禁忌从事的劳动的；

（四）强迫已满十六周岁未满十八周岁的未成年人从事国家规定的第四级体力劳动强度的劳动，或者从事高空、井下劳动，或者在爆炸性、易燃性、放射性、毒害性等危险环境下从事劳动的；

（五）其他情节严重的情形。

第三十二条 ［雇用童工从事危重劳动案（刑法第244条之一）］违反劳动管理法规，雇用未满十六周岁的未成年人从事国家规定的第四级体力劳动强度的劳动，或者从事高空、井下作业，或者在爆炸性、易燃性、放射性、毒害性等危险环境下从事劳动，涉嫌下列情形之一的，应予立案追诉：

（一）造成未满十六周岁的未成年人伤亡或者对其身体健康造成严重危害的；

（二）雇用未满十六周岁的未成年人三人以上的；

（三）以强迫、欺骗等手段雇用未满十六周岁的未成年人从事危重劳动的；

（四）其他情节严重的情形。

四、侵犯财产案

第三十三条 ［故意毁坏财物案（刑法第275条）］故意毁坏公私财物，涉嫌下列情形之一的，应予立案追诉：

（一）造成公私财物损失五千元以上的；

（二）毁坏公私财物三次以上的；

（三）纠集三人以上公然毁坏公私财物的；

（四）其他情节严重的情形。

第三十四条 ［破坏生产经营案（刑法第276条）］由于泄愤报复或者其他个人目的，毁坏机器设备、残害耕畜或者以其他方法破坏生产经营，涉嫌下列情形之一的，应予立案追诉：

（一）造成公私财物损失五千元以上的；

（二）破坏生产经营三次以上的；

（三）纠集三人以上公然破坏生产经营的；

（四）其他破坏生产经营应予追究刑事责任的情形。

五、妨害社会管理秩序案

第三十五条 ［非法生产、买卖警用装备案（刑法第281条）］非法生产、买卖人民警察制式服装、车辆号牌等专用标志、警械，涉嫌下列情形之一的，应予立案追诉：

（一）成套制式服装三十套以上，或者非成套制式服装一百件以上的；

（二）手铐、脚镣、警用抓捕网、警用催泪喷射器、警灯、警报器单种或者合计十件以上的；

（三）警棍五十根以上的；

（四）警衔、警号、胸章、臂章、帽徽等警用标志单种或者合计一百件以上的；

（五）警车号牌、省级以上公安机关专段民用车辆号牌一副以上，或者其他公安机关专段民用车辆号牌三副以上的；

（六）非法经营数额五千元以上，或者非法获利一千元以上的；

（七）被他人利用进行违法犯罪活动的；

（八）其他情节严重的情形。

第三十六条 ［聚众斗殴案（刑法第292条第1款）］组织、策划、指挥或者积极参加聚众斗殴的，应予立案追诉。

第三十七条 ［寻衅滋事案（刑法第293条）］寻衅滋事，破坏社会秩序，涉嫌下列情形之一的，应予立案追诉：

（一）随意殴打他人造成他人身体伤害、持械随意殴打他人或者具有其他恶劣情节的；

（二）追逐、拦截、辱骂他人，严重影响他人正常工作、生产、生活，或者造成他人精神失常、自杀或者具有其他恶劣情节的；

（三）强拿硬要或者任意损毁、占用公私财物价值二千元以上，强拿硬要或者任意损毁、占用公私财物三次以上或者具有其他严重情节的；

（四）在公共场所起哄闹事，造成公共场所秩序严重混乱的。

第三十八条 ［非法集会、游行、示威案（刑法第 296 条）］举行集会、游行、示威，未依照法律规定申请或者申请未获许可，或者未按照主管机关许可的起止时间、地点、路线进行，又拒不服从解散命令，严重破坏社会秩序的，应予立案追诉。

第三十九条 ［非法携带武器、管制刀具、爆炸物参加集会、游行、示威案（刑法第 297 条）］违反法律规定，携带武器、管制刀具或者爆炸物参加集会、游行、示威的，应予立案追诉。

第四十条 ［破坏集会、游行、示威案（刑法第 298 条）］扰乱、冲击或者以其他方法破坏依法举行的集会、游行、示威，造成公共秩序混乱的，应予立案追诉。

第四十一条 ［聚众淫乱案（刑法第 301 条第 1 款）］组织、策划、指挥三人以上进行聚众淫乱活动或者参加聚众淫乱活动三次以上的，应予立案追诉。

第四十二条 ［引诱未成年人聚众淫乱案（刑法第 301 条第 1 款）］引诱未成年人参加聚众淫乱活动的，应予立案追诉。

第四十三条 ［赌博案（刑法第 303 条第 1 款）］以营利为目的，聚众赌博，涉嫌下列情形之一的，应予立案追诉：

（一）组织三人以上赌博，抽头渔利数额累计五千元以上的；

（二）组织三人以上赌博，赌资数额累计五万元以上的；

（三）组织三人以上赌博，参赌人数累计二十人以上的；

（四）组织中华人民共和国公民十人以上赴境外赌博，从中收取回扣、介绍费的；

（五）其他聚众赌博应予追究刑事责任的情形。

以营利为目的，以赌博为业的，应予立案追诉。

赌博犯罪中用作赌注的款物、换取筹码的款物和通过赌博赢取的款物属于赌资。通过计算机网络实施赌博犯罪的，赌资数额可以按照在计算机网络上投注或者赢取的点数乘以每一点实际代表的金额认定。

第四十四条 ［开设赌场案（刑法第 303 条第 2 款）］开设赌场的，应予立案追诉。

在计算机网络上建立赌博网站，或者为赌博网站担任代理，接受投注的，属于本条规定的"开设赌场"。

第四十五条 ［故意延误投递邮件案（刑法第 304 条）］邮政工作人员严重不负责任，故意延误投递邮件，涉嫌下列情形之一的，应予立案追诉：

（一）造成直接经济损失二万元以上的；

（二）延误高校录取通知书或者其他重要邮件投递，致使他人失去高校录取资格或者造成其他无法挽回的重大损失的；

（三）严重损害国家声誉或者造成恶劣社会影响的；

（四）其他致使公共财产、国家和人民利益遭受重大损失的情形。

第四十六条 ［故意损毁文物案（刑法第 324 条第 1 款）］故意损毁国家保护的珍贵文物或者被确定为全国重点文物保护单位、省级文物保护单位的文物的，应予立案追诉。

第四十七条 ［故意损毁名胜古迹案（刑法第 324 条第 2 款）］故意损毁国家保护的名

胜古迹，涉嫌下列情形之一的，应予立案追诉：

（一）造成国家保护的名胜古迹严重损毁的；

（二）损毁国家保护的名胜古迹三次以上或者三处以上，尚未造成严重毁损后果的；

（三）损毁手段特别恶劣的；

（四）其他情节严重的情形。

第四十八条　［过失损毁文物案（刑法第324条第3款）］过失损毁国家保护的珍贵文物或者被确定为全国重点文物保护单位、省级文物保护单位的文物，涉嫌下列情形之一的，应予立案追诉：

（一）造成珍贵文物严重损毁的；

（二）造成被确定为全国重点文物保护单位、省级文物保护单位的文物严重损毁的；

（三）造成珍贵文物损毁三件以上的；

（四）其他造成严重后果的情形。

第四十九条　［妨害传染病防治案（刑法第330条）］违反传染病防治法的规定，引起甲类或者按甲类管理的传染病传播或者有传播严重危险，涉嫌下列情形之一的，应予立案追诉：

（一）供水单位供应的饮用水不符合国家规定的卫生标准的；

（二）拒绝按照疾病预防控制机构提出的卫生要求，对传染病病原体污染的污水、污物、粪便进行消毒处理的；

（三）准许或者纵容传染病病人、病原携带者和疑似传染病病人从事国务院卫生行政部门规定禁止从事的易使该传染病扩散的工作的；

（四）拒绝执行疾病预防控制机构依照传染病防治法提出的预防、控制措施的。

本条和本规定第五十条规定的"甲类传染病"，是指鼠疫、霍乱；"按甲类管理的传染病"，是指乙类传染病中传染性非典型肺炎、炭疽中的肺炭疽、人感染高致病性禽流感以及国务院卫生行政部门根据需要报经国务院批准公布实施的其他需要按甲类管理的乙类传染病和突发原因不明的传染病。

第五十条　［传染病菌种、毒种扩散案（刑法第331条）］从事实验、保藏、携带、运输传染病菌种、毒种的人员，违反国务院卫生行政部门的有关规定，造成传染病菌种、毒种扩散，涉嫌下列情形之一的，应予立案追诉：

（一）导致甲类和按甲类管理的传染病传播的；

（二）导致乙类、丙类传染病流行、暴发的；

（三）造成人员重伤或者死亡的；

（四）严重影响正常的生产、生活秩序的；

（五）其他造成严重后果的情形。

第五十一条　［妨害国境卫生检疫案（刑法第332条）］违反国境卫生检疫规定，引起检疫传染病传播或者有传播严重危险的，应予立案追诉。

本条规定的"检疫传染病"，是指鼠疫、霍乱、黄热病以及国务院确定和公布的其他传染病。

第五十二条 [非法组织卖血案（刑法第 333 条第 1 款）] 非法组织他人出卖血液，涉嫌下列情形之一的，应予立案追诉：

（一）组织卖血三人次以上的；

（二）组织卖血非法获利累计二千元以上的；

（三）组织未成年人卖血的；

（四）被组织卖血的人的血液含有艾滋病病毒、乙型肝炎病毒、丙型肝炎病毒、梅毒螺旋体等病原微生物的；

（五）其他非法组织卖血应予追究刑事责任的情形。

第五十三条 [强迫卖血案（刑法第 333 条第 1 款）] 以暴力、威胁方法强迫他人出卖血液的，应予立案追诉。

第五十四条 [非法采集、供应血液、制作、供应血液制品案（刑法第 334 条第 1 款）] 非法采集、供应血液或者制作、供应血液制品，涉嫌下列情形之一的，应予立案追诉：

（一）采集、供应的血液含有艾滋病病毒、乙型肝炎病毒、丙型肝炎病毒、梅毒螺旋体等病原微生物的；

（二）制作、供应的血液制品含有艾滋病病毒、乙型肝炎病毒、丙型肝炎病毒、梅毒螺旋体等病原微生物，或者将含有上述病原微生物的血液用于制作血液制品的；

（三）使用不符合国家规定的药品、诊断试剂、卫生器材，或者重复使用一次性采血器材采集血液，造成传染病传播危险的；

（四）违反规定对献血者、供血浆者超量、频繁采集血液、血浆，足以危害人体健康的；

（五）其他不符合国家有关采集、供应血液或者制作、供应血液制品的规定，足以危害人体健康或者对人体健康造成严重危害的情形。

未经国家主管部门批准或者超过批准的业务范围，采集、供应血液或者制作、供应血液制品的，属于本条规定的"非法采集、供应血液或者制作、供应血液制品"。

本条和本规定第五十二条、第五十三条、第五十五条规定的"血液"，是指全血、成分血和特殊血液成分。

本条和本规定第五十五条规定的"血液制品"，是指各种人血浆蛋白制品。

第五十五条 [采集、供应血液、制作、供应血液制品事故案（刑法第 334 条第 2 款）] 经国家主管部门批准采集、供应血液或者制作、供应血液制品的部门，不依照规定进行检测或者违背其他操作规定，涉嫌下列情形之一的，应予立案追诉：

（一）造成献血者、供血浆者、受血者感染艾滋病病毒、乙型肝炎病毒、丙型肝炎病毒、梅毒螺旋体或者其他经血液传播的病原微生物的；

（二）造成献血者、供血浆者、受血者严重贫血、造血功能障碍或者其他器官组织损伤致功能障碍等身体严重危害的；

（三）其他造成危害他人身体健康后果的情形。

经国家主管部门批准的采供血机构和血液制品生产经营单位，属于本条规定的"经国家主管部门批准采集、供应血液或者制作、供应血液制品的部门"。采供血机构包括血液中心、中心血站、中心血库、脐带血造血干细胞库和国家卫生行政主管部门根据医学发展需要批准、设置的其他类型血库、单采血浆站。

具有下列情形之一的，属于本条规定的"不依照规定进行检测或者违背其他操作规定"：

（一）血站未用两个企业生产的试剂对艾滋病病毒抗体、乙型肝炎病毒表面抗原、丙型肝炎病毒抗体、梅毒抗体进行两次检测的；

（二）单采血浆站不依照规定对艾滋病病毒抗体、乙型肝炎病毒表面抗原、丙型肝炎病毒抗体、梅毒抗体进行检测的；

（三）血液制品生产企业在投料生产前未用主管部门批准和检定合格的试剂进行复检的；

（四）血站、单采血浆站和血液制品生产企业使用的诊断试剂没有生产单位名称、生产批准文号或者经检定不合格的；

（五）采供血机构在采集检验标本、采集血液和成分血分离时，使用没有生产单位名称、生产批准文号或者超过有效期的一次性注射器等采血器材的；

（六）不依照国家规定的标准和要求包装、储存、运输血液、原料血浆的；

（七）对国家规定检测项目结果呈阳性的血液未及时按照规定予以清除的；

（八）不具备相应资格的医务人员进行采血、检验操作的；

（九）对献血者、供血浆者超量、频繁采集血液、血浆的；

（十）采供血机构采集血液、血浆前，未对献血者或者供血浆者进行身份识别，采集冒名顶替者、健康检查不合格者血液、血浆的；

（十一）血站擅自采集原料血浆，单采血浆站擅自采集临床用血或者向医疗机构供应原料血浆的；

（十二）重复使用一次性采血器材的；

（十三）其他不依照规定进行检测或者违背操作规定的。

第五十六条 ［医疗事故案（刑法第335条）］医务人员由于严重不负责任，造成就诊人死亡或者严重损害就诊人身体健康的，应予立案追诉。

具有下列情形之一的，属于本条规定的"严重不负责任"：

（一）擅离职守的；

（二）无正当理由拒绝对危急就诊人实行必要的医疗救治的；

（三）未经批准擅自开展试验性医疗的；

（四）严重违反查对、复核制度的；

（五）使用未经批准使用的药品、消毒药剂、医疗器械的；

（六）严重违反国家法律法规及有明确规定的诊疗技术规范、常规的；

（七）其他严重不负责任的情形。

本条规定的"严重损害就诊人身体健康"，是指造成就诊人严重残疾、重伤、感染艾滋病、病毒性肝炎等难以治愈的疾病或者其他严重损害就诊人身体健康的后果。

第五十七条 ［非法行医案（刑法第336条第1款）］未取得医生执业资格的人非法行

医，涉嫌下列情形之一的，应予立案追诉：

（一）造成就诊人轻度残疾、器官组织损伤导致一般功能障碍，或者中度以上残疾、器官组织损伤导致严重功能障碍，或者死亡的；

（二）造成甲类传染病传播、流行或者有传播、流行危险的；

（三）使用假药、劣药或不符合国家规定标准的卫生材料、医疗器械，足以严重危害人体健康的；

（四）非法行医被卫生行政部门行政处罚两次以后，再次非法行医的；

（五）其他情节严重的情形。

具有下列情形之一的，属于本条规定的"未取得医生执业资格的人非法行医"：

（一）未取得或者以非法手段取得医师资格从事医疗活动的；

（二）个人未取得《医疗机构执业许可证》开办医疗机构的；

（三）被依法吊销医师执业证书期间从事医疗活动的；

（四）未取得乡村医生执业证书，从事乡村医疗活动的；

（五）家庭接生员实施家庭接生以外的医疗行为的。

本条规定的"轻度残疾、器官组织损伤导致一般功能障碍"、"中度以上残疾、器官组织损伤导致严重功能障碍"，参照卫生部《医疗事故分级标准（试行）》认定。

第五十八条 ［非法进行节育手术案（刑法第 336 条第 2 款）］未取得医生执业资格的人擅自为他人进行节育复通手术、假节育手术、终止妊娠手术或者摘取宫内节育器，涉嫌下列情形之一的，应予立案追诉：

（一）造成就诊人轻伤、重伤、死亡或者感染艾滋病、病毒性肝炎等难以治愈的疾病的；

（二）非法进行节育复通手术、假节育手术、终止妊娠手术或者摘取宫内节育器五人次以上的；

（三）致使他人超计划生育的；

（四）非法进行选择性别的终止妊娠手术的；

（五）非法获利累计五千元以上的；

（六）其他情节严重的情形。

第五十九条 ［逃避动植物检疫案（刑法第 337 条）］违反进出境动植物检疫法的规定，逃避动植物检疫，涉嫌下列情形之一的，应予立案追诉：

（一）造成国家规定的《进境动物一、二类传染病、寄生虫病名录》中所列的动物疫病传入或者对农、牧、渔业生产以及人体健康、公共安全造成严重危害的其他动物疫病在国内暴发流行的；

（二）造成国家规定的《进境植物检疫性有害生物名录》中所列的有害生物传入或者对农、林业生产、生态环境以及人体健康有严重危害的其他有害生物在国内传播扩散的。

第六十条 ［重大环境污染事故案（刑法第 338 条）］违反国家规定，向土地、水体、大气排放、倾倒或者处置有放射性的废物、含传染病病原体的废物、有毒物质或者其他危险废物，造成重大环境污染事故，涉嫌下列情形之一的，应予立案追诉：

（一）致使公私财产损失三十万元以上的；

（二）致使基本农田、防护林地、特种用途林地五亩以上，其他农用地十亩以上，其他土地二十亩以上基本功能丧失或者遭受永久性破坏的；

（三）致使森林或者其他林木死亡五十立方米以上，或者幼树死亡二千五百株以上的；

（四）致使一人以上死亡、三人以上重伤、十人以上轻伤，或者一人以上重伤并且五人以上轻伤的；

（五）致使传染病发生、流行或者人员中毒达到《国家突发公共卫生事件应急预案》中突发公共卫生事件分级Ⅲ级以上情形，严重危害人体健康的；

（六）其他致使公私财产遭受重大损失或者人身伤亡的严重后果的情形。

本条和本规定第六十二条规定的"公私财产损失"，包括污染环境行为直接造成的财产损毁、减少的实际价值，为防止污染扩大以及消除污染而采取的必要的、合理的措施而发生的费用。

第六十一条 ［非法处置进口的固体废物案（刑法第339条第1款）］违反国家规定，将境外的固体废物进境倾倒、堆放、处置的，应予立案追诉。

第六十二条 ［擅自进口固体废物案（刑法第339条第2款）］未经国务院有关主管部门许可，擅自进口固体废物用作原料，造成重大环境污染事故，涉嫌下列情形之一的，应予立案追诉：

（一）致使公私财产损失三十万元以上的；

（二）致使基本农田、防护林地、特种用途林地五亩以上，其他农用地十亩以上，其他土地二十亩以上基本功能丧失或者遭受永久性破坏的；

（三）致使森林或者其他林木死亡五十立方米以上，或者幼树死亡二千五百株以上的；

（四）致使一人以上死亡、三人以上重伤、十人以上轻伤，或者一人以上重伤并且五人以上轻伤的；

（五）致使传染病发生、流行或者人员中毒达到《国家突发公共卫生事件应急预案》中突发公共卫生事件分级Ⅲ级以上情形，严重危害人体健康的；

（六）其他致使公私财产遭受重大损失或者严重危害人体健康的情形。

第六十三条 ［非法捕捞水产品案（刑法第340条）］违反保护水产资源法规，在禁渔区、禁渔期或者使用禁用的工具、方法捕捞水产品，涉嫌下列情形之一的，应予立案追诉：

（一）在内陆水域非法捕捞水产品五百公斤以上或者价值五千元以上，或者在海洋水域非法捕捞水产品二千公斤以上或者价值二万元以上的；

（二）非法捕捞有重要经济价值的水生动物苗种、怀卵亲体或者在水产种质资源保护区内捕捞水产品，在内陆水域五十公斤以上或者价值五百元以上，或者在海洋水域二百公斤以上或者价值二千元以上的；

（三）在禁渔区内使用禁用的工具或者禁用的方法捕捞的；

（四）在禁渔期内使用禁用的工具或者禁用的方法捕捞的；

（五）在公海使用禁用渔具从事捕捞作业，造成严重影响的；

（六）其他情节严重的情形。

第六十四条 [非法猎捕、杀害珍贵、濒危野生动物案（刑法第 341 条第 1 款）] 非法猎捕、杀害国家重点保护的珍贵、濒危野生动物的，应予立案追诉。

本条和本规定第六十五条规定的"珍贵、濒危野生动物"，包括列入《国家重点保护野生动物名录》的国家一、二级保护野生动物，列入《濒危野生动植物种国际贸易公约》附录一、附录二的野生动物以及驯养繁殖的上述物种。

第六十五条 [非法收购、运输、出售珍贵、濒危野生动物、珍贵、濒危野生动物制品案（刑法第 341 条第 1 款）] 非法收购、运输、出售国家重点保护的珍贵、濒危野生动物及其制品的，应予立案追诉。

本条规定的"收购"，包括以营利、自用等为目的的购买行为；"运输"，包括采用携带、邮寄、利用他人、使用交通工具等方法进行运送的行为；"出售"，包括出卖和以营利为目的的加工利用行为。

第六十六条 [非法狩猎案（刑法第 341 条第 2 款）] 违反狩猎法规，在禁猎区、禁猎期或者使用禁用的工具、方法进行狩猎，破坏野生动物资源，涉嫌下列情形之一的，应予立案追诉：

（一）非法狩猎野生动物二十只以上的；
（二）在禁猎区内使用禁用的工具或者禁用的方法狩猎的；
（三）在禁猎期内使用禁用的工具或者禁用的方法狩猎的；
（四）其他情节严重的情形。

第六十七条 [非法占用农用地案（刑法第 342 条）] 违反土地管理法规，非法占用耕地、林地等农用地，改变被占用土地用途，造成耕地、林地等农用地大量毁坏，涉嫌下列情形之一的，应予立案追诉：

（一）非法占用基本农田五亩以上或者基本农田以外的耕地十亩以上的；
（二）非法占用防护林地或者特种用途林地数量单种或者合计五亩以上的；
（三）非法占用其他林地数量十亩以上的；
（四）非法占用本款第（二）项、第（三）项规定的林地，其中一项数量达到相应规定的数量标准的百分之五十以上，且两项数量合计达到该项规定的数量标准的；
（五）非法占用其他农用地数量较大的情形。

违反土地管理法规，非法占用耕地建窑、建坟、建房、挖沙、采石、采矿、取土、堆放固体废弃物或者进行其他非农业建设，造成耕地种植条件严重毁坏或者严重污染，被毁坏耕地数量达到以上规定的，属于本条规定的"造成耕地大量毁坏"。

违反土地管理法规，非法占用林地，改变被占用林地用途，在非法占用的林地上实施建窑、建坟、建房、挖沙、采石、采矿、取土、种植农作物、堆放或者排泄废弃物等行为或者进行其他非林业生产、建设，造成林地的原有植被或者林业种植条件严重毁坏或者严重污染，被毁坏林地数量达到以上规定的，属于本条规定的"造成林地大量毁坏"。

第六十八条 [非法采矿案（刑法第 343 条第 1 款）] 违反矿产资源法的规定，未取得采矿许可证擅自采矿的，或者擅自进入国家规划矿区、对国民经济具有重要价值的矿区和他人矿区范围采矿的，或者擅自开采国家规定实行保护性开采的特定矿种，经责令停止开采后拒不停止开采,造成矿产资源破坏的价值数额在五万元至十万元以上的,应予立案追诉。

具有下列情形之一的,属于本条规定的"未取得采矿许可证擅自采矿":

(一)无采矿许可证开采矿产资源的;

(二)采矿许可证被注销、吊销后继续开采矿产资源的;

(三)超越采矿许可证规定的矿区范围开采矿产资源的;

(四)未按采矿许可证规定的矿种开采矿产资源的(共生、伴生矿种除外);

(五)其他未取得采矿许可证开采矿产资源的情形。

在采矿许可证被依法暂扣期间擅自开采的,视为本条规定的"未取得采矿许可证擅自采矿"。

造成矿产资源破坏的价值数额,由省级以上地质矿产主管部门出具鉴定结论,经查证属实后予以认定。

第六十九条 [破坏性采矿案(刑法第343条第2款)] 违反矿产资源法的规定,采取破坏性的开采方法开采矿产资源,造成矿产资源严重破坏,价值数额在三十万元至五十万元以上的,应予立案追诉。

本条规定的"采取破坏性的开采方法开采矿产资源",是指行为人违反地质矿产主管部门审查批准的矿产资源开发利用方案开采矿产资源,并造成矿产资源严重破坏的行为。

破坏性的开采方法以及造成矿产资源严重破坏的价值数额,由省级以上地质矿产主管部门出具鉴定结论,经查证属实后予以认定。

第七十条 [非法采伐、毁坏国家重点保护植物案(刑法第344条)] 违反国家规定,非法采伐、毁坏珍贵树木或者国家重点保护的其他植物的,应予立案追诉。

本条和本规定第七十一条规定的"珍贵树木或者国家重点保护的其他植物",包括由省级以上林业主管部门或者其他部门确定的具有重大历史纪念意义、科学研究价值或者年代久远的古树名木,国家禁止、限制出口的珍贵树木以及列入《国家重点保护野生植物名录》的树木或者其他植物。

第七十一条 [非法收购、运输、加工、出售国家重点保护植物、国家重点保护植物制品案(刑法第344条)] 违反国家规定,非法收购、运输、加工、出售珍贵树木或者国家重点保护的其他植物及其制品的,应予立案追诉。

第七十二条 [盗伐林木案(刑法第345条第1款)] 盗伐森林或者其他林木,涉嫌下列情形之一的,应予立案追诉:

(一)盗伐二至五立方米以上的;

(二)盗伐幼树一百至二百株以上的。

以非法占有为目的,具有下列情形之一的,属于本条规定的"盗伐森林或者其他林木":

(一)擅自砍伐国家、集体、他人所有或者他人承包经营管理的森林或者其他林木的;

(二)擅自砍伐本单位或者本人承包经营管理的森林或者其他林木的;

(三)在林木采伐许可证规定的地点以外采伐国家、集体、他人所有或者他人承包经营管理的森林或者其他林木的。

本条和本规定第七十三条、第七十四条规定的林木数量以立木蓄积计算，计算方法为：原木材积除以该树种的出材率；"幼树"，是指胸径五厘米以下的树木。

第七十三条 ［滥伐林木案（刑法第345条第2款）］违反森林法的规定，滥伐森林或者其他林木，涉嫌下列情形之一的，应予立案追诉：

（一）滥伐十至二十立方米以上的；

（二）滥伐幼树五百至一千株以上的。

违反森林法的规定，具有下列情形之一的，属于本条规定的"滥伐森林或者其他林木"：

（一）未经林业行政主管部门及法律规定的其他主管部门批准并核发林木采伐许可证，或者虽持有林木采伐许可证，但违反林木采伐许可证规定的时间、数量、树种或者方式，任意采伐本单位所有或者本人所有的森林或者其他林木的；

（二）超过林木采伐许可证规定的数量采伐他人所有的森林或者其他林木的。

违反森林法的规定，在林木采伐许可证规定的地点以外，采伐本单位或者本人所有的森林或者其他林木的，除农村居民采伐自留地和房前屋后个人所有的零星林木以外，属于本条第二款第（一）项"未经林业行政主管部门及法律规定的其他主管部门批准并核发林木采伐许可证"规定的情形。

林木权属争议一方在林木权属确权之前，擅自砍伐森林或者其他林木的，属于本条规定的"滥伐森林或者其他林木"。

滥伐林木的数量，应在伐区调查设计允许的误差额以上计算。

第七十四条 ［非法收购、运输盗伐、滥伐的林木案（刑法第345条第3款）］非法收购、运输明知是盗伐、滥伐的林木，涉嫌下列情形之一的，应予立案追诉：

（一）非法收购、运输盗伐、滥伐的林木二十立方米以上或者幼树一千株以上的；

（二）其他情节严重的情形。

本条规定的"非法收购"的"明知"，是指知道或者应当知道。具有下列情形之一的，可以视为应当知道，但是有证据证明确属被蒙骗的除外：

（一）在非法的木材交易场所或者销售单位收购木材的；

（二）收购以明显低于市场价格出售的木材的；

（三）收购违反规定出售的木材的。

第七十五条 ［组织卖淫案（刑法第358条第1款）］以招募、雇佣、强迫、引诱、容留等手段，组织他人卖淫的，应予立案追诉。

第七十六条 ［强迫卖淫案（刑法第358条第1款）］以暴力、胁迫等手段强迫他人卖淫的，应予立案追诉。

第七十七条 ［协助组织卖淫案（刑法第358条第3款）］在组织卖淫的犯罪活动中，充当保镖、打手、管账人等，起帮助作用的，应予立案追诉。

第七十八条 ［引诱、容留、介绍卖淫案（刑法第359条第1款）］引诱、容留、介绍他人卖淫，涉嫌下列情形之一的，应予立案追诉：

（一）引诱、容留、介绍二人次以上卖淫的；

（二）引诱、容留、介绍已满十四周岁未满十八周岁的未成年人卖淫的；

（三）被引诱、容留、介绍卖淫的人患有艾滋病或者患有梅毒、淋病等严重性病的；

（四）其他引诱、容留、介绍卖淫应予追究刑事责任的情形。

第七十九条 ［引诱幼女卖淫案（刑法第 359 条第 2 款）］引诱不满十四周岁的幼女卖淫的，应予立案追诉。

第八十条 ［传播性病案（刑法第 360 条第 1 款）］明知自己患有梅毒、淋病等严重性病卖淫、嫖娼的，应予立案追诉。

具有下列情形之一的，可以认定为本条规定的"明知"：

（一）有证据证明曾到医疗机构就医，被诊断为患有严重性病的；

（二）根据本人的知识和经验，能够知道自己患有严重性病的；

（三）通过其他方法能够证明是"明知"的。

第八十一条 ［嫖宿幼女案（刑法第 360 条第 2 款）］行为人知道被害人是或者可能是不满十四周岁的幼女而嫖宿的，应予立案追诉。

第八十二条 ［制作、复制、出版、贩卖、传播淫秽物品牟利案（刑法第 363 条第 1 款、第 2 款）］以牟利为目的，制作、复制、出版、贩卖、传播淫秽物品，涉嫌下列情形之一的，应予立案追诉：

（一）制作、复制、出版淫秽影碟、软件、录像带五十至一百张（盒）以上，淫秽音碟、录音带一百至二百张（盒）以上，淫秽扑克、书刊、画册一百至二百副（册）以上，淫秽照片、画片五百至一千张以上的；

（二）贩卖淫秽影碟、软件、录像带一百至二百张（盒）以上，淫秽音碟、录音带二百至四百张（盒）以上，淫秽扑克、书刊、画册二百至四百副（册）以上，淫秽照片、画片一千至二千张以上的；

（三）向他人传播淫秽物品达二百至五百人次以上，或者组织播放淫秽影、像达十至二十场次以上的；

（四）制作、复制、出版、贩卖、传播淫秽物品，获利五千至一万元以上的。

以牟利为目的，利用互联网、移动通信终端制作、复制、出版、贩卖、传播淫秽电子信息，涉嫌下列情形之一的，应予立案追诉：

（一）制作、复制、出版、贩卖、传播淫秽电影、表演、动画等视频文件二十个以上的；

（二）制作、复制、出版、贩卖、传播淫秽音频文件一百个以上的；

（三）制作、复制、出版、贩卖、传播淫秽电子刊物、图片、文章、短信息等二百件以上的；

（四）制作、复制、出版、贩卖、传播的淫秽电子信息，实际被点击数达到一万次以上的；

（五）以会员制方式出版、贩卖、传播淫秽电子信息，注册会员达二百人以上的；

（六）利用淫秽电子信息收取广告费、会员注册费或者其他费用，违法所得一万元以上的；

（七）数量或者数额虽未达到本款第（一）项至第（六）项规定标准，但分别达到其中两项以上标准的百分之五十以上的；

（八）造成严重后果的。

利用聊天室、论坛、即时通信软件、电子邮件等方式，实施本条第二款规定行为的，应予立案追诉。

以牟利为目的，通过声讯台传播淫秽语音信息，涉嫌下列情形之一的，应予立案追诉：

（一）向一百人次以上传播的；

（二）违法所得一万元以上的；

（三）造成严重后果的。

明知他人用于出版淫秽书刊而提供书号、刊号的，应予立案追诉。

第八十三条 [为他人提供书号出版淫秽书刊案（刑法第363条第2款）] 为他人提供书号、刊号出版淫秽书刊，或者为他人提供版号出版淫秽音像制品的，应予立案追诉。

第八十四条 [传播淫秽物品案（刑法第364条第1款）] 传播淫秽的书刊、影片、音像、图片或者其他淫秽物品，涉嫌下列情形之一的，应予立案追诉：

（一）向他人传播三百至六百人次以上的；

（二）造成恶劣社会影响的。

不以牟利为目的，利用互联网、移动通信终端传播淫秽电子信息，涉嫌下列情形之一的，应予立案追诉：

（一）数量达到本规定第八十二条第二款第（一）项至第（五）项规定标准二倍以上的；

（二）数量分别达到本规定第八十二条第二款第（一）项至第（五）项两项以上标准的；

（三）造成严重后果的。

利用聊天室、论坛、即时通信软件、电子邮件等方式，实施本条第二款规定行为的，应予立案追诉。

第八十五条 [组织播放淫秽音像制品案（刑法第364条第2款）] 组织播放淫秽的电影、录像等音像制品，涉嫌下列情形之一的，应予立案追诉：

（一）组织播放十五至三十场次以上的；

（二）造成恶劣社会影响的。

第八十六条 [组织淫秽表演案（刑法第365条）] 以策划、招募、强迫、雇用、引诱、提供场地、提供资金等手段，组织进行淫秽表演，涉嫌下列情形之一的，应予立案追诉：

（一）组织表演者进行裸体表演的；

（二）组织表演者利用性器官进行诲淫性表演的；

（三）组织表演者半裸体或者变相裸体表演并通过语言、动作具体描绘性行为的；

（四）其他组织进行淫秽表演应予追究刑事责任的情形。

六、危害国防利益案

第八十七条 ［故意提供不合格武器装备、军事设施案（刑法第 370 条第 1 款）］ 明知是不合格的武器装备、军事设施而提供给武装部队，涉嫌下列情形之一的，应予立案追诉：

（一）造成人员轻伤以上的；

（二）造成直接经济损失十万元以上的；

（三）提供不合格的枪支三支以上、子弹一百发以上、雷管五百枚以上、炸药五千克以上或者其他重要武器装备、军事设施的；

（四）影响作战、演习、抢险救灾等重大任务完成的；

（五）发生在战时的；

（六）其他故意提供不合格武器装备、军事设施应予追究刑事责任的情形。

第八十八条 ［过失提供不合格武器装备、军事设施案（刑法第 370 条第 2 款）］ 过失提供不合格武器装备、军事设施给武装部队，涉嫌下列情形之一的，应予立案追诉：

（一）造成死亡一人以上或者重伤三人以上的；

（二）造成直接经济损失三十万元以上的；

（三）严重影响作战、演习、抢险救灾等重大任务完成的；

（四）其他造成严重后果的情形。

第八十九条 ［聚众冲击军事禁区案（刑法第 371 条第 1 款）］ 组织、策划、指挥聚众冲击军事禁区或者积极参加聚众冲击军事禁区，严重扰乱军事禁区秩序，涉嫌下列情形之一的，应予立案追诉：

（一）冲击三次以上或者一次冲击持续时间较长的；

（二）持械或者采取暴力手段冲击的；

（三）冲击重要军事禁区的；

（四）发生在战时的；

（五）其他严重扰乱军事禁区秩序应予追究刑事责任的情形。

第九十条 ［聚众扰乱军事管理区秩序案（刑法第 371 条第 2 款）］ 组织、策划、指挥聚众扰乱军事管理区秩序或者积极参加聚众扰乱军事管理区秩序，致使军事管理区工作无法进行，造成严重损失，涉嫌下列情形之一的，应予立案追诉：

（一）造成人员轻伤以上的；

（二）扰乱三次以上或者一次扰乱时间较长的；

（三）造成直接经济损失五万元以上的；

（四）持械或者采取暴力手段的；

（五）扰乱重要军事管理区秩序的；

（六）发生在战时的；

（七）其他聚众扰乱军事管理区秩序应予追究刑事责任的情形。

第九十一条 ［煽动军人逃离部队案（刑法第 373 条）］ 煽动军人逃离部队，涉嫌下列情形之一的，应予立案追诉：

（一）煽动三人以上逃离部队的；

（二）煽动指挥人员、值班执勤人员或者其他负有重要职责人员逃离部队的；

（三）影响重要军事任务完成的；

（四）发生在战时的；

（五）其他情节严重的情形。

第九十二条 ［雇用逃离部队军人案（刑法第373条）］明知是逃离部队的军人而雇用，涉嫌下列情形之一的，应予立案追诉：

（一）雇用一人六个月以上的；

（二）雇用三人以上的；

（三）明知是逃离部队的指挥人员、值班执勤人员或者其他负有重要职责人员而雇用的；

（四）阻碍部队将被雇用军人带回的；

（五）其他情节严重的情形。

第九十三条 ［接送不合格兵员案（刑法第374条）］在征兵工作中徇私舞弊，接送不合格兵员，涉嫌下列情形之一的，应予立案追诉：

（一）接送不合格特种条件兵员一名以上或者普通兵员三名以上的；

（二）发生在战时的；

（三）造成严重后果的；

（四）其他情节严重的情形。

第九十四条 ［非法生产、买卖军用标志案（刑法第375条第2款）］非法生产、买卖武装部队制式服装、车辆号牌等专用标志，涉嫌下列情形之一的，应予立案追诉：

（一）成套制式服装三十套以上，或者非成套制式服装一百件以上的；

（二）军徽、军旗、肩章、星徽、帽徽、军种符号或者其他军用标志单种或者合计一百件以上的；

（三）军以上领导机关专用车辆号牌一副以上或者其他军用车辆号牌三副以上的；

（四）非法经营数额五千元以上，或者非法获利一千元以上的；

（五）被他人利用进行违法犯罪活动的；

（六）其他情节严重的情形。

第九十五条 ［战时拒绝、逃避征召、军事训练案（刑法第376条第1款）］预备役人员战时拒绝、逃避征召或者军事训练，涉嫌下列情形之一的，应予立案追诉：

（一）无正当理由经教育仍拒绝、逃避征召或者军事训练的；

（二）以暴力、威胁、欺骗等手段，或者采取自伤、自残等方式拒绝、逃避征召或者军事训练的；

（三）联络、煽动他人共同拒绝、逃避征召或者军事训练的；

（四）其他情节严重的情形。

第九十六条 ［战时拒绝、逃避服役案（刑法第376条第2款）］公民战时拒绝、逃避服役，涉嫌下列情形之一的，应予立案追诉：

（一）无正当理由经教育仍拒绝、逃避服役的；

（二）以暴力、威胁、欺骗等手段，或者采取自伤、自残等方式拒绝、逃避服役的；

（三）联络、煽动他人共同拒绝、逃避服役的；

（四）其他情节严重的情形。

第九十七条 ［战时窝藏逃离部队军人案（刑法第379条）］战时明知是逃离部队的军人而为其提供隐蔽处所、财物，涉嫌下列情形之一的，应予立案追诉：

（一）窝藏三人次以上的；

（二）明知是指挥人员、值班执勤人员或者其他负有重要职责人员而窝藏的；

（三）有关部门查找时拒不交出的；

（四）其他情节严重的情形。

第九十八条 ［战时拒绝、故意延误军事订货案（刑法第380条）］战时拒绝或者故意延误军事订货，涉嫌下列情形之一的，应予立案追诉：

（一）拒绝或者故意延误军事订货三次以上的；

（二）联络、煽动他人共同拒绝或者故意延误军事订货的；

（三）拒绝或者故意延误重要军事订货，影响重要军事任务完成的；

（四）其他情节严重的情形。

第九十九条 ［战时拒绝军事征用案（刑法第381条）］战时拒绝军事征用，涉嫌下列情形之一的，应予立案追诉：

（一）无正当理由拒绝军事征用三次以上的；

（二）采取暴力、威胁、欺骗等手段拒绝军事征用的；

（三）联络、煽动他人共同拒绝军事征用的；

（四）拒绝重要军事征用，影响重要军事任务完成的；

（五）其他情节严重的情形。

附　　则

第一百条 本规定中的立案追诉标准，除法律、司法解释另有规定的以外，适用于相关的单位犯罪。

第一百零一条 本规定中的"以上"，包括本数。

第一百零二条 本规定自印发之日起施行。

2. 最高人民检察院　公安部
关于公安机关管辖的刑事案件立案追诉标准的规定（二）

各省、自治区、直辖市人民检察院，公安厅、局，军事检察院，新疆生产建设兵团人民检察院、公安局：

为及时、准确打击经济犯罪，根据《中华人民共和国刑法》、《中华人民共和国刑事诉讼法》等有关法律规定，最高人民检察院、公安部制定了《最高人民检察院公安部关于公安机关管辖的刑事案件立案追诉标准的规定（二）》，对公安机关经济犯罪侦查部门管辖的刑事案件立案追诉标准作出了规定，现印发给你们，请遵照执行。各级公安机关应当依照此规定立案侦查，各级检察机关应当依照此规定审查批捕、审查起诉。各地在执行中遇到的问题，请及时分别报最高人民检察院和公安部。

最高人民检察院　公安部

二〇一〇年五月七日

一、危害公共安全案

第一条 ［资助恐怖活动案（刑法第 120 条之一）］资助恐怖活动组织或者实施恐怖活动的个人的，应予立案追诉。

本条规定的"资助"，是指为恐怖活动组织或者实施恐怖活动的个人筹集、提供经费、物资或者提供场所以及其他物质便利的行为。"实施恐怖活动的个人"，包括预谋实施、准备实施和实际实施恐怖活动的个人。

二、破坏社会主义市场经济秩序案

第二条 ［走私假币案（刑法第 151 条第 1 款）］走私伪造的货币，总面额在二千元以上或者币量在二百张（枚）以上的，应予立案追诉。

第三条 ［虚报注册资本案（刑法第 158 条）］申请公司登记使用虚假证明文件或者采取其他欺诈手段虚报注册资本，欺骗公司登记主管部门，取得公司登记，涉嫌下列情形之一的，应予立案追诉：

（一）超过法定出资期限，实缴注册资本不足法定注册资本最低限额，有限责任公司虚报数额在三十万元以上并占其应缴出资数额百分之六十以上的，股份有限公司虚报数额在三百万元以上并占其应缴出资数额百分之三十以上的；

（二）超过法定出资期限，实缴注册资本达到法定注册资本最低限额，但仍虚报注册资本，有限责任公司虚报数额在一百万元以上并占其应缴出资数额百分之六十以上的，股份有限公司虚报数额在一千万元以上并占其应缴出资数额百分之三十以上的；

（三）造成投资者或者其他债权人直接经济损失累计数额在十万元以上的；

（四）虽未达到上述数额标准，但具有下列情形之一的：

1. 两年内因虚报注册资本受过行政处罚二次以上，又虚报注册资本的；
2. 向公司登记主管人员行贿的；
3. 为进行违法活动而注册的。

（五）其他后果严重或者有其他严重情节的情形。

第四条 ［虚假出资、抽逃出资案（刑法第 159 条）］公司发起人、股东违反公司法的规定未交付货币、实物或者未转移财产权，虚假出资，或者在公司成立后又抽逃其出资，涉嫌下列情形之一的，应予立案追诉：

（一）超过法定出资期限，有限责任公司股东虚假出资数额在三十万元以上并占其应缴出资数额百分之六十以上的，股份有限公司发起人、股东虚假出资数额在三百万元以上并占其应缴出资数额百分之三十以上的；

（二）有限责任公司股东抽逃出资数额在三十万元以上并占其实缴出资数额百分之六十以上的，股份有限公司发起人、股东抽逃出资数额在三百万元以上并占其实缴出资数额百分之三十以上的；

（三）造成公司、股东、债权人的直接经济损失累计数额在十万元以上的；

（四）虽未达到上述数额标准，但具有下列情形之一的：

1. 致使公司资不抵债或者无法正常经营的；

2. 公司发起人、股东合谋虚假出资、抽逃出资的；

3. 两年内因虚假出资、抽逃出资受过行政处罚二次以上，又虚假出资、抽逃出资的；

4. 利用虚假出资、抽逃出资所得资金进行违法活动的。

（五）其他后果严重或者有其他严重情节的情形。

第五条　[欺诈发行股票、债券案（刑法第160条）] 在招股说明书、认股书、公司、企业债券募集办法中隐瞒重要事实或者编造重大虚假内容，发行股票或者公司、企业债券，涉嫌下列情形之一的，应予立案追诉：

（一）发行数额在五百万元以上的；

（二）伪造、变造国家机关公文、有效证明文件或者相关凭证、单据的；

（三）利用募集的资金进行违法活动的；

（四）转移或者隐瞒所募集资金的；

（五）其他后果严重或者有其他严重情节的情形。

第六条　[违规披露、不披露重要信息案（刑法第161条）] 依法负有信息披露义务的公司、企业向股东和社会公众提供虚假的或者隐瞒重要事实的财务会计报告，或者对依法应当披露的其他重要信息不按照规定披露，涉嫌下列情形之一的，应予立案追诉：

（一）造成股东、债权人或者其他人直接经济损失数额累计在五十万元以上的；

（二）虚增或者虚减资产达到当期披露的资产总额百分之三十以上的；

（三）虚增或者虚减利润达到当期披露的利润总额百分之三十以上的；

（四）未按照规定披露的重大诉讼、仲裁、担保、关联交易或者其他重大事项所涉及的数额或者连续十二个月的累计数额占净资产百分之五十以上的；

（五）致使公司发行的股票、公司债券或者国务院依法认定的其他证券被终止上市交易或者多次被暂停上市交易的；

（六）致使不符合发行条件的公司、企业骗取发行核准并且上市交易的；

（七）在公司财务会计报告中将亏损披露为盈利，或者将盈利披露为亏损的；

（八）多次提供虚假的或者隐瞒重要事实的财务会计报告，或者多次对依法应当披露的其他重要信息不按照规定披露的；

（九）其他严重损害股东、债权人或者其他人利益，或者有其他严重情节的情形。

第七条　[妨害清算案（刑法第162条）] 公司、企业进行清算时，隐匿财产，对资产负债表或者财产清单作虚伪记载或者在未清偿债务前分配公司、企业财产，涉嫌下列情形之一的，应予立案追诉：

（一）隐匿财产价值在五十万元以上的；

（二）对资产负债表或者财产清单作虚伪记载涉及金额在五十万元以上的；

（三）在未清偿债务前分配公司、企业财产价值在五十万元以上的；

（四）造成债权人或者其他人直接经济损失数额累计在十万元以上的；

（五）虽未达到上述数额标准，但应清偿的职工的工资、社会保险费用和法定补偿金得不到及时清偿，造成恶劣社会影响的；

（六）其他严重损害债权人或者其他人利益的情形。

第八条 [隐匿、故意销毁会计凭证、会计账簿、财务会计报告案（刑法第162条之一）] 隐匿或者故意销毁依法应当保存的会计凭证、会计账簿、财务会计报告，涉嫌下列情形之一的，应予立案追诉：

（一）隐匿、故意销毁的会计凭证、会计账簿、财务会计报告涉及金额在五十万元以上的；

（二）依法应当向司法机关、行政机关、有关主管部门等提供而隐匿、故意销毁或者拒不交出会计凭证、会计账簿、财务会计报告的；

（三）其他情节严重的情形。

第九条 [虚假破产案（刑法第162条之二）] 公司、企业通过隐匿财产、承担虚构的债务或者以其他方法转移、处分财产，实施虚假破产，涉嫌下列情形之一的，应予立案追诉：

（一）隐匿财产价值在五十万元以上的；

（二）承担虚构的债务涉及金额在五十万元以上的；

（三）以其他方法转移、处分财产价值在五十万元以上的；

（四）造成债权人或者其他人直接经济损失数额累计在十万元以上的；

（五）虽未达到上述数额标准，但应清偿的职工的工资、社会保险费用和法定补偿金得不到及时清偿，造成恶劣社会影响的；

（六）其他严重损害债权人或者其他人利益的情形。

第十条 [非国家工作人员受贿案（刑法第163条）] 公司、企业或者其他单位的工作人员利用职务上的便利，索取他人财物或者非法收受他人财物，为他人谋取利益，或者在经济往来中，利用职务上的便利，违反国家规定，收受各种名义的回扣、手续费，归个人所有，数额在五千元以上的，应予立案追诉。

第十一条 [对非国家工作人员行贿案（刑法第164条）] 为谋取不正当利益，给予公司、企业或者其他单位的工作人员以财物，个人行贿数额在一万元以上的，单位行贿数额在二十万元以上的，应予立案追诉。

第十二条 [非法经营同类营业案（刑法第165条）] 国有公司、企业的董事、经理利用职务便利，自己经营或者为他人经营与其所任职公司、企业同类的营业，获取非法利益，数额在十万元以上的，应予立案追诉。

第十三条 [为亲友非法牟利案（刑法第166条）] 国有公司、企业、事业单位的工作人员，利用职务便利，为亲友非法牟利，涉嫌下列情形之一的，应予立案追诉：

（一）造成国家直接经济损失数额在十万元以上的；

（二）使其亲友非法获利数额在二十万元以上的；

（三）造成有关单位破产、停业、停产六个月以上，或者被吊销许可证和营业执照、责令关闭、撤销、解散的；

（四）其他致使国家利益遭受重大损失的情形。

第十四条〔签订、履行合同失职被骗案（刑法第167条）〕国有公司、企业、事业单位直接负责的主管人员，在签订、履行合同过程中，因严重不负责任被诈骗，涉嫌下列情形之一的，应予立案追诉：

（一）造成国家直接经济损失数额在五十万元以上的；

（二）造成有关单位破产、停业、停产六个月以上，或者被吊销许可证和营业执照、责令关闭、撤销、解散的；

（三）其他致使国家利益遭受重大损失的情形。

金融机构、从事对外贸易经营活动的公司、企业的工作人员严重不负责任，造成一百万美元以上外汇被骗购或者逃汇一千万美元以上的，应予立案追诉。

本条规定的"诈骗"，是指对方当事人的行为已经涉嫌诈骗犯罪，不以对方当事人已经被人民法院判决构成诈骗犯罪作为立案追诉的前提。

第十五条〔国有公司、企业、事业单位人员失职案（刑法第168条）〕国有公司、企业、事业单位的工作人员，严重不负责任，涉嫌下列情形之一的，应予立案追诉：

（一）造成国家直接经济损失数额在五十万元以上的；

（二）造成有关单位破产、停业、停产一年以上，或者被吊销许可证和营业执照、责令关闭、撤销、解散的；

（三）其他致使国家利益遭受重大损失的情形。

第十六条〔国有公司、企业、事业单位人员滥用职权案（刑法第168条）〕国有公司、企业、事业单位的工作人员，滥用职权，涉嫌下列情形之一的，应予立案追诉：

（一）造成国家直接经济损失数额在三十万元以上的；

（二）造成有关单位破产、停业、停产六个月以上，或者被吊销许可证和营业执照、责令关闭、撤销、解散的；

（三）其他致使国家利益遭受重大损失的情形。

第十七条〔徇私舞弊低价折股、出售国有资产案（刑法第169条）〕国有公司、企业或者其上级主管部门直接负责的主管人员，徇私舞弊，将国有资产低价折股或者低价出售，涉嫌下列情形之一的，应予立案追诉：

（一）造成国家直接经济损失数额在三十万元以上的；

（二）造成有关单位破产、停业、停产六个月以上，或者被吊销许可证和营业执照、责令关闭、撤销、解散的；

（三）其他致使国家利益遭受重大损失的情形。

第十八条〔背信损害上市公司利益案（刑法第169条之一）〕上市公司的董事、监事、高级管理人员违背对公司的忠实义务，利用职务便利，操纵上市公司从事损害上市公司利益的行为，以及上市公司的控股股东或者实际控制人，指使上市公司董事、监事、高级管理人员实施损害上市公司利益的行为，涉嫌下列情形之一的，应予立案追诉：

（一）无偿向其他单位或者个人提供资金、商品、服务或者其他资产，致使上市公司直接经济损失数额在一百五十万元以上的；

（二）以明显不公平的条件，提供或者接受资金、商品、服务或者其他资产，致使上市公司直接经济损失数额在一百五十万元以上的；

（三）向明显不具有清偿能力的单位或者个人提供资金、商品、服务或者其他资产，致使上市公司直接经济损失数额在一百五十万元以上的；

（四）为明显不具有清偿能力的单位或者个人提供担保，或者无正当理由为其他单位或者个人提供担保，致使上市公司直接经济损失数额在一百五十万元以上的；

（五）无正当理由放弃债权、承担债务，致使上市公司直接经济损失数额在一百五十万元以上的；

（六）致使公司发行的股票、公司债券或者国务院依法认定的其他证券被终止上市交易或者多次被暂停上市交易的；

（七）其他致使上市公司利益遭受重大损失的情形。

第十九条 [伪造货币案（刑法第170条）] 伪造货币，涉嫌下列情形之一的，应予立案追诉：

（一）伪造货币，总面额在二千元以上或者币量在二百张（枚）以上的；

（二）制造货币版样或者为他人伪造货币提供版样的；

（三）其他伪造货币应予追究刑事责任的情形。

本规定中的"货币"是指流通的以下货币：

（一）人民币（含普通纪念币、贵金属纪念币）、港元、澳门元、新台币；

（二）其他国家及地区的法定货币。

贵金属纪念币的面额以中国人民银行授权中国金币总公司的初始发售价格为准。

第二十条 [出售、购买、运输假币案（刑法第171条第1款）] 出售、购买伪造的货币或者明知是伪造的货币而运输，总面额在四千元以上或者币量在四百张（枚）以上的，应予立案追诉。

在出售假币时被抓获的，除现场查获的假币应认定为出售假币的数额外，现场之外在行为人住所或者其他藏匿地查获的假币，也应认定为出售假币的数额。

第二十一条 [金融工作人员购买假币、以假币换取货币案（刑法第171条第2款）] 银行或者其他金融机构的工作人员购买伪造的货币或者利用职务上的便利，以伪造的货币换取货币，总面额在二千元以上或者币量在二百张（枚）以上的，应予立案追诉。

第二十二条 [持有、使用假币案（刑法第172条）] 明知是伪造的货币而持有、使用，总面额在四千元以上或者币量在四百张（枚）以上的，应予立案追诉。

第二十三条 [变造货币案（刑法第173条）] 变造货币，总面额在二千元以上或者币量在二百张（枚）以上的，应予立案追诉。

第二十四条 [擅自设立金融机构案（刑法第174条第1款）] 未经国家有关主管部门批准，擅自设立金融机构，涉嫌下列情形之一的，应予立案追诉：

（一）擅自设立商业银行、证券交易所、期货交易所、证券公司、期货公司、保险公司或者其他金融机构的；

（二）擅自设立商业银行、证券交易所、期货交易所、证券公司、期货公司、保险公司或者其他金融机构筹备组织的。

第二十五条 [伪造、变造、转让金融机构经营许可证、批准文件案（刑法第174条第2款）] 伪造、变造、转让商业银行、证券交易所、期货交易所、证券公司、期货公司、保险公司或者其他金融机构的经营许可证或者批准文件的，应予立案追诉。

第二十六条 [高利转贷案（刑法第175条）] 以转贷牟利为目的，套取金融机构信贷资金高利转贷他人，涉嫌下列情形之一的，应予立案追诉：

（一）高利转贷，违法所得数额在十万元以上的；

（二）虽未达到上述数额标准，但两年内因高利转贷受过行政处罚二次以上，又高利转贷的。

第二十七条 [骗取贷款、票据承兑、金融票证案（刑法第175条之一）] 以欺骗手段取得银行或者其他金融机构贷款、票据承兑、信用证、保函等，涉嫌下列情形之一的，应予立案追诉：

（一）以欺骗手段取得贷款、票据承兑、信用证、保函等，数额在一百万元以上的；

（二）以欺骗手段取得贷款、票据承兑、信用证、保函等，给银行或者其他金融机构造成直接经济损失数额在二十万元以上的；

（三）虽未达到上述数额标准，但多次以欺骗手段取得贷款、票据承兑、信用证、保函等的；

（四）其他给银行或者其他金融机构造成重大损失或者有其他严重情节的情形。

第二十八条 [非法吸收公众存款案（刑法第176条）] 非法吸收公众存款或者变相吸收公众存款，扰乱金融秩序，涉嫌下列情形之一的，应予立案追诉：

（一）个人非法吸收或者变相吸收公众存款数额在二十万元以上的，单位非法吸收或者变相吸收公众存款数额在一百万元以上的；

（二）个人非法吸收或者变相吸收公众存款三十户以上的，单位非法吸收或者变相吸收公众存款一百五十户以上的；

（三）个人非法吸收或者变相吸收公众存款给存款人造成直接经济损失数额在十万元以上的，单位非法吸收或者变相吸收公众存款给存款人造成直接经济损失数额在五十万元以上的；

（四）造成恶劣社会影响的；

（五）其他扰乱金融秩序情节严重的情形。

第二十九条 [伪造、变造金融票证案（刑法第177条）] 伪造、变造金融票证，涉嫌下列情形之一的，应予立案追诉：

（一）伪造、变造汇票、本票、支票，或者伪造、变造委托收款凭证、汇款凭证、银行存单等其他银行结算凭证，或者伪造、变造信用证或者附随的单据、文件，总面额在一万元以上或者数量在十张以上的；

（二）伪造信用卡一张以上，或者伪造空白信用卡十张以上的。

第三十条〔妨害信用卡管理案（刑法第177条之一第1款）〕妨害信用卡管理，涉嫌下列情形之一的，应予立案追诉：

（一）明知是伪造的信用卡而持有、运输的；

（二）明知是伪造的空白信用卡而持有、运输，数量累计在十张以上的；

（三）非法持有他人信用卡，数量累计在五张以上的；

（四）使用虚假的身份证明骗领信用卡的；

（五）出售、购买、为他人提供伪造的信用卡或者以虚假的身份证明骗领的信用卡的。

违背他人意愿，使用其居民身份证、军官证、士兵证、港澳居民往来内地通行证、台湾居民来往大陆通行证、护照等身份证明申领信用卡的，或者使用伪造、变造的身份证明申领信用卡的，应当认定为"使用虚假的身份证明骗领信用卡"。

第三十一条〔窃取、收买、非法提供信用卡信息案（刑法第177条之一第2款）〕窃取、收买或者非法提供他人信用卡信息资料，足以伪造可进行交易的信用卡，或者足以使他人以信用卡持卡人名义进行交易，涉及信用卡一张以上的，应予立案追诉。

第三十二条〔伪造、变造国家有价证券案（刑法第178条第1款）〕伪造、变造国库券或者国家发行的其他有价证券，总面额在二千元以上的，应予立案追诉。

第三十三条〔伪造、变造股票、公司、企业债券案（刑法第178条第2款）〕伪造、变造股票或者公司、企业债券，总面额在五千元以上的，应予立案追诉。

第三十四条〔擅自发行股票、公司、企业债券案（刑法第179条）〕未经国家有关主管部门批准，擅自发行股票或者公司、企业债券，涉嫌下列情形之一的，应予立案追诉：

（一）发行数额在五十万元以上的；

（二）虽未达到上述数额标准，但擅自发行致使三十人以上的投资者购买了股票或者公司、企业债券的；

（三）不能及时清偿或者清退的；

（四）其他后果严重或者有其他严重情节的情形。

第三十五条〔内幕交易、泄露内幕信息案（刑法第180条第1款）〕证券、期货交易内幕信息的知情人员、单位或者非法获取证券、期货交易内幕信息的人员、单位，在涉及证券的发行，证券、期货交易或者其他对证券、期货交易价格有重大影响的信息尚未公开前，买入或者卖出该证券，或者从事与该内幕信息有关的期货交易，或者泄露该信息，或者明示、暗示他人从事上述交易活动，涉嫌下列情形之一的，应予立案追诉：

（一）证券交易成交额累计在五十万元以上的；

（二）期货交易占用保证金数额累计在三十万元以上的；

（三）获利或者避免损失数额累计在十五万元以上的；

（四）多次进行内幕交易、泄露内幕信息的；

（五）其他情节严重的情形。

第三十六条〔利用未公开信息交易案（刑法第180条第4款）〕证券交易所、期货交易所、证券公司、期货公司、基金管理公司、商业银行、保险公司等金融机构的从业人员以及有关监管部门或者行业协会的工作人员，利用因职务便利获取的内幕信息以外的其他未公开的信息，违反规定，从事与该信息相关的证券、期货交易活动，或者明示、暗示他人从事相关交易活动，涉嫌下列情形之一的，应予立案追诉：

（一）证券交易成交额累计在五十万元以上的；

（二）期货交易占用保证金数额累计在三十万元以上的；

（三）获利或者避免损失数额累计在十五万元以上的；

（四）多次利用内幕信息以外的其他未公开信息进行交易活动的；

（五）其他情节严重的情形。

第三十七条〔编造并传播证券、期货交易虚假信息案（刑法第181条第1款）〕编造并且传播影响证券、期货交易的虚假信息，扰乱证券、期货交易市场，涉嫌下列情形之一的，应予立案追诉：

（一）获利或者避免损失数额累计在五万元以上的；

（二）造成投资者直接经济损失数额在五万元以上的；

（三）致使交易价格和交易量异常波动的；

（四）虽未达到上述数额标准，但多次编造并且传播影响证券、期货交易的虚假信息的；

（五）其他造成严重后果的情形。

第三十八条〔诱骗投资者买卖证券、期货合约案（刑法第181条第2款）〕证券交易所、期货交易所、证券公司、期货公司的从业人员，证券业协会、期货业协会或者证券期货监督管理部门的工作人员，故意提供虚假信息或者伪造、变造、销毁交易记录，诱骗投资者买卖证券、期货合约，涉嫌下列情形之一的，应予立案追诉：

（一）获利或者避免损失数额累计在五万元以上的；

（二）造成投资者直接经济损失数额在五万元以上的；

（三）致使交易价格和交易量异常波动的；

（四）其他造成严重后果的情形。

第三十九条〔操纵证券、期货市场案（刑法第182条）〕操纵证券、期货市场，涉嫌下列情形之一的，应予立案追诉：

（一）单独或者合谋，持有或者实际控制证券的流通股份数达到该证券的实际流通股份总量百分之三十以上，且在该证券连续二十个交易日内联合或者连续买卖股份数累计达到该证券同期总成交量百分之三十以上的；

（二）单独或者合谋，持有或者实际控制期货合约的数量超过期货交易所业务规则限定的持仓量百分之五十以上，且在该期货合约连续二十个交易日内联合或者连续买卖期货合约数累计达到该期货合约同期总成交量百分之三十以上的；

（三）与他人串通，以事先约定的时间、价格和方式相互进行证券或者期货合约交易，且在该证券或者期货合约连续二十个交易日内成交量累计达到该证券或者期货合约同期总成交量百分之二十以上的；

（四）在自己实际控制的账户之间进行证券交易，或者以自己为交易对象，自买自卖期货合约，且在该证券或者期货合约连续二十个交易日内成交量累计达到该证券或者期货合约同期总成交量百分之二十以上的；

（五）单独或者合谋，当日连续申报买入或者卖出同一证券、期货合约并在成交前撤回申报，撤回申报量占当日该种证券总申报量或者该种期货合约总申报量百分之五十以上的；

（六）上市公司及其董事、监事、高级管理人员、实际控制人、控股股东或者其他关联人单独或者合谋，利用信息优势，操纵该公司证券交易价格或者证券交易量的；

（七）证券公司、证券投资咨询机构、专业中介机构或者从业人员，违背有关从业禁止的规定，买卖或者持有相关证券，通过对证券或者其发行人、上市公司公开作出评价、预测或者投资建议，在该证券的交易中谋取利益，情节严重的；

（八）其他情节严重的情形。

第四十条 ［背信运用受托财产案（刑法第185条之一第1款）］商业银行、证券交易所、期货交易所、证券公司、期货公司、保险公司或者其他金融机构，违背受托义务，擅自运用客户资金或者其他委托、信托的财产，涉嫌下列情形之一的，应予立案追诉：

（一）擅自运用客户资金或者其他委托、信托的财产数额在三十万元以上的；

（二）虽未达到上述数额标准，但多次擅自运用客户资金或者其他委托、信托的财产，或者擅自运用多个客户资金或者其他委托、信托的财产的；

（三）其他情节严重的情形。

第四十一条 ［违法运用资金案（刑法第185条之一第2款）］社会保障基金管理机构、住房公积金管理机构等公众资金管理机构，以及保险公司、保险资产管理公司、证券投资基金管理公司，违反国家规定运用资金，涉嫌下列情形之一的，应予立案追诉：

（一）违反国家规定运用资金数额在三十万元以上的；

（二）虽未达到上述数额标准，但多次违反国家规定运用资金的；

（三）其他情节严重的情形。

第四十二条 ［违法发放贷款案（刑法第186条）］银行或者其他金融机构及其工作人员违反国家规定发放贷款，涉嫌下列情形之一的，应予立案追诉：

（一）违法发放贷款，数额在一百万元以上的；

（二）违法发放贷款，造成直接经济损失数额在二十万元以上的。

第四十三条 ［吸收客户资金不入账案（刑法第187条）］银行或者其他金融机构及其工作人员吸收客户资金不入账，涉嫌下列情形之一的，应予立案追诉：

（一）吸收客户资金不入账，数额在一百万元以上的；

（二）吸收客户资金不入账，造成直接经济损失数额在二十万元以上的。

第四十四条 ［违规出具金融票证案（刑法第188条）］银行或者其他金融机构及其工作人员违反规定，为他人出具信用证或者其他保函、票据、存单、资信证明，涉嫌下列情形之一的，应予立案追诉：

（一）违反规定为他人出具信用证或者其他保函、票据、存单、资信证明，数额在一

第十五章 普通刑事案件的侦查

百万元以上的；

（二）违反规定为他人出具信用证或者其他保函、票据、存单、资信证明，造成直接经济损失数额在二十万元以上的；

（三）多次违规出具信用证或者其他保函、票据、存单、资信证明的；

（四）接受贿赂违规出具信用证或者其他保函、票据、存单、资信证明的；

（五）其他情节严重的情形。

第四十五条 ［对违法票据承兑、付款、保证案（刑法第189条）］银行或者其他金融机构及其工作人员在票据业务中，对违反票据法规定的票据予以承兑、付款或者保证，造成直接经济损失数额在二十万元以上的，应予立案追诉。

第四十六条 ［逃汇案（刑法第190条）］公司、企业或者其他单位，违反国家规定，擅自将外汇存放境外，或者将境内的外汇非法转移到境外，单笔在二百万美元以上或者累计数额在五百万美元以上的，应予立案追诉。

第四十七条 ［骗购外汇案（全国人民代表大会常务委员会《关于惩治骗购外汇、逃汇和非法买卖外汇犯罪的决定》第1条）］骗购外汇，数额在五十万美元以上的，应予立案追诉。

第四十八条 ［洗钱案（刑法第191条）］明知是毒品犯罪、黑社会性质的组织犯罪、恐怖活动犯罪、走私犯罪、贪污贿赂犯罪、破坏金融管理秩序犯罪、金融诈骗犯罪的所得及其产生的收益，为掩饰、隐瞒其来源和性质，涉嫌下列情形之一的，应予立案追诉：

（一）提供资金账户的；

（二）协助将财产转换为现金、金融票据、有价证券的；

（三）通过转账或者其他结算方式协助资金转移的；

（四）协助将资金汇往境外的；

（五）以其他方法掩饰、隐瞒犯罪所得及其收益的来源和性质的。

第四十九条 ［集资诈骗案（刑法第192条）］以非法占有为目的，使用诈骗方法非法集资，涉嫌下列情形之一的，应予立案追诉：

（一）个人集资诈骗，数额在十万元以上的；

（二）单位集资诈骗，数额在五十万元以上的。

第五十条 ［贷款诈骗案（刑法第193条）］以非法占有为目的，诈骗银行或者其他金融机构的贷款，数额在二万元以上的，应予立案追诉。

第五十一条 ［票据诈骗案（刑法第194条第1款）］进行金融票据诈骗活动，涉嫌下列情形之一的，应予立案追诉：

（一）个人进行金融票据诈骗，数额在一万元以上的；

（二）单位进行金融票据诈骗，数额在十万元以上的。

第五十二条 ［金融凭证诈骗案（刑法第194条第2款）］使用伪造、变造的委托收款凭证、汇款凭证、银行存单等其他银行结算凭证进行诈骗活动，涉嫌下列情形之一的，应予立案追诉：

（一）个人进行金融凭证诈骗，数额在一万元以上的；

（二）单位进行金融凭证诈骗，数额在十万元以上的。

第五十三条 ［信用证诈骗案（刑法第 195 条）］进行信用证诈骗活动，涉嫌下列情形之一的，应予立案追诉：

（一）使用伪造、变造的信用证或者附随的单据、文件的；

（二）使用作废的信用证的；

（三）骗取信用证的；

（四）以其他方法进行信用证诈骗活动的。

第五十四条 ［信用卡诈骗案（刑法第 196 条）］进行信用卡诈骗活动，涉嫌下列情形之一的，应予立案追诉：

（一）使用伪造的信用卡，或者使用以虚假的身份证明骗领的信用卡，或者使用作废的信用卡，或者冒用他人信用卡，进行诈骗活动，数额在五千元以上的；

（二）恶意透支，数额在一万元以上的。

本条规定的"恶意透支"，是指持卡人以非法占有为目的，超过规定限额或者规定期限透支，并且经发卡银行两次催收后超过三个月仍不归还的。

恶意透支，数额在一万元以上不满十万元的，在公安机关立案前已偿还全部透支款息，情节显著轻微的，可以依法不追究刑事责任。

第五十五条 ［有价证券诈骗案（刑法第 197 条）］使用伪造、变造的国库券或者国家发行的其他有价证券进行诈骗活动，数额在一万元以上的，应予立案追诉。

第五十六条 ［保险诈骗案（刑法第 198 条）］进行保险诈骗活动，涉嫌下列情形之一的，应予立案追诉：

（一）个人进行保险诈骗，数额在一万元以上的；

（二）单位进行保险诈骗，数额在五万元以上的。

第五十七条 ［逃税案（刑法第 201 条）］逃避缴纳税款，涉嫌下列情形之一的，应予立案追诉：

（一）纳税人采取欺骗、隐瞒手段进行虚假纳税申报或者不申报，逃避缴纳税款，数额在五万元以上并且占各税种应纳税总额百分之十以上，经税务机关依法下达追缴通知后，不补缴应纳税款、不缴纳滞纳金或者不接受行政处罚的；

（二）纳税人五年内因逃避缴纳税款受过刑事处罚或者被税务机关给予二次以上行政处罚，又逃避缴纳税款，数额在五万元以上并且占各税种应纳税总额百分之十以上的；

（三）扣缴义务人采取欺骗、隐瞒手段，不缴或者少缴已扣、已收税款，数额在五万元以上的。

纳税人在公安机关立案后再补缴应纳税款、缴纳滞纳金或者接受行政处罚的，不影响刑事责任的追究。

第五十八条 ［抗税案（刑法第 202 条）］以暴力、威胁方法拒不缴纳税款，涉嫌下列情形之一的，应予立案追诉：

（一）造成税务工作人员轻微伤以上的；

（二）以给税务工作人员及其亲友的生命、健康、财产等造成损害为威胁，抗拒缴纳税款的；

（三）聚众抗拒缴纳税款的；

（四）以其他暴力、威胁方法拒不缴纳税款的。

第五十九条 ［逃避追缴欠税案（刑法第 203 条）］纳税人欠缴应纳税款，采取转移或者隐匿财产的手段，致使税务机关无法追缴欠缴的税款，数额在一万元以上的，应予立案追诉。

第六十条 ［骗取出口退税案（刑法第 204 条第 1 款）］以假报出口或者其他欺骗手段，骗取国家出口退税款，数额在五万元以上的，应予立案追诉。

第六十一条 ［虚开增值税专用发票、用于骗取出口退税、抵扣税款发票案（刑法第 205 条）］虚开增值税专用发票或者虚开用于骗取出口退税、抵扣税款的其他发票，虚开的税款数额在一万元以上或者致使国家税款被骗数额在五千元以上的，应予立案追诉。

第六十二条 ［伪造、出售伪造的增值税专用发票案（刑法第 206 条）］伪造或者出售伪造的增值税专用发票二十五份以上或者票面额累计在十万元以上的，应予立案追诉。

第六十三条 ［非法出售增值税专用发票案（刑法第 207 条）］非法出售增值税专用发票二十五份以上或者票面额累计在十万元以上的，应予立案追诉。

第六十四条 ［非法购买增值税专用发票、购买伪造的增值税专用发票案（刑法第 208 条第 1 款）］非法购买增值税专用发票或者购买伪造的增值税专用发票二十五份以上或者票面额累计在十万元以上的，应予立案追诉。

第六十五条 ［非法制造、出售非法制造的用于骗取出口退税、抵扣税款发票案（刑法第 209 条第 1 款）］伪造、擅自制造或者出售伪造、擅自制造的可以用于骗取出口退税、抵扣税款的非增值税专用发票五十份以上或者票面额累计在二十万元以上的，应予立案追诉。

第六十六条 ［非法制造、出售非法制造的发票案（刑法第 209 条第 2 款）］伪造、擅自制造或者出售伪造、擅自制造的不具有骗取出口退税、抵扣税款功能的普通发票一百份以上或者票面额累计在四十万元以上的，应予立案追诉。

第六十七条 ［非法出售用于骗取出口退税、抵扣税款发票案（刑法第 209 条第 3 款）］非法出售可以用于骗取出口退税、抵扣税款的非增值税专用发票五十份以上或者票面额累计在二十万元以上的，应予立案追诉。

第六十八条 ［非法出售发票案（刑法第 209 条第 4 款）］非法出售普通发票一百份以上或者票面额累计在四十万元以上的，应予立案追诉。

第六十九条 ［假冒注册商标案（刑法第 213 条）］未经注册商标所有人许可，在同一种商品上使用与其注册商标相同的商标，涉嫌下列情形之一的，应予立案追诉：

（一）非法经营数额在五万元以上或者违法所得数额在三万元以上的；

（二）假冒两种以上注册商标，非法经营数额在三万元以上或者违法所得数额在二万元以上的；

（三）其他情节严重的情形。

第七十条 ［销售假冒注册商标的商品案（刑法第 214 条）］销售明知是假冒注册商标的商品，涉嫌下列情形之一的，应予立案追诉：

（一）销售金额在五万元以上的；
（二）尚未销售，货值金额在十五万元以上的；
（三）销售金额不满五万元，但已销售金额与尚未销售的货值金额合计在十五万元以上的。

第七十一条［非法制造、销售非法制造的注册商标标识案（刑法第215条）］伪造、擅自制造他人注册商标标识或者销售伪造、擅自制造的注册商标标识，涉嫌下列情形之一的，应予立案追诉：
（一）伪造、擅自制造或者销售伪造、擅自制造的注册商标标识数量在二万件以上，或者非法经营数额在五万元以上，或者违法所得数额在三万元以上的；
（二）伪造、擅自制造或者销售伪造、擅自制造两种以上注册商标标识数量在一万件以上，或者非法经营数额在三万元以上，或者违法所得数额在二万元以上的；
（三）其他情节严重的情形。

第七十二条［假冒专利案（刑法第216条）］假冒他人专利，涉嫌下列情形之一的，应予立案追诉：
（一）非法经营数额在二十万元以上或者违法所得数额在十万元以上的；
（二）给专利权人造成直接经济损失在五十万元以上的；
（三）假冒两项以上他人专利，非法经营数额在十万元以上或者违法所得数额在五万元以上的；
（四）其他情节严重的情形。

第七十三条［侵犯商业秘密案（刑法第219条）］侵犯商业秘密，涉嫌下列情形之一的，应予立案追诉：
（一）给商业秘密权利人造成损失数额在五十万元以上的；
（二）因侵犯商业秘密违法所得数额在五十万元以上的；
（三）致使商业秘密权利人破产的；
（四）其他给商业秘密权利人造成重大损失的情形。

第七十四条［损害商业信誉、商品声誉案（刑法第221条）］捏造并散布虚伪事实，损害他人的商业信誉、商品声誉，涉嫌下列情形之一的，应予立案追诉：
（一）给他人造成直接经济损失数额在五十万元以上的；
（二）虽未达到上述数额标准，但具有下列情形之一的：
1. 利用互联网或者其他媒体公开损害他人商业信誉、商品声誉的；
2. 造成公司、企业等单位停业、停产六个月以上，或者破产的。
（三）其他给他人造成重大损失或者有其他严重情节的情形。

第七十五条［虚假广告案（刑法第222条）］广告主、广告经营者、广告发布者违反国家规定，利用广告对商品或者服务作虚假宣传，涉嫌下列情形之一的，应予立案追诉：
（一）违法所得数额在十万元以上的；
（二）给单个消费者造成直接经济损失数额在五万元以上的，或者给多个消费者造成直接经济损失数额累计在二十万元以上的；

第十五章 普通刑事案件的侦查

（三）假借预防、控制突发事件的名义，利用广告作虚假宣传，致使多人上当受骗，违法所得数额在三万元以上的；

（四）虽未达到上述数额标准，但两年内因利用广告作虚假宣传，受过行政处罚二次以上，又利用广告作虚假宣传的；

（五）造成人身伤残的；

（六）其他情节严重的情形。

第七十六条 ［串通投标案（刑法第223条）］投标人相互串通投标报价，或者投标人与招标人串通投标，涉嫌下列情形之一的，应予立案追诉：

（一）损害招标人、投标人或者国家、集体、公民的合法利益，造成直接经济损失数额在五十万元以上的；

（二）违法所得数额在十万元以上的；

（三）中标项目金额在二百万元以上的；

（四）采取威胁、欺骗或者贿赂等非法手段的；

（五）虽未达到上述数额标准，但两年内因串通投标，受过行政处罚二次以上，又串通投标的；

（六）其他情节严重的情形。

第七十七条 ［合同诈骗案（刑法第224条）］以非法占有为目的，在签订、履行合同过程中，骗取对方当事人财物，数额在二万元以上的，应予立案追诉。

第七十八条 ［组织、领导传销活动案（刑法第224条之一）］组织、领导以推销商品、提供服务等经营活动为名，要求参加者以缴纳费用或者购买商品、服务等方式获得加入资格，并按照一定顺序组成层级，直接或者间接以发展人员的数量作为计酬或者返利依据，引诱、胁迫参加者继续发展他人参加，骗取财物，扰乱经济社会秩序的传销活动，涉嫌组织、领导的传销活动人员在三十人以上且层级在三级以上的，对组织者、领导者，应予立案追诉。

本条所指的传销活动的组织者、领导者，是指在传销活动中起组织、领导作用的发起人、决策人、操纵人，以及在传销活动中担负策划、指挥、布置、协调等重要职责，或者在传销活动实施中起到关键作用的人员。

第七十九条 ［非法经营案（刑法第225条）］违反国家规定，进行非法经营活动，扰乱市场秩序，涉嫌下列情形之一的，应予立案追诉：

（一）违反国家有关盐业管理规定，非法生产、储运、销售食盐，扰乱市场秩序，具有下列情形之一的：

1. 非法经营食盐数量在二十吨以上的；

2. 曾因非法经营食盐行为受过二次以上行政处罚又非法经营食盐，数量在十吨以上的；

（二）违反国家烟草专卖管理法律法规，未经烟草专卖行政主管部门许可，无烟草专卖生产企业许可证、烟草专卖批发企业许可证、特种烟草专卖经营企业许可证、烟草专卖零售许可证等许可证明，非法经营烟草专卖品，具有下列情形之一的：

1. 非法经营数额在五万元以上，或者违法所得数额在二万元以上的；
2. 非法经营卷烟二十万支以上的；
3. 曾因非法经营烟草专卖品三年内受过二次以上行政处罚，又非法经营烟草专卖品且数额在三万元以上的。

（三）未经国家有关主管部门批准，非法经营证券、期货、保险业务，或者非法从事资金支付结算业务，具有下列情形之一的：
1. 非法经营证券、期货、保险业务，数额在三十万元以上的；
2. 非法从事资金支付结算业务，数额在二百万元以上的；
3. 违反国家规定，使用销售点终端机具（POS机）等方法，以虚构交易、虚开价格、现金退货等方式向信用卡持卡人直接支付现金，数额在一百万元以上的，或者造成金融机构资金二十万元以上逾期未还的，或者造成金融机构经济损失十万元以上的；
4. 违法所得数额在五万元以上的。

（四）非法经营外汇，具有下列情形之一的：
1. 在外汇指定银行和中国外汇交易中心及其分中心以外买卖外汇，数额在二十万美元以上的，或者违法所得数额在五万元以上的；
2. 公司、企业或者其他单位违反有关外贸代理业务的规定，采用非法手段，或者明知是伪造、变造的凭证、商业单据，为他人向外汇指定银行骗购外汇，数额在五百万美元以上或者违法所得数额在五十万元以上的；
3. 居间介绍骗购外汇，数额在一百万美元以上或者违法所得数额在十万元以上的。

（五）出版、印刷、复制、发行严重危害社会秩序和扰乱市场秩序的非法出版物，具有下列情形之一的：
1. 个人非法经营数额在五万元以上的，单位非法经营数额在十五万元以上的；
2. 个人违法所得数额在二万元以上的，单位违法所得数额在五万元以上的；
3. 个人非法经营报纸五千份或者期刊五千本或者图书二千册或者音像制品、电子出版物五百张（盒）以上的，单位非法经营报纸一万五千份或者期刊一万五千本或者图书五千册或者音像制品、电子出版物一千五百张（盒）以上的；
4. 虽未达到上述数额标准，但具有下列情形之一的：
（1）两年内因出版、印刷、复制、发行非法出版物受过行政处罚二次以上的，又出版、印刷、复制、发行非法出版物的；
（2）因出版、印刷、复制、发行非法出版物造成恶劣社会影响或者其他严重后果的。

（六）非法从事出版物的出版、印刷、复制、发行业务，严重扰乱市场秩序，具有下列情形之一的：
1. 个人非法经营数额在十五万元以上的，单位非法经营数额在五十万元以上的；
2. 个人违法所得数额在五万元以上的，单位违法所得数额在十五万元以上的；
3. 个人非法经营报纸一万五千份或者期刊一万五千本或者图书五千册或者音像制品、电子出版物一千五百张（盒）以上的，单位非法经营报纸五万份或者期刊五万本或者图书一万五千册或者音像制品、电子出版物五千张（盒）以上的；

4. 虽未达到上述数额标准,两年内因非法从事出版物的出版、印刷、复制、发行业务受过行政处罚二次以上的,又非法从事出版物的出版、印刷、复制、发行业务的。

(七)采取租用国际专线、私设转接设备或者其他方法,擅自经营国际电信业务或者涉港澳台电信业务进行营利活动,扰乱电信市场管理秩序,具有下列情形之一的:

1. 经营去话业务数额在一百万元以上的;
2. 经营来话业务造成电信资费损失数额在一百万元以上的;
3. 虽未达到上述数额标准,但具有下列情形之一的:

(1)两年内因非法经营国际电信业务或者涉港澳台电信业务行为受过行政处罚二次以上,又非法经营国际电信业务或者涉港澳台电信业务的;

(2)因非法经营国际电信业务或者涉港澳台电信业务行为造成其他严重后果的。

(八)从事其他非法经营活动,具有下列情形之一的:

1. 个人非法经营数额在五万元以上,或者违法所得数额在一万元以上的;
2. 单位非法经营数额在五十万元以上,或者违法所得数额在十万元以上的;
3. 虽未达到上述数额标准,但两年内因同种非法经营行为受过二次以上行政处罚,又进行同种非法经营行为的;
4. 其他情节严重的情形。

第八十条 [非法转让、倒卖土地使用权案(刑法第 228 条)]以牟利为目的,违反土地管理法规,非法转让、倒卖土地使用权,涉嫌下列情形之一的,应予立案追诉:

(一)非法转让、倒卖基本农田五亩以上的;

(二)非法转让、倒卖基本农田以外的耕地十亩以上的;

(三)非法转让、倒卖其他土地二十亩以上的;

(四)违法所得数额在五十万元以上的;

(五)虽未达到上述数额标准,但因非法转让、倒卖土地使用权受过行政处罚,又非法转让、倒卖土地的;

(六)其他情节严重的情形。

第八十一条 [提供虚假证明文件案(刑法第 229 条第 1 款、第 2 款)]承担资产评估、验资、验证、会计、审计、法律服务等职责的中介组织的人员故意提供虚假证明文件,涉嫌下列情形之一的,应予立案追诉:

(一)给国家、公众或者其他投资者造成直接经济损失数额在五十万元以上的;

(二)违法所得数额在十万元以上的;

(三)虚假证明文件虚构数额在一百万元且占实际数额百分之三十以上的;

(四)虽未达到上述数额标准,但具有下列情形之一的:

1. 在提供虚假证明文件过程中索取或者非法接受他人财物的;
2. 两年内因提供虚假证明文件,受过行政处罚二次以上,又提供虚假证明文件的。

(五)其他情节严重的情形。

第八十二条 [出具证明文件重大失实案(刑法第 229 条第 3 款)]承担资产评估、验资、验证、会计、审计、法律服务等职责的中介组织的人员严重不负责任,出具的证明文件有重大失实，涉嫌下列情形之一的，应予立案追诉：

（一）给国家、公众或者其他投资者造成直接经济损失数额在一百万元以上的；

（二）其他造成严重后果的情形。

第八十三条 ［逃避商检案（刑法第 230 条）］违反进出口商品检验法的规定，逃避商品检验，将必须经商检机构检验的进口商品未报经检验而擅自销售、使用，或者将必须经商检机构检验的出口商品未报经检验合格而擅自出口，涉嫌下列情形之一的，应予立案追诉：

（一）给国家、单位或者个人造成直接经济损失数额在五十万元以上的；

（二）逃避商检的进出口货物货值金额在三百万元以上的；

（三）导致病疫流行、灾害事故的；

（四）多次逃避商检的；

（五）引起国际经济贸易纠纷，严重影响国家对外贸易关系，或者严重损害国家声誉的；

（六）其他情节严重的情形。

三、侵犯财产案

第八十四条 ［职务侵占案（刑法第 271 条第 1 款）］公司、企业或者其他单位的人员，利用职务上的便利，将本单位财物非法占为己有，数额在五千元至一万元以上的，应予立案追诉。

第八十五条 ［挪用资金案（刑法第 272 条第 1 款）］公司、企业或者其他单位的工作人员，利用职务上的便利，挪用本单位资金归个人使用或者借贷给他人，涉嫌下列情形之一的，应予立案追诉：

（一）挪用本单位资金数额在一万元至三万元以上，超过三个月未还的；

（二）挪用本单位资金数额在一万元至三万元以上，进行营利活动的；

（三）挪用本单位资金数额在五千元至二万元以上，进行非法活动的。

具有下列情形之一的，属于本条规定的"归个人使用"：

（一）将本单位资金供本人、亲友或者其他自然人使用的；

（二）以个人名义将本单位资金供其他单位使用的；

（三）个人决定以单位名义将本单位资金供其他单位使用，谋取个人利益的。

第八十六条 ［挪用特定款物案（刑法第 273 条）］挪用用于救灾、抢险、防汛、优抚、扶贫、移民、救济款物，涉嫌下列情形之一的，应予立案追诉：

（一）挪用特定款物数额在五千元以上的；

（二）造成国家和人民群众直接经济损失数额在五万元以上的；

（三）虽未达到上述数额标准，但多次挪用特定款物的，或者造成人民群众的生产、生活严重困难的；

（四）严重损害国家声誉，或者造成恶劣社会影响的；

（五）其他致使国家和人民群众利益遭受重大损害的情形。

附　则

第八十七条　本规定中的"多次",是指三次以上。

第八十八条　本规定中的"虽未达到上述数额标准",是指接近上述数额标准且已达到该数额的百分之八十以上的。

第八十九条　对于预备犯、未遂犯、中止犯,需要追究刑事责任的,应予立案追诉。

第九十条　本规定中的立案追诉标准,除法律、司法解释、本规定中另有规定的以外,适用于相应的单位犯罪。

第九十一条　本规定中的"以上",包括本数。

第九十二条　本规定自印发之日起施行。2001 年 4 月 18 日最高人民检察院、公安部印发的《关于经济犯罪案件追诉标准的规定》(公发〔2001〕11 号)和 2008 年 3 月 5 日最高人民检察院、公安部印发的《关于经济犯罪案件追诉标准的补充规定》(高检会〔2008〕2 号)同时废止。

3. 狱内刑事案件立案标准

中华人民共和国司法部令　第 64 号

(2001 年 3 月 9 日发布施行)

第一条　为了及时打击狱内在押罪犯的又犯罪活动,确保监狱的安全稳定,根据中华人民共和国《刑法》、《刑事诉讼法》、《监狱法》的有关规定,针对狱内又犯罪活动的特点,制定本标准。

第二条　监狱发现罪犯有下列犯罪情形的,应当立案侦查:

(一)煽动分裂国家、破坏国家统一的(煽动分裂国家案)。

(二)以造谣、诽谤或其他方式煽动颠覆国家政权、推翻社会主义制度的(煽动颠覆国家政权案)。

(三)故意放火破坏监狱监管设施、生产设施、生活设施,危害监狱安全的(放火案)。

(四)爆炸破坏监狱监管设施、生产设施、生活设施,危害监狱安全的(爆炸案)。

(五)投毒破坏生活设施,危害监狱安全的(投毒案)。

(六)非法制作、储存或藏匿枪支的(非法制造、储存枪支案)。

(七)以各种手段窃取枪支、弹药、爆炸物的(盗窃枪支、弹药、爆炸物案)。

(八)抢夺枪支、弹药、爆炸物的(抢夺枪支、弹药、爆炸物案)。

(九)故意非法剥夺他人生命的(故意杀人案)。

(十)过失致人死亡的(过失致人死亡案)。

(十一)故意伤害他人身体的(故意伤害案)。

(十二)过失伤害他人致人重伤的(过失致人重伤案)。

（十三）以暴力、胁迫或者其他手段强奸妇女的（强奸案）。

（十四）奸淫不满 14 周岁幼女的（奸淫幼女案）。

（十五）以暴力、胁迫或者其他方法强制猥亵妇女或者侮辱妇女的（强制猥亵、侮辱妇女案）。

（十六）煽动民族分裂、民族歧视，情节严重的（煽动民族仇恨、民族歧视案）。

（十七）盗窃公私财物，数额在 500 元至 2000 元以上的；盗窃数额不足 500 元至 2000 元，但一年内盗窃三次以上的（盗窃案）。

（十八）诈骗公私财物，数额在 500 元至 2000 元以上的（诈骗案）。

（十九）抢夺公私财物，数额在 500 元至 2000 元以上的（抢夺案）。

（二十）敲诈勒索他人财物，数额在 500 元至 2000 元以上的（敲诈勒索案）。

（二十一）由于泄愤报复或者其他个人目的，毁坏机器设备、残害耕畜或者以其他方法破坏生产经营的（破坏生产经营案）。

（二十二）聚众斗殴，情节严重的。聚众斗殴，致人重伤、死亡的，依照故意伤害罪、故意杀人罪论处（聚众斗殴案）。

（二十三）有下列破坏监管秩序行为之一，情节严重的：①殴打监管人员的；②组织其他被监管人员破坏监管秩序的；③聚众闹事，扰乱正常监管秩序的；④殴打、体罚或者指使他人殴打、体罚其他被监管人的（破坏监管秩序案）。

（二十四）狱内在押罪犯以各种方式逃离监狱警戒区域的（脱逃案）。

（二十五）罪犯使用各种暴力手段，聚众逃跑的（暴动越狱案）。

（二十六）罪犯组织、策划、指挥其他罪犯集体逃跑的，或者积极参加集体逃跑的（组织越狱案）。

（二十七）罪犯在服刑期间明知是毒品而非法销售或者以贩卖为目的而非法收买毒品的（贩卖毒品案）。

（二十八）非法持有鸦片 200 克以上、海洛因或者甲基苯丙胺 10 克以上或者其他毒品数量较大的（非法持有毒品案）。

（二十九）为牟取不正当利益，向监狱警察赠送财物，价值人民币 2000 元以上的（行贿案）。

（三十）以语言、文字、动作或者其他手段，向他人传授实施犯罪的具体经验、技能的（传授犯罪方法案）。

（三十一）其他需要立案侦查的案件。

第三条 情节、后果严重的下列案件，列为重大案件：

（一）组织从事危害国家安全活动的犯罪集团，情节严重的。

（二）放火、决水、爆炸、投毒或以其他危险方法危害监狱安全，造成人员伤亡或者直接经济损失 5000 元至 30000 元的。

（三）非法制造、储存枪支、弹药、爆炸物的。

（四）故意杀人致死或致重伤的。

（五）故意伤害他人致死的。

（六）强奸妇女既遂，或者奸淫幼女的。

（七）以挟持人质等暴力手段脱逃，造成人员重伤的。

（八）煽动民族仇恨、民族歧视，情节特别严重的。

（九）盗窃、诈骗、抢夺、敲诈勒索，数额在5000元至30000元的。

（十）十人以上聚众斗殴或者聚众斗殴致三名以上罪犯重伤的。

（十一）破坏监管秩序，情节恶劣、后果严重的。

（十二）罪犯三人以上集体脱逃的。

（十三）尚未减刑的死缓犯、无期徒刑犯脱逃的；剩余执行刑期15年以上的罪犯脱逃的；其他被列为重要案犯的罪犯脱逃的。

（十四）暴动越狱的。

（十五）贩卖鸦片200克以上不满1000克、海洛因或者甲基苯丙胺10克以上不满50克或者其他毒品数量较大的。

（十六）非法持有鸦片1000克以上、海洛因或甲基苯丙胺50克以上或者其他毒品数量较大的。

（十七）省、自治区、直辖市司法厅（局）认为需要列为重大案件的。

第四条 情节恶劣、后果特别严重的下列案件，列为特别重大案件：

（一）组织从事危害国家安全活动的犯罪集团，或进行其他危害国家安全的犯罪活动，影响恶劣，情节特别严重的。

（二）案件中一次杀死二名以上罪犯，或者重伤四名以上罪犯，或者杀害监狱警察、武装警察、工人及其家属的。

（三）暴动越狱，造成死亡一人以上，或者重伤三人以上的，或者影响恶劣的。

（四）盗窃、抢夺、抢劫枪支弹药的。

（五）放火、爆炸、投毒，致死二人以上或者造成直接经济损失30000元以上的。

（六）盗窃、诈骗、抢夺、敲诈勒索、故意毁坏公私财物，数额在30000元以上的。

（七）强奸妇女，致人重伤、死亡或者其他严重后果的，或者轮奸妇女的。

（八）挟持人质，造成人质死亡的。

（九）贩卖鸦片1000克以上、海洛因或者甲基苯丙胺50克以上或者其他毒品数量大的。

（十）司法部认为需要列为特别重大案件的。

第五条 本规定中的公私财物价值数额、直接经济损失数额以及毒品数量，可在规定的数额、数量幅度内，执行本省（自治区、直辖市）高级人民法院确定的标准。

第六条 本标准由司法部解释。

第七条 本标准自发布之日起施行。司法部于1987年发布的《司法部关于狱内案件立案标准的规定（试行）》同日废止。

主要参考文献

1. 肖扬主编：《中国新刑法学》，中国人民公安大学出版社 1997 年版。
2. 杨春洗等主编：《刑事法学大辞书》，南京大学出版社 1990 年版。
3. 陈光中主编：《外国刑事诉讼程序比较研究》，法律出版社 1988 年版。
4. 金光正主编：《司法鉴定学》，中国政法大学出版社 1995 年版。
5. 徐立根主编：《物证技术学》，中国人民大学出版社 1990 年版。
6. 周密：《中国刑法史》，群众出版社 1985 年版。
7. 杨殿升等：《刑事侦查学》，北京大学出版社 2001 年版。
8. 刘少聪：《新指纹学》，安徽人民出版社 1984 年版。
9. 黄风（译）：《意大利刑事诉讼法典》，中国政法大学出版社 1994 年版。
10. 李昌珂（译）：《德国刑事诉讼法典》，中国政法大学出版社 1995 年版。
11. 卞建林（译）：《美国联邦刑事诉讼规则和证据规则》，中国政法大学出版社 1996 年版。
12. 王以真主编：《外国刑事诉讼法学》，北京大学出版社 1994 年版。
13. 徐景峰主编：《联合国预防犯罪和刑事司法领域活动与文献纵览》，法律出版社 1992 年版。
14. 赵永琛著：《国际刑法与司法协助》，法律出版社 1994 年版。
15. 朱小平主编：《财会税作弊的表现形式与审查方法》，中国方正出版社 1995 年版。
16. 冯世中主编：《财务与发票检查实务》，红旗出版社 1996 年版。
17. 俞章尧著：《假账甄别技术》，中国检察出版社 1993 年版。
18. 宋健主编：《现代科学技术基础知识》，科学出版社、中共中央党校出版社 1994 年版。
19. 车济炎、林德宏主编：《新知识词典》，南京大学出版社 1987 年版。
20. 钟德馨主编：《监狱控制技术》，科学技术文献出版社重庆分社 1989 年版。
21. 马进保、刘祁宪著：《智能诉讼》，群众出版社 1989 年版。
22. 朱勇编著：《法律与现代社会》，湖南教育出版社 1986 年版。
23. 何家弘编著：《毒树之果》，中国人民公安大学出版社 1995 年版。
24. Arne Svensson et al, Techniques of Crime Scene Investigation, Elsevier New

York,1981.

25. Francis Joseph DeAngelis, Criminalis tics for the Lnvestigator, Glencoe Publishing Co., INC. Califomia, 1980.

26. Wllian Dienstein, Technics for the Crime lnvesligator, 1974.

27. Paul B. Weston, Kenneth M. Wells, Crminal lnvestigation, Basio perspertives, 1974.

28. Joseph C. Deladuanley Danicl K. Sulliva, Criminal lnvestigation Standards, 1980.

29. 石山昱夫:《现代の法医学》,医学书院,东京,1975年版。

30. 矢田昭一:《基础法医学》,南江堂,东京,1980年版。

31. Camps, F. E et al, Gradwohl's Legal Medicine, 3rd ed, Bristol, John Wright&Sons Ltd, Great Britian, 1976.

32. Jom R. Waltz: Introduction to Criminal Evidence, Nelson-Hall, 1991.

33. 樊崇义主编:《刑事诉讼法学》,高等政法院校规划教材,司法院法学教材编审部编审,中国政法大学出版社2002年修订版。

34. 张玉镶主编:《北京大学法学百科全书·刑事侦查学》(国家重点出版项目),北京大学出版社2001年版。

35. 文盛堂著:《反职务犯罪论略》,北京大学出版社2005年版。